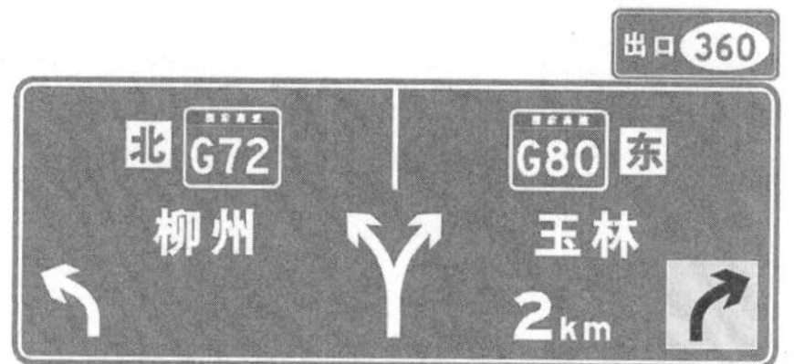

道路交通标志和标线手册

MANUAL OF ROAD TRAFFIC SIGNS AND MARKINGS

2023

唐琤琤　侯德藻　陈　瑜　吴京梅　朱小锋 等　编著

人民交通出版社股份有限公司

北　京

内 容 提 要

本手册以国家标准《道路交通标志和标线》(GB 5768)为基础,分析、阐述了道路交通标志和标线的基本概念、设置、设计、制作、施工等内容,并介绍了国内外道路交通标志和标线新技术、新材料的应用与发展。全书分五篇共31章,主要内容包括概述、道路交通标志、道路交通标线、道路交通标志和标线应用、国外道路交通标志和标线等。

本手册可供从事道路(包括公路)工程设计、施工、管理的人员学习使用。

图书在版编目(CIP)数据

道路交通标志和标线手册 : 2023 版 / 唐琤琤等编著
. — 北京 : 人民交通出版社股份有限公司, 2023.7
ISBN 978-7-114-18877-0

Ⅰ.①道… Ⅱ.①唐… Ⅲ.①路面标志—手册 Ⅳ.
①U491.5-62

中国国家版本馆 CIP 数据核字(2023)第 122883 号

Daolu Jiaotong Biaozhi he Biaoxian Shouce (2023Ban)

书　　名:道路交通标志和标线手册(2023 版)
著 作 者:唐琤琤　侯德藻　陈　瑜　吴京梅　朱小锋　等
责任编辑:吴有铭　周　宇　丁　遥　潘艳霞　侯蓓蓓
责任校对:赵媛媛
责任印制:刘高彤
出版发行:人民交通出版社股份有限公司
地　　址:(100011)北京市朝阳区安定门外外馆斜街 3 号
网　　址:http://www.ccpcl.com.cn
销售电话:(010)59757973
总 经 销:人民交通出版社股份有限公司发行部
经　　销:各地新华书店
印　　刷:北京市密东印刷有限公司
开　　本:880 × 1230　1/16
印　　张:32.5
字　　数:990 千
版　　次:2023 年 7 月　第 1 版
印　　次:2024 年 3 月　第 2 次印刷
书　　号:ISBN 978-7-114-18877-0
定　　价:190.00 元

2023 版前言

国家标准《道路交通标志和标线　第 2 部分：道路交通标志》（GB 5768.2—2022）于 2022 年 3 月 15 日发布，于 2022 年 10 月 1 日实施。

此次再版根据 GB 5768.2—2022 修订变化，在第一版手册（2009 年）基础上进行了修改、补充和完善。因为 GB 5768.2—2022 附了全部标志的制作图，所以此次再版删除了附录。

本手册第 1 ~ 4、7（原 5）、12、13、25 章由唐琤琤、晁遂修编，第 5、6（原 6、7）、24、26、27 章由陈瑜修编，第 8、9、28 章由吴京梅修编，第 10、14 章由朱小锋修编，第 11 章由冯移冬修编，第 15 章由王玮修编，第 16 章由周志伟修编，第 17 章由苏文英修编，第 23 章由刘恒权、周志伟修编，第 29 章由孙传姣、张杰、张娱修编。杨曼娟、张帆、刘睿彻、狄胜德参加了部分章节的修编。全书由唐琤琤统稿。

由于作者水平有限，本手册中若有疏漏或不妥之处，恳请读者和专家予以指正。

作　者

2023 年 1 月

前　言

道路交通标志和标线是引导道路使用者有秩序地使用道路，以促进道路交通安全、提高道路运行效率的基础设施，用于告知道路使用者道路通行权力，明示道路交通禁止、限制、遵行状况，告示道路状况和交通状况等信息。

道路交通标志和标线的应用必须符合实际交通的需要。近十年来，随着城乡建设和交通建设的飞速发展，我国的道路交通环境发生了巨大的变化，对道路交通标志和标线的应用提出了新的要求：一是随着我国道路网骨架的初步成形，标志和标线应用的网络化要求越来越高；二是随着道路交通流量的不断增长、重型车辆比例的不断增加，标志和标线的应用需要满足新交通环境的要求；三是随着社会的进步、公民法律意识的增强，以及《道路交通安全法》《道路交通安全法实施条例》等法律法规和新修订的国家标准《道路交通标志和标线》（GB 5768—2009）（第1～3部分）的出台，标志和标线的应用需要适应新法律环境的要求；四是党和政府始终强调建设和谐社会，强调建设"服务型交通"，标志和标线的应用要充分体现服务的理念，提高服务的水平。

为适应上述变化和需求，《道路交通标志和标线手册》（以下简称"本手册"）以新版国家标准《道路交通标志和标线》（GB 5768—2009）为基础，从道路使用者的需求和特征出发，分析、阐述了道路交通标志和标线的基本概念、设置、设计、制作、施工等内容，主要目的是将道路交通标志和标线的具体使用方法提供给有关交通管理和技术人员，作为道路交通标志和标线设计、设置及现场处置的参考。

本手册第一篇（第1章、第2章）是关于道路交通标志和标线的概述，介绍了手册的主要内容、道路交通标志和标线的标准体系；第二篇（第3章～第17章）是关于道路交通标志的使用，介绍了道路交通标志的人因、基本概念、各类标志的使用及示例，以及设计、制作、施工、养护和更换等内容；第三篇（第18章～第23章）是关于道路交通标线的使用，介绍了道路交通标线的基本概念、设计、施工及养护管理等内容；第四篇（第24章～第29章）是道路交通标志和标线的应用，介绍了作业区、限速、公铁平交口、农村公路、道路条件发生变化、平交口渠化等道路交通标志和标线的应用；第五篇（第30章、第31章）是国外道路交通标志和标线相关资料介绍与分析，主要包括国外道路交通标志分类、标志的图形以及联合国关于道路交通标志和标线的公约等；附录是标志制作图，包括 GB 5768.1—2009 规定的图形，GB 5768.2—2009 规定的警告标志、禁令标志、指示标志、指路标志、旅游符号标志等图形和版面的制作图等。

本手册第1～7章由唐琤琤编写，第8、9章由姜明编写，第10章由郭敏、刘拥辉、沈坚、邵坚达编写，第11～13章由唐琤琤、郭艳编写，第14章由张巍汉编写，第15章由王玮、苏文英编写，第16章由周志伟、姜明、王成虎编写，第17章由苏文英、王玮编写，第18～23章由侯德藻编写，第24章由陈瑜编写，第25章由刘兴旺编写，第26、27章由陈瑜编写，第28章由张建军编写，第29章由侯德藻、刘洪启编写，第30、31章由吴玲涛编写。全书由唐琤琤统稿，李爱民、杨久龄主审。文涛、黄凯、狄胜德等参加了第3章的编写，张帆、米晓艺、吴京梅等参加了第4章的编写，郭占洋、王超、刘拥辉等绘制了大量的图例。

本手册在编写过程中，参阅了大量国内外的文献资料，由于条件所限，未能与原作者一一取得联系，引用及理解不当之处，敬请原谅，并向这些文献资料的原作者表示衷心的感谢。本手册的编写得到了交通运输部科技司、交通运输部公路局、交通部公路科学研究院公路交通安全工程研究中心、浙江省交通规划设计研究院的大力支持；同时，很多同事提供了大量的、宝贵的国内外道路交通标志和标线的图片、照片等资料，书中未一一标明，在此一并表示感谢。

由于作者水平有限，本手册中若有疏漏或不妥之处，恳请读者和专家予以指正。

作　者

2009年9月

目　　录

第一篇　概　　述

第二篇　道路交通标志

第三篇 道路交通标线

第四篇 道路交通标志和标线应用

第五篇 国外道路交通标志和标线

第一篇　概　述

第 1 章　道路交通标志和标线简介

1.1　道路交通标志和标线统一性

道路交通标志和标线设置在城市道路、公路上，与交通信号灯和其他一些设施一起用来告知道路使用者道路通行权力，明示道路交通禁止、限制、遵行状况，告示道路状况和交通状况等信息。交通标志和标线以其形状、颜色、图案、文字等形成了一种交通语言，向道路使用者提供信息和交流，从而使道路使用者有秩序地使用道路，促进道路交通安全，提高道路运行效率。

为了让道路使用者读懂道路交通标志和标线的含义并采取正确的行动，交通标志和标线最重要的特征是统一性，即从南到北、从高速公路到县乡道路、从城市快速路到街道支路，同一含义的标志标线都应该是相同的，容易被不同文化和语言背景的人们理解，让道路使用者一眼就能看明白其含义。

人们很早就认识到道路交通标志标线统一化的重要性。美国在 1927 年第一次出版了乡村公路标志手册，1930 年出版了城市道路标志手册，并于 1935 年出版了《交通控制设施手册》(MUTCD)，以后进行了多次修订，直到 2009 年的 74 年间共出版了 10 版，目前最新的是 2009 年版。在我国，20 世纪 80 年代初交通部制定了《公路标志及路面标线》，各大城市分别制定了道路交通管理暂行规定，1986 年第一次颁布我国统一的标志标线标准《道路交通标志和标线》(GB 5768—1986)，并于 1999 年完成第一次修订，2009 年进行了第二次修订。

更进一步的统一性表现在不同国家的道路交通标志和标线的统一化，早在 1908 年巴黎的首届国际道路委员会会议上，就提出了促进国家间道路交通标志统一化，直到 1968 年 11 月联合国在维也纳的道路交通会议上通过了《道路标志与信号公约》，这是道路交通标志走向国际统一化的基础。

1.2　我国道路交通标志和标线标准发展

1934 年以前我国没有统一的道路交通标志标准，各地方自行其是，标志使用非常混乱。1934 年 12 月 21 日，当时的国民政府内政部公布了我国历史上第一个《陆上交通管理规则》，其中关于道路交通标志一项规定了三类共 27 种标志，包括禁令标志 11 种，警告标志 10 种，指示标志 6 种。图 1-1 是 1935 年（民国 24 年），由江苏、浙江、安徽、北京（1 月称北平）、上海五省市联合发布的《公路交通标号志图》，属于我国早期的道路交通标志和标线标准。在这张标准图中，一共有三十多种交通标志，而且是彩色的。同时，还注明了三种里程换算图表（公里、市里和英里）以及它们的比例关系。从图中可以看出，除了警告、禁令、指示标志外，已经有了一些指路标志（包括里程桩）。这个时期的中国是国际联盟成员国，标志的分类及特征和国际公约基本一致。

1951 年底，中华人民共和国公安部公布了《城市陆上交通管理暂行规则》，其中，道路交通标志和新中国成立前大致一样，只是颜色有变化。在此期间，交通部也公布了公路交通标志。1955 年，公安部发布了《城市交通规则》，它将交通标志划分为警告标志、禁令标志和指示标志三类共 28 种，分述如下。

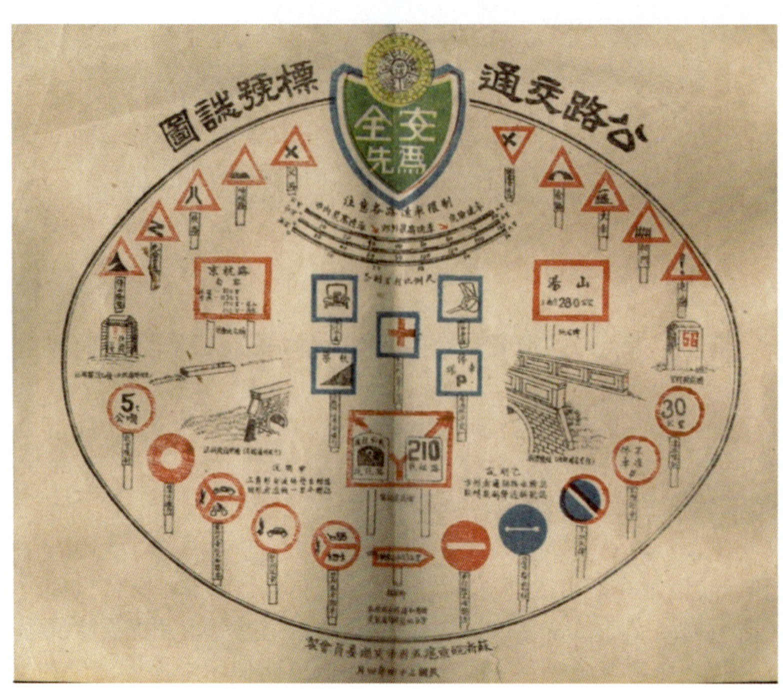

图 1-1　1935 年(民国 24 年)标号志图

图片来源:夏传荪

(1)指示标志 8 种:5 种为圆形,3 种为正方形。版面颜色为黄底、黑符号(或字)。

(2)警告标志 4 种:等边三角形,黑边、黄底、黑符号。

(3)禁令标志 16 种:圆形、红边(有的带红色斜杠)、黄底、黑符号。

1955 年公布的标志主要参照当时的苏联体系,仅用了红、黄两种安全色和黑色一种对比色。

1972 年,交通部、公安部联合公布了《道路交通规则》,标志增加至 34 种,其中指示标志 9 种,警告标志 7 种,禁令标志 18 种。

1982 年,交通部《公路标志及路面标线标准》又将交通标志分为警告标志、禁令标志、指示标志、指路标志和辅助标志五类共 105 种,并首次列入了高速公路和一级公路的起、终点预告标志,起、终点标志以及高速公路出口、入口、服务区预告和指示标志,颜色为蓝底白字白图案。

国家标准《道路交通标志和标线》(GB 5768—1986),在部颁标准的基础上进行了补充完善,于 1986 年 1 月 9 日首次发布,同年 8 月 1 日实施。该标准将交通标志分为主标志和辅助标志两大类五部分共 168 种。

《道路交通标志和标线》(GB 5768)于 1999 年完成了第一次修订工作,并于 1999 年 4 月 5 日发布,同年 6 月 1 日实施。交通标志数量增加到 234 种。

2009 年,《道路交通标志和标线》(GB 5768)就道路交通标志和标线的基础部分完成了第二次修订,其修订原则如下:

(1)考虑到标准的强制性、严肃性、延续性、应用广泛性,对已规定的图形、符号、形状、颜色以及一些基本原则、一般规定等尽量不进行改动。

(2)考虑标志和标线的统一性要求,新增标志和标线尽量采用国际统一、通用形式。

(3)考虑此标准和其他标准的协调性,尽量从范围和内容上有所界定,减少随着技术发展不同标准的制修订引起的矛盾和分歧。

(4)考虑我国道路建设、城镇发展、机动化水平提高,尽量使标准内容适用于现状和将来的发展。

(5)考虑经济、节约和最有效原则,合理规定版面等。

(6)考虑标准应用的法律责任,严格用词,明确强制性和非强制性内容。

(7)考虑《道路交通安全法》的实施要求,增加一个附录。在具体应用时,如有新增标志的需求,可以根据附录的程序要求,既保证新增标志的科学、有效,又能够在标准修订时被吸纳。

(8)考虑标志标线的配合使用,示例或图例中尽量同时设置标志和标线。

这次修订首先完成第 1 部分至第 3 部分,于 2009 年 5 月 25 日发布,2009 年 7 月 1 日实施。交通标志数量 232 种,不含告示标志。与 1999 版相比,主要变化如下:

(1)标准文本结构变化。

《道路交通标志和标线》(GB 5768—2009)分为 8 个部分:

第 1 部分:总则;

第 2 部分:道路交通标志;

第 3 部分:道路交通标线;

第 4 部分:作业区;

第 5 部分:速度管理;

第 6 部分:铁路平交口;

第 7 部分:自行车和行人控制;

第 8 部分:学校区域。

这种结构有以下优点:

①在总则、标志、标线部分分别规定各自的原则、设置,以后各部分针对各种情况规定各种设施的配合设置;充分体现标志、标线的配合使用;

②各部分有针对性和相对独立性,修订更新及时、方便;

③技术人员使用、携带方便;

④根据发展和需求,有充分的扩充余地。

(2)《道路交通标志和标线　第 1 部分:总则》(GB 5768.1—2009),较 1999 版相应内容变化如下:

——增加了规范性附录“GB 5768 规定以外的道路交通标志和标线的使用”;

——增加了规范性附录“道路交通标志和标线基本图形”;

——增加了道路交通标志和标线使用的原则。

(3)《道路交通标志和标线　第 2 部分:道路交通标志》(GB 5768.2—2009),较 1999 版相应内容变化如下:

——“施工区标志”改为“作业区标志”,增加告示标志;

——增加橙色、荧光橙色、荧光黄色、荧光黄绿色;

——规定标志套用时的边框要求;

——明确道路编号标志、出口编号标志的字高;

——调整汉字笔画粗细的规定;

——规定辅助标志和告示标志字高的一般值和最小值;

——规定警告、禁令、指示标志尺寸的一般值和最小值;

——细化警告标志的前置距离;

——增加标志结构的路侧安全性要求;

——增加标志的使用和维护要求;

——删除标志底板材料的要求,具体要求按照相关标准执行;

——规定可变信息标志的颜色;

——减小了急弯标志、反向弯路标志、连续弯路标志的设置依据之一——圆曲线半径,并明确了反向圆曲线间的距离值;

——细化陡坡标志的坡度值;

——增加连续下坡标志;

——明确窄路、窄桥标志是指路面宽度在 6m 以下的路和桥;

——增加荧光黄绿色用于注意行人、注意儿童警告标志;

——增加警告标志:注意野生动物、注意路面高突、注意路面低洼、注意残疾人、建议速度、隧道开车灯、注意潮汐车道、注意保持车距、注意分离式道路、避险车道等；

——原合流诱导标改为注意合流标志，删除分流诱导标；

——增加用于可变信息标志的注意路面结冰、注意雨(雪)天、注意雾天、注意不利气象、注意前方车辆排队警告标志；

——增加海关、区域禁止和解除等禁令标志；

——增加部分专用道路和专用车道标志，如快速公交系统(BRT)专用车道、多乘员车辆(HOV)专用车道；

——细化停车位指示标志；

——明确指路标志设置的目的、信息分层与选取原则；

——明确指路标志中图形选取原则及信息的含义；

——明确指路标志上距离的数值确定；

——明确一般道路指路标志的分类；

——明确一般道路路径指引标志体系构成；

——细化交叉路口预告标志、交叉路口告知标志、确认标志的形式及设置方法；

——增加街道名称标志、路名牌、地点识别标志、室内停车场标志、观景台标志、应急避难设施标志、休息区标志、车道数变少标志、车道数增加标志、交通监控设备标志等一般道路指路标志；

——增加高速公路及城市快速路指路标志的分类；

——细化高速公路入口预告标志及入口标志；

——增加编号标志、命名编号标志、路名标志、出口编号标志(左侧出口)、停车领卡标志、特殊天气建议速度标志、救援电话标志、电子不停车收费(ETC)车道指示标志、计重收费标志、超限检测站标志等；

——细化收费站标志；

——删除除大型车靠右标志外的其他告示牌；

——增加附录 B(规范性附录)高速公路编号标志字高；

——增加附录 C(资料性附录)交通标志和标线配合使用建议；

——增加附录 E(资料性附录)停车让行标志和减速让行标志设置条件；

——增加附录 F(资料性附录)一般道路路径指引标志设置示例；

——删除 GB 5768—1999 附录 A(资料性附录)交通标志颜色规定及参考色样；

——删除 GB 5768—1999 附录 B(规范性附录)交通标志汉字示例；

——删除 GB 5768—1999 附录 C(规范性附录)交通标志用阿拉伯数字示例；

——删除 GB 5768—1999 附录 D(规范性附录)交通标志用拉丁字大、小写字母示例；

——删除 GB 5768—1999 附录 E(资料性附录)交通标志的构造和结构设计。

(4)《道路交通标志和标线　第 3 部分：道路交通标线》(GB 5768.3—2009)，较 1999 版相应内容变化如下：

——标线一般规定中突出标线作为信息传递手段的目的，突出标线的服务功能；

——增加橙色虚、实线类型，增加蓝色虚、实线类型；

——更改了部分标线的名称，使其含义更明确；

——增加潮汐车道线、导向车道线、可变导向车道线、减速丘标线、路面图形标记、多乘员车辆专用车道线、车行道横向减速标线、车行道纵向减速标线、实体标记等标线形式；

——调整部分标线的设置参数及形式，如增加车行道边缘线的种类和应用规定，取消左弯待转区路面文字，代之以左转弯箭头，取消原人行横道简化设置方案，调整人行横道路面预告标识尺寸，原高速公路车距确认线改为车距确认线，取消原标线形式，设计新的车距确认线形式，增加蓝色和黄色停车位标线形式，明确不同颜色停车位标线的含义，增加特定应用对象和范围的停车位标线形式，原港湾式停靠站标线名称改为停靠站标线，增加专用停靠站和路边式停靠站标线设置规定，取消原合流箭头形式，设计新的合流导向箭头图案，增加城市道路专用的 4.5m 导向箭头体系，增加路面文字标记尺寸的详细规定，删除原超车道路面文字标记，调整停止线与人行横道线间的距离规定，增加圆形中心圈最小直径限制和菱形中心圈对角线最小长度限制，增加简化网状线最大尺寸限制，设计新的禁止掉头（转弯）标线形式，增加接近障碍物标线设置参数规定等；

——增加标线设置示例；

——增加资料性附录"交叉路口标线设置"。

2017 年完成第 4 部分至第 6 部分，于 2017 年 7 月 31 日发布，2018 年 2 月 1 日实施。第 4 部分作业区在 1999 版已有的附录基础上修改完善，第 5 部分限制速度、第 6 部分铁路道口为新增部分。

2018 年完成第 7 部分非机动车和行人、第 8 部分学校区域，于 2018 年 12 月 28 日发布，2019 年 7 月 1 日实施，为新增部分。

2022 年完成了第 2 部分道路交通标志的第三次修订，此次修订在结构上的变化是增加了第 9 部分交通事件管理区。公安交警在道路上处理事故时，为了加强对经过交通的提醒、控制，既提高交警的安全，也提高道路使用者的安全，参考美国 MUTCD，增加了一类标志，在道路交通事件管理时使用，属于临时性标志，既有禁令、指示标志，也有警告等标志。增加的第 9 部分将规定交警进行事件管理时如何使用这一特定种类的临时道路交通标志。

《道路交通标志和标线　第 2 部分：道路交通标志》（GB 5768.2—2022）修订的主要原则是：

（1）考虑信息技术的发展、车载及手机导航的广泛应用以及路网的成型，道路使用者对指路标志信息的依赖降低。针对导航使用比较好的地方，如城市及城市附近路网，限制指路标志版面上信息量避免过载；针对导航使用比较弱的地方，如一些山区乡村路网，加强指路标志设计及版面信息选取。

（2）考虑到标准的强制性、延续性，使用面广，使用中证明确实需要修改并且修改要求能够明确的，进行修改。暂时支撑不充分的、依据不充分的，暂不做修订。

这次修订的主要变化如下：

（1）标准文本结构变化。

①调整顺序，把警告标志移到禁令标志、指示标志之后。

②作业区标志不作为与禁令标志、指示标志、警告标志、指路标志等标志并列的一类标志，只是属于临时性标志。用于作业区的标志，既有警告标志，也有禁令标志、指示标志和指路标志。临时性标志中除了作业区标志，增加了交通事件管理区标志。

③把指路标志分成两章：一般道路的指路标志，高速公路、城市快速路指路标志。

（2）标准内容较 2009 版相应内容变化如下：

——增加了交通标志原则；

——增加了交通标志和标线不得与信号灯矛盾的要求；

——修改了主标志的分类，将作业区的标志作为临时性标志的一种，并增加交通事件管理区的标志作为临时性标志的另一种；

——增加了荧光粉红色作为交通事件管理区的警告标志底色；

——增加了标志上文字不得超过 2 种的规定；

——增加了路上方标志、单向三车道及以上道路路侧的指路标志字高可增大 5 ~ 10cm，单向两车道及以上道路路侧的部分禁令标志和警告标志尺寸可增大的规定；

——增加了小数点后阿拉伯数字字高是汉字字高的 1/2 ~ 2/3 的规定；

——增加了旅游区标志尺寸的规定；

——增加了隧道内指路标志字高、设置形式的规定；

——修改了警告标志前置距离的一般值；

——修改了标志设置高度的要求；

——修改了标志照明安装位置；

——增加了标志板背面的使用要求；

——删除了标志板构造的部分要求；

——增加了标志板缝隙的规定；

——增加了停车让行标志、减速让行标志设置位置的规定；

——修改了禁止大型(或小型)载客汽车驶入标志名称；

——修改了禁止大型载客汽车驶入标志图形、公交专用车道标志、快速公交系统专用车道标志、公交车专用停车位标志示例的大型客车图案；

——修改了禁止载货汽车驶入标志的含义；

——修改了禁止挂车、半挂车驶入标志的图形；

——增加了禁止电动自行车进入标志；

——修改了禁止三轮车驶入标志名称；

——修改了禁止车辆停放标志和禁止车辆长时停放标志的名称；

——删除了海关标志图形；

——修改了分隔带右侧(或左侧)行驶标志名称及设置位置；

——删除了立体交叉行驶路线标志、路口优先通行标志；

——增加了单行路标志带有文字的版面形式；

——修改了设置鸣喇叭标志、急弯路标志等的平曲线半径值；

——增加了开车灯标志、小型客车车道标志、有轨电车专用车道标志、电动自行车行驶标志、电动自行车车道标志、非机动车与行人通行标志、非机动车推行标志、靠右侧车道行驶标志、硬路肩允许行驶标志、货车通行标志；

——增加了可在人行横道标志外加荧光黄绿边框使标志醒目的规定；

——修改了公交专用车道标志名称、含义和图案；

——修改了步行标志的图案；

——修改了残疾人专用停车位标志、校车专用停车位标志、校车停靠站点标志、公交车专用停车位标志示例；

——删除了标志版面附加时间的限时长停车位标志示例；

——删除了渡口标志、路面低洼标志、慢行标志、隧道开车灯标志、注意分离式道路标志；

——增加了交叉路口标志图形显示实际道路交叉形式、线条粗细示意宽度的规定；

——增加了注意残疾人标志荧光黄绿底色的规定；

——增加了注意电动自行车标志、交通事故管理标志、注意积水标志；

——修改了路面高突标志的名称,改为减速丘标志；

——修改了注意保持车距标志的设置条件；

——修改了注意车道数变少标志的分类,由指路标志调整为警告标志；

——修改了线形诱导标的分类,由指路标志调整为警告标志,并细化了线形诱导标的设置条件；

——增加了指路标志不应指引私人专属或商用目的地信息的规定；

——增加了禁令标志和指示标志套用于指路标志的规定；

——增加了 A 层信息包括地级行政区的内容；

——增加了指路标志信息选取的具体原则,包括地名属性、国家信息、交叉口地名信息唯一性的选取原则；

——增加了道路编号指引信息的颜色规定；

——修改了路径指引标志配置规定；

——增加了交叉路口预告标志的形式及适用条件；

——修改了交叉路口预告标志设置位置的规定；

——修改了交叉路口告知标志设置位置的规定；

——修改了交叉路口告知标志形式；

——修改了确认标志设置位置规定；

——修改了路名标志版面文字排列方式的规定；

——增加了电动汽车充电站识别标志；

——增加了观景台预告标志的设置位置；

——修改了隧道出口距离标志在特长隧道内的设置位置；

——增加了高速公路与城市快速路指路标志信息数量、同一出口不同方向地名信息应不同的规定；

——增加了入口预告标志的含义的规定；

——修改了地点、方向标志设置位置规定；

——增加了地点距离标志的版面规定；

——修改了出口预告标志设置地点、信息数量、箭头使用的规定；

——修改了下一出口预告标志设置位置的规定；

——删除了车距确认标志；

——修改了收费站预告及收费站标志形式；

——增加了设置于收费大棚的电子不停车收费(ETC)车道、人工收费车道标志；

——增加了旅游区标志的设置要求；

——修改了钓鱼、潜水、划船、滑雪、滑冰等旅游符号标志的图形；

——增加了道路设施解释标志；

——修改了交通监控设备标志，调整为告示标志；

——增加了告示标志设置间距要求；

——增加了 4 个附录：交通标志字体、一般道路指路标志示例、高速公路与城市快速路指路标志示例、旅游区标志设置示例。

纵观世界各发达国家最近几十年的发展，可以明显地看出，他们在改善交通安全方面投入了大量人力和经费，交通标志和标线标准在持续不断地修改和补充。在我国，经济、城镇化、机动化、驾驶人队伍以及道路等的快速发展都决定了我国对道路交通标志和标线技术、标准的研究、修订完善有持续要求。

1.3　道路交通标志标线标准体系

除了上一节提到的规定道路交通标志和标线的种类、图形、符号、颜色、形状等基本要求的国家标准《道路交通标志和标线》(GB 5768)外，还有一系列标准共同支撑道路交通标志和标线在道路上的规范使用，保持良好的使用性能，起到了良好的使用效果。

1.3.1　基础标准

《道路交通标志和标线》(GB 5768)是道路交通标志和标线的标准体系的基础标准，其已经发布实施的 8 个部分内容如下：第 1 部分规定了道路交通标志和标线的原则和一般规定；第 2 部分规定了道路交通标志的分类、颜色、形状、字符、尺寸、图形等一般要求，以及设计、制造、设置、施工的要求；第 3 部分规定了道路交通标线的分类、颜色、形状、字符、图形、尺寸等一般要求，以及设计、设置的要求；第 4 部分规定了道路作业区交通标志和标线的设置要求；第 5 部分规定了限制速度标志的设置要求；第 6 部分规定了铁路道口交通标志和标线的设置要求；第 7 部分规定了道路上非机动车和行人相关的交通标志和标线的设置要求；第 8 部分规定了学校区域道路交通标志和标线的设置要求。

1.3.2　应用标准

国内与道路交通标志和标线应用相关的有两大类标准：一类是交通运输部与住房和城乡建设部发布的一些设计、施工规范，设置标准，验收评定标准等；另一类是各地方公路、交管部门根据本地区特色和需求建立的众多地方标准,以及协会、学会的团体标准。

交通运输部与住房和城乡建设部发布的一些设计、施工规范,设置标准,验收评定标准简介如下:

(1)国家标准《城市道路交通设施设计规范》(GB 50688—2011)。

规定了城市道路上交通标志的分类、设置、版面设计、材料、支撑方式与结构设计,道路交通标线的设置、材料等。

(2)国家标准《城市道路交通标志和标线设置规范》(GB 51038—2015)。

规定了城市道路上交通标志和标线的设置、施工及验收。

(3)《公路工程技术标准》(JTG B01—2014)。

《公路工程技术标准》(JTG B01—2014)对标志标线相关的要求如下:

公路应设置完善的交通标志和标线,交通标志、标线应总体布局、合理设置,重要信息应重复设置或连续设置。交通标志的位置应保证其视认性,与其他标志或设施不应相互遮挡。交通标志与标线应根据实际需求配合使用,应互为补充、含义一致,并与其他设施协调。

(4)《高速公路交通工程及沿线设施设计通用规范》(JTG D80—2006)。

规定了高速公路上标志设置、标志版面、标志支撑方式、标志结构设计,标线设置、标线尺寸、立面标记及标线材料的要求,视线诱导标的设置位置、间距等。

(5)《公路交通安全设施设计规范》(JTG D81—2017)和《公路交通安全设施设计细则》(JTG/T D81—2017)。

《公路交通安全设施设计规范》(JTG D81—2017)规定了新建和改建公路上交通标志的设置原则、版面设计、支撑方式、材料要求、结构设计等,交通标线(包括突起路标)的设置原则、材料选择,轮廓标的设置原则等。《公路交通安全设施设计细则》(JTG/T D81—2017)是《公路交通安全设施设计规范》(JTG D81—2017)的细化。

(6)《公路养护安全作业规程》(JTG H30—2015)。

规定了各级公路养护维修作业时标志、标线和其他设施(如防撞桶、锥形交通标、路栏等)的布置,包括桥涵、隧道、平面交叉、收费广场养护作业的布置。

(7)《公路工程质量检验评定标准　第一册　土建工程》(JTG F80/1—2017)。

第 11 章规定了交通安全设施的质量检验要求,其中包括交通标志、标线、突起路标、轮廓标的基本要求、实测项目、外观质量。

1.3.3　产品标准

在实际应用中,众多的产品标准从产品的技术要求、试验方法等方面保证了这些产品和设施的应用。

(1)《道路交通反光膜》(GB/T 18833)。

规定了交通标志所使用的反光膜的术语定义、产品分类、技术要求、测试方法、检验规则以及标志、包装、运输和储存等要求。适用于公路交通标志板、轮廓标和突起路标所使用的各种反光膜,其他各种标志和交通安全设施器材用反光膜可以参照执行。具体的技术要求包括各种反光膜的色度性能、逆反射性能、耐候性能、耐盐雾腐蚀性能、耐溶剂性能、抗冲击性能、耐弯曲性能、耐高温性能、耐低温性能、附着性能、收缩性能、防沾纸的可剥离性能等。

(2)《道路交通标志板及支撑件》(GB/T 23827)。

规定了道路交通标志板及支撑件的产品分类、技术要求、试验方法、检验规则以及标志、包装、运输和储存等要求。具体的技术要求包括:结构尺寸、外观质量、钢构件防腐层质量、标志底板和支撑件的材料力学性能、标志板面色度和光度性能、标志板耐候性能、标志板面与标志底板的附着性能、标志板面油墨与反光膜的附着性能等。

(3)《高速公路 LED 可变限速标志》(GB 23826)。

规定了发光二极管(LED)可变限速标志的分类与组成、技术要求、试验方法、检验规则以及标识、包装、运输和储存等要求。适用于高速公路以 LED 为发光单元的可变限速标志。具体的技术要求包括:

适用条件、材料要求、结构尺寸、外观质量、色度性能、视认性能、电气安全性能、机械力学性能、通信接口与规程、环境适应性能、可靠性、功能要求等。

(4)《高速公路 LED 可变信息标志》(GB/T 23828)。

规定了发光二极管(LED)可变信息标志的分类与组成、技术要求、试验方法、检验规则以及标识、包装、运输和储存等要求。适用于高速公路以 LED 为发光单元的可变信息标志。具体的技术要求包括：适用条件、材料要求、结构尺寸、外观质量、色度性能、视认性能、电气安全性能、机械力学性能、通信接口与规程、环境适应性能、可靠性、功能要求。

(5)《内部照明标志》(JT/T 750)。

规定了内部照明标志的术语与定义、产品分类及组成、产品型号、技术要求、试验方法、检验规则以及标志、包装、运输和储存等要求。适用于公路上设置的内部照明标志,城市道路和虽在单位管辖范围但允许社会机动车通行的地方,包括广场、公共停车场等用于公众通行的场所等各类道路上设置的内部照明标志可参照使用。具体的技术要求包括:环境要求、形状、尺寸、结构及外观质量、材料要求、光学性能、可靠性、环境适应性等。

(6)《翻板式可变标志》(JT/T 751)。

规定了翻板式可变标志的术语与定义、产品分类、技术要求、试验方法、检验规则以及标志、包装、运输和储存等要求。适用于公路上设置的翻板式可变标志,城市道路和虽在单位管辖范围但允许社会机动车通行的地方,包括广场、公共停车场等用于公众通行的场所等各类道路上设置的翻板式可变标志可参照使用。具体的技术要求包括:形状、尺寸、外观质量、材料要求、翻转性能、控制模式、可靠性、故障-安全装置、环境适应性(外壳防护性能、耐低温性能、耐高温性能、耐湿热性能、耐盐雾性能、耐腐蚀性能、耐候性能、耐机械振动性能、耐风压性能)等。

(7)《道路交通标线质量要求和检测方法》(GB/T 16311)。

规定了道路交通标线的分类、质量要求及检测方法。适用于我国道路上的交通标线,机场、港口、厂矿、住宅区等道路上的交通标线可参照使用。具体的质量要求包括:基本要求、外观、热熔型涂料标线内含玻璃珠、热熔型涂料标线总有机物含量、热熔型涂料标线重金属含量、外形尺寸、标线厚度、色度性能、光度性能、抗滑性能。

(8)《路面标线涂料》(JT/T 280)。

规定了路面标线涂料的分类、技术要求、试验方法、检验规则以及标志、包装、运输和储存等要求。适用于在我国公路上施划的道路交通标线所用的路面标线涂料的生产、检验和使用。其中通用技术要求包括:容器中状态、预混玻璃珠含量、预混玻璃珠成圆率、有害物质含量、施划性能、涂层外观、色度性能、耐水性、耐碱性、人工加速耐候性。此标准在修订过程中,包括了以下部分,最后内容合并在本标准中。

①《路面标线涂料　热熔型路面标线涂料》。

规定了热熔型路面标线涂料的分类、技术要求、试验方法、检验规则以及标志、包装、运输和储存等要求。适用于公路上施划道路交通标线所用的热熔型路面标线涂料的生产、检验和使用。具体的技术要求包括:原材料、容器中状态、预混玻璃珠含量、预混玻璃珠成圆率、有害物质含量、施划性能、涂层外观、色度性能、耐水性、耐碱性、人工加速耐候性、密度、软化点、不粘胎干燥时间、抗压强度、耐磨性、涂层低温抗裂性、加热稳定性、流动度、耐热变形性、包装。

②《路面标线涂料　溶剂型路面标线涂料》。

规定了溶剂型路面标线涂料的分类、技术要求、试验方法、检验规则以及标志、包装、运输和储存等要求。适用于公路上施划道路交通标线所用的溶剂型路面标线涂料的生产、检验和使用。具体的技术要求包括:容器中状态、预混玻璃珠含量、预混玻璃珠成圆率、有害物质含量、施划性能、涂层外观、色度性能、耐水性、耐碱性、人工加速耐候性、密度、黏度、不粘胎干燥时间、遮盖率、耐磨性、附着性(划圈法)、柔韧性、固体含量。

③《路面标线涂料　双组分路面标线涂料》。

规定了双组分路面标线涂料的分类、技术要求、试验方法、检验规则以及标志、包装、运输和储存等要求。适用于公路上施划道路交通标线所用的双组分路面标线涂料的生产、检验和使用。具体的技术要求包括:容器中状态、预混玻璃珠含量、预混玻璃珠成圆率、有害物质含量、施划性能、涂层外观、色度性能、耐水性、耐碱性、人工加速耐候性、密度、凝胶时间、不粘胎干燥时间、遮盖率、耐磨性、涂层低温抗裂性、附着性(划圈法)、柔韧性。

④《路面标线涂料　水性路面标线涂料》。

规定了水性路面标线涂料的分类、技术要求、试验方法、检验规则以及标志、包装、运输和储存等要求。适用于公路上施划道路交通标线所用的水性路面标线涂料的生产、检验和使用。具体的技术要求包括:容器中状态、预混玻璃珠含量、预混玻璃珠成圆率、有害物质含量、施划性能、涂层外观、色度性能、耐水性、耐碱性、人工加速耐候性、密度、黏度、不粘胎干燥时间、遮盖率、耐磨性、冻融稳定性、早期耐水性、附着性(划圈法)、固体含量。

⑤《路面标线涂料　热熔型路面标线涂料用树脂》。

规定了热熔型路面标线涂料用树脂的分类、技术要求、试验方法、检验规则以及标志、包装、运输和储存等要求。适用于公路用热熔型路面标线涂料所用树脂的生产、检验和使用,公路用热熔型路面标线涂料用下涂剂所用树脂可参照使用。具体的技术要求包括:容器中状态、有害物质含量、软化点、颜色、酸值、熔融黏度、灰分。

⑥《路面标线涂料　热熔型路面标线涂料用聚乙烯蜡》。

规定了热熔型路面标线涂料用聚乙烯蜡的技术要求、试验方法、检验规则以及标志、包装、运输和储存等要求。适用于公路用热熔型路面标线涂料所用聚乙烯蜡的生产、检验和使用。具体的技术要求包括:容器中状态、有害物质含量、软化点、颜色、酸值、熔融黏度、灰分、针入度。

⑦《路面标线涂料　热熔型路面标线涂料用 EVA 包装袋》。

规定了热熔型路面标线涂料用 EVA(乙烯-醋酸乙烯共聚物)包装袋的分类、技术要求、试验方法、检验规则以及标志、包装、运输和储存等要求。适用于公路用热熔型路面标线涂料所用 EVA 包装袋的生产、检验和使用。具体的技术要求包括:外观、尺寸与质量偏差、印刷质量与内容、耐热性能、拉伸负荷、断裂伸长率、直角撕裂力、热合强度、抗摆锤冲击能、混熔性能、堆码性能、跌落性能、人工加速耐候性。

(9)《路面标线材料有害物质限量》(JT/T 1326)。

规定了路面标线材料中对人体和环境有害的物质的限量要求和测定方法。适用于在我国公路上施划各种道路交通标线所用的路面标线材料。城市道路、机场、港口、厂矿、住宅区等地区施划道路交通标线所用的路面标线材料可参照使用。具体的限量要求包括:VOC(挥发性有机化合物)含量、铅含量、镉含量、铬含量、汞含量、砷含量、锑含量。

(10)《路面标线用玻璃珠》(GB/T 24722)。

规定了路面标线用玻璃珠的产品分类与用途、技术要求、试验方法、检验规则以及标志、包装、运输和储存等要求。适用于路面标线涂料用玻璃珠的生产、检验和使用。具体的技术要求包括:外观要求、粒径分布、成圆率/缺陷玻璃珠百分数、密度、折射率、耐水性、磁性颗粒含量、防湿涂层性能、铅含量、砷含量、锑含量。

(11)《立面反光标记涂料》(JT/T 1327)。

规定了立面反光标记涂料的技术要求、试验方法、检验规则以及标志、包装、运输和储存等要求。适用于在公路上施划立面反光标记所用水性涂料的生产、检验和使用。具体的技术要求包括:容器中状态、有害物质含量、施划性能、涂层外观、色度性能、耐水性、耐碱性、人工加速耐候性、密度、黏度、表干时间、遮盖率、冻融稳定性、早期耐水性、固体含量、逆反射亮度系数。

(12)《轮廓标》(GB/T 24970)。

规定了轮廓标的分类、结构、技术要求、试验方法、检验规则以及标志、包装、运输和储存等要求。适用于公路、桥梁及隧道设置的轮廓标。具体的技术要求包括:外观质量、材料、逆反射材料的色度性能和光度性能、反光膜对底板或柱体的附着性能、反射器的密封性能、耐候性能、耐盐雾腐蚀性能、耐高低温性能等。

(13)《突起路标》(GB/T 24725)。

规定了突起路标的术语定义、分类组成、技术要求、试验方法、检验规则以及标识、包装、运输和储存等要求。适用于道路上设置的突起路标。具体的技术要求包括:外观质量、结构尺寸、色度性能、光度性能、整体及逆反射器抗冲击性能、抗压荷载、纵向弯曲强度、耐磨损性能、耐温度循环、金属反射膜附着性能、耐盐雾腐蚀性能、耐候性能等。

(14)《道路预成形标线带》(GB/T 24717)。

规定了道路预成形标线带的技术要求、试验方法、检验规则以及标志、包装、运输和储存等要求。适用于各类道路交通标线所使用的预成形标线带,机场、港口、厂矿、住宅区等道路上的预成形标线带可参照使用。具体的技术要求包括:物理性能、色度性能、光度性能、耐水性能、耐碱性能、耐磨性能、粘接性能、抗滑性能等。

(15)《路面防滑涂料》(JT/T 712)。

规定了路面防滑涂料的分类与组成、技术要求、试验方法、检验规则以及标志、包装、运输和储存等要求。适用于在我国公路上涂铺的各种防滑标线及防滑路面所用的路面防滑涂料。城市道路、机场、港口、厂矿等地区涂铺的防滑标线及路面所用的路面防滑涂料可参照执行。具体的技术要求包括:涂膜外观、耐水性、耐碱性、涂层低温抗裂性、抗滑性、人工加速耐候性、不粘胎干燥时间、抗压强度、耐变形性、加热稳定性、基料在容器中的状态、凝胶时间、基料附着性(划圈法)、不粘胎干燥时间、莫氏硬度、骨料粒径等。

第 2 章　道路交通标志和标线基础

2.1　道路交通标志和标线作用

2.1.1　道路交通组织的工具之一

道路交通标志和标线作为道路交通管理的工具,其规范化使用有利于道路交通效率的发挥。具体表现在:

(1)为车辆、行人提供禁止、限制、指示某些交通行为的信息,对流量起着调节、控制、疏导作用。

(2)为车辆、行人提前预告前进方向某一路段的地理状况和周围环境,以防止错驶、绕路,提高行车、走路的效率。

图 2-1 是北京长安街上西单路口周围的路网情况、交通管理情况以及相应的交通标志和标线设置。

虚线圆圈区域(西单路口)是西长安街和宣武门内大街、西单北大街相交的平面交叉路口,长安街是北京东西向的一条主干路,西单北大街和宣武门内大街这条南北向道路上交通量也很大。南北向的交通流通过西单路口后,向东去天安门,向西去西二环的复兴门桥。西单路口的通过能力有限,长安街上的交通量基本上饱和,路口间距很近,一个路口拥堵会造成长安街沿线区域路网的交通拥堵。为了保证长安街的畅通,长安街东西向交通流仅允许直行和右转;宣武门内大街除了直行交通流外,还有去天安门方向的交通流,提前一个路口(在 A 路口)右转分流,这一部分交通量不进入西单路口,要去西二环方向的交通流在西单路口不能左转,直行后在下一路口(B 路口)右转,再在 C 路口右转,直行通过西单路口;西单北大街除了直行交通流外,要去西二环方向的交通流,提前一个路口(在 B 路口)右转分流,要去天安门方向的交通流在西单路口不能左转,直行后在下一路口(A 路口)右转,再在 D 路口右转,直行通过西单路口。长安街上东西向交通流要完成左转,同样需要在下一路口右转绕行。

相应的,标志标线的设置要能够有效地指引交通,体现管理意图。现举例说明如下:

(1)从宣武门内大街向北去天安门方向。

车辆驾驶人在 a 处,看到标志,知道这个路口要右转弯,到西长安街、天安门;到 b 处,知道路口左转去天安门;到 c 处,知道路口右转去天安门;在 d 处,看到“西长安街”的街道名称标志,确认所在位置,知道绕行正确。

(2)从宣武门内大街向北去西二环复兴门方向。

车辆驾驶人在 a 处,看到标志,知道下一路口右转绕行可以去复兴门内大街,到西二环、复兴门桥;到 e 处,知道下一路口右转绕行可以去复兴门内大街,到西二环、复兴门桥;到 f 处,路口不可以左转和右转,只能直行;到 g 处,知道路口右转去复兴门;在 h 处,知道路口右转去复兴门;在 i 处,知道直行可以达到复兴门内大街、复兴门;j 处标志对驾驶人没有影响;到 k 处,看到“复兴门内大街”的街道名称标志,确认所在位置,知道绕行正确。

部分现场标志照片见图 2-2。

这样的标志设置有效地减少了西单路口东西向和南北向交通量,减少了车辆通过路口的时间,提高了通行效率。

交通标志和标线为交通管理服务,体现管理目的。北京长安街西单路口的示例说明,首先要根据道路网、交通状况等确定交通管理方案,而道路交通标志和标线是实现管理方案的工具之一。

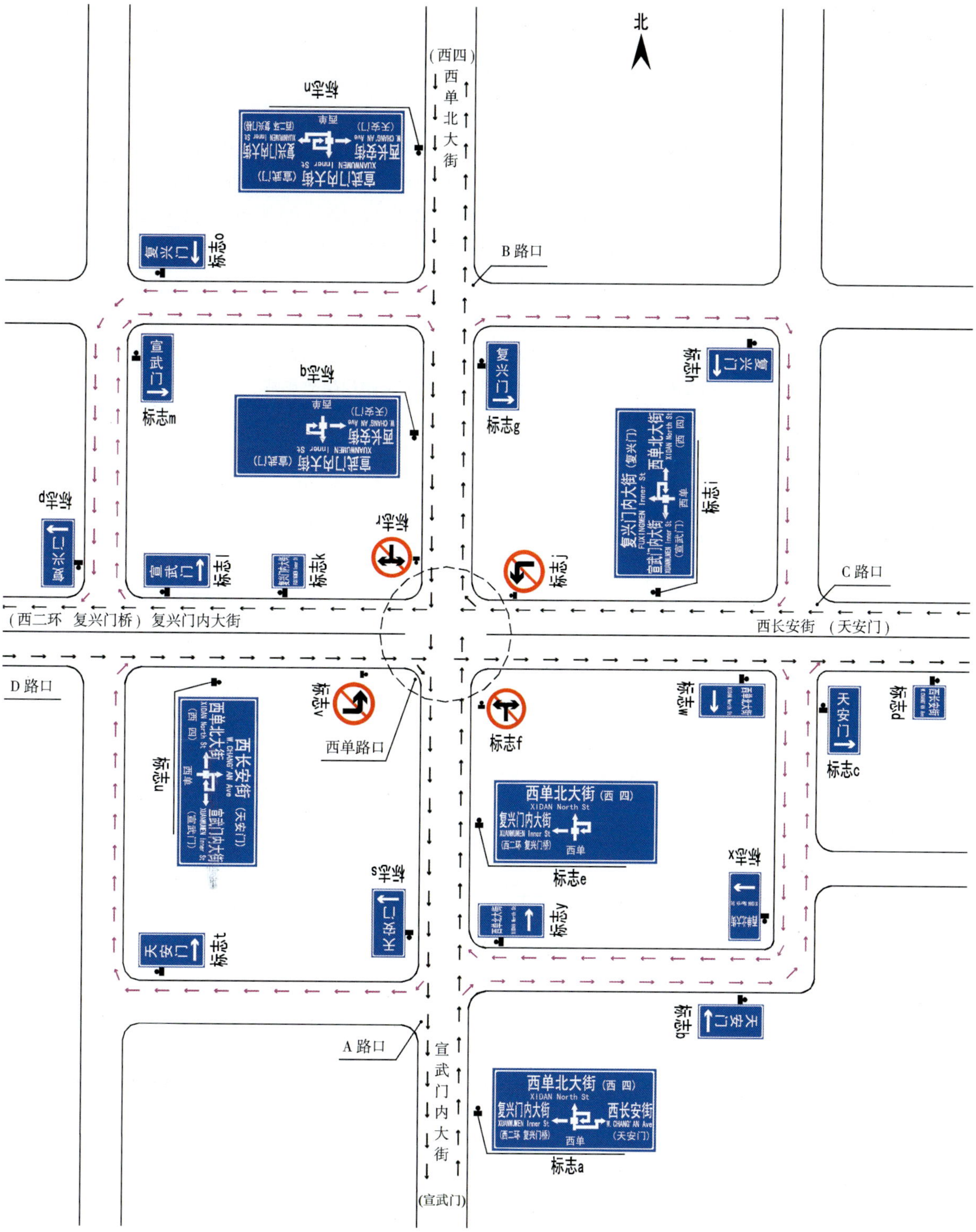
北
(西四)
西单北大街
B 路口
C 路口
D 路口
A 路口
西单路口
(西二环　复兴门桥) 复兴门内大街
西长安街　(天安门)
宣武门内大街
(宣武门)
标志a
标志b
标志c
标志d
标志e
标志f
标志g
标志h
标志i
标志j
标志k
标志l
标志m
标志n
标志o
标志p
标志q
标志r
标志s
标志t
标志u
标志v
标志w
标志x
标志y
西单北大街 (西 四)
XIDAN North St
复兴门内大街
(西二环 复兴门桥)
西单
西长安街
W. CHANG'AN Ave
(天安门)
宣武门内大街
XUANWUMEN Inner St
(宣武门)
复兴门
天安门
宣武门

图 2-1　北京长安街西单路口周围路网交通管理示意图(2009 年 6 月)

北N
西单北大街(西 四)
XIDAN North St
复兴门内大街
FUXINGMEN Inner St
(西二环 复兴门桥)
西单
西长安街
W.CHANG'AN Ave
(天安门)
机 动 车
6:00-23:00入力小三轮
复兴门

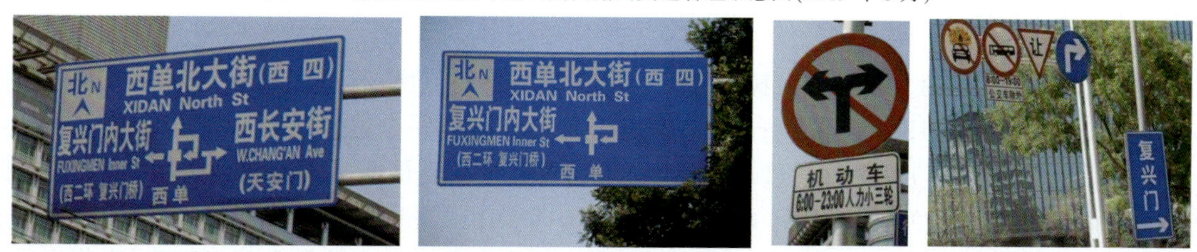

图 2-2　北京长安街西单路口部分标志照片

2.1.2 提高道路交通安全性

交通管理和交通安全是密不可分的,交通管理不好,交通秩序混乱,冲突增多,交通事故也必然增多。交通秩序混乱,交通事故出现也影响了通行效率。

Rune Elvik 和 Truls Vaa(2004 年)引用 Lyles 等 1986 年关于提高标志正确设置对安全影响的成果,对提高标志设置正确性的安全效果进行了分析,得出如下结论:设置的标准为是否满足 MUTCD 规定的要求。研究表明,改善后确保满足 MUTCD 要求后,对于伤害事故,降低的效果为 15%;对于轻微事故,将降低 7%。由于相关研究较少,尚不能确定该成果的适用性,并且对何种标志改造的安全效果也无详细分析。国内关于此方面的研究仅有一些定性的分析。

对于停车让行标志和减速让行标志,Rune Elvik 和 Truls Vaa(2004 年)分析了多项成果,认为减速让行标志对事故数的影响不显著,见表 2-1;停车让行标志非常有助于事故数的减少,见表 2-2。

表 2-1 交叉路口设减速让行标志对交叉路口事故影响

不同程度事故	事故变化百分比	
	最佳估算	95% 置信区间
伤亡事故	-3	(-9;+3)
仅有财产损失事故	-3	(-12;+7)

表 2-2 交叉路口设停车让行标志对交叉路口事故影响

不同程度事故	事故变化百分比	
	最佳估算	95% 置信区间
三肢交叉路口一个方向停车让行		
伤亡事故	-19	(-38;+7)
仅有财产损失事故	-60	(-95;+224)
四肢交叉路口两个方向停车让行		
伤亡事故	-35	(-44;-25)
仅有财产损失事故	-16	(-34;+8)
用减速让行标志替换停车让行标志(所有类型交叉路口)		
伤亡事故	+39	(+19;+62)
仅有财产损失事故	+14	(+2;+26)
各方向停车让行		
所有事故	-45	(-49;-40)

Rune Elvik 和 Truls Vaa(2004 年)引用 38 项各国关于标线安全性成果的分析表明,道路上设置的车道标线对于降低事故数的效果较弱,不超过 5%,但是路肩振动带的效果很好,有利于减少 30% 的冲出路侧的事故;车距确认标线(用于欧洲一些国家,施划在车道上有一定角度的折线,提醒驾驶人所驾驶车辆与前车的距离)有利于减少约 50% 的事故,主要在于车距确认标线有利于辅助车辆保持和前车的安全距离;组合设置的标线相对于单独设置的标线有较好的安全效果,如边线和中心线的组合设置。

由此可见,交通标志和标线的合理设置、使用,可以有效地减少交通事故的发生,有利于提高道路交通的安全性。

2.2 国家标准《道路交通标志和标线》(GB 5768)的使用

2.2.1 法律基础

2003 年 10 月 28 日第十届全国人民代表大会常务委员会第五次会议通过《中华人民共和国道路交通安全法》(自 2004 年 5 月 1 日起施行)。中华人民共和国第十届全国人民代表大会常务委员会第三十一次会议于 2007 年 12 月 29 日通过《全国人民代表大会常务委员会关于修改〈中华人民共和国道路交通安全法〉的决定》(自 2008 年 5 月 1 日起施行)。中华人民共和国第十一届全国人民代表大会常务委员会第二十次会议于 2011 年 4 月 22 日通过《全国人民代表大会常务委员会关于修改〈中华人民共和国道路交通安全法〉的决定》(自 2011 年 5 月 1 日起施行)。

根据《中华人民共和国道路交通安全法》的规定制定的《中华人民共和国道路交通安全法实施条例》已于 2004 年 4 月 28 日在国务院第 49 次常务会议上通过,自 2004 年 5 月 1 日起施行(中华人民共和国国务院令第 405 号)。2017 年 10 月 7 日,对《中华人民共和国道路交通安全法实施条例》进行了修改(中华人民共和国国务院令第 687 号)。

《道路交通安全法》,尤其是《道路交通安全法实施条例》详细规定了各类道路通行条件,各道路使用者的使用规则,充分体现了"路权"和"人权(其中安全的权利、平等的权利)"。《道路交通安全法》及《道路交通安全法实施条例》以法律的形式赋予了道路交通标志和标线在道路交通安全方面的地位与作用。《道路交通安全法》及《道路交通安全法实施条例》也是国家标准《道路交通标志和标线》(GB 5768)的重要依据。

依据《道路交通安全法》及《道路交通安全法实施条例》的规定、道路交通管理相关的地方规章和条例、道路交通管制的实际需要,由道路主管部门确定各种条件下应该如何管理交通、保障安全。根据具体的管理措施、安全保障措施,由道路主管部门依据国家标准《道路交通标志和标线》(GB 5768)和相应的标准,合理使用道路交通标志和标线。

根据《道路交通安全法》及《道路交通安全法实施条例》,道路交通标志和标线是"交通信号"的一部分,是重要的交通管理设施之一,对通行效率和安全都至关重要。各种交通信号的优先级别如下:

(1)交通警察现场指挥优先级别最高,其次是信号灯、道路交通标志和标线。

道路施工现场的施工人员挥动号旗仅是为了提醒车辆驾驶人注意作业区,减速慢行,其优先级别与施工、养护作业区设置的临时性交通标志和标线相同。图 2-3 所示为作业区旗手。

图 2-3　作业区旗手

如图 2-4 所示,信号灯工作时,应遵守信号灯指示的信息;信号灯关闭时,应遵守道路交通标志指示的信息。

图 2-4　同时设置信号灯和停车(减速)让行标志的交叉路口

(2)临时性信号优于固定的信号,如施工作业区的一些临时性交通标志和标线。

施工作业区设置相应的标志和标线时,应遮蔽、拆除原有的标志和标线。有些短时作业,未遮蔽、拆除原有标志和标线时,道路使用者应遵守施工作业标志和标线的指示与指引。如图 2-5 所示,地面标明最高限速 80km/h,因为施工作业,隧道口临时标志显示最高限速 40km/h,这个时候,驾驶人应优先遵守临时性标志的指示。

国家标准《道路交通标志和标线　第 1 部分:总则》(GB 5768.1—2009)明确指出:当道路临时交通组织或维护等原因标志与标线信息含义不一致时,应以标志传递的信息为主。这种情形下,临时性标志传递的信息优先。

(3)可变标志优于静态标志。

如图 2-6 所示,静态标志表示车道的最高限速是 80km/h,可变信息标志显示的最高限速也是 80km/h,此时,可变限速标志可以关闭不用。因为前方事故、恶劣天气等需要驾驶人降低最高行驶速度时,可变限速标志显示低于 80km/h 的速度值,与静态标志不一致,此时驾驶人应遵守可变限速标志的最高限速值。

图 2-5 临时性标志和标线优先示例

图 2-6 可变信息标志优先示例

2.2.2 强制性标准

国家标准《道路交通标志和标线 第 2 部分:道路交通标志》(GB 5768.2—2022)是强制性标准,是全文强制。其引用了以下标准:

(1)GB 5768.1 道路交通标志和标线 第 1 部分:总则

(2)GB 17733 地名 标志

引用标准的含义有两层:

(1)上述这些标准的部分条文通过 GB 5768.2—2022 的引用,成为 GB 5768.2—2022 的条款或要求。

(2)上述这些引用标准都没有注日期,那么,这些标准的最新版本适用于 GB 5768.2—2022。如:GB 5768.2—2022 中 4.7 规定"使用本文件规定以外的图形标志为试用标志,应按 GB 5768.1 规定的程序执行,并应附加辅助标志说明含义。"含义是:GB 5768.1 现行有效的是 GB 5768.1—2009,如果 GB 5768.1 修订了,使用 GB 5768.2—2022 规定以外的图形标志为试用标志,应按 GB 5768.1 修订后新版本要求的程序来执行。

前面说过,道路交通标志和标线最重要的特性是统一性,并与安全和通行效率密切相关。也正因为如此,《道路交通标志和标线》(GB 5768)应该严格执行。如果不按标准制作、设置,道路使用者产生疑惑,就会影响交通安全、效率;更重要的是,这个影响不是一次、两次,而是影响驾驶人将来对这一类标志的反应,尤其是对设置正确的同样标志,可能因为不信任标志而发生事故。例如,急弯路的警告标志,如果在一个不是"急弯路"的弯道前设置此标志,那么将影响驾驶人对急弯路警告标志的遵守,可能在需要减速的急弯前没有减速而发生对向碰撞事故。因此,在使用标准的过程中,要领会标准规定的各类标志和标线的形状、图形、颜色的含义,为体现交通管理意图,选择合适的标志和标线,并设置合理得当。

2.2.3 适用范围

《道路交通安全法》第一百一十九条明确指出:道路是指公路、城市道路和虽在单位管辖范围但允许社会机动车通行的地方,包括广场、公共停车场等用于公众通行的场所。因此,《道路交通标志和标线》(GB 5768)适用于公路、城市道路和虽在单位管辖范围但允许社会机动车通行的地方,包括广场、公共停车场等用于公众通行的场所等各类道路上设置的交通标志和标线。其他机动车通行的地方、停车场等设置的交通标志和标线可参照执行。

《道路交通标志和标线》(GB 5768)的第 2 部分,于 2022 年 3 月 15 日发布,2022 年 10 月 1 日实施。对于 2022 年 10 月 1 日以后设立的标志和标线应按 2022 版标准执行;对于 2022 年 10 月 1 日前已经按 2009 版标准实施的,可以暂时维持不动,随着道路维护、标志标线维护逐步进行更新和完善。

2.2.4　标准已经规定的标志和标线的使用

标志和标线的形状、图形、颜色等含义及使用在第二篇和第三篇的各章详细介绍，表 2-3 是《道路交通标志和标线》(GB 5768)规定的部分用于标志和标线的图形。这些图形可单独或组合使用作为标志或标线，也可用于其他标志上。用作标志时，应符合警告标志、禁令标志、指示标志、指路标志、旅游区标志、辅助标志、告示标志的一般规定和原则。用作标线时，应符合标线的一般规定和原则。这些图形使用时，应按比例放大或缩小。

表 2-3　GB 5768 规定的图形

序号	图　形	说　明	序号	图　形	说　明
1		直行，车道或道路的行驶方向	8		机动车
2		向左，车道或道路的行驶方向	9		小客车
3		向右，车道或道路的行驶方向	10		客车、公共汽车；标识长途汽车时见下图： 长途汽车
4		车道指示，正对车道，指明车道属性或目的地	11	校车	校车，也可以表示为： 校车
5		向左转弯方向，车道或道路的行驶方向，可反向	12		载货汽车，表示大、中、小型载货汽车时见下图： 大型　中型 小型
6		掉头	13		超限超载车
7		道路作业区绕行指引箭头	14		挂车、半挂车

续上表

序号	图　形	说　明	序号	图　形	说　明
15		机动旅居车或由机动车拉的旅居蓬	26		人力车
16		三轮汽车、低速货车	27		畜力车
17		拖拉机	28		行人
18		危险品车	29		残疾人,残疾人轮椅车
19		电动自行车	30		汽车站
20		摩托车	31		火车站
21		非机动车	32		飞机场,机头方向指向通向飞机场的出口方向
22		非机动车骑行	33		港口
23		非机动车推行	34		轨道交通
24		人力客运三轮车	35		换乘中心
25		人力货运三轮车	36	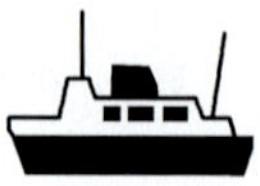	客轮码头

续上表

序号	图　形	说　明	序号	图　形	说　明
37		轮渡	48		快餐
38		停车场、停放处	49		喝咖啡和其他饮料的场所
39		室内停车场	50		信息服务
40		急救站	51		骑马
41		医院	52		高尔夫
42		汽车修理	53		索道
43		洗车	54		野营地
44		出租车	55		营火
45		加油站	56		紧急避难设施，可反向
46		服务区住宿	57		公安机关
47		餐厅	58		禁止

续上表

序号	图　形	说　明	序号	图　形	说　明
59		高尔夫	61	区域	区域解除、终止、结束
60		解除、终止、结束			

在各种具体的情形下,需要设置标志和标线时,首先使用标准中已经规定的标志和标线;其次,没有规定的标志和标线,要符合标准规定;最后,即使遵守了标准的规定,不同的设计者设置出来,也可能不同。设计者的经验和主观能动性是很重要的,要充分熟悉路网、道路功能、交通状况、道路使用者的需求和交通安全性。

图 2-1 是北京长安街西单路口的交通管理和现状标志设置,也可以按图 2-7 所示设置相应的标志。说明如下:

(1)从宣武门内大街向北去天安门方向。

车辆驾驶人要去天安门方向,在 a 处看到标志,知道这个路口要右转弯,到西长安街、天安门;到 b 处,知道前面路口禁止右转,这个路口要按绕行标志所示右转行走;到 c 处,知道路口左转去天安门;到 d 处,知道右转去天安门;到 e 处,看到西长安街的街道名称标志,确认所在位置,知道行驶正确。

(2)从宣武门内大街向北去西二环复兴门方向。

车辆驾驶人经过 a、b 处,看到标志应该没有反应;在 f 处,知道路口左转去复兴门内大街,到西二环、复兴门桥;到 g 处,知道路口禁止左转,要直行右转绕行才可以去复兴门内大街,到西二环、复兴门桥;到 h 处,按标志指示只能直行;到 i 处,知道路口右转去复兴门;在 j 处,知道路口右转去复兴门;到 k 处,看到"复兴门内大街"的街道名称标志,确认所在位置,知道绕行正确。

将图 2-7 和图 2-1 所示标志设置相比,哪种方式更好?还需要做进一步的观测、调查,根据事故、交通流量、交通延误等进行对比分析来说明。

根据标准规定使用标志和标线,设置标志和标线时应遵循的主要原则如下:

原则一:道路交通标志和标线应传递清晰、明确、简洁的信息,以引起道路使用者的注意,并使其具有足够的发现、认读和反应时间。

原则二:道路交通标志和标线不应传递与道路交通无关的信息,如广告信息等。

原则三:道路交通标志和标线传递的信息不应相互矛盾,应互为补充。

其中,原则一、二是从人的因素(human factor)出发,第三章将有详细的介绍,需要说明的是原则三,在标准的使用中,包括道路使用者和管理者有时有些误解,认为标志和标线表达含义应完全一致,标志的设置要体现在标线上,标线的设置要体现在标志上。一般情况下,这样做最好。但是,有些情况下,这样要求可能很难做到或没有必要。如下列一些情况:

情况一:没有设置条件,做不到;

情况二:标准已经明确了,不要求同时设置;

情况三:因为管理复杂,要通过标志、标线表达相同的管理意图,可能做不到,或者标志和标线设得很复杂,反而影响驾驶人的理解和设置作用的发挥。

《道路交通标志和标线　第 1 部分:总则》(GB 5768.1—2009)中明确规定:当道路临时交通组织或维护等原因标志与标线信息含义不一致时,应以标志传递的信息为主。

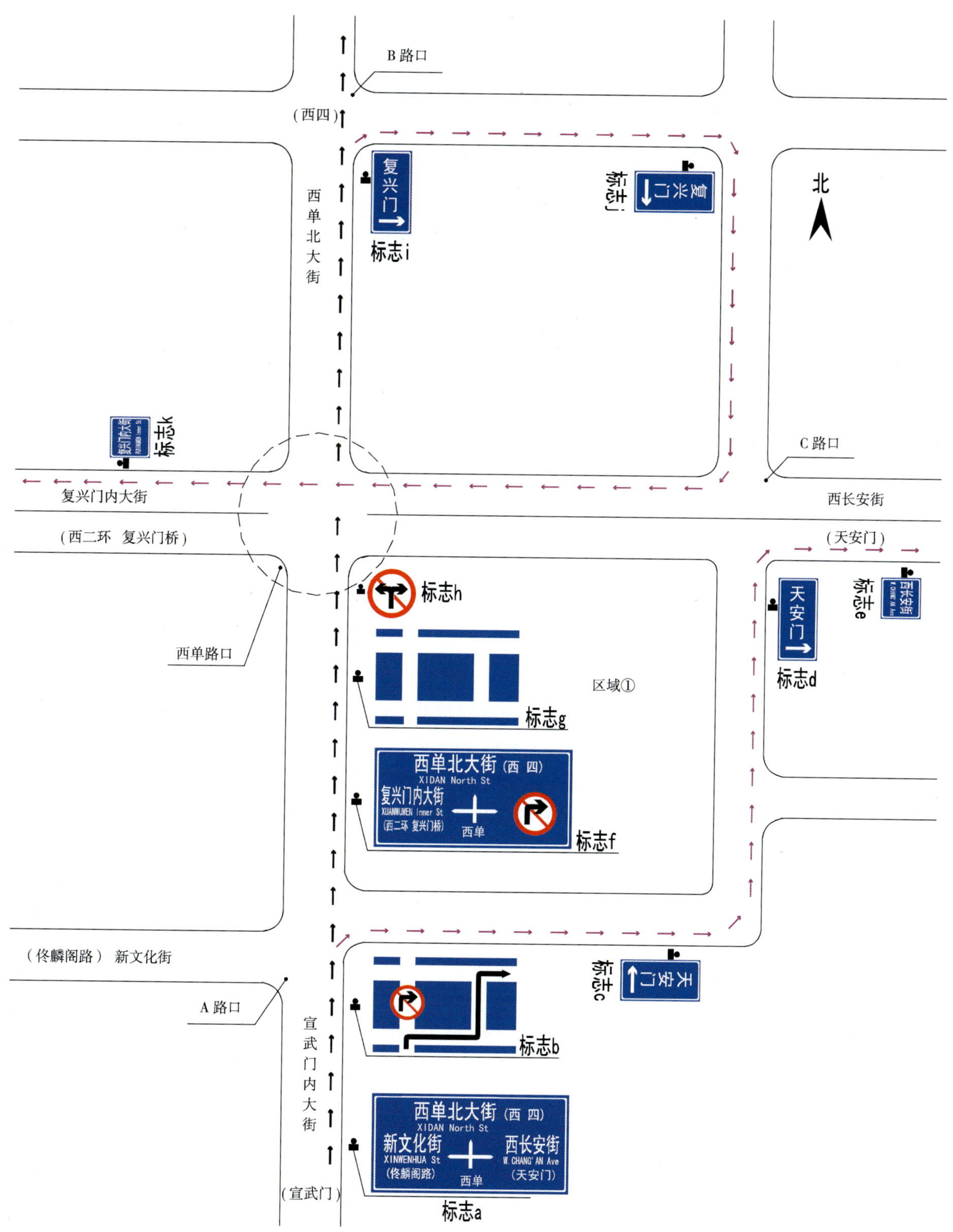

图 2-7　北京长安街西单路口部分标志设置对比方案示例

前两种情况,《道路交通标志和标线　第 2 部分:道路交通标志》(GB 5768.2—2022)附录 D(资料性附录)给出了一些交通标志和标线配合使用的建议,见表 2-4。同时,明确规定:原则上同时设置交通标志和标线。路面未铺装,则仅设置标志;道路空间受限无法设标志及基础,则仅设置标线。可以只设标线的情况,要考虑积雪等的影响确定是否设标志。可以只设标志的,要考虑车辆遮挡等的影响确定是否设标线。例如,平面交叉路口进行停车让行、减速让行控制的,标志和标线应同时设置,但是有些支路是砂石路,没有铺装路面,无法施划标线。又如,双车道公路的道路中心线,如果是黄色实线,就表示禁止跨越,是不能超车的,这时候可以不设禁止超车标志。这里如果设了禁止超车标志,则道路中心线必须是实线,不要出现矛盾的标志和标线。

表 2-4 交通标志和标线的配合建议

<table>
<tr><th colspan="2">情　形</th><th>标　志</th><th>标　线</th><th>说　明</th></tr>
<tr><td colspan="2">禁止掉头</td><td>必设</td><td>可选</td><td></td></tr>
<tr><td colspan="2">禁止车辆停放</td><td>可选</td><td>可选</td><td>需要对车型及时间进行限制时,标志必设</td></tr>
<tr><td colspan="2">最高限速</td><td>必设</td><td>可选</td><td></td></tr>
<tr><td colspan="2">匝道汇入高速公路合流</td><td>可选</td><td>必设</td><td>3-3 线,表示主线优先</td></tr>
<tr><td colspan="2">专用车道</td><td>原则上必设</td><td>原则上必设</td><td></td></tr>
<tr><td colspan="2">导向车道</td><td>原则上必设</td><td>原则上必设</td><td>可变导向车道,标志为可变标志</td></tr>
<tr><td colspan="2">停车位</td><td>可选</td><td>原则上必设</td><td>有时段、时长要求时,标志必设。
有车型要求时,可以标线表示</td></tr>
<tr><td colspan="2">未设信号灯、停车让行标志、减速让行标志的人行横道</td><td>必设</td><td>必设</td><td>标志指“人行横道”标志。
是否设置“注意行人”警告标志根据实际情况</td></tr>
<tr><td rowspan="2">平面交叉处停、让控制</td><td>停车让行</td><td>必设</td><td>原则上必设</td><td rowspan="2">未铺装路、积雪等原因标线的设置及管理困难时,只设标志</td></tr>
<tr><td>减速让行</td><td>必设</td><td>原则上必设</td></tr>
<tr><td rowspan="2">铁路道口</td><td>有人看守</td><td>必设</td><td>可选</td><td>如果需要设警告标志</td></tr>
<tr><td>无人看守</td><td>原则上必设</td><td>原则上必设</td><td>如果需要设警告标志。
路面未铺装、积雪等,要设斜杠标志</td></tr>
</table>

注:必设、原则上必设均指符合设置条件情况下。

第三种情况,以下面的示例进行说明:平面交叉路口前左侧车道 7:00—22:00 车辆禁止左转只能直行,其他时间此车道可以左转、直行。图 2-8a)是最优的设置,以可变标志清晰地表示车道行驶方向;如果不设车道指示的可变标志,图 2-8b)、c)所示的设置也可以达到管理目的。这三种方式,地面标线是不可变的,如果没有标志,仅靠标线没有办法完全表示清楚。这两种设置方式都符合“道路交通标志和标线传递的信息不应相互矛盾,应互为补充”的原则。

如图 2-9 所示,与标准规定有些出入。专用车道标志见图 2-10,标准规定是统一的,重点在于驾驶人一看就明白是某种车辆的专用车道,不需要反映实际路面上标线的状况。

道路上,有些标志本身或标志的设置,驾驶人看不懂,一方面可能是宣传、教育不够;另一方面,作为交通工程师和技术工作者,应该做更多的工作,使标志和标志的设置更优,更符合人的因素,满足道路使用者的要求。

2.2.5 标准未规定的标志和标线的使用

在实际应用中,如需使用《道路交通标志和标线》(GB 5768)规定以外的道路交通标志和标线,应符合以下程序:

(1)提出方将研究申请报备全国交通工程设施(公路)标准化技术委员会(以下简称标委会)。报告应说明特殊使用需求、新标志和(或)标线研究的必要性、研究方法等;同时承诺研究成果不受专利、知识产权保护。

(2)研究过程中,与标委会保持必要的联系,使标委会能够了解研究的进展及情况。

(3)研究完成后,研究结果以研究报告形式报备标委会。研究报告包含以下内容:新标志标线产生的背景、研究过程及结论;并在研究报告报备后的一定时间内保持试验研究场地。

(4)标委会组织对研究结果的评议,根据需要实地考察试验场地。

(5)标委会根据评议结果,通知提出方是否可以在一定区域试用。

(6)如果可以试用,标委会通知若干地区试用新标志和(或)标线,并请各试用方提供试用评价。

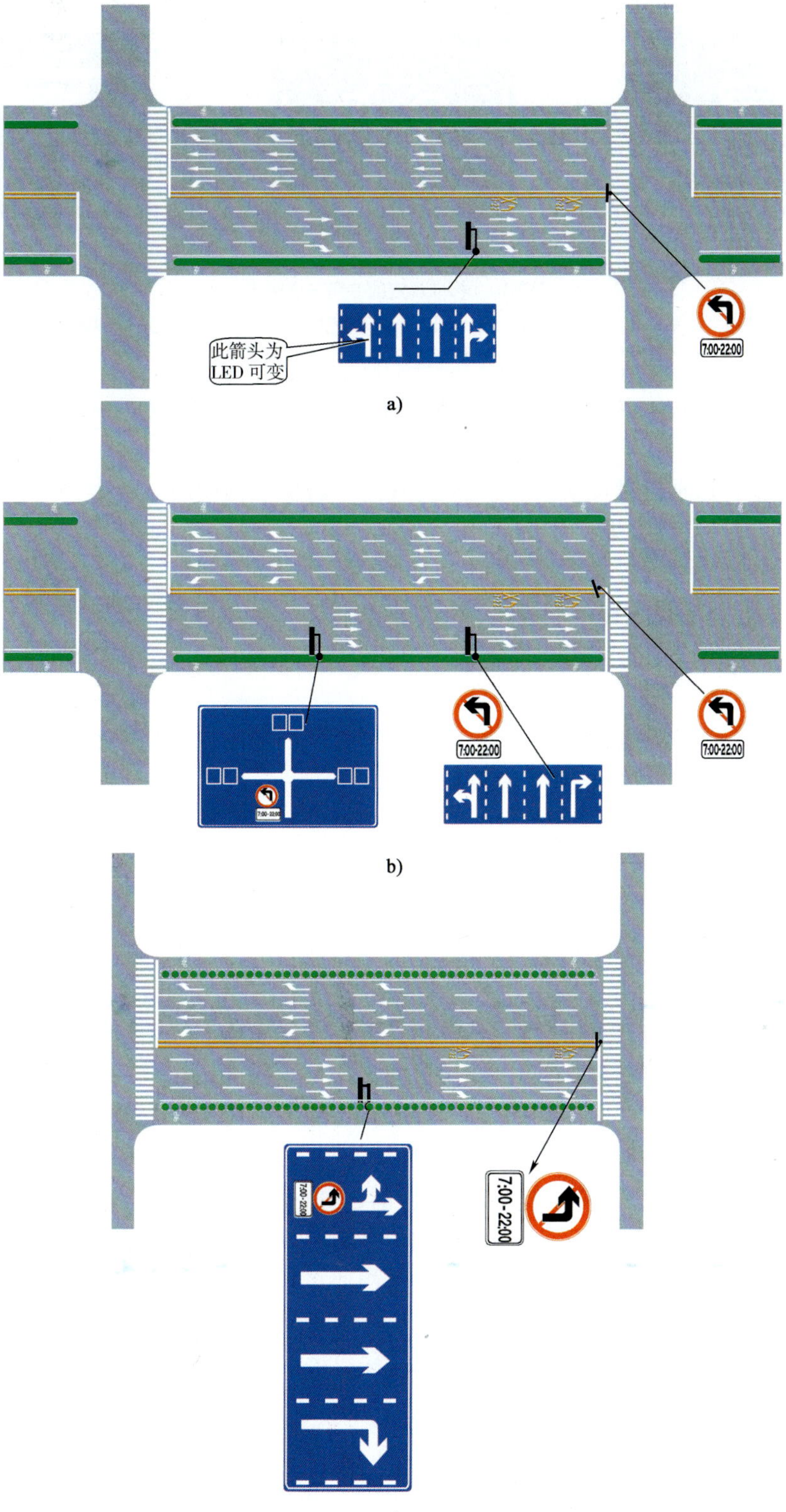

此箭头为
LED 可变
7:00-22:00
a)
7:00-22:00
7:00-22:00
b)
7:00-22:00
7:00－22:00
c)

图 2-8　标志标线设置建议示例

7:00—9:00
17:00—19:00
a)
b)

图 2-9　专用车道指示标志照片

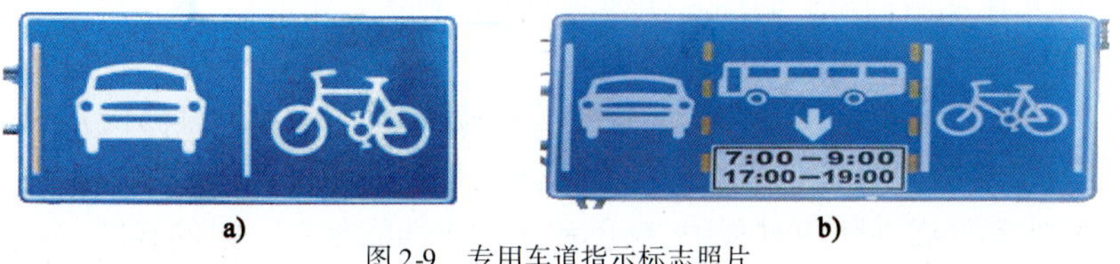

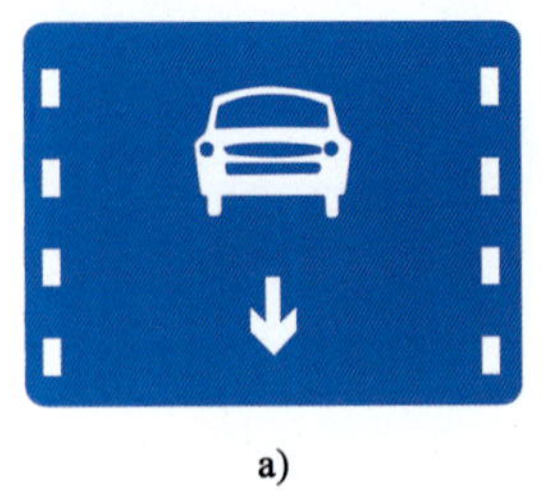

a)

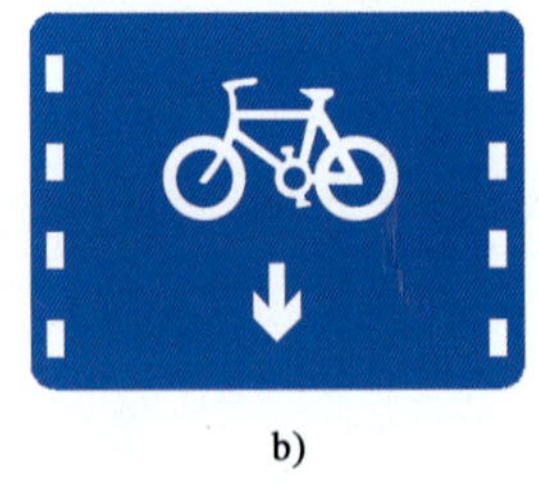

b)

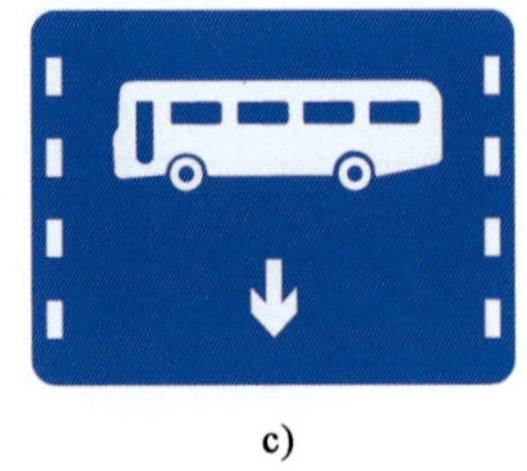

c)

图 2-10　标准规定的专用车道标志

a)正对车道的机动车车道标志;b)正对车道的非机动车车道标志;c)正对车道的公交线路专用车道标志

注:标准规定正对车道时,向下的箭头可以省去。

(7)标委会根据试用评价,决定新标志和(或)标线是否纳入条文修改。如果纳入修改,则进行标准条文修改的程序。

技术标准一般不含这种管理性质的要求,但是在每一版标准的使用过程中,都有一些实际情况可能需要设置新的标志和标线,而如果使用标准中没有规定的标志和标线,可能会出现一些纠纷。另一方面,标准是使用后经验的总结,没有使用过的标志和标线,如果不经过研究和试用、评估等,无法纳入标准。所以,标准规定的这个程序有两个益处:

(1)有益于新标志和标线的试用。尽管程序有些烦琐,但是因为涉及安全和法律责任,所以是必要的。

(2)有益于标准的修订和提高标准质量。经过这个程序,就比较有把握确定是否可以进入标准修订。根据积累的问题和情况,也比较明了需要修订的时机。

2.2.6　道路交通标志和标线的维护

《公路法》第三十三条规定:“公路建设项目和公路修复项目竣工后,应当按照国家有关规定进行验收;未经验收或者验收不合格的,不得交付使用。建成的公路,应当按照国务院交通主管部门的规定设置明显的标志、标线”。第三十五条规定:“公路管理机构应当按照国务院交通主管部门规定的技术规范和操作规程对公路进行养护,保证公路经常处于良好的技术状态”。以上规定明确了道路交通标志、标线的建设、养护职责;明确了新建、扩建以及运营的道路上标志、标线的要求。

《道路交通安全法》第二十八条明确规定:“任何单位和个人不得擅自设置、移动、占用、损毁交通信号灯、交通标志、交通标线。道路两侧及隔离带上种植的树木或者其他植物,设置的广告牌、管线等,应当与交通设施保持必要的距离,不得遮挡路灯、交通信号灯、交通标志,不得妨碍安全视距,不得影响通行”。第三十条明确规定:“道路出现坍塌、坑槽、水毁、隆起等损毁或者交通信号灯、交通标志、交通标线等交通设施损毁、灭失的,道路、交通设施的养护部门或者管理部门应当设置警示标志并及时修复”。以上规定明确了其他设施不得影响道路标志标线的使用,也明确了设置的标志标线应及时维护。

《公路法》和《道路交通安全法》都明确了标志和标线养护、管理的主体。国家标准《道路交通标志和标线　第 1 部分:总则》(GB 5768.1—2009)依据上述法律也规定了:“道路交通标志和标线应维护良好,以保持交通标志和标线的完整、清晰、有效”。

国家标准《道路交通标志和标线　第 1 部分:总则》(GB 5768.1—2009)还规定:“道路交通标志和标线的成品和(或)材料,应由国家认可的检测机构依据相关法律法规和标准规范检测合格后,方可使用。”这样规定的目的是保证用到路上的标志和标线的原材料是合格的。

道路交通标志和标线材料本身对其功能发挥最重要的指标是颜色和逆反射性能。国家标准《道路交通反光膜》(GB/T 18833)、《道路交通标线质量要求和检测方法》(GB/T 16311)对标志反光膜和标线涂料及标线成品的颜色、逆反射性能都有相应的规定。但是,主要是针对新产品初始色度和逆反射性能的要求。道路交通标志和标线在使用过程中,颜色和逆反射性能都有一定的衰减,衰减到什么程度需要进行更换或重新施划,尚无相应的标准进行规定。

美国联邦公路局从 20 世纪 80 年代末开始，就一直在进行标志反光膜最低逆反射性能的研究，这对标志夜间的可视性和作用发挥至关重要。2008 年 1 月 22 日形成法律规定并生效：“道路管理部门应使用评估和管理办法以维护标志逆反射性能符合表 2-5 的要求。”表 2-5 是修订完成的美国 MUTCD 中的数值。

表 2-5　MUTCD 关于标志最低逆反射性能要求[a]

标志颜色	反光膜类型(ASTM D4956-04)				其　他
	玻璃珠型			微棱镜型	
	Ⅰ	Ⅱ	Ⅲ	Ⅳ,Ⅴ,Ⅵ,Ⅶ,Ⅷ,Ⅸ,Ⅹ	
绿底白字	白* 绿≥7	白* 绿≥15	白* 绿≥25	白≥250;绿≥25	车行道上方
	白* 绿≥7	白≥120;绿≥15			路侧柱式
黄底黑字、橙底黑字	黄*;橙*	黄≥50;橙≥50			b
	黄*;橙*	黄≥75;橙≥75			c
红底白字	白≥35;红≥7				d
白底黑字	白≥50				—

注：[a]表中所示最低逆反射性能单位是 cd/(lx·m^2)，测试的观测角是 0.2°、入射角是 -4.0°。

[b]各种尺寸的粗体图形标志、文字标志和细体图形标志的尺寸不小于 1200mm。

[c]文字标志和细体图形标志的尺寸小于 1200mm。

[d]最低对比度≥3∶1(白色逆反射系数∶红色逆反射系数)。

*表示这一类型反光膜不能使用。

现举例说明如下：

例 1：急弯警告标志(图 2-11)最低逆反射要求，按表 2-5 理解如下：

(1)不能使用黄色的 Ⅰ 类 (工程级)反光膜。

(2)可以使用其他类黄色反光膜，逆反射系数应大于 50cd/(lx·m^2)或者 75cd/(lx·m^2)，因为急弯标志不属于文字标志，也不属于细体图形，因此应满足逆反射系数大于 50cd/(lx·m^2)。

(3)黑色没有逆反射性能，所以不用测量，在此没有要求。

例 2：停车让行标志(图 2-12)最低逆反射要求，按表 2-5 理解如下：

(1)所有类型反光膜都可以使用，白色和红色膜的最低逆反射性能应满足白≥35cd/(lx·m^2)，红≥7cd/(lx·m^2)。

(2)最低对比度应满足白色逆反射系数∶红色逆反射系数≥3∶1。例如，红色膜逆反射系数如果是 20cd/(lx·m^2)，那么白色膜的逆反射系数应≥60cd/(lx·m^2)。

图 2-11　美国急弯警告标志

图 2-12　美国停车让行标志

标志更换的要求是从联邦法律(Federal final rule)生效日期 2008 年 1 月 22 日起，到 2012 年 1 月完成“标志评估和管理办法”，使得管理者有工具可使用，并用此来测量、评估、决定是否更换标志；到 2015 年 1 月，完成更换所有的警告、禁令、指示标志和路侧设置的标志(街道名称标志除外)，满足最低逆反射性能的要求；到 2018 年 1 月，完成更换所有的街道标志和车行道上方指路标志，满足最低逆反射性能的要求。

对于使用中标线的最低逆反射性能，美国、欧盟等也都有相应的规定。

为保证道路交通标志和标线清晰有效，我国应该尽快开展相关的比较、试验研究，以明确我国道路、交通、驾驶人、车辆以及经济条件下，使用过程中标志反光膜和标线的最低颜色和逆反射性能的要求，保证道路交通标志和标线在使用过程中满足车辆驾驶人、行人等的要求,发挥其应有的作用。

2.2.7 道路交通标志和标线的发展

随着人工智能、深度学习及网络技术的快速发展,自动驾驶技术开启了一个新时代。它具备提高道路通行能力、减少交通拥堵和环境污染、改善交通安全、增强驾驶的舒适性等潜在能力,这令业界和大众向往,同时吸引了大量资本的注入,进一步加速了自动驾驶技术的产业化发展。

关于道路设施对于自动驾驶车辆的重要性存在着很多猜测。诸如 Waymo、MapLite 等科技公司号称他们的自动驾驶系统无须依赖道路标志标线,但这背后是有其代价及局限性的。Waymo 依赖其强大的高精地图作后盾,高精地图确实能包含道路标志标线信息,但目前无法对其过度依赖,仍需冗余的信息及数据以保障行车安全。在道路状况临时发生变化或是地图未及时更新的情况下,设置在道路上的标志标线就为自动驾驶车辆提供了必不可少的信息。另一方面,目前不是所有的自动驾驶系统都依赖于高精地图,毕竟高精地图的开发成本高,大量的数据对系统的计算能力也有很高的要求。MapLite 借助激光雷达获取道路数据,依据道路边缘的位置推测出车辆行驶的路径,但这只能用于乡间土路或双向单车道的低等级道路,其精度不能用于高等级公路。

同时,自动驾驶车辆的市场化并不能一蹴而就,未来几十年里由驾驶人驾驶的车辆将和自动驾驶车辆并驾齐驱,同时完全自动化驾驶的时代的到来也有待时日。传统的道路设施,包括标志标线,仍不会在未来几十年里退出历史舞台。

目前已市场化的高级驾驶辅助系统里的以下功能需要借助道路标线进行车行道追踪:车道保持、车道偏移报警、换道辅助、转向辅助、交通拥堵辅助、跟车行驶、自动泊车系统等。而交通标志识别、跟车行驶等功能需要通过识别标志获取限速、禁令或指示。

另一方面,标志标线对自动驾驶系统还有着控制其设计运行范围的作用。自动驾驶系统的开发受到设计运行范围的限制以保证车辆的安全运行。设计运行范围受限于那些影响自动驾驶车辆准确检测周边环境的因素,其中包括标志标线的实际视认性水平。诸如退化的标志标线、恶劣天气状况影响标志标线的视认性等因素都是确认自动驾驶设计运行范围的依据。保持标志标线的一致性及视认水平可以放宽自动驾驶的设计运行范围,从而加速自动驾驶系统的发展。

目前主流技术主要有以下几种:

(1)计算机视觉技术。

因为标志标线是专门针对驾驶人的视觉需求进行设计的,所以目前主要是用摄像头作为传感器,然后用计算机视觉技术对采集的图片进行标志标线的识别。这一方法成为主流技术的另一个原因在于目前摄像头相对便宜和可靠。计算机视觉技术识别出道路上的标志标线类型后,会将识别的结果传输给决策系统来控制自动驾驶车辆的下一步驾驶行为,该技术对算法的依赖度高。图 2-13 显示了通过计算机视觉技术识别出的标志标线和其他车辆。

图 2-13 计算机视觉技术对标志标线的识别

图片来源:Vyshnyk O.

目前业界普遍采用深度学习方法(如卷积神经网络)对标志进行识别。该方法需要根据事先采集的大量标志图片对算法进行训练,使其能够准确识别各种标志的类别,然后用训练成熟的算法对现场采集的标志图片加以实时识别。图片识别的准确率很大程度上取决于用于训练算法的图片是否涵盖了实际驾驶场景中的标志状况,号称 garbage in garbage out(无用数据入、无用数据出)。若训练图片没有包括处于各种天气、光线、路况、设置及磨损状况下的标志,训练图片则缺乏多样性和全面性,直接影响算法的准确性,从而导致很多实际驾驶场景中的标志无法被正确识别。图 2-14 展示了深度学习方法对标志图片的训练过程。

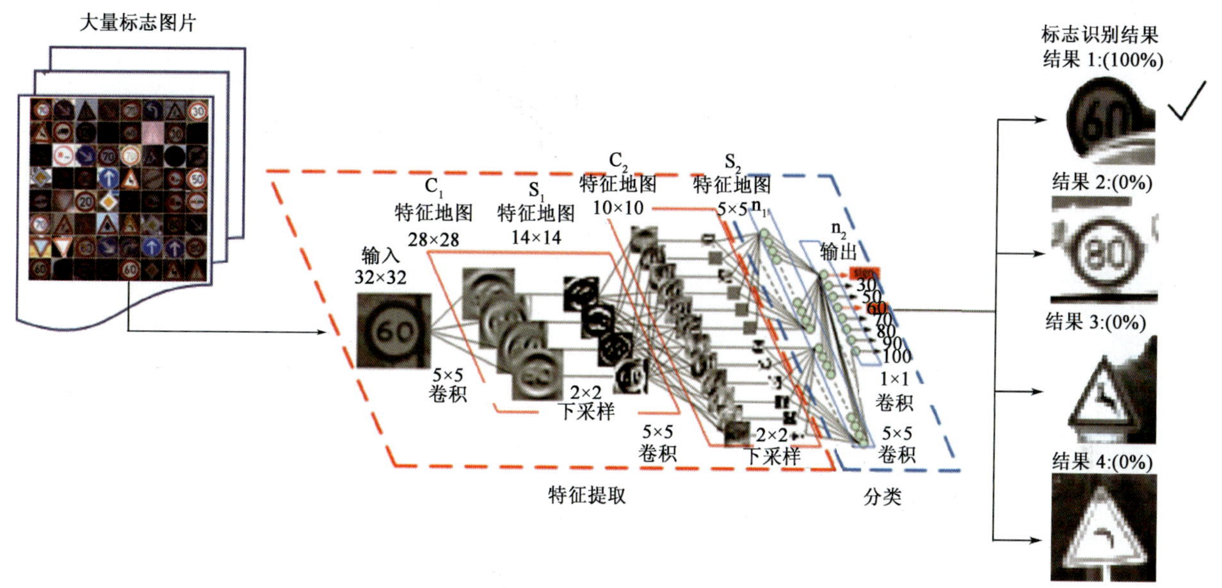

图 2-14　深度学习对标志图片的训练过程

(2)高精地图支持。

然而,不论是单纯依据摄像头采集的图片还是借助于激光雷达采集的点密度、回波宽度或反射强度等信息来识别标志标线,它们都受到驾驶环境的限制,诸如外物(常见为车辆、植物、泥土、冰雪等)对标志标线的遮挡或覆盖。摄像头采集的图片还会受到光线或阴影等造成的视觉干扰。为克服这些限制,有些自动驾驶系统将事先绘制的高精地图与激光雷达实时生成的路况全景图结合起来推算/核实道路上的标志标线,这提高了标志标线识别的准确度并提供了冗余信息。

(3)通信技术。

就标志标线识别而言,目前的新技术主要集中在通过设置车辆与道路设施的通信系统来帮助自动驾驶车辆传达道路和车道信息,而不是借助于传统的标志标线。当前相对成熟的技术包括通过在标志标线里嵌入信标或是传感器的方式为自动驾驶车辆提供信息,帮助自动驾驶车辆更好地识别标志标线。例如,3M 公司在标志反光膜里加入扫描码,虽然驾驶人看不到,但车辆的车载传感器能直接读取从而获取标志所传达的信息。还有将标线信息与射频识别技术(RFID)相结合,用车载 RFID 读写器帮助识别标线,见图 2-15。当然,在进入完全自动化驾驶时代之前,大规模地投资这样一套系统并不现实,还有待于从性价比和可行性上做进一步研究。

在了解自动驾驶车辆在识别标志标线所采用的技术类型之后,有必要找出各种技术在实际道路场景中所存在的挑战。迄今为止,在自动驾驶车辆的测试过程中均发现车辆在标志标线的机器识别中存在着问题,这个问题主要是由道路标线缺失、标志标线不清、标志标线不一致所导致的。

如何使包括标志标线在内的道路设施与未来车辆性能相匹配是推广自动驾驶技术、改善道路安全的前提条件。以下从可靠性、多样化及安全性三方面对标志标线的识别难点展开讨论。

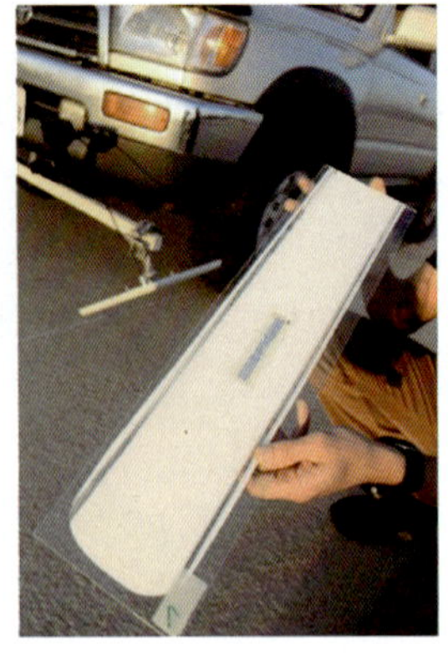

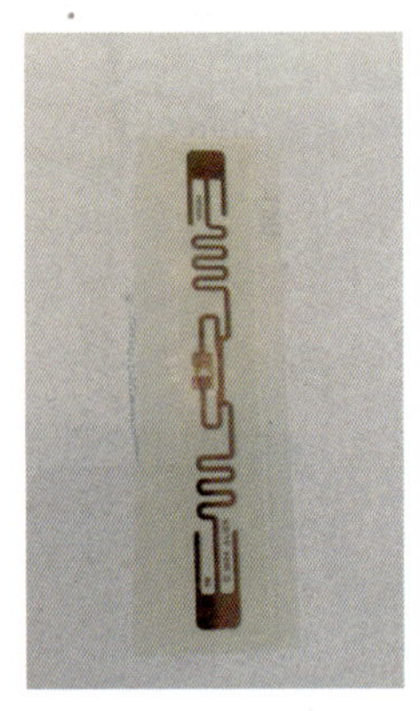

图 2-15　嵌套在标线里的 RFID
图片来源:NCHRP 20-102(06)。NCHRP 代表美国公路合作研究组织。

图 2-16　车辙及旧标线的印记

(1)可靠性。

保证标志标线识别的准确率是目前存在的难点之一。计算机视觉技术由于对图片质量的依赖性很高,用该技术识别标志标线的准确率会随着实际驾驶环境上下浮动。在用图像处理的方法识别标线的过程中,原图像先要转成灰度图像,这就使得沥青修补的道路接缝、路面接缝、路面上的车辙、旧标线留下的印记等会被误识别为标线,见图 2-16。

同时,可变信息标志或 LED 标志的亮度会使标志字体间在摄像头镜头下产生光晕,从而影响其识别的准确性。

标志标线的损毁或破坏也会导致其识别可靠性降低,如图 2-17 所示。

一些常见的车辆元件的使用也可能会影响标志标线识别的准确性,诸如刮水器。刮水器在使用中会间断性不同程度地遮挡车载摄像头的镜头,从而产生潜在的识别错误,见图 2-18。

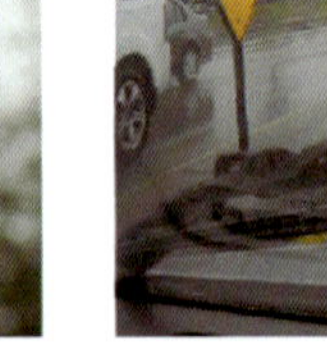

图 2-17　损毁的标志

图 2-18　刮水器对获取图像的干扰

有研究人员试图用时间立体法(temporal stereo approach)来修正被遮挡的图像,该方法主要借助于之前的图像立体重构和自车运动信息。结果显示,被遮挡的图像确实能一定程度上被修正,但仍削弱了识别的鲁棒性。图 2-19 显示了被刮水器遮挡的标线图像用时间立体法修正前后的对比。

以上影响标志标线识别可靠性的因素是计算机视觉技术特有的,驾驶人在同样的状况下却可以轻松识别标志标线。但有些因素降低了标志标线的视认性水平,同时影响了自动驾驶车辆和驾驶人在标志标线上的识别,以下罗列了部分这样的因素。

天气及光线状况同时影响了自动驾驶车辆和驾驶人对标志标线识别的准确性。如图 2-20 所示,雨天对标线的图像识别是个大挑战。

图 2-19　时间立体法对遮挡图像的处理

图片来源：Gehrig S.

白天来自太阳、夜晚来自其他车辆远光灯的眩光降低了自动驾驶车辆和驾驶人识别标志标线的能力，如图 2-21 所示。

图 2-20　雨天下的标线

图 2-21　眩光下的标志标线

外物的存在/遮挡也会给标志标线识别带来阻碍，诸如冰雪/树木对标志的遮挡、冰雪对标线的覆盖，见图 2-22。

图 2-22　遮挡下的标志标线

（2）多样化。

标志标线的不统一以及设置的多样性会导致自动驾驶车辆对其识别的困难。在特定道路或地区训练的自动驾驶车辆到另一个地区可能就无法正确识别包括标志标线在内的道路设施。例如图 2-23 所示的标线（在英国部分地区使用）估计会使在其他国家训练的自动驾驶车辆无所适从。

即便是在同一个地区训练的自动驾驶系统，也可能在多样化的道路场景中遇到困难。诸如施工区的设置情况复杂多样，临时使用的道路设施、未清除干净的旧标线残余痕迹、突然转变的标线类型/颜色/宽度等都会让自动驾驶车辆无法正确应对，如图 2-24 所示。因此，目前自动驾驶系统是分设计运行范围进行开发的，诸如施工区这样的复杂场景目前对自动驾驶车辆还存在着很大的挑战。

（3）安全性。

如同自动驾驶车辆会遭遇网络攻击，道路上的标志标线也可能会被攻击而造成重大的安全隐患。Sitawarin 等研究人员对标志图像进行各种处理来模拟标志被恶意窜改的状况，证实了对标志小小的窜改都会导致自动驾驶车辆错误识别标志类型,从而引起严重的后果。

图 2-23　非常规标线

图 2-24　施工区状况多样

Eykholt 等研究人员用贴纸及马克笔对停车标志牌进行了如图 2-25 所示的改装,这些干扰在人的肉眼看起来比较细微,并不会影响驾驶人对停车标志牌的识别。

图 2-25　被窜改的停车标志牌
图片来源:Eykholt K.

但是,在那些依赖于计算机视觉技术来识别标志标线的自动驾驶车辆看来,这些标志不再是停车标志牌,而被归类为限速 45 的标志牌。若这种窜改方式在实际道路上发生,将会迷惑自动驾驶车辆,带来重大的道路安全隐患。这也从另一个侧面说明了依靠多个传感器来提供冗余信息对于自动驾驶系统的重要性。

迄今为止,世界各国均未出台用以指导标志标线设计/设置/维护的指南或规范。前期的一些研究正在各国开展,以保证自动驾驶车辆对标志标线的识别能力达到最大化。

总体而言,目前自动驾驶技术对标志标线的研究主要集中于标线和禁令标志的识别上,指路标志还未被提及(主要原因是自动驾驶车辆自带导航系统,对指路标志的依赖性较低)。同时,虽然现在有着诸多自动驾驶车辆识别标志标线的创新技术的探讨,但并未见到发表的实质性的研究报告(这中间涉及专利保密及商业利益的考虑)。这些创新技术主要集中在现有标志标线中安装信标或传感器,使其能直接传输信息给自动驾驶车辆。另外,如何识别施工区临时性的标志标线是自动驾驶技术的研究难点,这个问题一直被提及但并没有实质性的进展。

就我国道路标志标线现有状况来看,当前任务是先要满足驾驶人对标志标线的视认性要求。同时,需要根据自动驾驶车辆的标志标线识别技术对标志标线及相关标准做出更新调整,满足人机共驾的需求。

第二篇　道路交通标志

第 3 章　标 志 视 认

3.1　标志及道路交通系统的人因(human factor)

道路交通标志是交通管理、服务的体现,很大程度上是通过影响人的行为来起作用的。交通系统中影响驾驶人认读、理解标志的因素有很多,如道路环境、车辆速度、道路照明、道路交通量、标志逆反射材料、道路使用者对标志的了解情况、车辆驾驶人的反应时间等。这些因素中,人的能力和行为特征是极其重要的。如果驾驶人没看见标志、没看清标志、没看懂标志、看懂了但没做出反应或者反应不及时或者不遵守标志的指示,那么交通标志是起不到作用的。所以,道路交通标志是否起作用基本上取决于道路使用者——驾驶人、骑车者和行人,他们所做的一系列决定和行为是否正确。但是不同的道路使用者其个性特征是不一样的,标志设计时应充分考虑到人的个性特征和反应特性。例如,相对于有一定经验的驾驶人,经验不足的驾驶人可能存在一些特点或不足,如:

(1)在速度、距离和反应时间的判断上有困难。

(2)更倾向于注意附近的目标。

(3)在行驶过程中漏掉了很多重要的信息。

(4)很难预知到形势的发展程度和发展趋势。

(5)对一个目标注视过长的时间。

(6)很难将所有信息融合到一起。

(7)低估事故的危险程度。

(8)很难做出有效的驾驶决策等。

另一方面,对于老年驾驶人,他们的视力和信息处理能力明显降低,很难应对需要进行快速决策的情况(尤其是在交叉路口);需要更长的时间来接收与处理道路交通标志上的信息;当晚上光线暗、亮度低时,再加上对向车前照灯眩光的影响,他们更难安全行驶,而且更容易疲劳。

再者,道路交通标志只是道路环境的一部分,道路交通标志的认读和反应只是道路使用者要处理的众多任务中的一部分。下面从整个道路环境和驾驶人相互作用关系方面来探讨标志设计在整个道路设计中应考虑和注意的问题。

3.1.1　信息处理

3.1.1.1　驾驶任务

传统驾驶任务理论模型将驾驶任务分为三个层次:

(1)导航:行程计划和沿路线行驶;

(2)引导:沿着道路行驶,对交通条件做出反应并保持在安全路径上行驶;

(3)控制:转向和速度控制等。

这三个驾驶任务都需要驾驶人感知信息输入(大部分是视觉信息)、处理信息、预测可供选择的行动方案并决定哪个是最适合执行的行动,经过接收和处理新信息后,再观察它们的影响。

在这一连串的驾驶任务中,存在着大量的问题,这是由驾驶人的个人能力、驾驶人与道路交通系统其他组成部分(路和车)之间的相互作用产生的。这些问题主要包括:

(1)驾驶过程中有时可用的信息量是不够的(如晚上驾驶时较差的视距、复杂的交叉路口布局等)。

(2)驾驶人在处理特殊事件和极端的信息输入时有很大难度。

(3)驾驶人有时会遇到不合适的信息输入,并处理得太慢。

(4)当驾驶人需要处理的信息超限时,他们会忽视其中一部分信息,而只处理重要的信息。

(5)驾驶人受经验不足、紧张、疲劳、压力等因素的影响,会出现操作失误和判断错误。

(6)驾驶人不是完美的决策者,可能会造成操作失误。

3.1.1.2 驾驶任务模型

如果不要求驾驶人很快地接收和处理信息,那么驾驶人能很好地控制车速,并能保证车辆在道路交通系统中稳定地行驶。但是,人的思维是单一性的,所以驾驶人在行驶时要想有序地处理信息,就会分散注意力。因此,如果道路交通信息量的输入速率超过了驾驶人信息处理能力的上限,则可能会导致错误的导航、引导以及控制行为,并可能造成交通事故的发生。

驾驶人有一个信息处理能力的上限,图 3-1 描述了一个简单的但很实用的信息处理模型。这个模型描绘了道路交通信息的输入速率与驾驶人处理信息的速率之间的关系。

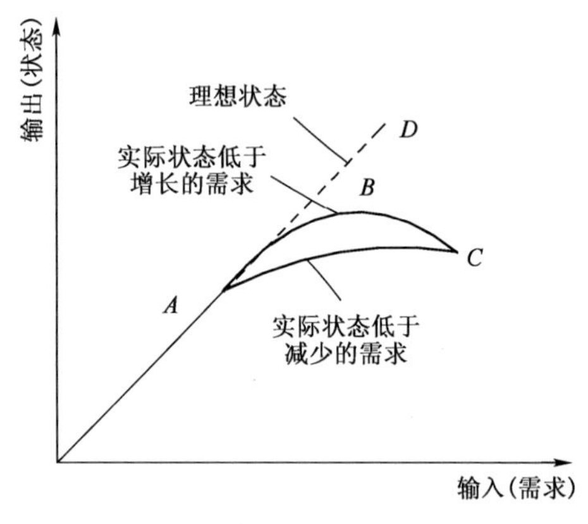

图 3-1 信息处理模型

由图 3-1 可以看出,当输入信息量低时,处理信息量等于输入信息量,也就是说,所有的信息输入都是被正确处理的,从而驾驶人的决策也是合适的。但是,随着输入信息量的增加,到 *A* 点时,信息的处理速率开始低于信息的输入速率;超过 *A* 点后的一段时间内,如果信息输入量继续增加,那么处理信息量也会继续增加,但是其增加的速率比信息增加的输入速率低,也就是说在输入信息量和处理信息量之间存在一个差值。驾驶人的处理信息量会持续增加,直到它到达峰值(*B* 点),超过 *B* 点之后,输入信息量的持续增加会导致信息超限,那么处理信息量实际上会减少。

由于 *C* 点的信息显著地超限,即使输入信息量减少,处理信息量也会受到滞后效应的影响,这可以从图 3-1 中的曲线 *CA* 看出来。

输入信息量和处理信息量之间的差值(也就是直线 *AD* 和曲线 *ABC* 的纵坐标差),可表现为失误、信息未被检测到、信息选择性流出而没被驾驶人处理。

在理想情况下,道路交通系统应该鼓励并允许驾驶人忽视一些与驾驶行为无直接关系的信息。如 *A* 点的一部分信息输入是可选择的(如听收音机、谈话等),那么应当忽略这部分信息。这种情况下,如果有新的信息输入加入进来,总的信息处理需求也不会超过 *A* 点。

但是,驾驶人往往习惯于以自己特定的速率来处理信息。他们倾向于为自己设置一个目标速率,这个目标速率正好在他们所能获得的信息处理速率之上。在心理学上,这种自我挑战是很常见的,这也是提高生活处理能力(包括信息处理能力等)的一个根本原因。在驾驶的过程中,信息处理速率是由人为自定的或者由外界因素决定的。对于自定速率的驾驶任务,驾驶人的信息处理速率会稍微超过他们所能获得的信息处理速率,也就是在图 3-1 中的 *A* 点附近;而在信息输入处于低等级水平的外界交通条件(如郊外的公路)下,驾驶人则会增加驾驶任务,如加速、变换车道、在道路中心驾驶等,也会进行与驾驶无关的任务,如听收音机、谈话、观赏车外的景色等。

由于驾驶人处理信息时常常控制在 *A* 点左右,突然输入新的信息必然会导致判断错误、错失信号、信息流失等,所以信息处理的关键在于决定什么信息该被处理、什么信息该被忽略。

由于驾驶人分散注意力和输入信息超限的潜在危险,许多国家努力想制定标准规范限制指路标志上允许的地点的最大数量,以及限制路侧广告。例如,美国 MUTCD 的 2E. 10“高速公路指路标志字符数量”

规定：指路预告和出口方向标志上地点或街道名不能超过 2 个，城市名和街道名应避免出现在同一块标志上。同一个支撑上如果有 2 ~ 3 个标志，一块标志上的地点不超过 1 个，或同一个支撑上地点总数不超过 3 个。MUTCD 还特别指出：这里的标志字符包括符号、路线名、箭头、主要方向、出口指示等。

可以看出，道路交通系统是通过沿途的外场设施来引导并帮助驾驶人适应其速度变化的，这对驾驶人来说是很重要的。这个过程取决于驾驶人的经验。经验丰富的驾驶人知道每个操作行为将会产生什么样的影响，所以他们在寻找信息时，能限定信息的选择范围。

设计者有很多方式可以帮助驾驶人达到这个目的，例如：

(1) 尽可能提供有助于判断的信息（如在接近高速公路的出口匝道时设置一系列标志，逐步提供前置警告、匝道去往地点及方向等信息）。

(2) 当驾驶人处理的信息量已经很高时，应避免其他无关信息的突然输入（如限速标志应设置在离交叉路口上游或下游一定距离的位置，而不是设置在交叉路口）。

(3) 对信息的显示总量予以限制，避免在方向标志上加过多的细节。

(4) 采取一系列简单决定优于采取一个复杂决定（例如，用信号灯进行转弯控制，好过让驾驶人在对向车流中寻找可穿插间隙）。

(5) 控制需要驾驶人进行行为决策的速度。

3.1.1.3　期望

如上所述，驾驶经验很重要，丰富、适当的预测经验（期望）对于驾驶人在遇到新的突发情况时，减少反应时间以及降低车速有着至关重要的作用。这些经验经过一段时间的积累和发展已经成为一系列具有可操作的知识，它能够使驾驶人成功地应对一般出现的情况。如果遇到的情况和其一贯的经验相违背，或者根据其一贯的经验对前方的判定和前方实际情况不符，就可能会出现一些问题，如做出错误决断或者不适当地增加反应时间。关于驾驶人的期望有以下三种类型：

(1) 连续性期望（continuation expectancy）。即预测事件发生的过程会持续进行，例如，在车头间距很小的情况下，驾驶人预测持续行进的车辆不会突然改变速度。一个连续性期望的反例是：驾驶人潜意识里认为道路线形轮廓指示（如一列柱子或者树木）前面的路是直行的，但是实际上它可能是向左或者向右偏转的。如图 3-2a）所示，弯道内侧视野不开阔，外侧轮廓有误导性缺口，驾驶人易驶向缺口。为了应对这种情况，如图 3-2b）所示，通过设置遮挡物进行改善。同时还可以通过设置沿路的轮廓标或线形诱导标来改变驾驶人的期望，如图 3-2c）、d）所示。

图 3-2　潜意识里道路轮廓示例

(2)事件性期望(event expectancy)。这种期望是对事件是否会发生的预测。它经常在铁路交叉路口或者小的十字路口处出现。因为驾驶人在没有看见之前总是认为危险不会出现,应对这种情况一般采用积极的办法。例如,在铁路交叉路口前放置一个醒目的警示标志,提示驾驶人注意,而不是在危险出现时才采取应对措施。如图 3-3a)所示,支路可视性不足,不容易被发现是支路交叉路口,紧急制动及高车速下,易引发追尾事故;图 b)是改善后的状况。

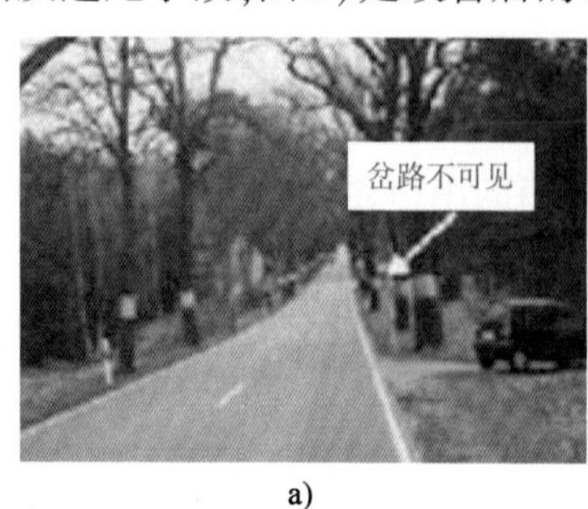

a)

b)

图 3-3　事件性期望示例
a)改善前;b)改善后

(3)时间性期望(temporal expectancy)。这种期望是一种事件循环出现(如交通信号灯)的预测,认为某种特定的情形持续时间越长,就越有可能发生变化。这当然是非常合理的预测,但是它可能会导致不一致的反应。例如,一些驾驶人在遇到绿色信号灯时会加速,因为信号灯的颜色极有可能马上就发生变化,而另一些驾驶人则会减速。所以最好使得驾驶人期望和反应一致,以确保整个道路交通系统的一致性,例如设置黄灯和全红相位,使驾驶人的行为趋于一致。

Lumenfeld 和 Alexander 总结出以下一些驾驶期望的特点以及相应的交通工程设计:

(1)驾驶人在路上行驶时经常能够根据以往经验预测即将发生的情况或者道路上可能会发生的事件。

(2)驾驶人对道路特点了解得越多,路上发生危险的可能性就越小。

(3)驾驶人在遇到问题时一般会很意外。

(4)驾驶人在信息缺失的交通条件下,只能以通常的道路交通情况为标准,并据此做出反应。

(5)通过道路上游的交通状况对下游交通状况产生一个期望;驾驶人在过渡区域或者在交通设计和实际运作不一致的地方会遇到问题。

(6)期望是和驾驶水平以及行驶状况等多方面相关联的,包括速度、路径、方向、路面、环境、线形设计、交通运行状况以及交通控制设施等。

大体上看,驾驶人接收一些与交通事故相关联的预测信息,会很大程度上减少其出现错误的可能。然而,当有些信息和驾驶人的期望不符合时,更容易发生交通事故。驾驶人的行为在很大程度上受到驾驶习惯、经验以及期望的支配,任何违背这些考虑的交通设计和标志设计,其效果都是无法令人满意的,甚至可能是不安全的。我们应该确保:

(1)驾驶人的期望应该得到尊重,应该尽量避免非正常的、非标准的交通设计或标志设计。如车辆在公路左边行驶时,应该避免设置“靠右行驶”标志;反之亦然。因为这是不正常的情况,要求驾驶人执行陌生的驾驶行为。

(2)提倡通过驾驶经验和习惯来形成期望行为,如应该限制、减少交叉路口的设计模式,使每个模式适合于一个特定的道路交通条件,类似的道路交通条件应该采用类似的交通设计。

(3)交通设计应该和驾驶人的行为保持一致,如应避免道路设计速度的突然大幅改变。

(4)提供的信息应该降低驾驶人认识的不确定性,而不是增加不确定性。

3.1.1.4　反应时间

信息加工处理需要时间,反应时间是指从“信号”产生(常常是视觉刺激)到驾驶人对刺激做出物理反应之间的时间。信息加工的先天特征是,反应时间随信息量增加和信息处理复杂程度增加而增加。对一个复杂的、没有预料到的、多种选择的刺激,所需的处理时间要远远长于对一个简单的、决策单一的刺激的处理时间。刺激所需的处理时间变长,那么处理其他信息的可用时间也就减少了,这样就可能出现错误。

通常认为反应时间由四部分组成:

(1)感知:驾驶人发现视觉信号;

(2)判断:驾驶人判断信号,并接受刺激;

(3)决策:驾驶人决定对刺激采取什么样的行动(例如制动、转动转向盘等);

(4)采取行动:这段时间内驾驶人真正执行上面决定的行动。

如前所述,期望能减少反应时间,因为驾驶人是凭驾驶经验和习惯来应对反应的。但是,不同的驾驶人有不同的反应时间,因为反应时间是受各种各样的个性特征影响的,如经验、技术、警觉程度、情绪、动机、冒险行为、血液中的酒精含量等。设计交通系统时或设计标志时应认识到这些因素的存在,并尽可能地考虑驾驶人的个性特征及差异。

从驾驶人对刺激的反应的研究中可以知道,大多数情况下,平均反应时间在 2.5s 是正常的,但是反应时间分布的方差是很大的。因此,交通设计和标志设计的目标是减少平均反应时间和减少反应时间的方差,可能减少方差是更重要的,尤其是在过长的反应时间的情况下。

实现这个目标可采用的方式包括:

(1)提倡通过经验来应对刺激,这与前面讨论的期望有关。驾驶人对熟悉环境中的刺激反应更快,因此,应当避免在陌生的环境中(如不常见的交叉路口和交通标志)行驶,避免不可预测的反应。

(2)使应对刺激的选择方案数最小。随着可供选择的行动方案的增加,驾驶人反应时间也会相应增加。因此,应当限制可供选择的方案数,最好是只有两个选择方案。

(3)提供肯定的信息。理想情况下,驾驶人应当接受肯定的信息,也就是说,驾驶人应被告知该做什么,而不是不该做什么;这样就将寻找选择方案所用的时间降到最短。这不一定总能做到,但确实会起到一定的作用,例如设"此路不通,请返回"的标志,好于"禁止进入"的标志。如图 3-4 所示,这两个标志在交通管理上目的相同,但驾驶人的反应可能不同。能让驾驶人明白该做什么(例如直行),而不是不该做什么(不要左转和右转),那么他的反应会更快。

(4)提供事先警告。如果驾驶人能迅速地预测事件,那么所需的反应时间就会减少。但是,事先警告如果没有前后背景的辅助,则很可能被驾驶人忽视,所以警告标志应该直接要求驾驶人做出反应(例如变换车道),或者是提醒驾驶人注意他已经能看到的环境(例如作业区警告标志应该设在驾驶人已经能看到的道路作业的区域内)。

(5)提供清晰的视距。在需要做决定或者进行驾驶操作时,清晰的视线和足够的视距能为其提供时间。

(6)使用符号标志。标准规定的警告、禁令以及指路标志等有些是使用符号,有些是使用文字,有些是兼而有之,如图 3-5 所示。研究表明,对符号的反应时间要比文字短,而且符号能跨越语言障碍,也更容易明白。

图 3-4　标志应给驾驶人明确的信息

图 3-5　符号和文字标志
a)符号;b)文字;c)符号文字组合

3.1.1.5　短期记忆

人的记忆分为三种类型:

(1)感官记忆,是感觉器官感应到刺激所引起的瞬间记忆。感官记忆存储信息的时间非常短,存储的信息不到 1s 就会消失,并迅速被新的信息所替代。只有小部分刺激信息由感官记忆转为短期记忆。

(2)短期记忆,也称为工作记忆,暂时存储需要处理的信息。它的信息容量非常有限,大部分信息保持时间很短,通常在 30s 左右,除非通过精细的复述或者别的方式来强化。一旦信息衰退后很快就被遗忘,而且无法恢复。

(3)长期记忆,信息能保持很长时间,事后能被回忆。

驾驶人接收到的许多信息输入不经过感官记忆,因为不需要对信息进行加工。同样,对于大部分的标志、路面标线、非机动车和行人等,驾驶人只需要对其进行常规的处理,这用的是短期记忆。也就是说,大部分驾驶人是通过短期记忆的信息处理方式,之后信息从记忆中消失,没有转为长期记忆。

如果出现新的驾驶任务,短期记忆中的信息将消失(或者被替代),这样,感知和短期记忆之间是相互作用的。结果就是,如果驾驶人想记得短期记忆中的信息,他的感知能力就会降低,并且会因此错过信号;相反,如果驾驶人注意信号的话,就可能会丢失短期记忆中的信息。这在标志设计中应有所注意和应用,例如:

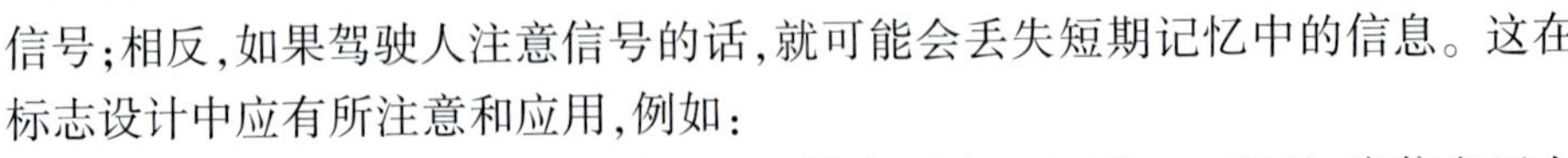

图 3-6　立即反应

(1)对于警告标志,应使驾驶人立即做出反应。如图 3-6 所示,当信息还在驾驶人的短期记忆中时,警告信息应能做到使驾驶人立即做出反应。

(2)应经常提醒驾驶人道路上的变化的标志信息,如最高限速信息。

(3)应当对需要收集信息的速度给予限制,以保证驾驶人在下一个刺激信息到来之前,有时间对现在的刺激做出反应。

3.1.1.6　滞后效应

在 3.1.1.2 描述的驾驶任务模型中,对于信息超限的驾驶人,存在滞后效应。驾驶人的处理信息量会少于驾驶任务增加过程中的处理信息量,这种对应关系可从图 3-1 曲线 *CA* 段看出来。这对交通工程设计和标志设计有一定的指导作用,例如:

(1)驾驶人离开交叉路口时的信息处理能力可能比他接近交叉路口时弱。

(2)人行横道、公共汽车站等设施,不应该设置在无控制交叉路口的下游。

3.1.2　视觉特性

在行车的过程中,驾驶人需要选择和获取道路交通系统中的信息。大约有 90% 的信息是依靠视觉获得的,其他信息是通过听觉(声音)、触觉(如振动)、嗅觉(气味)来获取的。

因此,视觉对驾驶操作是非常重要的,它是驾驶人接收信息的最主要途径。这些信息来自道路交通工程师设计的交通标志、信号、路面标线等设施,所以了解人的视觉特性是非常必要的。

3.1.2.1　视野

视觉信号只有在驾驶人的视野范围之内,才能被驾驶人看到。驾驶人识读的视野范围是相当狭窄的,为 $-3° \sim 10°$。但是,这个范围之外的目标是能被检测到的:能看见 $10° \sim 12°$的视野范围内的标志和信号,同时还能检测到 $10° \sim 12°$视野范围之外左右方向 90°、上方 60°、下方 70°的边缘视野范围的目标,如图 3-7 所示。

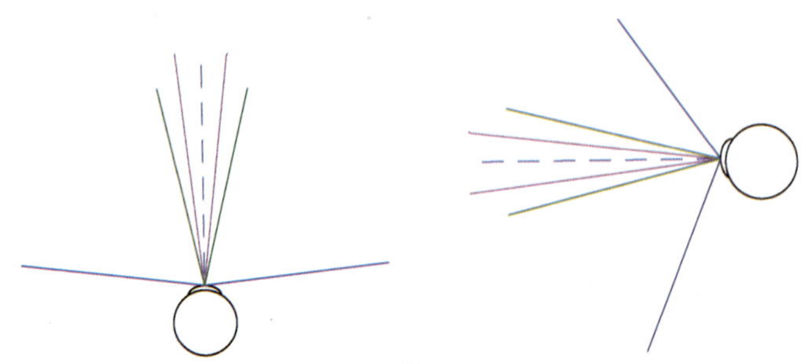

图 3-7　视野示意图

以上是针对静止的观察者来说的。在运动时,眼睛的注视点在前方更远处,所以视野会变窄。例如,速度是 30km/h 时,视野的横向侧角(从左到右)减小到 100°左右;而速度是 100km/h 时,视野减小到 40°左右(相比之下,静止时视野是 180°)。

由于周围景物的移动和向前延伸,驾驶人行驶中的视景变化是错综复杂的,驾驶人只能抽选部分视景,并做出车辆导航和控制方面的决定。驾驶人和周围的景物之间是相对移动的,在驾驶人视野范围内的目标景物将被检测到,它们是不连续的。

然而,如果目标不在视野范围内,那么驾驶人必须转头并找到一个合适的视线方向,这意味着必须给驾驶人提供诱导和提示作用的设施。例如,设置警告、限制标志;在交叉路口和铁路道口提供足够大的视距。

驾驶人会在上述边缘视野范围内寻找刺激目标,如果边缘视野范围内的刺激很强烈的话,就能很容易被检测到。这个刺激可能是由景物的移动、亮度的变化、应急救援车上的旋转灯标或者铁路道口的闪烁警示灯等产生的。要注意到:前后两辆车在行进的过程中保持连续一致的方向、车距,它们是相对静止的。因此,在边缘视野范围内的目标是不会被检测到的,除非有其他的刺激。所以,设计时应注意:

(1)交通标志和交通信号必须在驾驶人的视野范围内,这个视野范围和行驶速度有关。

(2)在经过无控制交叉路口时要提醒驾驶人警惕,以便他们能迅速地通过移动头部来发现冲突区域内的车辆。

(3)驾驶人需要特别注意无人看守铁路道口,因为在驾驶人的边缘视野范围里,火车几乎是不可见的,这会导致驾驶人忽视铁路道口的存在。

3.1.2.2　眼睛和头部移动

信息收集的速度主要受眼睛从一个目标到另一个目标的移动速度、再注视的限制。

通过对眼睛移动的影像资料的分析得出:眼睛最大可能的移动速度大约是每秒 4 次注视。然而,这个速度不能长期维持。在一般情况下,对一个警惕性高的驾驶人来说,每秒 2 次注视可能是眼睛最大的移动速度。在正常驾驶的情况下,驾驶人还会做其他的操作任务,所以每秒注视 1 ~ 1.5 次是合理的。如果将这个数字和人脑的最大知觉处理速度 10^9 字节/s 相比,显然驾驶人的决策速度很大程度上受眼睛收集信息的速度的影响。

因此,对于交通设计和标志设计(标志信息是道路上驾驶人可检测信息的一部分),在时间上把信息分离开是很有必要的。对于运动中的车辆,就有必要把信息在空间上分离开。例如,速度是 100km/h 的车辆,驾驶人能每隔 20 ~ 28m 转移一次视线,此时信息收集的速度大约是每秒注视 1 ~ 1.5 次。如果信息(交通标志、交通信号灯等)的间隔比这个间隔距离短,驾驶人将不能看见它们并会丢失一些信息;此外,如果间隔恰好是 20 ~ 28m,那么驾驶人能看到所有的信息,但驾驶人不能看到其他的控制和导航信息,如车辆和行人等。另外,驾驶人注视的车辆前方距离不会很远。国外研究发现,驾驶人很少注意离车辆前方的距离超过 100m 的交通标志。

眼睛通过移动能看见大约 50°的视野范围。为了能看到整个视野范围内的目标,驾驶人会移动头部以注意新的目标。头部移动过程中,眼睛移动的范围会限制在 15°左右。

这些有助于我们根据道路环境、行驶速度等确定标志间距、标志设置距离。很明显,图 3-8 中两个标志设置距离过近。

a)

b)

图 3-8　设置距离过近的两个标志

3.1.2.3 照明

人的视觉系统探测到的照明范围非常大,从 $0.75 \times 10^{-6} cd/m^2$(暗光)到 $1 \times 10^5 cd/m^2$(明光)。这个巨大的范围取决于两个因素:第一,眼睛的瞳孔(孔径)缩小或者扩张,以便让更多或者更少的光进入眼睛;第二,经过一段相对很暗的时间后,眼睛视网膜上的感光细胞开始再生,经过 30min 左右的持续影响,眼睛对光的敏感度将会增加。

然而,要注意到:交通流中的车辆沿路前进的过程中,照明中的光线从明亮到黑暗的改变是短暂的,而不是在环境光条件下的长期改变。

从黑暗到明亮的过程中,瞳孔直径以 3mm/s 的速度收缩,而从明亮到黑暗的过程中,瞳孔直径以 0.5mm/s的速度扩张。换一种说法就是,相比视线突然变暗,眼睛能更快地适应突然变亮的状态。因此,在隧道或者长的地下通道里,应当在隧道入口处提供一个更高等级水平的照明;而在隧道内部的照明等级可以降低,因为眼睛能适应低等级水平的照明;由于眼睛能很快地适应日光,在隧道出口也没必要设置高等级水平的照明。

照明的另一个方面是来自路灯和对向车前照灯的眩光,这两类眩光会导致驾驶人的不适感和能见度的降低。眩光对老年驾驶人来说尤其重要,在晚上,它是造成老年驾驶人视力很低的主要原因之一。

通过降低灯具亮度、增加路灯的安装高度以及增加背景亮度,可以使路灯的眩光影响达到最低;而在公路的中央分隔带上种植树木或者增加围栏,对向车前照灯的眩光影响可以达到最小,车道照明也能有效减小汽车前照灯的眩光影响,因为这种情况下,驾驶人可以不打开汽车的远光光束前照灯。

3.1.3 道路使用者的信息需求

道路交通系统(标志系统)的成功很大程度上取决于如何有效地将交通信息传达给驾驶人,这些信息能帮助他们进行驾驶操作等。道路使用者对信息的主要要求是:

(1)显著性(conspicuity,标志必须能被看到);

(2)可读性(legibility,信息必须是能阅读的);

(3)可理解性(comprehensibility,信息必须是能理解和明白的);

(4)可信性(credibility,信息必须是准确可信的)。

3.1.3.1 显著性

检测视觉信号时,需把它从背景中识别出来。显著性是受几个因素影响的,包括:

(1)尺寸大小(大的标志是更显著的);

(2)亮度大小(亮度高的标志是更显著的);

(3)文字大小(大的文字是更显著的);

(4)边缘清晰(标志边缘的轮廓线);

(5)对比度(特别是标志底膜与字符亮度对比度);

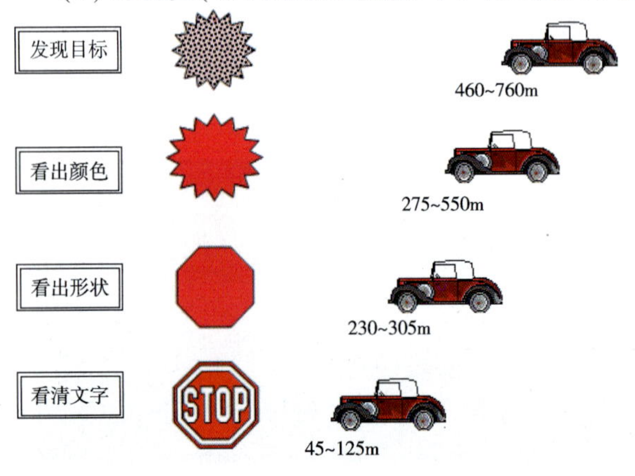

图 3-9　标志视认过程示意

(6)视觉简单化(简单的背景能让标志更显著);

(7)偏角大小(如果信号和标志偏离视线 6°~7°以上,就不太可能被检测到)。

根据国外的研究,驾驶人在驶近标志时,先发现目标,然后是看出颜色,再次是形状,最后是文字,如图 3-9 所示。

这些因素或原则应用于标志设计时,要注意以下几个方面:

(1)交通标志的大小、颜色、形状以及位置的影响;

(2)限制路侧广告标志;

(3)标志、路面标线等的逆反射性能;

(4)标志照明(尤其是指路标志的照明);

(5)道路作业区标志以及作业地点的安全防护;

(6)改进道路养护工作人员的安全反光背心。

3.1.3.2　可读性

如果标志上有详细的可视信息,那么标志和视觉信号是清晰易读的。增加标志的尺寸能增加视认距离,并为驾驶人提供一个更好的机会去观察和识读标志。因此,包含大量信息的标志应设计得更大。

3.1.3.3　可理解性

驾驶人必须意识到标志的重要性,否则这些信号很容易被忽视。一个驾驶人在一次出行中会忽略其面临的绝大多数路侧视觉信号,因为它们没被驾驶人视为重要信息或相关信息。因此重要信息(包括标志信息)的设置应使得驾驶人觉得这信息和他(她)相关。最重要的一点是让驾驶人认识到"信息或信号"会影响他(她)的生命安全。

也正因如此,在任何一个国家,交通标志和信号都有标准的形状和颜色,并通过可识别的文字和符号显示给驾驶人。

标志上的信息(特别是警告标志)是用符号或者文字表示的。如前所述,对于符号,所需要的反应时间更短;由于符号的组成元素比文字大,所以符号能看得更清晰、更明显。一个精心设计的标志符号相比与之对应的文字形式,能使驾驶人更快更易明白。

应该认识到,驾驶人获取的很多信息并非很容易被理解,因此,只能使用标准的交通标志设计形式,驾驶人应接受严格的交通法规教育;对大多数驾驶人来说,非常规的交通标志信息是很难理解的,应该避免。

3.1.3.4　可信性

必须保证交通标志的使用符合国家相关标准,这样才能增加标志的可信性。可信性包括以下几个方面:

(1)保证标志或者其他设施在其所处的环境中是可信的。如图3-10所示,这条路很明显是向右弯的,但是右面的交叉路口警告标志却显示直行,左面的警告标志显示向左急弯。

(2)保证标志的颜色、形状和符号符合国家标准。

(3)避免使用不必要的标志和其他交通控制设施。

(4)避免设置不必要的限制标志,尤其是停车让行标志的过度使用降低了其可信性。因此,很多时候可以用减速让行标志代替停车让行标志。

(5)应当充分显示重要的信息(如应当重复设置限速标志;预告、方向标志应当保持一致并且是显著的)。

(6)建议速度标志应该是实际可行的,并且是一致的。

(7)帮助驾驶人区分重要的和相对不重要的信息;对于不重要的信息标志或者其他设备,可考虑拆除或者替换。

图3-10　标志可信性反例

3.1.4　标志信息量的研究及成果

3.1.4.1　标志信息量的含义

交通标志信息量的定义包括两层意思:一层是指驾驶人通过阅读标志所获取的信息量,这对驾驶人的实际驾驶行为非常重要;另一层是指标志本身所传达的信息量,并不一定都能被驾驶人所获取。前者的研究往往涉及驾驶人的经历、气质、经验等个性心理特征,具有个体差异;后者则仅仅考虑标志本身,研究的问题更加容易。但后者又往往很难直接研究,通常要用大量被试驾驶人从某块标志上获得的平均信息来表达此标志的信息量,所以尽管二者的侧重点不同,但研究中又密不可分。

在实际研究中,交通标志信息量的定量方法有两种:第一种是对信息理解不确定性的变化值;第二种是对路名数与汉字数量的量化。

3.1.4.2 国内外研究成果

美国 NCHRP 采取现场试验与室内试验相结合的办法对高速公路指路标志信息量对驾驶人产生的负荷进行了研究。

研究预先采用专家意见制定驾驶人负荷评价标准,共分为 10 个等级,并分别赋予 1 ~ 10 分。接着采用室内模拟试验对 MUTCD 中高速公路上常见单块标志的信息量对驾驶人产生的负荷进行试验,对试验结果进行统计并形成单块标志信息量大小的参考表。

接着使用与第一个试验相同的试验方法进行试验,测量标志群信息量对驾驶人产生负荷的大小,并利用第一个试验的单块标志板信息量大小结果建立标志群产生的信息量负荷与单块标志信息量大小的回归模型。

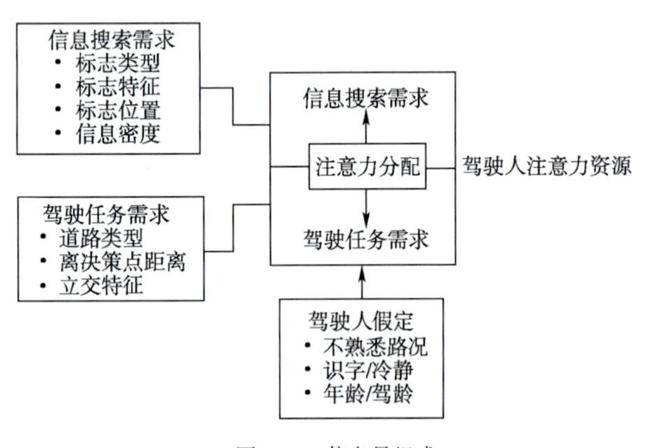

图 3-11 信息量组成

最后通过在转向盘上安装拨号器的方法进行实车试验,实时测量信息搜索与执行驾驶操作任务对驾驶人产生负荷的大小,利用试验结果建立实际交通环境下标志群产生的信息量负荷回归模型。其中,自变量为标志群的信息量、附近信息量密度、道路几何与交通参数、离决策点的距离。如图 3-11、图 3-12分别为信息量组成图、总信息量与各部分信息量的关系图。

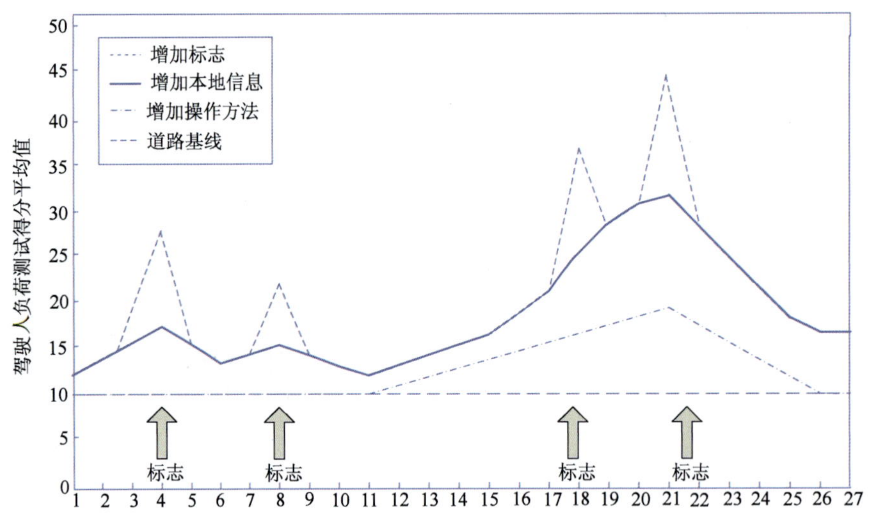

图 3-12 总信息量与各部分信息量的关系

注:1ft = 0.3048m。

为使得方法实用,研究组开发了用于信息量计算的软件平台。图 3-13 为主菜单图,用户输入相应交通流参数、道路几何参数、标志群内容信息即可计算驾驶人信息负荷的大小。研究可用于评价标志设计方案的优劣及确定标志设置位置。但该方法在应用过程中存在一个问题,即最后没有确定信息量过载的阈值大小,因此有待进一步做试验进行验证。

美国得克萨斯大学奥斯汀分校的 A. TYGANOV 将信息分为公路几何特征信息、交通控制信息、交通环境信息。基于驾驶人信息处理过程及对高速公路的调查,确定了上述 3 种信息的定量组合,组合情况见表 3-1。

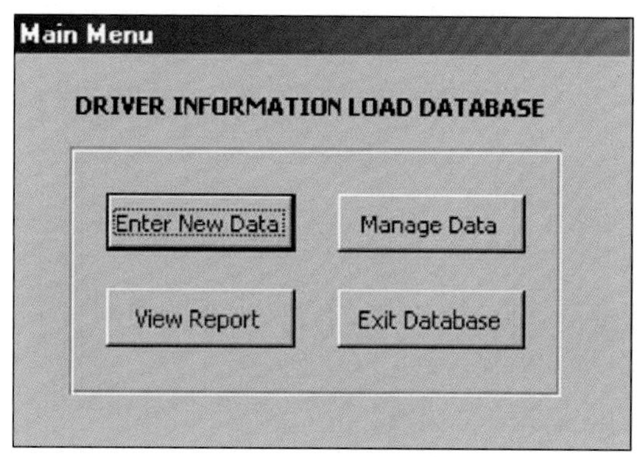

图 3-13　信息量计算软件平台主菜单

表 3-1　信 息 组 合

高速公路	道路标志设置频率								
	低			中			高		
	视觉信息密度								
	低	中	高	低	中	高	低	中	高
	信息量负荷等级								
2 车道	1	2	3	4	5	6	7	8	9
3～4 车道	10	11	12	13	14	15	16	17	18
5～6 车道	19	20	21	22	23	24	25	26	27

为探讨信息量与事故数之间的关系，将 8000 多次事故与事故地点对应的信息进行了比较。接着在上述典型组合信息量条件下的城市高速公路路段上进行实车试验，基于速度方差、紧急制动频率、制动热学特性、注视点运动轨迹、事故数分析，确定了导致驾驶人误操作的信息种类。研究结论为：过多与过少的信息量都容易导致事故发生，它们之间是一个 U 形曲线关系，存在一个最佳信息量使事故数最少；紧急制动表明信息量偏少，过于频繁的标志容易导致信息过载；在 5、6 车道高速公路高信息量位置，将信息分开布置非常必要。

中国科学院心理研究所刘西将道路交通中对标志信息获取过程与广义通信系统模型相类比，建立了道路交通标志的信息传输模型，如图 3-14 所示。

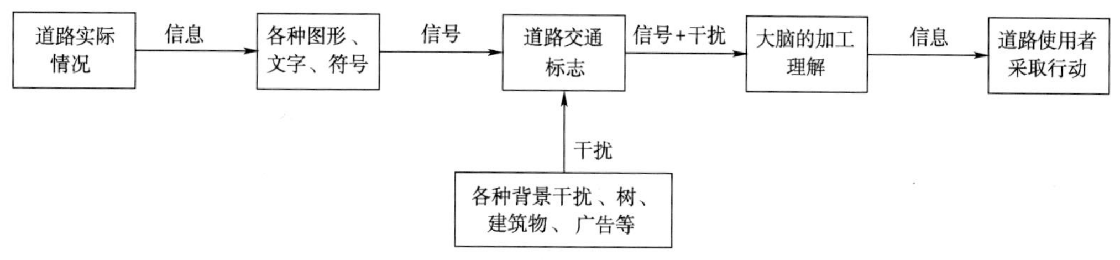

图 3-14　道路交通标志信息传输模型

事物具有信息量的大小，与该事物可能出现的不同状态的数目及状态出现的概率大小有关。可直观地把信息量定义为：

$$\text{消息获得的信息量} = \text{不确定性减少的量} = \text{收到此消息前关于某事件发生的不确定性} - \text{收到此消息后关于某事件发生的不确定性} \tag{3-1}$$

在无噪声时，可完全不失真地收到发出的消息，故收到此消息后不确定性能完全消除，故有：

$$\begin{aligned}\text{收到某消息获得的信息量} &= \text{收到消息前关于某事件发生的不确定性} \\ &= \text{信源输出的某消息中所含的消息量}\end{aligned} \tag{3-2}$$

根据申农的信息论，在离散情况下，信源的数学模型就是一个概率空间，即

$$(X,P)=\begin{bmatrix} a_1 & a_2 & \cdots & a_n \\ P(a_1) & P(a_2) & \cdots & P(a_n) \end{bmatrix} \tag{3-3}$$

则信源每个符号的平均信息量 $H(X)$ 为:

$$H(X) = -\sum P(a_i)\lg P(a_i) \tag{3-4}$$

每个交通标志的平均信息量与每个标志可能的含义出现的概率有关:

$$H(X) = \sum (n_i/N)\lg 2\ (N/n_i) \tag{3-5}$$

式中:N——一个标志可能具有的含义的总个数;

n_i——每一种含义在这个样本空间出现的次数。

如果平均信息量为零,则表示所有的使用者对此标志只有一种定义;如果这个定义与标志要表达的含义相匹配,那么这个标志是可靠的。

韩文元等采用静态与动态试验方法对常见的《道路交通标志和标线》(GB 5768)中的警告与禁令等图形标志进行试验,统计选择不同含义的被试的数量并代入上述公式计算每个符号的平均信息量。研究结果表明,无人看守铁路道口等标志信息量较大,不确定性大,难于被理解。

姜亢基于上述信息论方法对交通标志与认识率的关系进行了研究。研究结果表明,性别、学历对于交通标志认识率有显著影响, 年龄对交通标志的认识率没有显著影响。

同济大学交通学院的林雨通过使用眼动仪测量被试视认幻灯片标志图片的方法,对路名数、汉字数与认知时间的关系进行了研究。研究结果表明,它们之间具有较好的相关性,指路标志的推荐最大路名数为 6 个,推荐最多汉字数量为 33 个。

交通运输部公路科学研究院交通标志视认性课题组使用 DMDX 软件平台,对路名数、汉字数与认知时间的关系进行了研究,并使用遮挡架进行了实际道路环境中的验证。研究结果为,指路标志的推荐最大路名数为 6 个,在每个路名汉字数不超过 3 个时,认知时间与汉字数量关系不显著。

北京工业大学的陈炎通过使用眼动仪测量时间与改变电脑分辨率模拟天气的方法,对指路标志路名数、汉字数与认知时间的关系进行了研究。研究结论为,公路交叉路口指路标志的信息量(路名数、汉字数)与认知时间之间存在着一定的相关性,但地(路)名数与认知时间之间的相关性比汉字字数与认知时间的相关性更好;在指路标志版面设计方面, 对于常规的天气、光线条件而言,公路交叉路口指路标志的信息量不应多于 5 个地(路)名;不良天气、光线条件下,指路标志的认知时间要比正常的天气、光线条件下的认知时间长 20% 左右,相应的指路标志信息量应适当减少。

武汉理工大学的杜志刚运用眼动仪,分析了交通指路标志信息量(路名数、汉字数)与视认反应时间的定量关系,对比了目标路名指路标志与非目标路名指路标志的视认性。发现指路标志视认的一般规律:当路名数为 2 ~7 个时,视认反应时间不超过 2.50s ,且与指路标志路名数呈显著线性正相关;目标路名标志视认时间明显小于非目标路名标志,平均差值为 0.52s。提出了城市道路指路标志视认反应时间的建议取值:路名数不大于 5 ,且车速小于 50km/h 时,可采用 2.00s 的视认反应时间;路名数大于 5,或车速不小于 50km/h,可采用 2.50s 的视认反应时间;指路标志路名数以不超过 5 个为宜。

3.1.4.3 实际应用存在的问题

国外对交通标志信息量的理解更符合驾驶人对交通标志信息的处理流程,不仅包括标志版面本身的信息内容,还包括标志所处环境的道路交通信息、附近其他标志信息、驾驶操作信息等对信息量的影响,但也存在许多应用的问题:信息量对驾驶人产生的负荷的阈值大小及对应的极限信息量的大小未知,需要通过大量试验进行确定;研究的对象为高速公路,标志版面信息内容较固定,只有单块高速公路标志信息量对驾驶人产生的负荷值可供查询,城市道路等交通标志信息量值未知;信息量计算程序复杂;采用的评价方法是对被试标志版面信息的主观评价,主观性强。

国内对交通标志信息量的理解相对简单,信息量的研究比较基础,仅考虑了标志本身,而没有考虑与之联系十分紧密的交通环境。

用不确定度方法只能对警告、禁令等标志信息量进行研究,而对于指路标志等标志信息量研究就无能为力,它解决的只是“是”与“不是”的问题,而不能解决多与少的问题。

研究人员用路名数、汉字数等度量信息量方法较简洁地对指路标志信息量进行了研究,并给出了标志版面上合理的路名数与汉字数,但是指路标志版面信息组成复杂,包括汉字、数字、箭头、图形、符号等内容。此方法只研究了汉字,而数字、箭头、图形、符号等内容信息很多时候也非常重要,因此信息量研究内容不完全;另外,即便就汉字本身而言,汉字结构、笔画数、熟悉程度等对信息量的大小影响也很大;版面信息布置方法对信息量大小的影响未知,如将信息布置在单块标志板还是多块标志板上、信息在单块标志板面上的编排次序;标志设置位置与发布方式对信息量大小的影响未知,如路侧设置、门架设置等对信息量大小的影响,可变信息标志与普通标志发布方式对信息量大小的影响,路侧非公路标志对信息量的影响;信息过载地方如何将信息分散发布、信息量较小地方信息重复发布的频率等问题也没有得到解决;标志板视认性对信息量大小的影响也没有研究;国内主要基于信息量与认知时间的关系确定极限信息量的大小,但认知时间是一个中间变量,其与交通安全性的相关性未知,因此有待进行信息量大小与事故数的关系研究,据此得到标志极限信息量。

3.1.4.4 研究方向

根据传统的标志信息量的两层意思,以后的研究应该在两个方面来开展:

一是标志本身信息量的定量方法研究。研究标志中不同汉字、箭头、数字、图形、符号的统一定量方法,使得每条文字信息、每个图形都有其相对的量化值。

二是驾驶人对标志信息量的感知过程研究。研究驾驶人如何获取标志的信息量,同一标志不同元素组合方式(间隔、大小、排列等),驾驶人所能获取的信息量情况。

从以上两方面研究可以得出标志设置信息量是否合适的结论。

3.2 夜间视认性

3.2.1 逆反射材料与标志夜间视认

标志夜间视认性除了和 3.1 所述过程和因素相关外,还和标志面的逆反射材料密切相关。标志面常用的逆反射材料主要是反光膜,反光膜的逆反射性能和白天标志视认不太相关,白天主要是和逆反射材料表现出来的颜色相关。前面说过,设置标志是为了传递给驾驶人一定的信息,使得驾驶人基于信息做出的决策是正确的,从而有助于机动性和安全性。因此,信息应全天候可获取。

图 3-15 是同一弯道的昼夜图。白天,对于驾驶人有很多提示,驾驶人自己都没有意识到这可以让驾驶更安全。提供提示的有:护栏、植被、条纹状的路肩、线形诱导标等。夜晚,只有逆反射线形诱导标能被看到。夜晚的道路提示这么少,所以具有逆反射性能的线形诱导标很重要。

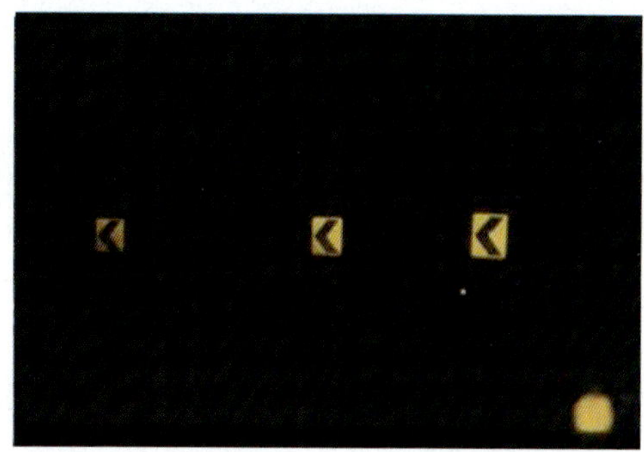

图 3-15 同一弯道的昼夜图

图 3-16 是同一地点的昼夜图。因为其中一块线形诱导标的维护问题,影响了在夜间对驾驶人提示线形诱导的作用。

a)

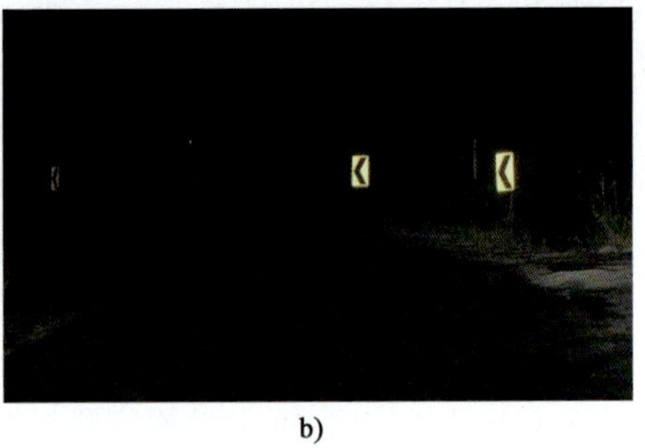

b)

图 3-16 标志安装角度对逆反射性能发挥的影响
a)白天;b)夜间

3.2.2 逆反射性能相关因素

光的反射现象一般有三种:漫反射、镜面反射和逆反射。如图 3-17a)所示是光的漫反射,它可以在所有表面进行反射,如纸、地板、墙壁,甚至在户外。另一种是镜面反射,如图 3-17b)所示。比起漫反射来说,镜面反射很少见。当阳光照射在水面上,或夜晚有雨水的道路上对向车道有车驶来时,驾驶人会从湿滑路面上收到对向车辆前照灯发出的强光。这两种类型的反射根据特殊的应用而被设计使用。例如,投影屏幕是一个很好的漫反射,保证在任何角度都可以看到相同亮度和颜色。最后一种是逆反射,如图 3-17c)所示。这几乎是为道路标志和路面标线这种具体的应用需求而特殊设计的。无论光从什么角度照射到表面,都会被反射回光源。

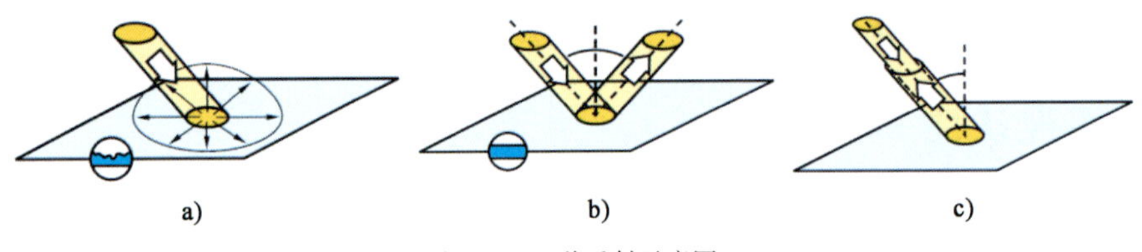

a) b) c)

图 3-17 三种反射示意图
a)漫反射;b)镜面反射;c)逆反射

逆反射性能用于对材料逆反射效率的总体描述,可定性表述为标志反射光量与吸收光量之比,见式(3-6)和图 3-18。反光膜的逆反射示意如图3-19 所示。

图 3-18 标志逆反射性能示意

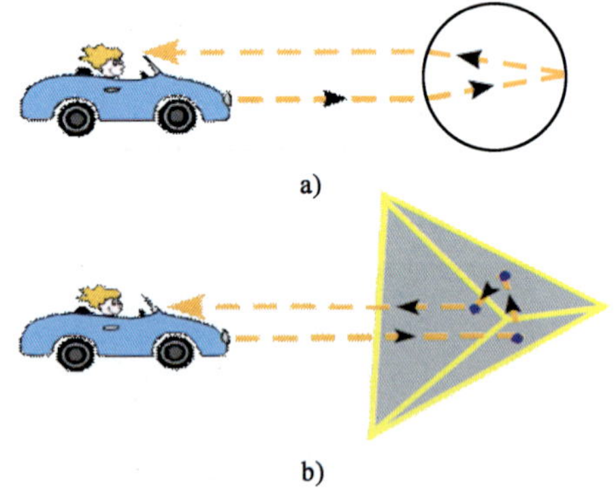

a)

b)

图 3-19 反光膜逆反射性能示意
a)玻璃珠型;b)微棱镜型

逆反射性能(retroreflectivity)= 从标志反射回来的光量/入射到标志的光量 (3-6)

暴露式玻璃珠型反光膜是最早出现的逆反射膜。图 3-20 说明对于被“暴露”在表面的一些玻璃珠光线是如何反射的。暴露式玻璃珠型的问题是,当有水在反光膜表面上时,光线就不会按预期的特定方向产生逆反射,而是镜面反射到其他方向。这意味着,在潮湿的状态下,例如在下雨时和雨后,或在早晨标志板表面上有露水凝结时,该种反光膜“不反光”。

为解决暴露式玻璃珠型反光膜"遇水不反光"的缺陷，逐渐改进出将玻璃珠埋入透明树脂内的反光膜，即透镜埋入式玻璃珠型反光膜，如图3-21所示。这种反光膜通常被称为"工程级"反光膜。

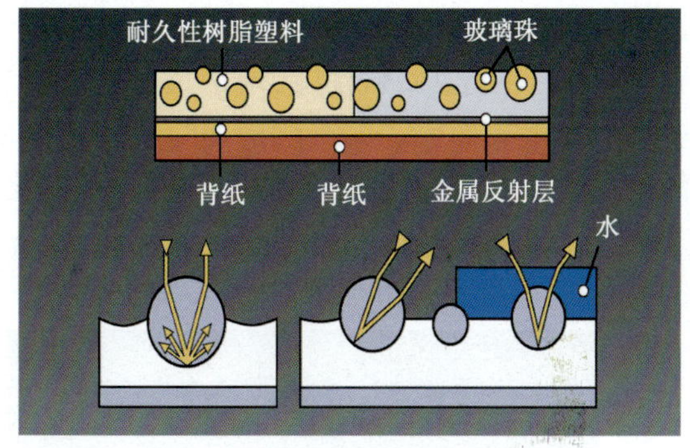

图3-20　暴露式玻璃珠型反光膜

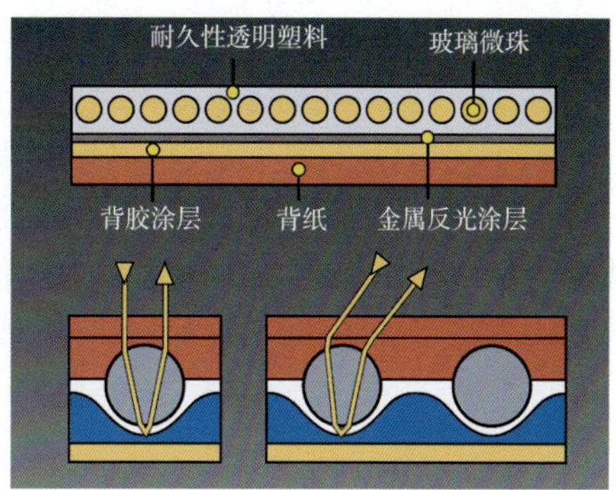

图3-21　透镜埋入式玻璃珠型反光膜

密封胶囊式玻璃珠型反光膜如图3-22所示，通常被称为"高强级"反光膜。该种反光膜与透镜埋入式玻璃珠型反光膜一样，玻璃珠完全埋入透明树脂内，不同之处在于玻璃珠顶部有空气层，使光线的反射恰好发生在玻璃珠镜面涂层而非其后部某个部位，这种改变使反光膜的逆反射效率更高。

图3-23所示是采用微棱镜型原理制作的反光膜，其逆反射性能更好。目前市场上的"钻石级""超强级"等反光膜即为微棱镜型反光膜。

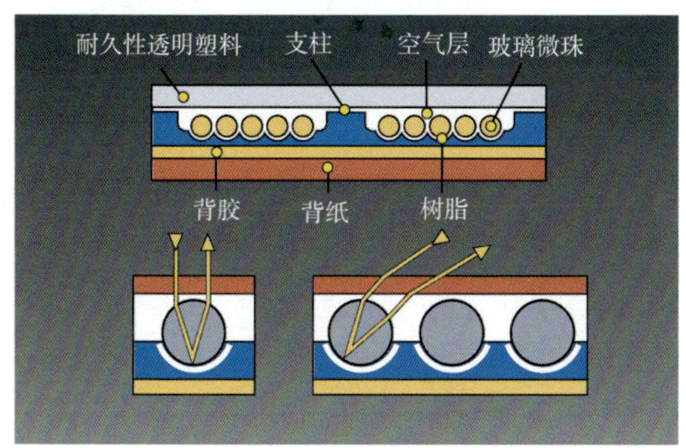

图3-22　密封胶囊式玻璃珠型反光膜

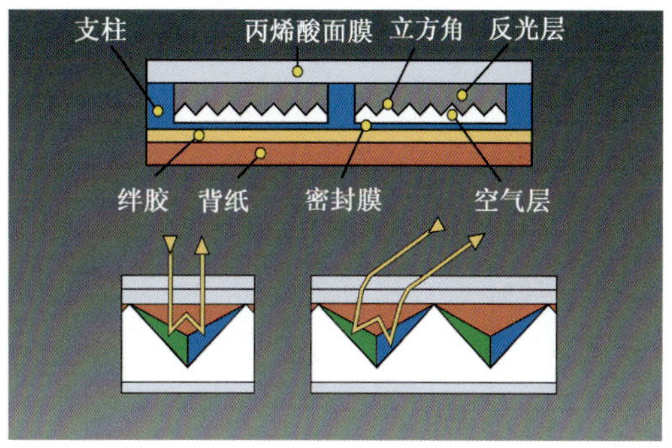

图3-23　微棱镜型反光膜

汽车前照灯发出的光照射在标志表面上时被照亮的程度，称为照度，单位是lx（勒克斯）。标志表面单位面积的发光强度被称为亮度，其单位为cd/m^2（坎德拉每平方米）。反光标志逆反射时的光度性能以逆反射系数R_A来表示，单位为cd/（lx·m^2）（坎德拉每勒克斯每平方米），如图3-24所示。

当反射光从物体反射到我们眼睛中时，我们可以看到物体。逆反射性能使大多数照射在物体上的光线发生改变，又返回到光源。但是，逆反射材料并非"完美"地将入射光全部反射回光源，逆反射光的光路通常是一个圆锥形或近似圆锥分布，如图3-25所示。光源发出的至逆反射体中心的明亮的光线，称为照明轴。当远离照明轴时，反射光就会变暗。

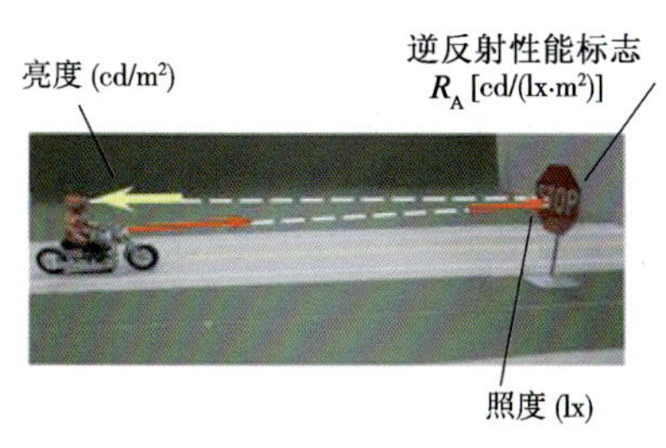

图3-24　逆反射术语示意

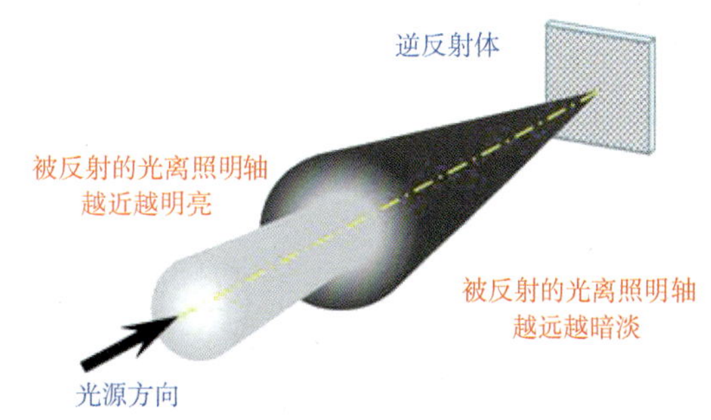

图3-25　逆反射光锥

由于驾驶人的视线在车灯周围圆锥形光束之内，如图3-26所示，所以驾驶人可以注意到标志。

驾驶人距离汽车前照灯较近时，观察角度（观测角）较小（如轿车或跑车）；若驾驶人距离前照灯较远,则观察角度(观测角)较大(如重型货车)。相同条件下,观测角越大,驾驶人感觉到的标志亮度越低。对于相同的前照灯,轿车驾驶人看到标志会更清楚,因为他们离反射圆锥形光束中心更近。所以,观测角是最重要的角度。理想的几何形状是入射角 4°和观测角 0.2°。

逆反射性能本身是描述标志看起来有多亮吗？不是。除了逆反射性能,即逆反射体反射光线回光源的效率外,关于交通标志夜间亮度问题还有很多其他因素要探究。如车辆前照灯决定了有多少光线照到标志;每个驾驶人对于看到目标的亮度需求都是不一样的,取决于他们的视觉能力和对比敏感度;最后,车辆的大小决定了从照明轴到驾驶人座位的远近,驾驶人距离照明轴越远标志越暗淡。除此之外,还有环境因素等。如图 3-27 所示,在对向车灯眩光下,很难看得清标志。

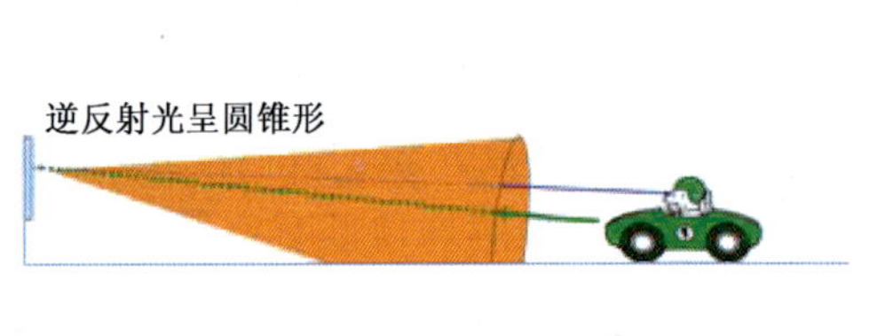

图 3-26　逆反射光锥示意

图 3-27　对向车灯眩光影响标志夜间视认

第 4 章　道路交通标志基本规定

4.1　标志服务对象

道路交通标志是为所有道路使用者服务的。这里的道路如前所述，是指公路、城市道路和虽在单位管辖范围但允许社会机动车通行的场所，广场、公共停车场等用于公众通行的场所等各类道路。

道路使用者是指这些道路上的机动车驾驶人、非机动车驾驶人、行人等，无论性别、年龄。这些道路使用者中，相比较而言，行人是最弱势的群体，其次是非机动车驾驶人，因为如果车辆、人之间发生冲突、事故，行人受伤害最严重，其次是非机动车驾驶人。所以，现有的标志绝大多数是向机动车驾驶人传递信息，少部分是向非机动车驾驶人传递信息，更少部分是向行人传递信息。图 4-1 所示标志是向行人传递信息的，其中 a）、c）、d）、e）同时也向非机动车和机动车驾驶人传递信息。图 4-2 所示标志是向非机动车驾驶人传递信息的，其中 f）、g）、h）同时也向机动车驾驶人传递信息。

a)　b)　c)

d)　e)

图 4-1　向行人传递信息的标志

a)　b)　c)　d)　e)

f)　g)　h)

图 4-2　向非机动车驾驶人传递信息的标志

通过标志传递的信息规范机动车驾驶人的行为,提高道路使用效率,减少机动车和非机动车、行人的冲突、事故,从而提高道路交通安全性,最终使道路更好地服务于所有道路使用者。绝大多数标志向机动车驾驶人传递信息,如第 3 章所述,要充分考虑在一定速度下不同车辆驾驶人的人因特性,保证交通标志设计科学、合理,真正起到作用。

道路使用包括白天、夜间使用,也包括晴天、雨天使用,只要道路开通放行,就应该能为道路使用者服务。

4.2 基本要求

标志的使用应满足以下几个基本要求:

(1)满足道路使用者的需要;

(2)引领道路使用者的注意力;

(3)传递明确、简洁的信息;

(4)提高道路使用者的遵从度;

(5)给道路使用者的合理反应提供充足的时间。

为了最大限度满足上述要求,应仔细斟酌交通标志的版面设计、设置、维护、统一性等。这个过程中,“车速”是一个要充分考虑的重要影响因素。在不同的车速下,人的视觉特征、反应特征等会有不同的变化,对标志的认读和反应也不同。

和标志有关的车速有以下几种定义:

(1)设计车速:道路设计时一个选定的车速,根据这个车速可以确定平、纵等线形指标。

(2)建议车速:依据道路的设计、运营特征和条件,对某段道路上行驶的所有车辆的一个建议车速。

(3)运行车速:某一类车辆或所有车辆在道路上实际行驶的车速。

(4)平均车速:道路上所有行驶车辆的运行车速的平均值。

(5)85 位车速:道路上所有行驶车辆的车速由低至高排列,第 85% 位的车速 v_{85}。

(6)限制车速:应用于某一段路上的最高或最低的速度的限制值。

(7)法定车速:法律规定的在某一类设计或功能的道路上的限速值,这个车速通常不必要表示在限速标志上。如《道路交通安全法》规定高速公路上最高车速为 120km/h,则 120km/h 就是法定车速。

设置标志时要充分考虑各种车速的关系和影响,使标志能够满足交通管理者的需要,能够表达简单明了的信息,能够引起道路使用者的充分注意并给道路使用者适当的反应时间,使得道路使用者能够遵循标志的要求,达到设立标志的目的。道路使用者能够遵循标志的要求是客观上对标志的要求,但是道路使用者是否遵循标志的要求,仍然需要配合其他设施或方法,例如执法等。

为满足标志的基本要求,结合 3.1 所述人因等,国家标准在标志的颜色、形状、尺寸、图形符号以及信息方面做了统一规定,努力做到:

(1)标志的尺寸、形状、颜色、文字组成、逆反射性能及对比度、照明等综合在一起,影响道路使用者对标志的注意程度。

(2)标志的尺寸、形状、颜色、信息的简约等综合在一起,表达一个清晰的含义。

(3)标志的易读性、标志尺寸以及设置位置综合在一起,提供足够的反应时间。

(4)标志统一性、尺寸、易读性和信息的合理性综合在一起,使得道路使用者能够遵循标志的指示。

标志应用时应做到:

(1)交通标志的设置应综合考虑、合理布局,防止出现信息不足或过载的现象。信息应连续,重要的信息宜重复显示(详见第 8 章至第 10 章指路标志信息连续示例)。图 4-3 是标志信息过载的示例,右侧的标志说明进入环城高速后可以到达的地点。这个功能不需要通过设在这里的标志来一次实现,有些路线和地点信息需要在进入环城高速后逐步指引。图 4-4 是标志信息不连续的示例。

图 4-3　标志信息过载

图 4-4　标志信息不连续

（2）一般情况下，交通标志应设置在道路行进方向右侧或车行道上方；也可根据具体情况设置在左侧，或左右两侧同时设置。标志设置位置具体来说要考虑车辆驾驶人行驶的认读需求。图 4-5 是较好的例子。距离出口远一些的出口预告标志设置在车行道上方，或者设置在道路左侧，使要出去的车辆很容易看到，如图 4-5a）所示；然后向外变换车道，随着出口临近，距离出口更近一点的出口标志设置在车行道上方或者道路右侧,如图 4-5b)所示。

(3)为保证视认性,同一地点需要设置两个以上标志时,可安装在一个支撑结构(支撑)上,但最多不应超过 4 个;分开设置的标志,应先满足禁令、指示和警告标志的设置空间。如图 4-6 所示,同一支撑设置标志数量太多。

a)

b)

图 4-5　标志设置位置便于驾驶人认读示例

图 4-6　同一支撑设置标志数量太多

(4)原则上要避免不同种类的主标志并设。

解除限制速度标志、解除禁止超车标志、路口优先通行标志、会车先行标志、会车让行标志、停车让行标志、减速让行标志应单独设置;条件受限制无法单独设置时,一个支撑结构(支撑)上最多不应超过两个标志,辅助标志不计。

如图 4-7 所示,a)是停车让行标志和向右转弯指示标志两种标志合并设置的示例,是符合标准要求的;b)有减速让行标志,合并设置的标志超过了两个,是不符合标准规定的。

a)

b)

图 4-7　停车让行标志和向右转弯指示标志并设

a)符合标准的设置;b)不符合标准的设置

(5)标志板在一个支撑结构(支撑)上并设时,应按禁令、指示、警告的顺序,先上后下,先左后右地排列,如图4-8 所示。

图 4-8　先禁令标志后指示标志示例

(6)警告标志不宜多设。同一地点需要设置两个以上警告标志时,原则上只设置其中最需要的一个。不是必须设置的地方设置警告标志后,会影响其可信性。图 4-9 是设置一个以上警告标志的示例。相比较而言,上方的警告标志更重要,可以根据实际情况和事故情况只设置上方的一个。

图 4-9　一个以上警告标志设置示例

4.3　基本概念

4.3.1　标志分类

标志分类见表 4-1。具体解释见后文各章。

表 4-1　标志分类汇总

<table>
<tr><th>序号</th><th>分类依据</th><th>分　类</th><th>分类说明</th><th>示　例</th></tr>
<tr><td rowspan="2">1</td><td rowspan="2">作用</td><td>主标志</td><td>包括:警告标志、禁令标志、指示标志、指路标志、旅游区标志、告示标志</td><td rowspan="2">图 4-10</td></tr>
<tr><td>辅助标志</td><td></td></tr>
<tr><td rowspan="2">2</td><td rowspan="2">显示位置</td><td>路侧标志</td><td>柱式、路侧附着式</td><td rowspan="2">图 4-11</td></tr>
<tr><td>路上方标志</td><td>悬臂式、门架式、路上方附着式</td></tr>
<tr><td rowspan="3">3</td><td rowspan="3">光学特性</td><td>逆反射材料式标志</td><td></td><td rowspan="3">图 4-12</td></tr>
<tr><td>照明式标志</td><td></td></tr>
<tr><td>发光式标志</td><td></td></tr>
<tr><td rowspan="2">4</td><td rowspan="2">版面内容显示方式</td><td>静态标志</td><td></td><td rowspan="2">图 4-13</td></tr>
<tr><td>可变信息标志</td><td></td></tr>
<tr><td rowspan="2">5</td><td rowspan="2">设置时效</td><td>永久性标志</td><td></td><td rowspan="2">图 4-14</td></tr>
<tr><td>临时性标志</td><td></td></tr>
<tr><td rowspan="2">6</td><td rowspan="2">标志信息强制性</td><td>必须遵守标志</td><td>禁令标志、指示标志</td><td rowspan="2">图 4-15</td></tr>
<tr><td>非必须遵守标志</td><td>指路标志、旅游区标志</td></tr>
</table>

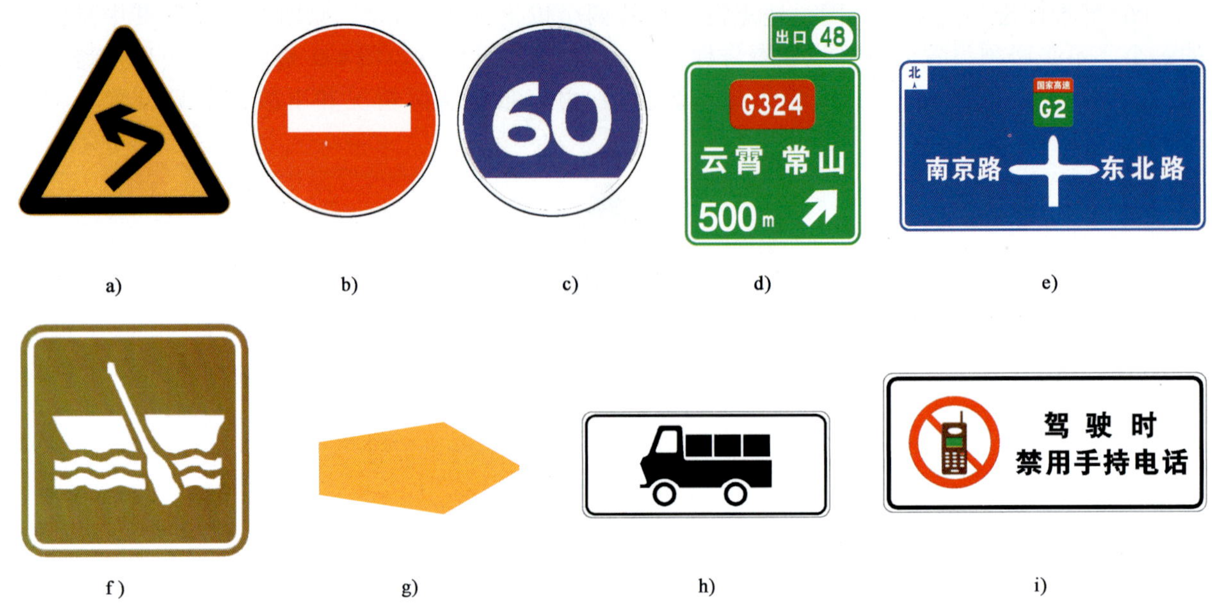

图 4-10　各类标志示例

a)警告标志;b)禁令标志;c)指示标志;d)高速公路指路标志;e)一般道路指路标志;f)旅游区标志;g)作业区标志;h)辅助标志;i)告示标志

图 4-11　标志显示位置示例

a)路侧标志;b)路上方标志

按发光性质分类，分为逆反射材料式、照明式、发光式；其中照明式又分为内部照明式和外部照明式，如图 4-12 所示。

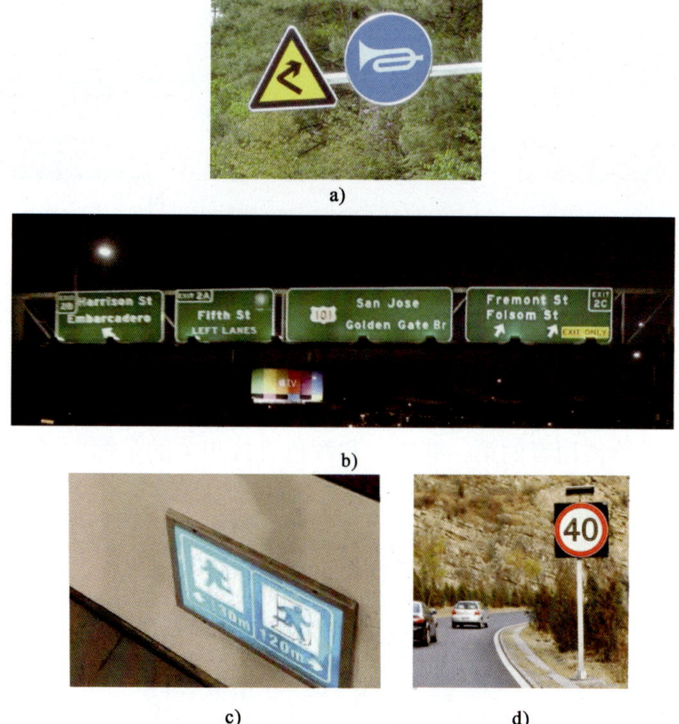

a)　b)　c)　d)

图 4-12　版面光学特性示例

a）逆反射材料式标志；b）照明式（外部照明）标志；c）照明式（内部照明）标志；d）发光式（太阳能）标志

a)

b)

图 4-13　版面内容显示方式示例

a）静态标志；b）可变信息标志

a)

b)

图 4-14　设置时效示例

a）永久性标志；b）临时性标志

a)

b)

图 4-15　标志信息强制性示例

a)必须遵守标志;b)非必须遵守标志

4.3.2　标志颜色

制作标志的反光膜有很多颜色,如图 4-16 所示。标志的颜色是标志的一个重要要素,标志的颜色和形状一起构成标志给道路使用者的第一感知。和颜色直接相关的是标志底版与之上的图形、符号、文字等的对比度。我国交通标志使用的颜色见表 4-2。

图 4-16　各种颜色的反光膜

表 4-2　标 志 颜 色

标　志	图形、符号、文字				底　版							
	黑	黄	红	白	黄/荧光黄/荧光黄绿	绿	蓝	红	白	棕	橙/荧光橙	粉/荧光粉
警告标志	√		√		√				√		√	√
禁令标志	√		√	√			√	√	√			
指示标志	√		√	√	√		√		√			
一般指路标志	√		√	√	√		√	√	√			
高速公路指路标志	√			√	√	√		√				
旅游区标志				√						√		
辅助标志	√								√		√	
告示标志	√	彩色							√			

注:荧光黄绿用于注意儿童、注意行人等与行人有关的警告标志;荧光橙用于与施工作业有关的标志;荧光粉用于与交警处理交通事故有关的标志。

标志的颜色一要使标志能比较容易地被驾驶人从背景环境中识别出来;二是标志的图形、字符等和底版的对比具有显著性,容易被驾驶人视读。

标志从背景环境中被驾驶人识别出来，主要是两方面的因素：一是标志的底色和背景环境的差异；二是标志的轮廓清晰，见 4.3.4。各个国家标志的底色是不同的，各个国家国内是统一的。表 4-3 是国外标志的主要颜色和我国标志的示例。

表 4-3　国外标志的主要颜色和我国标志的示例

标　　志	国外主要标志底色		我国标志示例
警告标志			
禁令标志			

指示标志	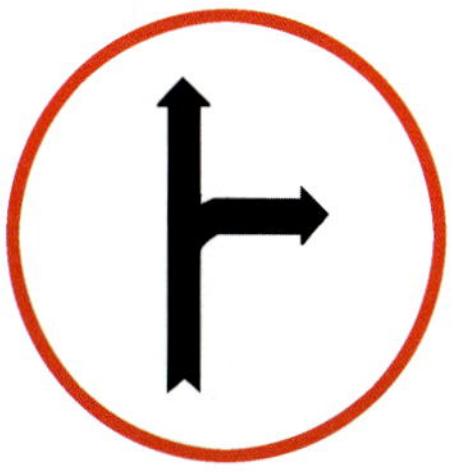		
一般指路标志			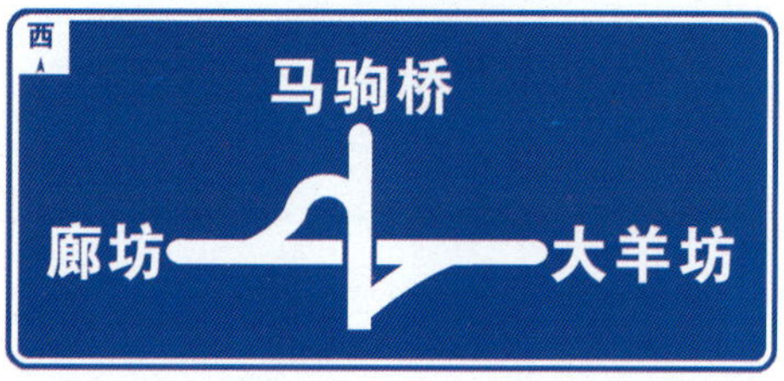

续上表

标　　志	国外主要标志底色		我国标志示例
高速公路指路标志	 26 Düsseldorf -Benrath 1000m	 EXIT 44 56 Metropolis Utopia 2 MILES	 出口 48 G324 云霄 常山 1 km
辅助标志	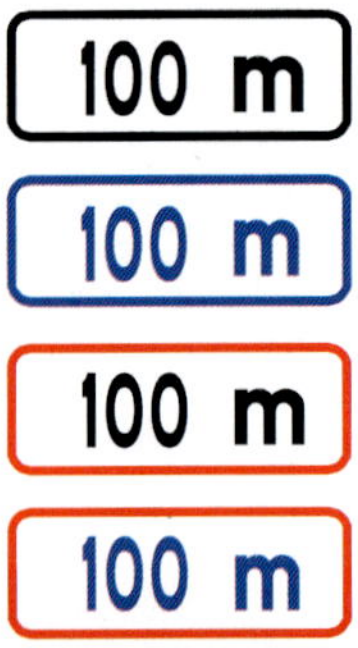 100 m 100 m 100 m 100 m	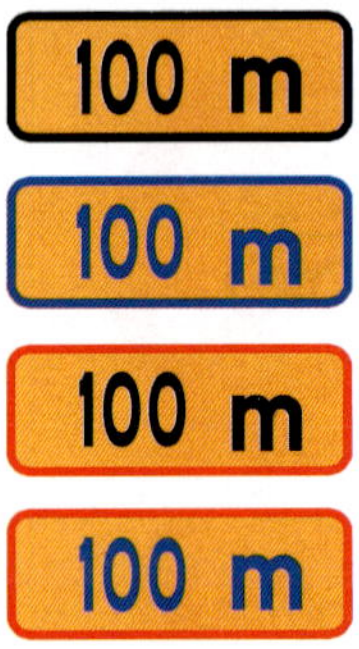 100 m 100 m 100 m 100 m	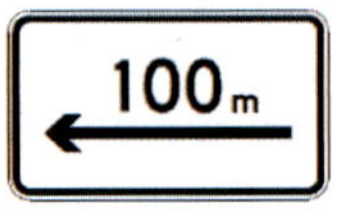 100m
告示标志	 FRANCE 60 90 130		  S81 广州环城高速 系安全带

各个国家标志底色的选择主要沿袭其长期使用的经验和惯例。同是欧洲国家,都加入了联合国道路交通标志的公约,图 4-17a)是芬兰的限速标志,因为冬季较长、多冰雪,黄色底色的标志就较容易被驾驶人从白色背景环境中识别出来;图 4-17b)是法国的警告标志,白色的底色较容易被驾驶人从绿色背景中识别出来,并且夜间白色反光膜是同级反光膜中亮度最高的。

图 4-17　与背景环境对比鲜明的标志

a)芬兰的限速标志;b)法国的警告标志

类似地,我国警告标志底色为黄色,黄色在我国国家标准《安全色》(GB 2893—2008)里是警告色,表示警示、危险。但是,黄色的警告标志在我国西北沙漠公路上,因为黄色的沙漠背景而不易被驾驶人发现,如图4-18a)所示。这种情况下,是否可以采用白色底色的警告标志? 如图 4-18b)所示。显然,白色底色与背景环境对比鲜明,易于被发现。而现行国家标准《道路交通标志和标线》(GB 5768)是强制性标准,是为了标志的统一性。在这种情况下,建议探讨"保证标志统一性"和"具体情况标志设置"之间的协调,毕竟我国国土面积大,各地道路环境的差异也大。按《道路交通标志和标线　第 1 部分:总则》(GB 5768.1—2009)附录 A 规定的程序,可以对沙漠公路白色底色的警告标志进行试用、试用评估,确定使用效果。

a)

b)

图 4-18　沙漠公路上的警告标志
a)黄底警告标志;b)白底警告标志

标志底版和图形、符号、文字的颜色应在一定的色度范围内,同一颜色不允许有大的差异。现行《道路交通标志板及支撑件》(GB/T 23827)对标志面普通材料色和逆反射材料色,规定其色品坐标和亮度因数在规定的范围内,这也保证了颜色的统一性。

我国国家标准已经明确,标志在白天和夜间的颜色应满足现行《道路交通标志和标线　第 1 部分:总则》(GB 5768.1)的规定。

国家标准规定了荧光黄色、荧光黄绿色、荧光橙色和荧光粉色,分别用于警告标志、注意与行人包括儿童有关的警告标志、作业区等临时性标志、交警处理交通事故用临时性标志等。如图 4-19、图 4-20 所示,荧光反光膜里有一种独特的耐候性荧光因子,能够在吸收光谱内的可见光和部分不可见光的能量后,增加活跃程度,从而将不可见光的能量转化为可见光的能量,使反光膜的色度和光度在白天发挥得更加强大,提高了反光膜在黄昏、黎明和一些恶劣天气(雪、雾)时的反光亮度,从而增加标志的显著性。图 4-21 是国外对荧光黄绿色和普通黄色发现(Detection)距离和认出(Recognition)距离的研究成果。可以看出,荧光黄绿色标志比普通黄色标志的发现距离远了近 1 倍;在不同距离认清标志的概率(百分比),荧光黄绿色也远远高出普通黄色,如 120m 处有 80% 左右可以认出荧光黄绿色标志,而只有不到 10% 能够认出黄色标志。越早发现标志以及越早认出标志,就有充足的时间做出反应,对安全的贡献越大。很多国家(地区)已经把荧光色纳入标准,表 4-4 是各国(地区)标准里关于荧光色规定的情况。

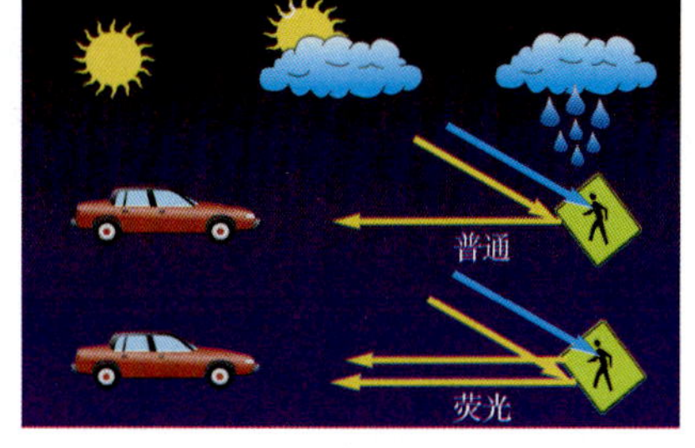

图 4-19　荧光反光膜原理示意

表 4-4　各国(地区)标准关于荧光色的规定

颜色	美国 ASTM	美国 MUTCD	欧洲 CUPA	澳新 AS/NZS	中国 GB
荧光黄	●		●	●	●
荧光黄绿	●	●	●	●	●
荧光橙	●	●	●	●	●
荧光粉		●		●	●

注:●表示将该颜色纳入标准。

a)　　b)

c)

图 4-20　荧光反光膜和普通反光膜对比

a)在黄昏和黎明效果良好;b)在雪天效果优于普通反光膜;c)在雾天效果优于普通反光膜

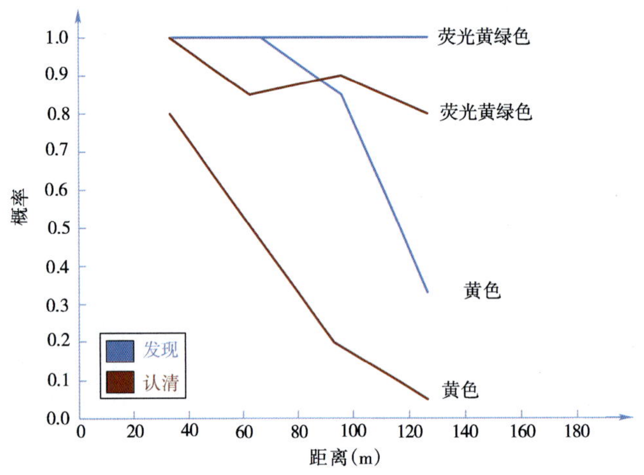

图 4-21　荧光黄绿色和黄色的视认距离比较

4.3.3　标志形状

标志的形状是标志的一个重要要素,道路使用者在接近标志过程中,标志形状、颜色是其首先感知的。不同形状代表不同的信息,三角形表示警告,圆形表示禁止和限制,方形表示指路等。我国交通标志的形状见表 4-5。

表 4-5　我国标志形状汇总

形　状	标　志	示　例
正等边三角形	警告标志	

续上表

形　　状	标　　志	示　　例
圆形	禁令标志	
	指示标志	
倒等边三角形	减速让行标志	 让
八角形	停车让行标志	 停
叉形	配合铁路道口警告标志的警告标志	
方形	指示标志	
	一般指路标志	 北 G2 南京路 东北路
	高速公路指路标志	 璜塘 8km G42 17km 上海 25km

续上表

形　状	标　志	示　例
方形	旅游区标志	
	辅助标志	
其他形状	里程牌	220 G103
	紧急电话位置指示标志	400m

4.3.4　边框和衬边

标志的轮廓有助于标志在环境背景中被驾驶人区别出来,标志的边框就是为了使标志的轮廓清晰,衬边是标志面上贴上边框后外边缘露出的标志面底色。因此衬边的颜色和标志面的底色一致。只有指示标志例外,指示标志无边框。为了使指示标志轮廓清晰,在蓝色标志边缘贴上一细细的白边,这个细白边叫衬边。应注意白色的衬边外面不能露出蓝色的底色。

各类标志的边框和衬边见表 4-6。

表 4-6　各类标志的边框和衬边

标志类别	边　框	衬　边	备　注
警告	黑色	黄色	叉形符号和斜杠符号除外
禁令	红色	白色	个别标志除外
指示	—	白色	白色外无蓝色
指路	白色	蓝色或绿色	
旅游区	白色	棕色	
辅助	黑色	白色	
告示	黑色	白色	

需要说明的是,表 4-6 中的“个别标志”主要指表 4-7 所示的一些标志。

表 4-7　个别禁令标志边框和衬边

标志名称	边　框	衬　边	标　志
停车让行	白色	无	停
禁止驶入	无	白色	
禁止停放	红色	白色	
禁止长时停放	红色	白色	
区域限制和解除	黑色	白色	30 区域　30 区域

4.3.5　图形、符号和文字

图形、符号和文字是表达、传递交通信息的基本要素。研究表明：在困难的视觉条件下，图形、符号信息无论在辨认速度还是在辨认距离上均比文字信息要优越。另外，用图形、符号来表达信息的另一优点是不受语言、文字的限制，只要设计的图形和符号形象、直观，不同国家、不同民族、不同语言文字的道路使用者均可理解、认读。

欧洲地区国家众多,语言文字复杂,而且相互交往联系密切。针对这种情况逐步发展起来的交通标志以图形符号为主体,辅以统一的色彩和形状。美国稍有不同,美国的标志以文字表达为主,虽然在标志视认性上有所损失,但与有些不太直观的图形符号标志相比较,文字标志更能表达明确的意义。但是美国也在谨慎、逐步地采用图形符号的标志。为了避免产生模糊理解,美国的MUTCD规定了一类"教育牌",放在图形符号标志的下面说明标志的含义,当这种图形符号标志逐渐被道路使用者接受后,逐步取消教育牌。

总之,以图形符号为主的标志得到联合国的推荐,并已经被世界上绝大多数的国家所采用。我国《道路交通标志和标线》(GB 5768)的历次修订也顺应这种趋势,尽量采用一些直观、简单、易于理解的图形符号标志,如我国道路交通标志里的停车让行和减速让行标志。《道路交通标志和标线》(GB 5768—1986)里规定的停车让行和减速让行标志如图4-22所示,都是采用倒三角形标志,实际上国际通行的停车让行标志是八角形的。美国和欧盟的这两个标志如图4-23、图4-24所示。虽然都是通用的形状,但美国在减速让行标志上使用了文字。《道路交通标志和标线》(GB 5768—1999)和《道路交通标志和标线　第2部分:道路交通标志》(GB 5768.2—2009)规定的标志如图4-25所示,对停车让行标志进行了修改,采用了国际通用的形状、颜色。实际上,在我国的交通标志里,只有"减速让行"是倒三角形的,标志的形状、颜色基本上可以表达标志的含义,也不会和其他标志混淆、引起歧义。将来标准修订时,可以考虑采用欧盟的"减速让行"标志,拿掉现在标志中的"让"字,如图4-26所示,经过标准宣贯,是不会产生使用上的问题的。

图4-22　GB 5768—1986中的停车让行和减速让行标志

图4-23　美国停车让行和减速让行标志

图4-24　欧盟及联合国推荐的停车让行和减速让行标志

图4-25　GB 5768—1999和GB 5768.2—2009中的停车让行和减速让行标志

图4-26　建议的我国将来修订的停车让行和减速让行标志

道路交通标志的字符应规范、正确、工整,按从左至右、从上至下顺序排列。一般一个地名不写成两行或两列,否则易引起驾驶人迷惑和迟疑,增加反应时间。

关于标志上的字符,《道路交通标志和标线》(GB 5768—1999)和《道路交通标志和标线　第2部分:道路交通标志》(GB 5768.2—2009)的规定是:"根据需要,可并用汉字和其他文字。标志上的汉字应使用规范汉字,除有特殊规定之外,汉字应排在其他文字上方。"有些少数民族地区,提出将少数民族文字放在汉字上方的需求,根据中华人民共和国主席令第37号2000年10月31日第九届全国人民代表大会常务委员会第十八次会议通过的《中华人民共和国国家通用语言文字法》第8条规定:"各民族都有使用和发展自己的语言文字的自由。少数民族语言文字的使用依据宪法、民族区域自治法及其他法律的有关规定。"所以,建议根据相关的法律法规,考虑所在道路上大多数驾驶人熟悉的文字来确定。

《道路交通标志和标线　第2部分:道路交通标志》(GB 5768.2—2009)没有要求道路交通标志一定要同时使用英文,只是规定了如果标志上使用英文,专用名词应该用英文,见表4-8。专用名词第一个字母大写,其余小写,根据需要也可全部大写。关于标志上的地名,是使用汉语拼音还是使用英文,现在社会上争议很大。一种意见是：地名应该使用英文，如长椿街 Changchun Street；另一种意见是地名的转写应该用汉语拼音。

表 4-8　交通标志专用名词中英文对照

序号	中　文	英　文	序号	中　文	英　文
1	避险车道	TRUCK ESCAPE RAMP	8	服务区/站	SERVICE AREA
2	隧道	TUNNEL	9	停车区/点	REST AREA
3	收费	TOLL	10	爬坡车道	CLIMBING LANE
4	入口	ENTRANCE	11	起点	BEGIN
5	出口	EXIT	12	结束	END
6	下一出口	NEXT EXIT	13	道路交通信息	TRAFFIC INFORMATION
7	收费站	TOLL STATION	14	超限检测站	WEIGH STATION

《中华人民共和国国家通用语言文字法》第 18 条规定："国家通用语言文字以《汉语拼音方案》作为拼写和注音工具。《汉语拼音方案》是中国人民、地名和中文文献罗马字母拼写法的统一规范，并用于汉字不便或不能使用的领域。"

《地名管理条例》已经 2021 年 9 月 1 日国务院第 147 次常务会议修订通过，自 2022 年 5 月 1 日起施行。第三条明确了："本条例所称地名包括：

（一）自然地理实体名称；

（二）行政区划名称；

（三）村民委员会、居民委员会所在地名称；

（四）城市公园、自然保护地名称；

（五）街路巷名称；

（六）具有重要地理方位意义的住宅区、楼宇名称；

（七）具有重要地理方位意义的交通运输、水利、电力、通信、气象等设施名称；

（八）具有重要地理方位意义的其他地理实体名称。"

国务院部门规章《地名管理条例实施细则》（1996 年 6 月 18 日民行发〔1996〕17 号）第十九条"中国地名的罗马字母拼写"明确了：

"（一）《汉语拼音方案》是使用罗马字母拼写中国地名的统一规范。它不仅运用于汉语和国内其他少数民族语，同时也通用于英语、法语、德语、西班牙语、世界语等罗马字母书写的各种语文。

（二）汉语地名按《中国地名汉语拼音字母拼写规则（汉语地名部分）》拼写。

（三）少数民族的族称按国家技术监督局制定的《中国各民族名称的罗马字母拼写法和代码》的规定拼写。

（四）蒙、维、藏语地名以及惯用蒙、维、藏语文书写的少数民族语地名，按《少数民族语地名汉语拼音字母音译转写法》拼写。

（五）其他少数民族语地名，原则上以汉译名称按《中国地名汉语拼音字母拼写规则（汉语地名部分）》拼写。

（六）台湾、香港、澳门地区的地名，依据国家有关规定进行拼写。

（七）地名罗马字母拼写具体规范由民政部商同国务院有关部门负责修订。"

根据这些现行有效的法律、规章，道路交通标志上地名的转写应符合现行国家标准《地名　标志》（GB 17733）的规定。

《道路交通标志和标线　第 2 部分：道路交通标志》（GB 5768.2—2009）明确了："地名用汉语拼音，相关规定按照 GB 17733，第一个字母大写，其余小写。专用名词用英文，第一个字母大写，其余小写，根据需要也可全部大写。”

有些人批评拼音拼写的地名不够国际化,实际上联合国地名标准化会议考虑到当今世界上大多数的国家和地区通用以罗马字母为基础的拼音文字,因而决定用“单一罗马化”(Single Romanization)作为地名国际标准化的原则。具体做法是:本国文字是罗马字母文字,以本国拼写法作为国际标准;本国文字不是罗马字母文字,但是有规定的或通用的罗马字母拼写法,以这种拼写法作为国际标准;本国文字不是罗马字母文字,又没有规定的或通用的罗马字母拼写法,则需要在本国政府同意下,制定标准拼写法作为国际标准。

早在 1977 年 8 月,联合国第三届国际地名标准化会议以 43 票赞成、1 票反对、4 票弃权的压倒多数,通过了采用汉语拼音作为中国地名罗马字母拼法的国际标准。决议全文如下:

会议认识到《汉语拼音方案》是中国法定的罗马字母拼写方案,中国已制定了《中国地名汉语拼音字母拼写法》。

注意到《汉语拼音方案》在语言学上是完善的,用于中国地名的罗马字母拼法是最合适的;中国已出版了汉语拼音版《中华人民共和国分省地图集》《汉语拼音中国地名手册(汉英对照)》等资料;《汉语拼音方案》已得到广泛应用,考虑到在国际上通过适当的过渡时期,采用汉语拼音拼写中国地名是完全可能的。

建议:采用汉语拼音作为中国地名罗马字母拼法的国际标准。

这是《汉语拼音法案》走向世界的一个重要里程碑。它标志着这个方案已经由我国的国家标准发展成为国际标准。

4.3.6 标志尺寸

在标志内容确定的情况下,标志的尺寸由标志的图形、符号、文字的大小决定。从标志的发现和认读角度讲,标志的图形、符号、文字越大越好,从工程经济考虑又不允许标志尺寸的无限放大。标志尺寸或标志的图形、符号、文字和很多因素一起决定了标志的视认距离,并要求道路使用者在一定的距离内完成反应、动作,因此直接相关的因素是行驶车速。各国的标志尺寸基本上是和车速挂钩的。为了避免标志尺寸的差异众多,影响标志的制作、施工、维护等,标志尺寸的规格应尽量减少。我国的设计人员基本上是按照这个原则进行版面设计的。

《道路交通标志和标线 第 2 部分:道路交通标志》(GB 5768.2—2009)里明确了警告、禁令、指示标志等图形标志的规格是和速度挂钩的,并明确了两种情况:一是当城市道路上设置柱式标志而设置条件非常局限时,可以使用低于规定值的最小值;二是标志尺寸可考虑实际的运行速度或限制速度进行调整,根据需要,尺寸增加时不受限制。还明确了指路标志等文字性标志上文字的大小、字间距、行间距等,其中字高等也是和速度挂钩的,也明确了两种情况:一是特殊情况下,由于具体原因不能满足要求时,经论证字高可降低;二是标志尺寸可考虑实际的运行速度或限制速度进行调整,根据需要,尺寸增加时不受限制。《道路交通标志和标线 第 2 部分:道路交通标志》(GB 5768.2—2022)里增加了路上方标志、单向三车道及以上道路路侧的标志字高可合理增大 5 ~ 10cm,单向两车道及以上道路路侧的停车让行标志、减速让行标志和部分警告标志尺寸可增大的规定。

美国的 MUTCD 明确指出:工程人员可以根据实际情况对根据标准规定的车速下的标志尺寸进行修改,但基本上只允许改大不允许改小,并且规定尺寸的变化幅度为 150mm。

我国国家标准对各类标志尺寸规定如下:

(1)字符。

指路标志汉字高度一般值按表 4-9 选取。

表 4-9 汉字高度与速度的关系

速度(km/h)	100 ~ 120	71 ~ 99	40 ~ 70	<40
汉字高度(cm)	60 ~ 70	50 ~ 60	35 ~ 50	25 ~ 30

指路标志的阿拉伯数字和其他文字的高度应根据汉字高度确定，其与汉字高度的关系宜符合表 4-10的规定。在特殊情况下，由于具体原因不能满足要求时，经论证字符高度最小不应低于规定值的0.8 倍。小数点后阿拉伯数字字高是汉字字高的 1/2 ~2/3。根据各地使用经验，以及标志字高的试验研究，小数点后阿拉伯数字的高度为字高的 1/2 ~2/3 时，既能看到数字，也能看到小数点前后数字高度不同，不至于忽略了小数点。

表 4-10　其他文字与汉字高度的关系

其他文字		与汉字高度 h 的关系
拼音字母、拉丁字母或少数民族文字	大小写	$\frac{1}{3}h \sim \frac{1}{2}h$
阿拉伯数字	字高	h
	字宽	$\frac{1}{2}h \sim h$
	笔画粗	$\frac{1}{6}h \sim \frac{1}{5}h$

道路编号标志中的字母标识符、数字等高，出口编号标志中的数字、字母高度不等，其高度应根据设计速度，按表 4-11 选取。道路编号标志用于指路标志上时，标识在箭头杆中的公路编号或道路名称的字高可适当缩小，一般取 0.5 ~0.7 倍字高，且汉字高度最小值为 20cm，英文字母和阿拉伯数字高度最小值为 15cm，但道路编号标志的高度至少同指路标志的字高。

表 4-11　道路编号标志和出口编号标志的字母、数字高度

速度(km/h)		100 ~ 120	71 ~ 99	40 ~ 70	<40
道路编号尺寸(cm)	字母	40 ~ 50	35 ~ 40	25 ~ 30	15 ~ 20
	数字				
出口编号尺寸(cm)	数字	40 ~ 50	35 ~ 40	25 ~ 30	—
	字母	约数字字高的 2/3			
	“出口”	25 或 30			

指路标志的汉字或其他文字的间隔、行距等宜符合表 4-12 的规定。

表 4-12　文字的间隔、行距等的规定

文字设置	与汉字高度 h 的关系	文字设置	与汉字高度 h 的关系
字间隔	$\frac{1}{10}h$ 以上	字行距	$\frac{1}{5}h \sim \frac{1}{3}h$
笔画粗	$\frac{1}{14}h \sim \frac{1}{10}h$	距标志边缘最小距离	$\frac{2}{5}h$

指路标志的大小，应根据字数、文字高度及排列情况确定。考虑标志制作过程中，减少标志规格有利于下料及材料通用，可节省标志制作和施工费用，因此在一条路或一个项目上，指路标志规格可以归纳为系列规格尺寸，也可以以合适宽度的板条来装配标志。

(2)警告标志尺寸。

警告标志尺寸见表 4-13。尺寸代号见图 4-27。警告标志的尺寸一般按设计速度选取，可根据设置路段的自由流第 85 位速度(v_{85})进行调整。设置空间受限制时，如果采用柱式标志可采用最小值。

表 4-13 警告标志尺寸与速度的关系

项　目	尺寸(cm)				
	一般值[a]				最小值[b]
	100 ~ 120km/h	71 ~ 99km/h	40 ~ 70km/h	<40km/h	
等边三角形边长(A)	130	110	90(110)	70(90)	60
黑边宽度(B)	9	8	6.5(8)	5(6.5)	4
黑边圆角半径(R)	6	5	4(5)	3(4)	3
衬边宽度(C)	1	0.8	0.6(0.8)	0.4(0.6)	0.4

注:[a]警 2 ~ 警 6、警 10 ~ 警 14 设置在单向两车道及以上的道路上,尺寸可选取括号里的数值。
[b]适用条件下。

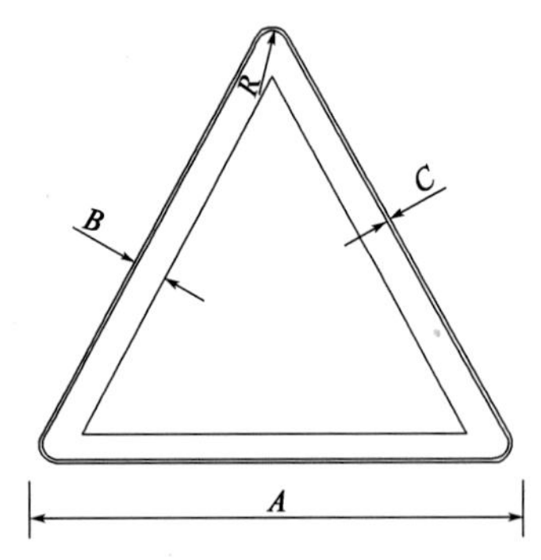

图 4-27 警告标志尺寸代号

(3)禁令标志、指示标志尺寸。

禁令标志、指示标志尺寸见表 4-14。尺寸代号见图 4-28。尺寸的一般值应根据设计速度选取。可根据设置路段的自由流第 85 位速度(v_{85})进行调整。设置空间受限制时,如果采用柱式标志可采用最小值。

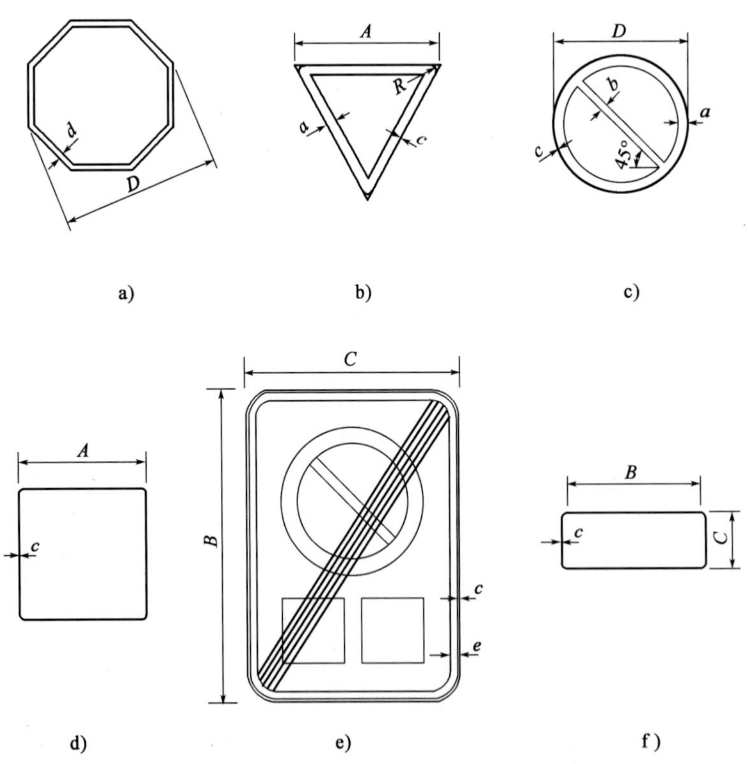

图 4-28 禁令标志、指示标志各部分尺寸代号

表 4-14　禁令标志、指示标志尺寸与速度的关系

<table>
<tr><th colspan="3" rowspan="3">项　　目</th><th colspan="5">尺寸(cm)</th></tr>
<tr><th colspan="4">一般值</th><th rowspan="2">最小值[f]</th></tr>
<tr><th>100 ~ 120km/h</th><th>71 ~ 99km/h</th><th>40 ~ 70km/h</th><th><40km/h</th></tr>
<tr><td colspan="2" rowspan="2">八角形标志
(停车让行标志)[a]</td><td>标志外径(D)</td><td>—</td><td>—</td><td>80(100)</td><td>60(80)</td><td>50</td></tr>
<tr><td>白边宽度(d)</td><td>—</td><td>—</td><td>3(4)</td><td>2(3)</td><td>2</td></tr>
<tr><td colspan="2" rowspan="4">三角形标志
(减速让行标志)[a]</td><td>边长(A)</td><td>—</td><td>—</td><td>90(110)</td><td>70(90)</td><td>60</td></tr>
<tr><td>红边宽度(a)</td><td>—</td><td>—</td><td>9(11)</td><td>7(9)</td><td>6</td></tr>
<tr><td>衬边宽度(c)</td><td>—</td><td>—</td><td>0.6(0.8)</td><td>0.4(0.6)</td><td>0.4</td></tr>
<tr><td>红边圆角半径(R)</td><td>—</td><td>—</td><td>4(5)</td><td>3(4)</td><td>3</td></tr>
<tr><td colspan="2" rowspan="4">圆形标志</td><td>标志外径(D)</td><td>120</td><td>100</td><td>80</td><td>60</td><td>50</td></tr>
<tr><td>红边宽度(a)[b]</td><td>12</td><td>10</td><td>8</td><td>6</td><td>5</td></tr>
<tr><td>红杠宽度(b)</td><td>9</td><td>7.5</td><td>6</td><td>4.5</td><td>4</td></tr>
<tr><td>衬边宽度(c)</td><td>1</td><td>0.8</td><td>0.6</td><td>0.4</td><td>0.4</td></tr>
<tr><td rowspan="9">矩形
标志</td><td rowspan="2">区域限制
和解除标志</td><td>长(B)×宽(C)</td><td>—</td><td>—</td><td>170×120</td><td>130×90</td><td>—</td></tr>
<tr><td>黑边宽度(e)</td><td>—</td><td>—</td><td>3</td><td>2</td><td>—</td></tr>
<tr><td>单行路标志</td><td>长(B)×宽(C)</td><td>—</td><td>100×50</td><td>80×40</td><td>60×30</td><td>—</td></tr>
<tr><td>车道行驶方向
标志</td><td>长(B)×宽(C)</td><td colspan="4">90×70</td><td>—</td></tr>
<tr><td>占用部分人行道
边缘停车位标志</td><td>长(B)×宽(C)</td><td>—</td><td>—</td><td>60×40</td><td>30×20</td><td>—</td></tr>
<tr><td>正方形</td><td>边长(A)[c]</td><td>120</td><td>100</td><td>80</td><td>60</td><td>—</td></tr>
<tr><td>长方形</td><td>长(B)×宽(C)[d]</td><td>120×96(60)</td><td>100×80(50)</td><td>80×64(40)</td><td>60×48(30)</td><td>—</td></tr>
<tr><td colspan="2">衬边宽度(c)[e]</td><td>1</td><td>0.8</td><td>0.6</td><td>0.4</td><td>—</td></tr>
</table>

注：[a]停车让行标志、减速让行标志设置在单向两车道及以上的道路时，尺寸可选取括号里的数值。

[b]货车通行标志为绿边。

[c]停车位标志边长仅对应速度小于或等于 70km/h 的情况。

[d]专用车道标志，括号外数字为带箭头的标志宽度，括号内数字为不带箭头的标志宽度。

[e]车道行驶方向标志衬边为 0.6cm，占用部分人行道边缘停车位标志衬边为 0.4cm。

[f]适用条件下。

根据标准，以下两种情况，所设标志仅表示信息提供，不具备法律效力：

①设置空间受限，采用了柱式禁令、指示标志，尺寸小于最小尺寸，即圆形禁令标志的直径小于 50cm，三角形禁令标志的边长小于 60cm，八角形禁令标志的对角线长度小于 50cm。

②一般情况下采用了小于表 4-14 的规定值。

(4)旅游区标志尺寸。

旅游指引标志尺寸由字高、字数和图形确定。旅游符号标志尺寸一般宜采用 60cm×60cm，速度低、交通量小的道路上可采用 45cm×45cm。

(5)辅助标志尺寸。

辅助标志尺寸由字高、字数确定。辅助标志的字高一般值可按照表 4-9 规定值的一半确定，但最小值不应小于 10cm。字间隔、行距等按表 4-12 的规定执行。根据辅助标志所说明的主标志的尺寸、考虑美观等需要可增加辅助标志板的尺寸。

4.3.7　标志套用

标志套用有以下几种情况：

(1)停车让行、减速让行标志不能套用，这主要是考虑到这两个标志的特殊性，需要驾驶人在路口前能较早、尽快地识别出并采取相应的行动。这两块标志因为重要,在各国的标志体系里是一致的。那就是,只有这两块标志的形状和其他标志的形状都不同。所以,通过形状就可以辨识出停车让行标志和减速让行标志。美国 MUTCD2009 版明确了停车让行标志和减速让行标志的背面并设其他标志时,背面所设标志必须在停车让行标志和减速让行标志的版面范围内 ,更严格地保证了这两块标志的形状特性。图 4-29 所示标志影响了驾驶人对停车让行标志的视认。

(2)禁令标志、指示标志下设辅助标志时,有时辅助标志丢失,标志所表达的含义有可能发生变化。为了避免这种情况发生,可以将禁令标志、指示标志和辅助标志一起,套用于无边框的白色底板上,如图 4-30所示。图中灰色阴影部分不是标志板的一部分,只是为了表示白色部分是套用的白色底板。

图 4-29　停车让行标志背面并设标志时反例

图 4-30　禁令标志和辅助标志套用于白色底板

禁令、指示标志套用于无边框的白色底板上,为必须遵守标志。

(3)某些设置禁令标志的路段,在进入此路段前的路口适当位置要设置相应的标志提示和预先告知,使被限制的车辆能够提前绕道行驶。这种情况下,通常是将禁令标志设置于指路标志上,或设置其他绕行标志,如图 4-31 所示。

禁令、指示标志套用于指路标志上,仅表示提供相关禁止、限制和遵行信息,只能作为补充说明或预告方式,并应在必要位置设置相应的禁令、指示标志。

套用的禁令标志一般不使用衬边。

(4)《道路交通标志和标线　第 1 部分:总则》(GB 5768.1—2009)附录 B 规定图形用于指路标志上时,一般为蓝、绿底白图案,用于旅游区标志上为棕底白图案,如图 4-32a)、b)所示。图 4-32c)是指路标志和辅助标志套用于白色底板上。

图 4-31　禁令标志套用于指路标志上示例

a)

b)

c)

图 4-32　指路标志套用示例

《道路交通标志和标线　第 2 部分:道路交通标志》(GB 5768.2—2022)中根据使用惯例,保留了一些使用图形的指路标志,和此规定不完全一致。如:

①《道路交通标志和标线　第 2 部分:道路交通标志》(GB 5768.2—2022)的 8.4.3 规定:地点识别标志用于路径指引标志(属于指路标志)上时,图形部分"反白",如图 4-33a)所示。根据调查,这种版面有利于视认。因为使用较多的是飞机的图形,如果不是"反白"用于指路标志上,远看驾驶人易把它和文字、箭头混淆。

②沿线设施预告或指引标志,如图 4-33b)所示。

图 4-33　GB 5768.2—2022 规定的一些图形反白的指路标志
a)路径指引标志;b)公路沿线设施预告或指引标志

(5)相同底色标志套用时,应使用边框,如图 4-34 所示。

日本规范的规定和我国有些不同,如图 4-35 所示,图上反白部分表示直接到达,不反白部分表示间接到达。如右侧的标志表示出口是"高松道"(高速公路),通过高松道可以到达"高松"(地名)和"濑户中央道"(和高松道相连的高速公路)。

图 4-34　相同底色标志套用示例

图 4-35　日本指路标志套用示例

(6)不同底色标志套用时,套用的标志宜使用边框,如图 4-36 所示。

图 4-36　不同底色标志套用

(7)道路编号标志套用于指路标志上,宜使用边框,如图 4-37 所示。

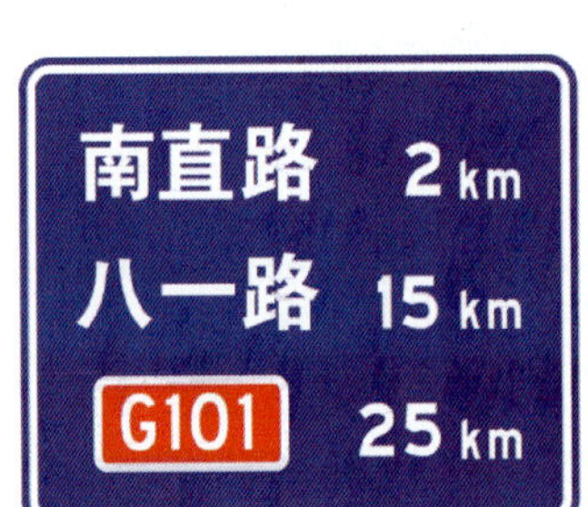

图 4-37　道路编号标志套用于指路标志上

4.3.8　标志位置

标志设置的纵向、横向位置以及标志面的偏转角度都影响着标志的视认性。根据国外的研究,同一块标志,其视认性取决于车前照灯照到标志面上后返回驾驶人眼睛的光量。假设设置在道路前进方向右侧标志获得车前照灯光量为 100%,则通过门架或悬臂设置在车行道上方的标志获得车前照灯光量仅为 14% 和 17%。因此美国 MUTCD 建议标志通常设置在道路的右侧,设置在其他位置的标志被认为是对道路右侧标志的补充;道路在向右转弯时,标志可以设置在中央带或道路左侧;一个方向多车道道路的右侧车道车辆可能妨碍标志认读时,可以同时在左侧设置标志作为补充。

4.3.8.1　不同支撑形式设置的横向位置

(1)单柱式是标志板安装在一根立柱上,如图 4-38a)所示,适用于中、小型尺寸的警告、禁令、指示标志,以及小型指路标志。多柱式是标志板安装在两根及以上立柱上,如图 4-38b)所示,适用于长方形的指示或指路标志。

柱式标志内边缘不应侵入道路建筑限界，一般距车行道或人行道的外侧边缘或土路肩不小于 25cm。标志板下缘距路面的高度一般为 150 ~ 250cm，设置在小型车比例较大的城市道路时，下缘距地面的高度可根据实际情况减小，但不宜小于 120cm。线形诱导标的高度宜降低，在不影响非机动车和行人的情况下应不小于 120cm。设置在有行人的路侧时设置高度应不小于 210cm，设置在有非机动车的路侧时设置高度应不小于 230cm。

(2)悬臂式是标志板安装于悬臂上，如图 4-39 所示。悬臂式适用于以下情况：

①柱式标志安装有困难；

②道路较宽、交通量较大、外侧车道大型车辆阻挡内侧车道小型车辆视线；

③视距或视线受限制；

④景观上有要求。

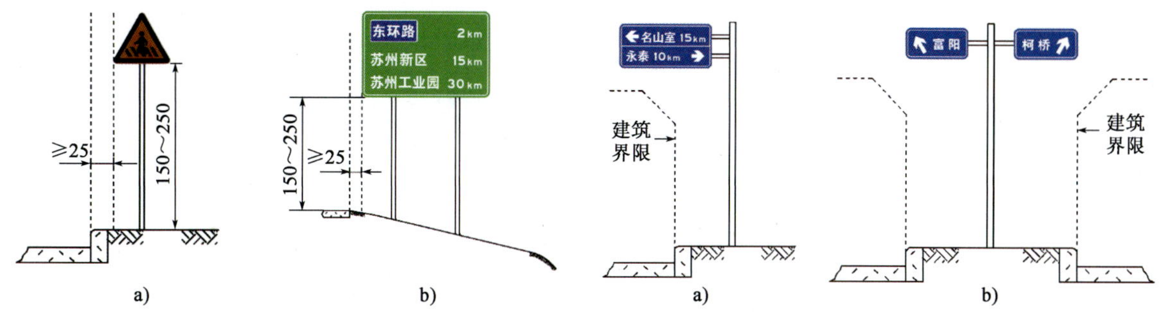

图 4-38　柱式标志设置的横向位置示意(尺寸单位:cm)
a)单柱式;b)多柱式

图 4-39　悬臂式标志设置的横向位置示意
a)单悬臂式;b)双悬臂式

标志下缘离地面的高度应大于该道路规定的净空高度。

(3)门架式是标志安装在门架上，如图 4-40 所示。门架式标志适用于以下情况：

①多车道道路(同向三车道以上)需要分别指示各车道去向；

②交通量较大、外侧车道大型车辆阻挡内侧车道小型车辆视线；

③交通流在较高运行速度下发生交织、分流和合流的路段，如互通式立体交叉间隔距离较近标志设置较密处、高速公路与高速公路相交的互通立体交叉主线区域等；

④受空间限制，柱式、悬臂式标志安装有困难；

⑤出口匝道在行车方向的左侧；

⑥景观上有要求。

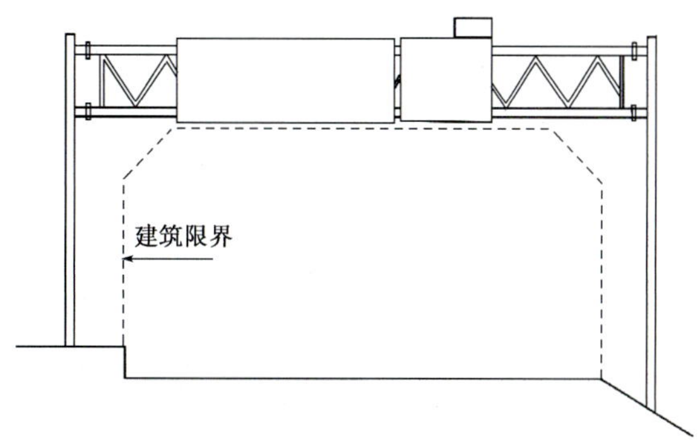

图 4-40　门架式标志

标志下缘离地面的高度应大于该道路规定的净空高度。

(4)附着式是标志附着安装在上跨桥和附近构造物上，如图 4-41 所示。按附着板面所处位置不同，分车行道上方附着式、路侧附着式两种。车行道上方附着式标志的安装高度要求同门架式标志；路侧附着式标志的安装要求同柱式标志。

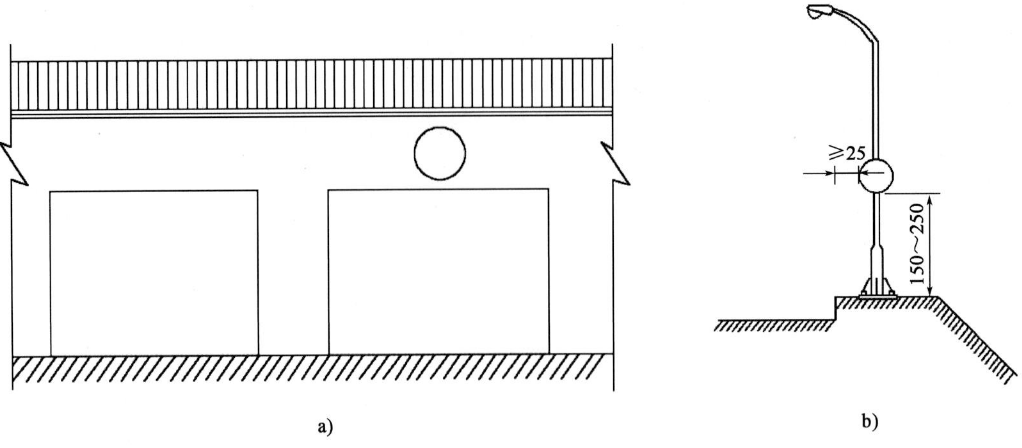

图 4-41　附着式标志(尺寸单位:cm)
a)车行道上方附着式;b)路侧附着式

4.3.8.2　标志设置角度

根据前述标志视认的相关因素,标志安装应使标志面垂直于行车方向,视实际情况调整其水平或俯仰角度;标志安装应尽量减少标志面对驾驶人的眩光;标志安装角度宜根据设置地点道路的平、竖曲线线形进行调整。路侧标志应尽可能与道路中线垂直或成一定角度。其中,禁令和指示标志为 0° ~ 10°或 30° ~ 45°,如图 4-42a)所示;指路和警告标志为 0° ~ 10°,如图 4-42b)所示;门架、悬臂、车行道上方附着式标志的板面应垂直于道路行车方向,并且板面宜倾斜 0° ~ 15°,如图 4-42c)所示。

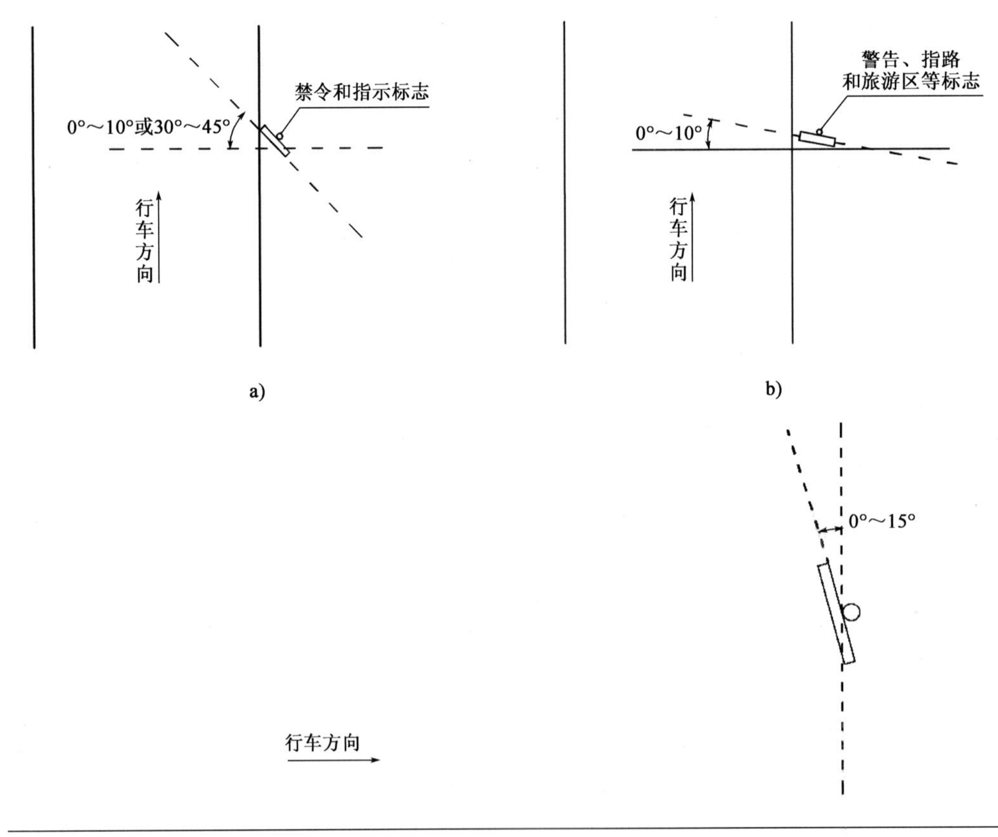

图 4-42　标志安装角度示意
a)路侧禁令和指示标志;b)路侧指路和警告标志;c)门架、悬臂、车行道上方附着式标志

4.3.8.3　标志设置的纵向位置

指路标志设置位置应符合每一指路标志的具体规定，详见第 8 章 ~ 第 10 章。

禁令、指示标志应设置在禁止、限制或遵循路段开始的位置。部分禁令、指示标志开始路段的路口前适当位置应设置相应的指路标志提示，使被限制车辆能够提前绕道行驶，如图 4-43 所示。

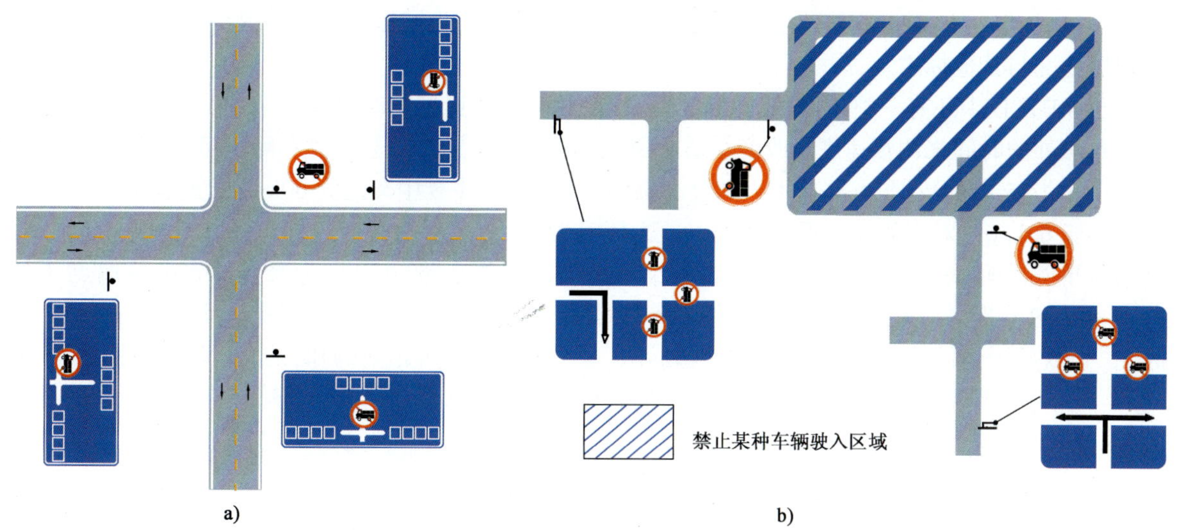

图 4-43　禁令标志和提前设置的预告标志示例

警告标志前置距离一般根据道路的设计速度按表 4-15 选取，也可考虑所处路段的最高限制速度或运行速度等按表 4-15 进行适当的调整。

表 4-15　警告标志前置距离一般值(m)

速度(km/h)	条件 A	减速到下列速度(km/h) 条件 B											
		0	10	20	30	40	50	60	70	80	90	100	110
40	100	30	*	*	*								
50	150	30	*	*	*	*							
60	190	30	30	*	*	*							
70	230	50	40	30	30	*	*	*					
80	270	80	60	55	50	40	30	*	*				
90	300	110	90	80	70	60	40	*	*	*			
100	350	130	120	115	110	100	90	70	60	40	*		
110	380	170	160	150	140	130	120	110	90	70	50	*	
120	410	200	190	185	180	170	160	140	130	110	90	60	40

注：条件 A——交通量较大时，道路使用者有可能减速，同时伴随变换车道等操作通过警告地点，典型的标志如注意车道数变少标志。

条件 B——道路使用者减速到限速值或建议速度值，或停车后通过警告地点，典型的标志如急弯路标志、连续弯路标志、陡坡标志、注意信号灯标志、交叉路口标志、铁路道口标志等。

*——不提供具体建议值，视当地具体条件确定。

此表来源于美国的 MUTCD。其解释如下：对交通标志从驾驶人的识别到完成整个动作的时间划分为发现交通标志(Perception)、判读理解(Identification)、决策(Emotion)到采取行动(Volition)等四个步骤，称为 PIEV 时间。一般的警告标志 PIEV 时间只有几秒，复杂的警告标志 PIEV 时间可达 6s 或以上。设置警告标志时，应为驾驶人提供适当的 PIEV 时间。

表 4-15 中条件 A 的典型情况是针对注意合流标志、车道数减少标志等，交通量较大时，道路使用者可能减速同时伴随变换车道等操作通过警告地点等情况。这个距离值基于驾驶人在执行某一动作的感

知、辨别、判断与行动时间为 14 ~ 14.5s 得到的距离再减去标志视认距离 50m 而得到。

表 4-15 中条件 B 的典型情况是在一些驾驶人必须减速通过一些警告点的地方。典型的标志是弯路、反向弯路等警告标志。这个距离值基于驾驶人在执行某一动作的感知、辨别、判断与行动时间为 2.5s,减速度为 $3m/s^2$,得到的距离再减去标志视认距离 50m 而得到。

表 4-15 中带 * 的,对于这些速度没有提供建议的前置距离,为了提供足够的提前警告,设置地点取决于现场情况与其他标志。

美国 MUTCD 中还有一类条件,我国标准里没有,其对应的典型情况是在复杂的交通状态下驾驶人必须花费额外的时间来调整速度与改变车道。典型的标志是"合流标志"与"右侧车道终止标志"。

对于表 4-15 中的数据,有些技术人员会有疑问。例如,条件 B 中车速为 60km/h,前置距离是 30m,为什么小于 60km/h 对应的停车视距为 75m? 这是因为,驾驶人不是在警告标志处才看清标志并采取行动的。举例说明,如图 4-44 所示,*D* 点为一个不易被发现的小路口,*C* 点为警告标志设置地点,距离危险点 30m,*B* 点距离危险点 75m(停车视距),*A* 点距离标志 75m,是标志的视认距离(legibility distance)。也就是说,驾驶人在 *A* 点看到并理解标志,这个距离和前置距离的和,是大于停车视距的。

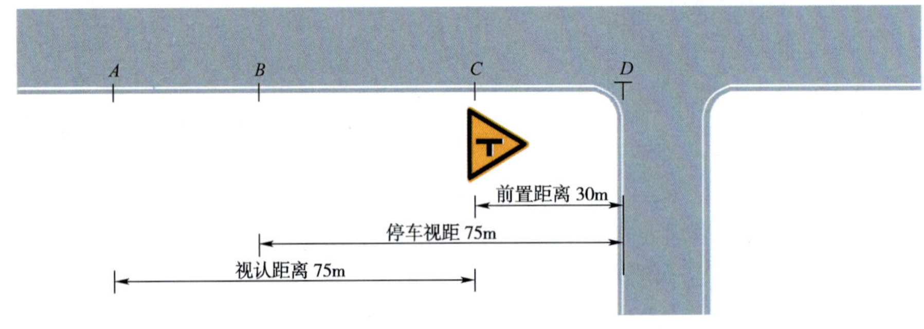

图 4-44 警告标志前置距离说明示意

4.3.8.4 标志设置的安全性

对于标志设置的纵向位置,应给予道路使用者足够的距离和时间完成标志认读、判断和采取一定的操作,如改变行驶方向、减速或停车等。也就是需要预留一定的前置距离。需要预留前置距离的标志主要为警告标志。

图 4-45 是驾驶人观测标志的示意图。设置在路侧的标志在不影响公路净空的前提下,标志距离车道越近,观察角越小,对于同一块标志(反光膜逆反射性能、字高一定)的视认距离就越大。所以从标志视认性要求出发,设置在道路右侧的标志距离道路越近越好。我国的标准中规定:路侧安装的标志应设置在车行道和人行道的建筑限界以外。也是体现了在不妨碍行车的情况下,设置在道路右侧的标志距离道路越近越好。

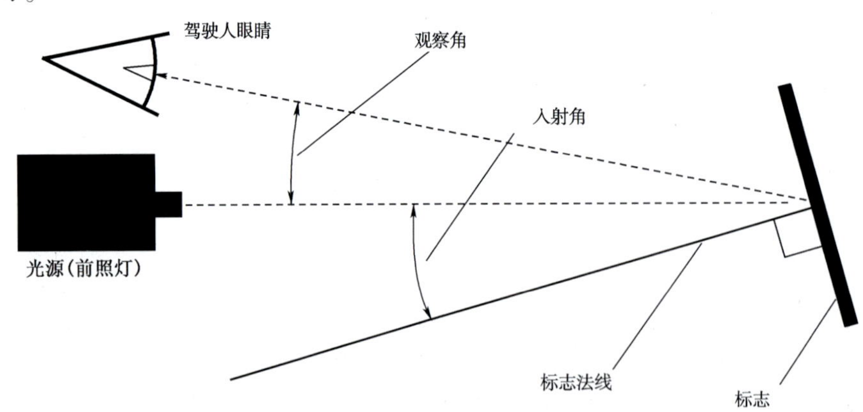

图 4-45 标志视认图示

但是,设置在路侧的标志柱对驶出路外的车辆来说是一种障碍物。从路侧安全角度考虑,路侧标志距离道路越远越好,最好设置在净区之外,这样车辆驶出路外不会碰到标志柱,可以安全驶回道路。

GB 5768.2—2022 规定:“标志支撑位于路侧净区内时,应使其不对驶离道路的车辆构成危害,如不能满足,宜采用解体消能结构或设置相应的防护、警告设施。”

美国最新版路侧设计手册中规定的净区宽度见表 4-16。净区宽度从车行道外边缘线开始计。

表 4-16　不同设计车速、设计交通量、边坡坡度下的净区宽度

设计车速(km/h)	设计交通量(ADT)	路堤(边坡坡度)		路堑(边坡坡度)	
		1:6 或更缓	1:5~1:4	1:5~1:4	1:6 或更缓
≤60	<750	2.0~3.0	2.0~3.0	2.0~3.0	2.0~3.0
	750~1500	3.0~3.5	3.5~4.5	3.0~3.5	3.0~3.5
	1500~6000	3.5~4.5	4.5~5.0	3.5~4.5	3.5~4.5
	>6000	4.5~5.0	5.0~5.5	4.5~5.0	4.5~5.0
70~80	<750	3.0~3.5	3.5~4.5	2.5~3.0	3.0~3.5
	750~1500	4.5~5.0	5.0~6.0	3.5~4.5	4.5~5.0
	1500~6000	5.0~5.5	6.0~8.0	4.5~5.0	5.0~5.5
	>6000	6.0~6.5	7.5~8.5	5.5~6.0	6.0~6.5
100	<750	5.0~5.5	6.0~7.5	3.5~4.5	4.5~5.0
	750~1500	6.0~7.5	8.0~10.0	5.0~5.5	6.0~6.5
	1500~6000	8.0~9.0	10.0~12.0	5.5~6.5	7.5~8.0
	>6000	9.0~10.0	11.0~13.5	7.5~8.0	8.0~8.5

标志视认性要求和路侧安全性要求对设置在路侧的标志的横向位置的确定是一对矛盾,但是我们在具体设置时必须根据具体情况兼顾这两方面的要求,在满足标志视认要求的前提下,尽量提高标志设置的路侧安全性。

首先标志尽可能不设置在车辆容易驶出路外的地方。根据低等级公路安全改进的经验,一般在事故黑点处要设一些警告或禁令标志,但是这些地方往往是车辆驶出路外可能性比较大的地方。例如:陡坡急弯路段,一般要设置线形警告标志、限速标志,标志最好提前设置于弯道前,避免设置在曲线外侧。

在标志位置无法改变时,可以考虑采用解体消能立柱结构,以降低驶出路外车辆碰撞标志柱的事故严重度。解体消能结构的原理是:减弱标志柱的某个部位或断面,在车辆碰撞标志柱(灯杆、信号灯柱等)时,这些有意减弱的部位发生破坏,使标志柱和板按预计的形态屈服,从而避免二次事故并减轻事故严重度。图 4-46 是解体消能原理的示意之一。图 4-47 是国外的解体标志立柱。

图 4-46　解体消能结构示意

但是解体消能标志的使用是有一些限制条件的。如果以上措施都无法采用,例如受路侧用地限制无法安装护栏等设施,则应该至少标识出标志柱,如在标志柱上贴上高亮度反光膜等。

4.3.9　逆反射材料

根据第 3.2 节所述原理,为了提高标志夜间视认性,发挥标志在夜间的作用,标志应采用逆反射材料制作标志面或安装照明设施。

a)

b)

图 4-47　解体标志立柱

用于标志面的逆反射材料主要为反光膜。反光膜的逆反射性能应符合现行《道路交通反光膜》(GB/T 18833)的规定。

标志底版和图形、符号、文字的颜色以及与颜色相关的逆反射性能、亮度、照度、对比度等,不仅在白天而且在夜间对标志的发现、认读有重要的影响。

为了提高标志夜间的视认性,选择反光膜时要综合考虑各种因素,具体分析所设标志的具体情况,考虑驾驶人的视觉、反应等特性。

郊区公路背景环境较黑暗,这时车辆前照灯照在标志上,标志会显得较亮。而在城市道路上,因为路灯、霓虹灯、广告照明、店铺灯光等,标志所在背景环境比较亮,这些都影响了标志夜间的视认,如图 4-48所示。这种情况下,宜选用逆反射性能好的反光膜,或者采用标志照明。

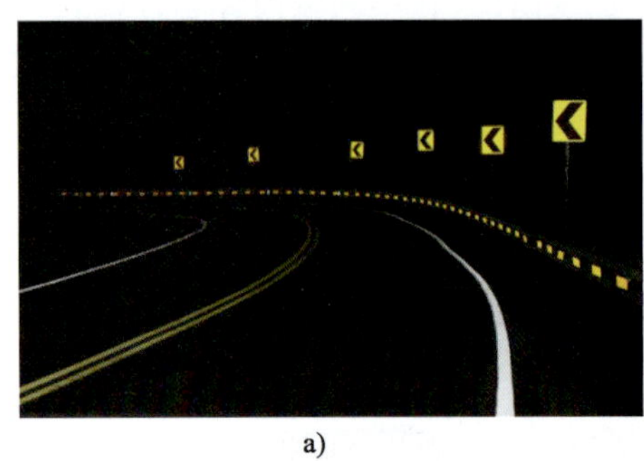

a)

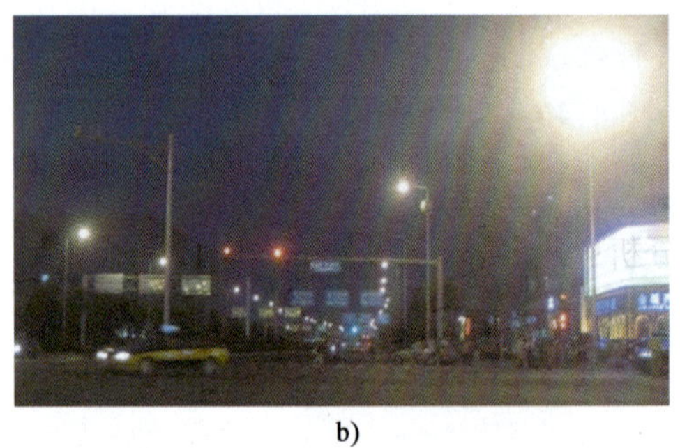

b)

图 4-48　不同亮度背景环境下标志视认性比较

a)乡村(国外照片);b)城市道路

注:我国一般道路上线形诱导标为蓝底,施工区线形诱导标为黄底。

行驶速度快、交通量大的道路上,驾驶人读懂标志并做出正确反应的时间里,行驶的距离较远,采取相应的行动受周边交通流影响较大,这些情况下标志宜选用逆反射性能好的材料,使驾驶人在较远处就能完成认读、开始行动。

如第 3.2 节所述,门架式标志、悬臂式标志和车行道上方附着式标志因为观察角较大,标志看起来亮度不够,宜选用比路侧柱式标志和路侧附着式标志逆反射性能好的材料。

我国大量农村公路建设资金比较有限,维护费用更加紧张,对于交通量很小、事故不多的农村公路,可根据实际情况选用较其他道路逆反射性能低的材料。对于有一定交通量的农村公路,应视事故情况尽可能地采用性能好一些的逆反射材料。因为,相对于生命价值,道路交通标志标线仍是一种低成本的安全措施,从工程经济的角度仍是值得推荐的。

类似地,交通量很小的道路,考虑工程经济、根据实际情况可选用较其他道路逆反射性能低的材料。

有观点认为,警告、禁令、指示标志等因为跟交通安全直接相关,应选用逆反射性能好的材料。毋庸置疑,从理论上,如果有相应的工程预算,选用逆反射性能好的材料,驾驶人能够在更远处、更早发现标志,能够更充分地采取相应行动,对安全是十分有利的。实际情况也表明,发达国家几十年来综合采取各种措施完善道路设施,不断提高道路的交通安全性,其中包括改善标志设置。

但遗憾的是,从统计角度看,针对标志面逆反射材料的改善对道路交通安全性的影响,尚未完全达成一致。

美国联邦公路管理局(FHWA)进行了一项研究,研究的目的是评估提高“停车让行”标志的逆反射性能的交通安全成效。停车让行标志对提高交叉路口的安全性有主动的作用(如这些标志被设置在无信号灯交叉路口作为控制)。在南卡罗来纳州和康涅狄格州,那些安装了具有较高逆反射性能停车标志的交叉路口,在安装这些标志前后一段时间内的详细数据都被收集起来。除了停车让行标志的安装位置和安装日期等信息外,分别在康涅狄格州 231 个无信号灯交叉路口、南卡罗来纳州 108 个无信号灯交叉路口,观察收集这些交叉路口的几何尺寸、交通情况及碰撞数据等信息。该项研究总共包括了 3323.8 交叉路口・年的数据(其中康涅狄格州为 2038.6 交叉路口・年,南卡罗来纳州为 1285.2 交叉路口・年)。交叉路口・年用以描述某项交通策略所应用于交叉路口数目以及在这些交叉路口所应用的年数,交叉路口・年即为应用了某项策略的交叉路口数乘以策略应用的年数。例如,如果一项交通策略共在 9 个交叉路口实施,并且在所有 9 个交叉路口都实施了 3 年,则总共为 27 交叉路口・年。

在安装新的标志之前,辨别那些只具有较低逆反射性能的停车标志是不可能的。因为每一块标志的具体情况,诸如使用年限或老化程度等都无法得知。进行“前后分析”中综合应用了经验贝叶斯法(EB 法),用来确定标志逆反射性能的安全效率。

表 4-17 是提高“停车让行”标志逆反射性能后,分类分析交通安全性提高的统计结果。

表 4-17　提高“停车让行”标志反光膜等级的安全性提高统计结果

州	事故减少百分比					
	直角碰撞事故	追尾事故	夜间事故	白天事故	伤亡事故	全部事故
康涅狄格	-5.8(6.2)	-9.7(5.7)	6.6(5.5)	-3.2(3.6)	6.0(4.8)	-0.2(3.1)
南卡罗来纳	7.6(7.6)	17.5(7.3)	-4.4(10.8)	9.1(5.3)	9.4(8.1)	5.4(4.9)
所有	-1.2(5.3)	-2.2(4.8)	4.4(6.0)	-0.1(2.7)	6.7(4.5)	1.2(2.7)

注:()内数字为标准差。

可以看出,只有阴影的单元格在统计意义上事故是降低了(95% 置信水平)的。还进行了其他非分类的统计分析,最后得出提高交叉路口停车让行标志面材料的逆反射性能的措施效果如下:

(1)南卡罗来纳州的追尾事故显著降低(降低了 17.5%);

(2)在交叉路口低交通量的次要道路上较有效;

(3)在康涅狄格州的乡村较有效,在南卡罗来纳州的城市较有效;

(4)三肢交叉路口相对有效;

(5)夜间事故是否减少,效果不明显;

(6)在某些情况下,是潜在的降低事故的效益成本核算的措施。

无论是数据积累、还是数据统计分析方法等,还需要进行进一步的工作,以获得更多的结论指导实际工作应用。不过,需要说明的是:因为这一策略(提高“停车让行”标志逆反射性能)的低成本,按此研究成果,即使只有最小的事故降低率,在经济上也是合算的。

我国从 2004 年起,交通部在全国的国省干线公路上实施公路安全保障工程,据抽样调查,采取的措施对我国国省干线公路的安全性有显著的提高。但是,大多数情况下,是针对事故成因的诊断和多种措施的综合应用,还少有数据分析说明标志设置的改善、标志面逆反射材料的改善对道路安全性的贡献。

另外需要说明的是,逆反射性能和最初发现标志有关,逆反射性能越高,越容易发现标志。随着道路使用者靠近标志,要真正读清标志上的信息,就不一定是逆反射性能越高越好了,还和标志底版与图形、符号、文字的对比度有关。

标志夜间可见性主要受亮度、照度和对比度控制。观看反光标志是一个动态过程,入射角和观察角是不断改变的。真正与观察者有关的是反光标志呈现的明亮程度,用 cd/m^2 表示。

不同颜色反光膜的照度不同。关于标志的最佳反光亮度比,国外有很多研究,其结果有较大差异,见表 4-18。

表 4-18 关于反光亮度比的一些研究结果

研究人员	试验类型	推荐的最佳对比度
Forbes et al	室内试验	6 : 1 ~ 13 : 1
Hills 和 Freeman	室内试验	红色:8 : 1 ~ 10 : 1 绿色:7 : 1 蓝色:6 : 1 ~ 7 : 1
Olson et al	室内试验	30 : 1 ~ 60 : 1
Sivak et al	野外试验	10 : 1 ~ 15.8 : 1
Sivak 和 Olson	野外试验	9 : 1 ~ 33 : 1
FP-85 规范		绿底白字 工程级:8 : 1 超工程级:5 : 1 高强级:6 : 1
宾州公路局规范		绿底白字 工程级:10 : 1 超工程级:5 : 1 高强级:6 : 1

我国的研究成果也表明:对于绿底白字的指路标志,字膜和底膜反光对比度范围在 4 : 1 ~ 17 : 1 时,可以较好地满足中型货车 80km/h 行驶速度、小客车 120km/h 行驶速度下夜间的视认要求。我国高速公路、城市快速路的指路标志为绿底白字,其他道路的指路标志为蓝底白字。对于同一等级的反光膜,白色反光膜的逆反射亮度系数远远高于蓝色、绿色反光膜的逆反射亮度系数。表 4-19 是《道路交通反光膜》(GB/T 18833—2012)中相同等级的反光膜的规定值及计算的对比度。

表 4-19 GB/T 18833—2012 规定的反光膜逆反射性能

类型		白色	绿色	蓝色	白色/绿色④	白色/蓝色④
玻璃珠型	透镜埋入型①	70	9	4	8 : 1	18 : 1
	密封胶囊型②	250	45	20	6 : 1	13 : 1
微棱镜型③		360	50	30	7 : 1	12 : 1

注:1. 表中所示最低逆反射性能单位是 $cd/(lx \cdot m^2)$,测试的观测角是 0.2°,入射角是 -4.0°。

2. ①②③分别对应 GB/T 18833—2012 中的Ⅰ类、Ⅲ类、Ⅳ类。

3. ④白色/绿色、白色/蓝色为 GB/T 18833—2012 规定的最低值的计算比值。

可以看出,我国指路标志的底版和文字的颜色搭配,符合驾驶人视认需求的反光膜材料对比度的范围。图 4-49 所示标志白色图形上蓝色的汉字无法看清楚,是文字和底版的反光对比度不合适、视认性不好的例子。

除此之外,还需要考虑标志反光膜在使用过程中的老化和逆反射性能的衰减。图 4-50 显示了随着时间的增长标志反光膜逆反射性能的下降。图中,类型 1 是通常所说的工程级反光膜,类型 2 是通常所说的超工程级反光膜,类型 3 是通常所说的高强级反光膜。这组数据是根据在美国亚利桑那州向南 45°角设立的标志得到的,一般是垂直安装的标志逆反射降低率的两倍。

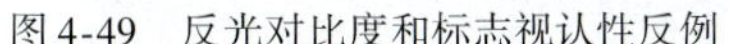
图 4-49　反光对比度和标志视认性反例

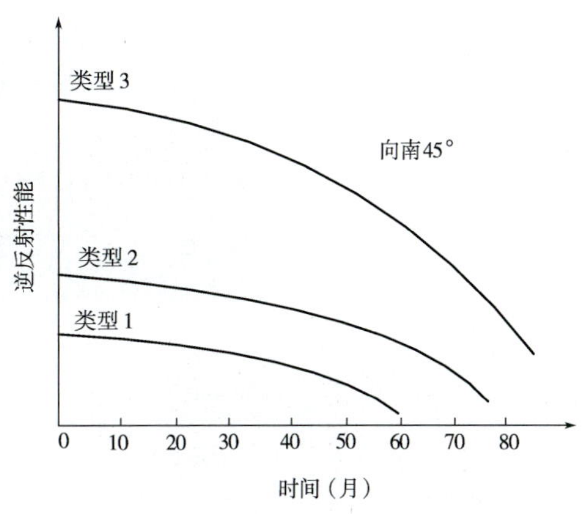

图 4-50　标志反光膜自然暴晒下性能衰减

4.3.10　照明

交通标志采用照明提高了标志的夜间视认性。标志照明要采用白色光源，而且不能改变标志面在夜间的颜色。

照明光源安装于标志板结构内部或上方或其他适当位置。安装于标志板结构内部的，称为内部照明标志，分单面显示和两面显示两种。根据发光亮度的不同，内部照明标志分为高亮型、中亮型和低亮型。交通运输行业标准《内部照明标志》(JT/T 750)规定了各类型的平均亮度。

不同类型的内部照明适用于不同的背景环境(夜间不同的背景亮度)。无论在什么背景环境下，标志面照度均应均匀，在规定的标志版面上(不包括拼缝)任何相距 150mm 测量点上的相同颜色的亮度之比应不大于 1.5∶1；整个标志版面上相同颜色的最大亮度与最小亮度之比应不大于 4∶1。

对不同颜色的对比度也有一定的适宜视认的范围：白色部分与棕色部分平均亮度之比应不大于 20∶1且不小于 10∶1；白色与蓝色部分平均亮度之比应不大于 18∶1 且不小于 5∶1；白色部分与红色、绿色部分平均亮度之比应不大于 10∶1 且不小于 4∶1。

内部照明标志在夜间至少具有 150m 的视认距离。

光源安装于标志板上部，照亮标志面的，称为外部照明标志。外部照明标志的标志面大多数情况下也是采用逆反射材料制作的。为了不改变标志面在夜间、外部照明条件下显示的颜色，外部照明标志选用的外部照明光源的显色指数 R_a 一般不应低于 80。光源应进行专门设计，照明灯具及其阴影不能影响标志认读；光源在标志面上的照度应均匀，最大照度与最小照度之比应小于 4∶1。外部照明光源不应造成眩目。

无论内部照明、外部照明，标志钢构件、支撑灯具的构件等均应进行防腐处理；照明等器件应耐久可靠，性能优良，检修方便。

4.3.11　可变信息标志

可变信息标志是一种因交通、道路、气候等状况的变化而改变显示内容的标志，一般可用于速度控制、车道控制、道路状况、气象状况及其他内容的显示。下列情况下，可设置可变信息标志：

(1)结合路网交通管理需求，高速公路或城市快速路出入口前合适路段。

向道路使用者提供前方道路交通拥堵状况，便于其选择路线，如图 4-51 所示，a)显示了目前交通状况下行驶到前方目的地的时间；b)以不同颜色表示了前方道路交通畅通、拥堵的情况；c)二者兼而有之，左侧是前往三个路口的预计行程时间，右侧以不同颜色表示前方道路拥堵情况。

(2)长隧道入口前。

大多显示为限速标志、车道控制标志，或者根据长隧道内交通、事故情况显示相应的信息，如图 4-52 所示。

a)

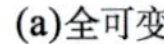

(a)全可变

(b)部分可变

(c)部分可变(上部分)和全可变(下部分)组合

b)

c)

图 4-51　显示道路交通状况的可变信息标志

a)法国标志;b)中国标志;c)澳大利亚标志

a)

b)

图　4-52

c)

图 4-52　隧道入口前的可变信息标志

a)隧道入口前可变车道控制标志和静态限速标志;b)隧道入口前信号灯和可变限速标志;c)国内隧道入口前可变信息标志

(3)潮汐车道起始路段和可变导向车道进入路口前。

这些情况下,仅使用静态标志,不易清晰、简单、明白地表现出相应的管理方式和意图。如图 4-53 所示,a)为潮汐车道起始路段前设置的可变标志,进行相应的车道控制,在不同的时间显示不同的车道通行、关闭的信息;b)为可变导向车道处的"车道导向标志",标志上对应可变车道部分是 LED 可变的,根据直行、左转控制分别显示"直行"或"左转"箭头。

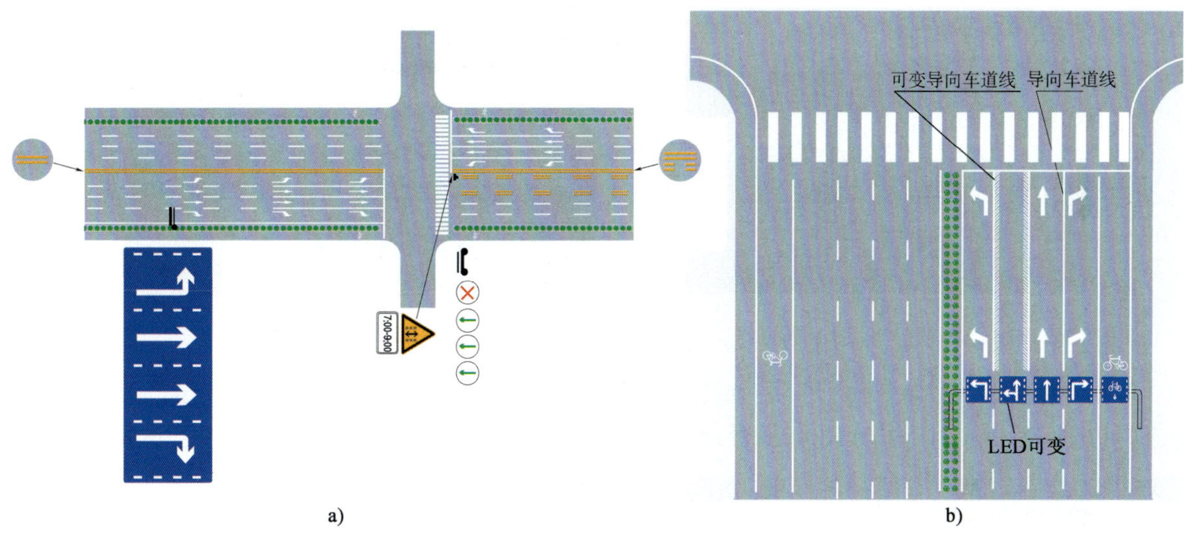

a)　　b)

图 4-53　潮汐车道和可变导向车道设置的可变信息标志

a)潮汐车道;b)可变导向车道

(4)有其他特殊要求的路段。

例如,高速公路某段经常发生雾,可以在该路段的前方设置可变信息标志。当雾发生时,根据可见度、交通量等情况,根据相应的通行管理政策,显示相应的告知、提醒或诱导信息,如图 4-54、图 4-55 所示。收费站前指示车道控制、各车道收费形式的可变信息标志,如图 4-56 所示。图 4-57 是移动的可变信息标志。

图 4-54　针对气象条件变化的可变信息标志显示示例

图 4-55　思小高速公路上雾多发路段设置的小型可变信息标志

图 4-56　收费站前可变信息标志

图 4-57　移动的可变信息标志

可变信息标志的显示方式有多种,如高亮度发光二极管(LED)、翻板式、字幕式、光纤式等,可根据标志的功能要求、显示内容、控制方式、环保节能、经济性等进行选择。下面主要介绍高亮度发光二极管(LED)式、翻板式。

图 4-58　关闭的可变信息标志

高亮度发光二极管(LED)是使用广泛、使用效果最好的一种形式。使用时应注意以下几个方面:

(1)可变信息标志主要用于显示变化的情况和提示,具有静态标志无法比拟的优越性。

(2)不需要显示变化的信息、交通组织信息时,可变信息标志宜关闭,不宜显示和交通无关的信息。图 4-58 所示为关闭的可变信息标志。这样做的好处是,一般可变信息标志是黑屏的,可变信息标志亮时,表明发生了一些特殊情况,驾驶人会关注可变信息标志。

(3)可变信息标志应和静态标志协调、配合,注意不要使道路使用者产生疑惑。若静态限速标志和可变限速标志设置得很近,驾驶人能够同时看到这两块标志,当可变限速标志不工作时,毫无疑问应遵守静态限速标志;当可变限速标志工作时,若其显示的数值和静态标志显示的数值不同(一般情况下可变限速标志显示的数值低于静态标志的限速值),这种情况下,如第 1 章所述,可变限速标志的信息优先,道路使用者应该遵循可变限速标志的指示。

如果一个可变限速标志和一个静态限速标志相距一定的距离,驾驶人不能同时看到这两块标志,驾驶人先看到一个限速标志后,在很短的时间内又看到另一个限速标志,来不及在这个距离内完成速度变化的操作,尤其是后看到的标志的限速值低于先看到的标志的限速值,有可能会产生一些问题。应该避免这种设置。

(4)可变信息标志显示的警告、禁令、指示等标志的图形、字符、形状等应符合现行《道路交通标志和标线 第2部分:道路交通标志》(GB 5768.2)的规定。

(5)可变信息标志显示的文字的字体、字高、间距等按照清晰、易辨、安全的原则确定。

(6)主动发光可变信息标志的颜色可根据静态标志的规定,也可按表4-20的规定执行。无论按哪个规定,可变信息标志各部分颜色的色品坐标均应符合相关国家标准的规定。

(7)可变信息标志应确保在夜间具有150m以上的视认距离。

表4-20 主动发光可变信息标志的颜色

类 别	显示内容	底 色	边 框	图形字符
文字标志	道路一般信息	黑色	—	绿色
	道路警告信息		—	黄色
	道路禁令、指示信息		—	红色[a]、白色
图形标志	警告标志	黑色	黄色	白色、黄色
	禁令标志	黑色	红色	黄色、红色
	指示标志	黑色	蓝色	绿色
	指路标志	黑色	白色	白色
	作业区标志	黑色	随类型	白、黄、橙等色
	辅助标志	黑色	—	白色、黄色
	可变导向车道	蓝色[b]	—	白色
	交通状况	蓝色或绿色[b]	—	红、黄、绿等色

注:[a]仅用于禁令标志的圈和杠。

[b]不可变部分的颜色。

4.4 标志使用和维护

4.4.1 标志使用中存在的问题

近十几年我国交通基础设施建设飞速发展,各等级公路尤其是高速公路逐渐形成路网。城市化的进程步伐加快,机动车保有量逐年增加,城市机动化水平不断提升,导致社会经济活动增加,居民出行量大增,出行范围扩大。作为交通服务功能重要载体的交通标志设置工作中出现了许多新问题。总结全国的情况,交通标志设置中的问题可以归结为以下三个方面:

(1)路网中项目逐步建设成网,公路网经过几次规划后,按现行公路网规划公路编号路线走向与项目建设期时路线不一致,部分立体交叉改造条件受限,给指路标志设置带来了困难。

(2)普遍存在的分段实施及分段维护的实际情况,使交通标志设置缺乏总体规划、总体布局设计和统一管理。不同部门、不同单位、不同时期的标志树立在邻近路段甚至是同一路口,标志信息不统一甚至相互矛盾,让使用者无所适从。同一路口、同一标志柱上安装了多块标志版面,标志信息过多,缺乏层次感。

(3)标志版面设计是保证标志视认性的基础,国家标准从总体原则角度对其进行了规定,这些规定都是以科学原理为基础的,应当得到良好的遵守。由于各地交通情况千差万别,现行国家标准的有关规定未得到很好的执行。如图4-59所示,各地普遍存在为控制版面尺寸缩小字体、拼音及英文指路标识字体过小、标志字体颜色及版式不符合国家标准要求等问题。如图4-60所示,禁令标志上附加文字、视认不清、含义不清,影响禁令标志使用和可信性。

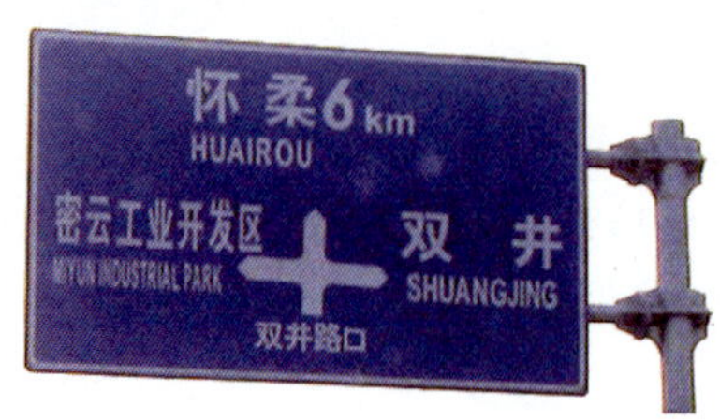

图 4-59　五花八门的现有标志版面设计

图 4-60　含义模糊的禁令标志

4.4.2　对策

(1)标志调整及时、落实。

道路交通标志设置(调整)应在新(改、扩)建道路建成通车前完成,路网中与此新(改、扩)建道路相关的道路上与其相关的标志也应同步调整、完善设置。当道路交通条件发生变化时,应及时调整相关标志的设置。

通常的情况是,新(改、扩)建道路相关道路上相关标志的调整因为不在建设项目内,通常协调调整不够。国家标准提出了相应的技术要求,要落实这个技术要求,还需要明确相关道路上相关标志完善的投资主体、责任主体。

(2)推广使用道路编号、出口编号以及配套地图、导航。

道路交通标志是道路使用者获得道路交通信息的有效来源,但交通标志不可能完全独自地承担指路功能,应大力提倡使用道路编号系统,即在标志上使用道路编号、出口编号,并配合相应的地图、导航使用。

国家标准化管理委员会 2017 年发布的国家标准《公路路线标识规则和国道编号》(GB/T 917—2017)规定了公路的分级、命名规则、编号规则以及公路技术等级代码、公路路段代码和公共信息标识与处理的要求。城市道路没有编号,要尽量使用城市道路名称标志,使道路使用者了解其所在路线和位置。

(3)使用符合国家标准的标志。

根据具体情况和需求,使用符合国家标准的标志。具体阐述参见本书 2.2.4。

使用中注意标志的清洁、维护,保持足够的逆反射性能,保证视认性。还要避免标志被树木遮挡、被路灯照明影响视认。

4.4.3　标志使用的其他问题

《道路交通标志和标线　第 2 部分:道路交通标志》(GB 5768.2—2022)增加了标志板背面的使用要求。实际应用中,尤其是城市里,有些利用标志板背面做宣传,影响了对向交通驾驶人的注意力,不利于对应该注意的标志、交通状况的关注,不利于交通安全,也是不必要的浪费。另外有些城市在路口,另一个方向的标志板背面用反光膜做了公益广告,一是浪费没必要,二是反而增加了驾驶人的驾驶负担,影响了驾驶人对该认读的标志的认读,如图 4-61 所示。所以规定了背面一是不要做广告,二是做成亚光或保留金属原色不眩光。

图 4-61　标志背面不应有信息

《道路交通标志和标线　第 2 部分：道路交通标志》(GB 5768.2—2022)增加了标志板缝隙的规定，经广东、北京等省市的使用验证，留有不大于 10cm 缝隙的标志不影响夜间视认性，还便于运输、现场安装。需要注意的是，缝隙不能留在文字、图案的位置，比较常用于地点距离标志。如果用于易产生逆光的情况下，则不适合留有缝隙，否则会加剧逆光，影响对标志的认读。

第5章 禁令标志

禁令标志表示禁止、限制及相应解除的含义,道路使用者是要严格遵守的。禁令标志的颜色,除个别标志外,为白底、红圈、红杠、黑图形,图形压杠。禁令标志的形状为圆形,但“停车让行标志”为八角形,“减速让行标志”为顶角向下的倒等边三角形,区域限制和解除标志为方形。禁令标志设置于禁止、限制及相应解除开始路段的起点附近。

禁令标志一般设置在道路右侧,如果右侧没有条件设置,可以设在左侧或者采用悬臂式;右侧虽然设置了禁令标志,因为某种原因无法保证视认时,应在左侧同时设置相同的禁令标志。禁令标志如果套用于指路标志上,应在可视认的位置,再设置单独的禁令标志。条件受限无法设置一般尺寸的禁令标志时,可以采用现行《道路交通标志和标线　第 2 部分:道路交通标志》(GB 5768.2)规定的最小值,即圆形直径不小于 50cm。

对于车辆如未提前绕行则无法通行的设置禁令标志的路段,应在进入禁令路段的路口前或适当位置设置相应的预告或绕行指示标志。瑞典禁止左转的预告标志如图 5-1 所示,前方平交口禁止左转,提前设置指路标志,告诉需要左转的车辆右转后绕行。

图 5-1　瑞典禁止左转的预告标志

除特别说明外,禁令标志上不允许附加图形、文字。

为了提高管理效率,满足交通组织的目的,除了科学、合理地设置禁令标志外,还应配合设置指示标志、信号,以及其他标志、设施等。本章仅介绍禁令标志,其他内容参见相应章节和文献。

5.1　道路优先权相关标志

5.1.1　停车让行标志

该标志表示车辆应在停止线前停车瞭望,确认安全后,方可通行,如图 5-2 所示。标志形状为八角形,颜色为红底、白字。停车让行标志除非与单行路标一起设置,否则宜独立设置。

图 5-2　停车让行标志

停车让行标志设置位置与相交道路路面边缘距离宜为 2 ~ 3m;当路口设有人行横道线时,停车让行标志应设置在人行横道线前,距离人行横道线边缘 2 ~ 3m。相应的设置例见图 5-3。当设置停车让行标志的道路宽度较窄、转弯半径较小且转入交通量中含有大型车时,应将停车让行标志后移,以防大型车转弯时与停车让行线处停车观察的车辆发生刮擦,但停车让行标志与相交道路路面边缘距离不得大于 15m。设置停车让行标志时,应注意停车让行线处与相交道路交叉口两侧所构成的视距三角形区域内无障碍物遮挡驾驶人视线。

停车让行标志及相应控制措施的设置应从确保交通安全、符合相关法律法规的要求、使应停车的车辆数最小和使路段交通延误率最小等方面经综合的技术判断确定。

(1)下列情况下,应在次要道路路口设置停车让行标志:

①支路与干路垂直相交(或接近垂直相交),用其他路权分配原则和措施无法获得较好遵守;

②城市道路与过境公路或运行速度较高的城市快速路、城市主干路垂直(或接近垂直)相交;

③相交道路速度差较大、交叉路口视距受限或事故记录显示需要进行停车让行控制。

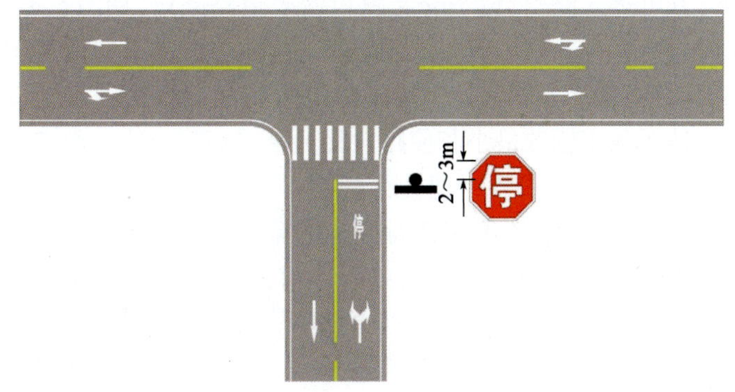

图 5-3　停车让行标志设置示例

(2)下列情况下,宜在次要道路路口设置停车让行标志:

①需要控制左转弯冲突;

②行人或非机动车流量较大,需要控制机非冲突;

③驾驶人驶近路口过程中,难以确认路口具体位置以及相交道路上来车情况的地点。

(3)两条条件相近的道路相交,可按照下述原则确定哪一方向设置停车让行标志:

①与较多行人横穿和学校活动冲突严重的方向上;

②在视距不良或已经设置减速丘等减速设施的方向上;

③在到达路口前通行条件较好,具有最长不受干扰通行条件的方向上;

④在更容易判断路口交织点的方向上。

(4)下列情况下,宜采用多路同设停车让行标志:

①城镇区两条条件相同(或相近)的集散型支路相交形成的交叉路口,设停车让行标志可改善交叉路口运行安全状况,宜多路同设停车让行标志。

②交叉路口信号灯处于安装、调整或关闭期时,作为临时交通控制措施,可在交叉路口所有进口设置停车让行标志。

③事故记录分析显示,过去 12 个月交叉路口范围内所有事故中有 5 件或以上可以通过多路同设停车让行标志予以避免。

④在一天中的任何 8h 之内,车流量达到下述要求时:

a. 从主路双方向进入交叉路口的平均车流量超过 300 辆/h,并且从支路双方向进入交叉路口的车辆、行人、非机动车等平均流量,在相同时段内超过 200 辆/h;

b. 从主路双方向进入交叉路口的平均车流量超过 300 辆/h,并且一天的高峰时间段内,造成支路车辆平均延误至少 30s 时;

c. 虽然交通流量未达到上述两条的要求,但主路车辆进入交叉路口的 85% 位车速 v_{85} 大于65km/h,且平均车流量大于 200 辆/h。

⑤没有合适的信号配时能够满足各方要求,并且有关数据同时达到条件③、④a、④b 所定标准的 80% 。

(5)高速公路及其匝道上不进行停车让行控制。除特殊情况外,在干线道路主线上不进行停车让行控制。

(6)在设置有信号灯的交叉路口,一般不设置停车让行标志。但交叉路口信号灯非 24h 运行时,应在次要道路上同时设置停车让行标志。此种情况下,交叉路口信号灯运行期间应优先遵守信号灯指示。信号灯不亮或黄闪时,遵守停车让行标志。

(7)停车让行控制不能用作车速控制的措施。

5.1.2　减速让行标志

该标志表示车辆应减速让行,告示车辆驾驶人应慢行或停车,观察干道行车情况,在确保干道车辆优先,确保安全的前提下,方可进入路口,设于交叉路口次要道路路口,如图 5-4 所示。标志的形状为倒三角形,颜色为白底、红边、黑字。减速让行标志与停车让行标志在交叉口的设置位置相同。

图 5-4　减速让行标志

减速让行标志及相应控制措施的设置应从确保交通安全、符合相关法律法规的要求、使应停车的车辆数最小和使路段交通延误率最小等方面进行综合的技术判断确定。

下列情况下,应设置减速让行标志:

①符合 5.1.1 设置停车让行标志的条件,但交叉路口视距良好,道路使用者能够清楚地观察到可能的交通冲突,以限速值或运行速度(v_{85})通过交叉路口,或即使有危险情况,驾驶人也能从容控制停车的情况下,应以减速让行标志代替停车让行标志;

②加速车道长度或视距不足的高速公路和城市快速路、主要干道汇入交通流的合流处;

③环岛交叉路口的所有入口处;

④横穿中央分隔带超过 9m 的道路或分离式路基的道路时,在横穿第一幅道路前设置停车让行标志,而在横穿第二幅道路前设置减速让行标志;

⑤交叉路口存在一些特殊的问题,减速让行标志可能解决这些问题时。

减速让行控制不能用于控制主干道上车流。

减速让行标志设置示例如图 5-5 所示。

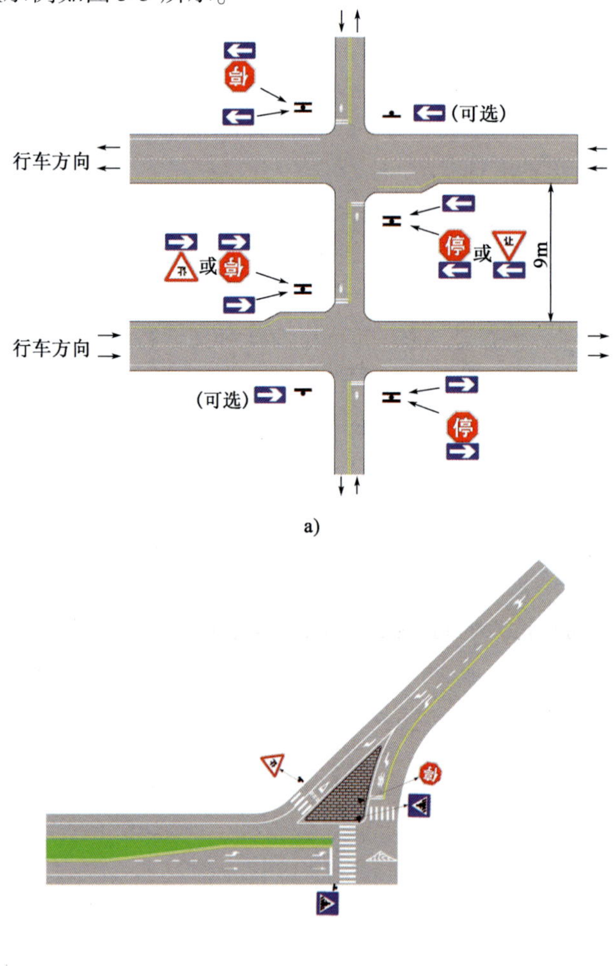

图 5-5　减速让行标志设置示例

a)横穿中央分隔带 9m 的分离式路基的路口减速标志设置示例;b)分离的右转专用道减速让行标志设置示例

5.1.3　会车让行标志

该标志表示车辆会车时,应停车让对方车先行,见图 5-6。标志形状为圆形,颜色为白底红圈,红黑两种箭头。

图5-6　会车让行标志

下列情况下应设置会车让行标志，有信号灯控制的可以不设：

a)会车有困难的狭窄路段的一端；

b)双向通行道路由于某种原因只能开放一条车道作双向通行，通行受限制的一端。

《中华人民共和国道路交通安全法实施条例》(2017年修订版)中第48条规定：

在没有中心隔离设施或者没有中心线的道路上，机动车遇相对方向来车时应当遵守下列规定：

(1)减速靠右行驶，并与其他车辆、行人保持必要的安全距离；

(2)在有障碍的路段，无障碍的一方先行；但有障碍的一方已驶入障碍路段而无障碍的一方未驶入时，有障碍的一方先行；

(3)在狭窄的坡路，上坡的一方先行；但下坡的一方已行至中途而上坡的一方未上坡时，下坡的一方先行；

(4)在狭窄的山路，不靠山体的一方先行；

(5)夜间会车应当在距相对方向来车150m以外改用近光灯，在窄路、窄桥与非机动车会车时应当使用近光灯。

依照上述规定，会车让行标志设置示例见图5-7。

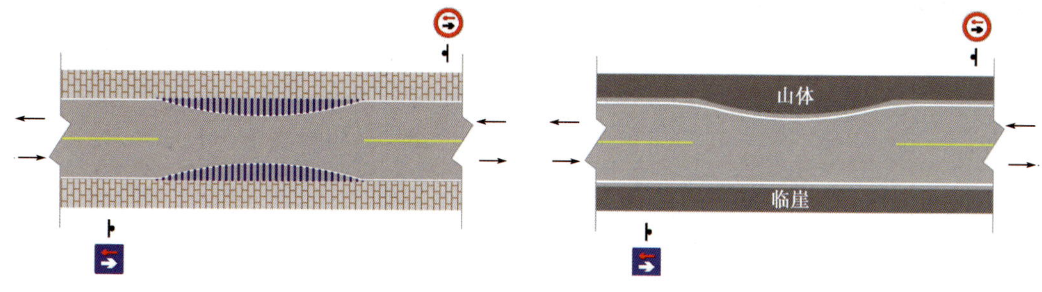

图5-7　会车让行标志设置示例

5.2　道路通行权相关标志

5.2.1　禁止通行标志

该标志表示禁止一切车辆和行人通行，见图5-8，设在禁止一切车辆和行人通行的道路入口附近。

5.2.2　禁止驶入标志

该标志表示禁止一切车辆驶入(含非机动车)，见图5-9，设在禁止驶入路段的入口处。其颜色为红底中间一道白横杠。在易发生逆行行为或一旦逆行后果较严重的路段入口后，根据需要可在60～150m后重复设置，见图5-10。

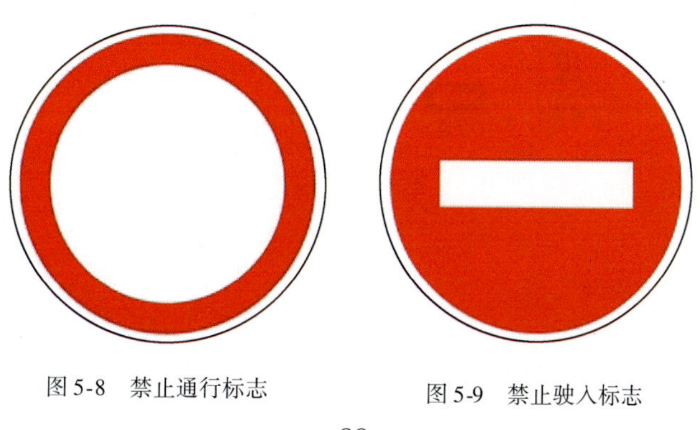

图5-8　禁止通行标志　　图5-9　禁止驶入标志

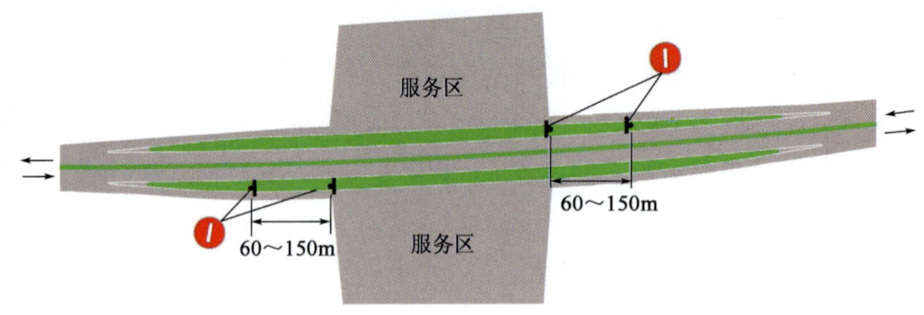

图 5-10　服务区入口设置禁止驶入标志示例

5.2.3　禁止机动车驶入标志

图 5-11　禁止机动车驶入标志

该标志表示禁止各类机动车驶入,见图 5-11,设在禁止机动车驶入路段的入口处。对时间、车型或其他条件有禁止规定时,应加辅助标志说明,见图 5-12a)。

辅助标志的说明宜采用正向说明,图 5-12b)为不推荐的形式。

我国单行路一般只针对机动车,非机动车、行人是可以在此道路上双向行驶的,因此,一般在单行路出口设置"禁止机动车驶入标志",见图 5-12c)。如果单行路不仅针对机动车,也针对非机动车,则需要在单行路出口设置"禁止驶入标志",见图 5-12d)。

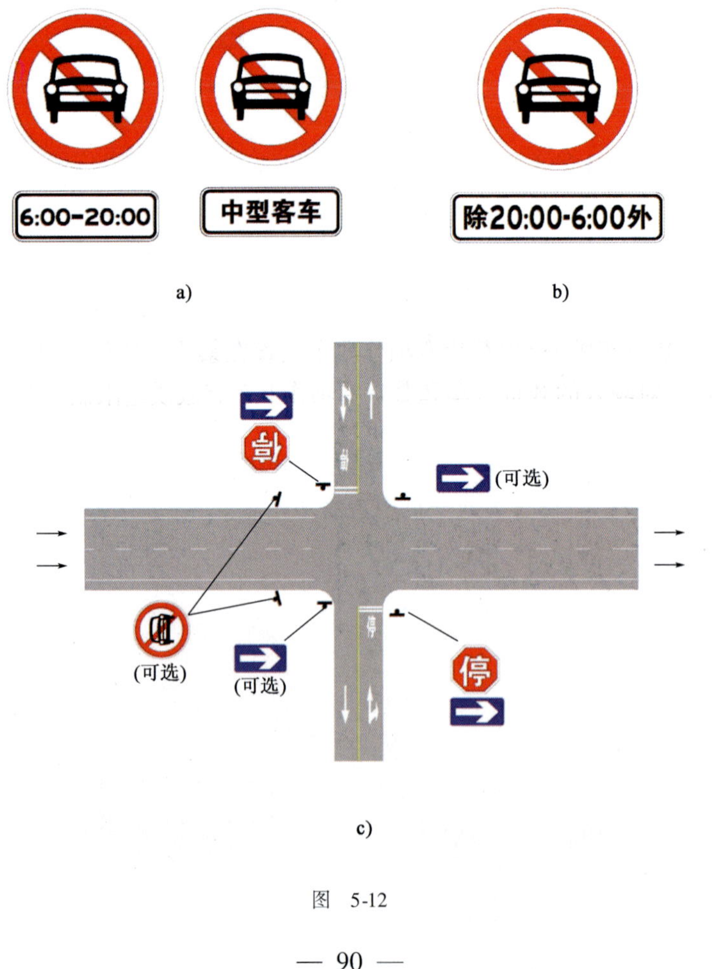

图　5-12

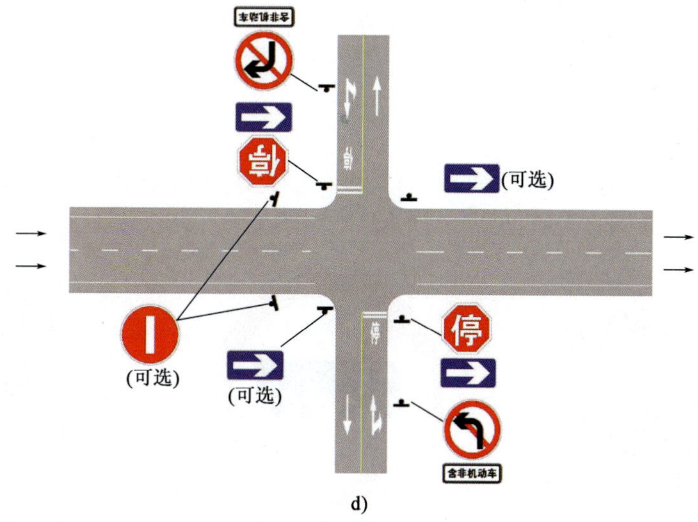

d)

图5-12　禁止机动车驶入标志设置示例

a)加辅助标志说明的示例;b)不推荐的辅助标志形式;c)非机动车与行人可以双向通行的单行路禁止机动车驶入标志设置示例;d)非机动车与行人也需要单向通行的单行路禁止驶入标志设置示例

5.2.4　禁止大型(或小型)载客汽车驶入标志

该标志表示禁止大型(或小型)载客汽车驶入,见图5-13和图5-14,设在禁止大型(或小型)载客汽车驶入路段的入口处。这里小型载客汽车含十一座以下面包车、七座以下商务车及小轿车。

图5-13　禁止大型载客汽车驶入标志

图5-14　禁止小型载客汽车驶入标志

5.2.5　禁止载货汽车驶入标志

该标志表示禁止载货汽车驶入(含载货专项作业车),设在禁止载货汽车和载货专项作业车驶入路段的入口处,见图5-15。对驶入的载货汽车和载货专项作业车有载质量限制或其他限制时,应用辅助标志说明,见图5-16。

图5-15　禁止载货汽车驶入标志

a)　b)

图5-16　禁止载货汽车驶入标志加辅助标志示设置示例

a)禁止一定吨位的载货汽车驶入示例;b)某一时段禁止载货汽车驶入示例

针对实际交通管理中存在对载货专项作业车进行管控的实际需要,鉴于载货专项作业车基本上为货车底盘,设计参数也和货车类似,禁止载货汽车驶入标志涵盖载货专业作业车。

5.2.6 禁止挂车、半挂车驶入标志

该标志表示禁止挂车、半挂车驶入,见图5-17,设在禁止挂车、半挂车驶入路段的入口处。对挂车具体形式有说明时,应用辅助标志说明,见图5-18。

a) b)

图5-17 禁止挂车、半挂车驶入标志

图5-18 禁止挂车、半挂车驶入标志加辅助标志设置示例

5.2.7 禁止拖拉机驶入标志

该标志表示禁止各类拖拉机驶入,见图5-19,设在禁止各类拖拉机驶入路段的入口处。

5.2.8 禁止三轮汽车、低速货车驶入标志

该标志表示禁止三轮汽车、低速货车驶入,见图5-20,设在禁止三轮汽车、低速货车驶入路段的入口处。

图5-19 禁止拖拉机驶入标志

图5-20 禁止三轮汽车、低速货车驶入标志

低速载货汽车以前称为农用运输车,《机动车运行安全技术条件》(GB 7258—2004)将“四轮农用运输车”更名为“低速货车”,明确“农用运输车”实质上是汽车的一类。《机动车运行安全技术条件》(GB 7258—2017)规定低速货车为最大设计车速小于70km/h的,具有四个车轮的载货汽车。低速货车的基本技术要求应符合《三轮汽车和低速货车安全技术要求》(GB 18320—2008)的规定。

5.2.9 禁止摩托车驶入标志

该标志表示禁止摩托车驶入,见图5-21,设在禁止摩托车驶入路段的入口处。

5.2.10 禁止非机动车进入标志

该标志表示禁止非机动车进入,见图5-22,设在禁止非机动车进入路段的入口处。禁止特定种类非

机动车驶入时，可使用辅助标志说明。

图 5-21　禁止摩托车驶入标志

图 5-22　禁止非机动车进入标志

5.2.11　禁止电动自行车进入标志

该标志表示禁止电动自行车进入，见图 5-23，设在禁止电动自行车进入路段的入口处。

5.2.12　禁止畜力车进入标志

该标志表示禁止畜力车进入，见图 5-24，设在禁止畜力车进入路段的入口处。

图 5-23　禁止电动自行车进入标志

图 5-24　禁止畜力车进入标志

5.2.13　禁止三轮车驶入标志

该标志表示禁止三轮车驶入，见图 5-25，设在禁止三轮车驶入路段的入口处。

图 5-25　禁止三轮车驶入标志

5.2.14　禁止人力(客、货)运三轮车进入标志

该标志表示禁止人力(客、货)运三轮车进入，见图 5-26 和图 5-27，设在禁止人力(客、货)运三轮车进入路段的入口处。

图 5-26　禁止人力货运三轮车进入标志

图 5-27　禁止人力客运三轮车进入标志

5.2.15　禁止人力车进入标志

该标志表示禁止人力车进入,见图 5-28,设在禁止人力车进入路段的入口处。

5.2.16　禁止行人进入标志

该标志表示禁止行人进入,见图 5-29,设在禁止行人进入的地方。

图 5-28　禁止人力车进入标志

图 5-29　禁止行人进入标志

5.2.17　禁止某两种车辆驶入标志

该标志表示禁止标志上所示的两种车辆驶入,见图 5-30,图中车辆图形为示例,表示禁止载货汽车和各类拖拉机通行,设在禁止某两种车驶入路段的入口处。此标志版面上不应多于两种车辆图形。

5.2.18　禁止运输危险物品车辆驶入标志

该标志表示禁止危险物品运输车辆驶入,见图 5-31,设在禁止运输危险物品车辆驶入路段的入口处。

图 5-30　禁止某两种车辆驶入标志

图 5-31　禁止运输危险物品车辆驶入标志

5.3　某方向通行权相关标志

5.3.1　禁止向左(或向右)转弯标志

该标志表示前方路口禁止一切车辆向左(或向右)转弯,见图 5-32 和图 5-33,设在禁止向左(或向右)

转弯的路口前。有时段、车种等特殊规定时,应用辅助标志说明,也可附加图形。附加图形时,保持箭头的位置不变,见图 5-34a)和 b)。如果禁止两种以上(含两种)车辆时,应用辅助标志说明,见图 5-34c)。不符合标准规定的标志见图 5-34d)。

图 5-32　禁止向左转弯标志

图 5-33　禁止向右转弯标志

a)　b)　c)　d)

图 5-34　禁止向左(或向右)转弯标志设置示例

a)禁止载货汽车向左转弯;b)禁止小型客车向右转弯;c)禁止载货汽车及拖拉机向左转弯;d)不符合标准规定的标志

5.3.2　禁止直行标志

该标志表示前方路口禁止一切车辆直行,见图 5-35,设在禁止直行的路口前。有时间、车种等特殊规定时,应用辅助标志说明,也可附加图形。附加图形时,保持箭头的位置不变。如果禁止两种以上(含两种)车辆时,应用辅助标志说明,见图 5-36。

图 5-35　禁止直行标志

图 5-36　禁止载货汽车和拖拉机直行标志设置示例

5.3.3 禁止向左和向右转弯标志

该标志表示前方路口禁止一切车辆向左向右转弯,见图 5-37,设在禁止向左向右转弯的路口前。有时间、车种等特殊规定时,应用辅助标志说明,也可附加图形。附加图形时,保持箭头的位置不变。如果禁止两种以上(含两种)车辆时,应用辅助标志说明,见图 5-38。

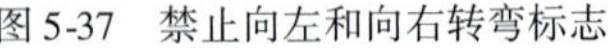

图 5-37 禁止向左和向右转弯标志

图 5-38 禁止载货汽车和拖拉机向左和向右转弯标志设置示例

5.3.4 禁止直行和向左转弯(或直行和向右转弯)标志

该标志表示前方路口禁止一切车辆直行和向左转弯(或直行和向右转弯),见图 5-39 和图 5-40,设在禁止直行和向左转弯(或直行和向右转弯)的路口前。有时间、车种等特殊规定时,应用辅助标志说明,也可附加图形。附加图形时,保持箭头的位置不变。如果禁止两种以上(含两种)车辆时,应用辅助标志说明,见图 5-41。

图 5-39 禁止直行和向左转弯标志

图 5-40 禁止直行和向右转弯标志

5.3.5 禁止掉头标志

该标志表示禁止机动车掉头,见图 5-42,设在禁止机动车掉头路段的起点和路口前。

《中华人民共和国道路交通安全法实施条例》(2017 年修订版)中第 49 条规定:

机动车在有禁止掉头或者禁止左转弯标志、标线的地点以及在铁路道口、人行横道、桥梁、急弯、陡坡、隧道或者容易发生危险的路段,不得掉头。机动车在没有禁止掉头或者没有禁止左转弯标志、标线的地点可以掉头,但不得妨碍正常行驶的其他车辆和行人的通行。

所以,如果设置了禁止左转标志,可以不设禁止掉头标志。也不存在如图 5-43 所示的"禁止左转和禁止掉头合并"的标志。

图 5-41　禁止载货汽车和拖拉机直行和向右转弯标志设置示例

图 5-42　禁止掉头标志

图 5-43　禁止左转和禁止掉头合并的不合理标志

5.4　其他禁止相关标志

5.4.1　禁止超车标志

该标志表示该标志至前方解除禁止超车标志的路段内，不允许机动车超车，见图 5-44，设在禁止超车路段的起点，根据需要可在禁止超车路段重复设置。已设有道路中心实线和车道实线的可不设此标志。这里的超车包括：同向超车、借用对向车道超车。

图 5-44　禁止超车标志

如果道路中心实线和车道实线有可能被积雪覆盖，则必须设置“禁止超车标志”。如果禁止超车路段较长，而且道路中心实线和车道实线有可能被积雪覆盖，则除了设置“禁止超车标志”“解除禁止超车标志”外，还应该在禁止超车的路段中重复设置“禁止超车标志”。重复设置的间隔，日本《道路标志手册》的建议见表 5-1。此外，表 5-1 还说明了：根据道路及交通情况，区间内标志的设置间隔可以最大延长到表 5-1 所示距离的 2 倍。

表 5-1　禁止超车标志重复设置间距建议

设置间隔划分	道路分类		
	繁华道路	地方道路	机动车专用道路
路侧标志的设置间隔(m)	200	400	800

续上表

设置间隔划分	道路分类		
	繁华道路	地方道路	机动车专用道路
路上标志的设置间隔(m)	300～600	500～800	800
路上标志及路侧标志的设置间隔(m)	300～600	400～800	800

注:1. 路侧标志:设置在路侧的柱式标志。
2. 路上标志:设置在车行道上方位置,悬臂式或门架式标志。
3. 路上标志及路侧标志:禁止超车标志、解除禁止超车标志等既有路侧柱式又有悬臂、门架式。

5.4.2 解除禁止超车标志

该标志表示禁止超车路段结束,见图 5-45,设在禁止超车路段的终点,标志颜色为白底、黑圈、黑细斜杠、黑图形。此标志应和禁止超车标志配合使用。

5.4.3 禁止车辆停放标志

该标志表示在限定的范围内,禁止一切车辆停、放,见图 5-46。无论驾驶人是否离开车辆,路边停、放都不准许。设在禁止车辆停、放的地方,标志颜色为蓝底、红圈、红斜杠。禁止车辆停车的时段、车种和范围可用辅助标志说明。

图 5-45 解除禁止超车标志

图 5-46 禁止车辆停放标志

禁止停放的范围也可以用图 5-47a)、b)、c)所示形式。其中图 5-47a)和 c)设在禁止停放路段的两端,见图 5-48a),如果路段较长,可以根据需要重复设置图 5-47b)。也可以在图 5-46 标志下设置辅助标志表示禁止停车路段区域,见图 5-48b)、c)。

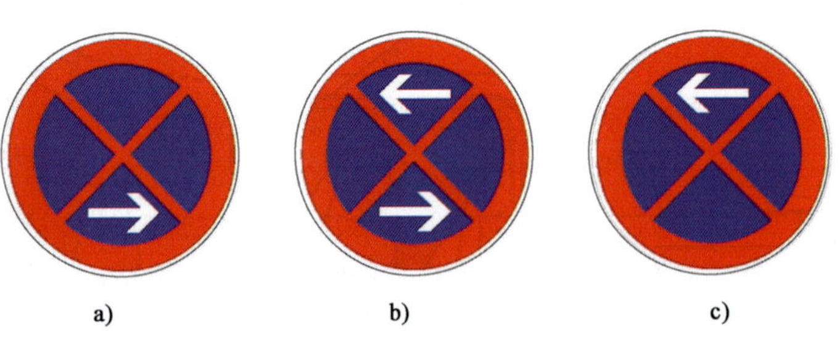

a) b) c)

图 5-47 表示范围的禁止车辆停放标志

禁止车辆停放路段的中间重复设置时,重复设置的间隔,日本《道路标志手册》的建议见表 5-2,表 5-2还说明了:停车区域非常容易被驾驶人识别时,可以考虑道路及交通情况,区间内重复标志的设置间隔最多延长到表 5-2 所示间距值的 3 倍。

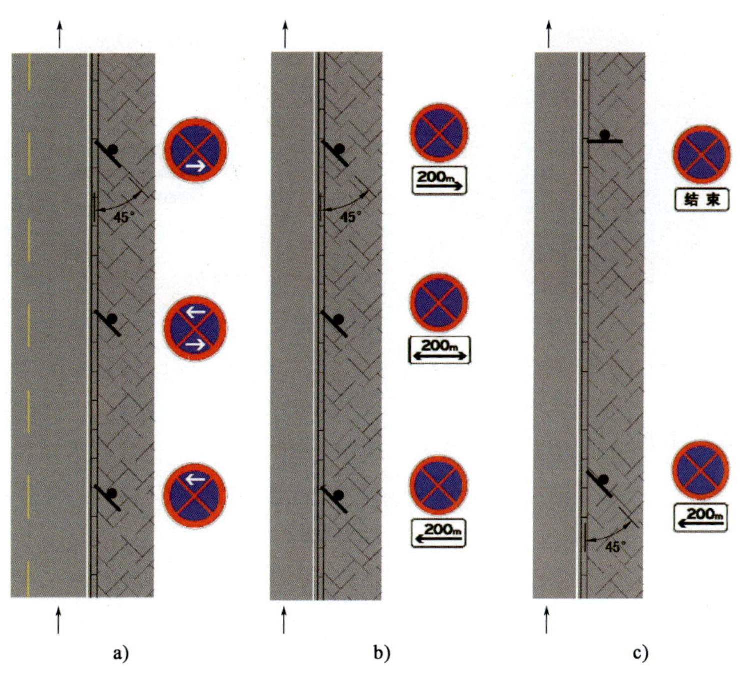

图 5-48　禁止车辆停放标志设置示例
a）以标志面附加箭头表示禁止车辆停放范围；b）以辅助标志表示禁止车辆停放范围；c）以辅助标志表示前方范围内禁止车辆停放

表 5-2　禁止停车标志重复设置间距建议

设置间隔划分	道路分类		
	繁华街道	地方街道	机动车专用道路等
路侧标志的设置间隔(m)	100 ~ 200	400	800
路上标志的设置间隔(m)	300 ~ 600	500 ~ 800	800
路上标志及路侧标志的设置间隔(m)	300 ~ 500	400 ~ 600	800

注：1. 路侧标志：设置在路侧的柱式标志。
2. 路上标志：设置在车行道上方位置，悬臂式或门架式标志。
3. 路上标志及路侧标志：禁止超车标志、解除禁止超车标志等既有路侧柱式又有悬臂、门架式。

已设置禁止停车线的可不设禁止车辆停放标志。如标线存在因积雪覆盖或其他原因而导致看不到的可能性，宜同时设置此标志。已设置此标志的可不设禁止停车线。

法定禁止停车的地点、路段等，可以不设此标志，如：人行道、盲道等。

5.4.4　禁止长时停车标志

该标志表示在限定的范围内，禁止一切车辆长时停、放，见图 5-49，设在禁止车辆长时停、放的地方。车辆停车上下客或装卸货等，且驾驶人在车内或车旁守候，是允许的，不受限制。禁止车辆停、放的时间、车种和范围可用辅助标志说明。

禁止停放的范围也可参见图 5-48 所示形式。

设置了禁止长时停车线可不设禁止车辆长时停放标志。如标线存在被积雪覆盖或其他原因而导致看不到的可能性，宜同时设置此标志。已设置此标志的可不设禁止长时停车线。

5.4.5　禁止鸣喇叭标志

该标志表示禁止车辆鸣喇叭，见图 5-50，设在需要禁止车辆鸣喇叭的地方。禁止鸣喇叭的时间和范围可用辅助标志说明。

图 5-49　禁止长时停车标志

图 5-50　禁止鸣喇叭标志

5.4.6　禁止非机动车骑行标志

《道路交通标志和标线　第 2 部分:道路交通标志》(GB 5768.2—2009)中没有此标志,根据《道路交通标志和标线　第 1 部分:总则》(GB 5768.1—2009)附录 B 中标 B.1 中"非机动车骑行"图形和"禁止"图形,同时根据《道路交通标志和标线　第 2 部分:道路交通标志》(GB 5768.2—2009)中 5.1 的规定,禁止非机动车骑行标志如图 5-51 所示。一般以辅助标志表示禁止非机动车骑行的路段,如图 5-52 所示。

图 5-51　禁止非机动车骑行标志

图 5-52　地下通道禁止非机动车骑行标志

5.5　限制相关标志

5.5.1　限制速度标志

该标志表示该标志至前方解除限制速度标志或另一块不同限速值的限制速度标志的路段内,机动车行驶速度(单位为 km/h)不准超过标志所示数值,见图 5-53。以图 5-53 中数字为示例,该数字表示限制速度为 60km/h。限制速度标志设在需要限制车辆速度的路段的起点,其限速值不宜低于 20km/h。图 5-54 为学校区限制速度标志设置示例。

如果需要表示对某一类车型的最高限速,应以辅助标志表示,不宜直接在标志面上附加图形和文字。如图 5-55a)所示,估计表达的含义是:小客车最高限速 60km/h,其他车辆最高限速 60km/h。这样设置的问题是:在远处看不清"小客车",在近处看清了,也不免对此标志产生疑惑。如果要进行这样的速度管理,建议标志改为图 5-55b)所示标志。

图 5-53　限制速度标志

图 5-54　学校区限制速度标志设置示例

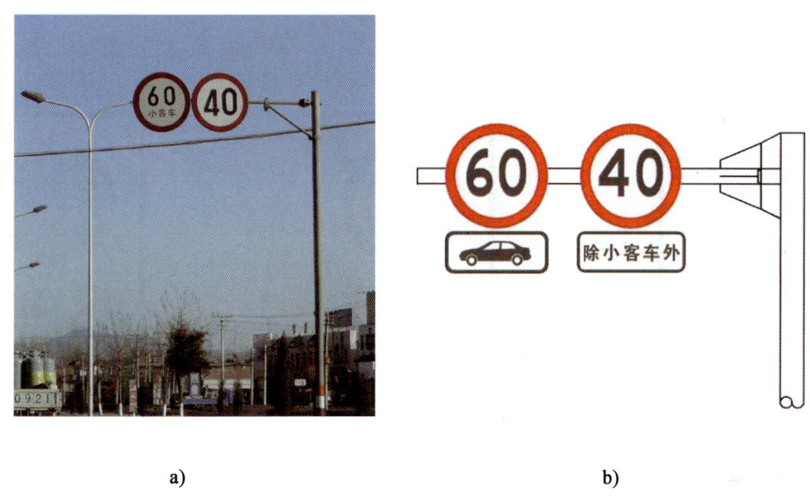

a)　　　　b)

图 5-55　不同车型最高限速标志设置示例
a)错误设置;b)合理设置

5.5.2　解除限制速度标志

该标志表示限制速度路段结束,设在限制车辆速度路段的终点,见图 5-56。图 5-56 中数字表示限制速度为 40km/h 的路段结束。标志颜色为白底、黑圈、黑细斜杠、黑字。解除限制速度标志应和限制速度标志配合使用。以另一块不同限速值的限制速度标志表示前一限速路段结束时,可不设此标志。

限制及解除有两种方式,如图 5-57 所示:

(1)设置第二块限制速度值不同的限速标志,有助于使驾驶人明确下一路段运行速度要求,从而建立全路段完整连续的速度控制策略。

(2)设置限制速度解除标志,常用于施工作业区。

5.5.3　区域禁止及解除标志

该标志表示区域内禁止或限制车辆的某种行为,见图 5-58 ~ 图 5-63,设在禁止或限制区域的所有入口处(禁止或限制)及出口处(禁止或限制解除)。

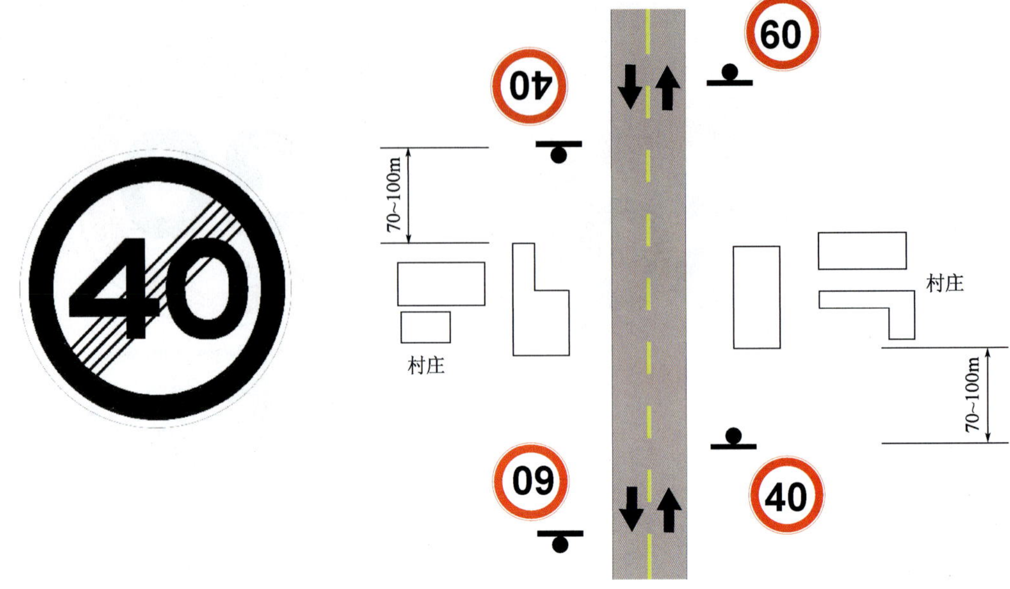

图 5-56　解除限制速度标志　　图 5-57　限制和解除示例

图 5-58　区域限制速度标志

图 5-59　区域限制速度解除标志

图 5-60　区域禁止长时停车标志

图 5-61　区域禁止长时停车解除标志

图 5-62　区域禁止停车标志

图 5-63　区域禁止停车解除标志

区域限速及解除标志主要用于城市中心区、居民聚居区。根据国外的研究成果,车辆和行人相撞,当车辆速度为 70km/h 时,行人死亡的可能性接近 100%;当车速为 50km/h 时,行人死亡的可能性降为 50%;当车速为 30km/h 时,行人死亡的可能性接近于 0。因此,城市中心区、居民聚居区的道路,都是生活性道路,为了减少事故伤亡,这些区域建议使用区域限制速度标志,并且版面上的数值建议为 30km/h,示例见图 5-64。

在区域边界设置区域禁止和解除标志时,可以利用道路左侧的标志背面,同时设置与右侧同样的标志(区域禁止标志)。这样,驶入禁止区域时,看起来像一个出入口。

有些城市中心环路范围内禁止某类机动车驶入,不属于区域禁止及解除标志,可以在进入此环路范围的路口前设置相应的禁令标志和提前设置使被禁止的车辆能够提前绕行的指路标志,设置示例见图 5-65。

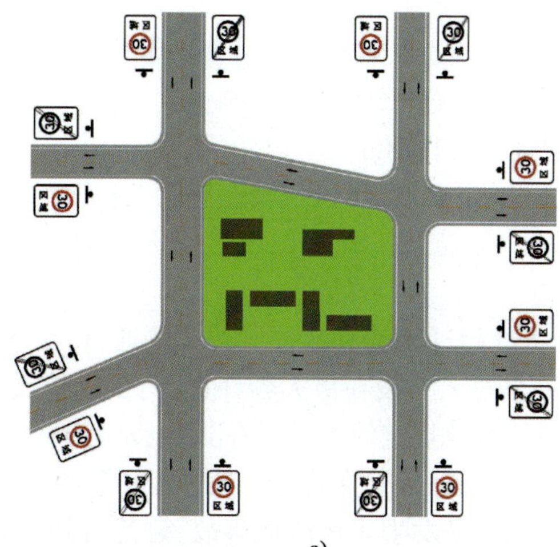

a)

b)

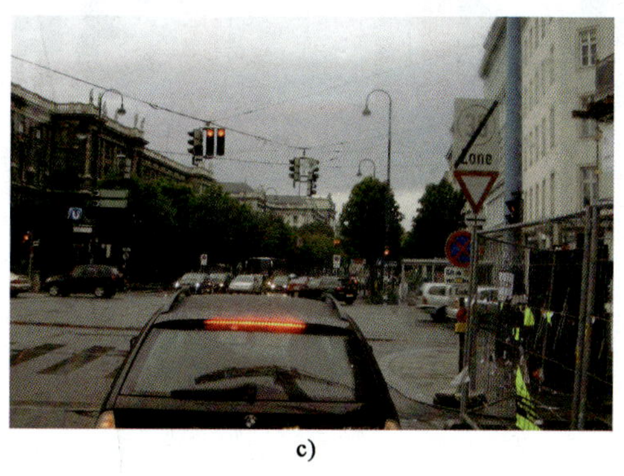

c)

图 5-64　区域禁止及解除标志设置示例

a)设置示例;b)区域限速 30km/h;c)区域限速解除

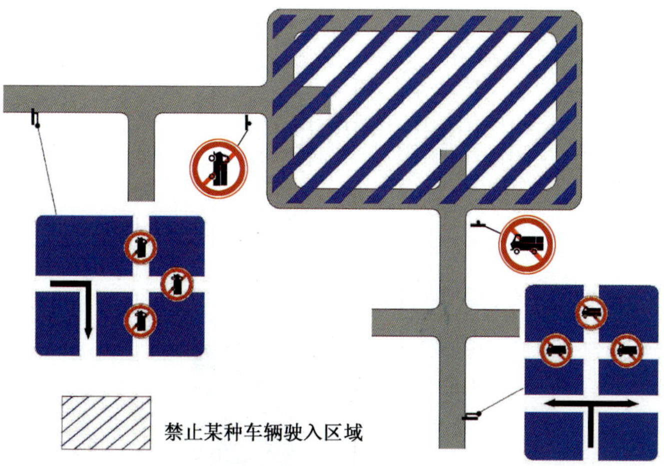

图 5-65　区域内禁止某种车辆驶入

区域禁止及解除标志的判断及使用如下：

(1)驾驶人看到“区域禁止”标志，就知道以后的行驶过程中都应遵守“禁止的内容”，直到看到“区域禁止解除为止”。

(2)标志版面上“区域”二字，尽量不要改动。

(3)离开禁止区域范围的道路上，一定要设置“区域禁止解除”标志。

5.5.4 限制宽度标志

该标志表示禁止车货总体外廓宽度超过标志所示数值的车辆通行，见图 5-66，图 5-66 中数字表示禁止车货总体外廓宽度超过 3m 的车辆进入。设在最大容许宽度受限制的地方。

道路净宽符合相关法律法规和标准规范规定的道路不需设此标志；设置此标志的路段，在进入此路段前的路口适当位置应设置相应的指路标志提示，使装载宽度超过标志所示数值的车辆能够提前绕道行驶。

在最大容许宽度受限制的地方，如果易发生车辆碰撞事故、碰撞可能导致结构安全时，除了设置限制宽度标志外，可在标志处设置立面标记和其他警示设施。

5.5.5 限制高度标志

该标志表示禁止车货总体外廓高度超过标志所示数值的车辆通行，见图 5-67，表示禁止车货总体外廓高度超过 3.5m 的车辆进入。设在最大容许高度受限制的地方。

图 5-66 限制宽度标志

图 5-67 限制高度标志

道路净高符合相关法律法规和标准规范规定的道路不需设此标志；设置此标志的路段，在进入此路段前的路口适当位置要设置相应的指路标志提示，使装载高度超过标志所示数值的车辆能够提前绕道行驶，见图 5-68。

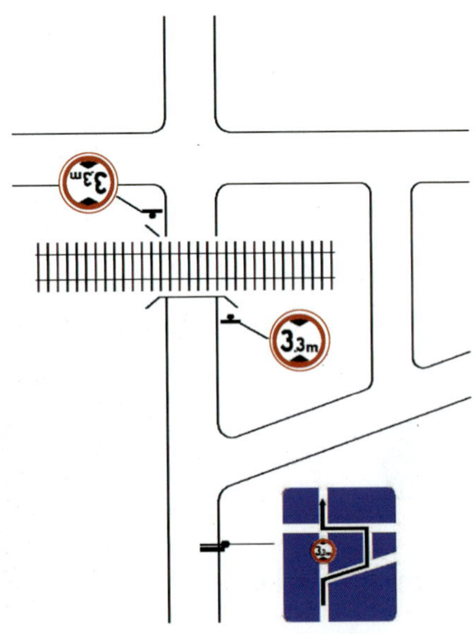

图 5-68 限制高度及绕行标志设置示例

在最大容许高度受限制的地方，如果易发生车辆碰撞事故、碰撞可能导致结构安全时，除了设置限制高度的禁令标志外，可在标志处设置立面标记和其他警示设施，见图 5-69。

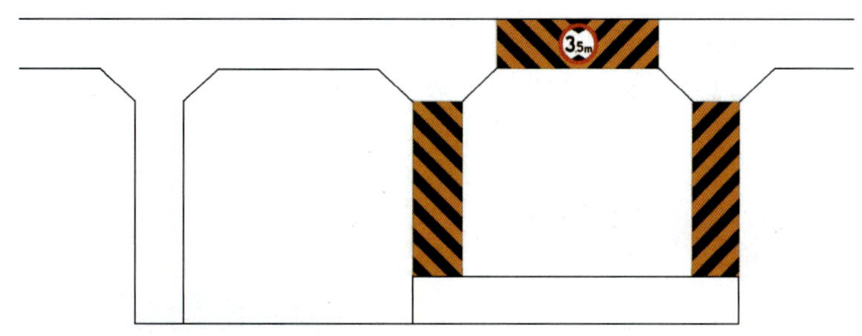

图 5-69　限制高度标志设置示例

5.5.6　限制质量标志

该标志表示禁止总质量超过标志所示数值的车辆通行，见图 5-70，图中数字表示禁止装载总质量超过 10t 的车辆通过。设在需要限制车辆质量的桥梁两端。

设置此标志的路段，在进入此路段前的路口适当位置要设置相应的指路标志提示，使总质量超过标志所示数值的车辆能够提前绕道行驶。

在经检查、检测和加固后的桥梁如果不能满足桥涵设计规范的要求，需要在桥梁的两端设置此标志，数值根据检测、评估等的结果确定。

以下情况可以不设此标志：

(1)法律规定禁止的车辆载重；

(2)桥梁符合相应的设计规范。

5.5.7　限制轴重标志

该标志表示禁止轴重超过标志所示数值的车辆通行，见图 5-71，图中数字表示禁止轴重超过 10t 的车辆通过。设在需要限制车辆轴重的桥梁两端。设置此标志的路段，在进入此路段前的路口适当位置要设置相应的指路标志提示，使轴重超过标志所示数值的车辆能够提前绕道行驶。

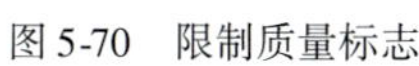
图 5-70　限制质量标志

图 5-71　限制轴重标志

在经检查、检测和加固后的桥梁如果不能满足桥涵设计规范的要求，需要在桥梁的两端设置此标志，数值根据检测、评估等的结果确定。

以下情况可以不设此标志：

(1)法律规定禁止的车辆轴重；

(2)桥梁符合相应的设计规范。

5.6 停车检查相关标志

该标志表示机动车应停车接受检查,见图5-72,设在需要机动车停车接受检查的地点。有车种规定时,应用辅助标志说明。图5-73表示机动车需停车接受口岸检查方可通过的地点。

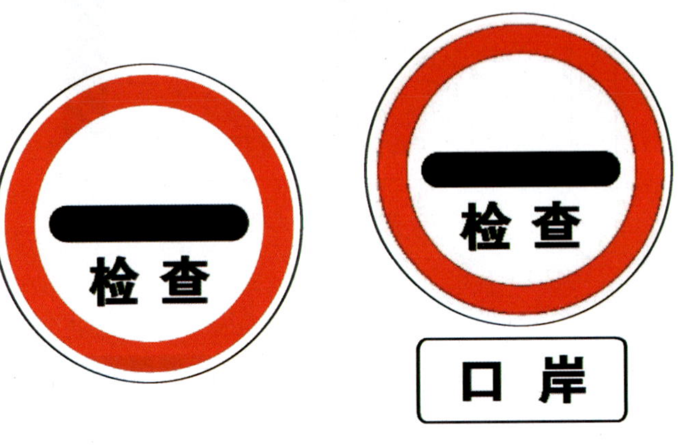

图5-72 停车检查标志

图5-73 口岸停车检查标志

第6章　指示标志

指示标志表示指示车辆、行人行进的含义，道路使用者应遵循。按其功能可分为以下三类：

(1)道路优先权标志，用以表示道路通行优先权分配规定。

(2)道路某方向通行权标志，用以表示道路上应遵行的方向规定。

(3)专用标志，用以表示道路(或车道)上遵行的特殊规定。

指示标志的颜色，除个别标志外，为蓝底、白图形。指示标志的形状分为圆形、长方形和正方形。指示标志设置于指示开始路段的起点附近。有时间、车种等规定时，应用辅助标志说明。除特别说明外，指示标志上不允许附加图形。附加图形时，原指示标志的图形位置不变。

指示标志和禁令标志法律效力相同。根据3.1.1.4的描述，理想情况下，驾驶人应当接受肯定的信息，也就是说，驾驶人应被告知该做什么，而不是不该做什么；这样就将寻找选择方案所用的时间降到最小。从这点上来说，指示标志优于禁令标志。指示标志能让驾驶人明白该做什么(比如“直行”)，而不是不该做什么(不要左转和右转)，那么他的反应会更快。

6.1　道路优先权相关标志

6.1.1　会车先行标志

该标志表示车辆在会车时享有优先通行权利，与会车让行标志配合使用，见图6-1，设在有会车让行标志路段的另一端。标志颜色为蓝底，对向来车方向为红色箭头，优先行进方向为白色箭头。

《中华人民共和国道路交通安全法实施条例》(2017年修订版)中第48条规定：

在没有中心隔离设施或者没有中心线的道路上，机动车遇相对方向来车时应当遵守下列规定：

(1)减速靠右行驶，并与其他车辆、行人保持必要的安全距离；

(2)在有障碍的路段，无障碍的一方先行；但有障碍的一方已驶入障碍路段而无障碍的一方未驶入时，有障碍的一方先行；

(3)在狭窄的坡路，上坡的一方先行；但下坡的一方已行至中途而上坡的一方未上坡时，下坡的一方先行；

图6-1　会车先行

(4)在狭窄的山路，不靠山体的一方先行；

(5)夜间会车应当在距相对方向来车150m以外改用近光灯，在窄路、窄桥与非机动车会车时应当使用近光灯。

依照上述规定，会车先行标志设置示例见图6-2。设置了会车先行标志道路的另一端应设置“会车让行”标志。设有“会车让行”标志一端的车辆驾驶人应减速，避让对向来车。

6.1.2　人行横道标志

该标志表示该处为人行横道，机动车应减速行驶，遇行人正在通过人行横道时应停车让行。标志颜色为蓝底、白三角形、黑图形。可在人行横道标志外加10cm宽荧光黄绿的边框，使标志醒目。加荧光黄绿边框时，人行横道标志的尺寸不应减小，见图6-3。该标志设在人行横道两端适当位置，并面向来车方向见。该标志应与人行横道线同时使用。

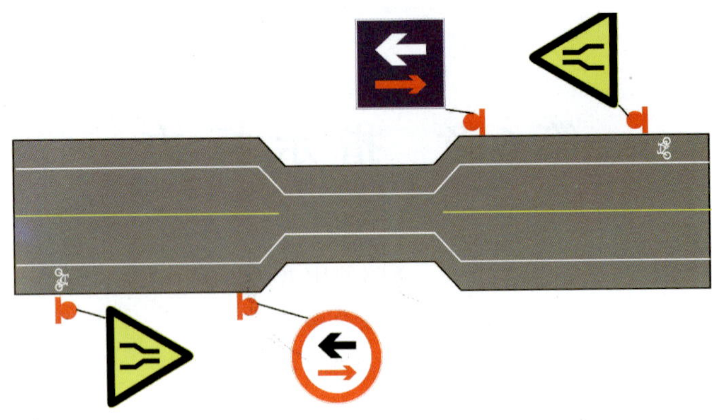

图 6-2　会车先行标志设置示例

注:设置了会车先行标志道路的另一端应设置“会车让行”标志 。

a)　　b)

图 6-3　人行横道标志

无信号灯控制的人行横道两端应设置人行横道标志,已设置信号灯、停车让行标志、减速让行标志的路段或路口,可不设此标志。人行横道线不易被驾驶人发现时,可提前设置“注意行人”的警告标志,见图 6-4。

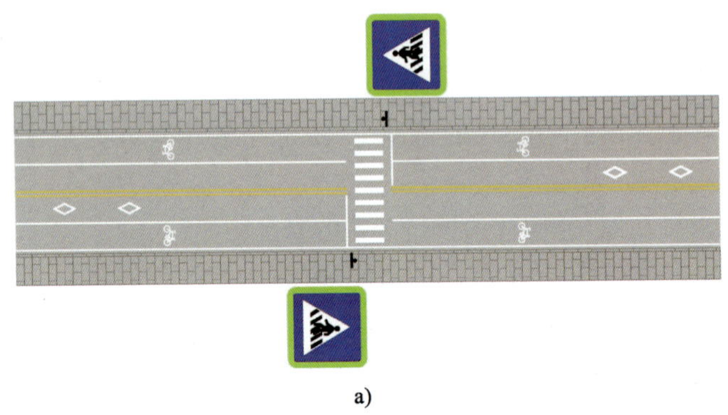

a)

b)

图　6-4

c)

图6-4　人行横道标志设置示例

a)设置示例;b)进入村镇路段;c)城市道路上

6.2　某方向通行权相关标志

6.2.1　直行标志

该标志表示一切车辆只准直行,设在应直行的路口前,见图6-5。有时间、车种等规定时,应用辅助标志说明。如果指示两种以上(含两种)车辆时,宜用辅助标志说明。图6-6a)表示载货汽车应直行,图6-6b)表示小型载客汽车和大型载客汽车应直行。

图6-5　直行标志

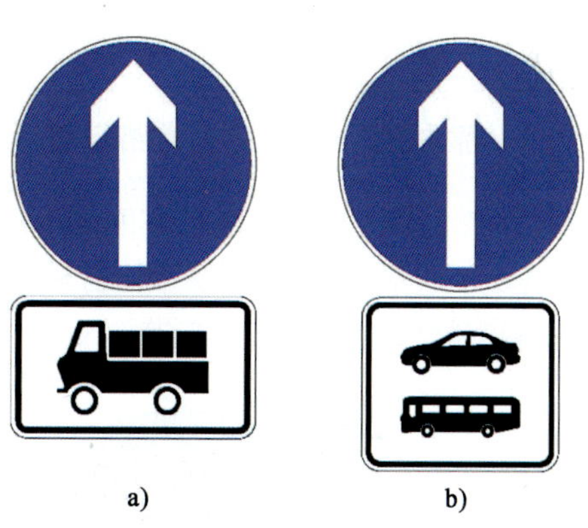

a)　b)

图6-6　直行标志设置示例

6.2.2　向左(或向右)转弯标志

该标志表示一切车辆只准向左(或向右)转弯,见图6-7和图6-8,设在车辆应向左(或向右)转弯的路口前。有时间、车种等规定时,应用辅助标志说明,也可附加图形。版面附加图形时,保持箭头的位置不变。如果指示两种以上(含两种)车辆时,应用辅助标志说明。图6-9表示旅游大客车应向右转弯。

图6-7　向左转弯标志

图6-8　向右转弯标志

图6-9　向左(或向右)转弯标志设置示例

6.2.3 直行和向左转弯(或直行和向右转弯)标志

该标志表示一切车辆只准直行和向左转弯(或直行和向右转弯),见图6-10和图6-11,设在车辆应直行和向左转弯(或直行和向右转弯)的路口前。有时间、车种等规定时,应用辅助标志说明,也可附加图形。版面附加图形时,保持箭头的位置不变;如果指示两种以上(含两种)车辆时,宜用辅助标志说明。

6.2.4 向左和向右转弯标志

该标志表示一切车辆只准向左和向右转弯,见图6-12,设在车辆应向左和向右转弯的路口前。有时段、车种等特殊规定时,应用辅助标志说明,也可附加图形。版面附加图形时,保持箭头的位置不变。如果指示两种以上(含两种)车辆时,应用辅助标志说明。

图6-10 直行和向左转弯标志

图6-11 直行和向右转弯标志

图6-12 向左和向右转弯标志

6.2.5 靠右侧(或靠左侧)道路行驶标志

该标志表示一切车辆只准靠右侧(或靠左侧)行驶,见图6-13和图6-14,设在道路各类分隔带、分隔岛的端部,车辆应靠右侧(或靠左侧)行驶的地方,靠右侧道路行驶标志设置示例见图6-15。标志箭头应指向车辆实际行驶的道路或车道。

图6-13 靠右侧道路行驶标志

图6-14 靠左侧道路行驶标志

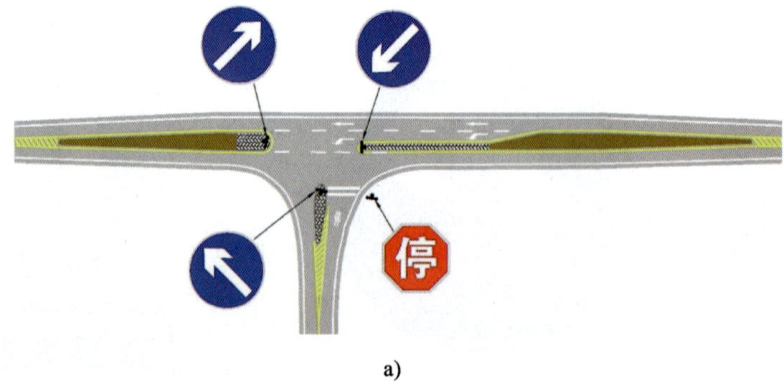

a)

图 6-15

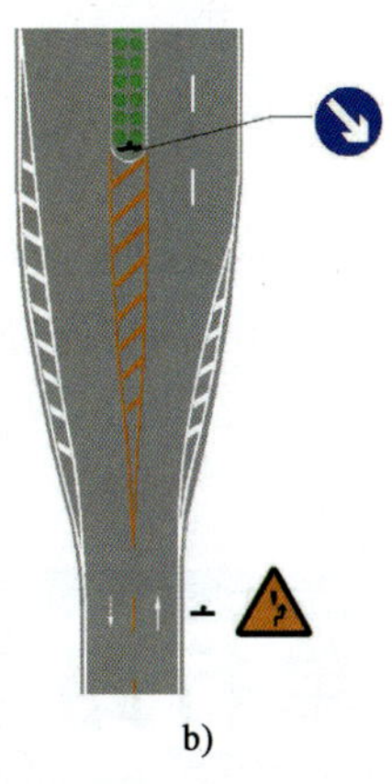

b)

图6-15　靠右侧道路行驶标志设置示例

6.2.6　环岛行驶标志

该标志表示一切车辆只准靠右环行，环内车辆具有优先权，见图6-16，设在进入环岛前、面向路口来车方向的适当位置，见图6-17。

图6-16　环岛行驶标志

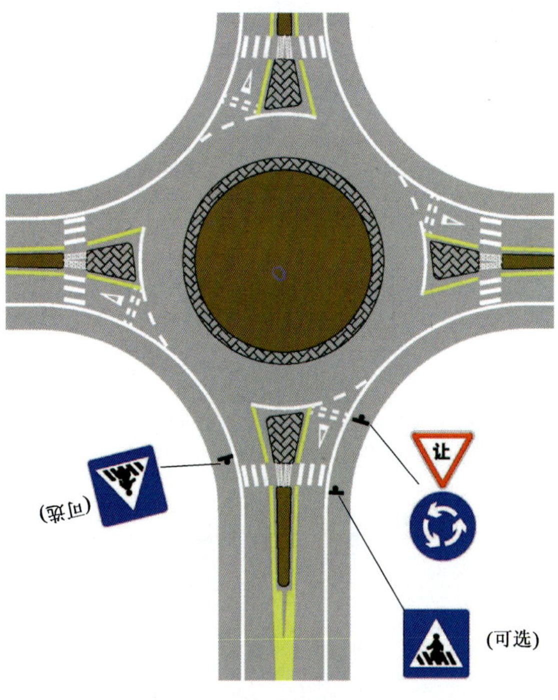

图6-17　环岛行驶标志设置示例

环岛中心岛设置线形诱导标时可不设置此标志。

6.2.7 单行路标志

该标志表示该道路为单向通行,驶入单行路的机动车应依标志指示方向通行,见图6-18和图6-19,设在单行路入口处。有时段、车种等特殊规定时,应用辅助标志说明,也可附加图形。车辆需转向进入单行路用图6-18,车辆需直行进入或已在单行路上用图6-19。单行路标志需结合其他标志共同设置,见图6-20。单行路标志和行驶方向标志不同。

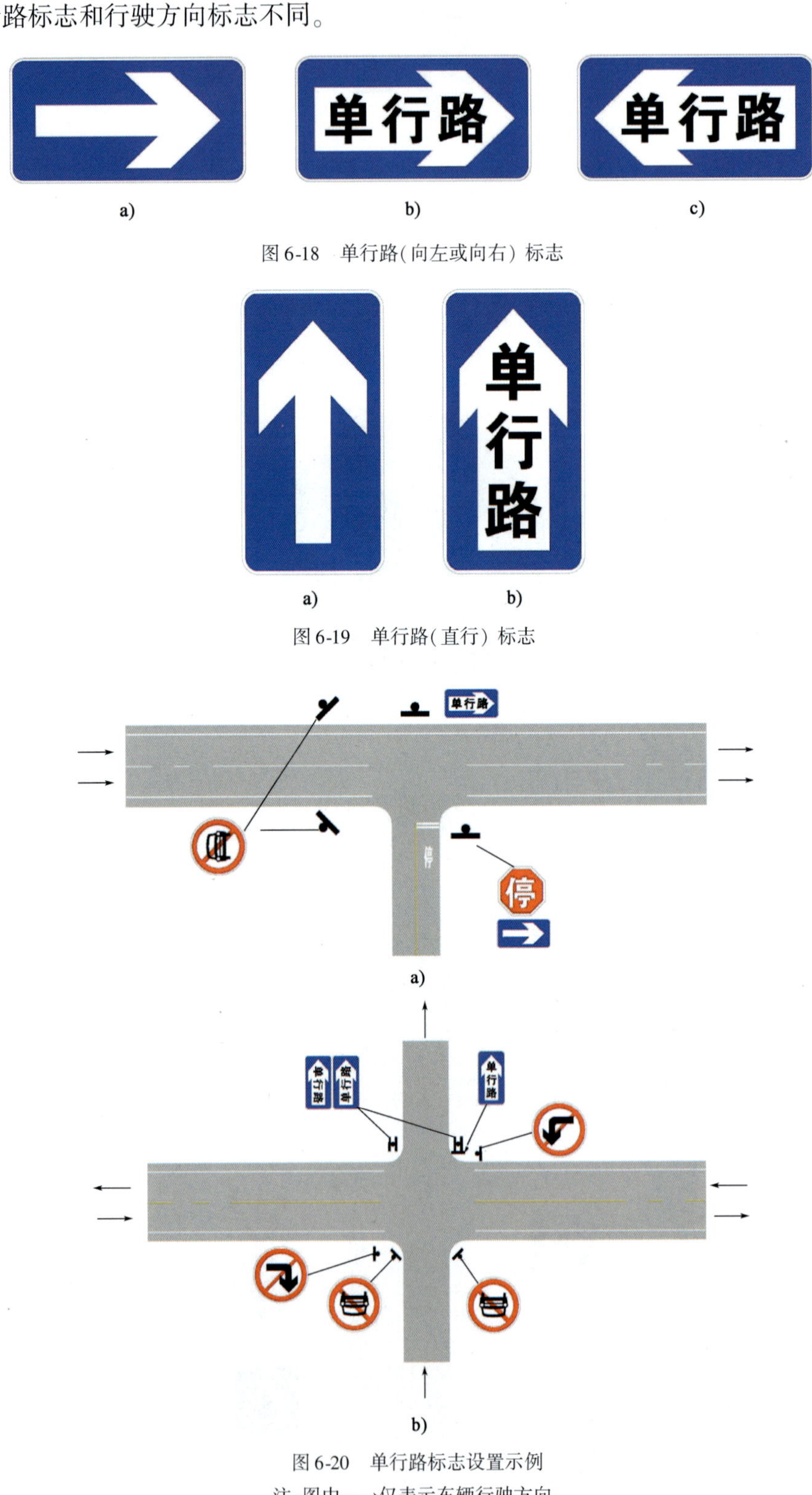

图6-18　单行路(向左或向右)标志

图6-19　单行路(直行)标志

图6-20　单行路标志设置示例

注:图中——→仅表示车辆行驶方向。

6.2.8 车道行驶方向标志

该标志表示交叉口的车道行驶方向，设在导向车道前适当位置，见图6-21～图6-27，宜设在所指示的车道上方。无法正对车道时宜组合设置，见图6-28。

图6-21　右转车道标志

图6-22　左转车道标志

图6-23　直行车道标志

图6-24　直行和右转合用车道标志

图6-25　直行和左转合用车道标志

图6-26　掉头车道标志

图6-27　掉头和左转合用车道标志

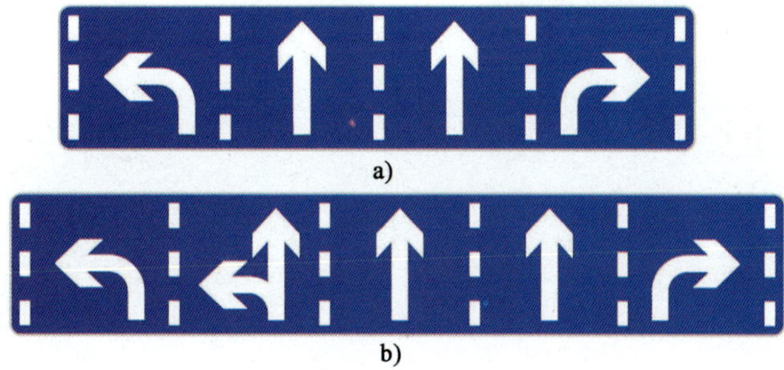

a)

b)

图6-28　组合设置的分向行驶车道标志设置示例

设置车道行驶方向标志的同时,车道路面需施划直行、转弯、掉头等导向箭头,地面导向箭头应与标志上的指示一致。

图 6-29 是正对车道的设置示例,其中图 6-29b)中有一条车道的方向是可变的,其指示车道行驶方向的标志,箭头部分是 LED 可变的;图 6-29c)是国外车道指示标志和指路标志并用的例。图 6-30 是可变车道行驶方向指示标志设置示例,该标志不正对车道。

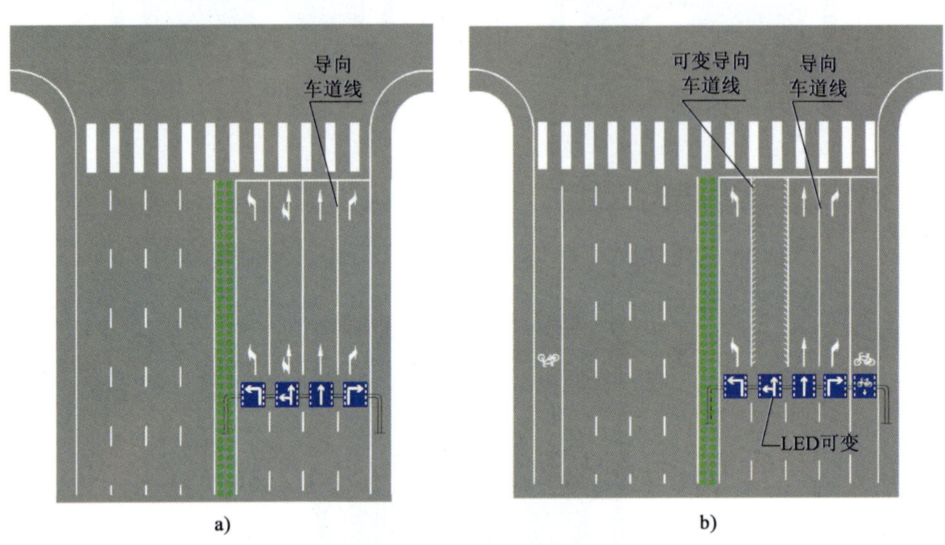

c)

图 6-29　分向行驶车道方向标志正对车道设置示例

图 6-30　可变车道行驶方向指示标志设置示例

车道行驶方向标志版面上“白虚线”不需要根据地面标线进行变化，见2.2.4所述。

6.3 专用标志

6.3.1 专用道路标志

该标志用以告示前方道路专供指定车辆通行，不准其他车辆及行人进入。

6.3.1.1 机动车行驶标志

该标志表示该道路只供机动车行驶，见图6-31，设在该道路的起点及各交叉口入口处。

6.3.1.2 非机动车行驶标志

该标志表示该道路仅供非机动车通行，见图6-32，设在非机动车行驶道路的起点及各交叉口的入口处。当该道路仅供自行车行驶时，应加辅助标志说明。

图6-31　机动车行驶标志

图6-32　非机动车行驶标志

6.3.1.3 电动自行车行驶标志

该标志表示该道路仅供电动自行车通行，见图6-33，设在电动自行车行驶道路的起点及各交叉口的入口处。

6.3.1.4 步行标志

该标志表示该段道路仅供步行，任何车辆不准进入，见图6-34，设在步行街两端的起点处，见图6-35。有时间规定时，应用辅助标志说明。

图6-33　电动自行车行驶标志

图6-34　步行标志

6.3.1.5 非机动车与行人通行标志

该标志表示该道路仅供非机动车与行人通行，机动车不准进入，见图6-36，设在非机动车与行人通行道路的起点及各交叉口的入口处。非机动车与行人分开空间通行，见图6-36a)、b)；非机动车与行人共享空间通行，见图6-36c)。

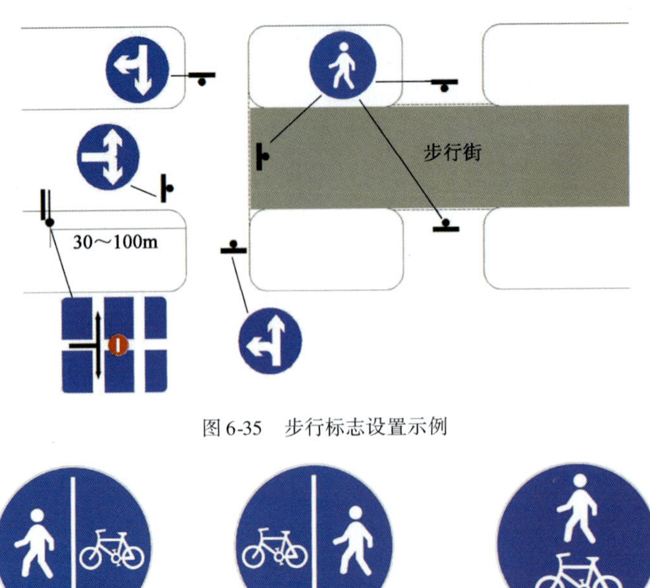

图 6-35　步行标志设置示例

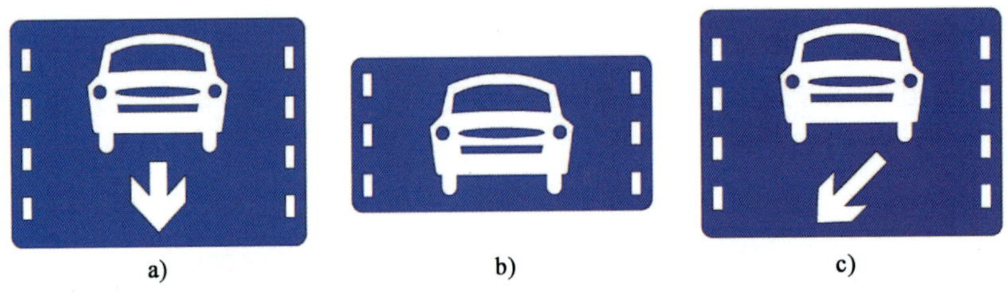

a)　b)　c)

图 6-36　非机动车与行人通行标志

a)非机动车与行人分开空间通行;b)非机动车与行人分开空间通行;c)非机动车与行人共享空间通行

6.3.2　专用车道标志

该标志用以告示前方车道专供指定车辆通行,不准其他车辆及行人进入。

6.3.2.1　机动车车道标志

该标志表示该车道仅供机动车通行,见图 6-37,设在该车道的起点及各交叉口的入口处,宜设置在车道的正上方,见图 6-37a)。机动车车道标志设置在车道正上方时,向下的箭头可以省略,见图 6-37b);在标志无法正对车道时,可调整箭头方向,指向车道,见图 6-37c)。仅供某种机动车行驶时可加辅助标志说明。

a)　b)　c)

图 6-37　机动车车道标志

6.3.2.2　小型客车车道标志

该标志表示该车道仅供小型客车通行,见图 6-38,设在进入该车道的起点及各交叉口的入口处,宜设置在车道的正上方,见图 6-38a)。小型客车车道标志设置在车道正上方时,向下的箭头可以省略,见图 6-38b);在标志无法正对车道时,可调整箭头方向,指向车道。有时段或其他规定时,应用辅助标志说明。

a)　b)

图 6-38　小型客车车道标志

6.3.2.3 公交专用车道标志

该标志表示该车道仅供通勤班车、公交车辆等大型客车通行，见图6-39。当该车道仅限公交车辆通行时，采用图6-39a)；该车道通勤班车和公交车辆均可通行时，采用图6-39c)。该标志设在进入该车道的起点及各交叉口的入口，宜设置在车道的正上方。公交专用车道标志设置在车道正上方时，向下的箭头可以省略；在标志无法正对车道时，可调整箭头方向，指向车道，见图6-39b)和图6-39d)。有时段规定时，应用辅助标志说明。

图6-39 公交专用车道标志

该标志应与公交专用车道标线配合使用，公交专用车道标志设置示例见图6-40。在起始点、大型路口及其他易引起误判的地方应设置该标志，小路口可减少设置。

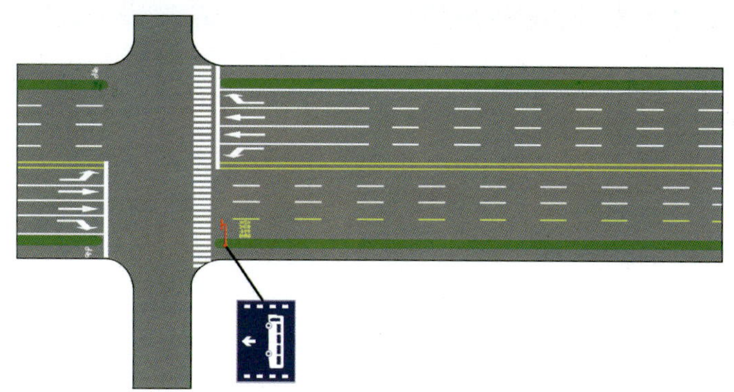

图6-40 公交专用车道标志设置示例

6.3.2.4 快速公交系统(BRT)专用车道标志

该标志表示该车道仅供快速公交车辆通行，见图6-41，设在进入该车道的起点及各交叉口的入口处，宜设置在车道的正上方。快速公交系统专用车道标志设置在车道正上方时，向下的箭头可以省略；在标志无法正对车道时，可调整箭头方向，指向车道。有时段规定时，应用辅助标志说明。

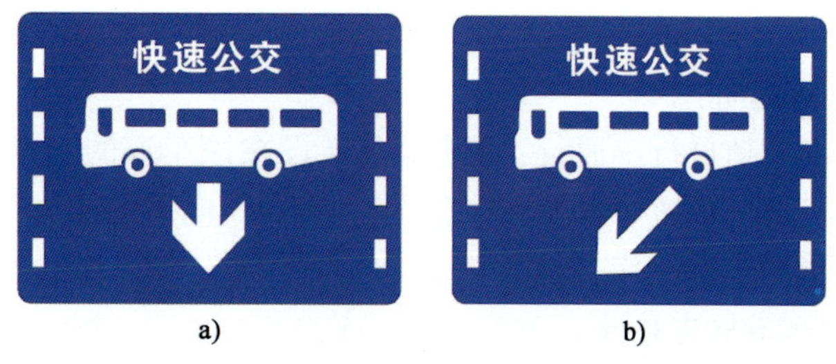

图6-41 快速公交系统(BRT)专用车道标志

本标志应与公交专用车道标线配合使用。

6.3.2.5 有轨电车专用车道标志

该标志表示该车道仅供有轨电车通行,见图 6-42,设在进入该车道的起点及各交叉口的入口处,宜设置在车道的正上方。有轨电车专用车道标志设置在车道正上方时,向下的箭头可以省略;在标志无法正对车道时,可调整箭头方向,指向车道。有时段或其他规定时,应用辅助标志说明。

本标志应与公交专用车道标线配合使用。

6.3.2.6 多乘员车辆(HOV)专用车道标志

该标志表示该车道仅供多乘员的车辆通行,见图 6-43,设在进入该车道的起点及各交叉口的入口处,宜设置在车道的正上方。人数规定在标志右上角表示,见图 6-43,图上数字为示例。有时段、车种规定时,应用辅助标志说明。

图 6-42 有轨电车专用车道标志

图 6-43 多乘员车辆(HOV)专用车道标志

本标志应与多乘员车辆专用车道标线配合使用。

注:HOV 专用车道的设置、允许使用 HOV 专用车道的多乘员车辆的定义,根据交管部门的公告,需提前向社会告知。

6.3.2.7 非机动车车道标志

该标志表示该车道仅供非机动车通行,见图 6-44,设在该车道的起点及各交叉口的入口处,宜设置在车道的正上方。非机动车车道标志设置在车道正上方时,向下的箭头可以省略;在标志无法正对车道时,可调整箭头方向,指向车道。若该车道仅供自行车行驶时,应用辅助标志说明,见图 6-45。

图 6-44 非机动车车道标志

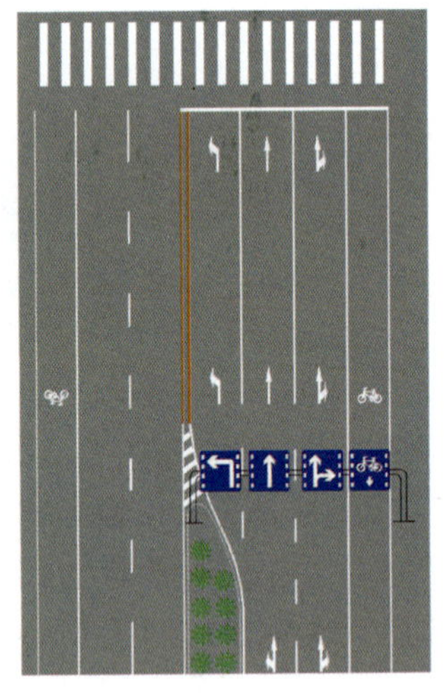

图 6-45 非机动车车道标志设置示例

6.3.2.8 电动自行车车道标志

该标志表示该车道仅供电动自行车通行,见图 6-46。设在该车道的起点及各交叉口的入口处,宜设置在车道的正上方。非机动车车道标志设置在车道正上方时,向下的箭头可以省略;在标志无法正对车道时,可调整箭头方向,指向车道。

6.4.2.9 不同的专用车道标志并设

不同的专用车道标志可以并设在同一块标志上,见图 6-47。

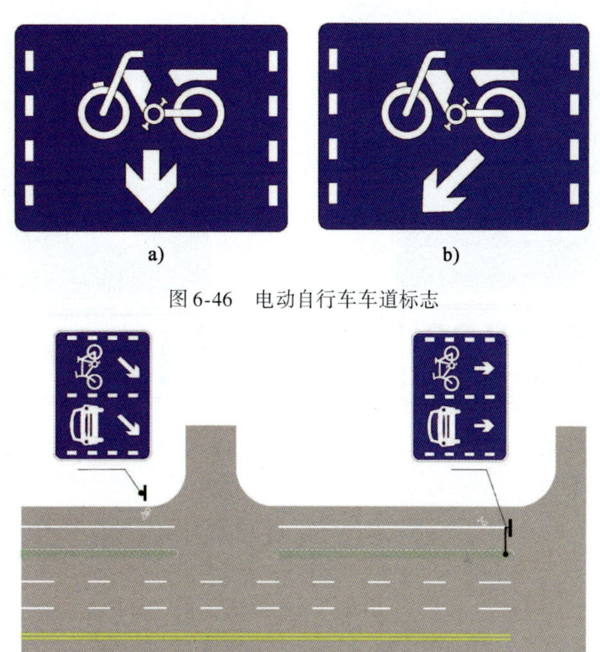

a)　　b)

图6-46　电动自行车车道标志

图6-47　不同的专用车道标志并设的示例

公交专用车道、快速公交系统专用车道、有轨电车专用车道、多乘员车辆专用车道标志原则上采用悬臂式。但根据交通状况等难以采用悬臂式时,可采用门架式或其他方式(在人行天桥、上跨桥等上面附着的方式等)。这样向下的箭头正对车道。条件限制没有办法使标志无法正对车道时,可调整箭头方向,指向车道。

6.4　允许某种交通行为相关标志

6.4.1　停车位标志

该标志表示机动车允许停放的区域,需要和停车位线配合使用,见图6-48。有车种专用、时段或时长限制时,可用辅助标志表示。图6-48a)表示可以停放机动车,图6-48b)、c)表示从标志处向箭头指示方向机动车可以停放,图6-48d)表示按图示占用部分人行道边缘停放机动车。

停车位标志设置时一般朝向来车。

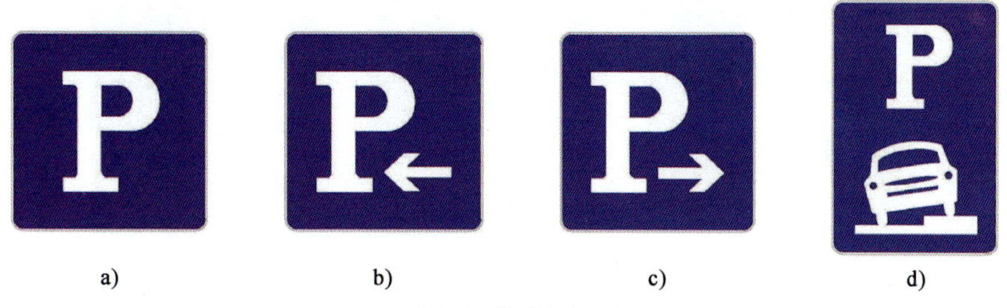

a)　　b)　　c)　　d)

图6-48　停车位标志

不同性质停车位标志规定如下:

(1)限时段停车位标志

该标志表示此处机动车只能在标志准许的时段停放,其他时段禁止停放,见图6-49,需要和机动车限时停车位标线配合使用。

(2)限时长停车位标志

该标志表示此处车辆停放的时长不应超过标志表示的时间,见图6-50。这种情况下可以不划停车位线。

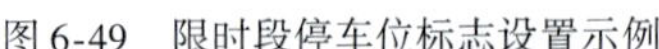

图 6-49　限时段停车位标志设置示例

图 6-50　限时长停车位标志设置示例

(3)残疾人专用停车位标志

该标志表示此处仅允许残疾人驾驶的车辆停放,见图 6-51,需配合残疾人专用停车位线使用。有时段或时长限制时,可用辅助标志表示。

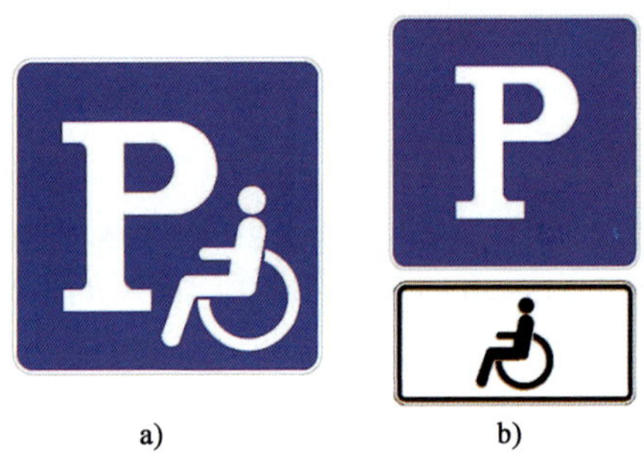

图 6-51　残疾人专用停车位标志设置示例

(4)校车专用停车位标志、校车停靠站点标志

该标志表示此处仅允许校车停放,此标志可以加荧光黄绿的边框,边框的宽度为 10 ~ 15cm,见图 6-52,需配合校车专用停车位线或校车停靠站标线使用。有时段限制时,可用辅助标志表示。

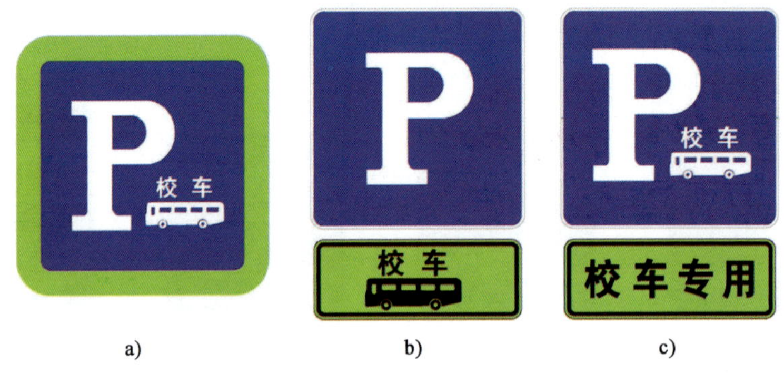

图 6-52　校车专用停车位标志、校车停靠站点标志设置示例

(5)出租车专用停车位标志

该标志表示此处仅允许出租车停放,见图 6-53,需配合出租车专用停车位线使用。有时段或时长限制时,可用辅助标志表示。

(6)非机动车停车位标志

该标志表示此处仅允许非机动车停放,见图 6-54,非机动车停车位标志的边长不小于 30cm,需配合非机动车专用停车位线使用。有时段或时长限制时,可用辅助标志表示。

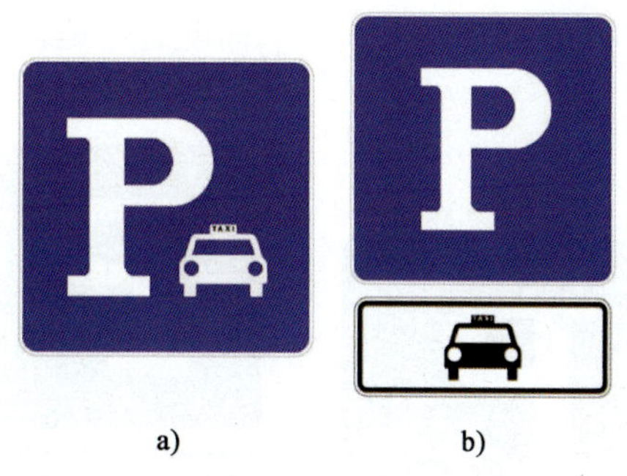

图6-53　出租车专用停车位标志设置示例

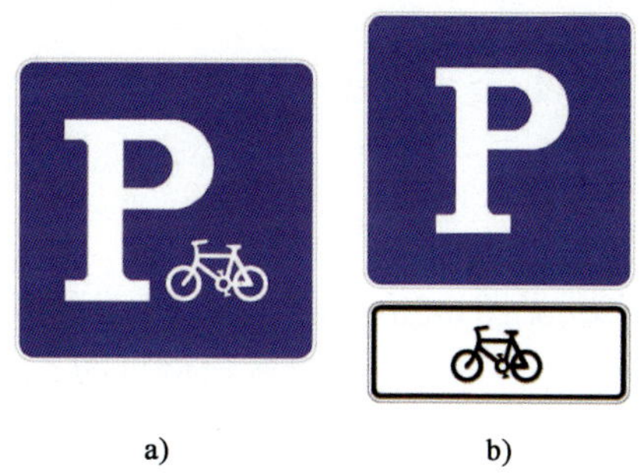

图6-54　非机动车专用停车位标志设置示例

(7)公交车专用停车位标志

该标志表示此处仅允许公交车停放,见图6-55,需配合公交车专用停车位线使用。

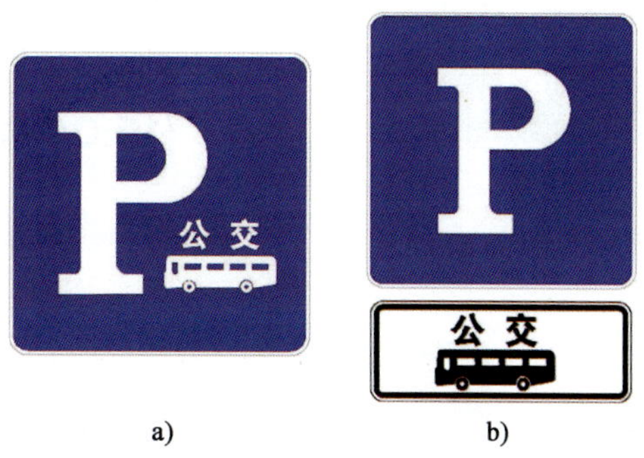

图6-55　公交车专用停车位标志设置示例

(8)充电停车位标志

该标志表示此处仅允许电动汽车充电时停放,见图6-56。

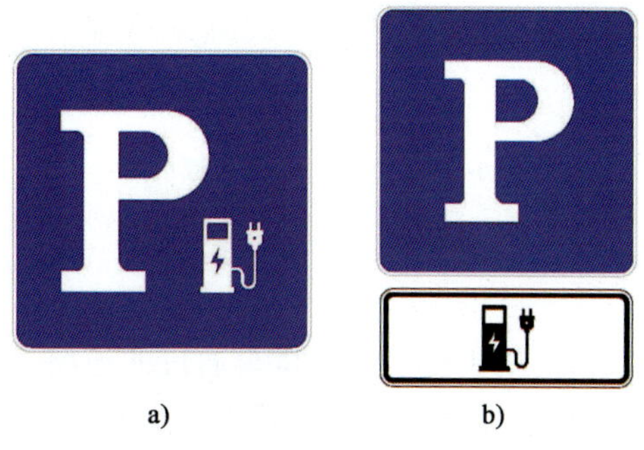

图6-56　充电停车位标志设置示例

(9)专属停车位

该标志表示此处车位为专属车辆停放,见图 6-57。需配合专属停车位线使用。

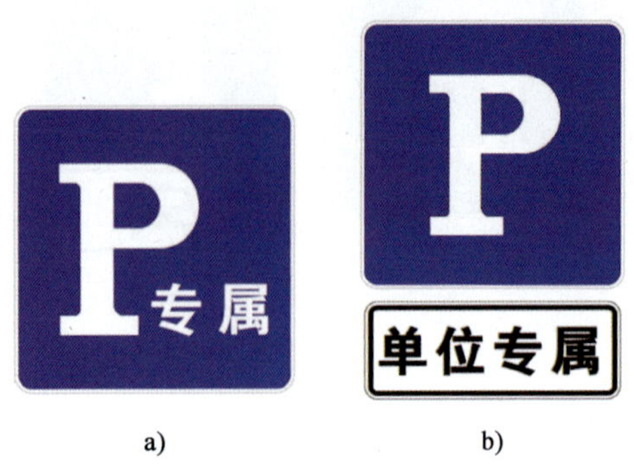

a) b)

图 6-57 专属停车位标志设置示例

6.4.2 允许掉头标志

该标志表示该处允许机动车掉头,见图 6-58。设在允许机动车掉头的地点。有时间、车种等特殊规定时,应用辅助标志说明,见图 6-59。允许掉头标志设置示例见图 6-60。

图 6-58 允许掉头标志

图 6-59 限时段允许掉头标志

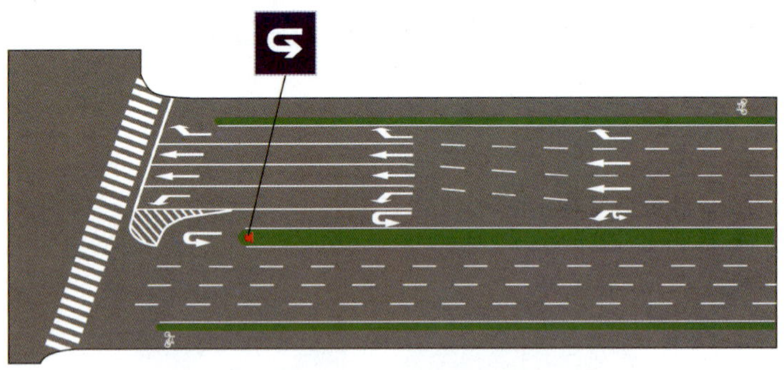

图 6-60 允许掉头标志设置示例

6.4.3 允许货车通行标志

该标志表示该道路允许货车通行,用于指示允许货车通行的道路,见图 6-61,设在指定的货车允许通行道路的起点及各交叉口的入口处。标志的形状为圆形,颜色为白底,绿边,黑图案。有时段特殊规定时,应用辅助标志说明。在通往允许货车通行的道路上宜提前指引,见图 6-62。

图6-61　允许货车通行标志

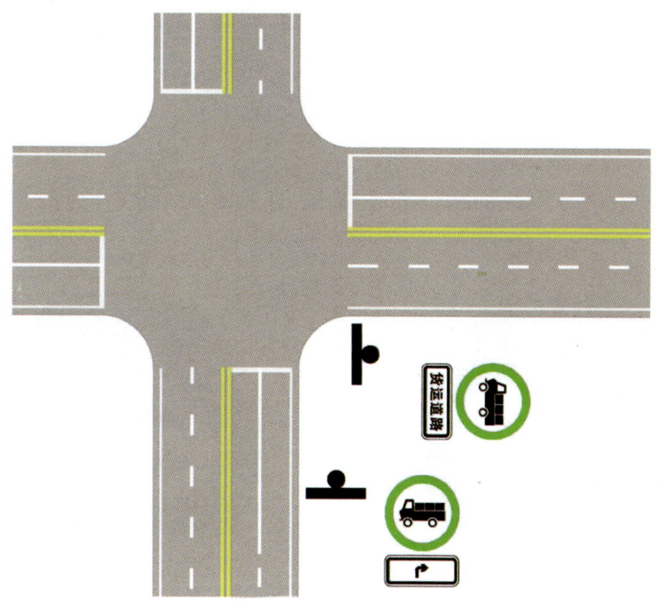

图6-62　允许货车通行标志设置示例

注:仅示意一个方向。

6.5　其他遵行标志

6.5.1　鸣喇叭标志

该标志表示机动车行至该标志处应鸣喇叭,以提醒其他道路使用者注意,见图6-63,以下路段宜结合事故情况考虑设置此标志,可以和相关的警告标志并设。

图6-63　鸣喇叭

(1)平曲线半径小于表6-1规定且停车视距小于表6-1规定的曲线路段;已设置凸面反光镜的,可不设此标志;

(2)坡度大于表6-2的上坡且视距低于表6-1规定的路段;

(3)二级及以下公路隧道入口前视距不良的路段。

表6-1　平曲线和停车视距值

设计速度(km/h)	20	30	40
平曲线半径(m)	20	40	65
停车视距(m)	20	30	40

表 6-2 纵坡坡度值

设计速度(km/h)		20	30	40	60
纵坡坡度(%)	海拔 3000m 以下	7	7	7	6
	海拔 3000 ~ 4000m	7	7	6	5
	海拔 4000 ~ 5000m	7	6	5	4
	海拔 5000m 以上	6	5	4	4

6.5.2 开车灯标志

该标志表示机动车行至该标志处应开启车头近光灯,见图 6-64,设在隧道、地下道路、地下车库等需要开车灯路段的入口处。

6.5.3 最低限速标志

该标志表示机动车驶入前方道路的最低时速限制,见图 6-65,设在限速路段的起点及进入路段的入口后。

图 6-64 开车灯标志

图 6-65 最低限速标志

该标志应与限制速度标志配合设置在同一标志支撑上,不单独使用。路侧安装时,限制速度标志居上,最低限速标志居下;门架式或悬臂式等路上方安装时,限制速度标志居左,最低限速标志居右。

6.5.4 非机动车推行标志

该标志表示该段道路仅供非机动车推行通行,不准骑行,见图 6-66,设在天桥、地下通道等禁止骑行的路段入口处。非机动车推行标志外径为 60cm。

图 6-66 非机动车推行标志

第 7 章　警 告 标 志

驾驶人在一条不熟悉的道路上行驶，一般不知道行驶前方存在有潜在危险。警告标志的作用就是及时提醒驾驶人前方道路线形和道路交通状况的变化，使其在到达危险点以前有充分时间采取必要行动，确保行驶安全。

哪些场所应该设置某警告标志通常是很难判断的，应考虑的内容大体如下：

（1）警告标志的设置应从驾驶人的立场出发，通过技术判断认为易发生危险的路段；

（2）容易使驾驶人产生假象而放松警觉的路段；

（3）先处理危险性高的情况；

（4）在同一场所连续发生类似的事故，即使不是规定的设置条件，在有此可能性的场所，也有必要考虑是否设置警告标志。

应该注意，警告标志设置过多会降低效果。因此，对其设置应进行认真考虑，反复推敲。

为了提高安全性，除了科学、合理地设置警告标志外，还应配合设置其他相应的标志、标线和交通安全措施。本章仅介绍警告标志，其他内容参见相应章节和文献。

7.1　平面交叉相关警告标志

7.1.1　交叉路口标志

交叉路口标志如图 7-1 所示，用以警告车辆驾驶人谨慎慢行，注意横向来车，设在平面交叉路口驶入路段的适当位置。《道路交通标志和标线　第 2 部分：道路交通标志》（GB 5768.2—2022）共提供了 11 种交叉路口形式的警告标志，见图 7-1a）~k），并规定被交路比当前道路窄时，可用图形中的线条粗细示意相交道路的宽度，示例见图 7-2。

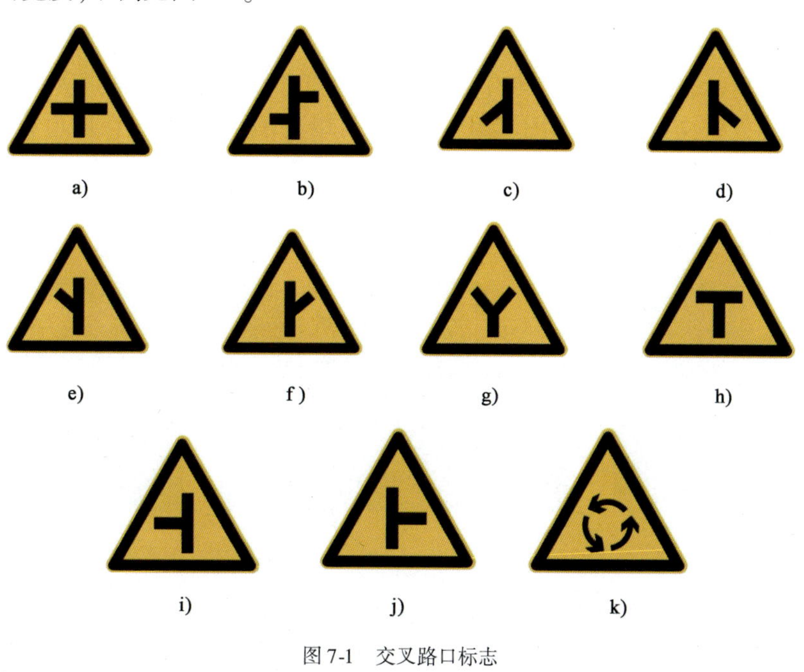

图 7-1　交叉路口标志

a)

b)

c)

d)

e)

图 7-2　线条粗细示意相交道路宽度的交叉路口标志设置示例

如果两相邻平面交叉路口中心点的距离小于该道路的限速值对应的安全停车视距,则两平面交叉路口宜合并为一个图形,并根据道路的实际情况可以将标志的尺寸适当放大。

图 7-1b)所示交叉路口形式安全性优于直接十字交叉的平面交叉,这种形式目前国内使用较少。

经评估,下列情况如安全状况良好且设置了相应设施,可不设交叉路口标志:

(1)视线良好,易于观察相交道路来车的平面交叉路口;

(2)设有信号控制的平面交叉路口;

(3)设有“停车让行”“减速让行”“路口预告和告知” “地点、方向”等标志,并且这些标志很容易被看到的平面交叉路口;

(4)相交道路的交通流互不干扰的平面交叉路口;

(5)相交道路的任一道路的交通量(ADT)小于 50 辆/h 的平面交叉路口;

(6)市区道路的限速值低于 40km/h 路段上的平面交叉路口。

图 7-3 所示信号控制交叉路口,同时设有旅游区标志,没有必要设置“十字交叉”警告标志。

图 7-3　多余的“十字交叉”警告标志

图 7-4 是澳大利亚的一个交叉路口警告标志设置示例。车辆行驶过程中,驾驶人首先看到远处有警告标志,如图 7-4a)所示;然后看到“右侧有交叉路口”的警告标志,如图 7-4b)所示;随着车辆驶近,看到远处白色道口标柱处有交叉路口,如图 7-4c)所示。可以看出,交叉路口在坡顶后下坡路段,不易被驾驶人发现。警告标志设置在坡顶,在车辆到达坡顶前就看到并预知前面有交叉路口,可以提高驾驶人的警惕性。

a)

b)

c)

图 7-4　澳大利亚交叉路口警告标志设置示例

我国有些省份的道路交管部门将“交叉路口”定义为:道路与道路之间的平面交叉部分,但交叉部分设有中心隔离设施或者划有中心线、分道线的除外。结合这个定义描述的几种情况,关于交叉路口警告标志的设置建议如下：

（1）城市道路上，交叉路口如果有信号灯，不需要设置交叉路口警告标志。

（2）城市道路和一般公路上的平面交叉，如果没有信号灯，道路中心有物理隔离设施，如果有车辆驶入驶出，仍应该算作平面交叉。是否设置交叉路口警告标志要根据实际道路、交通、冲突情况确定。城市道路中央物理隔离，路侧驶入车辆对主路交通影响极小，可以不设交叉路口警告标志，只需要在支路上设置相应的禁令、指示标志即可，如图 7-5a）所示。干线公路上如果驶入驶出车辆不易被主线车辆观察到，则应设置相应的警告标志，如图 7-5b）所示。

a)

b)

图 7-5　道路中央隔离的平面交叉标志设置示例

（3）一般公路上，平面交叉处，道路中心画有路面中心实线，道路使用者遵守标线，其结果同中心有隔离设施的平面交叉。实际情况是，不可能所有的道路使用者都遵守标线规定。这种情况下，应考虑设置物理隔离设施，或者按车辆、行人可能发生冲突的实际情况设置相应的安全设施。此时应注意标志、标线和实际情况的协调。

（4）一般公路上，平面交叉处，道路中心画有路面中心虚线，允许支路车辆左转，如图 7-6 所示，应视为平面交叉处理。如果不易被驾驶人发现，应设置相应的"十字交叉"警告标志。

图 7-6　道路中心虚线

图 7-6 所示情形,可以考虑进行“接入管理”。在支路上设置“禁止左转”或“向右转弯”标志,在不远处的交叉路口处进行掉头操作,可提高安全性。

7.1.2 注意信号灯标志

注意信号灯标志,如图 7-7 所示,用以警告车辆驾驶人注意前方路段设有信号灯,应依信号灯指示行车。

有以下情况之一者,应设置注意信号灯标志:

(1)因受地形或其他因素影响,驾驶人不易发现前方为信号灯控制路口;

(2)由高速公路驶入一般道路的第一个信号灯控制路口;

(3)因临时交通管制或其他特殊状况设置活动信号灯的路口。

7.1.3 铁路道口标志

铁路道口标志用以警告车辆驾驶人注意慢行或及时停车。图 7-8 为有人看守铁路道口标志,设在车辆驾驶人不易发现的有人看守的铁路道口以前适当位置;图 7-9 为无人看守铁路道口标志,设在无人看守铁路道口以前适当位置。

图 7-7　注意信号灯标志

图 7-8　有人看守铁路道口标志

图 7-9　无人看守铁路道口标志

如果多股铁路与道路相交,则应在铁路道口标志上方设置叉形符号,如图 7-10 所示。叉形符号交叉点到警告标志三角形顶点的距离为 40cm。

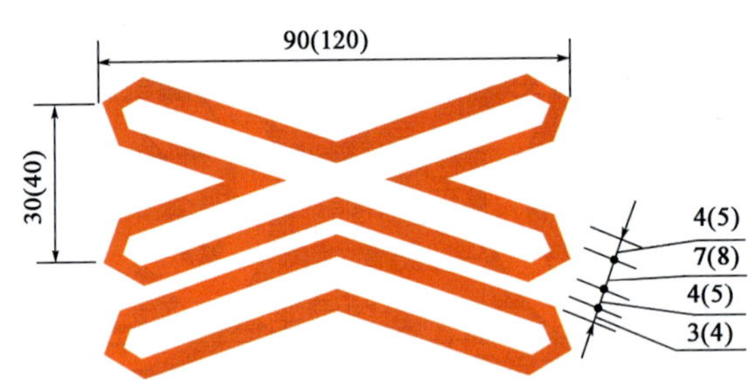

图 7-10　叉形符号(尺寸单位:cm)

无人看守铁路道口标志有三种情形:

(1)无人看守铁路道口设置了“铁路平交道口标线”,如图 7-11a)所示。

(2)无人看守铁路道口未设置“铁路平交道口标线”,则需要在“无人看守铁路道口”标志下设置如图 7-12 所示的“斜杠符号”,表示距铁路道口的距离。

应设置的斜杠符号共有三块,一道斜杠的标志设在距铁路道口 50m 的位置,二道、三道斜杠标志分别设在距铁路道口 100m 和 150m 位置,如图 7-11b)所示。

(3)城市道路与铁路相交的无人看守铁路道口,如果未设置“铁路平交道口标线”,可以不设置“斜杠符号”,但需要根据实际道路环境增设一块预告标志,如图 7-11c)所示。

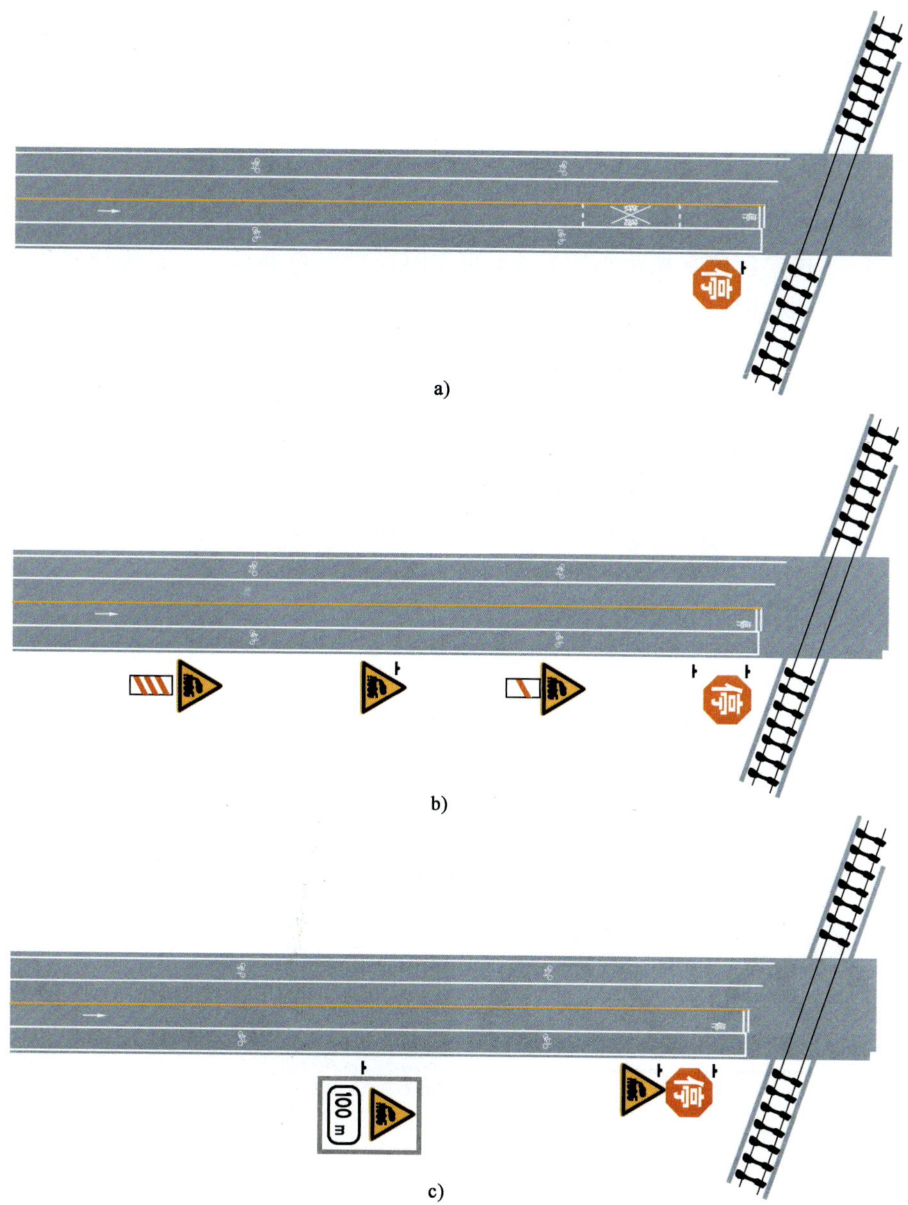

图7-11　无人看守铁路道口标志设置示例

a)设置了“铁路平交道口标线”;b)未设置“铁路平交道口标线”;c)城市道路上未设置“铁路平交道口标线”

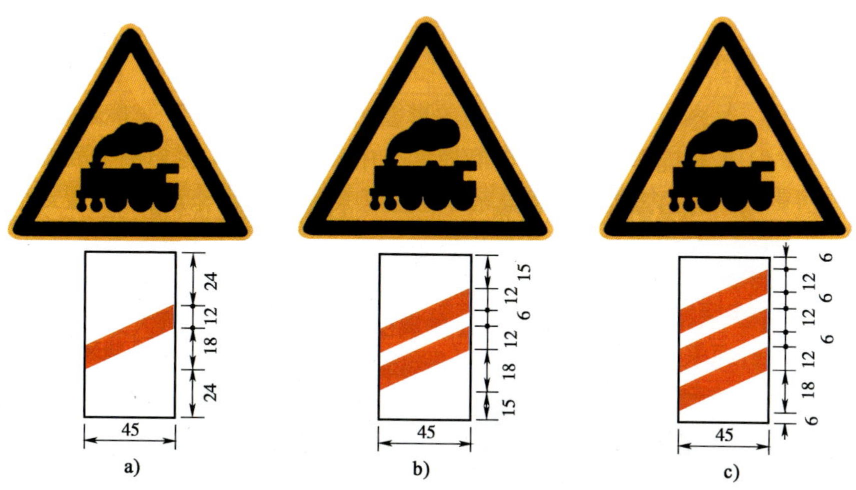

图7-12　斜杠符号(尺寸单位:cm)

7.2　平面线形相关警告标志

7.2.1　急弯路标志

急弯路标志用以警告车辆驾驶人减速慢行,如图 7-13 所示。在设计速度小于 60km/h 的道路上,平曲线半径小于表 6-1 规定且停车视距小于表 6-1 规定时应设急弯路标志。设置位置为曲线起点的外面,但不应进入相邻的圆曲线内。

a)

b)

图 7-13　急弯路标志

a)向左急弯路;b)向右急弯路

急弯路标志可以和“建议速度标志”联合使用,如图 7-14a)所示;也可以和说明急弯半径的辅助标志共同使用,如图 7-14b)所示。图 7-14c)是国外急弯路标志和建议速度标志共同使用的示例。

a)　b)　c)

图 7-14　急弯路标志设置示例

a)和“建议速度标志”联合使用;b)和说明急弯半径的辅助标志共同使用;c)国外和建议速度标志共同使用

7.2.2　反向弯路标志

反向弯路标志用以警告车辆驾驶人减速慢行,如图 7-15 所示。在设计车速小于 60km/h 的道路上,两相邻反向平曲线半径均小于或其中一个半径小于表 7-1 规定,且圆曲线间的距离小于或等于表 7-1 规定时,应设置反向弯路标志。反向弯路标志设置位置为两反向圆曲线起点的外面,但不应进入相邻的圆曲线内。

a)　b)

图 7-15　反向弯路标志

表 7-1　两反向圆曲线间距离值

设计速度(km/h)	20	30	40
两反向圆曲线间距离(m)	40	60	80

反向弯路标志设置示例如图 7-16 所示。

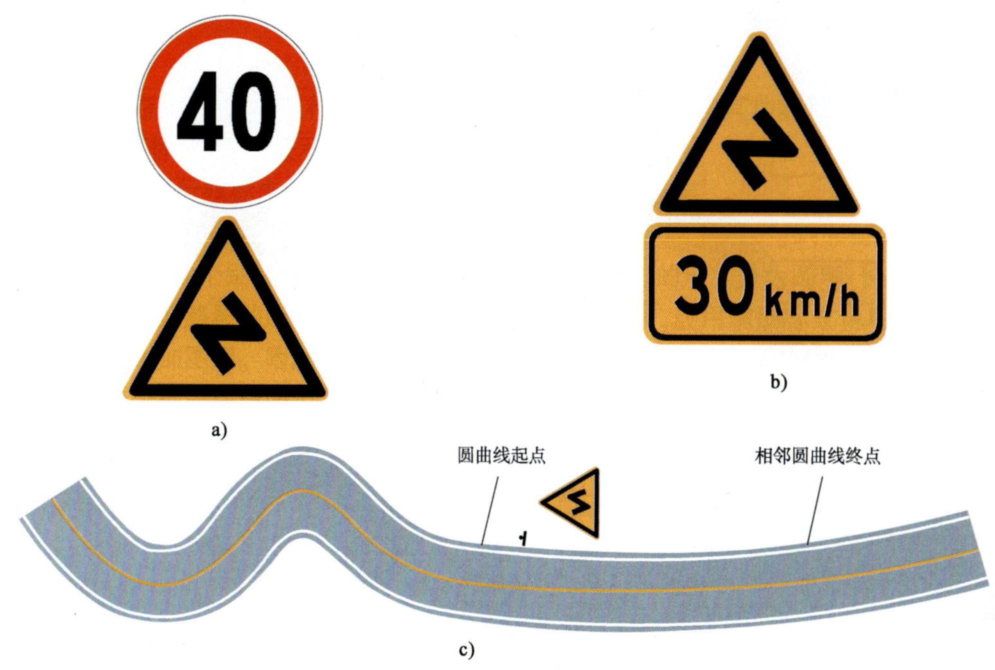

图 7-16　反向弯路标志设置示例

a)和“限制速度标志”联合使用;b)和“建议速度标志”联合使用;c)设置示例

7.2.3　连续弯路标志

连续弯路标志用以警告车辆驾驶人减速慢行,如图 7-17 所示。在设计速度小于 60km/h 的道路上,连续有三个或三个以上反向平曲线,其平曲线半径均小于或有两个半径小于表 6-1规定,且各圆曲线间的距离均小于或等于表 7-1 规定时,应设置连续弯路标志。连续弯路标志设置位置为连续弯路起点的外面。

连续弯路标志可以和“建议速度标志”联合使用,如图 7-18a)所示;也可以和说明“连续弯路长度的辅助标志”联同使用,如图 7-18b)所示。

图 7-17　连续弯路标志

当连续弯路总长度大于 500m 时,连续弯路标志应重复设置,如图 7-19a)所示。可在此标志下附加说明连续弯路长度的辅助标志。图 7-19b)在连续弯路的起点说明连续弯路长度,图 7-19c)除了在连续弯路起点说明连续弯路长度外,还在中间合适地点重复连续弯路警告,并同时说明前方连续弯路还有多长。

图 7-18　连续弯路标志

a)和“建议速度标志”联合使用;b)和说明“连续弯路长度的辅助标志”联同使用

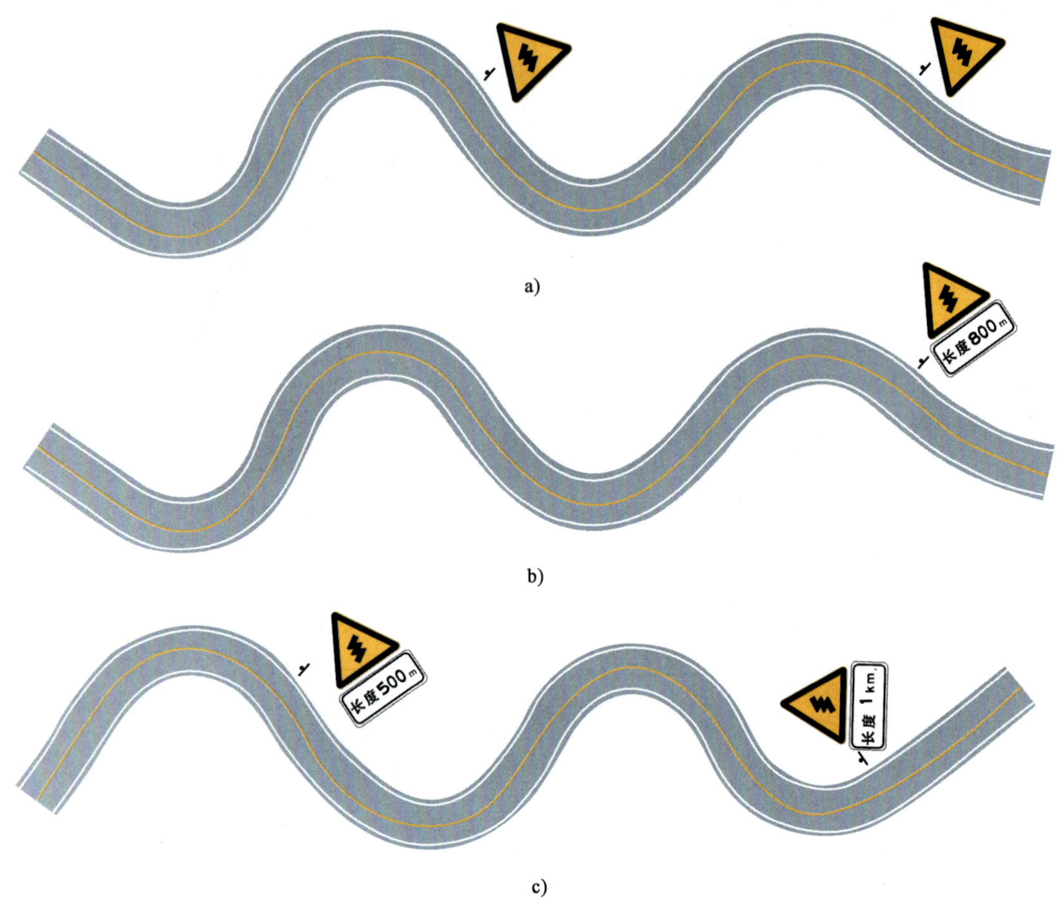

图 7-19 连续弯路标志设置示例

a)重复设置连续弯路标志;b)以辅助标志表示连续弯路长度;c)以辅助标志表示连续弯路长度,重复设置并同时表示前方连续弯路还有多长

7.2.4 线形诱导标

线形诱导标用以引导行车方向,提醒驾驶人谨慎驾驶,注意前方线形变化,如图 7-20 所示。线形诱导标为黄底黑图形、无边框,形状为矩形,尺寸应符合表 7-2 的规定。线形诱导标的下缘至路面或路缘石的高度应不小于 1.2m,标志板应尽可能垂直于驾驶人的视线。

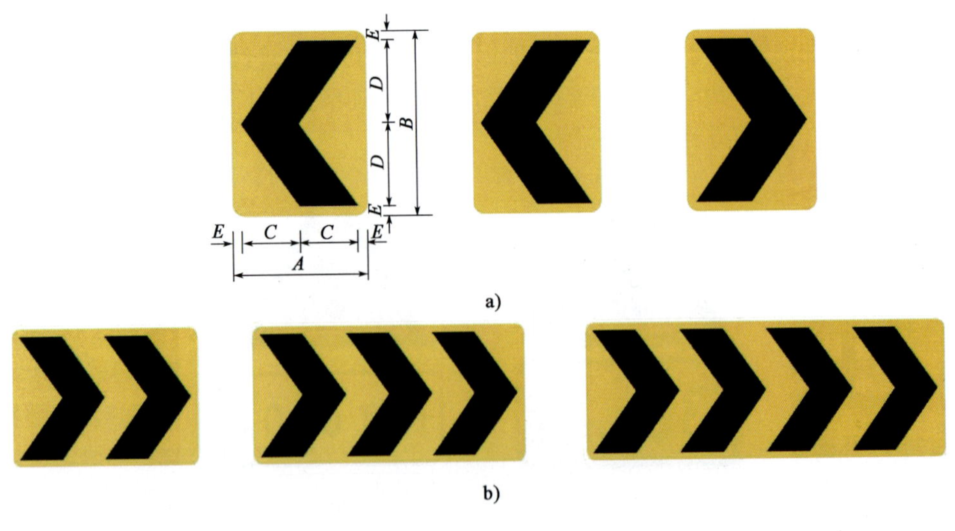

图 7-20

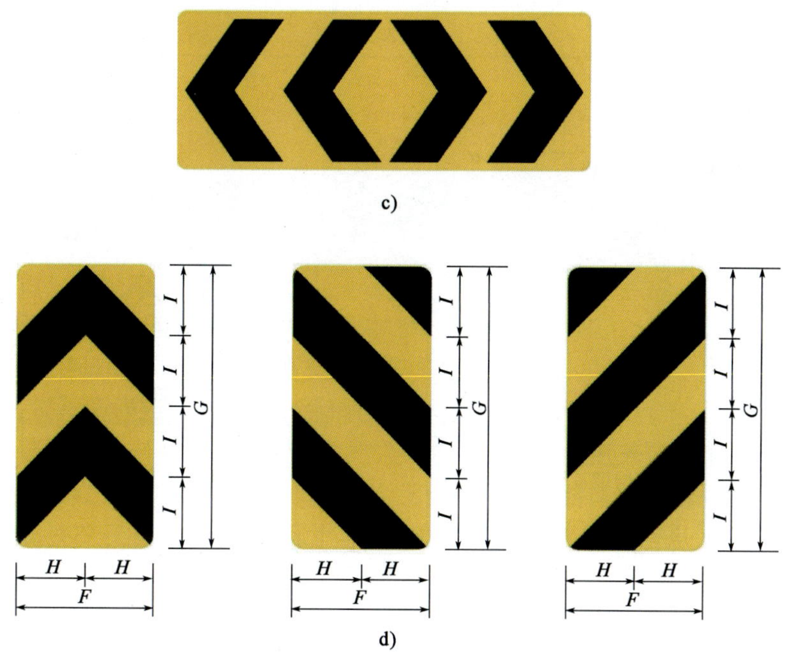

图7-20　线形诱导标

a)一个箭头;b)多个箭头;c)多个箭头两个方向;d)竖向

表7-2　线形诱导标的尺寸

速度(km/h)	尺寸(mm)				
	A	*B*	*C*	*D*	*E*
≥80	600	800	260	360	40
<80	400	600	170	270	30
最小值	220	400	90	180	20

线形诱导标应设在弯道的外侧,环岛中心岛、视线不好的T形交叉口、中央隔离设施或渠化设施端部等处。

根据路线转角、平曲线半径,确定曲线路段是否设置线形诱导标,路线转角大于7°、平曲线半径小的曲线路段宜设置线形诱导标。线形诱导标应至少设置3块,第一块应设置在曲线起点前,如图7-21a)、b)所示。设置间距可按表7-3选取。

表7-3　线形诱导标设置间距

速度(km/h)	71~100	40~70	<40
曲线半径(m)	211~380	120~210	<120
设置间距(m)	36~60	20~36	15~20

环岛中心岛有条件设置标志时,应设置1块图7-20b)所示线形诱导标,设置如图7-21c)所示。根据环岛中心岛的半径大小可增加箭头数量,但不宜超过4个。

视线不好的T形交叉口应设置1块图7-20c)所示线形诱导标,设置如图7-21d)所示。

设置于中央隔离设施或渠化设施端部的线形诱导标应为竖向设置,见图7-20d),其各部尺寸应符合表7-4的规定。

表 7-4　竖向设置的线形诱导标尺寸

符号	F	G	H	I
尺寸(mm)	600	1200	300	300

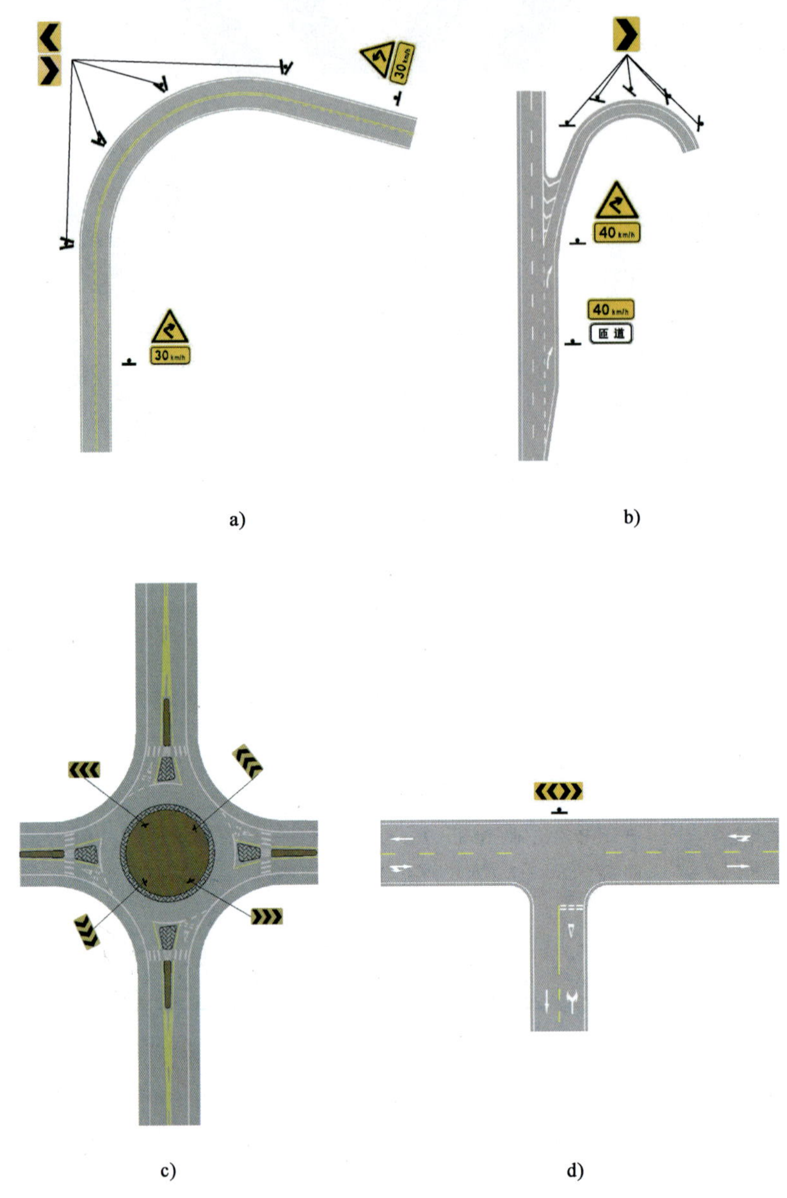

a)　b)

c)　d)

图 7-21　线形诱导标设置示例

a)平曲线;b)匝道;c)环岛;d)T 形交叉口

7.3　纵面线形相关警告标志

7.3.1　陡坡标志

陡坡标志用以提醒车辆驾驶人小心驾驶,如图 7-22 所示。当纵坡坡度大于表 7-5 规定时,在纵坡坡脚或坡顶以前适当位置设置陡坡标志。纵坡坡度小于表 7-5 规定,经常发生制动失效事故的下坡路段,也可以根据现场条件设置“下陡坡标志”。

除了陡坡的起点前,还可以在长距离陡坡的中间点或坡度变化的地点设置陡坡标志。

a)

b)

图 7-22　陡坡标志

a)上陡坡;b)下陡坡

表 7-5　纵 坡 坡 度 值

设计速度(km/h)			20	30	40	60	80	100	120
纵坡坡度(%)	上坡	海拔 3000m 以下	7	7	7	6	5	4	3
		海拔 3000 ~ 4000m	7	7	6	5	4		
		海拔 4000 ~ 5000m	7	6	5	4	4		
		海拔 5000m 以上	6	5	4	4	4		
	下坡		7	7	7	6	5	4	3

可用辅助标志说明陡坡的坡度和坡长,也可将坡度值标在警告标志图形上,如图 7-23 所示。

a)

b)

c)

图 7-23　陡坡标志设置示例

a)我国下陡坡标志;b)美国下陡坡标志(辅助标志表示坡度和长度);c)法国下陡坡标志(辅助标志表示长度)

7.3.2　连续下坡标志

连续下坡标志用以提醒车辆驾驶人小心驾驶,如图 7-24 所示,设在连续两个及两个以上纵坡坡度大于表 7-6 规定且连续下坡长度超过 3km 的坡顶以前适当位置。如果纵坡坡度小于表 7-6 规定,但是经常发生制动失效事故的连续下坡路段,也可以根据现场条件设置"连续下坡标志"。

当连续下坡总长大于 3km 后,连续下坡标志应重复设置。可以辅助标志表示连续下坡的坡长。设置例如图 7-25 所示。

一般在比较长的急下坡后接有缓下坡时,为了不使驾驶人有平缓的下坡之后肯定是上坡这样的错觉,需要重复设置"下陡坡标志"或"连续下坡标志",提醒前方下坡。

图 7-24　连续下坡标志

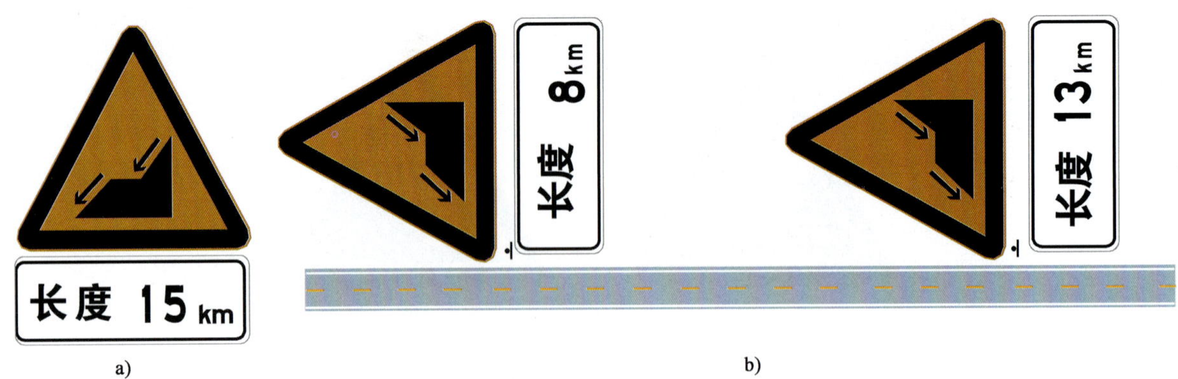

图 7-25　连续下坡标志设置示例

7.4　横断面相关警告标志

7.4.1　窄路标志

窄路标志用以警告车辆驾驶人注意前方车行道或路面狭窄情况,遇有来车应予减速避让,设在双车道路面宽度缩减为 6m 以下的路段起点前方,如图 7-26 所示。

图 7-26　窄路标志

a)两侧变窄;b)右侧变窄;c)左侧变窄

可用辅助标志说明窄路的长度,如图 7-27a)所示;可与“建议速度标志”联合使用,如图 7-27b)所示。

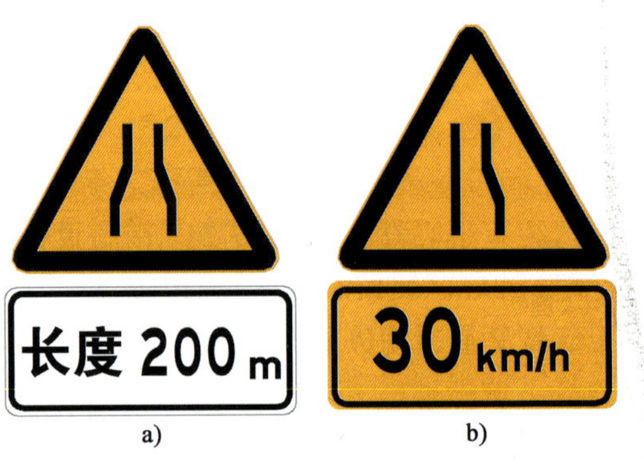

图 7-27　窄路标志示例

a)附加说明窄路长度的辅助标志;b)和“建议速度标志”联合使用

窄路标志的设置示例如图 7-28 所示。对于不是“双车道路面宽度缩减为 6m 以下的路段”情形,需要设置“车道数减少”的警告标志,如图 7-29 所示。

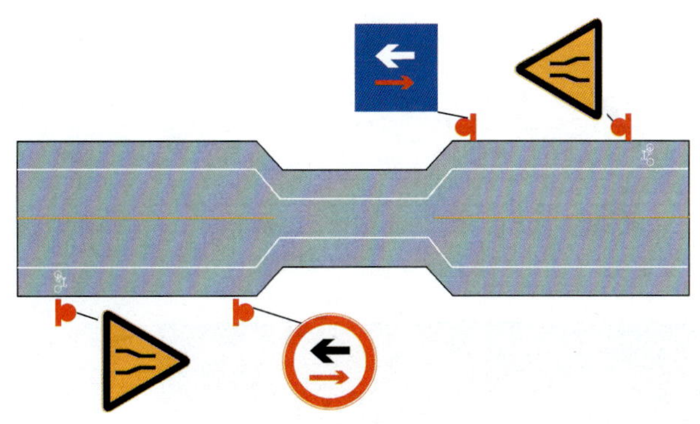

图 7-28　窄路标志设置示例

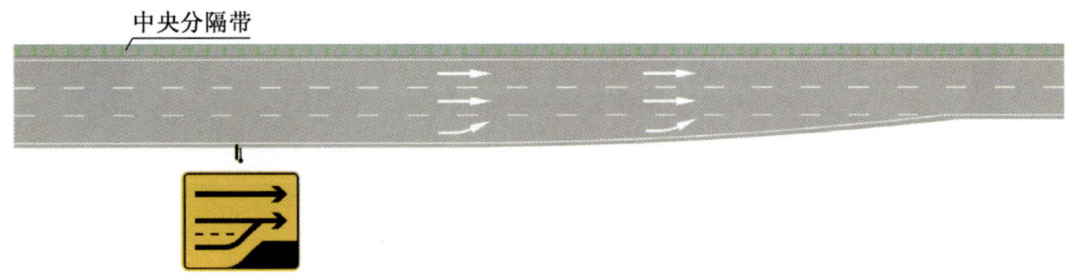

图 7-29　车道数减少标志设置示例

7.4.2　窄桥标志

窄桥标志用以警告车辆驾驶人注意前方桥面宽度变窄,应谨慎驾驶,如图 7-30 所示。窄桥标志设在桥面净宽较两端路面宽度变窄,且桥的净宽小于 6m 的桥梁以前适当位置。

7.4.3　车道数变少标志

车道数变少标志用以提醒车辆驾驶人注意前方车道数量变少,如图 7-31 所示。车道数变少标志设在变化点前适当位置,示例见图 7-31。

图 7-30　窄桥标志

a)

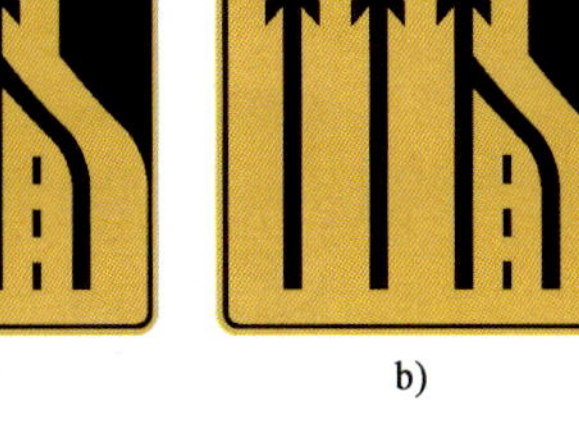

b)

图 7-31　注意车道数变少标志设置示例
a) 车道数 3 变 2;b) 车道数 4 变 3

7.5　交通流状况相关警告标志

7.5.1　双向交通标志

双向交通标志用以提醒车辆驾驶人注意会车,如图 7-32 所示。双向交通标志设在由双向分离行驶,因某种原因出现临时性或永久性的不分离双向行驶的路段,或由单向行驶进入双向行驶的路段以前适当位置。设置示例如图 7-33 所示。

图 7-32　双向交通标志

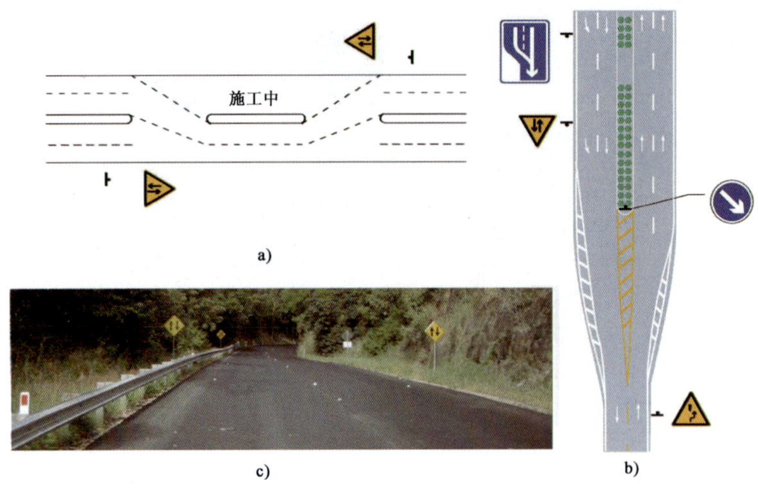

图 7-33　双向交通标志设置示例
a)临时性的;b)永久性的;c)国外双向交通标志

7.5.2　注意障碍物标志

注意障碍物标志用以告示前方道路有障碍物,车辆应按标志指示减速慢行,如图 7-34 所示。注意障碍物标志设在道路障碍物前适当位置,视具体情况选用不同标志。

7.5.3　注意潮汐车道标志

注意潮汐车道标志用以警告车辆驾驶人注意前方为潮汐车道,如图 7-35 所示,设在潮汐车道路段起点前适当位置。设置示例如图 7-36 所示。国外有种潮汐车道是通过早晚各移动一次中央分隔带护栏来实施的,如图 7-37 所示。

a)

b)

c)

图 7-34　注意障碍物标志
a)左右绕行;b)左侧绕行;c)右侧绕行

图 7-35　注意潮汐车道标志

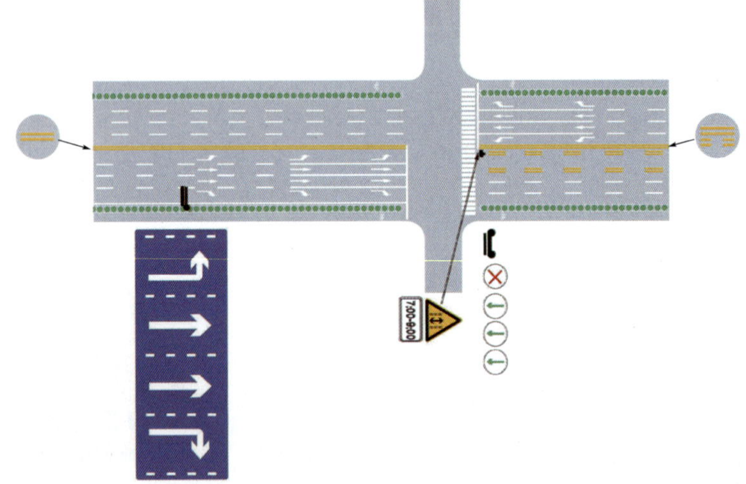

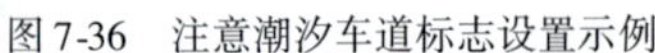

图 7-36　注意潮汐车道标志设置示例

图 7-37　移动中央分隔带护栏实施潮汐车流控制

7.5.4　注意合流标志

注意合流标志用以警告车辆驾驶人注意前方有车辆汇合进来，如图 7-38 所示。设置示例如图 7-39 所示。

图 7-38　注意合流标志

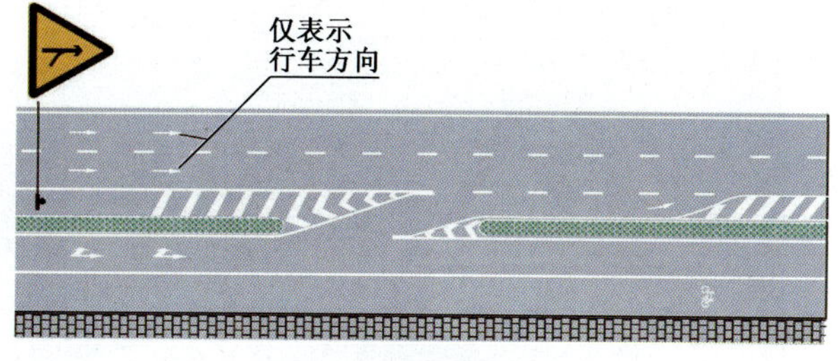

图 7-39　注意合流标志设置示例

图 7-40a）是我国城市快速路上的合流标志（GB 5768—1999 规定的形式）。因为处在弯道上，不容易看到合流处，可以设置相应的警告及预告标志；因为所有交通均为小型车，设置高度可适当降低，如图 7-40b）所示。

a)

b)

图 7-40　城市快速路注意合流标志

图 7-41 是国内一些城市快速路上经常可以看到的注意合流标志设置形式。图中 *A* 处的注意合流警告标志是需要的，*B* 处的注意合流标志是不需要的，因为注意合流标志是设置在主路上，需要主路正常、快速行驶的车辆注意汇入车流，匝道上车辆是汇入车流。随着高速公路和城市快速路成网，高接高合流情况越来越多，也越来越复杂，如何判断汇入车流有时不是很清晰。建议用合流处 3-3 标线来判断，需要越过 3-3 标线的车流为汇入车流，不需要越过 3-3 标线的车流为主线车流，只需要在主线车流行驶的上游设置注意合流标志。图 7-42是美国的合流警告标志，两块合流标志分别提醒各处的主路车辆注意汇入车流。如果是两股车流同时汇入两个车道，没有 3-3 线，可以在两股车流上游分别设置合流警告标志，如图 7-43 所示。

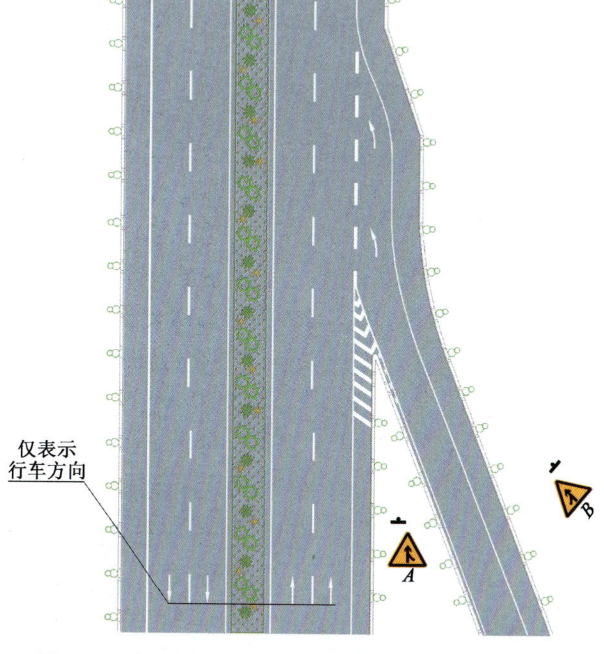

图 7-41　我国城市快速路上注意合流标志设置不好的例子

对于注意合流标志，与行驶速度相适合的前置位置和足够的标志牌大小尤为重要。有些前置距离受限的位置,应适当增加标志的大小。如图 7-44 所示,城市快速路立交一般是先出口后入口,出入口之间距离较近。这种情况下注意合流标志距离合流点较近,不能满足前置距离的要求,可采用增大尺寸的注意合流标志。

图 7-42　美国的注意合流标志

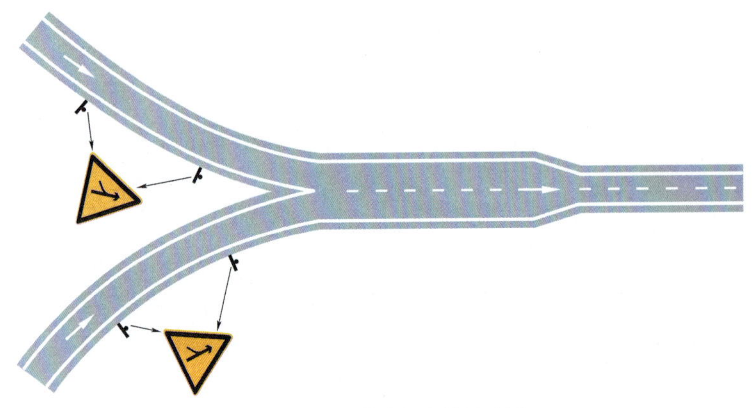

图 7-43　合流警告标志设置示例

图 7-44　城市快速路注意合流标志

7.5.5　注意前方车辆排队标志

注意前方车辆排队标志用以警告车辆驾驶人注意前方车辆排队,如图 7-45 所示,用于可变信息标志上。

7.5.6　施工标志

施工标志用以告示前方道路施工,车辆应减速慢行或绕道行驶,如图 7-46 所示。该标志可以作为临时标志支设在施工路段以前适当位置。图 7-47 是澳大利亚使用的橙色施工标志。具体的养护、施工等作业区标志和其他设施的设置见后面章节。

图 7-45　注意前方车辆排队标志

图 7-46　施工标志

a)

b)

图 7-47　澳大利亚施工标志
a)白天;b)夜间

7.5.7　交通事故管理标志

交通事故管理标志用以警告前方路段正在进行道路交通事故管理,车辆驾驶人应减速慢行、停车等候或绕道行驶,如图 7-48 所示。该标志为粉红色底或荧光粉红色底、黑文字。作为临时性标志支设在进行交通事故管理的路段前适当位置。

图 7-48　交通事故管理标志

道路突发交通事故时,公安交管部门需要对车辆通行采取临时控制措施,如变换行车方向、限制速度等,引导道路使用者安全通过事故处理区域,减少二次事故的可能性。目前我国尚未针对事故处理区制定全国统一的专用交通标志及设置规则,各地往往根据工作经验或习惯使用临时交通标志进行管控,存在若干问题:一是部分自创标志指代意义不明确,增加驾驶人认知负担;二是借用常规交通标志或施工作业区标志,无法体现事故现场的特殊性和高风险,无法提高驾驶人警惕性;三是在夜间、雨雾等低能见度条件下临时标志视认效果不佳,无法起到加强警示诱导的效果。美国《统一交通控制设施手册》(MUTCD)对临时交通控制区中的交通事故管理区单独做出规定,其中临时警告标志和临时指路标志采用荧光粉色作为底色。英国《交通标志条例》*The Traffic Signs Regulations and General Directions* 规定,临时情况使用的部分标志不同于常规标志,如指示标志采用黄色背景,红色背景标志用于指示工作区车辆或护卫车辆通行,并对由警察设置的临时标志单独进行了规定。借鉴美国、英国做法,《道路交通标志和标线　第 2 部分:道路交通标志》(GB 5768.2—2022)新增了"交通事件管理标志",该标志为荧光粉色底、黑文字。在《道路交通标志和标线》(GB 5768)中增加第 9 部分:交通事故现场,规定用于交通事故处理的其他标志的具体样式及设置要求。

7.6　路面状况和气象状况警告标志

7.6.1　易滑标志

易滑标志用以促使车辆驾驶人注意慢行,如图 7-49 所示,设在路滑容易发生事故的路段以前适当位置。

图 7-49　易滑标志

设置易滑标志的道路主要是车辆行驶速度较快的干线道路。一般确定路面打滑程度时,所依据的车辆的行驶速度、路面的种类及路面干燥与湿滑、轮胎磨损的程度、胎压的大小等因素有很大不同,所以很难在量上确定设置此标志的标准。设置易滑标志时,特别是在速度较快路段内,必须选择容易打滑、踩制动器比较危险的地方;同时,也要尽量避免过多设置。

易滑标志一般由附加辅助标志表示区间距离。由于路面湿滑直接造成交通事故的地点必须设置易滑标志;此外,在方向盘操作及制动操作频繁的地点也应考虑设置此标志。

仅需要在下雨时设置的易滑标志,最好与“雨天”的辅助标志牌一同使用。

易滑的路面应根据其危险性程度进行改善,此标志仅是一种临时性措施。进行了类似防滑的路面处理时,必须立即撤去此标志。

图 7-50 是澳大利亚的道路易滑标志。其中,图 7-50c)是折叠标志,在不是多雾的季节,可以将标志折叠起来不显示。

a)

b)

c)

图 7-50 澳大利亚道路易滑标志

a)易滑标志;b)雪天路滑标志;c)多雾季节使用,其他时间折叠不显示

7.6.2 路面不平标志

路面不平标志用以提醒车辆驾驶人减速慢行,如图 7-51 所示,设在路面颠簸路段或桥头跳车较严重的地点以前适当位置。该标志可作临时标志使用。

使用此标志时,应注意:

(1)路面颠簸或桥头跳车的情况修复改善后,应及时拆除此标志;

(2)通车路面存在坍塌、坑槽、水毁、隆起等病害,可设置此警告标志,但路面状况修复改善后应及时拆除;

(3)块石路面、铺砌路面路段,应设置此警告标志,并在标志下方设置辅助标志说明,如图 7-52 所示。

7.6.3 减速丘标志

减速丘标志用以提醒车辆驾驶人减速,注意前方路段设有减速丘,如图 7-53 所示,设在减速丘前适当位置。此标志可与“建议速度标志”联合使用,如图 7-54 所示。

图 7-51 路面不平标志

图 7-52 路面不平标志设置辅助标志示例

图 7-53 减速丘标志

7.6.4 过水路面(或漫水桥)标志

过水路面(或漫水桥)标志用以提醒车辆驾驶人谨慎慢行,如图 7-55 所示,设在过水路面或漫水桥路段以前适当位置。设置示例如图 7-56 所示。

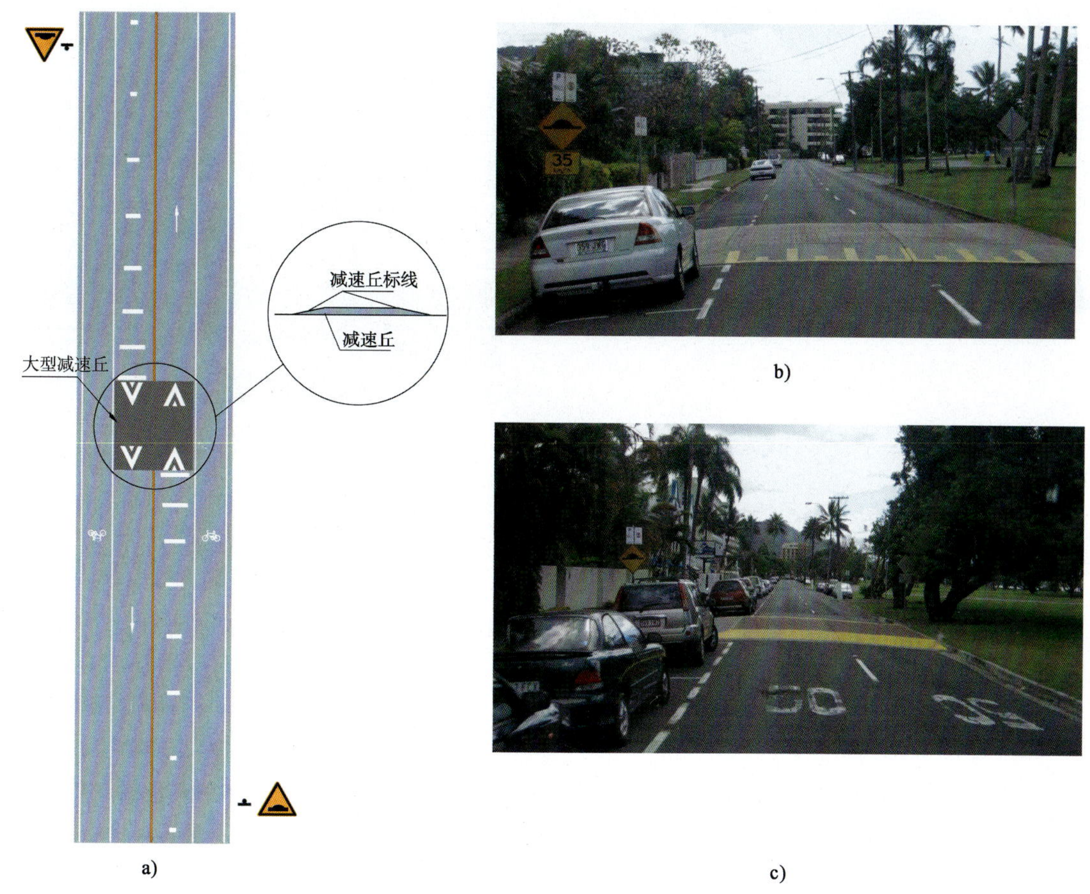

图 7-54　减速丘设置示例

a)减速丘警告标志设置示例;b)国外减速丘警告标志和建议速度标志联合使用;c)国外减速丘警告标志和地面限速标记联合使用

图 7-55　过水路面(或漫水桥)标志

图 7-56　过水路面(或漫水桥)标志设置示例

7.6.5　驼峰桥标志

驼峰桥标志用以提醒车辆驾驶人谨慎驾驶,如图 7-57 所示,设在拱度很大、影响视距的驼峰桥以前适当位置。

7.6.6　注意横风标志

注意横风标志用以提醒车辆驾驶人小心驾驶,如图 7-58 所示,设在经常有很强的侧向风的路段以前适当位置。设置了横风风向标的路段,可以不设此标志。欧洲大桥上的注意横风标志如图 7-59 所示。

图 7-57　驼峰桥标志

图 7-58　注意横风标志

图 7-59　欧洲大桥上注意横风标志

7.6.7　注意积水标志

注意积水标志用以提醒车辆驾驶人注意前方路段积水,如图 7-60 所示。车行道路面标高的最低点为注意积水标志零点的基准点。设在下穿道路等雨天易积水的路段,车行道路面标高最低处附近的位置。可在注意积水标志的上方设置“注意积水”辅助标志。

7.6.8　注意路面结冰、注意雨(雪)天、注意雾天、注意不利气象条件标志

此标志用以警告车辆驾驶人注意路面结冰、注意雨(雪)天、注意雾天、注意不利气象条件等谨慎驾驶,如图 7-61 所示,用于可变信息标志上。

图 7-60　注意积水标志(尺寸单位:mm)

图 7-61　注意路面结冰、注意雨(雪)天、注意雾天、注意不利气象条件标志
a)注意路面结冰;b)注意雨(雪)天;c)注意雾天;d)注意不利气象条件

7.7　可能出现危险状况警告标志

7.7.1　注意行人标志

注意行人标志用以警告车辆驾驶人减速慢行,注意行人,如图 7-62 所示,设在行人密集,或不易被

驾驶人发现的人行横道线以前适当位置。城市中心区街道或设有信号灯处可不设。标志底色可采用荧光黄绿色。图7-62b)为荧光黄绿底色标志。

注意行人标志和人行横道标志不同。人行横道标志如图7-63所示,设在人行横道两端适当位置,并面向来车方向。该标志应与人行横道线同时使用。设置了信号灯的路段或路口,可以不设人行横道标志。根据需要可以提前设置注意行人标志。

a)

b)

图7-62　注意行人标志

图7-63　人行横道标志

设置例如图7-64所示。图7-65是美国使用荧光黄绿底膜的注意行人标志。图7-66是我国使用的荧光黄绿底膜的注意行人标志。

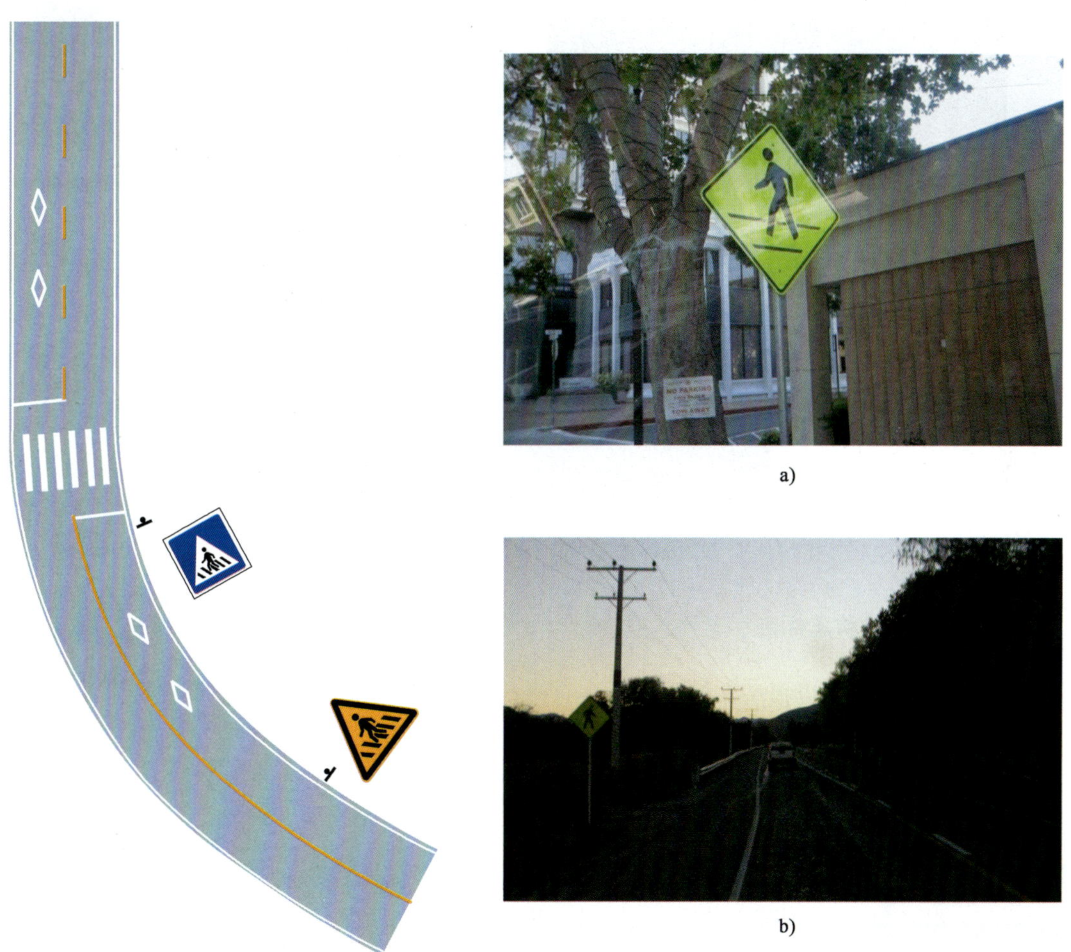

a)

b)

图7-64　注意行人和人行横道标志设置示例

图7-65　美国荧光黄绿底色的注意行人标志
a)注意行人标志;b)在黄昏和黎明效果良好

7.7.2　注意儿童标志

注意儿童标志用以警告车辆驾驶人减速慢行,注意儿童,如图7-67所示,设在小学、幼儿园、少年宫等儿童经常出入地点前适当位置。标志底色可采用荧光黄绿色。

图 7-66　我国荧光黄绿底色的注意行人标志

图 7-67　注意儿童标志

图 7-68 是国外荧光黄绿底色的注意儿童标志。

图 7-68　国外荧光黄绿底色的注意儿童标志

7.7.3　注意非机动车标志

注意非机动车标志用以提醒车辆驾驶人注意慢行，如图 7-69 所示，设在经常有非机动车横穿、出入的地点前适当位置。

图 7-69　注意非机动车标志

7.7.4　注意残疾人标志

注意残疾人标志用以提醒车辆驾驶人减速慢行，注意残疾人，标志底色可采用荧光黄绿色，如图 7-70 所示，设在康复医院、残疾人学校等残疾人经常出入地点前适当位置。

7.7.5　注意牲畜标志

注意牲畜标志用以提醒车辆驾驶人注意慢行，如图 7-71 所示，设在经过放牧区、畜牧场等区域的公路上，经常有牲畜横穿、出入的地点前适当位置。

7.7.6　注意野生动物标志

注意野生动物标志用以提醒车辆驾驶人注意慢行，如图 7-72 所示，设在经过野生动物保护区的公路上，经常有野生动物横穿、出入的地点前适当位置。标志上的动物图形可用该地区最常出现的野生动物种类适当调整，如图 7-73 所示。

图 7-70　注意残疾人标志

图 7-71　注意牲畜标志

图 7-72　注意野生动物标志

7.7.7　注意落石标志

注意落石标志用以提醒车辆驾驶人注意落石，如图 7-74 所示，设在有落石危险的傍山路段以前适当位置。道路管理者应根据落石的发生情况、地形及地质状况，在可能发生落石危害道路交通安全的地点设置此标志。

使用时应根据落石的不同方向选择图 7-74a）或图 7-74b）。图 7-75 是设置示例，其中图 7-75a）是国外设置的注意落石标志。如果道路两侧都可能有落石，建议设置如图 7-75b）所示标志。

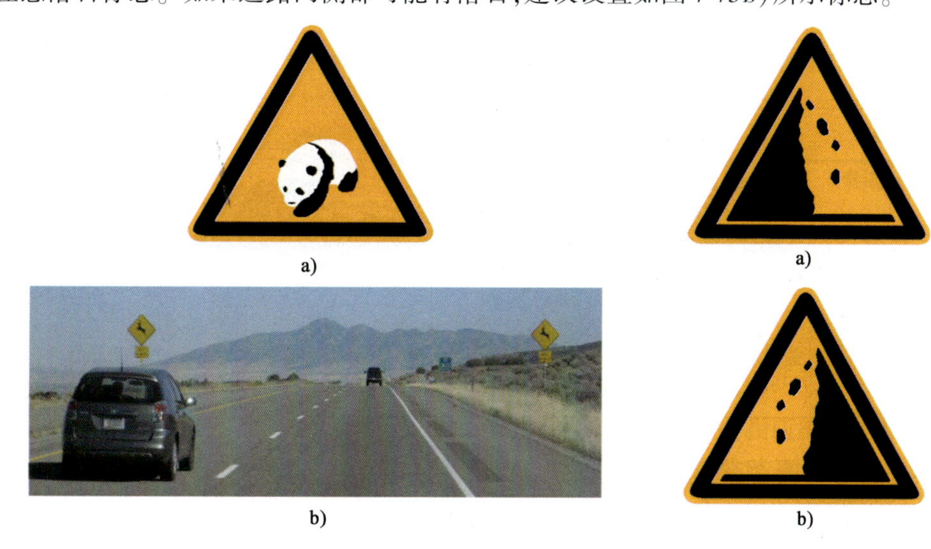

a)　a)

b)　b)

图 7-73　注意野生动物标志示例
a）注意野生动物标志；b）国外注意野生动物标志

图 7-74　注意落石标志

a)

b)

图 7-75　注意落石标志设置示例
a）国外的注意落石标志（左侧有落石）；b）国内注意落石标志（道路两侧都有落石）

7.7.8 傍山险路标志

傍山险路标志用以提醒车辆驾驶人小心驾驶,设在傍山险路路段以前适当位置。使用时应根据傍山险路的不同朝向选择图 7-76a)或图 7-76b)。

a)

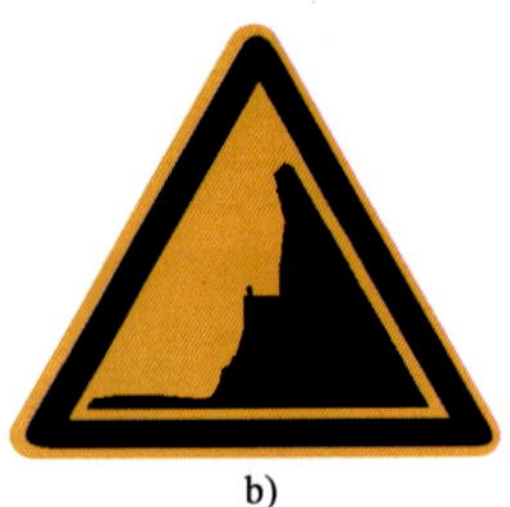
b)

图 7-76 傍山险路标志

7.7.9 堤坝路标志

堤坝路标志用以提醒车辆驾驶人小心驾驶,设在沿水库、湖泊、河流等堤坝道路以前适当位置。使用时应根据水库、湖泊等位于堤坝路的不同位置选择图 7-77a)或图 7-77b)。

a)

b)

图 7-77 堤坝路标志

7.7.10 村庄标志

村庄标志用以提醒车辆驾驶人小心驾驶,如图 7-78 所示,设在紧靠村庄、集镇且视线不良的路段以前适当位置。为了提高安全性,应同时采取其他安全措施。

7.7.11 隧道标志

隧道标志用以提醒车辆驾驶人注意慢行,如图 7-79 所示,设在双向行驶并且照明不好的隧道口前适当位置。

图 7-78 村庄标志

图 7-79 隧道标志

7.7.12　事故易发路段标志

事故易发路段标志用以告示前方道路为事故易发路段，谨慎驾驶，如图7-80所示，设在交通事故易发路段以前适当位置。

7.7.13　注意电动自行车标志

注意电动自行车标志用以提醒车辆驾驶人谨慎驾驶，注意电动自行车，如图7-81所示。设在经常有电动自行车横穿、出入的地点前适当位置。

7.7.14　注意危险标志

注意危险标志用以提醒车辆驾驶人谨慎驾驶，如图7-82所示，设在以上标志不能包括的其他危险路段以前适当位置。本标志一般不单独使用，其下应设辅助标志，说明危险原因。

图7-80　事故易发路段标志

图7-81　注意电动自行车标志

图7-82　注意危险标志

此标志的内容并不具体，所以有时可能会被滥用，没有一个统一的标准判断是否应当设置此标志，且考虑到辅助标志的使用等问题，最好在适当的地点设置。

7.8　建议安全措施警告标志

7.8.1　建议速度标志

建议速度标志用以提醒车辆驾驶人以建议的速度行驶，如图7-83所示，设在弯道、出口、匝道的适当位置。此标志一般不单独使用，宜与其他警告标志联合使用或附加辅助标志，以说明建议速度的原因或路段位置、长度，如图7-84所示。

出口处设置的建议速度标志应设置在减速车道的适当位置；匝道建议速度标志设置在匝道的适当位置。

建议速度和限制速度不同，仅表示警告和建议。建议速度不需要解除。

图7-83　建议速度标志

a)

b)

c)

图7-84　建议速度标志设置示例

a）出口建议速度标志；b）弯道建议速度标志；c）国外弯道建议速度标志

7.8.2 注意保持车距标志

注意保持车距标志用以警告车辆驾驶人注意和前车保持安全距离,如图 7-85 所示,设在经常发生车辆追尾事故路段前适当位置。该标志主要用于普通公路和城市道路上,视实际情况决定是否同时施划车距确认标线。

图 7-85 注意保持车距标志

以下情况根据需要,设置注意保持车距标志:

(1)有车流交织的路段前;

(2)视距变差的路段前,如视线被山体遮挡、弯道;

(3)不易感觉到车速变化的路段前,如从空旷路段进入集市和城镇路段、长大下坡路段、长隧道里;

(4)有高速和低速车道并行的多车道道路上,容易出现流量集中变化的路段前。

可同时设辅助标志说明保持车距的主要原因。

7.8.3 避险车道标志

设置了避险车道的道路上,在其前方适当位置应至少设置一块避险车道标志,如图 7-86a)所示,用以提醒货车驾驶人注意是否使用避险车道。如果条件允许,宜在避险车道前 1km、500m 左右及其他适宜位置分别设置预告标志,如图 7-86b)所示;在避险车道的入口处设置指示的警告标志,如图 7-86c)所示。

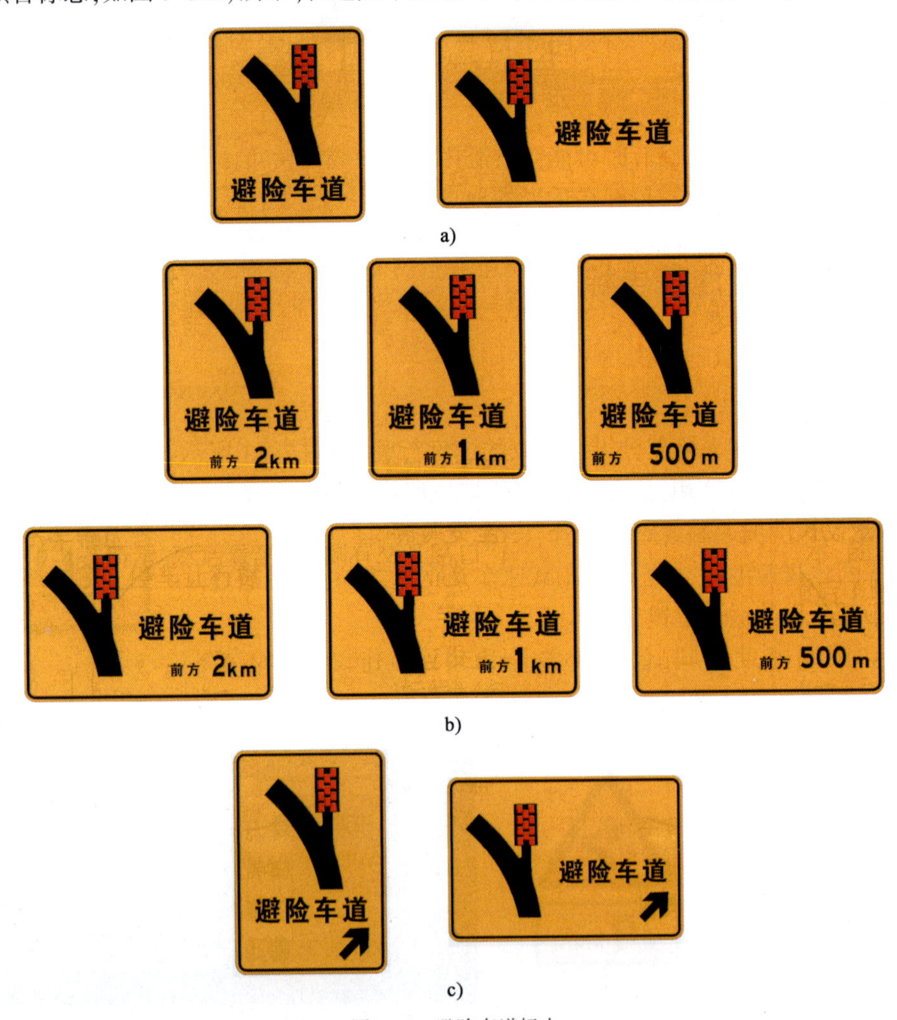

图 7-86 避险车道标志

注:避险车道是设置在连续下坡路段路侧,主要利用制动床材料的滚动阻力逐渐降低失控车辆动能的原理或者利用动能转化成势能的原理,为制动失效货车提供消能从而降低事故严重程度的设施。

第 8 章　一般公路指路标志

8.1　概述

除高速公路外的公路,这里称为“一般公路”。其指路标志的颜色一般为蓝底、白图形、白边框、蓝色衬边。形状一般为长方形和正方形。字符高度应符合现行《道路交通标志和标线　第 2 部分:道路交通标志》(GB 5768.2)中的相关规定。

一般公路指路标志按标志的功能分为路径指引标志、地点指引标志、道路沿线设施指引标志、其他道路信息指引标志。其中路径指引标志设置在一般公路交叉路口前后,其他类型指路标志设置在一般公路路段上。

路径指引标志分类如下:

(1)交叉路口预告标志;

(2)交叉路口告知标志;

(3)确认标志。

地点指引标志分类如下:

(1)地名标志;

(2)分界标志;

(3)地点识别标志。

道路沿线设施指引标志分类如下:

(1)停车场(区)标志;

(2)错车道标志;

(3)港湾式紧急停车带标志;

(4)人行天桥标志和人行地下通道标志;

(5)无障碍设施标志;

(6)服务站标志;

(7)停车点标志;

(8)观景台标志;

(9)应急避难设施(场所)标志。

其他道路信息指引标志分类如下:

(1)绕行标志;

(2)隧道出口距离预告标志;

(3)超限检测站标志;

(4)方向标志;

(5)里程碑、里程牌;

(6)百米桩;

(7)公路界碑;

(8)道口标柱。

一般公路指路标志是为对路网不熟悉但对出行有所规划的公路使用者服务的,即既不是对路况很熟悉的当地人也不是毫无准备的出行人。一般公路指路标志应兼顾近途与远途公路使用者需求,提供去往目的地所经过的道路、沿途相关城镇、重要公共设施、服务设施、地点、距离和行车方向等信息。设置合理的一般公路指路标志应相互关联并构成完整指路系统,使公路使用者在指路标志的指引下,配合交通地图等辅助手段顺利到达目的地。

一般公路指路标志设计应满足如下要求:

(1)清晰、简明、相互关联。

(2)从路网角度系统化设置。

(3)从驾驶人的需求出发,在行驶环境下及时提供准确有效的信息。

8.1.1 信息

一般公路指路标志的指示信息包括路线编号和名称信息、地区信息和地点名称信息、行政区划分界信息、地理方位信息、距离信息、安全行车的指引信息等七大类别。

(1)路线编号和名称信息

①当前所在公路路线编号和名称信息;

②前方公路路线编号和名称信息。

(2)地区信息

①重要地区:包括直辖市、省会、自治区首府、副省级城市、地级市等;

②主要地区:包括县及县级市、重要旅游景点等;

③一般地区,包括乡、镇、村等。

(3)主要地点名称信息

包括交通设施、文化设施、旅游设施和其他公用设施等。

(4)行政区划分界信息

(5)地理方位信息

包括东、南、西、北等四个地理方位信息。

(6)距离信息

驾驶人距离前方重要公路、省(区、市)、城镇、立交等的距离。

(7)安全行车的指引信息

一般公路指路标志的信息分层应综合考虑重要程度、道路等级、服务功能等因素,参照表8-1进行。

表8-1 一般公路指路标志信息分层表

序号	类 别	A层信息	B层信息	C层信息
1	路线名称信息	高速公路、城市快速路、国道编号、城市主干道及城市环线	省道编号、城市次干道	县、乡道编号和名称、城市支路
2	地区名称信息	重要地区(直辖市、省会,自治区首府、地级市、计划单列市、经济特区)	县(市)、大型经济开发区、公路沿线设施、港口	乡镇、重要集镇、著名村庄
3	旅游景区信息	国家级旅游景点、自然保护区、国家级大型文体设施	省级旅游景点、自然保护区、博物馆	县级旅游景点、博物馆、纪念馆
4	交通枢纽信息	飞机场、特等或一等火车站	二等或三等火车站、长途汽车总站	—
5	重要地物信息	国家级产业基地、所在省或直辖市标志性建筑物	省级产业基地、市级文体场馆、科技园	县级产业基地和企业、县级文体中心

8.1.2 距离数值的确定

(1)计算基准点选取

①指示信息为一般公路时,若所指示道路与当前道路直接相交,则以平面交叉路口作为计算基准

点;若通过其他道路相连,则以连接道路与所指示道路的平面交叉路口作为计算基准点。

②指示信息为高速公路或城市快速路时,以一般公路与高速公路、城市快速路的连接线平面交叉路口或减速车道渐变段起点作为计算基准点。

③指示信息为地区信息时,若为有环线的特大城市或大城市,以中心环线的入口作为计算基准点;若为无环线的特大城市或大城市,中、小城市(区、县),或乡村,以中心区(老城区)或政府所在地作为计算基准点。

④指示信息为旅游景区、交通枢纽等较大型重要地物时,以距其建筑物本身或外围大门最近的交叉路口作为计算基准点。

(2)数值的确定

距离的数值为标志设置点与相关信息的计算基准点的间距。标志设置点与计算基准点间存在多条路径时,以习惯路径计算距离,所选取的习惯路径应统一。

距离的数值一般以公里为单位,并四舍五入取整,距离不足 1km 的以 1km 计。城市道路可以百米为单位计,但整个城市距离表示方法宜统一。

8.2　路径指引标志

路径指引标志是设置在交叉路口附近,用以指示并确认相交公路的路线信息与通往地点信息。

8.2.1　设置思路

根据驾驶特性调查,驾驶人驾驶车辆通过交叉路口时,为保证行驶在正确的路径上,其驾驶操作过程主要经过三个阶段,即第一阶段:驾驶人发现前方交叉路口,开始减速,有意识地判断前方交叉路口的形状,同时希望得到交叉路口各交叉公路的信息,为确定下一步行驶路线做好操作准备;第二阶段:到达交叉路口前,驾驶人需决定如何转向,以继续朝目的地行进;第三阶段:通过交叉路口后,驾驶人首先希望确定是否行驶在预期的路线,同时需要确定距前方目的地的距离,以便安排下一步的行驶计划。驾驶人在交叉路口前后搜寻指路信息过程如图 8-1 所示。

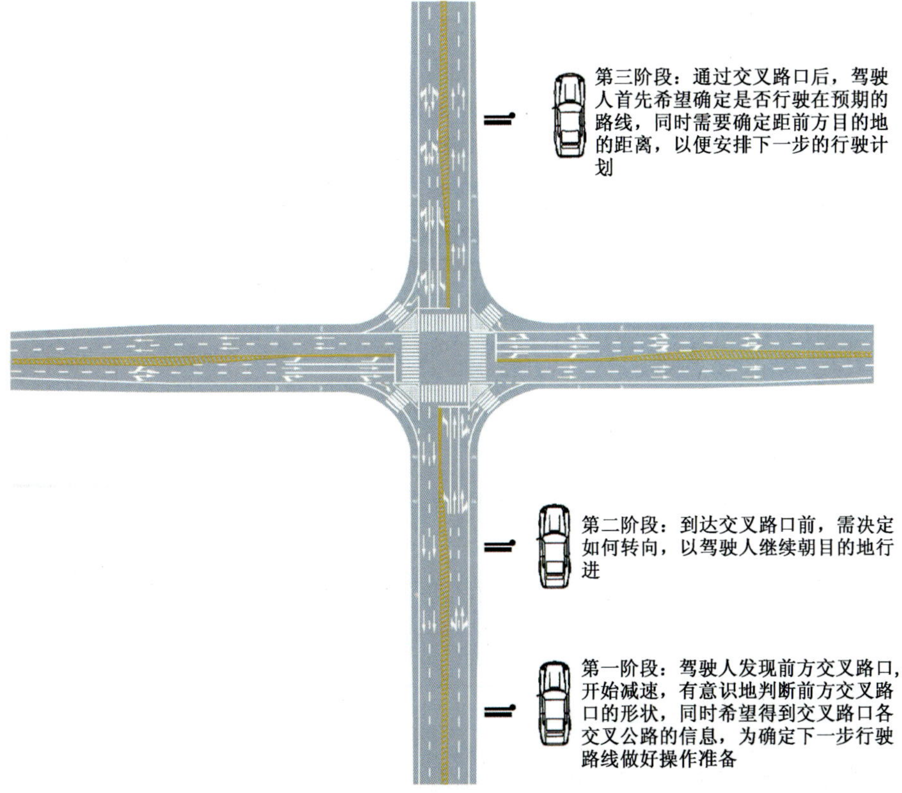

图 8-1　驾驶人在交叉路口前后搜寻指路信息的过程

为满足驾驶人在交叉路口前后三个阶段不同的需求,需设置对应的路径指引标志,包括设置在交叉路口前的交叉路口预告标志、交叉路口告知标志以及设置在交叉路口后的确认标志。三种路径指引标志的含义和设置位置如图8-2所示。

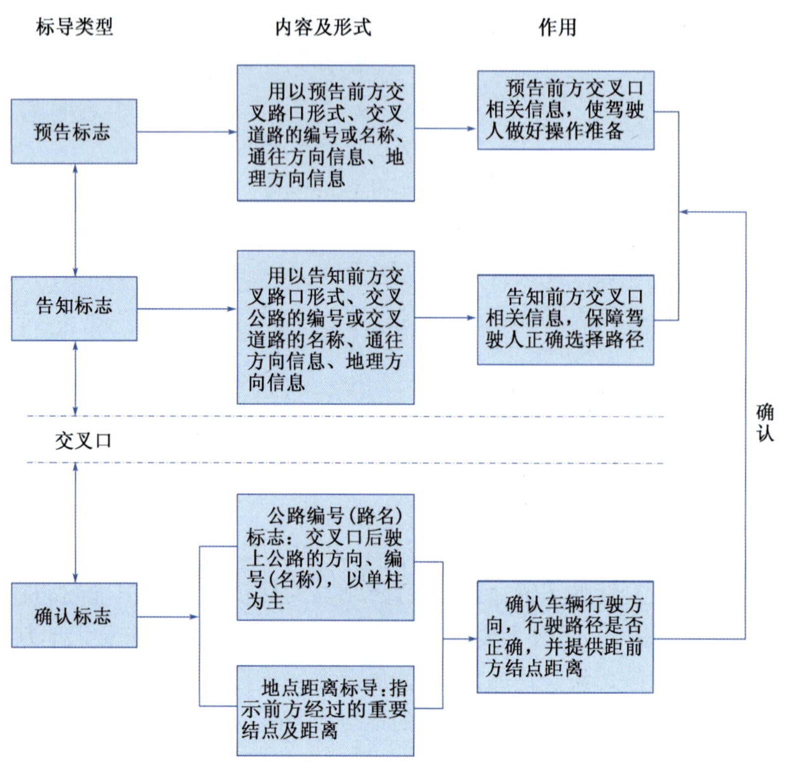

图8-2　路径指引标志的含义和设置位置

8.2.2　标志配置

考虑到公路在功能、交通流量、使用者特性方面的区别,不需要在任何一个交叉路口都配全交叉路口预告标志、交叉路口告知标志和确认标志等三种路径指引标志,应根据相交公路的行政等级、交通量情况,按照表8-2的规定设置相应的路径指引标志。

表8-2　一般公路路径指引标志配置

主线公路	被交公路			
	干线功能国道	集散功能国道,省道	县道、城市主干路、城市次干路	乡道支路
干线功能国道	预、告、确	(预)、告、确	(预)、告、(确)	—
集散功能国道省道	(预)、告、确	(预)、告、确	(预)、告、(确)	(告)
县道城市主干路、城市次干路	(预)、告、确	(预)、告、(确)	(预)、告、(确)	(告)
乡道、支路	(告)	(告)	(告)	(告)

注:预——交叉路口预告标志,详见8.2.4;

告——交叉路口告知标志,详见8.2.5;

确——确认标志,包括地点距离标志、公路编号标志、道路名称标志,详见8.2.6;

(　)——可根据需要设置的交通标志。

表 8-2 规定的可根据需要设置的路径指引标志，是指需要根据实际情况判断是否设置的标志。此时，如果公路设计车速较高、公路车道数较多、车辆变换车道需要一定距离，或当公路与重要公路相交及左右转弯交通量较多可能导致交通混乱时，则应设置相应路径指引标志。

8.2.3　路径指引标志版面信息的选取与含义

8.2.3.1　信息量

单向同一横断面指路标志版面中各个方向所指向的路名、路名编号、地名信息数量之和不宜超过 6 个；交叉路口预告标志和交叉路口告知标志版面中，同一个方向指示的目的地信息数量不应超过 2 个，同一方向需选取两个信息时，应在一行或两行内按照信息由近到远的顺序由左至右或由上至下排列，且指直行方向信息不宜竖向排列，示例如图 8-3 所示。

图 8-3　一般公路指路标志版面信息排列示例

8.2.3.2　信息选取

（1）不同等级公路相交，交叉路口路径指引标志信息要素应按表 8-3 选取。

表 8-3　公路平面交叉路口路径指引标志信息选择参考表

主线方向公路行政等级	主线方向标志信息	支线方向标志信息		
		国道	省道	县、乡道
国道	A 层、（B 层）	A 层、（B 层）	（A 层）、B 层	（B 层）、C 层
省道	（A 层）、B 层	A 层、（B 层）	（A 层）、B 层	（B 层）、C 层
县、乡道	（B 层）、C 层	A 层、（B 层）	（A 层）、B 层	（B 层）、C 层

注：括号中的信息要素为根据情况可选取的信息要素。

（2）同方向有多个同层信息时的选取方法如下：

①有多个 A 层或 B 层同层信息时，应首先选择其中距离最近的信息；当有多个信息距离相同时，为避免信息过载，应按表 8-1 优先选取序号靠前的类别的信息。

②有多个 C 层同层信息时，应综合考虑交通吸引量、经济发展水平等因素选取其中相对重要的信息。

（3）信息选取应因地制宜，如无法按表 8-3 的规定选取相应的信息，可降一层选取信息，必要时也可升一层选取信息。具体方法如下：

①当国道上找不到合适的 A 层信息要素时，国省道方向可降一层选择相应的 B 层信息要素；

②若县、乡公路与国道相交或存在 A 层信息要素时，县、乡道方向标志应根据表 8-3 的规定升一层选取信息。

8.2.3.3　信息含义

（1）如图 8-4 所示类型的指路标志，其中信息的含义如下：

①标识在箭头中的信息为交叉路口交叉公路的编号或名称；

②标识在箭头外，箭头所指向的信息为交叉路口各交叉公路所能通达的地点、公路或道路的编号或名称。

③如图 8-5 所示，交叉公路存在重合段时，不应在箭头杆中标识公路编号，应单独设置指引标志，将各条公路的编号信息全部列出。

（2）如图 8-6 所示类型的指路标志，版面中的箭头表示路径方向。

（3）指路标志中的箭头包括 6 种方向指示，如图 8-7 所示。其中 a 表示向右方向；b 表示右侧出口方向或斜向右方向；c 表示前进方向；d 表示左侧出口方向或斜向左方向；e 表示向左方向；f 指示当前车道并仅应用于门架或悬臂标志中，此时箭头朝下对准指示车道的中心。每一车道使用向下箭头时应只使用一个并对着车道中心附近，距离车道中心不宜超过 1/4 车道宽度。斜向箭头的倾斜角宜为 45°。当公路交叉角度与图 8-7 规定的几种方向指示不完全相符时，应选用与图 8-7 规定的相近的方向指示箭头指示交叉公路，如图 8-8 所示。

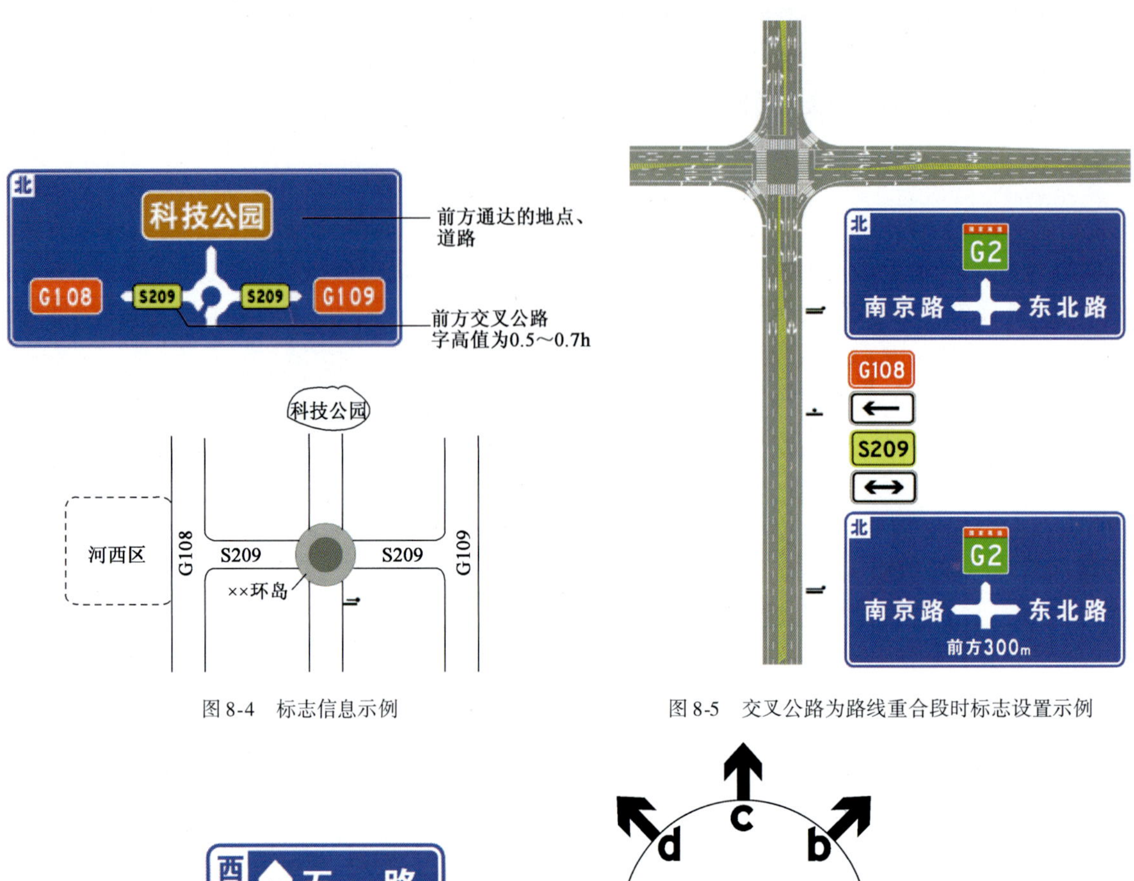

图 8-4　标志信息示例

图 8-5　交叉公路为路线重合段时标志设置示例

图 8-6　表示路径方向的箭头示例

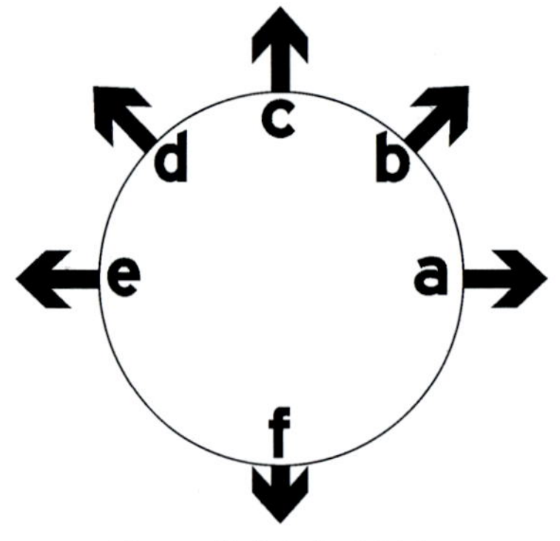

图 8-7　箭头方向示意图

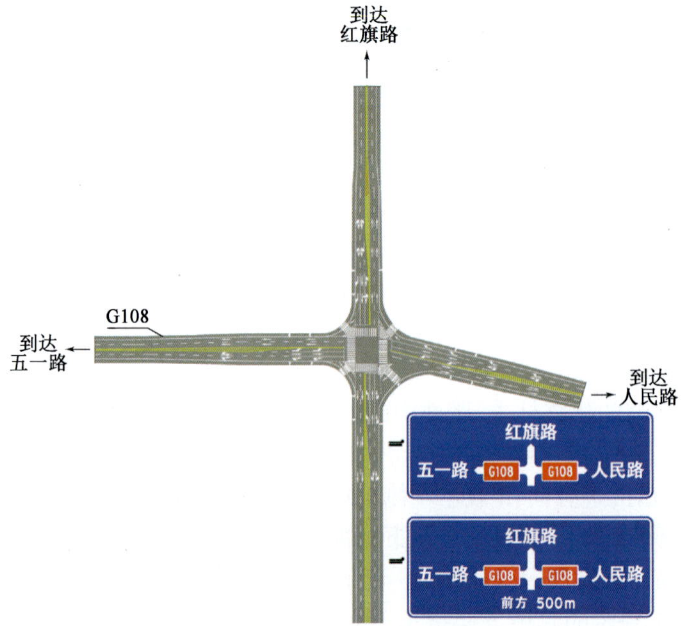

图 8-8　交叉公路相近角度选取箭头方向示例

8.2.4　交叉路口预告标志

交叉路口预告标志用于满足驾驶人在交叉路口前第一层次的信息需求，预告前方交叉路口形式。交叉公路的编号或交叉道路的名称、通往方向信息、地理方向信息以及距前方交叉路口的距离。设计速度 80km/h 及以上的公路交叉路口预告标志应设置在距交叉路口前 300 ~ 500m 处，其他公路应设置在距交叉路口前 120 ~ 300m 处。遇两相邻交叉路口间隔较近等情况无法实现这一要求时，交叉路口预告标志可向交叉路口适当前移，但距交叉路口不应少于 100m 且不应遮挡交叉路口告知标志。平面交叉处有多条路线重合时，公路编号(名称)标志应单独设置，且应列出重合路段各条公路的编号(名称)，此时平面交叉预告标志中箭头杆上不再标识公路路线的编号或名称。

交叉路口预告标志版面形式有图形式、堆叠式、车道式三种形式，见图 8-9 ~ 图 8-13。

(1)图形式

版面用图形直观预告交叉路口的形状，图形式标志所需版面尺寸较大，丁字交叉、十字交叉路口的图形式预告标志，见图 8-9、图 8-10。环岛的预告标志版面一般采用环岛图形式，见图 8-11。为了减少图形式标志版面尺寸，丁字路口、十字路口、环岛中左右方向的地点信息可以放到路径的下方或路径指向端部，但不应放到路径的上方，见图 8-9。

a)　b)

图 8-9　丁字交叉口标志

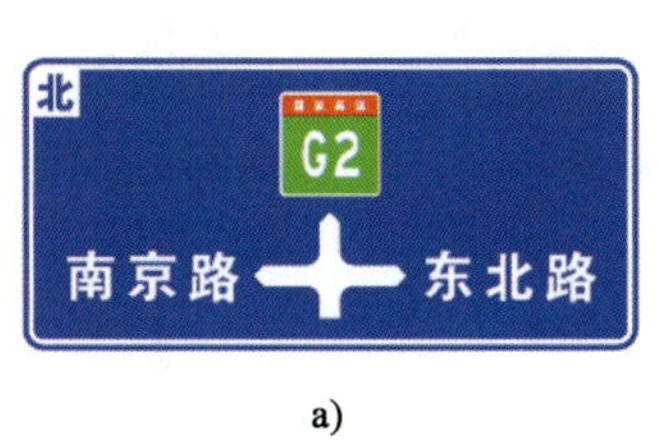

a)

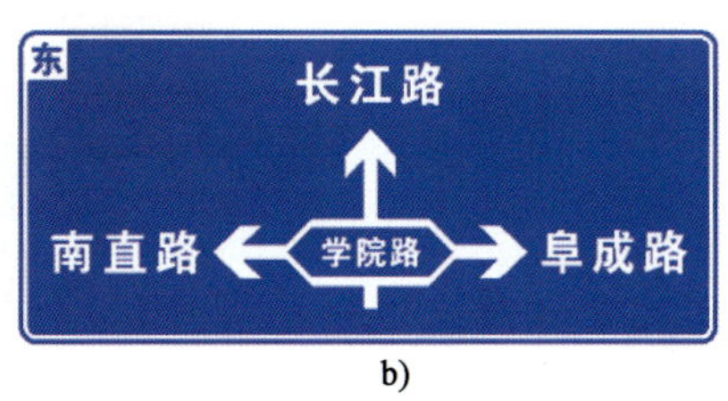

b)

图 8-10　十字交叉口标志

图 8-11　环形交叉口标志

a)　b)

图 8-12　堆叠式标志

图 8-13　车道式标志

告知前方环形交叉路口交叉公路的编号或交叉道路的名称、通往方向信息、地理方向信息。

(2)堆叠式

堆叠式用箭头形式预告编号或名称、通往方向信息、地理方向信息。应注意箭头的设置规律，直行、左转箭头设置在文字左侧，右转箭头设置在文字右侧。

(3)车道式

车道式标志预告各交叉公路所能通达的公路、地点信息，到前方交叉路口的地理方向信息，按表 8-2 的要求需要设置交叉路口预告标志的交叉口，适用于双向四车道及以上公路的交叉路口。

通过公路编号标志配合辅助标志预告前方交叉公路的交叉路口预告标志预告前方交叉路口各交叉

公路的编号或名称信息,一般采用单柱的支撑方式。非重合段预告前方交叉公路偏号的预告标志设置示例如图 8-14 所示。

当两条或多条路线共线时,应同时指引各条路线。道路编号应根据行政等级的高低,从上到下或从左到右的顺序排列。行政等级相同时,道路编号应根据编号的大小,从上到下或从左到右的顺序排列,行政等级相同时,道路编号应根据编号的大小,从上到下或从左到右的顺序排列。设置时应注意标志的识认性,避免标志被遮挡。重合段预告前方交叉公路偏号的预告标志设置示例如图 8-15 所示。

8.2.5　交叉路口告知标志

交叉路口告知标志用于满足驾驶人在交叉路口前第二层次的信息需求,用以告知前方交叉路口形式、交叉公路的编号或交叉道路的名称、通往方向信息、地理方向信息。设置了减速车道的平面交叉路口,交叉路口告知标志应设置在减速车道起点处;其他公路平面交叉,交叉路口告知标志设置于平面交叉口适当位置,见 8.6.3 章节的示例。

设在交叉路口前的交叉路口告知标志版面可采用交叉口预告标志的图形式、堆叠式、车道式等版面形式,也可采用道路方向、道路编号或路名等标志路口公共设施的杆件共杆设置作为告知标志,见图 8-16 ~ 图 8-18。一般告知标志告知交叉路口的被交公路的路名和方向,见图 8-19。如当需要表示直行方向公路编号或道路名称时,应在公路编号或名称左侧加直行箭头,见图 8-20、图 8-21。

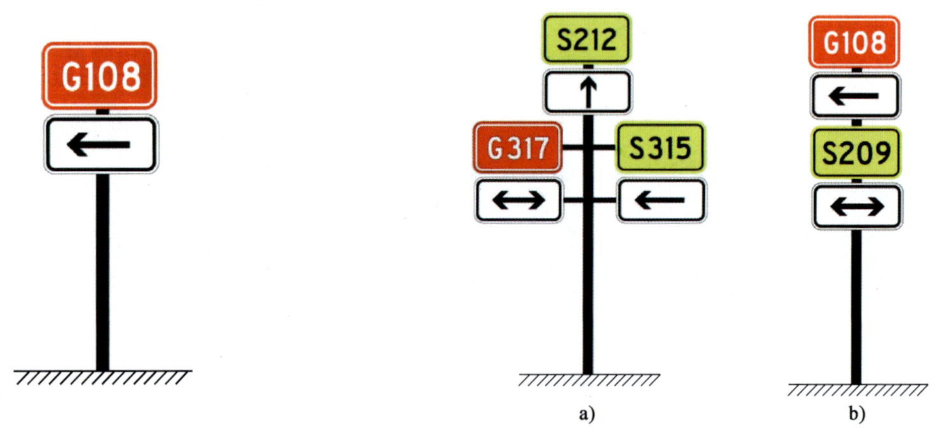

图 8-14　非重合段预告前方交叉公路编号的预告标志设置示例　　图 8-15　重合段预告前方交叉公路编号的预告标志设置示例

图 8-16　道路方向　　图 8-17　道路编号　　图 8-18　路名

a)国道编号;b)省道编号;c)县道编号;d)乡道编号

8.2.6　确认标志

确认标志设置在交叉路口后,指示当前所行驶的道路信息及前方通往方向信息,用以满足驾驶人在通过交叉路口后确认当前路线与行驶的需求。由于驾驶人在驶过交叉路口后需要确认的信息包括当前行驶路线与前方通往地点两个方面,因此,确认标志按确认内容不同分为确认当前行驶路线的标志和确认公路前方通往目的地的标志。确认公路前方通往目的地的标志为地点距离标志。

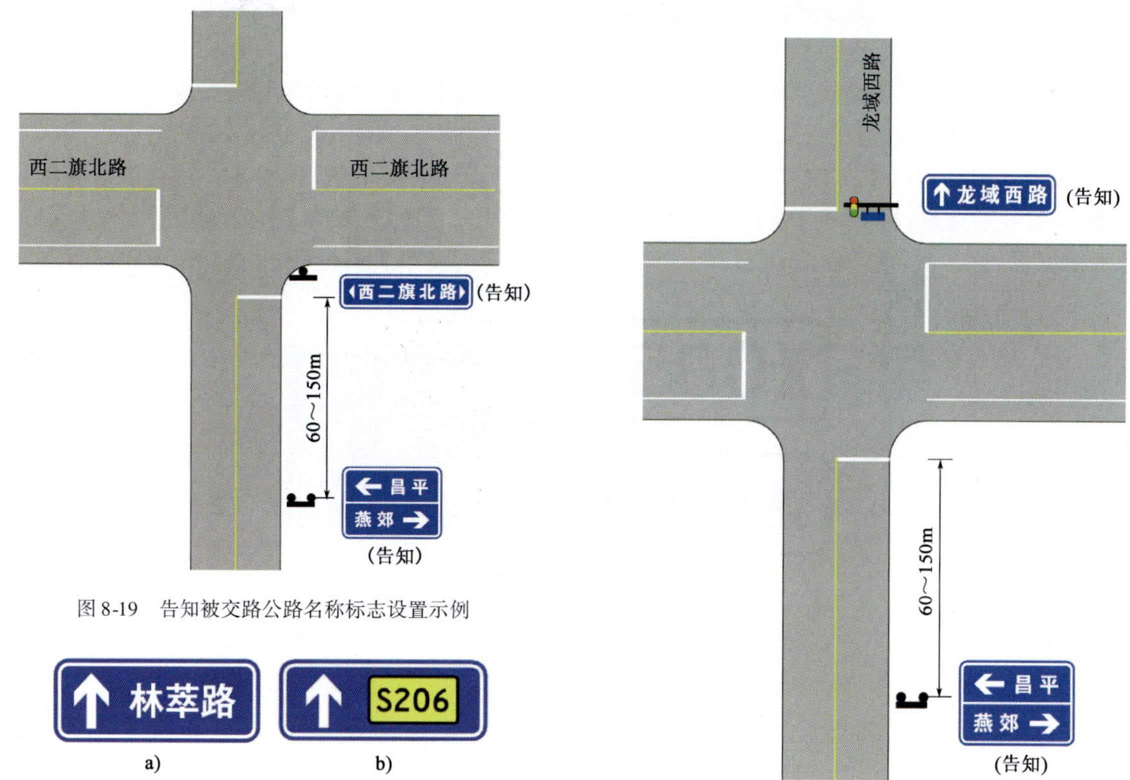

图 8-19　告知被交路公路名称标志设置示例

图 8-20　道路名称方向

图 8-21　直行方向路名告知标志设置示例

(1)确认当前行驶路线的标志

一般公路指路标志中确认当前行驶路线的标志为公路编号标志,设置在交叉路口后适当位置。

该标志指示当前公路编号,如图 8-22 ~ 图 8-25 所示。国道编号标志颜色为红底、白字、白边框;省道编号标志颜色为黄底、黑字、黑边框;县道编号标志颜色为白底、黑字、黑边框;乡道编号标志颜色为白底、黑字、黑边框。

图 8-22　国道编号　　图 8-23　省道编号　　图 8-24　县道编号　　图 8-25　乡道编号

按表 8-2 的要求需要设置交叉路口确认标志的公路交叉路口后 10 ~ 160m 处,应设置公路编号标志。如果需要同时说明公路名称的,以辅助标志表示,如图 8-26 所示。两条以上路线重合段应同时指出各条路线的公路编号。

(2)地点距离标志

该标志指示前方所要经过的重要公路编号、道路名、地名和距离。地点信息应由近及远,按自上而下的顺序排列,如图 8-27 所示。

按表 8-2 的要求需要设置交叉路口确认标志的公路交叉路口后约 100m 处,应设置地点距离标志。两交叉路口间距大于 10km 时,可增设地点距离标志,但是前后地点距离标志的信息应统一、关联。

不同等级公路上的地点距离标志应遵循以下原则:

①地点距离标志上指示的地点应与交叉路口前的交叉路口预告标志和交叉路口告知标志中指示的地点相呼应。

②国道、省道的地点距离标志,宜采用三行地点距离信息:第一行的地点为近目的地,一般情况下,宜优先选择沿线可以到达的地区或路线,从 A 层、B 层或 C 层信息中选取距离当前所在地最近的信息;

第三行的地点为远程目的地,同时作为指示路线总体前进方向的基准地区,一般为交叉路口预告标志和告知标志中所指示的 A 层信息要素并在一定距离内保持相对固定,当临近这一地点时才选取下一个 A 层信息要素作为新的基准地区;第二行的地点为位于第一行与第三行指示地点之间的 A 层或 B 层信息。

③县道、乡道的地点距离标志,可根据需要采用两行或三行地点距离信息:第一行选取沿线最近的 A 层、B 层或 C 层信息;最下一行一般为交叉路口预告标志和告知标志中的 B 层信息要素,并相对固定,作为基准信息。

图 8-26　公路编号配合设置公路名称辅助标志

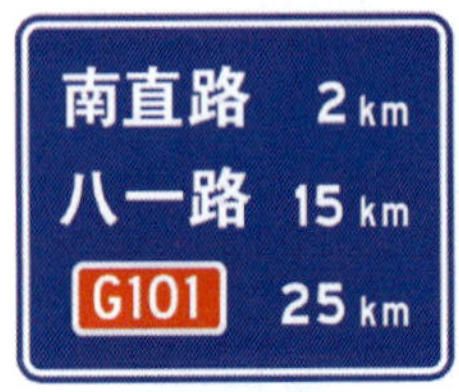

图 8-27　地点距离标志

8.3　地点指引标志

8.3.1　地名标志

该标志指示沿线经过的市、县、镇、村等的名称,设置在道路沿线经过的市、县、镇、村的边缘处,其中村名标志可设置在村庄警告标志下指示村庄名称,如图 8-28 所示。

8.3.2　分界标志

该标志指示省、自治区、直辖市、省会城市、地(市)、县(市)等行政区划分界,如图 8-29、图 8-30 所示。

图 8-28　村名标志与村庄警告标志配合设置示例

图 8-29　行政区划分界示例

图 8-30　道路管理分界示例

该标志设在行政区划的分界处,板面正对行车方向;或设在道路养护段、道班管辖分界处,板面与行车方向平行。当表示道路管理分界时,其服务对象为熟悉路况的道路管理者,字高宜采用规定字高的一半。

8.3.3　地点识别标志

该标志指示各种重要场所,表示场所的相应标识应采用《道路交通标志和标线　第 1 部分:总则》(GB 5768.1—2009)中的图案,如图 8-31 所示。

该标志设置在所标识地点前适当位置。若同时存在路径指引标志，可将相应地点图形标识在路径指引标志中，实现指示地点、设施的目的，如图8-32所示。

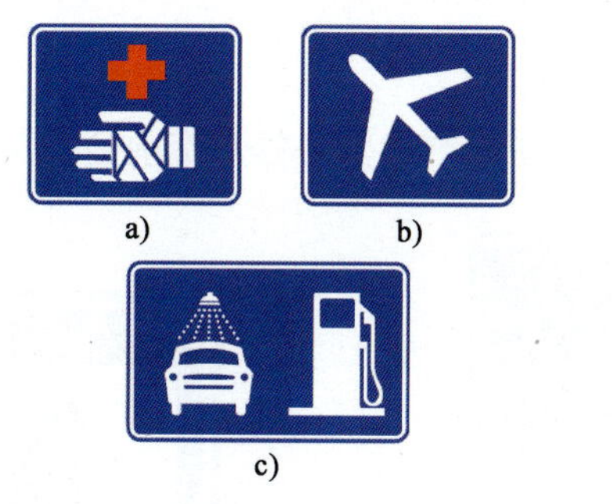

图8-31　地点识别标志

图8-32　路径指引标志上设地点图形标志

8.4　沿线设施指引标志

8.4.1　停车场(区)标志

该标志指示露天及室内停车场(区)。图8-33a)为露天停车场，图8-33b)为室内停车场。

该标志设置在停车场(区)入口附近，可用辅助标志表明停车场(区)的位置，示例如图8-34所示。停车场(区)标志设置示例如图8-35所示。

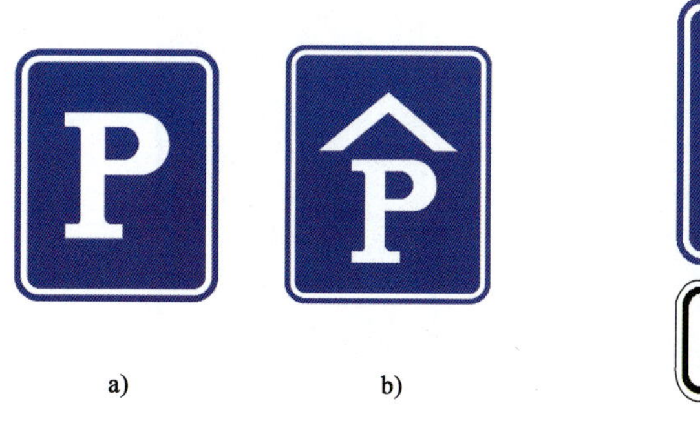

图8-33　停车场(区)标志

图8-34　停车场(区)标志示例

图8-35　停车场(区)标志设置示例

8.4.2　错车道标志

该标志指示前方设有避让来车的处所，如图8-36所示。

当双向行车困难,设置了错车道时,应设置错车道标志。该标志宜设在双向错车困难路段上距错车道 100 ~ 150m 处。在标志下方可设辅助标志表示距前方错车道的距离,设置示例如图 8-37 所示。

8.4.3 港湾式紧急停车带标志

用以指示港湾式紧急停车带的位置,见图 8-38。设在港湾式紧急停车带前适当位置。

图 8-36 错车道标志

图 8-37 前方 100m 处错车标志设置示例

图 8-38 港湾式紧急停车带标志

8.4.4 服务站标志

用以预告和指引服务站的标志,设在服务站入口附近,见图 8-39。必要时,可设置 500m 或 300m 预告标志,见图 8-40。

图 8-39 服务站标志

图 8-40 服务站标志加辅助标志设置示例

8.4.5 停车点标志

用以预告和指引停车点的标志,设在停车点入口附近,见图 8-41。必要时,可设置 300m 预告标志,见图 8-42。停车点标志设置示例见图 8-43。

8.4.6 观景台标志

设置在路侧可供驾驶人停车观景地带的两侧,见图 8-44。必要时,可在距观景台 300m 至 500m 处设置预告标志,见图 8-45。

8.4.7 应急避难设施(场所)标志

该标志指示应急避难设施(场所),版面中的标识应采用《道路交通标志和标线 第一部分:总则》(GB 5768.1—2016)中规定的标识,如图 8-46 所示。

图 8-41　停车点标志

图 8-42　停车点加辅助标志设置示例

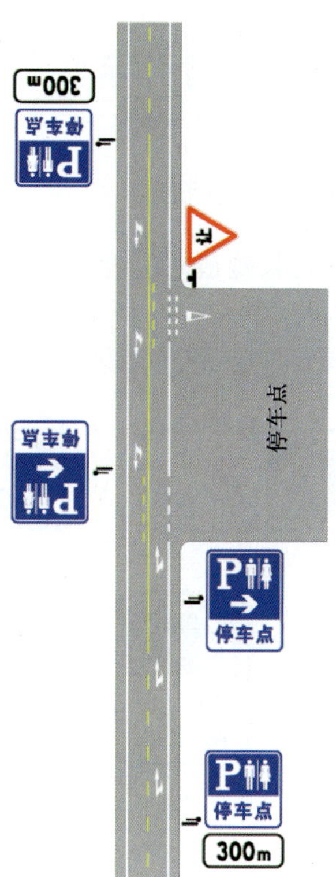

图 8-43　停车点标志设置示例

图 8-44　观景台标志

图 8-45　观景台标志加辅助标志设置示例

该标志设置在应急避难场所、隧道等设施的疏散通道，以及其他应急避难设施附近，指示应急避难设施的位置，通常配合辅助标志设置，如图 8-47 所示。

图 8-46　应急避难设施（场所）标志

图 8-47　应急避难设施（场所）标志加辅助标志设置示例

8.5 其他道路信息指引标志

8.5.1 隧道出口距离预告标志

在长度超过 5km 的特长隧道内应设置该标志。从距离隧道出口 3km 处起,可设置 3km、2km、1km 的隧道出口距离预告标志,如图 8-48 所示。图 8-48a)、b)和 c)可设在隧道顶部,图 8-48d)、e)和 f)可设在隧道侧壁或紧急停车带迎车面的洞壁。

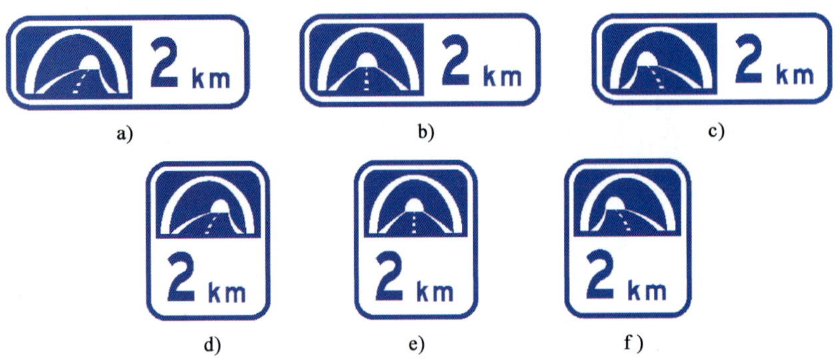

图 8-48 隧道出口距离预告标志

版面中包括隧道曲线的示意以及距离隧道出口的距离。版面中隧道曲线的转弯方向应与实际情况相对应,如图 8-49 所示。

图 8-49 隧道出口距离预告标志设置示例

8.5.2 里程碑、里程牌

该标志指示公路的里程,正、反面均应标识道路编号及里程。国道里程数字超过四位数时,采用大的尺寸。里程碑表面为白色,国道编号用红字,省道编号用蓝字,县道、乡道编号用黑字,见图 8-50。如路侧条件所限无法设置里程碑时,可设置里程牌,见图 8-51,里程牌可采用单柱形式或附着在路侧护栏上。

里程碑、里程牌设于公路桩号递增方向的右侧,每隔 1km 设一块。

8.5.3 百米桩

该标志指示百米桩号,其形状为方柱体。百米桩可根据需要在相应表面标识百米序号。百米桩的柱体为白色,国道用红字,省道用蓝字,县道用黑字,乡道用黑字,如图 8-52 所示。设在公路右侧里程碑之间,每 100m 设一个。

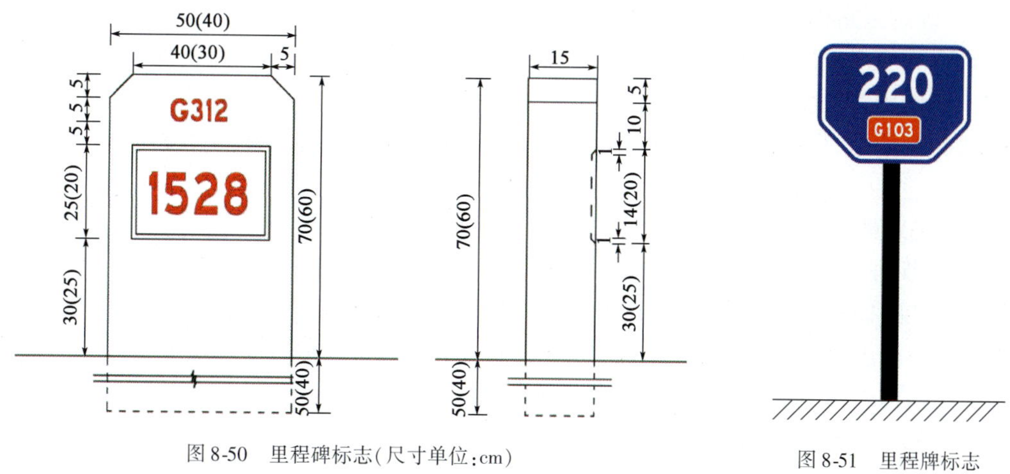

图 8-50　里程碑标志(尺寸单位:cm)　　图 8-51　里程牌标志

8.5.4　公路界碑

该标志表示公路占地区域,如图 8-53 所示。

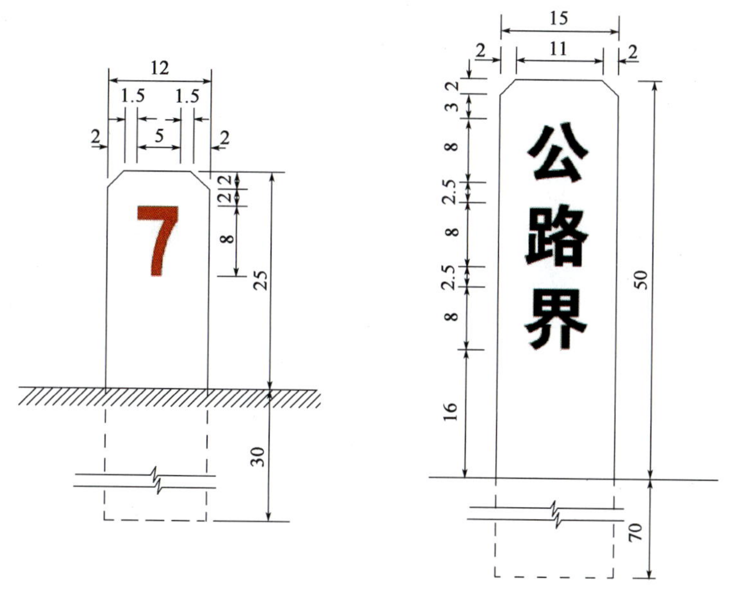

图 8-52　百米桩标志(尺寸单位:cm)　　图 8-53　公路界碑标志(尺寸单位:cm)

设在公路两侧用地范围分界线上。公路界碑为方柱体,碑体为白色,正反两面标识“公路界”黑色文字。一般每隔 200 ~ 500m 设置一块,曲线段可适当加密。

8.6　一般公路指路标志设置方法

8.6.1　一般公路指路标志设计步骤

为科学、完整地设置一般公路指路标志,可按如下四个步骤进行指路标志设计:

(1)确定指路标志信息分层;

(2)交叉路口指路标志布设;

(3)路段指路标志布设;

(4)统筹检查。

下面分别介绍每一个步骤的主要工作内容:

8.6.1.1 确定指路标志信息分层

标志设计首先应对该路段所处路网有一个深入的了解,熟悉这一路网内的各重要公路的情况、公路交叉情况以及路网内主要结点情况。

在以上工作基础上,根据各公路等级,按照表 8-1 的规定对路网内信息进行分层,并将分层情况进行列表。

8.6.1.2 交叉路口指路标志布设

根据第 8.2 节的规定,对路网内各主要交叉路口进行指路标志设计。

(1)根据交叉路口各交叉公路的等级,按表 8-2 的规定配置交叉路口指路标志。

(2)根据指路标志分层情况,按 8.2.3 的规定选取适当信息写入指路标志之中。

(3)根据指路标志的信息进行指路标志的版面设计。

8.6.1.3 路段指路标志布设

在交叉路口指路标志布设完成后,针对路段上存在的需要指示的地点信息、沿线设施信息以及其他道路信息,选择相应标志根据其设置位置及设置方法的规定设置指路标志。

8.6.1.4 统筹检查

在设计路段或路网完成后,将设计路段或路网放在整个网络中,统筹检查指路标志的设置是否科学、合理。检查的内容包括以下几方面:

(1)指路标志的信息分层与选取是否合理,包括:

①路网内信息分层是否合理,是否存在疏漏、分层错误的情况;

②路网指路标志是否存在漏选或错选信息的情况;

③路网中指路标志的信息是否连续、呼应,是否存在信息中断的情况;

④路网中,对同一信息的距离指示的标准是否统一,距离的数值是否连续,是否存在前后矛盾之处。

(2)路径指引标志设置的统筹检查

①交叉路口路径指引标志的配置是否合理,包括:

a. 根据表 8-2 的规定是否配置了相应的路径指引标志;

b. 不同路径指引标志的设置位置、间距是否合理;

c. 交叉路口各入口方向路径指引标志的信息是否对应;

d. 地点距离标志的设置位置和信息选取是否合理。

②交叉路口路径指引标志的优化设置,包括:

a. 当有多条路径通向同一地点时,指路标志所指引的是否为最佳路线;

b. 当指路标志信息存在多种选取可能时,是否选择了最重要的信息,是否与当地的社会与经济发展相联系;

c. 指路标志的设置是否便于识认,版面布置是否准确且不易被误解。

(3)路段上指路标志设置的统筹检查

①是否对沿线设施或道路信息均进行了相应的指引;

②相关标志的设置位置是否符合标准要求;

③标志设置是否便于识认,当沿线设施或道路信息比较密集时,是否采取了相应的技术手段对信息进行合并处理,是否因此产生了标志的相互遮挡。

8.6.2 一般公路指路标志设计案例

图 8-54 为某路网示意图,其中 G326 为该地区主要运输通道,并先后与 G210、S205、X010 相交。下面以公路向北行车方向为例,说明不同等级公路交叉路口路径指引标志设置方法。

8.6.2.1 国道与国道相交指路标志设置示例

交叉路口①路径指引标志设置示例如图 8-55 所示。

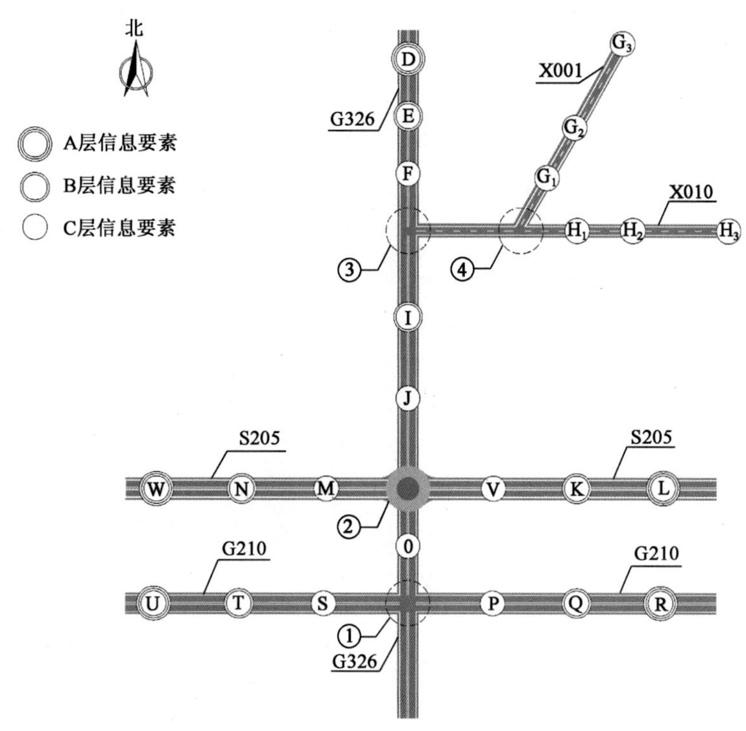

图 8-54　某路网示意图

(1)交叉路口路径指引标志配置

确定交叉路口①为 G326 与 G210 相交,属于国道与国道交叉路口,根据表 8-2 规定,应配置交叉路口预告标志、交叉路口告知标志以及确认标志。

(2)交叉路口路径指引标志信息选取

①在交叉路口①前首先设置交叉路口预告标志,预告前方为 G326 与 G210 相交交叉路口。

②该交叉路口为十字交叉,因此,应设置十字交叉路口指路标志。交叉路口指路标志信息选择遵循表 8-3 的规定。G326 主线方向指示前方最近的 A 层信息要素 D 和最近的 B 层信息要素 S205。支线(G210)右转方向指示最近的 A 层信息要素 R 和最近的 B 层信息要素 Q;左转方向指示最近的 A 层信息要素 U 和最近的 B 层信息要素 T。

(3)交叉路口后确认标志的设置方法

过交叉路口后的确认标志包括公路编号标志与地点距离标志。G326 上地点距离标志指示 D、I 以及最近的 C 层信息要素 O,G210 地点距离标志同理进行设置。

8.6.2.2　国道与省道相交指路标志设置示例

交叉路口②路径指引标志设置示例如图 8-56 所示。

(1)交叉路口路径指引标志配置

确定交叉路口②为 G326 与 S205 相交,属于国道与省道交叉路口,应配置交叉路口预告标志、交叉路口告知标志以及确认标志。

(2)交叉路口路径指引标志信息选取

①在交叉路口②前首先设置交叉路口预告标志,预告前方为 G326 与 S205 相交交叉路口。

②该交叉路口为环岛,应设置环形交叉路口指路标志。交叉路口告知标志信息选择遵循表 8-3 的规定。G326 主线方向指示前方最近的 A 层信息要素 D 和最近的 B 层信息要素 I。支线(S205)右转方向指示最近的 A 层信息 L 和 B 层信息 K;左转方向指示最近的 A 层信息 W 和 B 层信息 N。

(3)交叉路口后确认标志的设置方法

过交叉路口后的确认标志包括公路编号标志与地点距离标志。G326 上地点距离标志指示 D、I 以及最近的 C 层信息要素 J,S205 上地点距离标志指示 K、L 以及最近的 C 层信息要素 V。

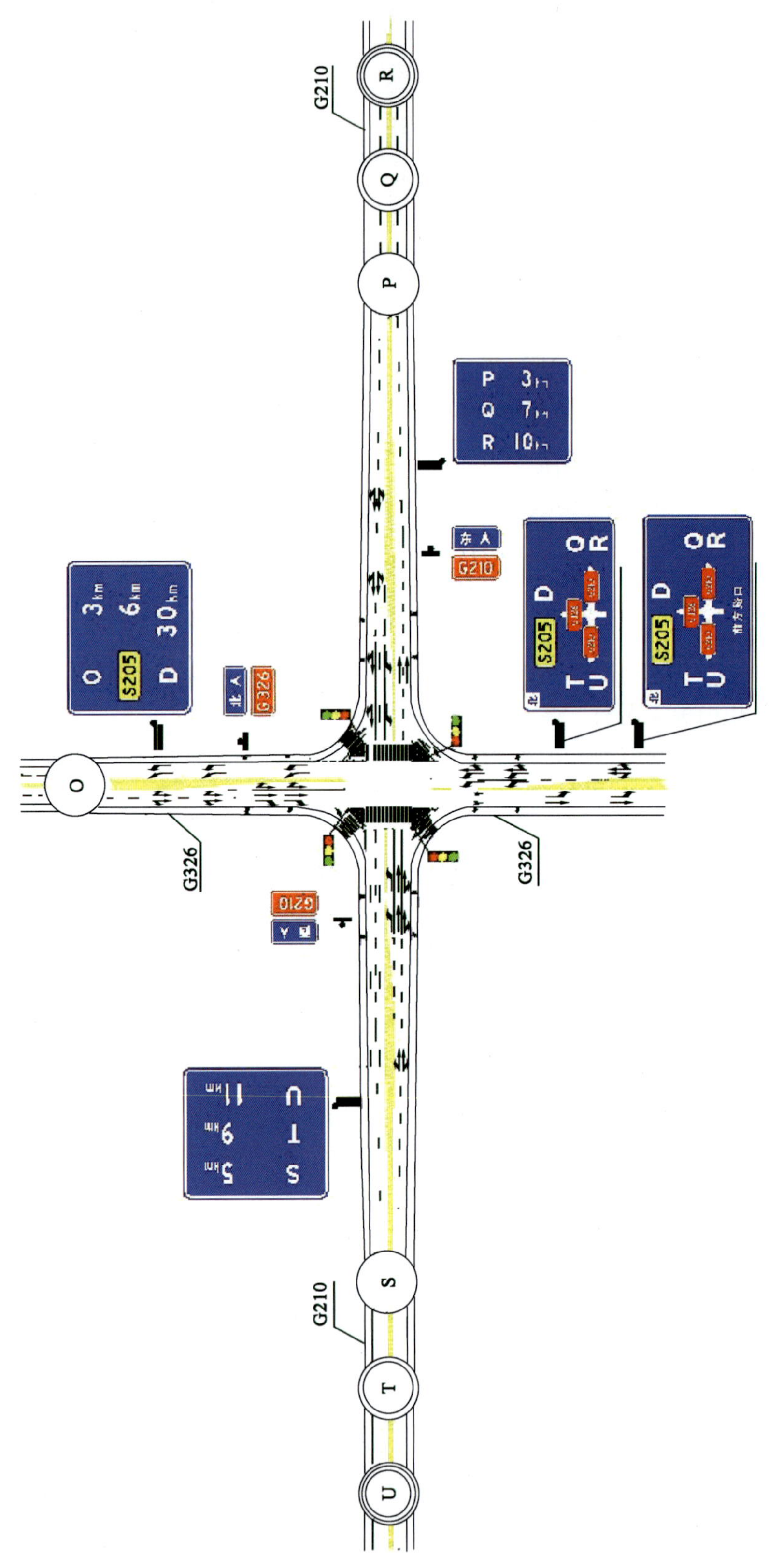

图8-55 交叉路口①路径指引标志设置示例图

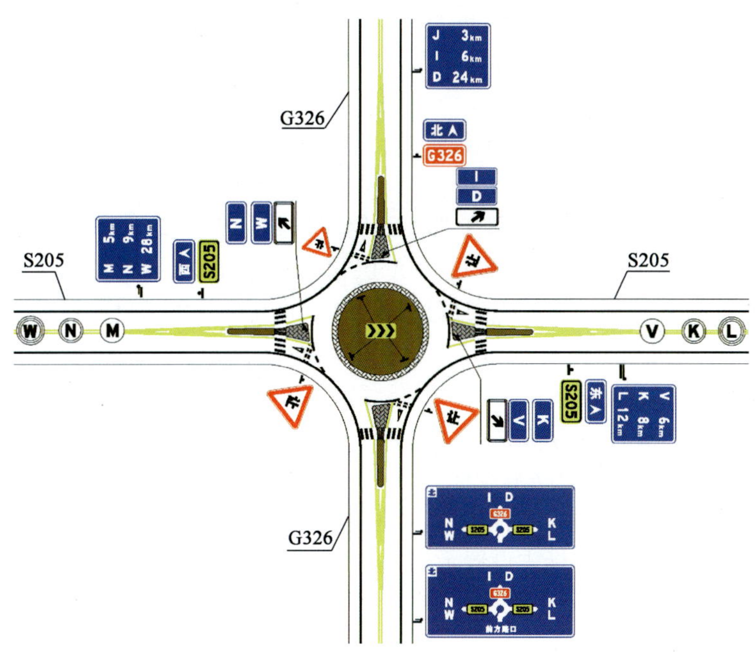

图 8-56　交叉路口②路径指引标志设置示例图

8.6.2.3　国(省)道与县道相交指路标志设置示例

交叉路口③路径指引标志设置示例如图 8-57 所示。

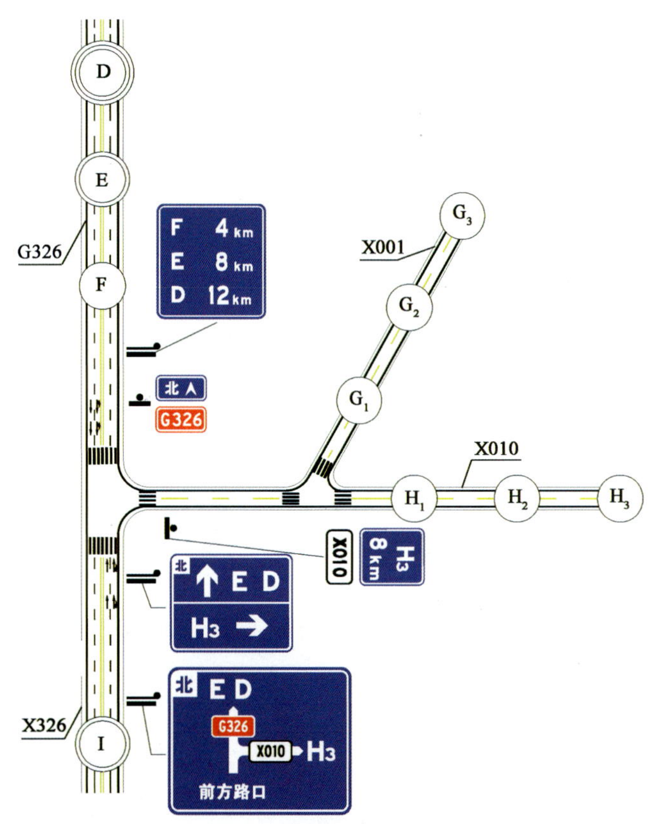

图 8-57　交叉路口③路径指引标志设置示例图

(1)交叉路口路径指引标志配置

确定交叉路口③为 G326 与 X010 相交,属于国(省)道与县道交叉路口;同时,因 X010 交通量较大,应配置交叉路口预告标志、交叉路口告知标志以及确认标志。

(2)交叉路口路径指引标志信息选取

①在交叉路口③前首先设置交叉路口预告标志,预告前方为 G326 与 X010 相交交叉路口,X010 为交叉公路。

②该交叉路口为 T 形交叉路口,应设置 T 形交叉路口指路标志。交叉路口指路标志信息选择遵循表 8-3 的规定。G326 主线方向指示前方最近的 A 层信息要素 D 和最近的 B 层信息要素 E。支线(X010)方向信息应根据前方 C 层信息的重要度进行选择。通过对沿线三个 C 层信息 H_1、H_2、H_3 的资料收集与调研,发现 H_2、H_3 的机动车保有量、人口、面积等均高过 H_1,而 H_2、H_3 重要度非常相近,此时应选取道路终点 H_3 作为指示信息。

(3)交叉路口后确认标志的设置方法

过交叉路口后的确认标志包括公路编号标志与地点距离标志。G326 上地点距离标志指示 E、D 以及最近的 C 层信息要素 F,X010 上地点距离标志同理进行设置。

8.6.2.4 县道与县道相交指路标志设置示例

交叉路口④路径指引标志设置示例如图 8-58 所示。

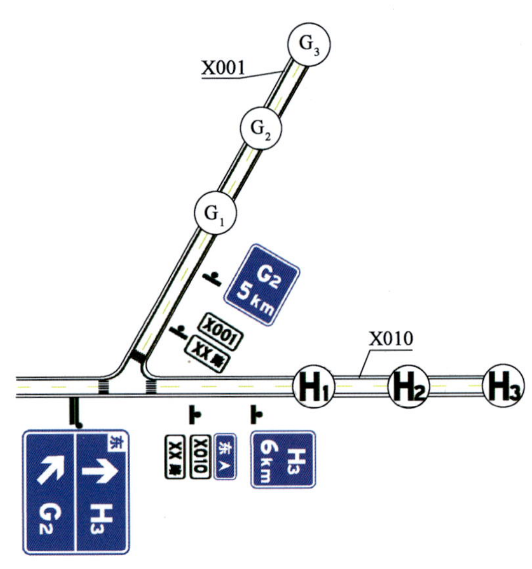

图 8-58 交叉路口④路径指引标志设置示例图

(1)确定交叉路口④为 X010 与 X001 相交,属于县道与县道交叉路口;同时,因县道交通量较大,应配置交叉路口告知标志以及确认标志。

(2)该交叉路口为 Y 形交叉路口,应设置 Y 形交叉路口指路标志。指路标志信息选取遵循表 8-3 的规定。X010 主线方向指示前方最重要的 C 层信息要素 H_3,支线(X001)方向指示前方 C 层信息中最重要的 G_2。

(3)过交叉路口后的确认标志包括公路编号标志与地点距离标志。地点距离标志分别指示到 H_3、G_2 的距离。

8.6.3 一般公路指路标志设置示例

公路交叉口指路标志设置示例见图 8-59。

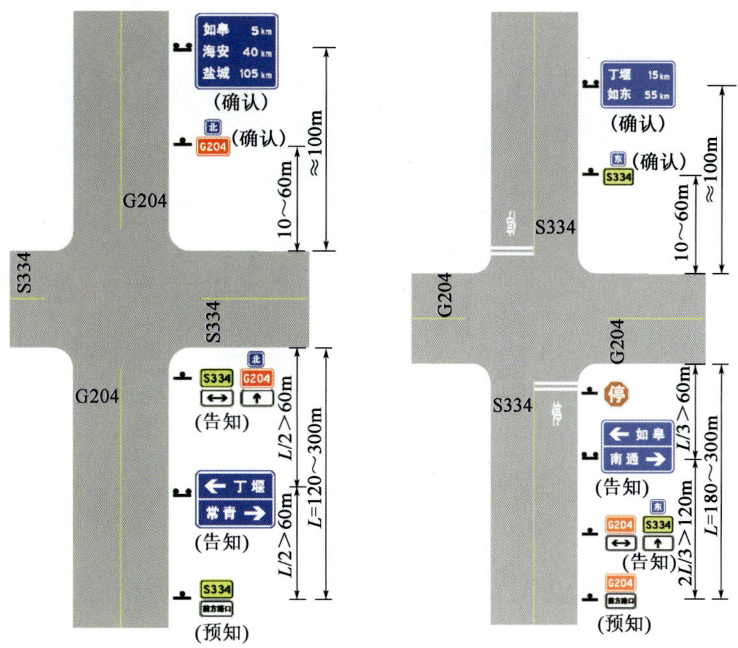

注：设计速度小于或等于80km/h。

a)

注：设计速度小于或等于80km/h。

b)

图　8-59

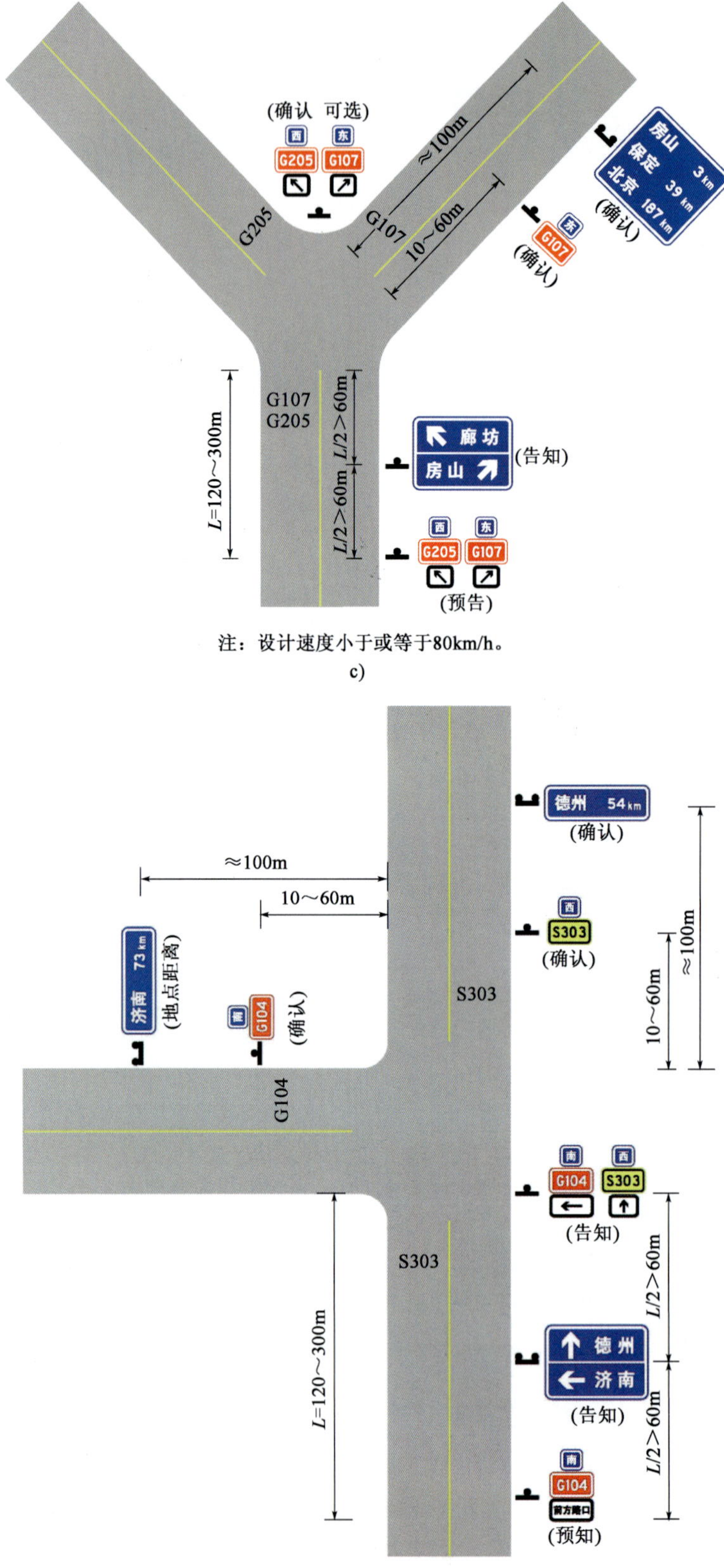

注：设计速度小于或等于80km/h。

c)

注：设计速度小于或等于80km/h。

d)

图 8-59

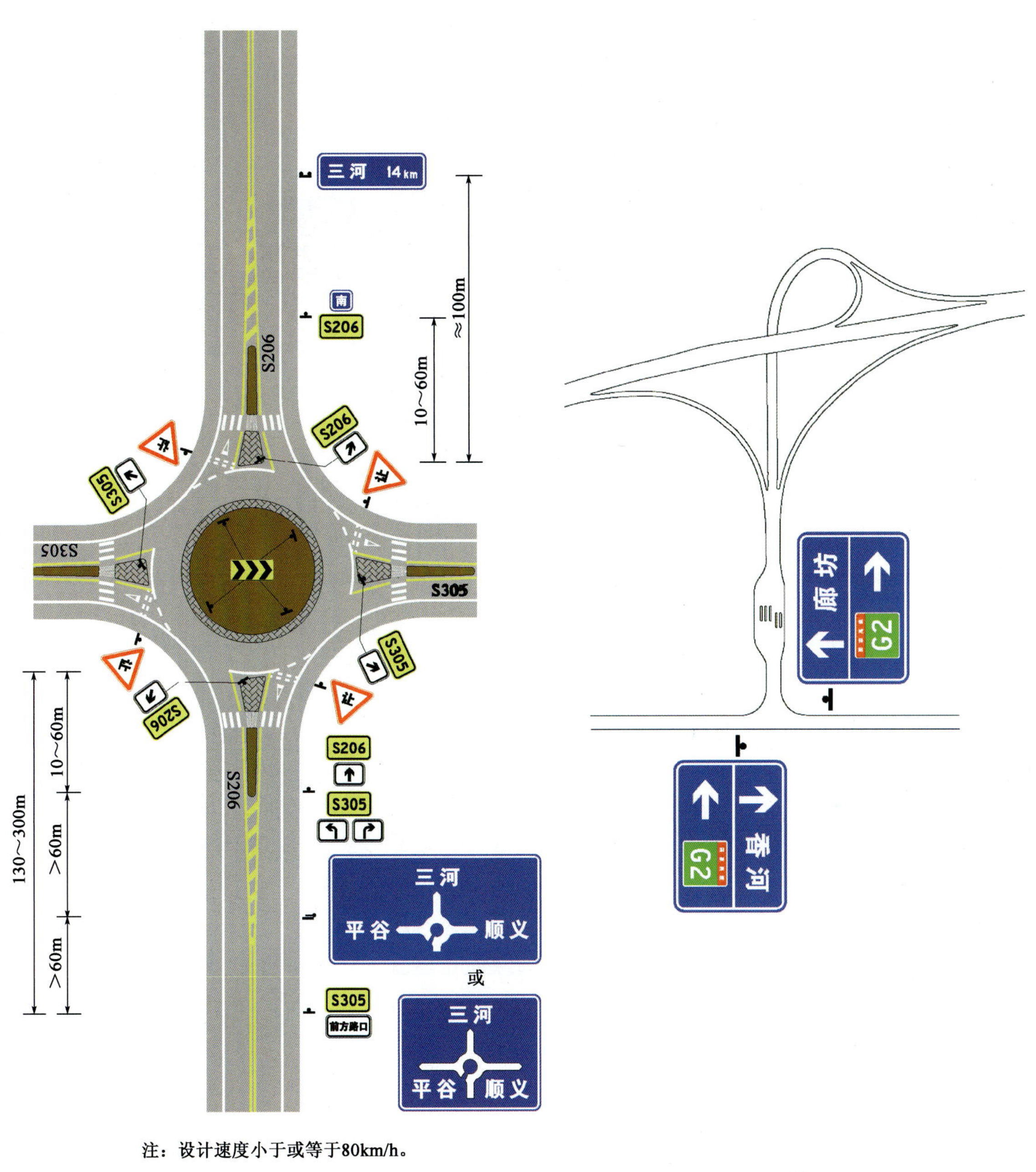

注：设计速度小于或等于80km/h。

e)

f)

图 8-59

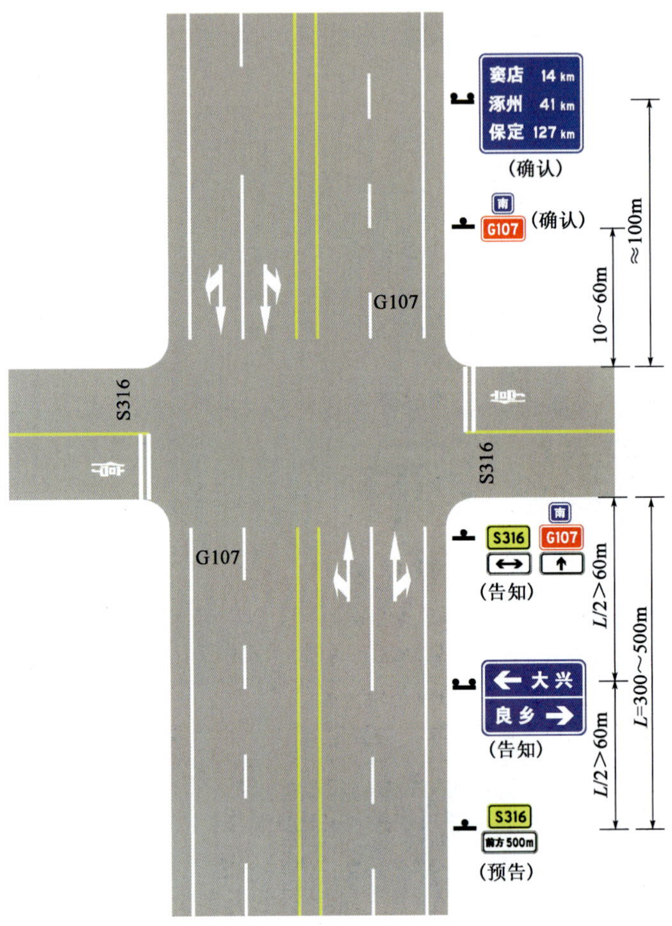

注：设计速度为100km/h。

g)

图 8-59

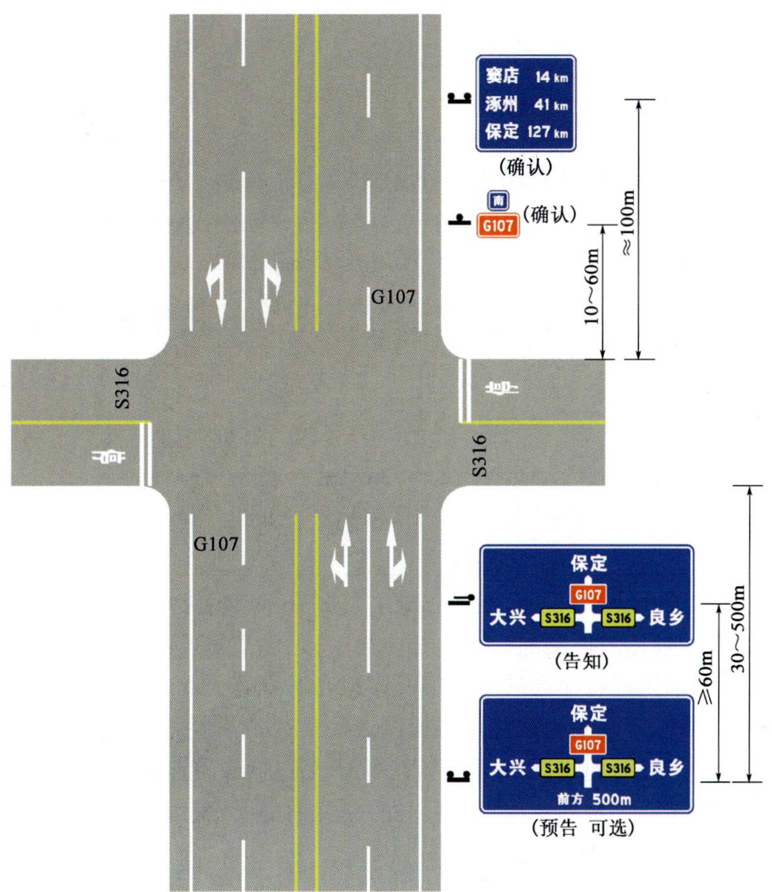

注：设计速度为100km/h。

h)

图 8-59　公路交叉口指路标志设置示例

第 9 章　一般城市道路指路标志

9.1　概述

除城市快速路外的城市道路,这里称为“一般城市道路”,包括城市主干道、城市次干道、城市支路等。其指路标志的颜色、形状、字高等同一般公路指路标志。

与一般公路、高速公路、城市快速路相比,一般城市道路具有交叉路口种类及数量众多、路网复杂、行驶车种复杂、速度差别大、人流和车流易混杂的特点;同时,一般城市道路的服务功能与公路亦有所区别,因此,其指路标志设置具有特点。一般城市道路、高速公路(城市快速路)、一般公路特点分析见表 9-1。

表 9-1　一般城市道路、高速公路(城市快速路)、一般公路特点分析

项　　目	一般城市道路	高速公路(城市快速路)	一 般 公 路
道路条件	路网复杂,通行条件好	路网较简单,通行条件最好	路网较简单,通行条件一般
交通特征	短途交通为主,并且有非机动车和行人	长途交通为主,仅有机动车	长、短途交通,穿村镇路段有非机动车和行人
交通执法	好	较好	难度大
安全引导信息	少	较少	重要,较多
交通管制信息	多	较少	少

根据一般城市道路的功能特点,其指路标志应主要服务于本地交通兼顾过境交通,服务对象以城市内中、近途集散交通为主,远途过境交通为辅。其中对中、近途集散交通的服务主要体现在其对城市内重要道路信息的指示,对远途过境交通的服务主要体现在对高速公路、城市快速路等信息的指示。

一般城市道路的指路标志应向道路使用者提供去往目的地所经过的道路、城市沿途及周边的重要区域、重要公共设施、服务设施、地点、距离和行车方向等信息。设置合理的城市道路指路标志应相互关联并构成完整指路系统,能够使驾驶人在指路标志的指引下,配合交通地图等辅助手段顺利到达城市内的目的地以及通往城外的公路。

一般城市道路指路标志设计应满足如下要求:

(1)清晰、简明、相互关联。

(2)从路网角度系统化设置。

(3)从驾驶人的需求出发,在行驶环境下及时提供准确有效的信息。

一般城市道路指路标志的分类与一般公路指路标志基本相似,同样分为路径指引标志、地点指引标志、道路沿线设施指引标志、其他道路信息指引标志。由于道路设施及相关信息有所区别,因此存在微小差异,具体分类如下:

(1)路径指引标志

①交叉路口预告标志;

②交叉路口告知标志;

③确认标志。

(2)地点指引标志

地点识别标志。

(3)道路沿线设施指引标志

①停车场(区)标志;

②人行天桥标志和人行地下通道标志;

③无障碍设施标志;

④应急避难设施(场所)标志。

(4)其他道路信息指引标志

①绕行标志;

②此路不通标志。

一般城市道路指路标志与一般公路指路标志的主要区别如下:

(1)路径指引标志中,确认标志不包含公路编号标志。

(2)地点指引标志中不包含地名标志和分界标志。

(3)道路沿线设施指引标志中不包含错车道标志停车点标志和观景台标志。

(4)其他道路信息指引标志中不包含隧道出口距离预告标志、超限检测站标志里程碑、里程牌、百米桩、公路界碑和道口标注。

一般城市道路指路标志的信息与一般公路指路标志相似,包括道路名称信息、地区名称和地点名称信息、地理方位信息、距离信息、安全行车的指引信息等六大类别。

(1)路线名称信息:

①当前所在城市道路名称信息;

②前方城市道路名称信息。

(2)地区信息:

①重要地区:包括城市中心区、市政府、大学城区、大型商业区、大型会议展览中心、城市休闲娱乐中心区、著名地区等;

②主要地区:包括大学、重要商业区、大型文化广场、中型商业区、主要生活居住区等;

③一般地区:包括重要街道、一般生活居住区等。

(3)著名地点和主要地点信息:包括交通设施、文化设施、旅游设施和其他公用设施等,以及交通量较大的交叉路口等。

(4)行政区划分界线。

(5)地理方位信息:包括东、南、西、北四个地理方位信息。

(6)距离信息:驾驶人距离前方重要城市道路、地区、立交等的距离。

(7)行车安全的指引。

一般城市道路指路标志的信息应综合考虑重要程度、道路等级、服务功能等因素,参照表 9-2 进行分层。

表 9-2　指路标志信息分层表

序号	类　别	A 层 信 息	B 层 信 息	C 层 信 息
1	路线名称信息	高速公路、国道及城市快速路	省道编号、城市主干道、内环路	城市次干道、城市支路
2	地区名称信息	行政中心(如市政府)、大学城区、大型会议展览中心、城市休闲娱乐中心区、著名地区	重要地区	城市内一般地区
3	旅游景区信息	国家级旅游景点、自然保护区、国家级大型文体设施	市级旅游景点、自然保护区、博物馆	博物馆、纪念馆
4	交通枢纽信息	飞机场、特等或一等火车站	二等或三等火车站、长途汽车总站	—
5	重要地物信息	国家级产业基地、大型城市标志性建筑物	省、市级产业基地、市级文体场馆、科技园	县级产业基地和企业、县级文体中心

9.2　路径指引标志

与一般公路路径指引标志相同,城市道路同样不需要在所有交叉路口都配全交叉路口预告标志、交叉路口告知标志和确认标志;而且由于城市道路交叉路口更加密集,其路径指引标志的配置规模可适当压缩。

城市道路路径指引标志配置可参照表 9-3 进行。受条件限制时可减少标志配置数量,但至少设置交叉路口告知标志。

表 9-3　一般城市道路路径指引标志配置

主线道路	被交道路		
	城市主干道	城市次干道	城市支路
城市主干道	(预)、告、(确)	(顶)、告、(确)	—
城市次干道	(预)、告、(确)	(预)、告、(确)	告
城市支路	(预)、告、确	(预)、告、(确)	告

注:预——交叉路口预告标志,详见 9.2.2;
告——交叉路口告知标志,详见 9.2.3;
确——确认标志,包括地点距离标志、街道名称标志、路名牌,详见 9.2.4;
(　)——可根据需要设置的交通标志。

城市道路路径指引一般使用路名标志。

9.2.1　路径指引标志版面信息的含义与选取

9.2.1.1　信息含义

路径指引标志各信息要素应根据如下版面信息的含义规定进行布置。

(1)如图 9-1 所示类型的指路标志,其中信息的含义应遵循以下原则:

①标识在箭头中的信息为交叉路口交叉道路的名称。

②标识在箭头外,箭头所指向的信息为交叉路口各交叉道路所能通达的地点、城市道路名称、公路编号。设置示例见图 9-2。

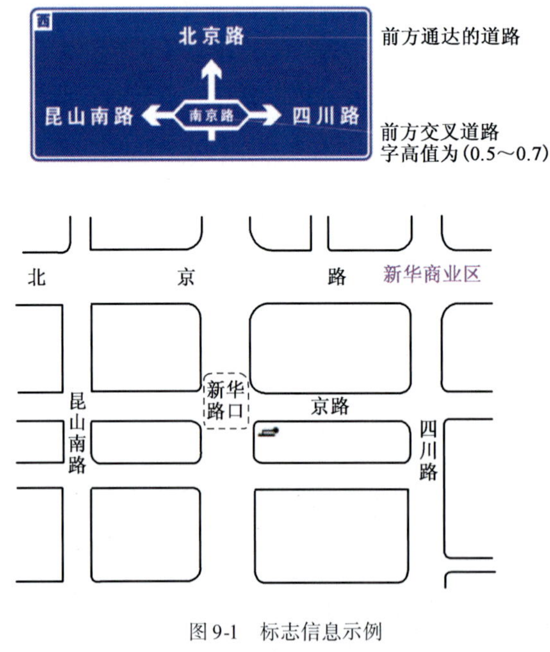

图 9-1　标志信息示例

（2）如图 9-3 所示类型的指路标志，版面中的箭头表示路径方向。

（3）箭头：同一般公路指路标志。

图 9-2　一般城市道路指路标志版面信息排列设置示例

图 9-3　一般城市道路指路标志版面箭头布置示例

9.2.1.2　标志版面信息量

一般城市道路标志版面信息量要求同一般公路指路标志。一般城市道路路网结构较一般公路复杂，标志版面设计应注意信息过载的问题，如图 9-4 所示。

图 9-4　信息量过多的标志设置示例

如果按照要求，设置 4 个目的地信息确实不能满足需求，而同时需要标识交叉道路的名称，此时可在平面交叉预告标志之前的适当位置设置道路名称指引标志，如图 9-5 所示。

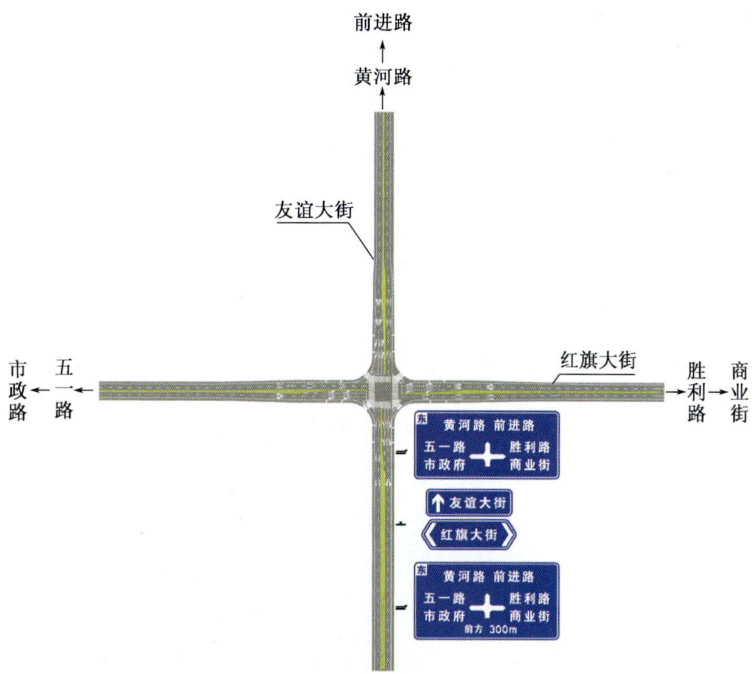

图 9-5　需要指示 4 个以上目的地和交叉道路名称时的路径指引标志设置示例

9.2.1.3 信息选取方法

(1)不同城市道路相交形成的交叉路口,其路径指引标志信息要素应按表 9-4 选取。

表 9-4 平面交叉路口路径指引标志信息选择参考表

主线方向 道路行政等级	主线方向标志信息	支线方向标志信息		
		主干路	次干路	支路
主干路	B 层、(A 层)	B 层、(A 层)	C 层、(B 层)	C 层、(B 层)
次干路	C 层、(B 层)	B 层、(A 层)	C 层、(B 层)	C 层、(B 层)
支路	C 层、(B 层)	B 层、(A 层)	C 层、(B 层)	C 层、(B 层)

注:括号中的信息要素为根据情况可选取的信息要素。

(2)同方向有多个同层信息时的选取方法如下:

①有多个 A 层或 B 层同层信息时,应首先选择其中距离最近的信息;当有多个信息距离相同时,为避免信息过载,应按表 9-2 优先选取序号靠前的类别的信息。

②有多个 C 层同层信息时,应综合考虑交通吸引量、经济发展水平等因素,选取其中相对重要的信息。

(3)信息选取应因地制宜,如无法按表 9-4 的规定选取相应的信息,可降一层选取信息,必要时也可升一层选取信息。

(4)只有城市主干道和城市次干道的道路名称可标识在箭头中。而且,为避免影响箭头的指示效果(图9-6),向上的箭头杆中不应标识道路名称,正前方的交叉道路的名称可在交叉路口后的出口处设置路名标志进行指示,示例如图 9-7 所示。

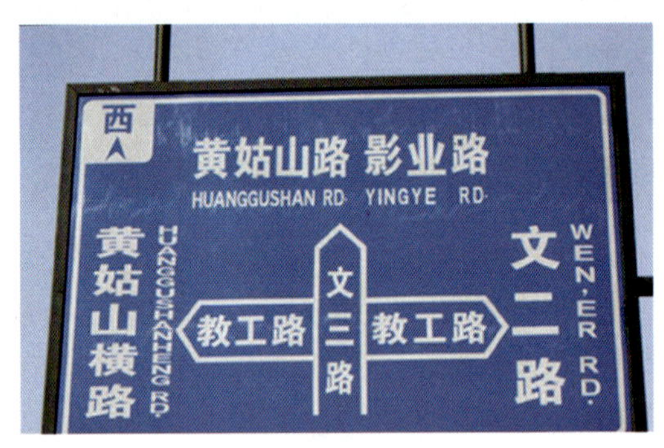

图 9-6 标识在向上箭头中的道路名称

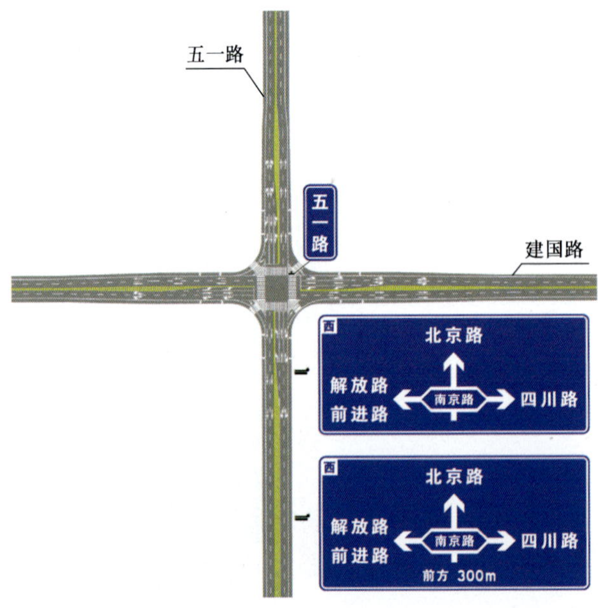

图 9-7 在交叉路口后指示交叉道路的标志设置示例

(5)当横向道路两个方向分别为两条道路时或存在重合段时,路径指引标志的箭头杆中不宜标识道路名称,可单独设置指引标志,并将各条道路的名称全部列出,如图 9-8 所示。

(6)白底蓝字在夜间视认性极差,箭头中路名不应采用白底蓝字;一块标志上路名不宜既有横写又有竖写,如图 9-6 所示。

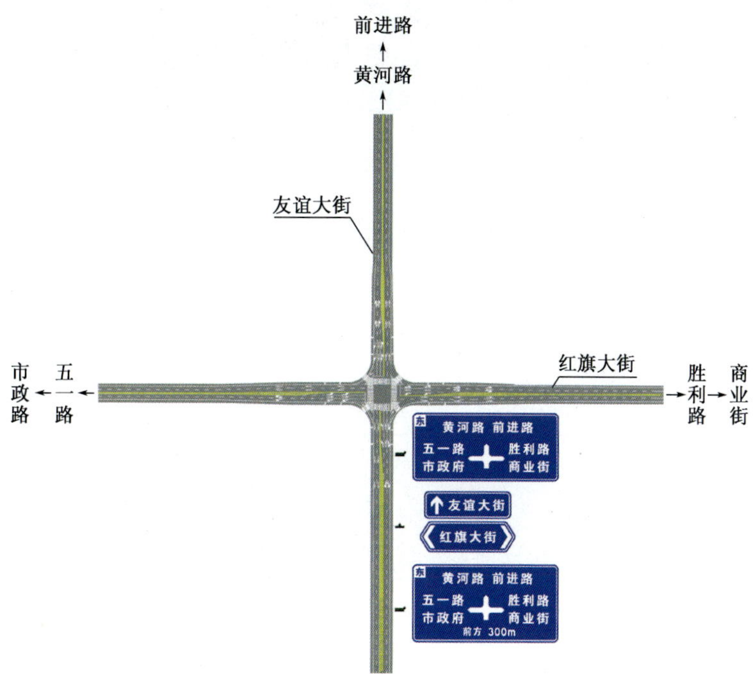

图 9-8　横向道路两个方向为两条道路时的路径指引标志设置示例

9.2.2　交叉路口预告标志

交叉路口预告标志用于满足驾驶人在交叉路口前第一层次的信息需求,预告前方交叉路口形式、交叉道路的名称、通往方向信息、地理方向信息以及距前方交叉路口的距离。一般城市道路交叉路口预告标志的设置位置可遵循一般公路的相关规定,并可根据实际情况适当前移,但距交叉路口不应少于 100m 且不应遮挡交叉路口告知标志。

交叉路口预告标志版面形式有三种形式:图形式、堆叠式、车道式。具体要求同一般指路标志。

(1)图形式

除同一般公路指路标志外,一般城市道路指路标志还可采用图 9-9 的形式。

图 9-9　一般城市道路指路标志版面

(2)堆叠式

同一般公路指路标志。

(3)车道式

车道式标志预告各交叉道路所能通达的道路、地点信息,到前方交叉路口的地理方向信息,按表 9-3 的要求需要设置交叉路口预告标志的交叉口,适用于四车道及以上道路的交叉路口,见图 9-10。

图 9-10　车道式标志

由于该指路标志版面占用率高,指示地理方向一般通过在标志上附着方向标志来实现,如图 9-11 所示。

图 9-11　通过顶端附着方向标志指示地理方向

9.2.3　交叉路口告知标志

交叉路口告知标志用以告知前方交叉路口形式、交叉道路的名称、通往方向信息、地理方向信息。

设置了减速车道的平面交叉路口,交叉路口告知标志应设置在减速车道起点处,见图 9-12;其他一般城市道路的平面交叉,交叉路口告知标志应设置于距平面交叉口前适当位置,见图 9-13;也可设置于交叉口对向侧,见图 9-14。设置于路口的告知标志可以与路口公共设施的杆件共杆设置,见图 9-12、图 9-14。

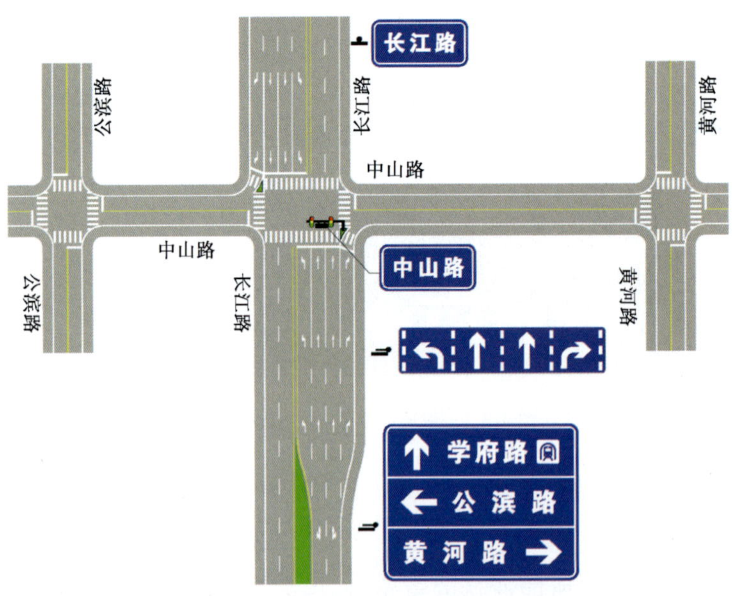

图 9-12　路名标志告知标志设置示例

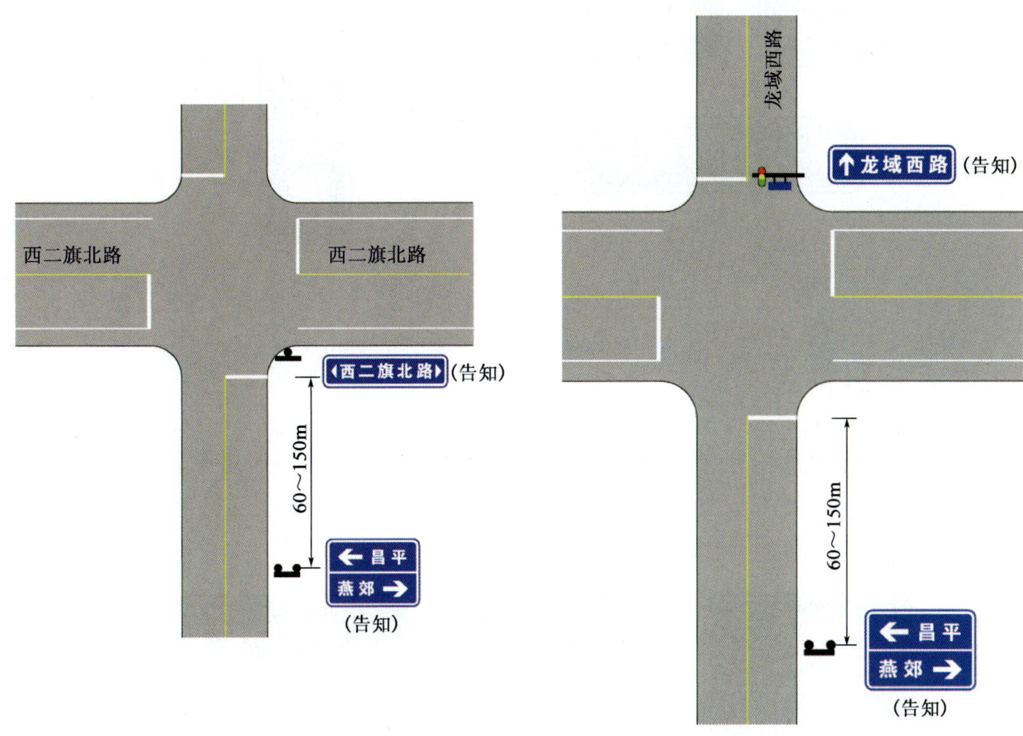

图 9-13　城市道路交叉口指路标志设置示例　　　图 9-14　道路方向标志告知标志设置示例

城市道路交叉路口前的交叉路口告知标志一般不需标识各目的地信息的距离。

设在交叉路口前的交叉路口告知标志形式可同 9.2.2 中的规定，也可以采用路名、道路方向标志与路口公共设施的杆件共杆设置，设置示例见图 9-12、图 9-14，道路方向标志版面见图 9-15。这些设置都是朝向机动车车灯方向，与人行道边设置的街道名称的标志不同。

当需要表示直行方向道路名称时，在道路名称左侧加直行箭头，见图 9-15c)；如道路名称没有箭头图形则表示横向被交道路，见图 9-16，设置示例见图 9-12。

图 9-15　道路方向标志　　　图 9-16　路名标志

9.2.4　确认标志

一般城市道路上确认标志主要是路名标志，设置在交叉路口后适当位置。

路名标志作为确认标志指示当前道路名称，如图 9-17 所示。

按表 9-3 的要求需要设置交叉路口确认标志的道路交叉路口后 10～60m 处，应设置街道名称标志。

标志板面应正对行车方向。标志版面中的文字应按自左至右或自上而下的方式排列，不宜竖排。文字排列应科学，保证路名易于识认。当道路狭窄，标志版面中的文字街名可以竖向设置一列，如图 9-18所示。竖列的标志，仅仅允许设置一列。

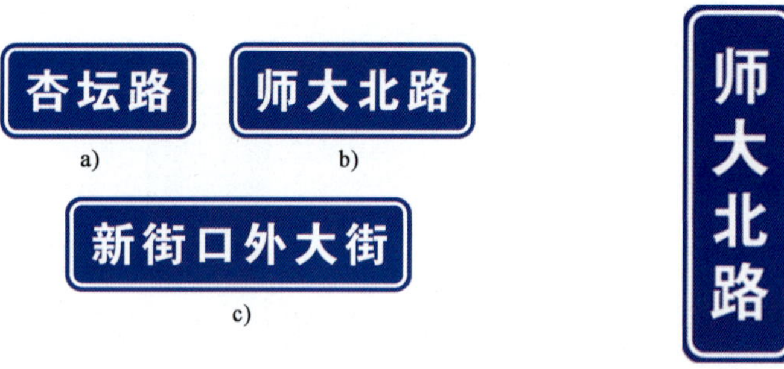

图 9-17　路名名称示例　　图 9-18　狭窄路段路名名称标志

9.3　地点指引标志

用于城市道路上的地点指引标志主要是地点识别标志,参见一般公路地点识别标志。

地点识别标志指示各种重要场所,表示场所的相应标识应采用《道路交通标志和标线　第 1 部分:总则》(GB 5768.1)中的图案,如图 9-19 所示。

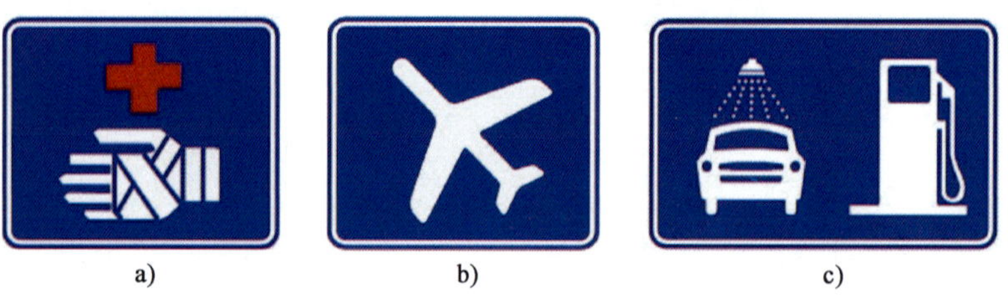

图 9-19　地点识别标志示例

该标志设在所标识地点前适当位置。若同时存在路径指引标志,可将相应地点图形标识在路径指引标志中,实现指示地点、设施的目的,如图 9-20 所示。设置示例如图 9-21 所示。

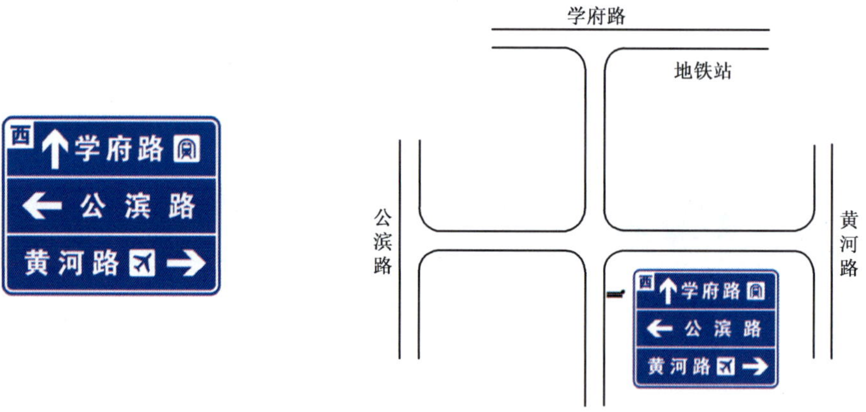

图 9-20　地点图形标识用于路径指引标志示例　　图 9-21　地点图形标识用于路径指引标志设置示例

9.4　道路沿线设施指引标志

9.4.1　停车场(区)标志

该标志指示露天及室内停车场(区)。图 9-22a)为露天停车场,图 9-22b)为室内停车场。

对于城市商业区等街道密集、停车场需求高的区域,应首先在进入区域前预告停车场的总数量,并且预告前三个最近的停车场的位置,每次经过一个停车场后还应预告下三个最近的停车场。

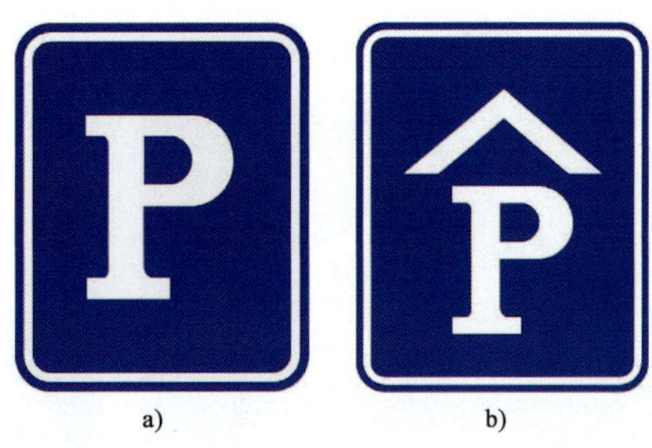

图 9-22　停车场(区)标志

停车场指引标志也可采用电子显示类标志。如果此处同时设置了路径指引标志,则停车场指引标志设置在路径指引标志之前,且不应遮挡路径指引标志。设置示例如图 9-23 所示。

9.4.2　无障碍设施标志

该标志指示残疾人设施的位置,如图 9-24 所示,设在残疾人设施附近适当位置。残疾人专用设施标志可附加辅助标志,指示残疾人设施的方向或距离,如图 9-25 所示。仅用于指引残疾人停车位,一般设置于残疾人停车位旁。城市道路连续设置的无障碍设施不需要设置此标志。

残疾人专用设施标志设置不当示例如图 9-26 所示。

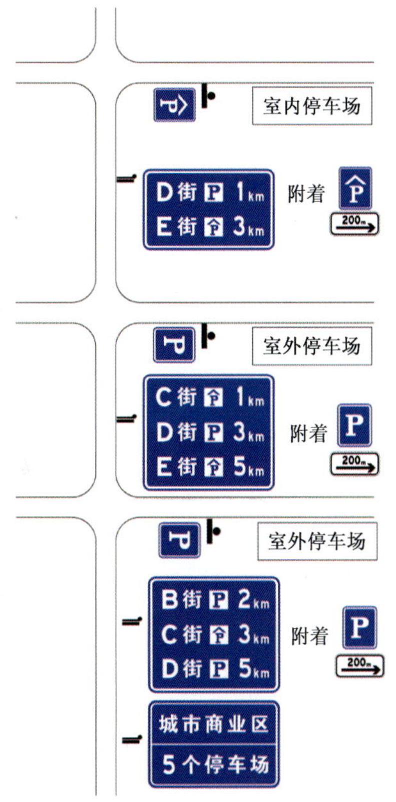

图 9-23　商业区停车场指引标志设置示例

图 9-24　残疾人专用设施标志

图 9-25　残疾人专用设施标志附加辅助标志示例

9.4.3　应急避难设施(场所)标志

该标志指示应急避难设施(场所)。城市中应急避难设施(场所)标志设置示例如图 9-27 所示。

图 9-26　残疾人专用设施标志设置错误实例

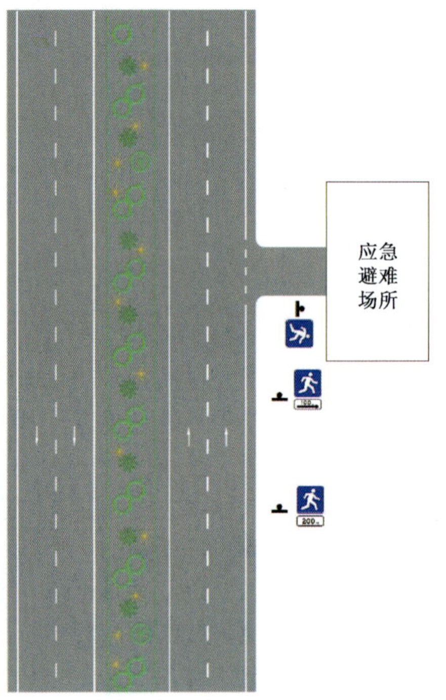

图 9-27　城市中应急避难设施(场所)标志设置示例

9.4.4　人行天桥标志和人行地下通道标志

同一般公路指路标志。

9.5　其他道路信息指引标志

9.5.1　绕行标志

该标志版面为蓝底、白色街区,绕行路线为黑色。根据需要可在绕行标志上绘制相应的禁令或其他标志图形,如施工警告标志。绕行标志设置示例如图 9-28 所示。

该标志设于实施交通管制或其他原因需要绕行的路口前适当位置;同时,和其他指路标志配合,指示绕行路径。如图 9-29 所示的路网交通管制措施,其绕行标志设置示例如图 9-30 所示。

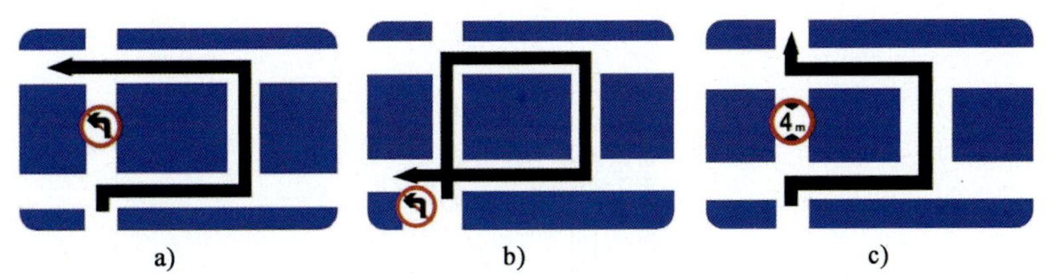

图 9-28　绕行标志设置示例

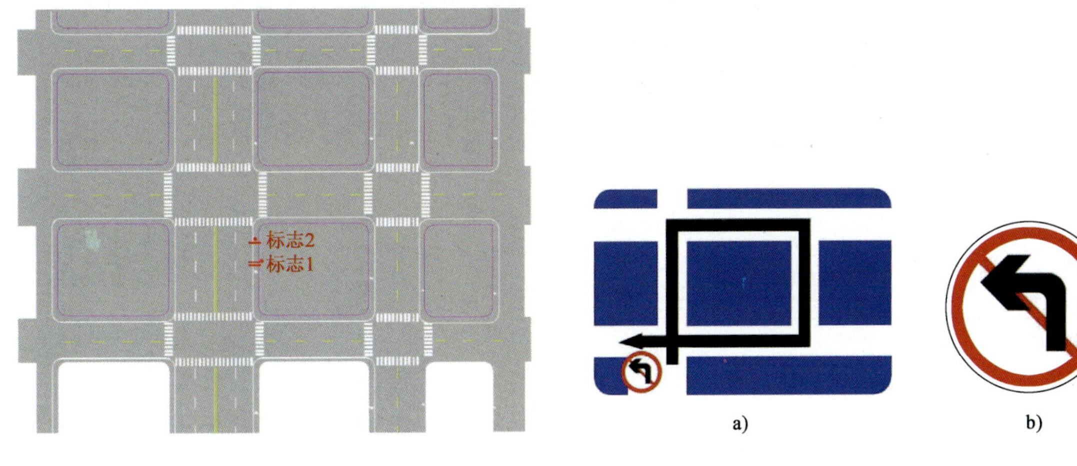

图 9-29　路网交通管制措施示例

注：图中标志 1、标志 2 的标志版面如图 9-30a)、b)所示。

图 9-30　绕行标志设置示例

a)标志 1；b)标志 2

9.5.2　此路不通标志

用以指示前方道路无出口，不能通行，见图 9-31。标志为蓝底、白色街区、红色图形。该标志可与其他指路标志配合使用。

图 9-31　此路不通标志

9.6　一般城市道路指路标志设置示例

设计步骤同一般公路指路标志。

9.6.1　路网分析

图 9-32 为某城市路网示意图，其中友谊大街、五一大街、红旗大街为城市主干道；建国路、共荣路为城市次干道；劲松中街、安居路为城市支路。城市毗邻一条省级高速公路。

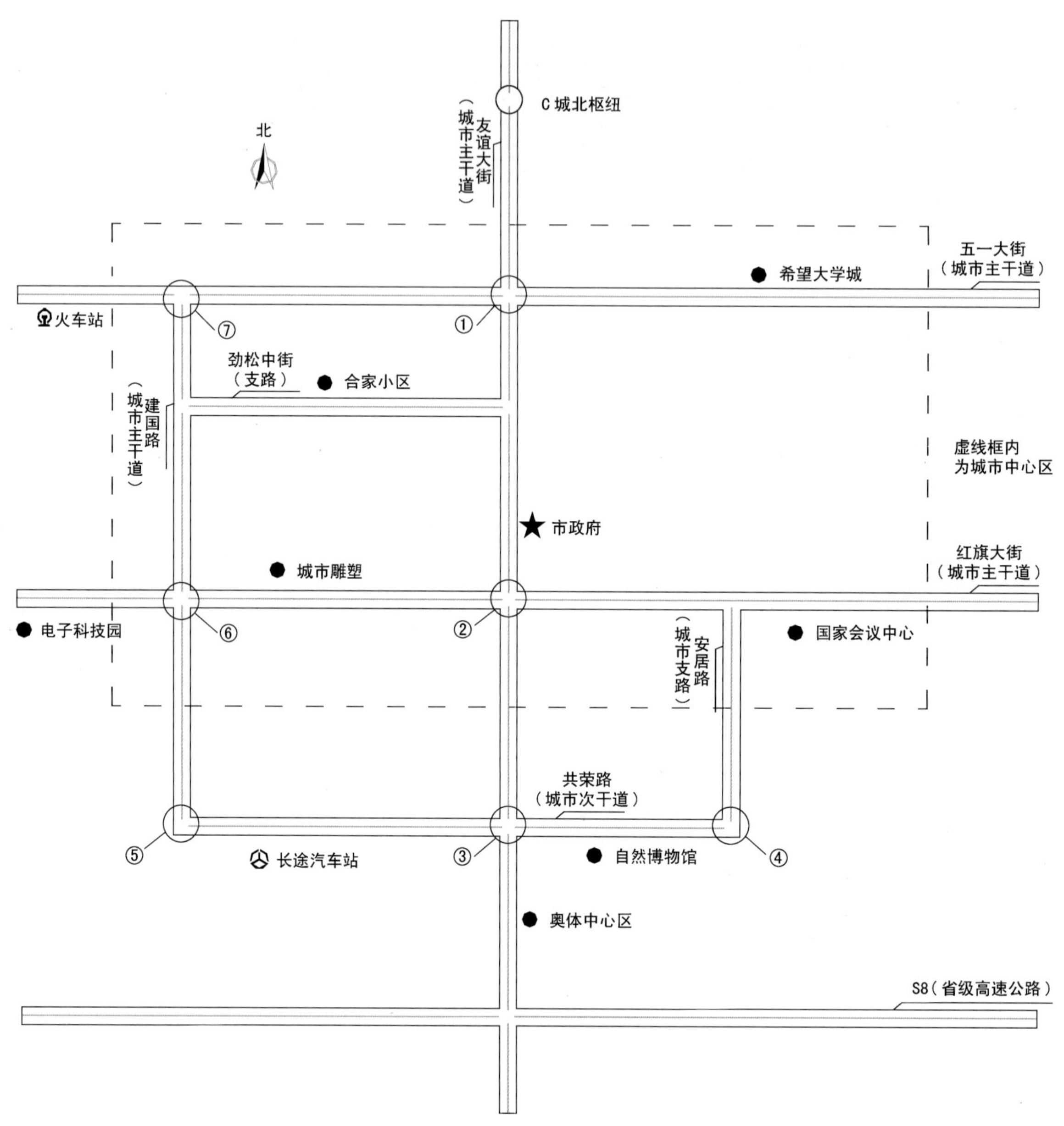

图 9-32　城市道路路网示意图

城市内有市政府、文体中心区、大学城等各种行政与公共设施。图中虚线框内为市政府定义的城市中心区。

城北枢纽为该城市交通枢纽,该交通枢纽将火车站、地铁站、长途汽车站集合在一起,是普通市民进出城市的主要交通换乘枢纽。此外,有一个火车站和一个长途汽车站。

综合分析该路网可以发现,路网内包括城市主干道、城市次干道、城市支路等各级城市道路,以及政府、交通枢纽、文体中心区、大学城等各种公共设施,属于典型的城市道路网络布局。

9.6.2　信息分层

根据表 9-3 的规定,该路网中各主要信息分层见表 9-5。

表 9-5　路网指路标志信息分层表

序号	类　别	A 层信息	B 层信息	C 层信息
1	路线名称信息	省级高速公路 S8	五一大街、友谊大街、红旗大街	共荣路、建国路、劲松中街、安居路
2	地区名称信息	市政府、希望大学城(属于大学城区)、国家会议中心(属于大型会议展览中心)	无	合家小区
3	旅游景区信息	奥体中心区(为体育娱乐中心区)	自然博物馆	无
4	交通枢纽信息	城北枢纽、火车站	长途汽车站	无
5	重要地物信息	城市雕塑(为城市标志性建筑物)	电子科技园	无

9.6.3　各典型交叉路口指路标志设置

下面以向北行车方向为例,说明各典型交叉路口路径指引标志设置方法。

(1)交叉路口①指路标志设置

交叉路口①指路标志设置如图 9-33 所示。

①交叉路口路径指引标志配置

确定交叉路口①为五一大街与友谊大街相交,属于城市主干道与城市主干道交叉路口。参考表 9-3并考虑该路段实际情况,交叉路口前后应配置交叉路口预告标志、交叉路口告知标志以及确认标志。

②交叉路口路径指引标志信息选取

根据表 9-4 的规定,城市主干路应指示前方 B 层信息要素,也可指示 A 层信息要素。据此,友谊大街前方无 B 层信息要素,因此此处指示前方最近的 A 层信息要素城北枢纽。五一大街向西方向无 B 层信息要素,建国路虽然为 C 层信息要素,但是在城市中是一条主要的集散公路,此时可升一层处理;同时五一大街向西可通往城市中唯一的火车站,因此向西指示建国路和火车站(用图形表示);向东方向无 B 层信息要素,因此指示 A 层信息要素希望大学城。

虽然此处指路标志各方向所指示的目的地信息数量为 4 个,仍可将“五一大街”标识在箭头杆之中。为避免降低箭头的识认性,友谊大街不标识在向前方向的箭头上。

③交叉路口后确认标志的设置方法

因友谊大街没有在交叉路口预告标志和告知标志中进行指示,因此在交叉路口后紧邻交叉路口的中央分隔带上设置“友谊大街”的街道名称标志。同时,在各交叉路口的街角处设置路名牌,并在交叉路口后的适当位置设置地点距离标志。

城市的交通标志版面设计风格应保持一致。如交叉路口①可以采用图 9-33a)或图 9-33b)的版面形式。下面以图 9-33b)的版面形式示例。

(2)交叉路口②指路标志设置

交叉路口②指路标志设置如图 9-34 所示。

①交叉路口路径指引标志配置

确定交叉路口②为红旗大街与友谊大街相交,属于城市主干道与城市主干道交叉路口。参考表 9-3 并考虑该路段实际情况,交叉路口前后应配置交叉路口预告标志、交叉路口告知标志以及确认标志。

②交叉路口路径指引标志信息选取

根据表 9-4 的规定,城市主干路应指示前方 B 层信息要素,也可指示 A 层信息要素。据此,友谊大街前方指示 B 层信息要素五一大街,并指示最近的 A 层信息要素市政府。红旗大街向西方向指示建国路(升一层处理)和城市雕塑;向东方向指示 A 层信息要素国家会议中心。

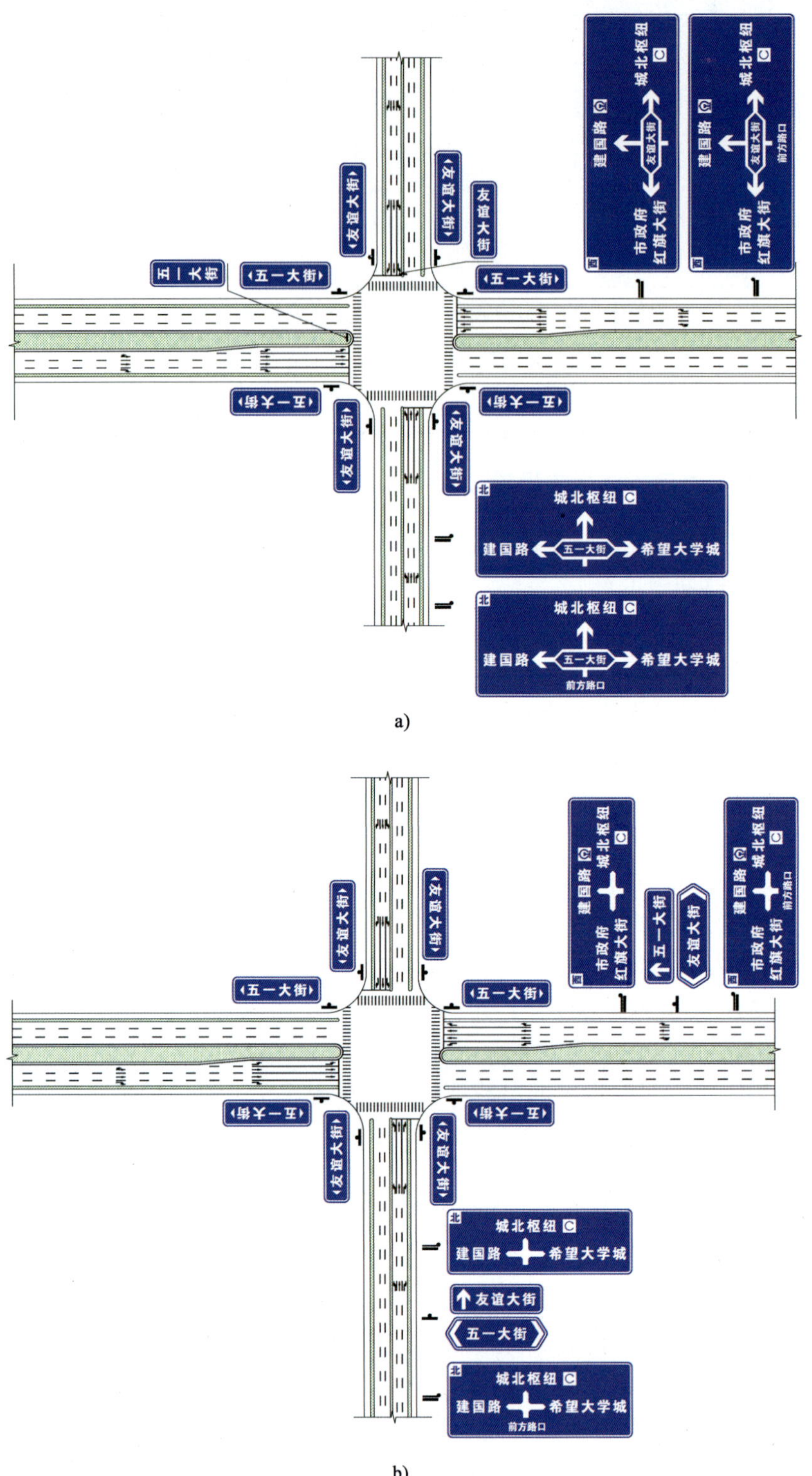

图 9-33　交叉路口①指路标志设置示意图

此处指路标志各方向所指示的目的地信息数量之和为 6 个,因此友谊大街和红旗大街作为交叉道路不再标识在指路标志箭头杆中。相关信息通过在交叉路口前单独设置指引标志以及在交叉路口后设置街道名称标志进行指引。

此外,该交叉路口距离高速公路 G8 入口小于 10km,因此开始对高速公路进行指引。

③交叉路口后确认标志的设置方法

友谊大街、红旗大街没有在交叉路口预告标志和告知标志中进行指示,因此在交叉路口后紧邻交叉路口的中央分隔带上设置相应的街道名称标志。同时，在各交叉路口的街角处设置路名牌，并在交叉路口后的适当位置设置地点距离标志。

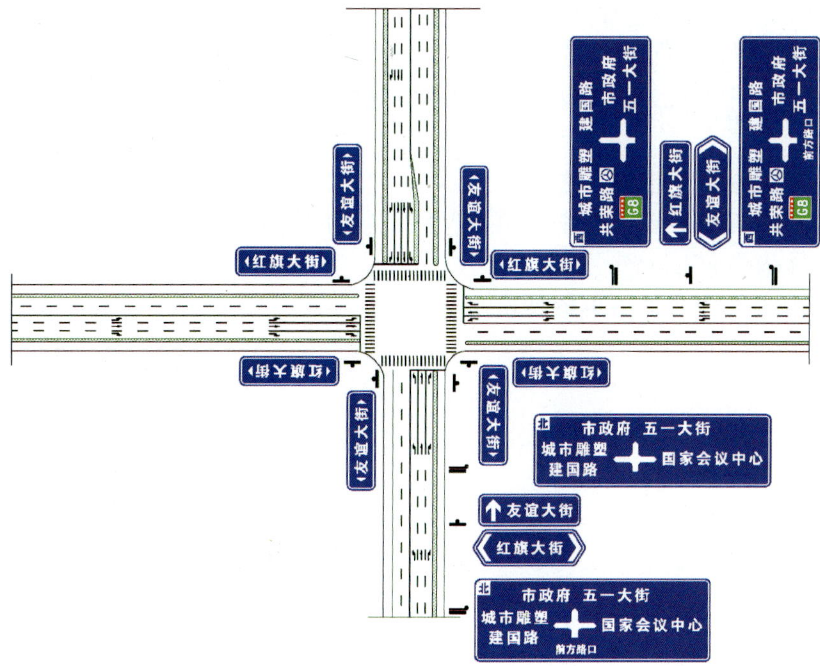

图 9-34　交叉路口②指路标志布置示意图

(3)交叉路口③指路标志设置

交叉路口③指路标志设置如图 9-35 所示。

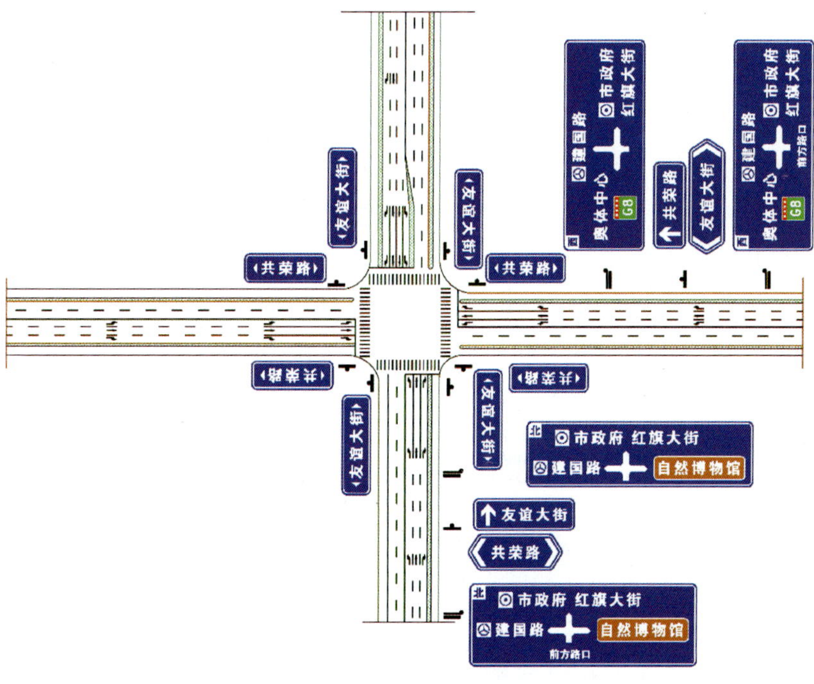

图 9-35　交叉路口③指路标志布置示意图

①交叉路口路径指引标志配置

确定交叉路口③为红旗大街与共荣路相交，属于城市主干道与城市次干道交叉路口。参考表 9-3 并考虑该路段实际情况，交叉路口前后应配置交叉路口预告标志、交叉路口告知标志以及确认标志。

②交叉路口路径指引标志信息选取

根据表 9-4 的规定，城市主干路应指示前方 B 层信息要素，也可指示 A 层信息要素；城市次干道应指示前方 C 层信息要素,也可指示 B 层信息要素。据此,友谊大街前方指示 B 层信息要素红旗大街,并指示最近的 A 层信息要素市政府,同时标识向前方向为城市中心区。共荣路向西方向指示建国路和长途汽车站;向东方向指示 B 层信息要素自然博物馆。

此处指路标志各方向所指示的目的地信息数量为 5 个,因此友谊大街和共荣路作为交叉道路不再标识在指路标志箭头杆中。相关信息通过在交叉路口前单独设置指引标志以及在交叉路口后设置街道名称标志进行指引。

③交叉路口后确认标志的设置方法

在各交叉路口的街角处设置路名牌,并在交叉路口后的适当位置设置地点距离标志。

(4)交叉路口④指路标志设置

交叉路口④指路标志设置如图 9-36 所示。

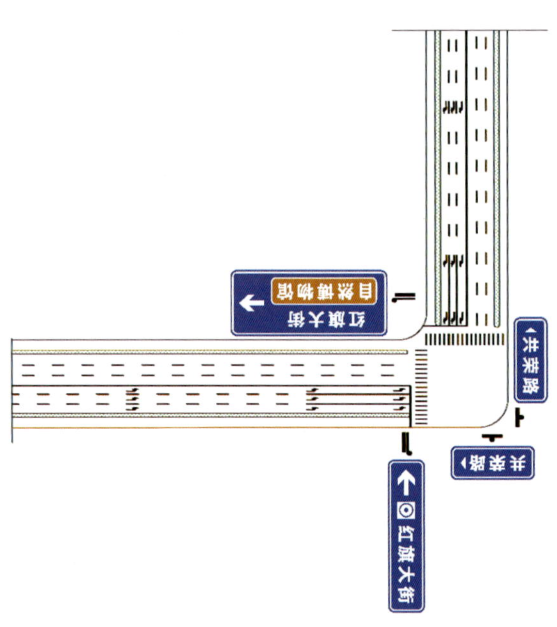

图 9-36　交叉路口④指路标志布置示意图

①交叉路口路径指引标志配置

确定交叉路口④为共荣路与安居路相交,属于城市次干道与支路交叉路口。参考表 9-3 并考虑该路段实际情况,交叉路口前后应配置交叉路口告知标志以及确认标志。

②交叉路口路径指引标志信息选取

根据表 9-4 的规定,城市次干路应指示前方 C 层信息要素,也可指示 B 层信息要素;城市支路应指示前方 C 层信息要素,也可指示 B 层信息要素。据此,共荣路方向指示自然博物馆和友谊大街;安居路方向指示红旗大街并指示前方进入城市中心区。

③交叉路口后确认标志的设置方法

在各交叉路口的街角处设置路名牌。

(5)交叉路口⑤指路标志设置

交叉路口⑤指路标志设置如图 9-37 所示。

①交叉路口路径指引标志配置

确定交叉路口⑤为共荣路与建国路十字相交,属于城市次干道与城市次干道交叉路口。参考表 9-3并考虑该路段实际情况,交叉路口前后应配置交叉路口告知标志以及确认标志。

②交叉路口路径指引标志信息选取

根据表 9-4 的规定,城市次干路应指示前方 C 层信息要素,也可指示 B 层信息要素。据此,共荣路方向指示长途汽车站和友谊大街;建国路方向指示红旗大街和电子科技园。

③交叉路口后确认标志的设置方法

在各交叉路口的街角处设置路名牌。

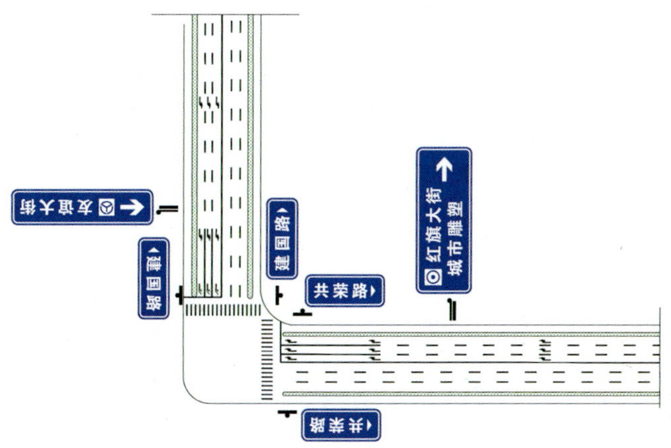

图 9-37　交叉路口⑤指路标志布置示意图

(6)交叉路口⑥指路标志设置

交叉路口⑥指路标志设置如图 9-38 所示。

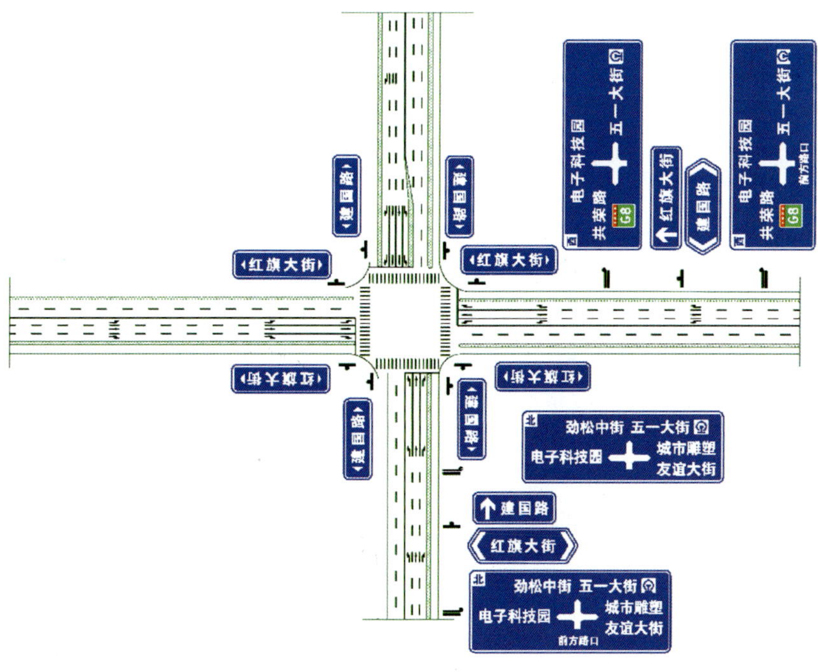

图 9-38　交叉路口⑥指路标志布置示意图

①交叉路口路径指引标志配置

确定交叉路口⑥为红旗大街与建国路相交，属于城市主干道与城市次干道交叉路口。参考表 9-3 并考虑该路段实际情况，交叉路口前后应配置交叉路口预告标志、交叉路口告知标志以及确认标志。

②交叉路口路径指引标志信息选取

根据表 9-4 的规定，城市主干路应指示前方 B 层信息要素，也可指示 A 层信息要素；城市次干道应指示前方 C 层信息要素，也可指示 B 层信息要素。据此，建国路前方指示 B 层信息要素五一大街，并指示最近的 A 层信息要素火车站。红旗大街向西方向指示电子科技园；向东方向指示城市雕塑和友谊大街。

此处指路标志各方向所指示的目的地信息数量为 5 个，因此红旗大街和建国路作为交叉道路不再标识在指路标志箭头杆中。相关信息通过在交叉路口前单独设置指引标志以及在交叉路口后设置街道名称标志进行指引。

③交叉路口后确认标志的设置方法

红旗大街、建国路没有在交叉路口预告标志和告知标志中进行指示,因此在交叉路口后紧邻交叉路口的中央分隔带上设置相应的街道名称标志。同时,在各交叉路口的街角处设置路名牌,并在交叉路口后的适当位置设置地点距离标志。

(7)交叉路口⑦指路标志设置

交叉路口⑦指路标志设置如图 9-39 所示。

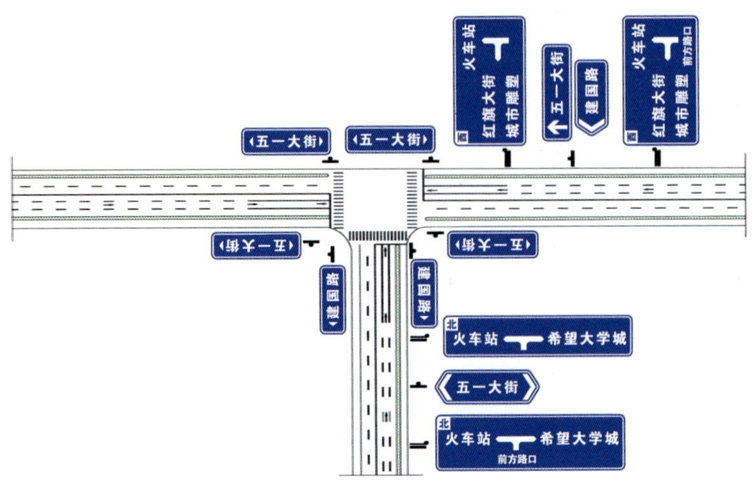

图 9-39　交叉路口⑦指路标志布置示意图

①交叉路口路径指引标志配置

确定交叉路口⑦为五一大街与建国路相交,属于城市主干道与城市次干道交叉路口。参考表 9-3 并考虑该路段实际情况,交叉路口前后应配置交叉路口预告标志、交叉路口告知标志以及确认标志。

②交叉路口路径指引标志信息选取

根据表 9-4 的规定,城市主干路应指示前方 B 层信息要素,也可指示 A 层信息要素;城市次干道应指示前方 C 层信息要素,也可指示 B 层信息要素。据此,五一大街向西方向指示 A 层信息要素火车站,向东方向指示 B 层信息要素友谊大街和希望大学城。

此处指路标志各方向所指示的目的地信息数量为 3 个,因此将“五一大街”标识在指路标志的箭头杆中。

③交叉路口后确认标志的设置方法

在各交叉路口的街角处设置路名牌,并在交叉路口后的适当位置设置地点距离标志。

第 10 章　高速公路、城市快速路指路标志设置

道路建设过程是不连续的,路网的形成并非一朝一夕。但指路标志的设置是依赖于道路建设进行的,路网的指路标志会因为道路建设的原因造成信息重复、矛盾甚至错误。虽然,在大部分的指路标志设置中,指路标志能够被理解并正确地为道路使用者指路,但是,交通流的组成随着经济发展和沿线土地使用而发生改变,可能原来以商业运输为主的道路会因为休闲旅游的兴起,使得原有的标志仅能满足很少一部分道路使用者的需要。产业的兴衰、道路使用者习惯、媒体的宣传,都有可能会影响指路标志的使用。随着 ITS 应用的逐步加深,指路标志的作用会产生新的变化,指路标志的作用有时只是驾驶人核对导航系统的地标信息,就像路边的建筑物一样。

高速公路、城市快速路是道路网中的"动脉",是干线路网,其核心体现为快速和连通,采用连续流而非间断流的运行方式,保证车辆快速通行。道路网采用不同等级的道路,分离区域内不同出行目的的交通,将长短距离、快慢速度交通分离出来,提高整体交通效率和可达性。高速公路、城市快速路的指路标志以关联、有序的方式将路网中的信息有机组合并分布在路网的交叉点和路段中,引导道路使用者安全、准确、快速地靠近并最终到达出行目的地。

10.1　影响指路标志设置的因素分析

高速公路、城市快速路的道路使用者,出行模式通常为经一般道路进入高速公路、城市快速路,接近目的地附近后,进入一般道路,然后到达目的地。这里的一般道路指的是除高速公路、城市快速路以外的道路的总称。

道路所特有的"门到门"的服务,是由高速公路、城市快速路和一般道路共同完成的。在高速公路、城市快速路上,指路标志形成的信息供给体系应保证道路使用者不错过重要的方向和地名信息,了解路况,确保其安全、快速地到达目的地。高速公路、城市快速路封闭、机动车专用、分幅行驶、控制出入的运行模式,已为道路使用者提供了排除人车混杂、横向干扰较少的道路交通条件,相比较于一般道路行车环境更单一、更容易形成较高的车速。所以,在指路标志的建设中,应充分考虑单一、快速的道路使用者需求,使信息传递及时、准确;信息内容易被道路使用者接受;重要信息有多次重复,覆盖到所有的驾驶人。

封闭的道路环境使驾驶人容易集中注意力,良好的线形条件使车辆的机动性能仅仅受约束于车辆本身的性能和法律规定。这些特点使封闭道路的运行和管理方式与开放式道路有所区别。本节介绍了高速公路、城市快速路路段的划分,各种类型路段交通运行情况对指路标志信息选取的影响及指路标志设置。

10.1.1　交通运行对指路标志设置的影响

高速公路、城市快速路是设有中央分隔带分隔对向车流,全部控制出入,每个行车方向最少有两条车道,专供机动车使用的道路。高速公路、城市快速路上车流运行情况主要受交通流中车辆、驾驶人以及线形几何条件的影响;此外,运行状况有时也会受到环境条件(如照明、暴雨等)、路面状况和交通事故的影响。

高速公路的收费设施会使交通流中断或减速,一般仍把收费设施的路段归入高速公路类型。但是,对于收费道路独有的交通流特性、因收费设施产生的约束和延误,应给予与主线路段不同的信息提示和指引。

从对驾驶人信息提示指引的服务和交通流运行状况的特点来看,高速公路、城市快速路的路段可以

分为四种不同类型的路段:基本路段、交织路段、匝道和匝道连接段、收费设施路段,如图 10-1 所示。

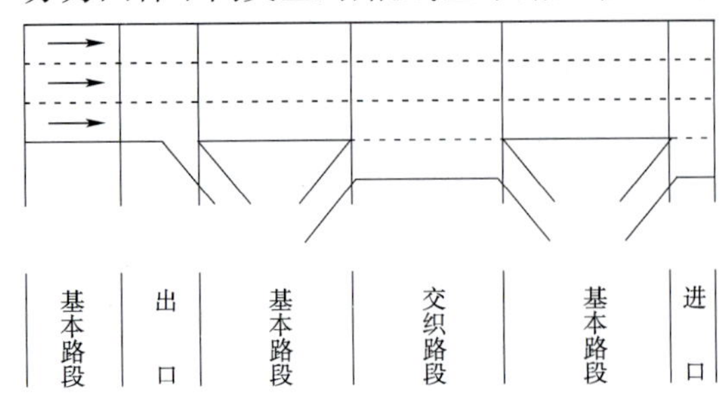

图 10-1 高速公路、城市快速路路段示意图

交织路段是高速公路中有两股或两股以上的车流要互相穿越车道的路段。当合流区后有分流区时,形成交织路段。当驶入匝道后有驶出匝道时,并且两者有辅助车道连接的情况下,也会形成交织路段。匝道的连接点是指驶入匝道或驶出匝道与高速公路的交点。由于合流与分流车辆都集中在此处,因此在这一点附近形成紊流区。除交织路段或匝道影响区之外,其余的路段即为高速公路的基本路段。

收费设施路段的判断则依据收费设施的布局和管理模式确定,设置在主线上的收费设施,宜作为一处出口匝道连接段来考虑。

10.1.1.1 基本路段

基本路段的交通流运行情况会因交织路段、匝道连接点设置间距形式等条件不同而有所不同。基本路段上指路标志设置应考虑路段的交通运行情况,交通流的饱和与否影响到驾驶人注意力集中程度和视认干扰,在基本路段上的指路标志设置还会受到路段上的车道数、互通式立交的密度的影响。

(1)车道数

高速公路、城市快速路基本路段的车道数影响交通运行速度。随着车道数的增加,驾驶人行车避开慢速车辆的机会也在增加。车辆在高速公路上行驶,具有按速度横向分布在不同车道上趋势。在靠中央分隔带的车道上行驶的车辆一般比在毗邻路肩的车道上行驶得快。因此,相较六车道或以上的道路,四车道(指双向各两车道)高速公路、城市快速路使车辆之间的相互约束增大,从而使得速度更为接近,导致交通流平均车速下降。

车道数的增加也会引起驾驶人驾驶行为选择机会的增多,使得驾驶人因为更多地发生超车、并道、交织等驾驶行为而分散注意力。六车道或以上的道路,由于与其他车辆横向并行的概率增大,对于设置在路侧的标志发现、判别、确认的机会也会有所减少(图 10-2)。在饱和交通流的情况下,这些机会将会减少到不可接受的程度。所以,在饱和交通流的情况下,六车道或以上的道路应增加标志的视认机会,在车道上方或左右两侧以并立的方式设置指路标志,保证各个车道车辆均能够轻松视认标志。

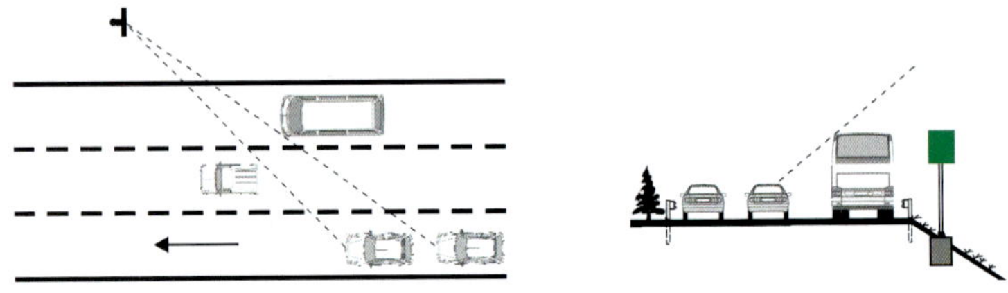

图 10-2 路侧标志遮挡问题示意图

(2)互通式立交、沿线设施的密度

高速公路依据其服务区域的不同可以划分为城际高速公路和城市高速公路。城际高速公路连接重要的城镇,途经乡村地区;城市高速公路往往在城区附近甚至穿越城区,比如国内大型城市周边的绕城高速公路。由于服务区域和土地开发利用程度的不同,城际高速公路、城市高速公路与城市快速路的互通式立交、沿线设施的密度也相差很大,因此形成了具有不同特点的基本路段。

城市高速公路与城市快速路的互通式立交、沿线设施间距较近时,有时并不能够形成基本路段,即便有些可以形成长度小于 2km 的基本路段,但在指路标志的设置中,其信息的独立性非常弱,只能依附在上下游的互通式立交、沿线设施的信息需求中。

随着基本路段长度的增加,设置在指路标志上的信息独立性逐渐增强,信息的选择可以逐渐偏重于前方远距离结点的预告和路网中关联结点的预告。在长度超过 15km 的基本路段上,宜设置一些用于印证确认前方方向距离信息的指路标志,以消除驾驶人因长距离单调行驶而产生的疑虑,增加行驶信心。

10.1.1.2　匝道和匝道连接段

匝道是专门连接两条公路的一段道路。匝道与高速公路、城市快速路的连接点是交通需求争夺空间的地方。在合流区，各个驶入匝道的车辆试图在相邻高速公路车道的交通流中寻找"间隙"。由于大多数匝道设在高速公路的右侧，所以特别受到影响的高速公路车道是靠路肩的车道。

研究表明，合流车辆对主线交通流的影响区段为从合流点延长到下游450m的距离，称为驶入匝道连接段。图10-3所示为驶入和驶出匝道的影响区域。匝道影响区域内的相互作用是动态的。只要高速公路的通行能力允许，驶入高速公路的车辆就会尽量往左行驶。匝道的交通流密度影响高速公路车辆的行驶，高速公路的堵塞也会影响匝道的车流，并促使其分流或改行其他线路。

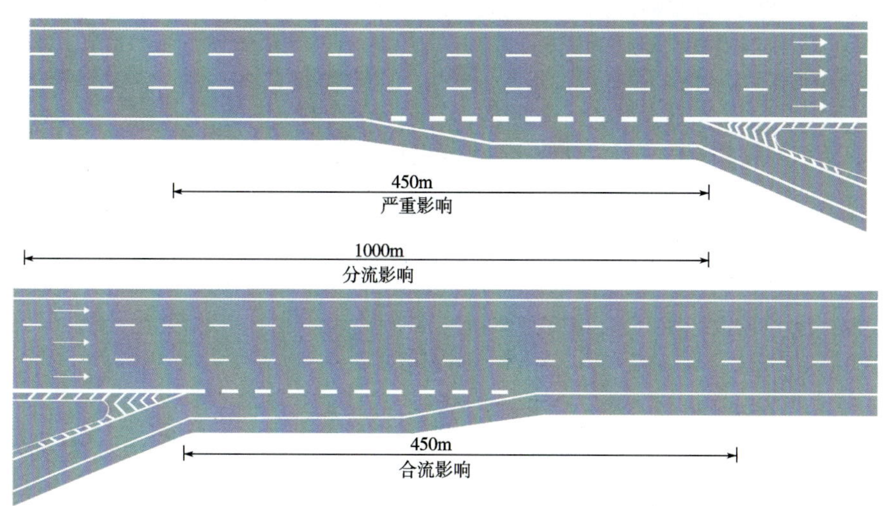

图10-3　驶入和驶出匝道的影响区段

驶出匝道时，基本运行方式是分流，也就是说，由一股车流分为两股车流。驶出匝道的车辆需要占用与驶出匝道相邻的车道。因此，当驶出匝道时，要分流的车辆会靠向右侧行驶，从而影响高速公路上的其他车辆。因为其他车辆要向左靠，以避免接近分流区域的紊流。研究表明，分流区紊流程度随距分流点距离的增加而减弱，紊流较严重的区段从分流点到上游450m，紊流的影响区段则可至上游1000m，如图10-3所示。受分流影响的路段称为驶出匝道连接段。

匝道连接段位置的指路标志应为匝道交通运行提供充分的信息指引，在可能会产生较严重紊流的匝道连接段，不应设置与匝道交通运行无关的指路信息。

10.1.1.3　交织路段

高速公路、城市快速路上行驶方向相同的两股或多股交通流，沿着路线方向，跨越车道进行的穿叉，称为交织。当合流区后面紧跟着分流区，或当一条驶入匝道紧接着一条驶出匝道，并在二者之间有辅助车道连接时，就构成了交织区。如果相邻的驶入和驶出匝道间没有辅助车道连接，那么合流和分流是独立的，按匝道连接段来考虑。

由于驾驶人必须进入通向他们要去的出口的车道，在交织区需要紧张地变换车道行驶，因而交织区内的交通流严重紊乱，超过了高速公路基本路段上正常出现的紊乱。图10-4所示为一简单的交织区，由一个单独的合流点后接一个单独的分流点构成。

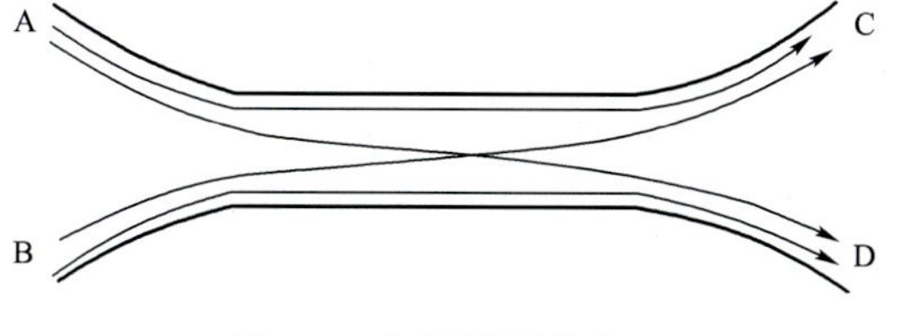

图10-4　交织路段的构成

影响交织路段指路标志设置的几何参数有两个：交织区构型、交织长度。

(1)交织区构型

车道变换是交织区关键的运行特征。交织车辆从右侧车道进入，从左侧车道离开的运行；或从左侧车道进入，从右侧车道离开的运行，必须穿过行车道，实现车道变换。交织区段的构型，即入口车道和出口车道的相对位置，对交织车辆成功地完成交织需要变换多少次车道，也对指路标志的设置、信息选取和引导有重大影响,因此,需对交织路段的交织区进行构型分类。交织区构型分为三种:A 型、B 型和 C 型交织段,详细的说明见表 10-1。

表 10-1　交织区构型分类和说明表

构型	交通运行特征	交织构型示意图
A 型交织区	所有交织车辆为了完成交织,必须变换一次车道。每辆交织车辆必须穿过一条连接入口三角区端部和出口三角区端部的车道分界线,这条车道分界线被称为"路冠线"	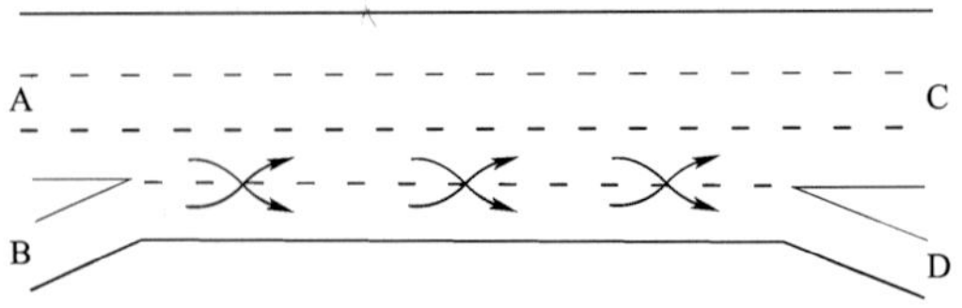 A C B D a)匝道交织 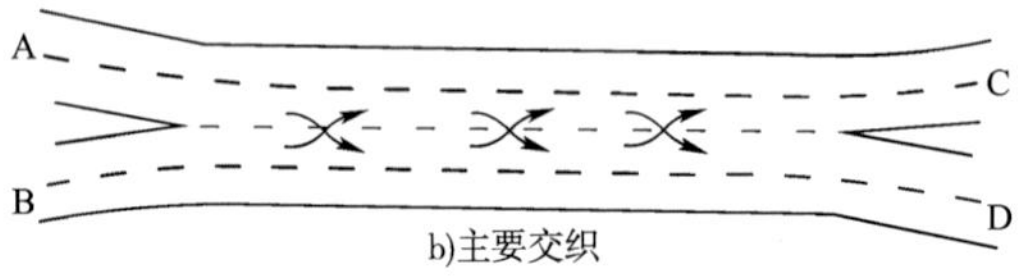 A C B D b)主要交织
B 型交织区	B 型交织区至少有三条进口车道和出口车道,设有多条车道,交织运行符合以下特征: (1)一组交织流无须进行任何车道变换就可完成。 (2)其他交织流最多需要一次车道变换	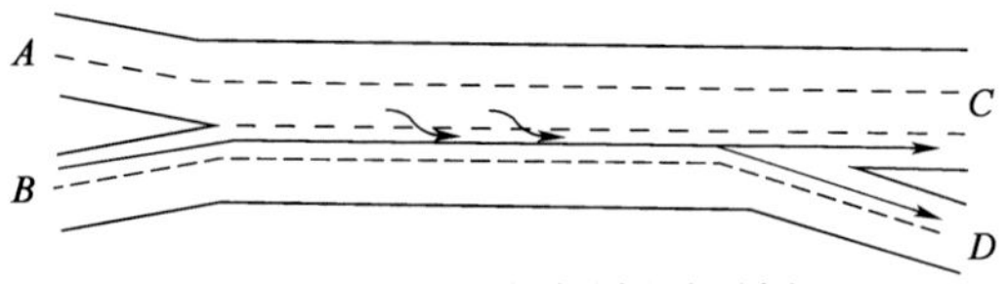 A C B D a)在出口三角区有车道平衡的主要交织 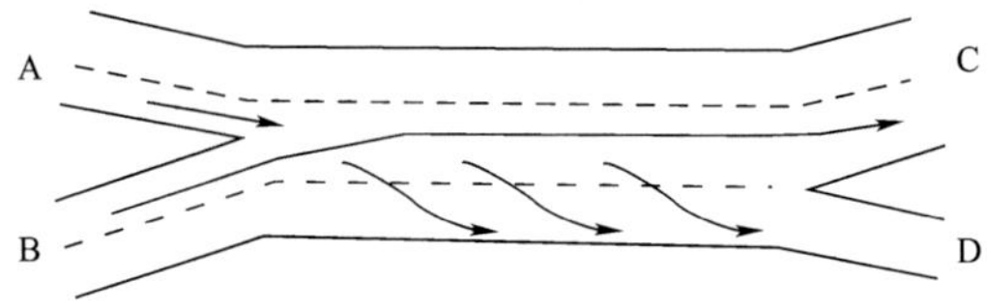 A C B D b)在进口三角区形成交汇的主要交织 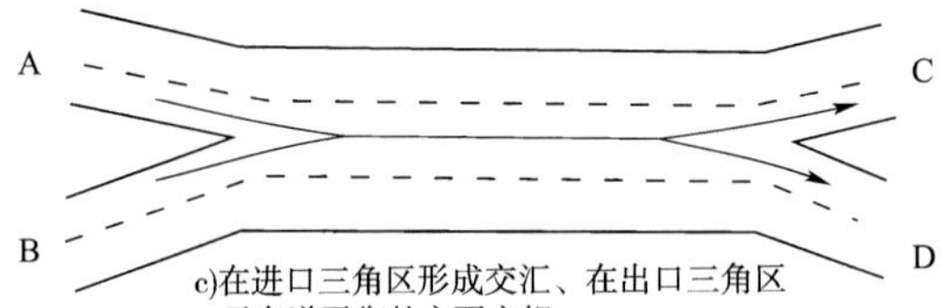 A C B D c)在进口三角区形成交汇、在出口三角区无车道平衡的主要交织
C 型交织区	C 型交织区与 B 型交织区相似,交织流有一条或几条"直达车道"。交织运行符合以下特征: (1)有一股交织流无须进行车道变换。 (2)其他交织流则需要两次或两次以上的车道变换	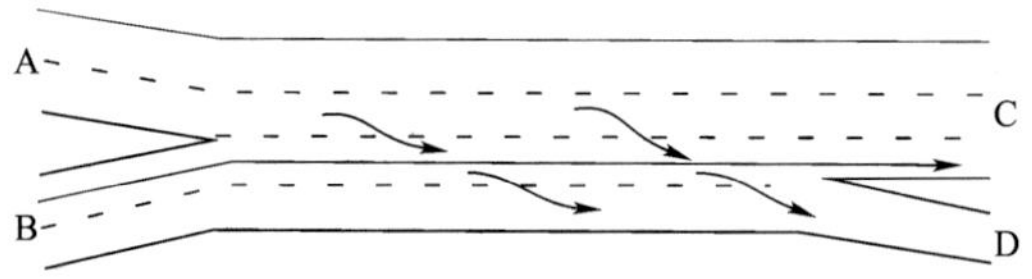 A C B D a)无车道平衡和交汇的主要交织 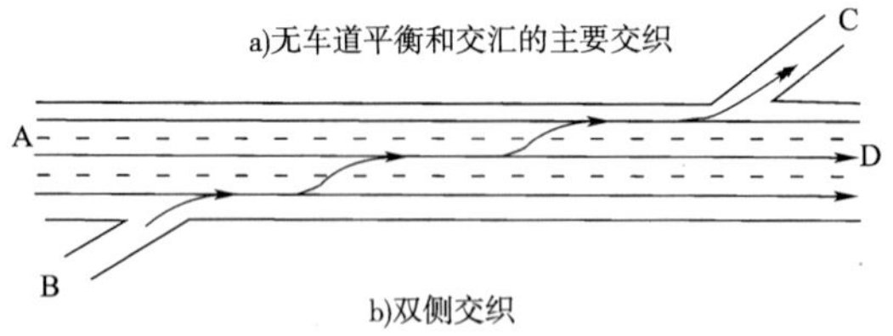 C A D B b)双侧交织

由于交织构型不同,车辆在交织区内的运行方式也不相同。处于交织区的驾驶人的心理状况比在基本路段的心理状况要紧张,需要处理的信息也大量增加,因此,在交织区前方应使驾驶人能够清晰了解前方方向并了解自己将要进行的运行方式,进入交织区后,为驾驶人提供引导,印证驾驶人的运行方式,减少误操作。

交织路段的指路标志,应采用车道上方设置的模式,针对车道指引,信息提供频率逐步增加;信息之间保持一致,信息不应突然增加或减少;版面形式前后应接近或者一致。

(2)交织长度

图 10-5 为交织路段长度的估算示意,从进口三角区到出口三角区的交织区段长度内,交织车辆为实现交织,必须完成需要的车道变换,因此交织长度参数很重要。交织路段的长度限制了驾驶人必须完成所有的车道变换的时间和空间,也相应限制了指路标志的设置。因此当交织区长度减少时(构型和交织流量不变),车道变换的频率和由此产生的紊流程度增加。

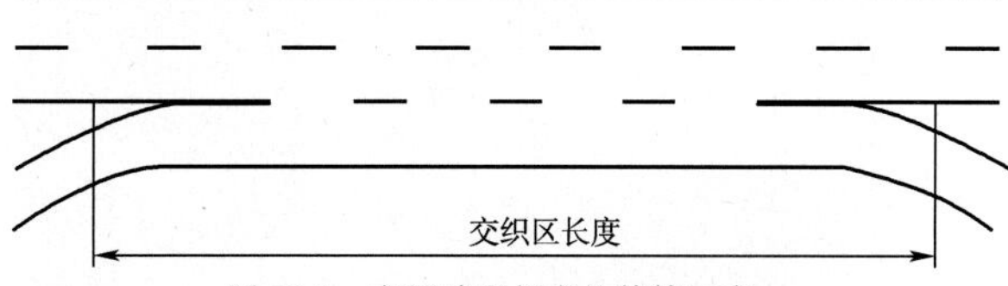

图 10-5　交织路段长度的估算示意

作为高速公路、城市快速路的交织路段,指路标志设置的交织长度应在 200 ~ 1000m 之间。更短的距离对交通运行的安全产生危害,应采用必要的交通安全处理;更长的路段交织,可作为合流与分流看待。

10.1.2　道路条件对指路标志设置的影响

指路标志与禁令、指示、警告标志相比,信息内容较多,版面尺寸相对较大,能提供较多的选择内容。在设置指路标志时,会较多地受到道路条件的影响,这些影响有平面上前后间距的影响,也有横断面上空间受限的影响。因此,在设置指路标志时,应了解所考察道路的几何条件,充分利用道路平、纵、横断面提供的不同设置条件,为驾驶人提供足够的指路信息,同时也要避开不利条件,降低整体造价。

受限制的侧向净空会对安全和通行能力造成影响。如果指路标志距离中央分隔带的边缘或距离道路外侧边缘太近,该车道的驾驶人就会产生压迫感,倾向于"躲开"物体,使车辆远离该车道边缘。这与车道狭窄的影响相同,狭窄迫使驾驶人缩小横向间距,势必会降低车速。最右侧车道的净空比左侧车道净空(指靠近中央分隔带的车道)对驾驶人的限制更大。所以,在设置指路标志时,应尽量减少或消除指路标志结构对行车影响。

高速公路、城市快速路的横断面会在很长的距离内保持一致,除边坡、纵坡的变化外,道路提供的行车道断面会基本保持不变,称为该条道路的典型横断面。指路标志设置应结合高速公路、城市快速路提供的几种典型横断面,确定合理的布置方式。以下分别介绍两种常用的高速公路、城市快速路的典型横断面。

(1)空间敞开式的横断面

高速公路、城市快速路的典型横断面分为整体式路基和分离式路基两类。

高速公路整体式路基的典型横断面,由车道、中间带(中央分隔带、左侧路缘带)、路肩(右侧硬路肩、土路肩)等部分组成;分离式路基的典型横断面由车道、路肩(左侧硬路肩、右侧硬路肩、土路肩)等部分组成;行车道一般为双向四车道、六车道或八车道。

在用地条件允许的情况下,城市快速路的典型横断面也会采用与高速公路类似的横断面,根据地形情况也可分为整体式路基和分离式路基两类。整体式横断面采用中央分隔带将上下行分隔为单向行驶,分离式横断面上下行车辆在不同位置单向行驶。城市快速路通常会与辅路并行,因此,城市快速路的典型横断面通常有主路和辅路组合的横断面。主辅路采用隔离栅、实体分隔带隔离,并控制出入口。

高速公路通常采用图 10-6、图 10-7 所示的路基典型横断面形式。其中,图 10-6 为整体式路基形式,图 10-7 为分离式路基形式。图 10-8 为相应的实拍照片示例。城市快速路通常采用图 10-9 所示的横断面形式。城市快速路主道与辅道并行,方便车辆的出入,有些城市周边的高速公路也会采用图 10-9 的形式。

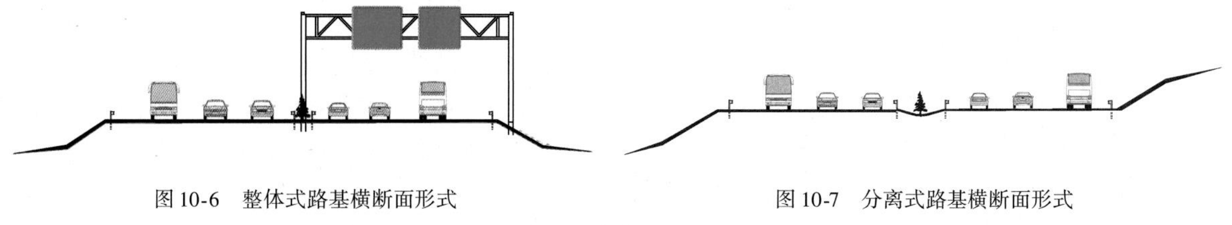

图 10-6　整体式路基横断面形式　　图 10-7　分离式路基横断面形式

图 10-8　实拍照片示例

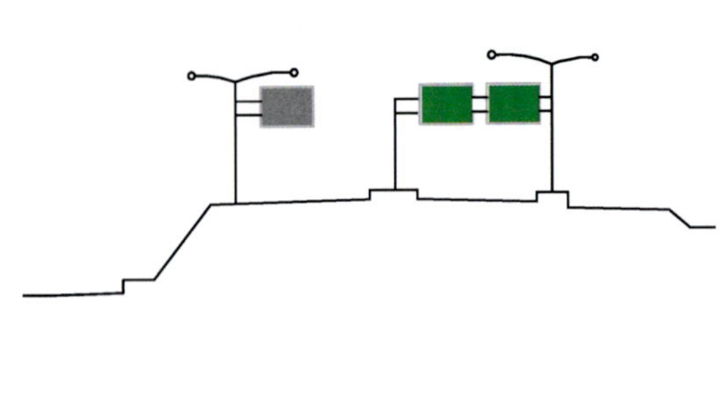

图 10-9　地面整体式横断面

受城市规划和用地的限制,城市快速路在布局形式上变化较多,还会采用高架快速路、堑式快速路,如图 10-10 所示。

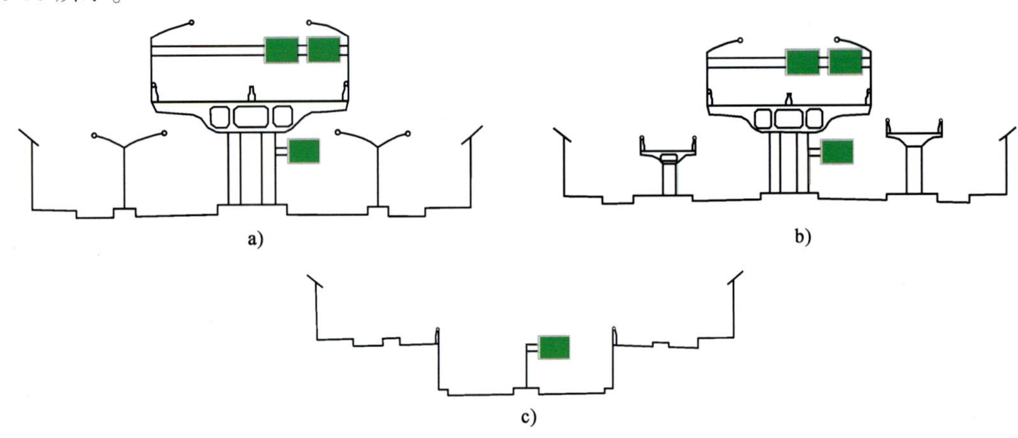

图 10-10　高架、堑式快速路

a)整体式高架道路无匝道路段横断面;b)整体式高架道路有匝道路段横断面;c)路堑式横断面

从图 10-6、图 10-7、图 10-9、图 10-10 可以看出,横断面上行车道净空上方无障碍物,路侧净空外仍留有空间可供设置指路标志的基础杆件甚至可以设置标志,道路周边较少会有遮挡视线的设施,是净空上方及路侧的空间均敞开的横断面。指路标志虽然版面较大,但在横断面上极少有所限制,视线良好,指路标志的设置可基本按照驾驶人和道路的需求进行,支撑方式的选择余地也较大。

(2)空间围合式的横断面

图 10-11 所示的主道上层道路为空间敞开式的,与图 10-6、图 10-7、图 10-9、图 10-10 类似;主道下层道路的净空则受结构物限制,形成净空被结构物包围的横断面,称为空间围合式的横断面。

横断面上行车道净空上方由于存在连续或间隔的障碍物限制,路侧净空外也因为存在连续或间隔的障碍物影响标志设置,遮挡视线,将严重影响指路标志设置和标志版面的布局,尤其在平曲线弯道位置,路侧的障碍物减少了标志的视认距离,标志的信息选取也会受到影响,应选择更为简单易认的信息,版面的尺寸也应考虑设置空间的限制进行调整。

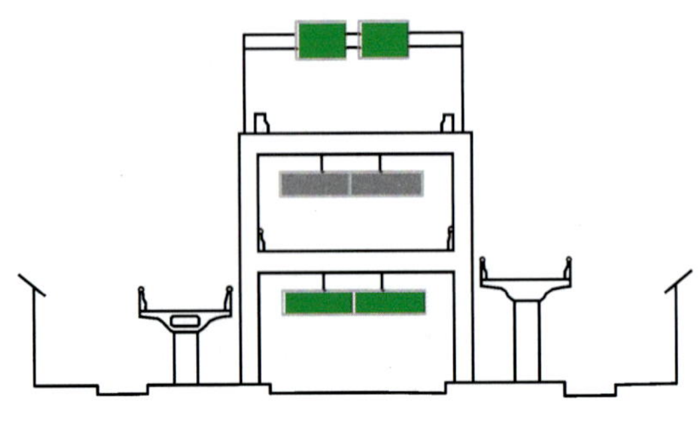

图 10-11　分离式高架道路无匝道路段横断面

空间围合式的横断面除了有图 10-11 所示的地面层道路和第二层道路的形式以外,较为常见的是如图 10-12 所示的隧道、棚洞路段。城市快速路或城市高速公路的一些路段,为了避免交通流噪声的影响,路侧也会设置声屏障对道路进行隔离甚至包封,形成空间围合式的横断面,如图 10-13 所示。

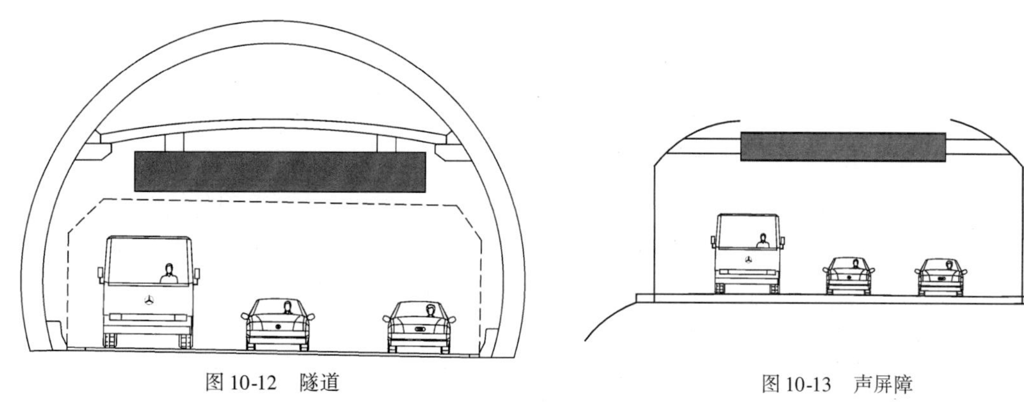

图 10-12　隧道　　　　图 10-13　声屏障

10.1.3　影响指路标志设置的其他因素

影响指路标志设置的因素很多,不同因素对指路标志设置的约束力也不尽相同。互通立交和沿线设施的布置、沿线土地利用及城镇分布情况、交通运行情况、横断面对指路标志的设置具有非常强的约束力,是指路标志设置考虑的主要因素。除了这些主要因素以外,交通管理、天气条件、道路景观要求、车载导航设备的普及等因素也会对指路标志设置和信息选取产生影响,尤其会影响到基本路段的指路标志的设置。另外,研究表明,职业驾驶人和非职业驾驶人对于指路标志的利用不一样;在同一路段上,以休闲为出行目的的交通与以工作为目的的通勤交通也不一样;出行距离的不一样也会使驾驶人对指路标志信息产生不同的需求。这些因素中有些是影响非常小的,然而,有时这些因素也会对指路标志产生较强约束力。

路网形成之后,驾驶人对路径有了多种选择,为改善交通的分布,在交通管理中会调整指路标志的设置和信息选择,特别是当某一段高速公路、城市快速路上的车辆数达到或超过设计通行能力时,这样的调整对于路网均衡尤为重要。通过指路标志和信息选择的调整来影响驾驶人选择路径,旨在对出行者提供多样化的出行选择的同时,控制、减少、消除或改变车辆在高速公路上的出行时间,提高整体效率。

为了减少交通事件对高速公路、城市快速路的影响,交通管理中会采用动态交通标志实时发布指路信息告知驾驶人,使驾驶人在突发事件或在道路施工维护时仍能获得较好的选择,使路网能够最有效地利用高速公路系统。

降低高速公路、城市快速路通行能力的情况包括:事件(包括交通事故、车辆途中抛锚、货车散落货物、道路的紧急或临时维修、车辆突然转向和恶劣的天气条件等)、道路施工、道路的定期维修和无法确定的紧急情况(如地震和洪水)。导致交通需求增加的情况一般为发生特殊事件。减轻通行能力下降的高速公路交通管理策略有:事件管理,施工、维修、特殊事项和紧急情况时的交通控制方案,以及微小的设计改善(如辅助车道、突发事件撤离带以及交通事故观测站)。

交通管理上经常会采用以下措施:在高速公路、城市快速路外围设置临时指路标志或动态交通标志,告知路网中的交通事件计划,控制入口流量;或告知路网中更好的路径选择,对交通流在路网中进行分流等。

10.2　指路标志的信息选用

指路标志是传递道路方向、地点、距离等信息的标志,《道路交通标志和标线》(GB 5768)将高速公路、城市快速路指路标志按照标志的功能分为路径指引标志、沿线信息指引标志、沿线设施指引标志。高速公路、城市快速路指路标志的主要功能在于:为驾驶人提供去往目的地所经过的道路、沿途相关城镇、重要公共设施、服务设施、地点、距离和行车方向等信息。当驾驶人行驶在不熟悉的道路及沿线路网中时,通过指路标志适时、适量地提供指路信息,帮助驾驶人确认、调整、重组出行路径,安全、准确、快捷地抵达目的地。

人们使用地图、导航工具、指路标志等媒介或询问来帮助出行,指路标志是影响驾驶人重要但不是唯一的信息来源,如何适时、适量地提供指路信息使得指路标志的信息选用工作变得尤为重要。

10.2.1　信息选用的原则

由于高速公路、城市快速路各种条件的限制以及指路标志之间间距的限制,在高速公路、城市快速路上可以设置指路标志的路段是有限并确定的;设置的指路标志版面尺寸是受限的,能够提供信息的空间也是有限并确定的;驾驶人对于指路标志的视认分辨能力是有限的。指路标志的信息组织、设置方法、版面应尽量在这样的有限条件约束下获得最为合理有效的信息传递能力。

10.2.1.1　关联有序的原则

指路标志提供的信息之间应具备关联性、有序性和连续性,以使驾驶人能依据指路标志组成的指路体系指引靠近并到达目的地。关联、有序和连续也成为指路标志之间是否有效、合理的衡量标准。

(1)关联性

指路标志提供的信息之间必须存在着某种关联,这种关联是由驾驶人出行需求所要求的。指路标志之间的距离远近,决定了标志提供的信息关联性强弱,越近,则关联性越强,越远,则关联性越弱。关联性较强,信息重合度较高的指路标志可被组合成为指路标志群;标志之间距离较近且服务目标一致,形成统一布局、相互协调的信息供给。

(2)有序性

道路网、目的地的地理信息决定了指路标志提供的信息,道路网、目的地地理位置的序列也决定了标志指路体系提供信息的序列,即有序性。标志指路体系中的指路标志位置次序不可更换,指路标志提供的信息不可更换且具有确定的次序。

(3)连续性

对重要的信息要重复提示,才能让驾驶人不会遗漏任何有用信息。重复提示的信息要具备前后连续性和一致性,不能前后矛盾或者随意增减。对于路网中的中远程结点信息,要不间断指引,保证驾驶人顺利到达目的地。

10.2.1.2　版面信息量控制

信息度量首先是在通信领域中进行研究的。从本质上说,驾驶人对交通标志的识别也是一个交通信息的通信过程。

交通标志用各种图形、符号、文字以及各种颜色,通过编码变成信号与道路中其他信源共同向驾驶人预报道路信息状况。信息传递至信道往往会受到噪声的干扰,比如树、建筑物、广告牌的遮挡或是混淆,从而造成信息某种程度的失真。接收信息的驾驶人在道路系统中充当着译码器的作用,将信号转变为驾驶人可用的信息,并根据接收到的信息采取相应的驾驶行为。

信息的传递过程,对收信人,此处指驾驶人来说,是一个从不知到知的过程,或者说是一个从不确定到确定的过程,是消除不确定的过程。某一事物状态具有信息量的大小,与该事物可能出现的不同状态的数目及状态出现的概率大小有关。可以直观地把信息量定义为:收到消息获得的信息量 = 不确定性减少的量 = 收到此消息前关于某事件发生的不确定性 - 收到此消息后关于某事件发生的不确定性。

具体对交通标志来说,一个有效、可靠的标志能完全消除道路使用者的不确定性。如果一个交通标志对不同的人,有不同的含义,那么这个标志的信息量就太大,容易产生歧义,这样的标志并不能消除驾驶人对道路情况的不确定性,不能准确地传递信息。每个交通标志的平均信息量与每个标志可能的含义出现的概率有关。

根据多项关于信息量的研究和试验结论,随着路名数的增加指路标志认知时间在不断增加。在路名数量较少时,认知时间增长较均匀;当路名数量较多时,增长趋势明显加快。此外,对于道路编号的识别时间普遍较短,主要识别时间用在对于地名信息的识别上。随着导航系统的普及,建议一个方向采用 1 个地名信息,最多不超过 2 个地名信息。

10.2.2 信息的分层

虽然人们可以从地图上获得到达目的地的全部信息，但指路标志只能提供有限的信息，人们只能通过指路标志上的关联、有序信息获知目的地方位，逐步靠近并到达目的地。路网中可供选择的地理信息非常多，同一处的地理位置，依据行政隶属、使用者偏好习惯的不同，可能还会存在着不同的称呼。指路信息的选用过程就是对驾驶人需求与指路标志有限信息供给的平衡过程。这个平衡过程，也是对指路信息的排列、梳理过程。

路网中数量众多的驾驶人，其出行的目的地以及途经的重要地点可以被抽象成一张网络，无论是一座互通还是一条道路，都可以变成网络中的一条线或者一个结点。由于驾驶人及其需求非常多，这张抽象出来的原始路网会非常复杂，需要有一种方法来梳理这张复杂的网络。其中一种较为通用的方法是根据驾驶人出行目的地的重要性、著名程度及影响范围等因素将目的地名称分层。

信息依据重要程度、道路等级、服务功能等因素分层：

(1)A层信息：指高速公路、国道、城市快速路，直辖市、省会、自治区首府、地级市等控制性城市，及其他本区域内相对重要的信息；

(2)B层信息：指省道、城市主干道路，县及县级市，及本区域内其他相对较重要的信息；

(3)C层信息：指县道、乡道、城市次干道路、城市支路，乡、镇、村，及本区域内其他一般信息；

(4)根据地区特点，可继续往下分。

《国家公路网交通标志调整工作技术指南》(简称《国高网指南》)对于指路标志版面信息选用的规定，采用了对指路信息分级的方法，将路网中的信息依重要性、著名程度、影响范围等因素分级排列，按照分级标准，筛选出地名路名等指路信息，归并出行需求，分级排列，为指路标志的信息选择提供依据。

《国高网指南》中分类和分级的规定见表10-2。

表10-2 高速公路指路标志信息分级表

信息类型		A层信息	B层信息	C层信息
公路编号(或名称)		高速公路、国道、城市快速路编号(或名称)	省道、城市主干路编号(或名称)	县道、乡道、城市次干路和支路编号(或名称)
地区名称信息	主线、并行线、联络线、地区环线	重要地区，如直辖市、省会、自治区首府、副省级城市、地级市	主要地区，如县及县级市	一般地区，如乡、镇、村
	城市绕城环线	卫星城镇、城区重要地名、人口密集的居民住宅区	城区较重要地名、人口较密集的居民住宅区	
地点名称信息	交通枢纽信息	飞机场、高铁站、特等火车站、港口、重要交通集散点	一等火车站、长途汽车总站、大型平面交叉、大型立交桥	其他火车站、长途汽车站、较大型平面交叉
	文体、旅游信息	AAAAA、AAAA级旅游景区	AAA级旅游景区	AA、A级旅游景区
	重要地物信息	国家级经济技术开发区或产业基地、省部级政府机关	省级经济技术开发区或产业基地、地级政府机关	地、县级经济技术开发区或产业基地、县级政府机关

信息分层之后，应依据分层之后的信息，避免使用或减少使用在分层前选定的信息，使高速公路、城市快速路上的信息能够规范统一。以下仍以《国高网指南》的规定为例说明信息分层的应用。

指路标志信息的选取，应以不熟悉周围路网体系的公路用户为设计对象。指路标志在做到为某个用户提供尽可能详细信息的同时，还应为所有用户提供简明扼要的信息。选择指路标志信息时，应在两者之间加以折中，尽量选取A层信息。高速公路与各等级道路连接时，可参考表10-3选择信息，同时还应考虑相交道路服务区域的特点和交通流的流向和流量。

表10-3 互通式立体交叉处标志信息要素选择参考表

标志所在位置	主线方向(即直行方向)	被交道路方向(即出口方向)		
		高速公路、国道、城市快速路	省道、城市主干路	县、乡道、城市次干路和支路
高速公路	A层、(B层)	A层、(B层)	(A层)、B层	(B层)、C层

各类指路标志需要提供的信息数量应符合本章的相关规定。同一方向有同级多类信息时,应按照由上而下的顺序对表10-2的信息类型加以选择,直至满足规定的信息数量为止。同一方向有同级同类多个信息时,应选择影响力较大的地点信息。

如无法按照表10-3的规定选取必要的信息时,可降级选取信息。必要时,也可升级选取信息。

10.3 路径指引标志

路径指引标志主要是为驾驶人出行时路径选择服务的。本节介绍高速公路、城市快速路路径指引标志。

10.3.1 路径指引标志内容

高速公路、城市快速路路径指引标志分为入口指引标志、行车确认标志和出口指引标志,包含的内容如下:

(1)入口指引标志:包括入口预告标志,入口处地点、方向标志,命名编号标志,路名标志;

(2)行车确认标志:包括地点距离标志、命名编号标志、路名标志;

(3)出口指引标志:包括出口预告标志、出口方向标志、出口标志及下一出口预告标志。

高速公路、城市快速路路径指引标志覆盖了驾驶人从互通式立体交叉被交道路驶入高速公路,直至下一互通式立体交叉出口的过程。入口指引标志、行车确认标志和出口指引标志一般情况下宜依下列顺序设置:入口预告标志→入口处地点、方向标志→高速公路入口标志(命名编号标志或路名标志)→地点距离标志、高速公路命名编号标志或路名标志→出口预告标志(下一出口预告标志)→出口方向标志→出口标志。

10.3.2 入口指引标志

(1)版面

图10-14所示为具统一编号的可以到达高速公路或城市快速路2个方向的入口预告标志版面示例,图10-15所示为具统一编号的可以到达高速公路或城市快速路1个方向的入口预告标志版面示例,图10-16所示为无统一编号的高速公路或城市快速路入口预告标志版面示例,图10-17所示为两条高速公路共线时的入口预告标志版面示例。

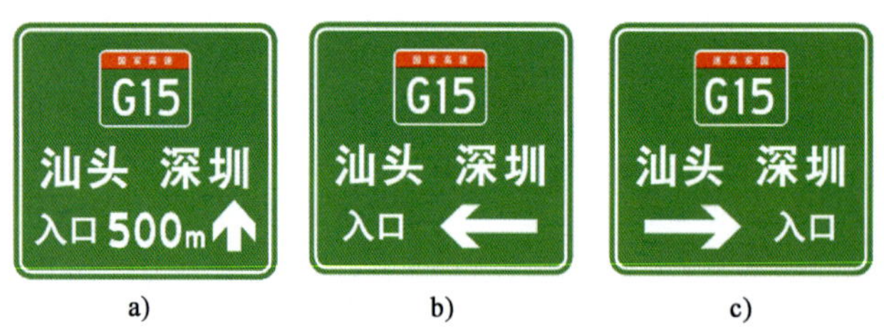

图10-14 具统一编号的入口预告标志版面示例(2个方向)

图10-15 具统一编号的入口预告标志版面示例(1个方向)

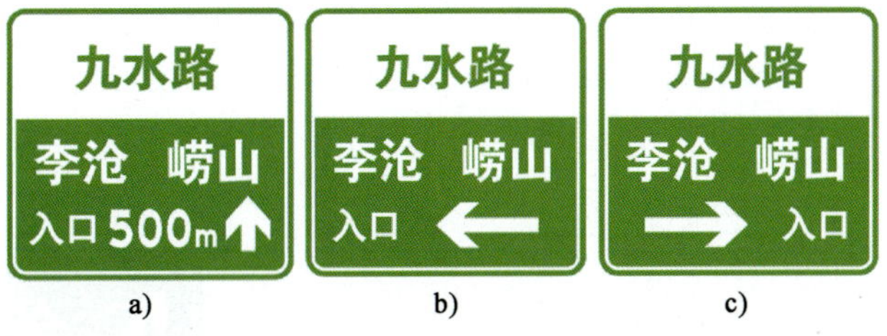

a)　b)　c)

图 10-16　无统一编号的高速公路或城市快速路入口预告标志版面示例

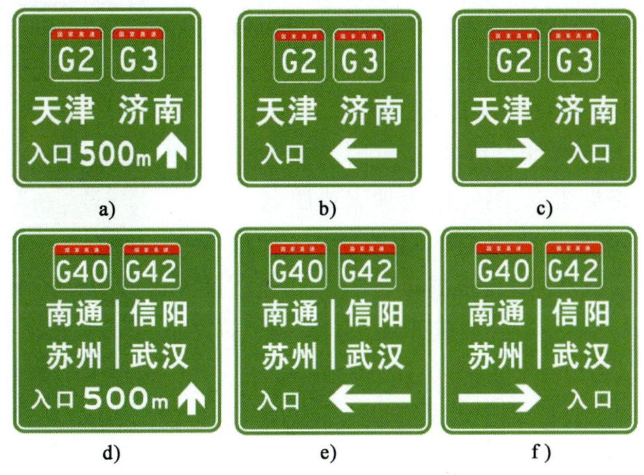

a)　b)　c)

d)　e)　f)

图 10-17　两条高速公路共线时的入口预告标志版面示例

入口预告标志的版面信息自上到下逐行排列。版面信息分为 3 个部分，版面上部为进入高速的编号或名称，中间为进入高速的进程控制点信息，下部分为离入口较远处格式和入口处格式两种布局格式。下部分布局格式示例见表 10-4。

表 10-4　入口预告标志版面下部分布局格式示例

序号	标志位置	布局格式		
1	离入口较远处	入口 2km	入口 1km	入口 500m
2	入口处	入口 ←	→ 入口	

若所进入高速公路为两条高速公路共线段，且选择的地名信息超过 2 个时，版面上部为共线段的编号，中间部分采用纵向排列，中间画竖线分隔，分为两列，竖线两侧的地名代表高速公路的两个方向，如图 10-17 所示。

(2)信息选取

入口预告标志版面的中间部分选用的地名信息宜选用标志所指的高速公路或城市快速路行进方向上距当前位置最近的 A 层城市、国家高速公路等信息；如遇高速公路或城市快速路为专用专属道路，则应选用高速公路或城市快速路所连接的特定地点或道路，如旅游区高速公路或连接某一城市组团的城市高速公路或城市快速路。

若所进入高速公路为两条高速公路共线段，则入口预告标志应同时指出两条高速公路的编号信息，也可增加地名信息，但每个方向不得超过 2 个。

(3)设置要点

入口预告标志用于指示进入高速公路或城市快速路的入口，设在进入高速公路或城市快速路前的被交道路入口位置。高速公路或城市快速路入口周边 2 ~ 10km 范围内，有县级以上城市、较大乡镇聚居地、著名地点或国道、省道、城市主干道驶往高速公路或城市快速路的各主要交叉路口、复杂交叉路口和路段上，应指示前方高速公路或城市快速路信息。以被交道路与高速公路连接线平面交叉路口或减速车道的渐变段起点为基准点,被交道路为一级、二级公路或城市快速路时,应在距基准点前 500m 以及基准点处对应设置 500m 入口预告标志及带行车方向指引的入口预告标志。

10.3.3 行车确认标志

10.3.3.1 地点、方向标志

(1)版面

图 10-18a)所示为不带编号标识的地点、方向标志版面示例,图 10-18b)所示为带编号标识的地点、方向标志版面示例,图 10-18c)所示为带编号、方向标识的地点、方向标志版面示例。

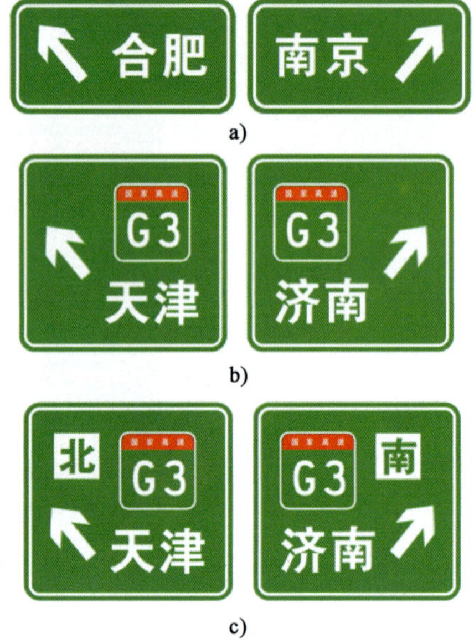

图 10-18 地点、方向标志版面示例

地点、方向标志通常采用左右各一块版面形成一组标志,指示道路方向。左右版面呈镜像对称,每块版面均为从左到右排列,分为两个区,一个区为箭头图形,另一区为地名或路名。

(2)信息选取

设置箭头图形的左半区或右半区,根据该标志所在位置的下游路段前进方向,箭头方向一般只取竖直向上和斜 45°向上两种。斜 45°向上的箭头依版面左右位置分左倾或右倾两种。

设置地名或路名的左半区或右半区,根据道路前进方向所达地点或道路选取信息。信息的选用依分流鼻端连接道路性质有所区别,分别为设置在高速公路一般互通入口前的匝道分流鼻端、设置在单出口枢纽互通进入被交高速前的匝道和匝道分流鼻端两种。

地点、方向标志信息选取应和入口预告标志或单出口枢纽互通的出口预告信息保持一致。

(3)设置要点

一般地点、方向标志采用双悬臂式支撑结构,支撑结构设置在分流鼻端内。版面如需伸入行车道,应符合净空要求。对于分流点与三角端分流鼻端距离超过 100m 时,驾驶人不易看清标志内容,宜在分流点设置路上方的地点、方向标志。

10.3.3.2 编号标志

(1)版面

图 10-19 所示为高速公路编号标志版面示例。指路标志版面的布局格式固定,为高速公路、城市快速路、一般道路指路标志版面的一部分。

图 10-19 高速公路编号标志版面示例

(2)信息选取

国家高速公路编号标志,由“国家高速”和编号两部分组成,其中“国家高速”为红底、白字。

省级高速公路编号标志,由“X 高速”和编号两部分组成,其中“X”为所在省、自治区或直辖市的简称,如“京”“湘”“陕”等,“X 高速”为黄底、黑字。

(3)设置要点

编号标志出现在高速公路、城市快速路、一般道路指路标志版面中,不单独设置。

10.3.3.3 命名编号标志

(1)版面

图 10-20 所示为高速公路命名编号标志版面示例,图 10-21 所示为高速公路命名编号标志设置示例。与编号标志相比,命名编号标志增加了道路的中文名称,位于编号的下方。该标志为固定布局格式。命名编号标志可独立使用,也可与其他标志组合使用,形成同一平面的一组标志。

(2)信息选取

国家高速公路命名编号标志,由“国家高速”、编号和中文名称三部分组成,其中“国家高速”为红底、白字。

省级高速公路编号标志，由“X 高速”、编号和中文名称三部分组成，其中“X”为所在省、自治区或直辖市的简称，如“京”“湘”“陕”等，“X 高速”为黄底、黑字。

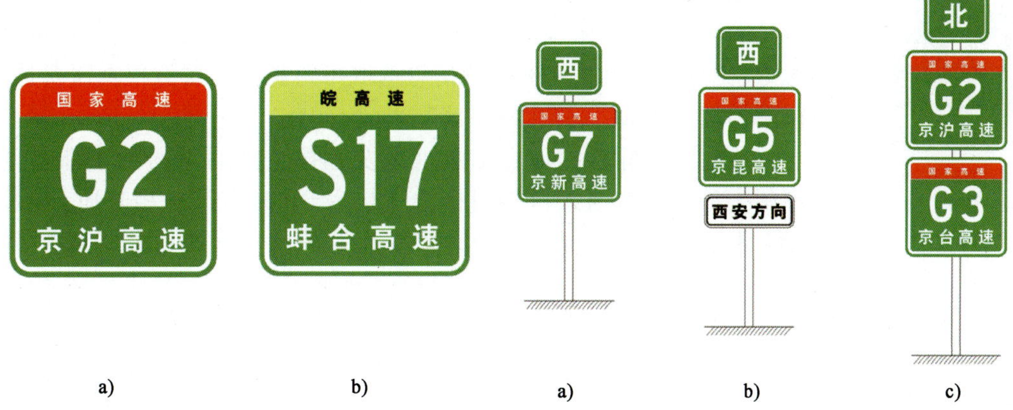

图 10-20　高速公路命名编号标志版面示例

图 10-21　高速公路命名编号标志设置示例
a）单一路段；b）单一路段增加行车方向；c）重合路段

（3）设置要点

命名编号标志设置在高速公路互通式立体交叉加速车道的渐变段终点后适当位置，也可在高速公路主线适当位置重复设置，分别作为高速公路的入口标志以及行车确认标志。根据路线总体走向，命名编号标志可增加地理方位信息或目的地方向信息。

10.3.3.4　路名标志

（1）版面

图 10-22 所示为高速公路路名标志版面示例。路名标志版面不分区，单行设置，采用纯文字。

（2）信息选取

版面中的文字信息为当前高速公路或城市快速路的名称。

图 10-22　高速公路路名标志版面示例

（3）设置要点

路名标志用于指示高速公路或城市快速路的名称。无统一编号的高速公路或城市快速路，应在其互通式立体交叉加速车道的渐变段终点后适当位置设置该标志，也可在主线适当位置重复设置，分别作为入口标志和确认标志。

10.3.3.5　地点距离标志

（1）版面

图 10-23 所示为地点距离标志版面示例，图 10-24 所示为城市区域有多个出口时的地点距离标志版面示例，图 10-25 所示为指引被交道路信息时的地点距离标志版面示例。

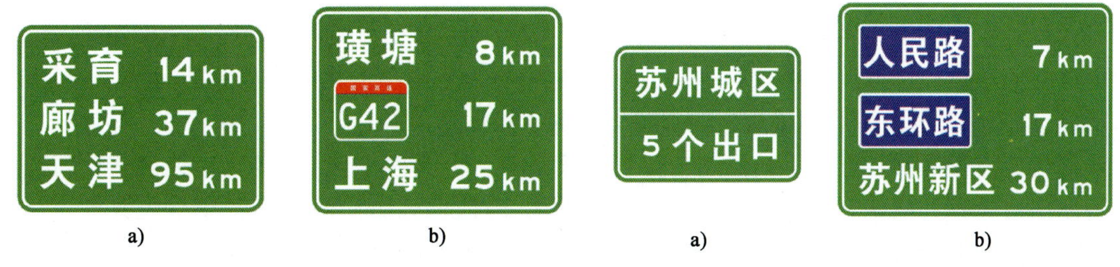

图 10-23　地点距离标志版面示例

图 10-24　城市区域有多个出口时的地点距离标志版面示例

地点距离标志版面自上而下逐行排列，每行形成一条信息，每条信息格式相同，且只占一行。

一块版面通常排列三行，也可排列为两行，不宜排列为四行，不应排列为一行，不得排列四行以上的多条信息。

指引被交道路的控制点信息时应和当前道路信息采用横线分隔，上半部分表示当前道路的信息在

图10-25 指引被交通路的地点距离标志版面示例

上,下半部分表示被交道路的信息,并给出当前道路和被交道路的编号信息。

(2)信息选取

地点距离标志通常用于较远处的前方信息告知,不宜用于立即需要采取行动的与分流、合流、交织相关的地点距离信息告知,选用的信息可供驾驶人思考、比选。地点距离标志的信息选取可跨越信息层级根据需要选取,衔接前后标志群的信息,强化重要信息。

地点距离标志的地点信息由近及远按自上而下的顺序排列。地点距离标志的信息应与入口指引标志、出口指引标志信息相呼应,即远程信息与入口指引标志一致,近程信息与出口指引标志一致。重复设置的地点距离标志应保持信息的一致性。

(3)设置要点

地点距离标志设置在互通式立体交叉加速车道的渐变段终点以后1km以上路段的合适位置处。互通式立体交叉间距大于或等于5km时,应设置该标志;互通式立体交叉间距大于10km时,可重复设置。城市区域多个出口时,宜表明前方城市区域的出口数量及相应的地点距离信息。图10-24a)设置在该城市第一个互通式立体交叉减速车道的渐变段起点前5~7km处,图10-24b)设置在图10-24a)标志后,在每个互通式立体交叉入口加速车道的渐变段终点后500~1000m处,预告前方三个出口到达的地点、道路信息和距离。如互通式立体交叉间距较近,可不设该标志。

10.3.4 出口指引标志

10.3.4.1 出口编号标志

(1)版面

图10-26所示为出口编号标志版面示例。

a) b)

图10-26 出口编号标志版面示例

(2)设置要点

出口编号标志不单独设置,附于出口预告标志和出口地点方向标志的左上角或右上角,与路线出口位置对应。

10.3.4.2 出口预告标志

(1)版面

图10-27所示为右侧出口预告标志版面示例,图10-28所示为左侧出口预告标志版面示例,图10-29所示为出口专用车道出口方向标志版面示例,图10-30所示为采用图形化的出口预告标志、出口方向标志版面示例,图10-31所示为按车道指引的出口方向标志版面示例。

出口预告标志的版面自上到下信息逐行排列。版面信息分为两个区,上半区为地名、路名信息;下半区分为离出口较远处格式和出口处格式两种布局格式,应依据到出口的距离选用格式并确定显示的里程数,出口专用车道出口方向标志的下半区颜色为黄底黑边框,黑箭头。

图10-30a)和图10-30b)适用于出口匝道为2条车道且有共用车道时,路上方的指路标志设置,分叉的箭头表示共用车道,箭头方向向上,箭杆对着车道中心,箭头方向宜与出口处线形近似。图10-30c)适用于双出口枢纽互通的出口预告设置。

出口匝道为2条车道,驾驶人沿着不同行车道方向可通往不同的目的地时,车道上方出口方向标志应使用2个箭头分别对准2条车道的中心,并在标志中间画一条竖线(图10-31)。

a)　b)　c)　d)

图 10-27　右侧出口预告标志版面示例

a)2km 出口预告;b)1km 出口预告;c)500m 出口预告;d)出口方向

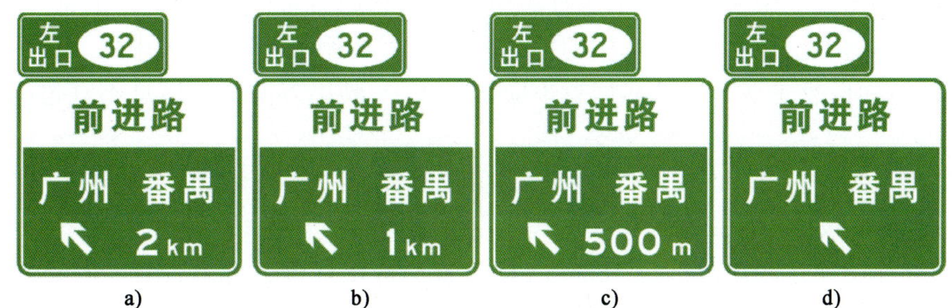

a)　b)　c)　d)

图 10-28　左侧出口预告标志版面示例

a)2km 出口预告;b)1km 出口预告;c)500m 出口预告;d)出口方向

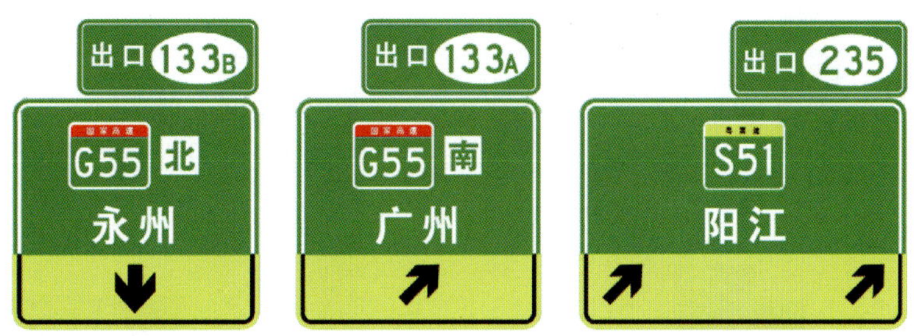

图 10-29　出口专用车道出口方向标志版面示例

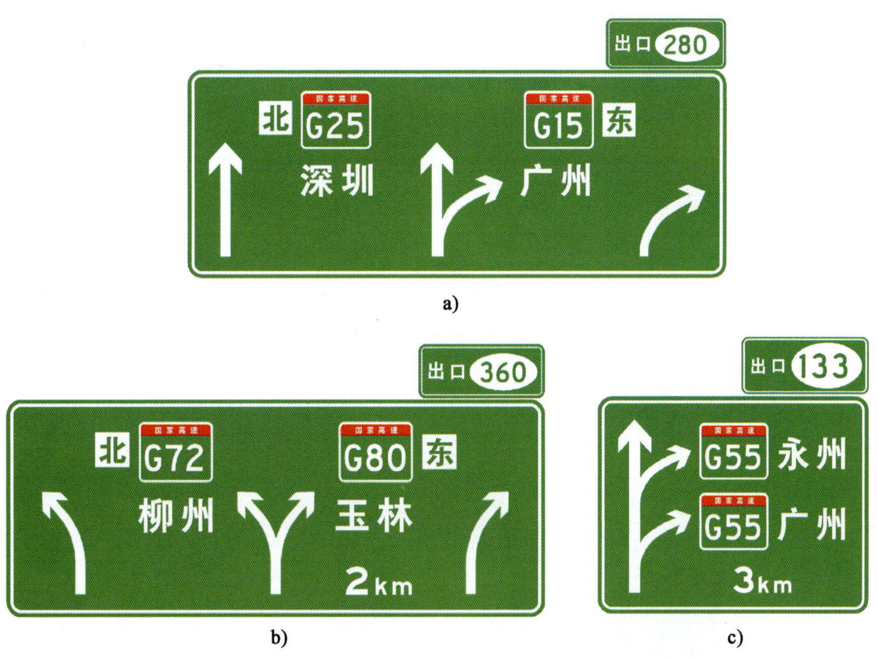

a)

b)　c)

图 10-30　采用图形化的出口预告标志、出口方向标志版面示例

图 10-31　按车道指引的出口方向标志版面示例

(2)信息选取

出口预告标志版面的上半区选用的信息种类包含路名和地名时,路名和地名信息分行显示,单行可显示一两个信息,路名在上,地名在下;选用的信息只有路名或者地名时,依次排列。单个信息不得跨行显示,枢纽互通的版面信息主线方向地名信息不应超过 2 个,驶出方向地名信息不宜超过 2 个。

(3)设置要点

一般互通的出口预告标志和出口方向标志设在驶出高速公路或城市快速路基准点的上游 2km、1km、500m 和基准点处,如图 10-32 所示。

枢纽互通式立体交叉在距离基准点 3km 处,宜增加 3km 出口预告标志,出口预告标志、出口方向标志处可增加主线方向信息指引,如图 10-33 所示。

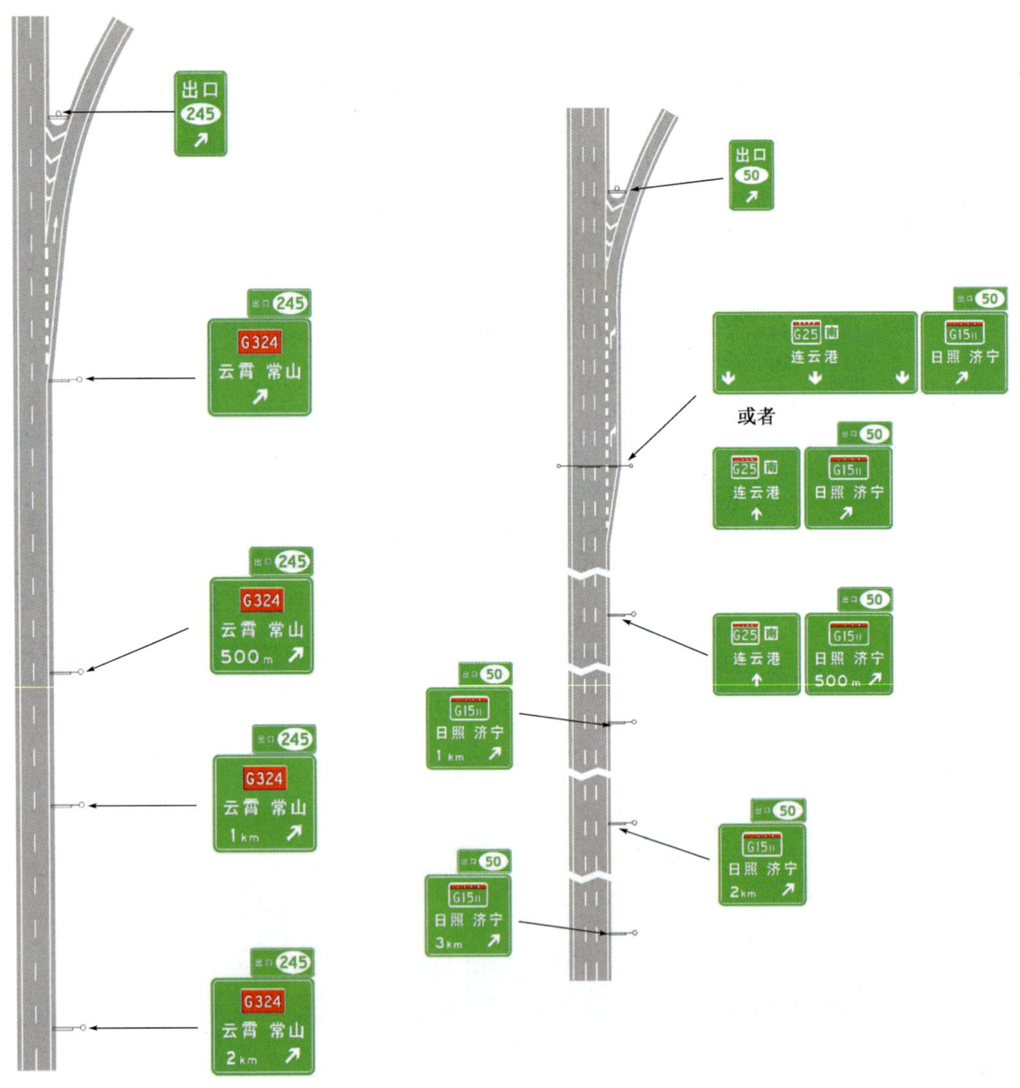

图 10-32　一般互通出口预告标志设置示例

图 10-33　枢纽互通出口预告标志设置示例

出口匝道为 2 条车道且有共用车道时，宜采用图形化出口指引标志，如图 10-34 和图 10-35 所示。

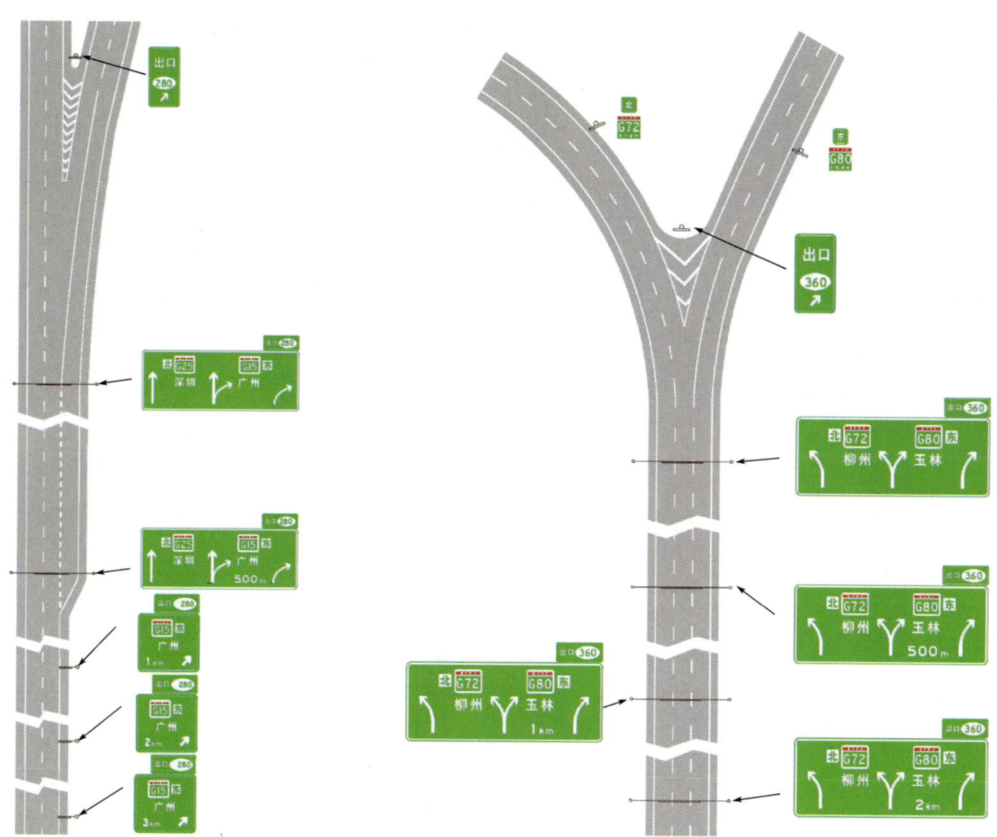

图 10-34　有共用车道的 2 车道枢纽互通出口预告标志设置示例（一）

图 10-35　有共用车道的 2 车道枢纽互通出口预告标志设置示例（二）

双出口枢纽互通的 3km、2km、1km 出口预告标志，宜采用图形化出口指引标志，500m 出口预告标志及出口方向标志宜采用分版面的形式，且第二个出口预告标志上的箭头宜省略不用，如图 10-36 所示。

单出口枢纽互通，且出口为 2 车道时，出口预告标志宜按照车道指引，如图 10-37 所示。

互通式立体交叉出口设置辅助车道，出口方向标志的箭头部分应采用黄底黑箭头，见图 10-38 和图 10-39 示例。

城区互通式立体交叉间距较近，不具备设置 2km 出口预告标志的条件的，可不设 2km 出口预告标志，1km 出口预告标志也可根据实际情况调整为 800m ~ 1km 出口预告标志，500m 出口预告标志可调整为 200 ~ 400m 出口预告标志，如图 10-40 和图 10-41 所示。

按车道指引的出口预告标志，其出口预告标志和出口方向标志的下半区布局格式示例如表 10-5 所示。

10.3.4.3　300m、200m 及 100m 出口预告标志

（1）版面

图 10-42 所示为 300m、200m 及 100m 出口预告标志版面示例。

出口标志的版面分为上、下两个区，上半区为距离基准点的距离，距离数值在上，距离数值单位在下，下半区为代表不同距离数值的斜杠图案，1 条斜杠表示 100m，2 条斜杠表示 200m，3 条斜杠表示 300m。

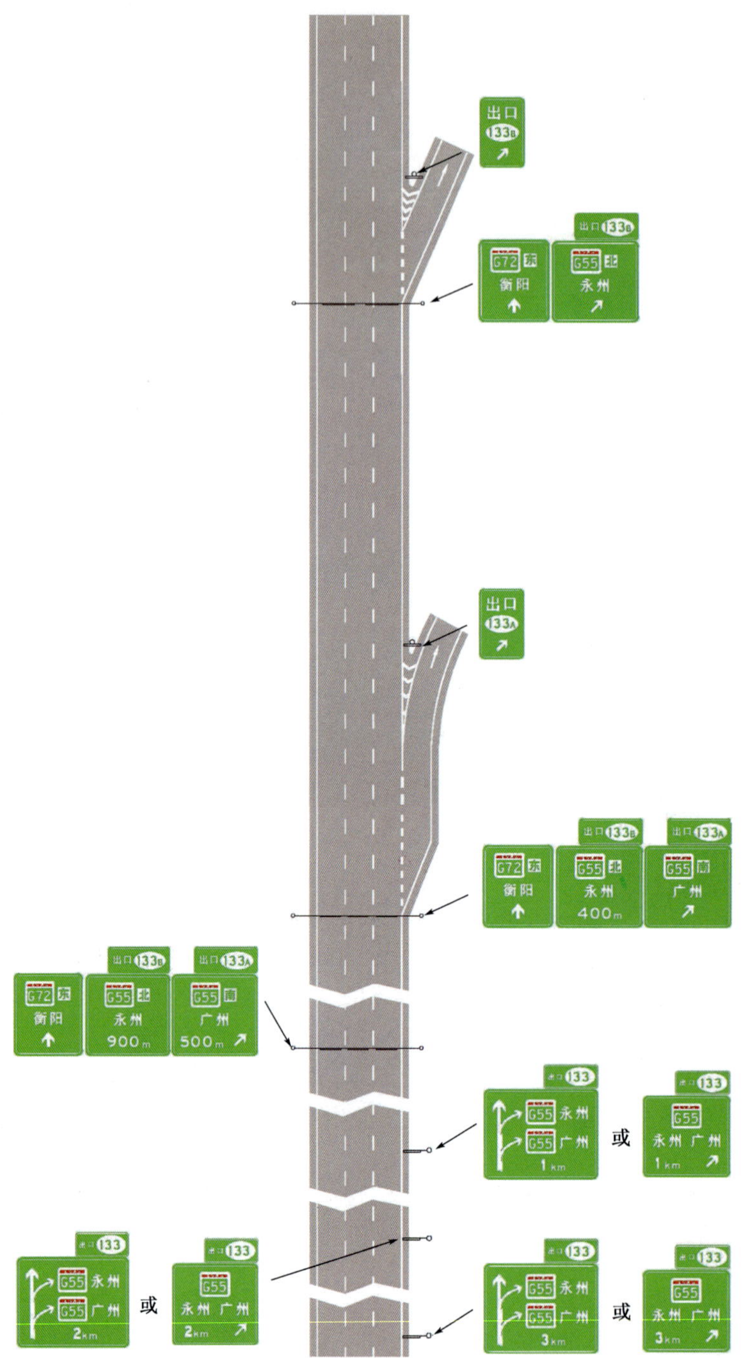

图 10-36 双出口枢纽互通出口预告标志设置示例

(2)设置要点

300m、200m 及 100m 出口预告标志一般可设置于枢纽互通,可设置于道路右侧,也可设置于道路中央分隔带内,或者两侧同时设置,但应注意区分斜杠的方向。设置于中央分隔带内的标志不得侵入建筑限界。

10.3.4.4 出口标志

(1)版面

图 10-43 所示为出口标志版面示例。

出口标志的版面分为上下两个区,上半区为出口编号数值,下半区为出口转向箭头。

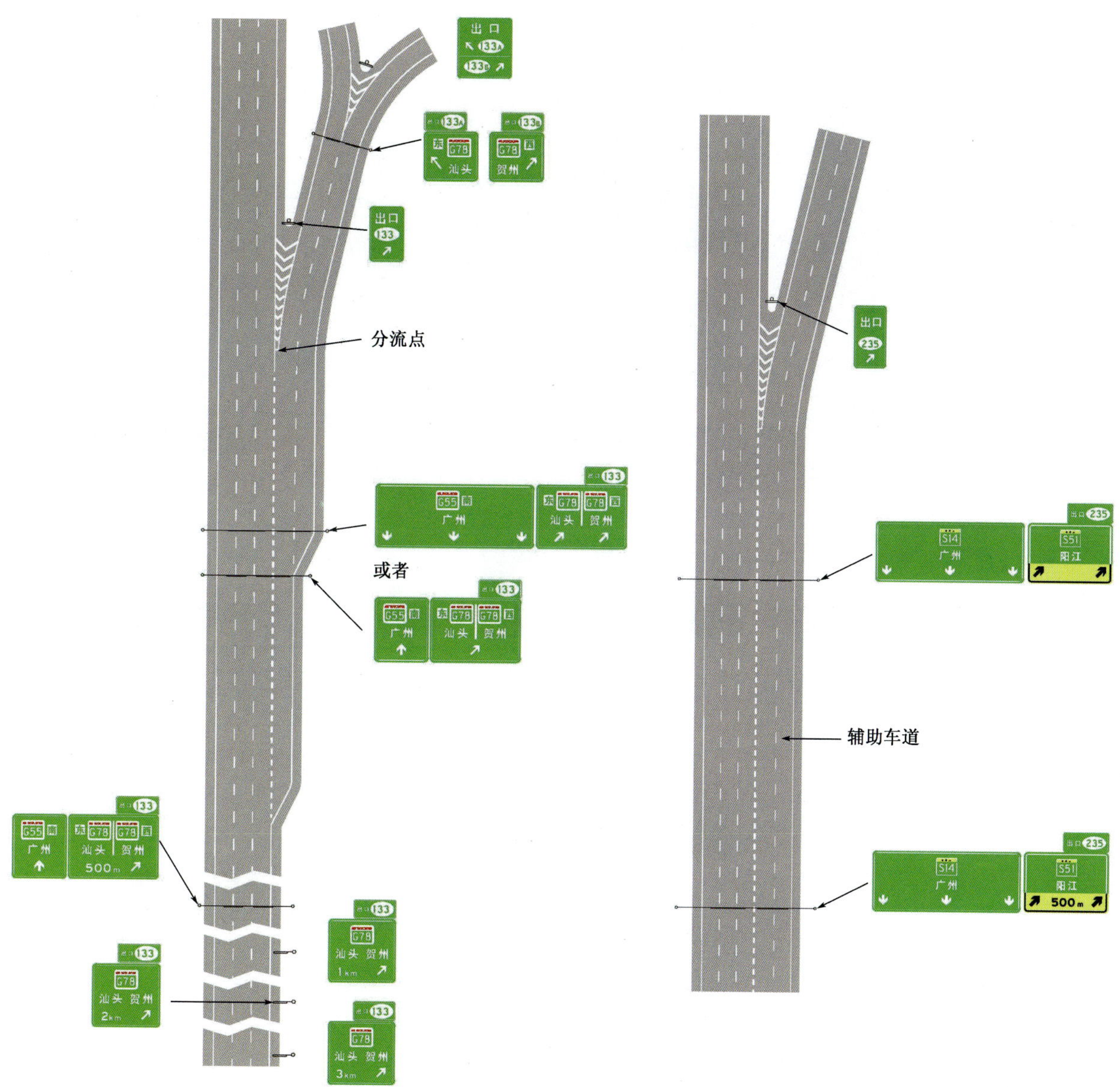

图 10-37　出口 2 车道的单出口枢纽互通出口预告标志设置示例

图 10-38　出口设置辅助车道的双车道出口预告标志设置示例

(2)设置要点

出口标志采用柱式支撑结构,设置在分流鼻端内。版面如需伸入行车道,应符合净空要求。

10.3.4.5　下一出口预告标志

(1)版面

图 10-44a)、图 10-44b)所示为下一出口预告标志版面示例。下一出口预告标志版面自上而下分两行排列,布局分为上下两个区,上半区为固定格式,下半区根据信息情况选取,上下半区各占且只占一行。

(2)信息选取

下一出口预告标志与地点距离标志同属适用于非立即情况下的地点距离告知标志。

下一出口预告标志的信息选取较为固定,即下一次的分流互通的距离。

(3)设置要点

当互通式立体交叉间距大于 8km 时,可设置下一出口预告标志,预告下一出口的距离。该标志宜设在 500m 出口预告标志的下方,设置示例见图 10-44c)、图 10-44d)。

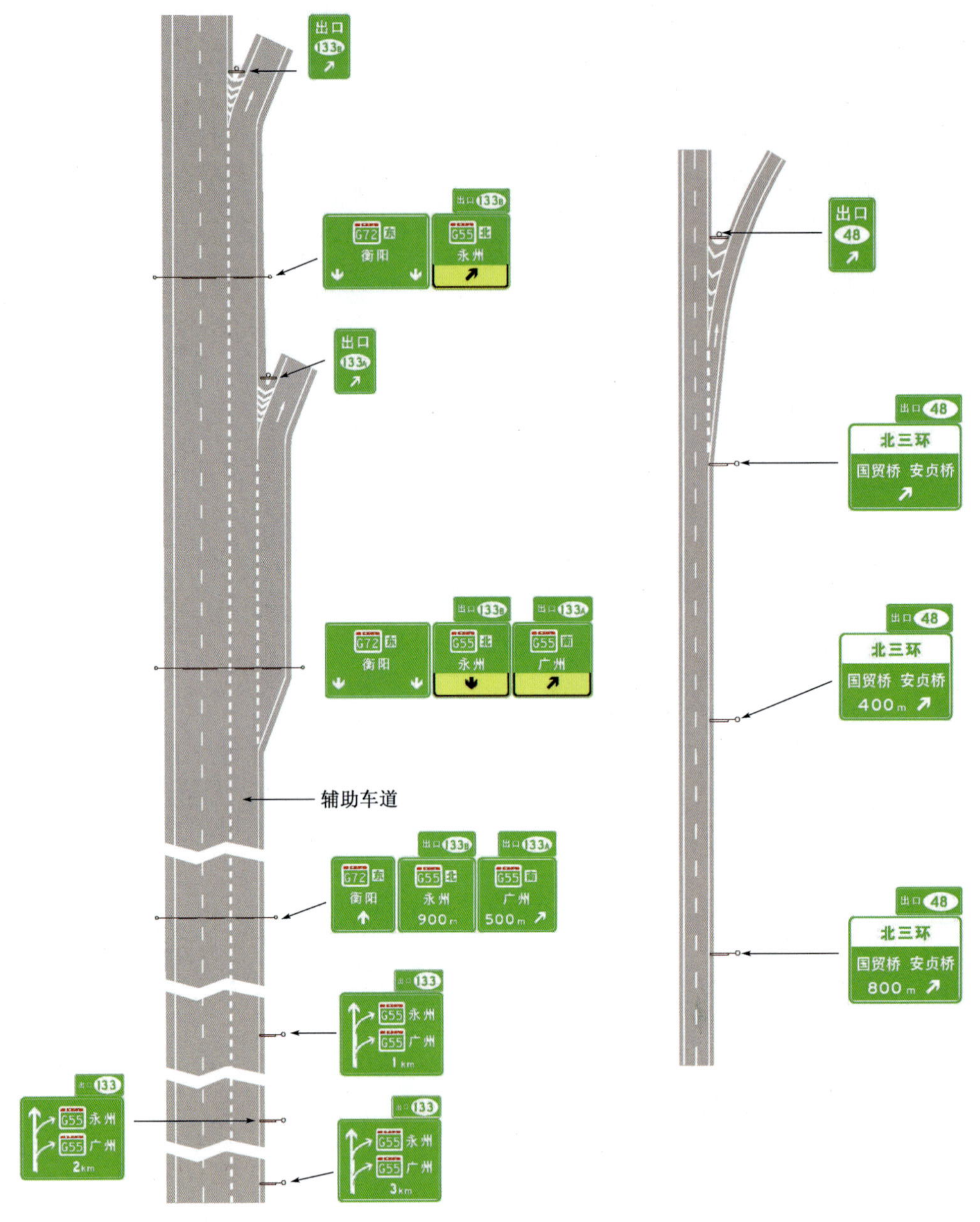

图 10-39　出口设置辅助车道的双出口预告标志设置示例　　　　10-40　城区互通出口预告标志设置示例(一)

表 10-5　按车道指引的标志版面下半区布局格式示例

车道形式	标志类型	左侧道路指引	右侧方向指引
出口在右侧的情况			
	出口方向标志		
	出口预告标志		
	出口方向标志		
	出口预告标志		

续上表

车道形式	标志类型	左侧道路指引	右侧方向指引
	出口方向标志		
	出口预告标志		
	出口方向标志		
	出口预告标志	带共用车道的标志	带共用车道的标志
	出口方向标志		
	出口预告标志	带共用车道的标志	带共用车道的标志
	出口方向标志		
	出口预告标志	带共用车道的标志	带共用车道的标志
出口在左侧的情况			
	出口方向标志		
	出口预告标志		
	出口方向标志		
	出口预告标志		
	出口方向标志		
	出口预告标志		
	出口方向标志		
	出口预告标志	带共用车道的标志	带共用车道的标志
	出口方向标志		
	出口预告标志	带共用车道的标志	带共用车道的标志
	出口方向标志		
	出口预告标志	带共用车道的标志	带共用车道的标志

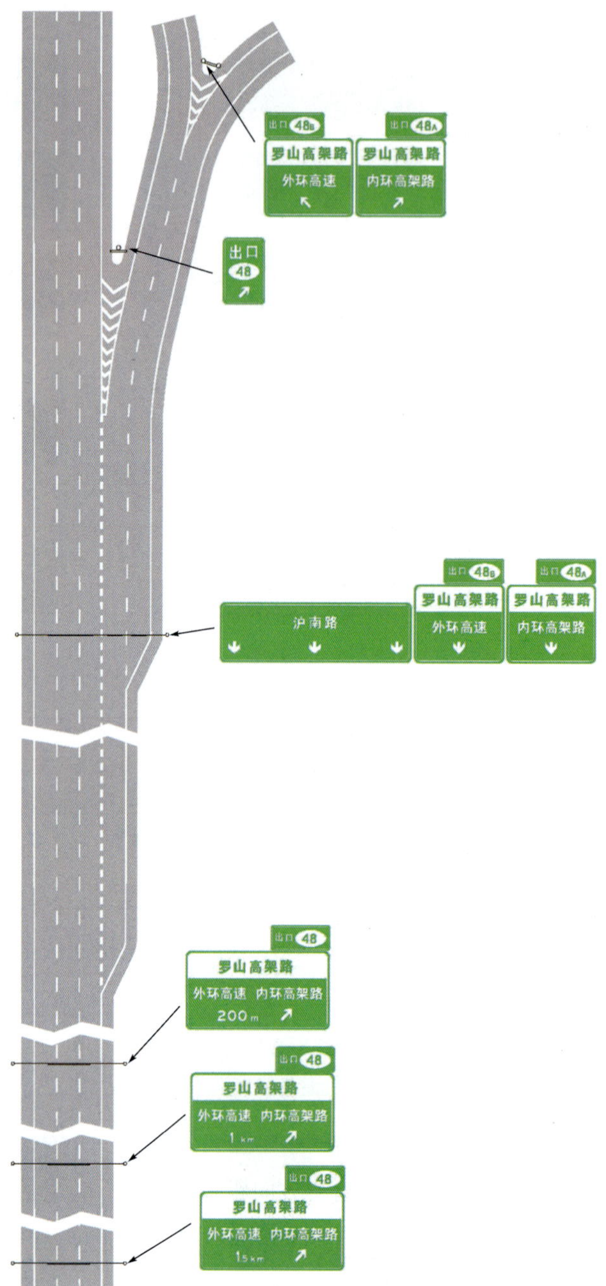

图 10-41 城区互通出口预告标志设置示例(二)

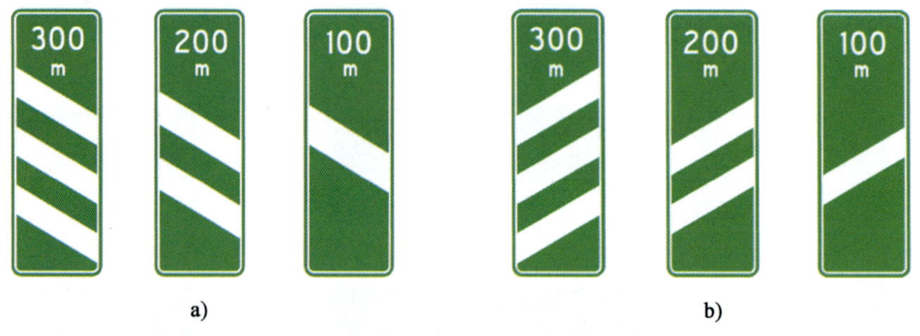

图 10-42 300m、200m 及 100m 出口预告标志版面示例
a)设置于左侧;b)设置于右侧

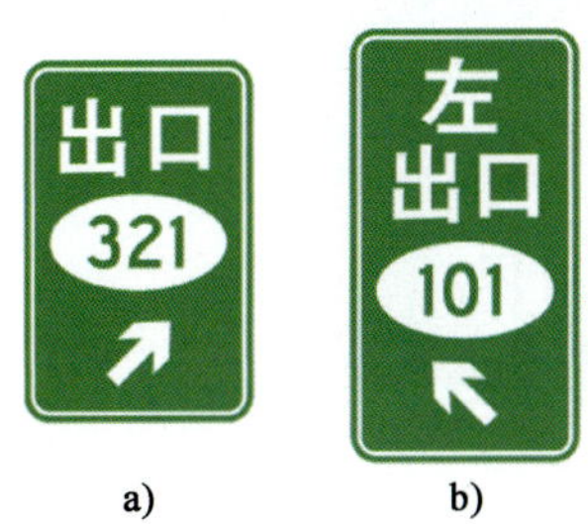

图 10-43　出口标志版面示例

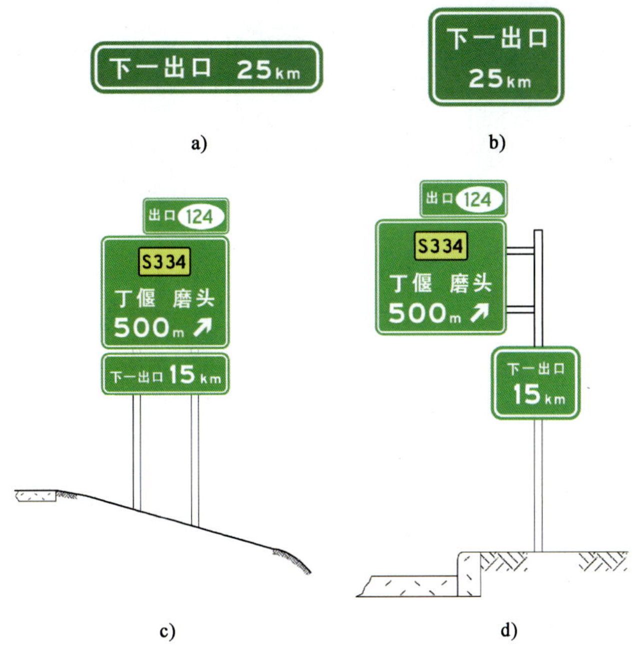

图 10-44　下一出口预告标志版面及设置示例

10.4　沿线信息和沿线设施指引标志

沿线信息和沿线设施指引标志为驾驶人在出行方向距离确认、了解道路设施用途、了解道路交通管理要求等方面提供帮助和指导。

沿线信息指引标志有起点标志、终点预告标志、终点提示标志、终点标志、交通信息标志、里程牌和百米牌、停车领卡标志、车距确认标志、特殊天气建议速度标志。

沿线设施指引标志有紧急电话标志、救援电话标志、收费站预告及收费站标志、ETC 车道指示标志、计重收费标志、加油站标志、紧急停车带标志、服务区预告标志、停车区预告标志、停车场预告及停车场标志、爬坡车道标志、超限检测站标志。

10.4.1　沿线信息指引标志

10.4.1.1　起点、终点标志

(1)版面

图 10-45 所示为有统一编号的高速公路起点标志版面示例,图 10-46 所示为无统一编号的高速公路或城市快速路起点标志版面示例,图 10-47 所示为有统一编号的高速公路终点预告标志版面示例,图 10-48所示为无统一编号的高速公路终点预告标志版面示例,图 10-49 所示为国家高速公路、省级高速公路终点标志版面示例,图 10-50 所示为无统一编号的高速公路或城市快速路终点标志版面示例。

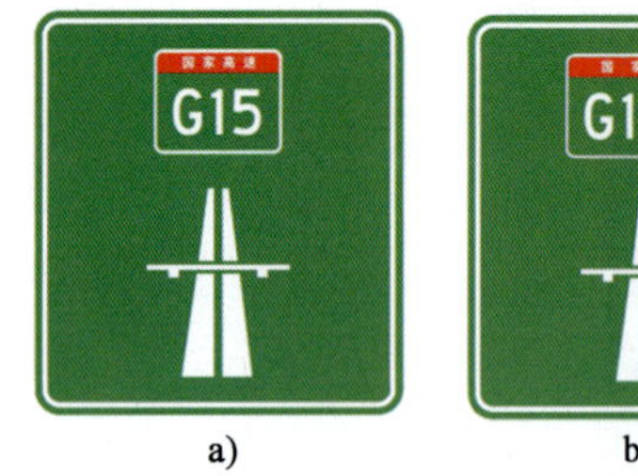

a) b)

图 10-45 有统一编号的高速公路起点标志版面示例

图 10-46 无统一编号的高速公路或城市快速路起点标志版面示例

a)

b)

c)

图 10-47 有统一编号的高速公路终点预告标志版面示例

a)

b)

c)

图 10-48 无统一编号的高速公路终点预告标志版面示例

a) b)

图 10-49 国家高速公路、省级高速公路终点标志版面示例

图 10-50 无统一编号的高速公路或城市快速路终点标志版面示例

起点标志、终点预告标志、终点标志的版面类似，用于道路起终点的预告或告知。

起点标志、终点预告标志、终点标志的布局分为上下两个区，上半区为高速公路或城市快速路的路线编号或路线名称，使用路线编号时，上半区标志衬底色为绿色，使用路线名称时，上半区为白底、绿字；下半区为高速公路或城市快速路起点图案，图案样式固定，颜色为绿底、白图案。

(2)信息选取

高速公路或城市快速路有统一路线编号时采用路线编号，不采用道路中文名称；无统一路线编号时采用路线名称。

(3)设置要点

起点标志、终点预告标志、终点标志适用于里程较长的高速公路，尤其是跨越省际的国家高速公路。里程较短且全线均在省内的高速公路或高速公路与其他高速相接的，不宜设置起点标志、终点预告标志、终点标志。绕城高速公路、环线高速公路不设置起点标志、终点预告标志、终点标志。

10.4.1.2 交通信息标志

(1)版面

图 10-51 所示为道路交通信息标志版面示例。交通信息标志的布局分为上下两个区,上半区颜色为白底、绿图案,包含交通广播图案和广播频率。

(2)信息选取

如道路部门已开通专用的非商业性道路交通信息广播电台,则采用该标志对电台频率进行告知。

未开通专用非商业性道路交通信息广播电台的地区,可根据需要采用商业电台的频率作为道路交通信息电台的告知。

图 10-51 道路交通信息标志版面示例

(3)设置要点

交通信息标志宜采用单柱式设置在右侧路侧。

10.4.1.3 里程牌和百米牌

(1)版面

图 10-52 所示为有统一编号的高速公路里程牌标志版面示例,图 10-53 所示为无统一编号的高速公路或城市快速路里程牌标志版面示例,图 10-54 所示为百米牌标志版面示例。

图 10-52 有统一编号的高速公路里程牌标志版面示例

图 10-53 无统一编号的高速公路或城市快速路里程牌标志版面示例

图 10-54 百米牌标志版面示例

里程牌颜色为绿底、白字,上半区内容为里程公里数;下半区为高速公路或城市快速路的路线编号或路线名称。百米牌为圆形,直径一般为 10 ~ 15cm,上半区为百米数值,颜色为绿底、白字,数字字高 5 ~ 7.5cm;下半区为里程数值,颜色为白底、绿字,公里数字字高 1.8 ~ 2.5cm。

(2)信息选取

高速公路或城市快速路有统一路线编号时采用路线编号,不采用路线名称;无统一路线编号时采用路线名称。

(3)设置要点

里程牌一般以单柱形式设置于高速公路两侧或中央分隔带内,也可附着安装在路侧护栏或中央分隔带护栏上,版面应垂直于路线方向;百米牌宜采用附着安装方式,版面垂直于路线方向。

10.4.1.4 停车领卡标志

(1)版面

图 10-55 所示为停车领卡标志版面。上半区为停车领卡图案,白边框,图案样式固定;下半部为停车领卡文字内容,颜色为白底、绿字,字高可采用 30cm。

图 10-55 停车领卡标志版面

(2)设置要点

停车领卡标志应设置在有人工收费车道的收费站前适当位置,可采用单柱式或附着式。

10.4.1.5 特殊天气建议速度标志

(1)版面

图 10-56 所示为特殊天气建议速度标志版面示例,图 10-57 所示为特殊天气建议速度标志设置示例。

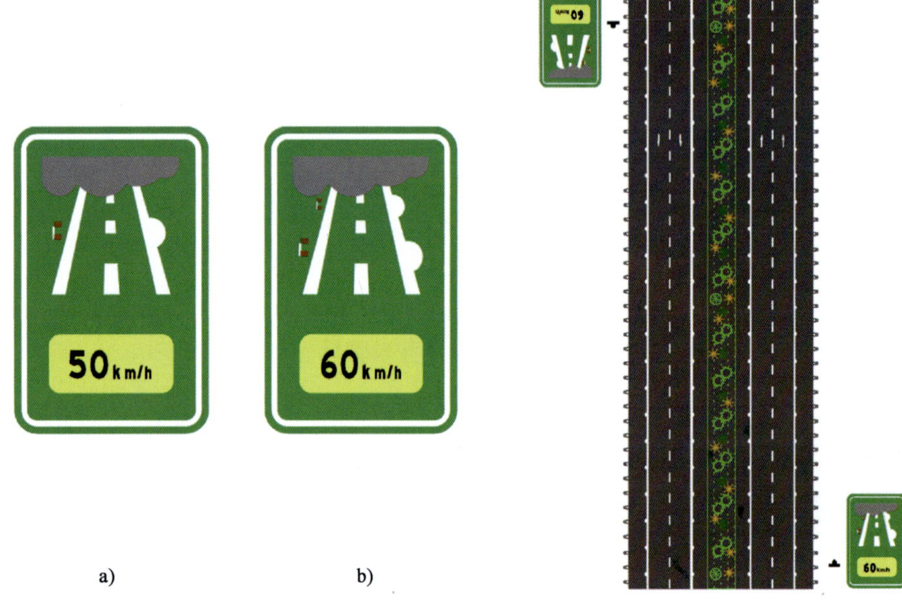

图 10-56 特殊天气建议速度标志版面　　图 10-57 特殊天气建议速度标志设置示例

特殊天气建议速度标志版面分为上下两个半区,标志底色为绿色,上半区为特殊天气图案,并表示了能看到的白色半圆状车距确认线的数量,特殊天气图案固定,能看到的白色半圆状车距确认线的数量可选择一个或两个;下半区内容为建议速度,颜色为黄底、黑字,速度单位为 km/h。

(2)信息选取

该标志的图形信息和建议速度信息均可依据实际情况选取。

能看到一个白色半圆状车距确认线时建议速度宜设置为 50km/h,能看到两个白色半圆状车距确认线时,建议速度宜设置为 60km/h,也可根据实际运行安全需要,采用其他建议速度。

(3)设置要点

特殊天气建议速度标志的告知特征要高于指路特征,不具有法律约束力,设置前提是路段边缘线外已设置白色半圆状车距确认线。需设置特殊天气建议速度标志时,同一位置能且仅能设置一个特殊天气建议速度标志。

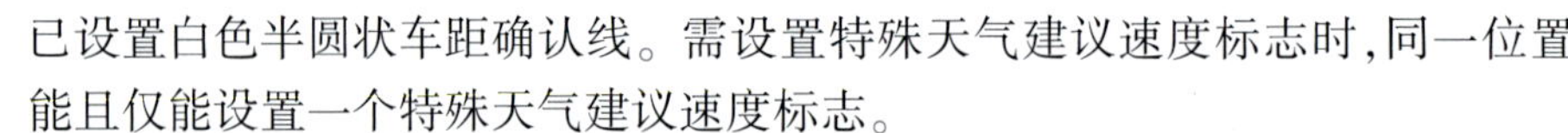

图 10-58 紧急电话标志版面

10.4.2 沿线设施指引标志

10.4.2.1 紧急电话标志

(1)版面

图 10-58 所示为紧急电话标志版面,图 10-59 所示为电话位置指示标志版面示例。

紧急电话标志为单图案标志,版面底色为绿色,白色边框,紧急电话图案为白底、黑图案,无边框;紧急电话图案的高度和宽度宜为 2 倍字高;电话位置指示标志整体为箭头图形,包含白色紧急电话图形和距离信息,颜色为绿底、白图案,白色边框。

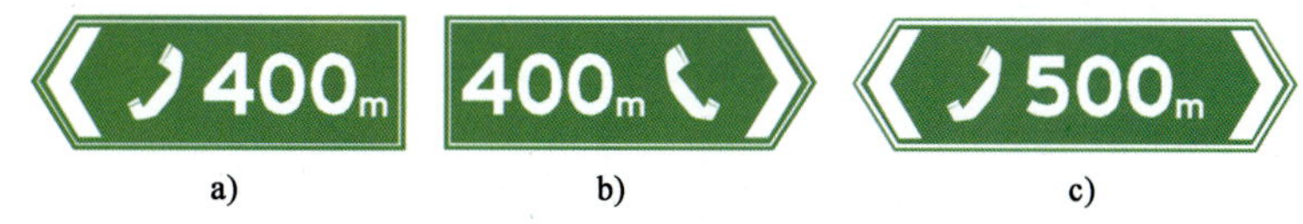

a)　b)　c)

图 10-59　电话位置指示标志版面示例

(2)设置要点

设置紧急电话时,须在紧急电话上设置紧急电话标志;电话位置指示标志的设置方向与道路路线平行,仅当紧急电话的视认性受到影响时,如弯道、挖方路段,才在受影响路段设置电话位置指示标志,而且设置位置距紧急电话的距离不宜大于 800m,距离信息应按 100m 精度四舍五入取值。

10.4.2.2　救援电话标志

(1)版面

图 10-60 所示为救援电话标志版面示例。救援电话标志的布局为横向排列,颜色为绿底、白图案,右侧半区为救援电话图案,样式及位置固定;左侧半区上方为中文"救援"字符,字高可取标志字高的一半;左侧半区下方为救援电话号码,字高等于标志字高。

图 10-60　救援电话标志版面示例

(2)信息选取

救援电话需根据标志设置位置当地的公安机关交通管理部门、公路路政部门救援电话选取。

(3)设置要点

没有设置紧急电话的高速公路上,应设置救援电话标志;已设置紧急电话的高速公路上,可设置救援电话标志。救援电话标志宜设置在互通立交入口后适当位置。

10.4.2.3　收费站预告及收费站标志

(1)版面

图 10-61 所示为设有电子不停车收费(ETC)车道的收费站预告及收费站标志版面。

a)　b)　c)

图 10-61　设有电子不停车收费(ETC)车道的收费站预告及收费站标志版面

对于设置电子不停车收费车道的收费站,收费站标志和收费站预告标志均在纵向分为上下两个半区,上半区颜色为黄底、黑图案,包含 ETC 收费图案和人工收费图案,ETC 收费图案和人工收费图案宽度相同,样式固定;收费站标志下半区为一行中文"收费站"字符,收费站预告标志下半区左侧内容为中文"收费站"字符,右侧内容为距离信息。

(2)信息选取

对于设置电子不停车收费车道的收费站,收费站预告标志和收费站标志的版面如图 10-61 所示。距离信息基准位置为收费站渐变段起点。

(3)设置要点

对于确实需要设置收费站预告的主线收费站,根据需要,可在距收费广场渐变段起点 2km、1km、500m 及渐变段起点处对应设置收费站预告标志与收费站标志;收费站预告标志可与终点标志横向合并设置;与终点标志合并设置时,收费站预告标志需设置在终点标志的左侧。

10.4.2.4 ETC 车道指示标志

(1)版面

图 10-62 所示为 ETC 车道指示标志版面。

图 10-62 ETC 车道指示标志版面

ETC 车道指示标志上半区为包含 ETC 收费车道路径指引的收费广场图案,黄色实线表示从收费广场进入专用 ETC 收费车道(无人工收费功能)的行驶方向,根据专用 ETC 车道在所有出口收费车道中的位置,黄色实线所代表的 ETC 收费车道可选择放置在 ETC 车道指示标志的左侧、中部或右侧;下半区为 ETC 文字,位置固定。版面底色为绿色,ETC 文字及表示行驶方向的实线为黄色,其余线条采用白色。

图案中收费车道宽度宜等于 $1h$,图案高度宜为 $4h$。图10-63a)示出 3 个出口收费车道,图 10-63b)示出左侧车道为 ETC 收费车道。

(2)信息选取

ETC 车道指示标志示出的收费车道数量,当收费站出口车道数超过 5 时以 5 表示。

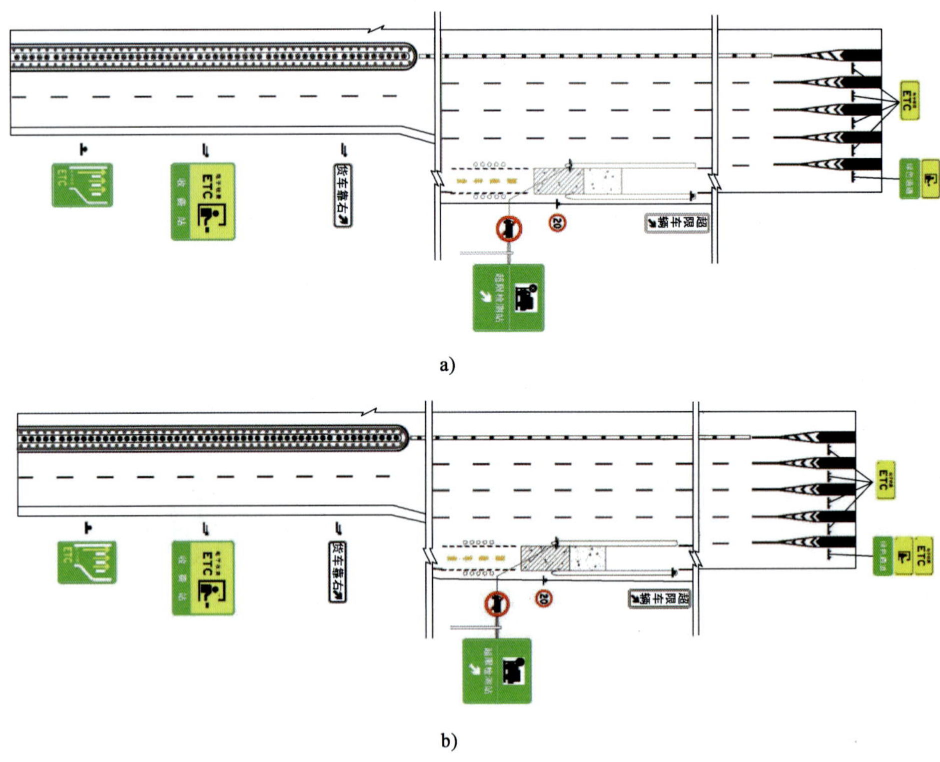

a)

b)

图 10-63 ETC 车道指示标志设置示例

(3)设置要点

ETC 车道指示宜设置在收费站渐变段起点上游 300m 位置,也可根据实际情况考虑设置在 200m 或 100m 位置,条件受限时也可与收费站标志横向合并设置。

10.4.2.5 电子收费(ETC)车道、人工收费车道、绿色通道标志

(1)版面

图 10-64 所示为电子收费(ETC)车道、人工收费车道、绿色通道标志版面。

ETC 电子收费车道标志和人工收费车道标志版面颜色为黄底、黑图案、黑边框;绿色通道标志版面为绿底、白图案、白边框。

(2)设置要点

电子收费(ETC)车道、人工收费车道、绿色通道标志设置于收费车道上方的收费大棚上。

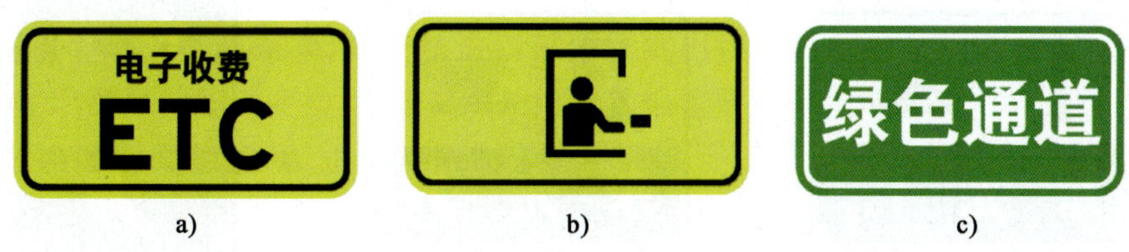

图10-64　电子收费(ETC)车道、人工收费车道、绿色通道标志版面

10.4.2.6　服务区预告标志

(1)版面

图10-65所示为服务区预告标志版面示例。

设置在服务区减速车道起点及上游的服务区预告标志,版面在纵向上分为上下两个半区。上半区内容为服务区图案。不提供住宿的服务区选择图10-65a)的图案样式,包含停车图案、加油图案、维修图案、餐饮图案;提供住宿的服务区选择图10-65d)的图案样式,与10-65a)相比,改餐饮图案为住宿图案,服务区图案的样式及位置固定,颜色为白底、绿图案。下半区颜色为绿底、白字,左侧为服务区名称。服务区名称宜设置为一行,设置在服务区减速车道起点上游的版面下半区右侧为距离信息,设置在服务区减速车道起点的版面下半区右侧为斜45°向上的箭头,表示出口。

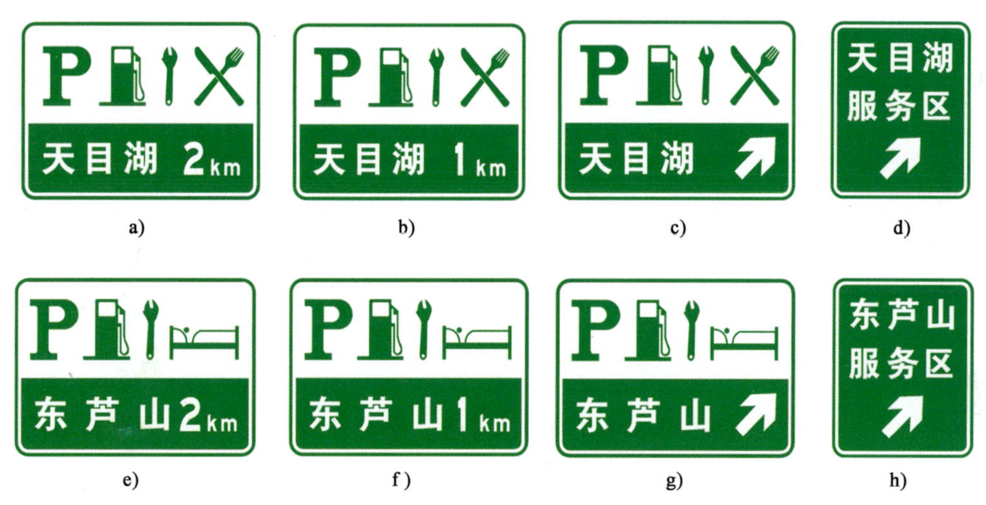

图10-65　服务区预告标志版面

设置在服务区出口分流鼻端的服务区预告标志,版面在纵向上分为上中下三个区域,上部内容为服务区名称,宜设置为一行;中部内容为"服务区"文字,为必选项;下部为斜45°向上的箭头,表示出口,左右居中放置。

(2)信息选取

服务区名称仅选取自前方服务区,不得增加其他信息;可在距服务区500m或路段适当位置增设一块预告标志时,距离信息按100m精度四舍五入取整。

(3)设置要点

设置在服务区减速车道起点及上游的服务区预告标志,单独设置时宜采用单悬臂形式,当需要同时预告其他服务区时,可在距离服务区渐变段起点前3km同时设置最多3处服务区的距离信息,使用双柱式;在距服务区500m或路段适当位置增设一块预告标志时,该增设位置与服务区减速车道起点的距离不宜小于200m,且不宜大于800m。

10.4.2.7　停车区预告标志

(1)版面

图10-66所示为停车区预告标志版面示例。

a)

b)

c)

图 10-66　停车区预告标志版面示例

设置在停车区减速车道起点及上游的停车区预告标志,版面在纵向上分为上下两个半区,上半区内容为包含停车图案、饮水图案的停车区图案,图案样式及位置固定,颜色为白底、绿图案;下半区颜色为绿底、白字,左侧为停车区名称,停车区名称宜设置为一行,设置在停车区减速车道起点上游的版面下半区右侧为距离信息,设置在停车区减速车道起点的版面下半区右侧为斜 45°向上的箭头,表示出口。

设置在停车区出口分流鼻端的停车区预告标志,版面在纵向上分为上中下三个区域,上部内容为停车区名称,宜设置为一行;中部内容为“停车区”文字,为必选项;下部为斜 45°向上的箭头,表示出口,左右居中放置。

(2)信息选取

停车区名称仅选取自前方停车区,不得增加其他信息;在距停车区 500m 或路段适当位置增设一块预告标志时,距离信息按 100m 精度四舍五入取整。

(3)设置要点

设置在停车区减速车道起点及上游的停车区预告标志,单独设置时宜采用单悬臂形式,当需要同时预告其他服务区时,可在距离服务区渐变段起点前 3km 同时设置最多 3 处服务区的距离信息,使用双柱式;在距停车区 500m 或路段适当位置增设一块预告标志时,该增设位置与停车区减速车道起点的距离不宜小于 200m,且不宜大于 800m。

10.4.2.8　爬坡车道标志

(1)版面

图 10-67 所示为爬坡车道标志版面,图 10-68 所示为爬坡车道标志设置示例。

a)　　b)　　c)　　d)

图 10-67　爬坡车道标志版面

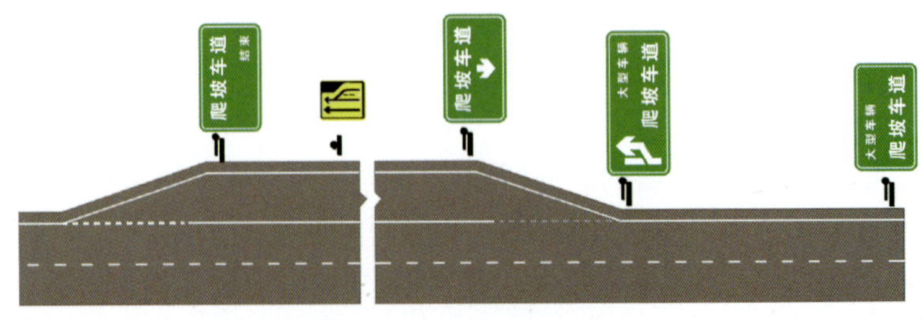

图 10-68　爬坡车道标志设置示例

爬坡车道标志从预告、渐变段开始、爬坡车道、爬坡车道结束,均为固定格式、固定文字和图案的版面。

(2)设置要点

爬坡车道标志设在爬坡车道渐变段起点之前200m处、渐变段起点附近、较长爬坡车道中间适当位置,以及坡车道结束处。

10.5　指路标志设置实例

本节以浙江省高速公路网指路标志为例说明指路标志的信息选取和设置。为了有效地组织指路标志上的信息选用,减少信息选用的不确定性,浙江省将全省高速公路网需要使用的指路信息进行了整理,整理考察的地理范围涵盖了浙江省全省、相邻省份和在浙江省内的各条国家高速公路路线起终点相关的地区,最终从20000多个地名和路名数据中选择了约760个地名和路名,并将这些地名和路名划分成A、B、C共3层。

10.5.1　浙江省高速公路网指路信息的分层

10.5.1.1　浙江省指路体系分层原则及名称列表(高速公路部分)

(1)分层原则

根据《道路交通标志和标线》(GB 5768)对于指路标志信息分层的规定,浙江省高速公路网指路信息只涉及其中的A层信息要素和B层信息要素。根据浙江省经济发展状况和实际交通信息需求,在《道路交通标志和标线》(GB 5768)规定的基础上提出如下分层原则。

①为方便指路信息选取,将《道路交通标志和标线》(GB 5768)中规定的A层信息要素和B层信息要素进一步细分为A层信息、B层信息、C层信息3层。

②由于浙江省已经实现县县通高速,县(市、区)在交通网络中起到了更加重要的作用,成为高速公路网络中的重要结点。因此,将县(市、区)信息提高一层,与国家高速公路和省级高速公路同分在B层。

③由于高速公路通车里程不断增加,在县县通高速的背景下,国省干线公路已经不是浙江省远途交通的主要路径。在这种情况下,将国道、省道放在浙江省高速公路网信息分层体系中的最底层。

(2)A层名称列表

A层由国家高速公路起终点、相邻省份的省会城市及与浙江省接壤的设区市、浙江省内设区市组成,见表10-6。

表10-6　A层名称列表

序号	类　别	名称列表
1	国家高速公路起终点	北京、长春、沈阳、常熟、上海(浦东)、重庆、台北、昆明、瑞丽、深圳、海口
2	相邻省份的省会城市及与浙江省接壤的设区市	南京、苏州、无锡、合肥、宣城、黄山、芜湖、南昌、景德镇、上饶、福州、南平、宁德
3	浙江省设区市	杭州、宁波、温州、嘉兴、湖州、绍兴、金华、衢州、舟山、台州、丽水

A层的名称通常用于高速公路在枢纽区域的方向指路,在较大范围区域内选择行驶方向,实现驾驶人对于靠近目的地的需求。所以,在选用A层信息时通常选用设区市以上的地名。

(3)B层名称列表

B层由浙江省内的县级以上城市、位于浙江省内的高速公路名称组成。

表10-7包含了完整的B层名称。

表 10-7　B 层名称列表

序号	类　别	名称列表
1	县(市、区)	萧山、余杭、建德、富阳、临安、桐庐、淳安、余姚、慈溪、奉化、象山、宁海、北仑、瑞安、乐清、洞头、永嘉、平阳、苍南、文成、泰顺、海宁、平湖、桐乡、嘉善、海盐、德清、长兴、安吉、诸暨、上虞、嵊州、新昌、兰溪、武义、浦江、磐安、江山、常山、开化、龙游、岱山、嵊泗、温岭、临海、玉环、三门、天台、仙居、龙泉、青田、缙云、遂昌、松阳、云和、庆元、景宁、鄞州、镇海、北仑、衢江、黄岩、路桥、南浔
2	国家高速公路	G3 京台高速、G15 沈海高速、G1522 常台高速、G1504 宁波市绕城高速、G1512 甬金高速、G1513 温丽高速、G25 长深高速、G2504 杭州市绕城高速、G50 沪渝高速、G56 杭瑞高速、G60 沪昆高速、G70 沪昆高速、G92 杭州湾地区环线高速、G9211 甬舟高速
3	浙江省高速公路	S9 岱普高速、S13 甬温高速、S19 常嘉高速、S23 苏绍高速、S29 诸永高速、S33 文寿高速、S39 宜杭高速、S43 宣桐高速、S49 建云高速、S2 申湖高速、S6 甬萧高速、S12 诸绍高速、S16 建黄高速、S22 桐婺高速、S26 台金高速、S32 瑞云高速、S36 龙浦高速、S30 温州绕城高速、S53 乍嘉高速、S55 大姜高速、S59 穿好高速、S63 六柴高速、S65 穿西高速、S67 洞灵高速、S69 练杭高速、S73 沈红高速、S75 东井高速、S77 慈余高速、S79 潘高高速、S83 新石高速、S85 天仙高速、S87 东永高速、S89 金婺高速

B 层的名称通常用于路网中的联络线、并行线、支线等具有集散型特点的高速公路指路,汇集或分散交通流,有时也用于高速公路出口的指路。B 层的信息也多用于实现驾驶人对于靠近目的地的需求。

(4)C 层名称列表

C 层由高速公路枢纽互通名称、上海和浙江省的机场、浙江省内省级或以上的开发区、邻近互通的重要城镇、浙江省内国省道、国家级风景名胜或自然保护区组成。

表 10-8 ~ 表 10-10 包含了 C 层中上海和浙江省的机场、浙江省内省级或以上的开发区、国家级风景名胜或自然保护区、浙江省内国省道名称。

表 10-8　C 层名称列表(一)——机场、开发区、国家级风景名胜或自然保护区

序号	类　别	名称列表
1	机场	浦东机场、虹桥机场、萧山机场、栎社机场、永强机场、义乌机场、衢州机场、黄岩路桥机场
2	开发区	之江度假区、杭州高新开发区、下沙开发区、萧山开发区、临安开发区、千岛湖开发区、桐庐开发区、大榭开发区、宁波保税区、宁波经技开发区、镇海开发区、象山开发区、宁海开发区、慈溪开发区、余姚开发区、奉化开发区、温州开发区、瓯海开发区、瑞安开发区、平阳开发区、乐清开发区、台州开发区、平湖开发区、嘉善开发区、长兴开发区
3	国家级风景名胜或自然保护区	西湖、千岛湖、雁荡山、天台山、普陀山、嵊泗列岛、楠溪江、莫干山、雪窦山、双龙、仙都、江郎山、浣江、五泄、仙居、百丈漈、飞云湖、方岩、清凉峰、凤阳山、百山祖、天目山、古田山、乌岩岭、河姆渡遗址、良渚文化

表 10-9　C 层名称列表(二)——浙江省内国道

序号	路线编号	路线起终点	序号	路线编号	路线起终点
1	G104	北京—福州	4	G320	上海—瑞丽
2	G205	山海关—深圳	5	G329	杭州—朱家尖
3	G318	上海—聂拉木	6	G330	温州—寿昌

表10-10　C层名称列表(三)——省道

序号	路线编号	路线起终点	序号	路线编号	路线起终点
1	S101	杭州—金丝娘桥	35	S232	水头—霞关
2	S102	杭州—昱岭关	36	S301	长兴—牛头山
3	S103	杭州—金华	37	S302	新登—淳安
4	S201	彭公—安吉	38	S303	建德—淳安
5	S202	乍浦—王江径	39	S304	临平—莫干山
6	S203	海宁—新仓	40	S305	富阳—衢州
7	S204	孝丰—泗安	41	S306	鹿山—唐舍岭
8	S205	青山—临安	42	S307	中埠—樟树下
9	S206	牧家桥—松溪	43	S308	绍兴—大唐庵
10	S207	彭公—余杭	44	S309	江口—拔茅
11	S208	桐庐—千秋关	45	S310	嵊州—义乌
12	S209	龙岗—苦竹岭	46	S311	象山—西山
13	S210	桐庐—义乌	47	S312	永康—武义
14	S211	诸暨—东阳	48	S313	金华—兰溪
15	S212	绍兴—甘霖	49	S314	浦江—兰溪
16	S213	慈溪—溪口	50	S315	兰溪—贺村
17	S214	宁波—临海	51	S316	龙游—诸葛
18	S215	盛垫—宁海	52	S317	华埠—白沙关
19	S216	茅洋—石浦	53	S318	宁波—梁辉
20	S217	东阳—永康	54	S319	宁波—余姚
21	S218	东阳—仙居	55	S320	骆驼—亚浦
22	S219	磐安—缙云	56	S321	定海—岑港
23	S220	上茭道—松阳	57	S322	临海—石柱
24	S221	江山—溪口	58	S323	科山—大盘
25	S222	龙游—丽水	59	S324	林岙—石塘
26	S223	仙居—清水埠	60	S325	椒江—黄岩
27	S224	岭口—三角塘	61	S326	天台—高枧
28	S225	大田—路桥	62	S327	临海—前所
29	S226	泽国—坎门	63	S328	丽水—浦城
30	S227	遂昌—龙泉	64	S329	菊水—寿宁
31	S228	云和—寿宁	65	S330	瑞安—东坑
32	S229	龙泉—后山桥	66	S331	分水关—泰顺
33	S230	青田—岱口	67	S332	温州—机场
34	S231	定海—西码头	68	S333	六岙—东渡

C层用于互通出口的指路,也是与下一层路网的衔接。对于高速公路而言,C层是最为具体的地名、路名信息;而对于下一层的路网,如城市干道、国省道等,C层是集散的中转点,可以和A、B层一样用于方向的指路。

A、B、C层在使用上应遵循向上兼容的原则,可以用B层的指路标志就可以使用A层,同理可以用C层的指路标志就可以使用A、B层;但向下不兼容。

10.5.1.2　浙江省路网的分析

依据信息的分层,可以将浙江省的路网相应地划分出层次,图10-69和图10-70所示为浙江省第

一、第二层次路网图。路网的划分有助于找出信息分布和传递的关键结点,知道哪些结点应侧重于远程信息的告知,哪些应侧重于交通流的集散。图 10-69 显示的结点是远程信息告知的关键结点。路网分层的实质是结点分析。

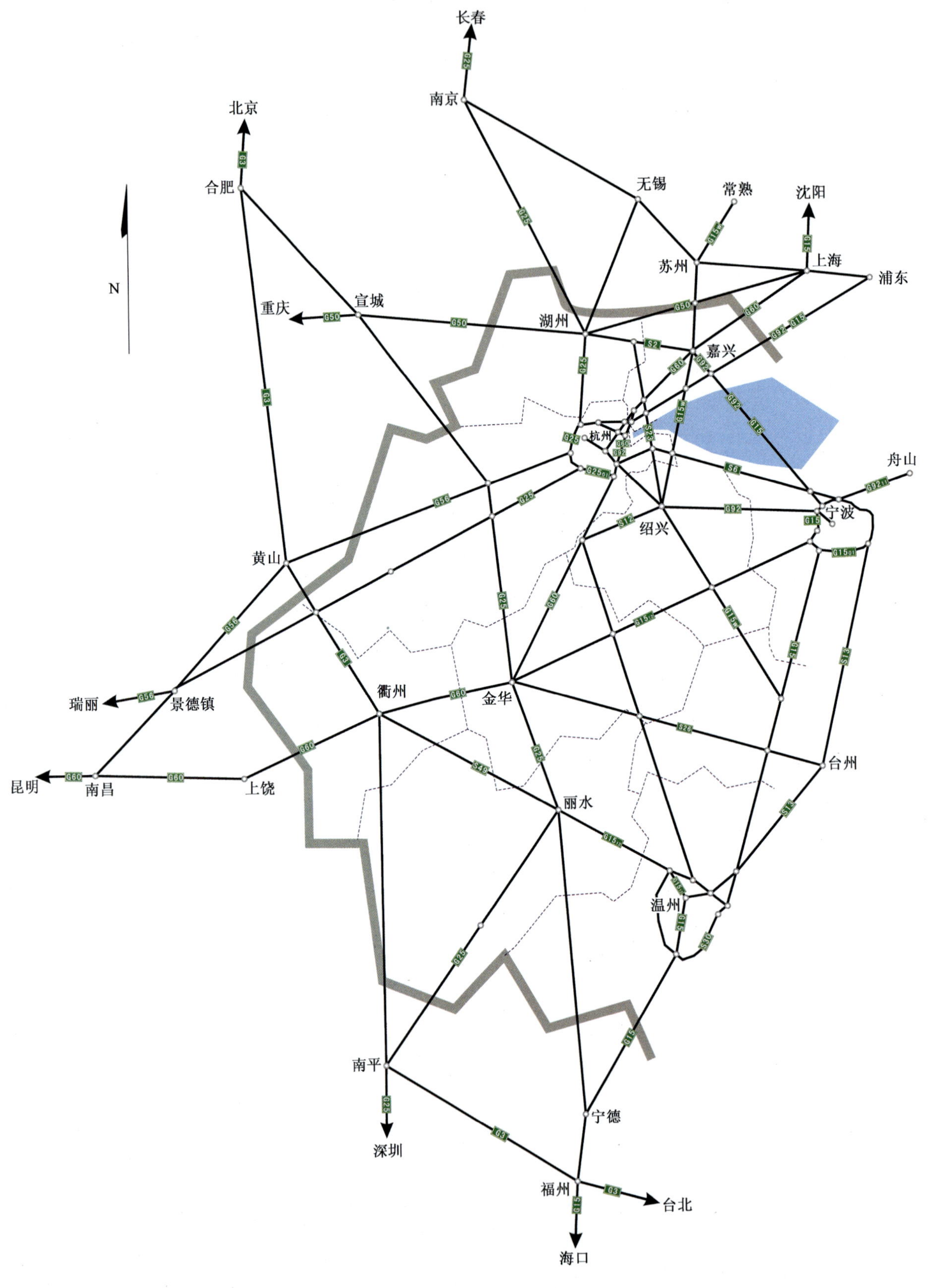

图 10-69 浙江省第一层次路网

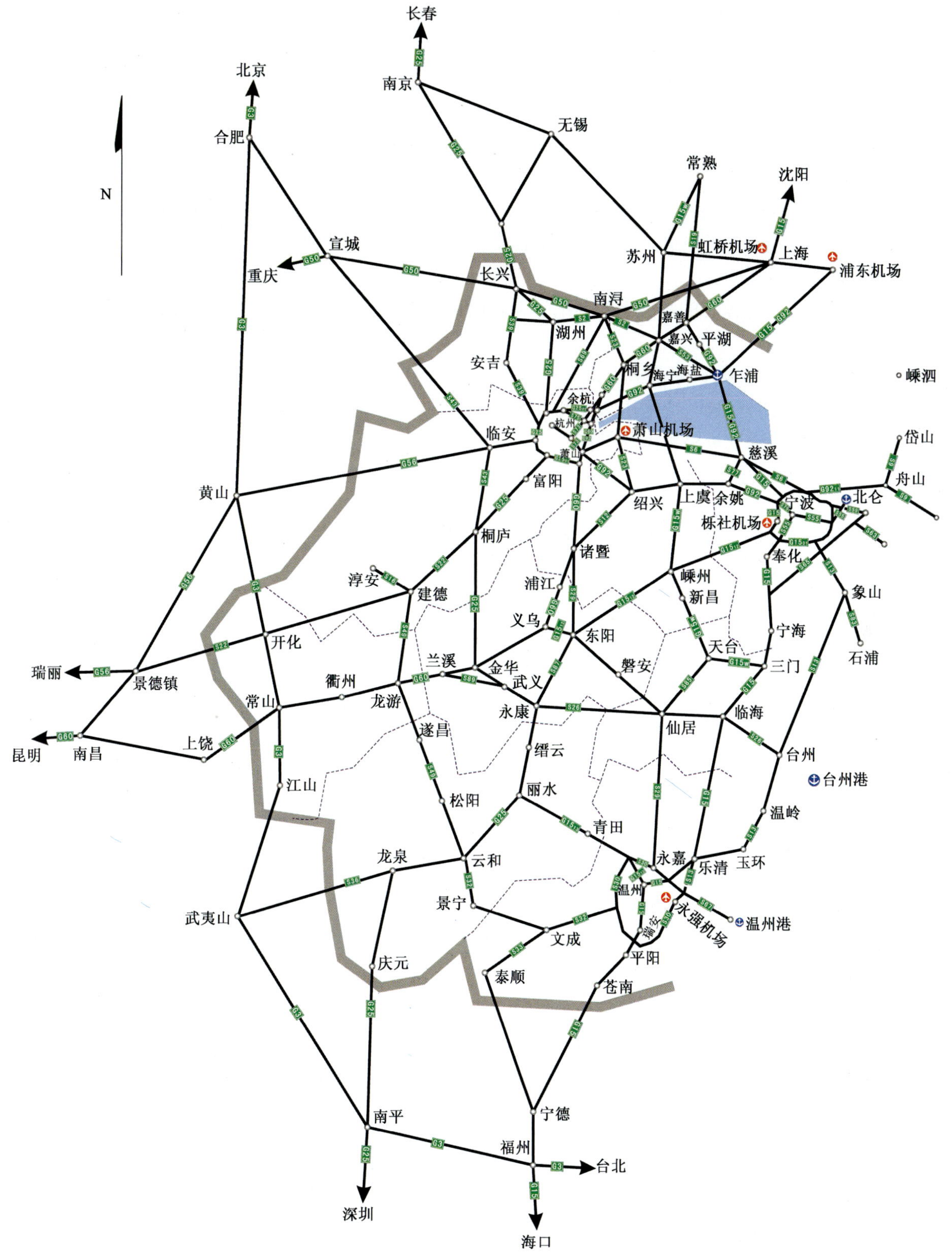

图 10-70　浙江省第二层次路网

10.5.2 浙江省信息分布和传递

10.5.2.1 路网中信息分布的原则

路网由城市环线、枢纽式互通、一般互通、路段组成，指路标志的信息传递也发生在这些组成部分上。如果不区分高速公路网和其他路网，人们门到门的出行信息指引需求终究需要全部反映到道路上的指路标志和门牌号码上。在剥离了其他路网之后,人们的出行信息指引需求被简化为靠近目的地的需求,这些需求也同样需要反映到高速公路网中。所以,如何反映这些信息需求,则是对高速公路网组成部分的要求。

(1)地点距离预告

省界,应采用 A 层地名设置前方目的地地点距离预告;设区市界,应采用 A 层、B 层地名设置前方目的地地点距离预告;县(市、区)界,应采用 A 层、B 层、C 层地名设置前方目的地地点距离预告。

设区市界间或县(市、区)界间的间距超过 50km 时,应按照上述要求增设地点距离预告指路标志。

互通入口后,除设置下一出口地点距离预告外,应设置前方 A 层、B 层地名的地点距离预告,可与下一出口指路标志合并设置。

超过 10km 无指路标志的高速公路路段,应增设地点距离标志,告知前方邻近的互通出口和重要城市。

(2)路线交叉点的预告(枢纽式互通和一般互通)

在进入高速公路枢纽前,应采用 A 层地名和 B 层地名中的高速公路名称作为指路标志方向内容。

离开枢纽后,应设置指路标志提供前方方向或分流交叉点地点距离信息。

在进入互通前,应采用 A 层、B 层地名作为指路标志前方方向内容,C 层地名作为指路标志分流方向内容,可采用 A 层、B 层地名作为分流方向的说明。

在连接线上应设置指路标志预告当地主要城镇、省级开发区、国家级风景名胜或自然保护区。地方路网应在互通接口附近 2km 内,选用高速公路名称设置高速公路指路预告。

(3)绕城高速公路的指路

在进入绕城高速公路 5km 前,应设置指路标志预告绕城高速公路名称、临近的互通出口、A 层地名信息。该标志可单独设置,也可与枢纽前出口预告标志合并设置。

在绕城高速公路上,应设置前方枢纽连接的高速公路地点距离预告。

在离开绕城高速公路后,第一个互通出口前或 5km 内,应设置指路标志预告前方 A 层地名地点距离预告。该标志可单独设置,也可与匝道入口的下一出口预告标志合并设置。

10.5.2.2 信息选取和发布

指路标志上的信息可概括分为:编号信息、地名信息、方向信息、道路段落道路编号。

(1)道路编号

本路编号:本路的命名及编号标志在加速车道渐变段终点设置;互通立交间距大于 20km 时,中间加密设置 1 处命名编号标志。除此之外,原则上不再在地点距离标志、出口预告标志提示本路编号。道路为重合段时,道路编号标志应为所有共线道路的编号。

本道路上出现的其他高速公路编号,必须是与本路直接连通的高速公路,如图 10-71 所示。在图示位置,虽然可以通过公路 S10 驶入 G15 和 G1513,但是因为转入的是 S10,所以在指路标志上只标注 S10,以免发生歧义。

(2)地名信息

地名分层信息的选用应遵守 10.5.1 的要求。

①作为方向性的地名必须是 A 层地名。方向性的地名通常出现在:

a. 地方道路上的入口预告标志;

b. 三角端分岔的方向标志;

c. 命名编号标志的方向信息;

d. 地点距离标志中控制性地名(第三个地名);

e. 互通出口设置直行标志时的直行信息;

f. 枢纽出口预告标志。

②方向性地名应优先选用本路线上的地名,方向性的地名应一致。

③枢纽出口预告标志的 A 层地名,原则上优先采用路线前方 50 ~ 400km 范围内相邻本地的最近 A

层地名。

④市、县地名后不加缀“市区”或者“城区”。

⑤在与周边省接壤的设区市境内，应设置地点距离标志，由近至远优先选用周边省的 A 层地名；若省会城市在该路线上，最远应指到省会城市。

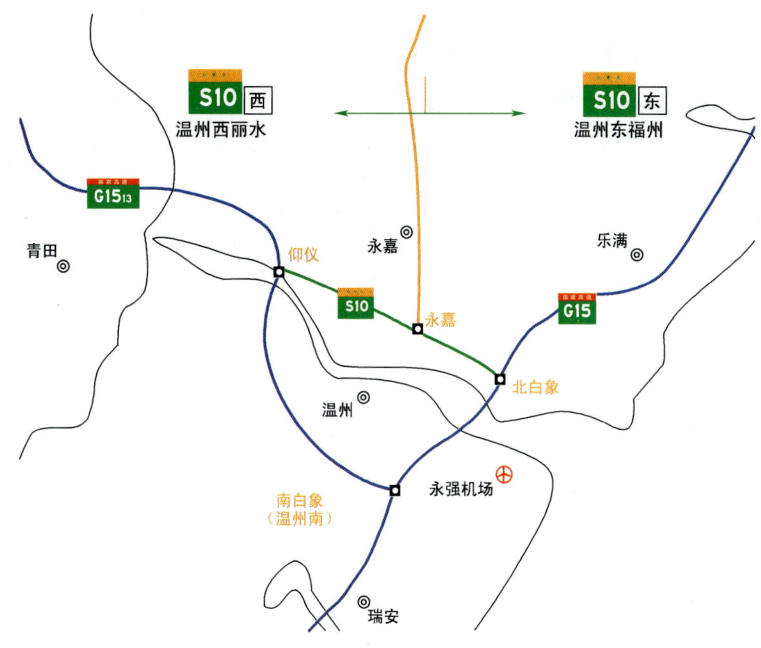

图 10-71　道路编号示例

(3)信息优先原则

①道路编号

遇高速公路重合段，但只能使用一个编号时，优先原则如下：国高与省高重合，国高优先；国高与国高，或者省高与省高重合，编号小的优先；绕城与国高或省高重合，绕城优先。

②地名优先选用原则

互通出口的地名宜控制在两个以内，按以下原则优先选用：

a. 城市互通出口应优先选用城市出入口名称、城区名称、连接的主要城市道路或街道等。

b. 服务于镇的互通出口第一个地名选用最近的镇，第二个地名宜为与第一个地名不同方向的地名，优先考虑交通量较大的、知名度较高的、地图上能查阅得到，在邻近的国道线、省道线上的。

c. 原有互通出口标志地名较多，经筛选未被选用的地名(未在高速公路主线上提示的地名)，可考虑在出匝道收费站以后的交叉路口再行提示。

(4)方向信息

①命名编号标志

应采用方向性地名指引方向，如杭州方向、宁波方向等，不宜采用“东、南、西、北”进行方向指引。

②区分相同编号的方向信息

相同编号同时出现时，应加注行进方向作为辅助信息以作区分。

③道路段落信息

道路段落信息适用于可环线行驶的绕城高速(杭州绕城、宁波绕城)。

如图 10-72 所示，杭州绕城四个角(下沙、张家畈、杭州南、南庄兜)的枢纽，在绕城的编号后进行分段，以便于驾驶人知道自己的方位。在绕城分段的中部位置(例如红垦、留下、大井等)，则不体现分段，只告诉方向。

图 10-72　杭州绕城高速

10.5.2.3　信息量控制

计算信息量时,只计算地名信息,附注的编号、东南西北跟随主信息,不另计;代替地名的图案计入信息量。

互通转向图形不计入信息数量。

(1)枢纽出口系列标志

互通转向图形中的每个道路方向,选取信息应遵守以下规定:地名限定在 2 个以内。

(2)互通

①入口预告标志

一般互通:地方路入口预告标志方向性地名,1 个地名代表 1 个方向;只有 1 个方向的,应在地名后增加"方向"字样。

复合式互通(同时为 2 条高速公路的入口):地方道路上的入口预告标志方向性地名不超过 4 个,编号不超过 2 个。

②出口预告

互通立交匝道出口的地名信息不超过2个，国道、省道、县道的编号信息限定1个。主线直行的地名信息为1个，是否设置本路编号不做限定。

(3)路段

①下一出口

下一出口为一般互通时，设置于2km或1km出口预告标志支撑结构上。

②地点距离标志

地点距离标志地名信息宜控制在3个(含)以内。

第 11 章　旅游区标志

旅游区标志是为吸引和指引人们从高速公路或其他道路上前往邻近的旅游区,使旅游者能方便地识别通往旅游区的方向和距离,了解旅游项目的类别。旅游区标志分为旅游指引标志和旅游符号两大类。

11.1　旅游指引标志

旅游指引标志应提供旅游区的名称、前往旅游区的方向和距离等信息,可提供体现旅游区特点的代表性图形。图形应根据旅游景点的特色设计,保证简洁、清晰、醒目、直观。同一旅游区的代表性图形应保持一致。

旅游区的指引在路网层面上应通过指路标志完成,在到达旅游区(或旅游景区)前的路口可设置旅游区标志。旅游区标志的设置应与指路标志相互配合,不得影响指路标志的设置与视认。

图 11-1 所示为旅游区距离标志设置示例,设在一般道路、高速公路或城市快速路路段适当位置。可预告单一旅游景点也可预告多个旅游景点,但一块版面中预告旅游景点的数目不应超过 3 个,旅游景点按照从近到远的顺序由上至下排列。

图 11-2 所示为旅游区方向标志设置示例,设在通往旅游区各连接道路的交叉路口处、高速公路或城市快速路出口的减速车道起点附近,但不应影响交叉路口指路标志或高速公路出口和出口预告标志。图 11-2a)是设置在一般道路交叉口处的旅游区方向标志,图 11-2b)是设置在高速公路或城市快速路出口的减速车道起点附近的旅游区方向标志示例。

图 11-1　旅游区距离标志

a)

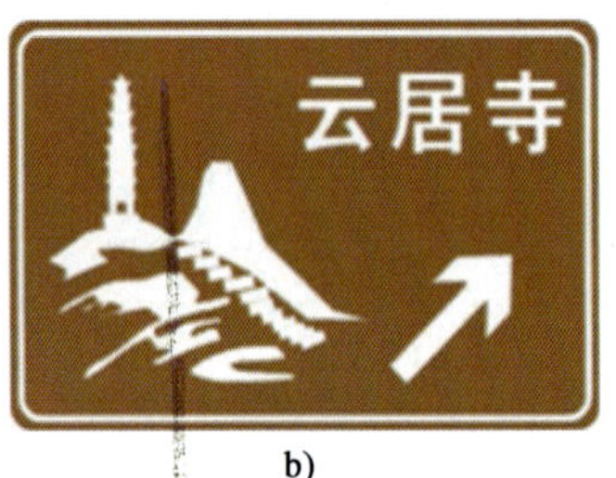

b)

图 11-2　旅游区方向标志

高速公路或城市快速路沿线可直接到达 AAAA 级及以上旅游景区可设置旅游指引标志,一般道路沿线 AAA 级及以上旅游景区可设置旅游指引标志。高速公路和城市快速路出口不直接到达旅游区时,不宜在出口前单独设置旅游区方向标志。旅游区应作为指路信息,通过指路标志进行指引,指路标志上的旅游区信息采用棕底白字,标志设置示例如图 11-3 所示。通过旅游区但无出口的高速公路不应设置旅游区指引标志。

旅游区所在一般道路有道路名称或编号时,到达景点的交叉路口前的指引应通过指路标志完成,到达景点的交叉路口宜设置旅游区方向标志,标志设置示例如图 11-4 所示。

旅游区所在一般道路没有道路名称或编号时,通往这条道路的交叉路口宜设置旅游区方向标志,标志设置示例如图 11-5 所示。

旅游区方向标志应设置在交叉路口前 10 ~ 60m。当该交叉路口距离旅游区较远时,可在交叉路口后 500 ~ 1000m 位置设置旅游区距离标志。

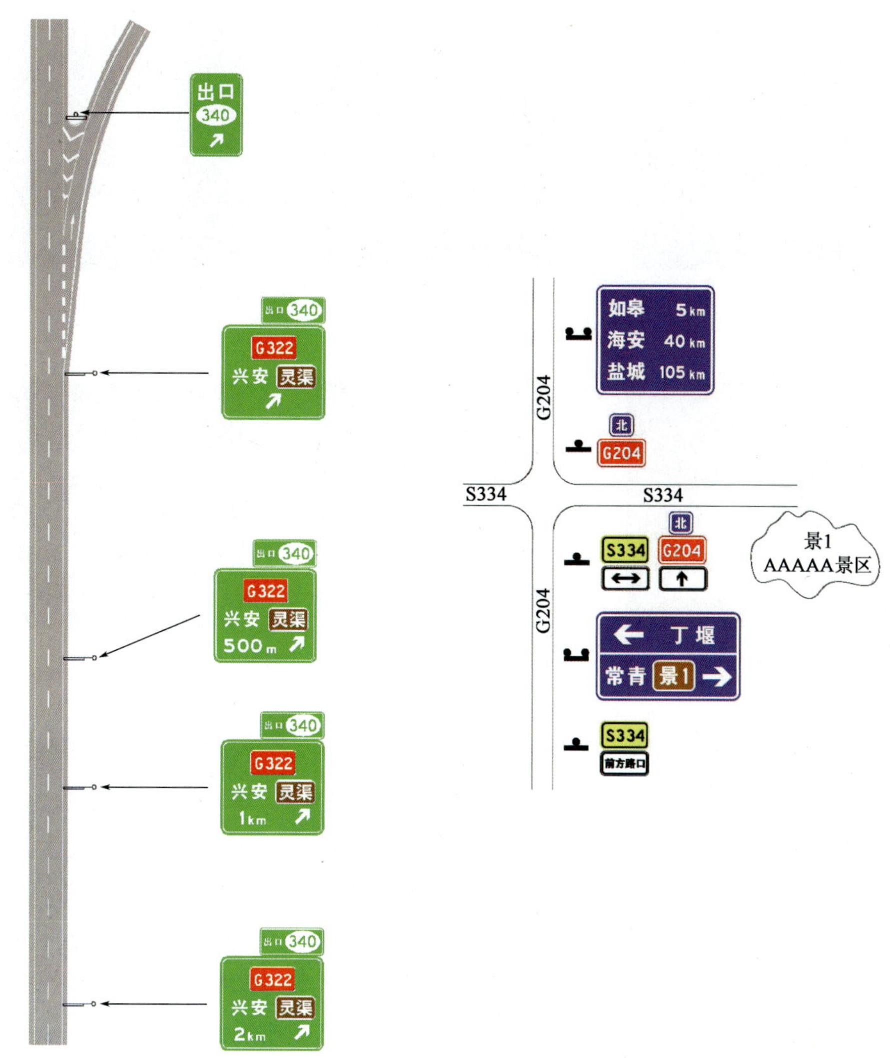

图 11-3　高速公路、城市快速路旅游区方向标志设置示例

图 11-4　通往有名称、编号道路的旅游区指引示例

注：仅以一个方向的指引标志设置为例。

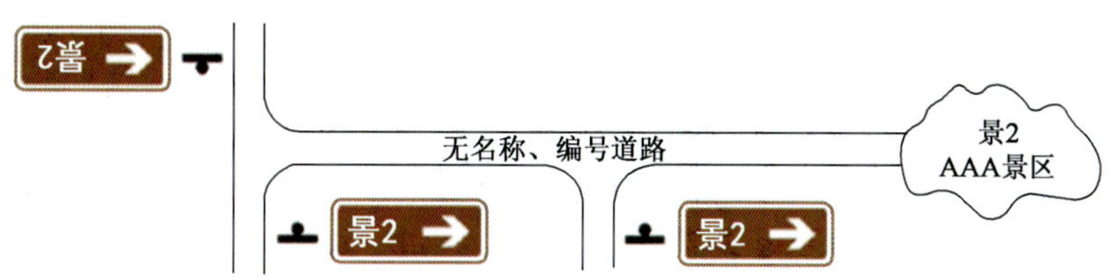

图 11-5　通往无名称、编号道路的旅游区指引示例

11.2　旅游符号标志

旅游符号提供旅游项目类别、具代表性的符号及前往各旅游景点的指引，如图 11-6 ~ 图 11-20 所示。旅游符号可设在通往旅游景点的交叉口附近，或在景区内通往各旅游景点的路口，也可在指路标志上附具代表性的旅游符号，让旅游者了解景点的旅游项目。旅游符号下可附加辅助标志以指示前进方向或距离。

图 11-6　信息服务

图 11-7　徒步

图 11-8　索道

图 11-9　野营地

图 11-10　营火

图 11-11　旅居车营地

图 11-12　骑马

图 11-13　钓鱼

图 11-14　高尔夫球

图 11-15　潜水

图 11-16　游泳

图 11-17　划船

图 11-18　冬季游览区

图 11-19　滑雪

图 11-20　滑冰

旅游符号作为旅游景点内设施或活动场所的指引，设在通往各景点或各活动场所的分岔口。旅游符号标志设置示例如图 11-21 所示。

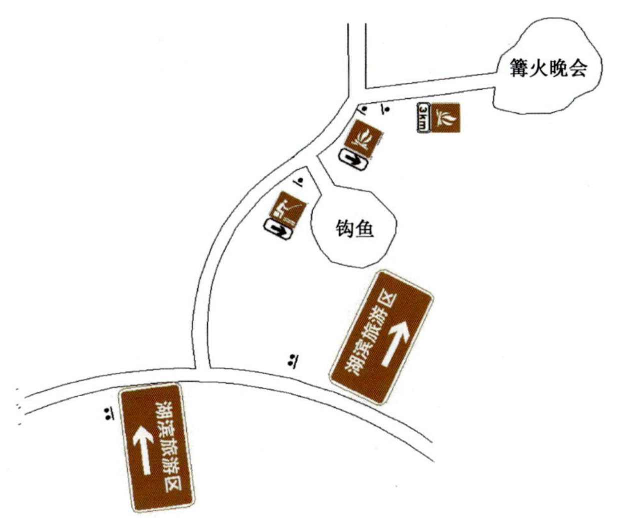

图 11-21　旅游符号标志设置示例

旅游符号作为标志，可以组合，也可单独使用。但在同一立柱上组合的符号不宜多于 4 个。旅游符号的下面可以附设行驶方向辅助标志。

第 12 章　告 示 标 志

12.1　概述

告示标志是《道路交通标志和标线》(GB 5768)新增加的一类标志。增加此标志的主要原因有两个:一是城市道路和公路上出现越来越多的指引“单位”“休闲度假设施(酒店、度假村)”等的标志;二是城市道路和公路上需要越来越多的“公益标志”,如“系安全带”“禁止酒后驾驶”等。

前一类标志的设置五花八门,常导致标志信息过载,影响指路标志等的视认,如图 12-1 所示。这些被指引的多为“地点”,根据指路标志的信息分层及选取,有些“地点”可以通过指路标志指引;有些“地点”,如果路线指引清晰,同时这些“地点”的位置清晰,即使不直接指这些信息,也可以达到。

a)

b)

c)

图 12-1　五花八门的指引地点标志设置示例

a)设置不规范;b)信息过载;c)影响已有地点距离标志的视认

后一类标志,一般是《道路交通安全法》《道路交通安全法实施条例》等法律规定的内容,表示“遵循”“禁止”“警告”的含义,如图 12-2 所示。对于法律规定的内容,即使不设这些“公益标志”,驾驶人也是应当了解并遵守的。

图 12-2　法律有规定内容的公益标志

针对这些需求,《道路交通标志和标线　第 2 部分:道路交通标志》(GB 5768.2)使用“告示标志”。

告示标志,用以解释、指引道路设施、路外设施,或者告示有关道路交通安全法和道路交通安全法实施条例的内容。

告示标志的设置有助于道路设施、路外设施的使用和指引,取消其设置不影响现有标志的设置和使用。

告示标志一般为白底、黑字、黑图形、黑边框,版面中的图形标识如果需要可采用彩色图案,标志设置示例如图 12-3 所示。彩色图案部分可以自行设计。根据设置位置等,可以把图案部分放在标志版面的上面或右面。

夕山度假村 ➔
生存岛 ➔

图 12-3　告示标志设置示例

12.2　道路设施解释

此类标志用于解释道路设施，如用以告知驾驶人所在高速公路编号信息等，见图 12-4 示例；用以告知驾驶人交通监控设备信息，见图 12-5 示例，用于一般道路使用白底、黑边框、蓝色图形，见图 12-5a)；用于高速公路、城市快速路使用白底、黑边框、绿色图形，见图 12-5b)；用以告知区间测速信息，见图 12-6 示例。

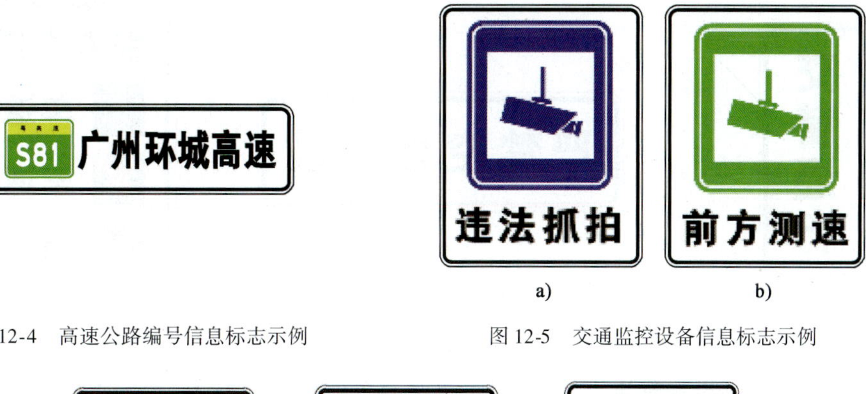

图 12-4　高速公路编号信息标志示例

图 12-5　交通监控设备信息标志示例

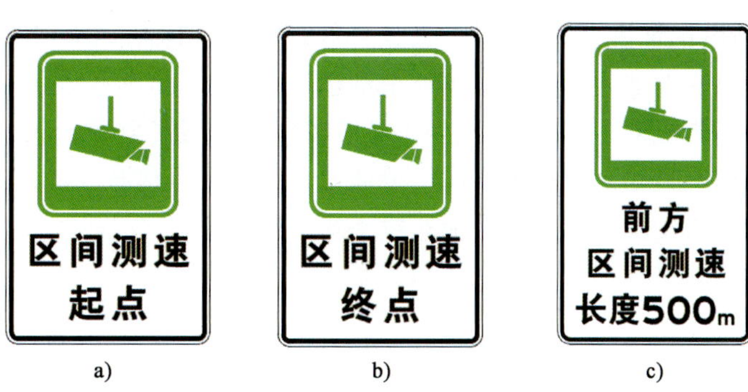

图 12-6　区间测速信息标志示例

a) 区间测速起点；b) 区间测速终点；c) 前方区间测速长度 500m

12.3　路外设施指引

此类标志用以指引路外设施、单位，如图 12-7 所示，一般需要经道路管理部门确定是否设置。这一类告示标志通常设置在路口前，不得影响路口禁令、指示、警告、指路等标志的设置和视认。在不影响路口禁令、指示、警告、指路等标志的设置和视认情况下，要注意本身信息量的因素。

图 12-7　路外设施、单位指引标志示例

12.4　行车安全提醒

行车安全提醒标志，用于提醒驾驶人在行驶过程中一些需要注意的情况或需要避免的驾驶行为，包括相关法律法规禁止的行为。图 12-8 ~ 图 12-13 所示为各类行车安全提醒标志版面。

图 12-8　驾驶时禁用手持电话标志

图 12-9　禁扔弃物标志

图 12-10　系安全带标志

图 12-11　交替通行标志

图 12-12　严禁空挡下坡标志

图 12-13　前方车道控制标志

(1)驾驶时禁用手持电话标志,提醒驾驶人驾驶时不要打手持电话。

(2)禁扔弃物标志,提醒驾乘人员不要向车外抛洒物品。

(3)系安全带标志,提醒机动车驾驶人、乘坐人员应按规定使用安全带。

(4)交替通行标志,提醒机动车驾驶人依次交替通过合流处或车道减少的路口、路段。

(5)严禁空挡下坡标志,提醒驾驶人在下坡路段不要空挡行驶。

(6)前方车道控制标志,提醒驾驶人前方车道控制。

12.5　告示标志设置

告示标志的设置不应影响警告、禁令、指示和指路标志的设置和视认。

告示标志之间以及告示标志与其他标志之间的距离不宜小于表 12-1 的规定。因为告示标志是不那么重要的标志,因此设置时以禁令、指示、警告和指路标志为优先,并与这些标志之间保持一定的距离,以使驾驶人来得及认读理解禁令、指示、警告和指路标志。

表 12-1　告示标志之间以及告示标志与其他标志之间的距离

速度(km/h)	40	50	60	70	80
距离(m)	160	200	240	280	320

第 13 章　辅 助 标 志

主标志无法完整表达或指示其规定时,为维护行车安全与交通畅通的需求,设置辅助标志。辅助标志安装在主标志下面,紧靠主标志下缘。

13.1　表示时间、日期

如图 13-1 所示,根据需要,对某些标志规定时间范围。

时间的表示,应使用 24 小时制,原则上以小时为单位表示。此辅助标志用于表示限制行为的时间段。一般不表示为“除 7:00-10:00 外”。

表示时间的辅助标志,限于特定时间内实施交通行为限制或警告时设置。全天进行限制时,不需要辅助标志。有一种例外:同时设置时间段内限制行为的标志、全天限制行为的标志时,全天的标志中标注出“全天”的字样更有助于驾驶人理解,如图 13-2 所示。

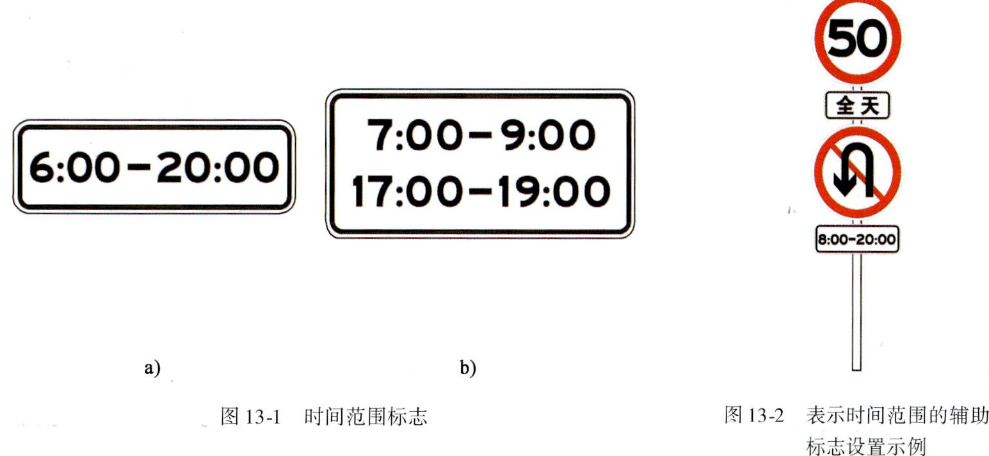

图 13-1　时间范围标志

图 13-2　表示时间范围的辅助标志设置示例

日期的表示,仅限于特定的日期,或者除特定日期以外实施交通行为限制的日期,如周一 ~ 周五、除节假日外。

13.2　表示车辆种类、属性

图 13-3 ~ 图 13-6 为示例,根据需要,对某些标志规定车辆的种类、属性。

要简洁易懂地将车辆种类标示出来。直接表示从对象中排除某些种类更为简洁时,以从对象中除去的车辆种类来表示,见图 13-3;直接表示对象车辆更为简洁时,以对象车辆的种类来表示,见图 13-5、图 13-6。

图 13-3　公交车除外标志

图 13-4　机动车标志

图 13-5　货车标志

图 13-6　货车、拖拉机标志

《道路交通标志和标线　第 1 部分:总则》(GB 5768.1)附录 B 的图形中,有明确的车辆种类的图形时,辅助标志可以图形表示;没有车辆图形的,辅助标志以文字表示。

设置多个"车辆种类"时,最多不宜超过 2 个。

13.3　表示方向

如图 13-7 所示,根据需要,对禁令或指示标志规定方向路段。根据需要,对指路标志表示指路标志所指公路、地点、设施的方向。行驶方向标志设置示例如图 13-8 所示。

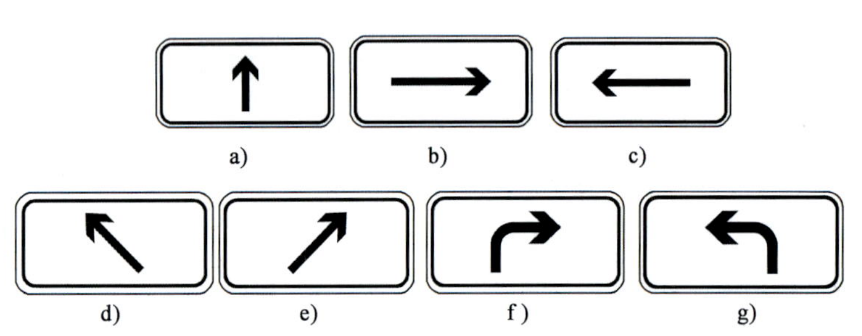

图 13-7　行驶方向标志

图 13-8　行驶方向标志设置示例

13.4　表示区域

图 13-9 ~ 图 13-13 为示例,根据需要,对禁令和指示标志规定区域的范围。标志设置示例如图 13-14所示。

图 13-9　向前 200m 标志

图 13-10　向左 100m 标志

图 13-11　向右 100m 标志

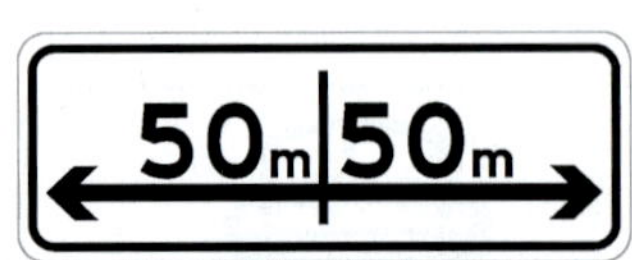

图 13-12　向左、向右各 50m 标志

图 13-13　某区域内标志

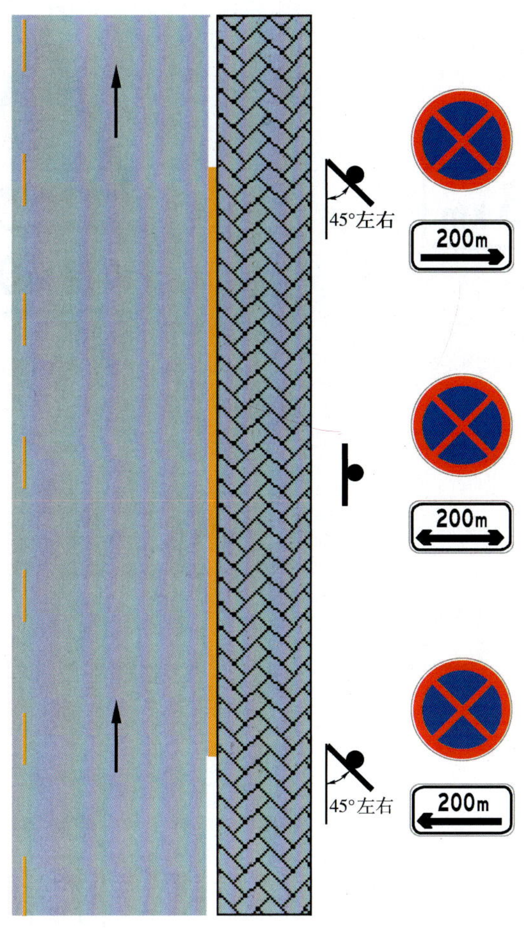

图 13-14　区域标志设置示例

13.5　表示距离

图 13-15 为示例，根据需要，对指路标志、旅游区标志和警告标志表示到达所指示设施、危险点的距离。标志设置示例如图 13-16 所示。

图 13-15　距离某地 200m 标志　　　图 13-16　距离标志设置示例(距离前方港湾式紧急停车带 100m)

13.6　表示长度

图 13-17 为示例，根据需要，对指路标志、警告标志表示所指示设施或路段的长度。标志设置示例如图 13-18所示。

长度 5km

图 13-17　设施长度标志示例

图 13-18　长度标志设置示例(前方连续弯路长 600m)

13.7　表示警告、禁令理由

图 13-19 ~ 图 13-25 为示例,根据需要,对警告、禁令标志表示理由。

图 13-19　学校标志

图 13-20　海关标志

图 13-21　事故标志

图 13-22　塌方标志

教练路线

图 13-23　教练车行驶路线标志

考试路线

图 13-24　驾驶考试路线标志

校车停靠站点

图 13-25　校车停靠站点标志

要用能说明限制理由的最简明的文字表示。

13.8　组合辅助标志

如果在主标志下需要安装两块以上辅助标志时,可采用组合形式,如图 13-26 所示,但组合的图形不宜多于三种。

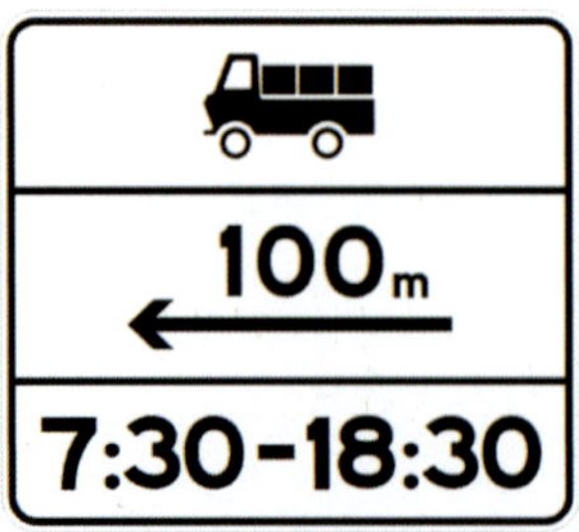

图 13-26　组合辅助标志示例

在 1 块辅助标志牌上，进行两种以上内容的标注时，一般排列顺序如下：

(1) 车辆的种类、属性；

(2) 距离、区域；

(3) 日期及时间。

13.9　辅助标志使用

同一支柱同时设置两个以上主标志时，如果辅助标志的内容相同，为避免驾驶人产生不解，最好在主标志的下方分别设置相关的辅助标志，如图 13-27 所示。

在同时设置"不需要辅助标志的主标志"与"需要辅助标志的主标志"时，为避免驾驶人产生不解，最好将主标志左右分开设置。

如果难以将主标志左右分开设置，将主标志分别在上下设置时，有以下两种情况：

(1) 上方和下方的主标志之间的间隔为 10 ~ 15cm，确保驾驶人不会产生不解。

(2) 下方的主标志附加车辆种类、日期、时间或表示距离、区域的辅助标志牌时，上方的主标志即使不需要安装辅助标志，为避免驾驶人产生不解，最好设置和下方主标志的辅助标志内容相对应的辅助标志，如图 13-28 所示。

图 13-27　主标志分别设置内容相同的辅助标志示例

图 13-28　上下排列的主标志设置示例

第 14 章　道路交通标志设计

交通标志的设计是根据道路路网、路线的具体情况、行政区划的分布,以及驾驶人的实际需要合理确定交通标志的内容、位置及支撑结构的过程。交通标志设计的最终目的是满足道路使用者对于道路信息的需求,包括提供必要的警告和控制信息以提高行车的安全性,以及充分、正确的引导信息使驾驶人能够准确、顺畅地到达目的地。

交通标志的投资虽然只占整个道路工程很小的一部分,但是它却是道路能否高效、安全运营的关键。交通标志的使用必须综合各种影响因素在充分论证的基础上通过系统、科学的设计实现。但是目前在我国一些地方,交通标志的使用未经过设计程序,这样会导致交通标志提供的信息缺失、错误或中断,由此造成的交通事故和延误导致的经济损失十分巨大。因此,道路的建设和管理部门应该重视交通标志的设计工作。

同样的道理,在交通标志设计的过程中考虑得是否周全,设计方案是否合理决定了道路的安全性和运营效率。例如,在某城市环城路的一个出口,由于标志内容设计得不合理,驾驶人不能清楚地判断是否应该由该出口驶离环城路,在犹豫之中放慢了车速甚至紧急制动,导致了大量的追尾交通事故,直接造成了人员伤亡和财产损失。可见,一块标志设计得不合理就有可能导致难以预料的后果,正所谓"差之毫厘,谬之千里"。因此交通标志设计工作必须是严谨、细致和全面的,应该综合分析各设计要素,确保交通标志设计的高质量。

那么,应该如何提高交通标志的设计质量?在交通标志的设计过程中需要考虑哪些因素?设计过程中需要完成什么内容?如何进行交通标志的具体设计?这些都是在标志设计过程中经常遇到的问题。某种意义上,标志设计的过程就是逐步解决这些问题的过程。在本章中将详细地阐明如何进行成功的交通标志设计。

14.1　交通标志设计类别

根据道路的特点不同、道路的功能不同、道路在路网中的地位不同,交通标志设计中重点考虑的问题也不同,设计的结果往往会体现出巨大的差异。因此,在交通标志的设计过程中,设计人员需要首先分析道路的特点以及道路使用者对交通标志的需求。通常,根据不同的道路条件,交通标志的设计可以分为三个基本的类别:城市道路、公路以及城乡结合部的道路。

位于城市的道路与城市间的道路在道路功能、道路设计指标、交通特征、交通控制方式以及出行者的类型和需求上都存在着巨大的差异,对于交通标志的要求也不一样,因此其设计方法和结果也存在着很多的不同。按道路是否位于城市,分为城市道路的交通标志设计和公路的交通标志设计。近年来,城乡结合部的交通问题已经受到越来越多人的关注。它具有公路的道路条件,但是其交通特点却更接近城市道路,因此有很多专业人士认为城乡结合部的交通标志设计应该作为一个单独的分类。

(1)城市道路的交通标志设计

城市道路是指城市内部的道路,由市政部门进行管理。相对而言,城市道路的交通条件最为复杂,它具有以下一些特点:

①路网的结构十分复杂:城市路网密如蛛网、四通八达,一条城市道路往往与数十条路网中的其他道路相交,因此一条城市道路通常位于很多路径(出行者选择的起点到目的地之间的途径)之上。

②城市道路的交通以短途为主,交通构成很复杂,交通分布不均匀,在一些公共区域,如医疗、购物、

娱乐机构或设施集中的地区群众的出行需求更密集，交通量很大，而且体现出极为明显的时间特征。

③城市道路的服务对象十分复杂，包括机动车、非机动车以及行人。任何一种道路使用者都有其独特的需求。

④城市道路有专门的交通管理措施，例如：单行线、限时段通行、禁止特殊车辆通行、禁止停车、专用车道等，这些措施大部分需要通过交通标志来实现。

⑤城市道路的交叉路口设有信号灯，而且相位不同。

⑥城市道路比较平坦，起伏不大，行车条件良好。

基于城市道路的特点，城市道路的交通标志至少应满足以下四个基本要求：首先是指路明确，城市道路网的指路标志系统必须适应复杂的道路路网，提供足够、连贯的信息，满足出行者最基本的到达目的地的需求；其次，应该满足不同使用者的需求，对于非机动车和行人要给予足够的关注；再次，交通标志的设计必须满足交通控制的要求，使出行者能够认知、理解各种交通控制措施；最后，交通标志需要明确路权。简而言之，城市道路的交通标志设计的根本目的是减少交通拥堵和迷路，使出行者服从交通管理规则，保障交通的安全、高效、畅通。

(2)公路的交通标志设计

我国公路一般指城市间的道路，由公路部门进行建设、养护和管理，与城市道路相比有以下特点：

①公路网是为所在区域的经济活动服务的，公路网将不同的经济区连接起来，为客货运输服务。因此，公路网没有城市道路网那么错综复杂，一般由主要的运输干线构成主干网，其他的次要公路围绕主干网构成公路网的整体架构。

②公路上以长途交通为主，很多长途运输车辆需要行驶数千公里，跨越多个行政区和经济区，在很多情况下驾驶人除了交通地图之外对公路网的情况一无所知。

③公路上的交通以机动车为主，相对而言非机动车和行人的数量比较稀少，因此公路上的行车速度比较快。

④由于建设投资的限制，公路的行驶条件相比城市道路相去甚远。公路通常要跨越很长的距离，需要克服复杂的地质条件，如高山、深谷、河流等，因此公路蜿蜒曲折、起伏变化剧烈，在长距离行驶的过程中，公路上的驾驶人经常要遇到不同的道路状况，如急弯、陡坡、路侧即是深沟、陡崖等，这为行车安全带来了诸多隐患。

⑤公路上通常没有交警执法，交通管制措施也比较少，交通秩序需要驾驶人自发遵守。

⑥公路上的交叉路口一般没有信号灯控制。

可见，公路的行驶条件比较差，缺乏交通管理的设施和人员，交通事故率比较高。因此，公路上的交通标志不但要提供道路走向的指路信息，而且还需要提供相应的安全信息。

由于高速公路的通行条件优越，安全水平较高，需要交通标志提供的安全信息不是很多；而低等级公路的标准比较低，安全性较低，需要很多的安全信息。因此，将公路的交通标志设计分为高等级公路的交通标志设计和低等级公路的交通标志设计。

(3)城乡结合部的交通标志设计

改革开放以来，城郊的经济获得了巨大的发展，许多大城市都形成了环城经济圈，大量的人口聚集在城乡结合部。为了出行方便，城郊居民大部分聚居在公路两旁，这导致郊区公路的城市道路化趋势越来越严重，而由于资金有限，城郊的道路并没有进行相应的改扩建，因此城郊道路就不得不以公路的设计标准发挥着城市道路的作用，这种功能与需求上的矛盾导致了非常严重的安全与交通问题。城乡结合部的道路使用者包含大量的非机动车和行人，而按公路标准建设的道路无法提供专门的非机动车道和人行道，导致了大量的机动车、非机动车混行的局面，使交通变得混乱、无秩序，不但不利于交通安全，而且还容易导致交通堵塞。

城乡结合部的这些交通问题，仅仅通过交通标志是无法解决的，但是科学的交通标志是必不可少的一个环节。对于城乡结合部的道路,在交通标志设计过程中首先要明确道路的路权,其次要通过限速等交通控制标志以及相应的警告标志警告驾驶人、规范驾驶行为,以保证交通安全为第一要务。

其实,从交通标志设计原理的角度,无论是城市道路、公路还是城郊道路都是一样的,但是由于道路的特点不同,交通的需求和特点不同,交通标志设计的侧重点不同,因此会表现出不同的结果,为了便于总结和应用才进行了相应的类别划分,见表 14-1。

表 14-1　交通标志设计类别

项　目	城市道路	公　路		城乡结合部道路
		高速公路	低等级公路	
道路条件	路网复杂,通行条件好	路网较简单,通行条件好	路网较简单,通行条件差	路网较简单,通行条件差
交通特征	短途、有非机动车、行人	长途,机动车为主	长途,机动车为主	长途、短途兼顾,有非机动车、行人
交通执法	好	较好	差	差
指路信息	十分重要	十分重要	重要	十分重要
安全信息	少	较少	十分重要	十分重要
交通管制信息	多	较少	少	较多
路权划分	十分重要	特殊路段	交叉路口处十分重要	十分重要

总结城市道路、公路以及城郊道路的不同特点有助于在设计过程中更好地抓住重点,完善设计。

14.2　交通标志设计内容

交通标志在交通系统中发挥的作用目前还无法代替,因此科学、合理地设计交通标志具有非常重要的意义。在成功的交通标志设计过程中,需要包含以下三个方面的内容。

(1)交通标志布设

“布设”是指交通标志的布置设计,解决的是在何处布置交通标志以及交通标志采用什么具体内容的问题。交通标志的布设是设计过程中第一个环节,也是最重要的一个环节,它的成败决定了交通标志设计的成败。

优秀的交通标志布设,可以充分发挥交通标志的诱导、指路、控制和警示作用,满足不同的道路使用者的需求,将交通标志系统的功能最大化。

(2)交通标志版面设计

交通标志布设明确了标志设置的位置和内容,但是标志的使用还有其他方面的要求,比如交通标志必须以让道路使用者易于理解的方式表达其含义,而且交通标志必须醒目、易于辨认,可以在较远的距离被人识别。交通标志版面设计是对交通标志的具体外观特征进行设计,包括外观尺寸、颜色、图案的形式、文字的大小、位置及相互关系等。可以说,交通标志版面设计是解决如何保证交通标志被正确识别和理解的问题。图 14-1 是交通标志版面设计的示例,它指出了某互通立交各个方向的重要地点,其中图 14-1a)是设计过程中针对标志外观的设计安排,图 14-1b)是版面设计的结果。

(3)交通标志结构设计

所有的交通标志都需要牢固、稳定的支撑结构,这样才能在各种条件下都保证交通标志能够发挥正常的作用。如果标志的结构不稳固导致标志倾覆,就会对道路上的车辆和行人带来危险。我国已经发生过多起因为交通标志倒伏导致的意外事故。因此,为交通标志设计一个可靠的支撑结构是交通标志设计的一项非常重要的内容。如图 14-2 所示,交通标志结构设计包括交通标志的基础、交通标志的支撑结构、交通标志板与支撑结构的连接结构等部分。

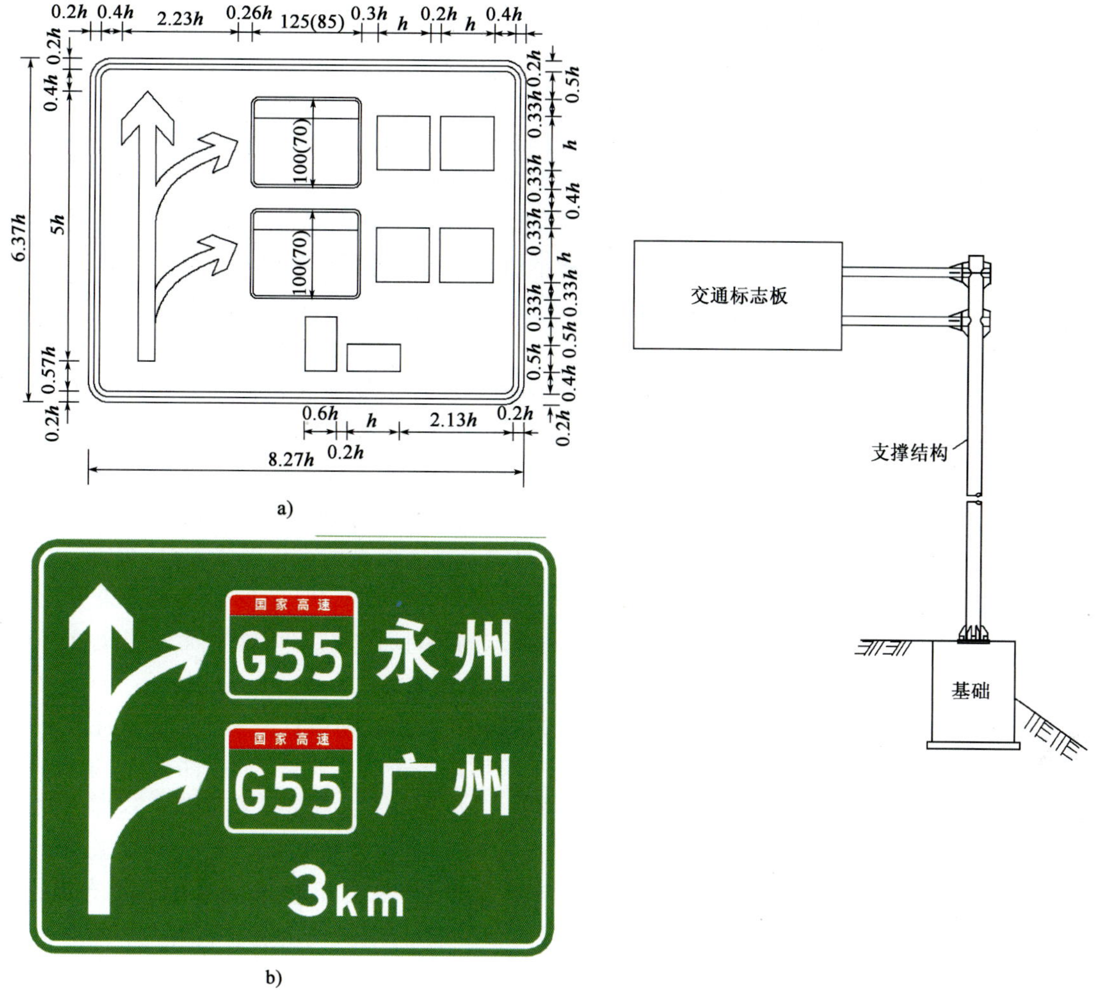

图 14-1　交通标志版面设计示例(尺寸单位:cm)　　　　图 14-2　交通标志结构设计示例

对于这三部分内容详细的设计方法和设计原则,在本章的后续章节还会继续介绍。

14.3　交通标志设计程序

交通标志的体积和投资都很小,但是却十分重要,因为一旦交通标志的设计发生错误,导致的后果是非常严重的。交通标志设计中的一个很小的偏差就有可能导致成千上万的车辆误入歧途,在这个过程中除了产生直接的汽油等能源消耗外,由于时间的延误还可能引发巨大的间接经济损失。因此,交通标志的设计质量具有非常重要的意义。

道路交通标志的设计是一个复杂的过程,为了保证设计的质量,除了要求设计人员具有专业的知识和经验,还必须进行严密的设计组织,使设计的整个过程符合科学、合理的设计程序。一般来说,交通标志的设计包含下列程序:

(1)设计资料搜集;

(2)交通条件、路网结构和道路特征的分析;

(3)设计方案的确定,从驾驶人需求、交通状况、路网情况、环境条件等方面进行综合分析,为交通标志的布设提供依据。本着安全第一、有效设置和经济节约的原则,综合确定设计方案;

(4)道路交通标志的布设,包括道路指路标志设计,道路警告标志、禁令标志设计,道路其他标志设计,道路交通标志的整体化与系统化;

(5)交通标志版面设计;

(6)交通标志的结构设计;

(7)交通标志使用后的设计效果追踪和评估。

在设计程序中,最关键的环节是资料的搜集与分析,以及交通标志的布设。交通标志设计需要的资料很广泛,在设计过程中了解的资料越丰富、越细致,设计的结果越能够满足道路使用者的需要。在设计过程中,必须掌握一些基本资料,一般来说包括以下几个方面。

(1)道路的设计资料:包括道路的走向、线形、平曲线、纵坡、横断面等道路本身的特征,以及互通立交、服务区、停车区、收费站、平交路口等重要的交通枢纽与服务设施的详细情况。

(2)交通信息:包括道路所在路网各个路段的交通量,交通的组成(大小车比例、非机动车比例、行人数量),OD(起讫点)调查等。

(3)地理信息:包括路网连接的主要地点的地理名称。对于公路一般包括主要的行政区、经济区、名胜古迹和著名风景区、交通枢纽;对于城市道路则包括主要的地标名称、街道名称、重要的场所名称等。

(4)交通管制信息:包括单行线、禁止停车的区域、禁止掉头,以及速度控制等信息。

从某种意义上,道路与交通的这些客观情况已经决定了交通标志的最佳设置方案,交通标志设计的目的只是通过分析已有的情况找出这个最佳设置方案而已,高质量的设计能够使设计结果更加接近于客观存在的最佳方案。可以说,客观情况决定了交通标志的设计,因此,尽可能全面地搜集这些客观情况的相关资料对于交通标志设计具有决定性意义。

交通标志设计中,另外一个重要的环节就是交通标志的布设,在布设程序中一个需要注意的问题是交通标志布设的顺序。在一个路网的交通标志系统中包括许多种类的标志,如指路标志、禁令标志、警告标志等,在设计过程中一般遵循先主后次、先大型标志后小型标志的顺序进行布设。这样做的目的一是为了保证重要的标志被优先考虑,另一方面也有助于小型标志与大型标志的合并,避免道路上标志如林的现象出现。因此,一般来说先布设指路标志,后布设警告、禁令类标志,在各类标志都布设完成后,要从整体性、逻辑性和人性化的角度对整个标志系统的布设进行优化,使之能够成为一个内部和谐的系统。关于这部分内容,本章的后续内容中还会有更加详细的介绍。

14.4 交通标志设计基本原则

交通标志的设计必须遵循一些基本的原则。

(1)交通标志的设计必须符合标准规范

在同一个国家内,驾驶人可能驾车行驶几千公里到达一个完全陌生的地方,比如吉林省某自驾车旅行团从长白山旅行到拉萨,在这个过程中要求沿途的交通标志必须能够为旅行团的驾驶人正确识别。那么如何保证从未到过西藏的吉林驾驶人能够在拉萨正确地认读交通标志呢?唯一的办法是拉萨与吉林省的交通标志采用同一个设计标准。

图 14-3 交通标志设计图案示例

如图 14-3 所示,图 14-3 a)是我们熟悉的限速 40km/h 的标志,该标志无论设置在何处,大家都会正确的理解;但是若某地的限速标志按图 14-3 b)设计,那么外地的驾驶人则很难确定该标志的含义。

因此,交通标志的设计必须统一在同一个标准之下,在我国就是符合国家标准《道路交通标志和标线》(GB 5768)的规定。交通标志的设计不能提倡地方特色(旅游标志除外),而是力求在全国范围内的统一性。

在交通标志设计的过程中,标志的颜色、图案、尺寸等特征,必须符合国家标准的规定,这是交通标志设计的第一原则。

（2）交通标志的设计必须符合人的生理和心理特点

交通标志是服务于人的，因此交通标志必须符合人的生理特点和心理特征，在设计过程中也必须充分考虑人的因素。

例如，标志的设置位置和高度要考虑驾驶人的视界，图 14-4 是一个驾驶人视界的图示。驾驶人的视界是一个很小的锥状空间，在高速行驶的情况下视界的角度一般只有 3°左右。由于车辆高度的差异，大型车辆（如卡车）与小型车辆（如小型轿车）的视界是不一样的，图 14-4 中卡车的视界为 A、C 区域，小轿车的视界为 B、C 区域，因此只有将标志设置在 C 区域内，才能保证各种车辆的驾驶人都能够及时发现、识别标志，如将标志设置在其他区域则至少有一种车型不能发现标志。

图 14-4　驾驶人的视界

根据驾驶人的视界确定标志设置的位置是考虑和尊重驾驶人生理（视觉）特点的一个具体体现。同样，交通标志设计还必须考虑驾驶人的心理特征。一个很重要的方面是驾驶人能够接受的交通标志信息量。

驾驶人在驾驶过程中处于比较紧张的状态，有很多的信息需要驾驶人尽快做出处理，因此驾驶人不能也不应该将全部注意力专注在交通标志上面。这就要求交通标志提供的信息明确、简洁，也就是说交通标志提供的信息并不是越多越好。若是交通标志提供的信息过多，使驾驶人不能在短时间内发现自己需要的信息，分散了驾驶人驾驶的注意力就有可能引发交通安全问题。

如图 14-5 所示，该标志在某快速路的路口下面设置了辅助标志，用以说明该快速路限制通行的车辆类型。但是该辅助标志上的汉字数量过多，信息量过大，驾驶人很难在很短的时间内完全判读、理解。若一个外地驾驶人初次到达该地，在驾驶过程中为确定自己的车辆是否可以使用快速路，势必要集中注意力观看标志，此时他用于观察路况和其他车辆的注意力就被分散了，这对于交通安全是十分不利的。

图 14-5　标志的信息量过大

同样的道理，如果在一段道路上设置的标志非常多，也会导致驾驶人的认知心理疲劳，在交通标志设计的时候必须考虑这种驾驶人的心理特征。相关阐述参见本手册的第 3 章。

（3）交通标志的设计必须满足道路使用者出行的信息需求

归根结底，交通标志是为道路使用者服务的，因此交通标志的设计必须以道路使用者的需求为根本出发点，以满足这种需求为最终的目的。

（4）交通标志的设计必须考虑交通安全的需求

交通标志应该能够通过适当的诱导和警示对交通安全起到积极的促进作用。

随着社会的进步和发展，安全已经成为普通民众的一个基本需求，交通安全是其中的一个重要方面。考虑道路的交通安全是交通标志设计中必须遵循的重要原则。国内外的相关研究均表明交通标志是提高道路安全性的一种重要的设施，它主要体现在对交通的组织管理和对驾驶人的提前警告两个方面。通过交通标志的引导，使交通在路网中的分布更加合理，引导驾驶人优先选择安全性高的路线，控制交通流量的大小，避免车辆的拥堵和冲突，对于危险的路段提前给予驾驶人提醒和相应的控制措施等都是在交通标志设计过程中必须考虑的方面。

交通标志经过不断的发展，已经从最初简单的路径提示装置发展为集指路、指示、控制、警告、诱导等为一体的交通系统，发挥着重要的引导、安全功能。相应地，交通标志的设计也从最初的单点标志设计演化为路网系统标志设计,其复杂程度以及专业要求越来越高。严格遵守规范的规定,符合人的心理和生理特征,满足道路使用者出行和安全的需求,是交通标志设计要遵循的几个最基本的原则。后续章节中,介绍具体的设计过程时,还会有一些具体的规定,但都是在这几个基本原则基础上衍生出来的。

14.5 交通标志布设

14.5.1 道路交通标志布设需要考虑的因素

(1)道路网的结构与功能

道路位于路网之中,行驶在道路上的车辆都来自路网上的其他道路,而且也一定会进入其他道路并最终离开路网。因此,只有充分认识道路在路网中的地位和作用才能合理、准确地进行交通标志的设计。

区域路网本身的复杂程度决定了交通标志系统中指路标志的复杂程度,归根结底,道路使用者出行的目的是到达路网连接的某个地点,而交通标志必须提供相应的指路信息才能满足道路使用者的需求。因此路网连接的地点越多,交通标志系统就需要提供越多的指路信息供驾驶人使用。路网中的道路在进行交通标志布设时必须考虑道路使用者对整个路网的信息需求,而不是单纯考虑道路本身的情况。

此外,路网中的交通是一个自适应系统,车辆在路网中的运行总是趋于安全性最高、里程最短或用时最省。因此,路网结构的变化(如新增加道路)会导致整个道路路网的交通重新分布,例如某些起终点间的合理路径会发生变化,由此也必然对路网中的交通标志产生影响。对于一条新建公路,在交通标志布设的过程中,必须首先分析、确定路网结构改变对交通的影响,在可能的情况下,对于路网中受影响的其他公路也需要更改交通标志的设计。

(2)道路网的交通流分布以及特征

交通流指的是在道路上交通的流动状况,一般来说它有三个最基本的特征参数:速度、密度以及流量。交通流的这三个方面的特征,对于交通标志的布设均有不同程度的影响。另外一个重要的影响因素就是交通流的车辆组成(不同车型的比例)。

交通流:在交通标志设计的过程中,交通流的一个重要任务是判断车辆的主要走向以及交通标志需要提供信息的重要程度。设计前期首先要进行设计路段交通走向的判断。

交通流的车量组成:交通流的车量组成对于交通管理有关的标志和标志的结构有重要影响。对于大型车(尤其是载重车辆)比例比较高的道路,考虑到行车安全的因素,很多情况下需要采取有针对性的交通控制措施,例如限制大型车行驶入的车道、限制大型车行驶的速度等,而这些都要通过具体的交通标志布设来实现。另外,外侧车道的大型车将遮挡内侧车道驾驶人的视线,因此在大型车比较多的情况下要将标志设置在比较高的车道上方。

(3)道路本身的特征

道路本身的特征包括道路的横断面、纵断面、横断面等基本的道路参数,道路自身的情况主要影响警告与禁令标志的设计,而且交通标志设置的位置也要考虑到道路的特征。

道路自身的条件对于交通安全有较大的影响,例如在急转弯的外侧、驾驶人视线被树木或山体遮挡、陡下坡等路段容易发生交通事故。这些事故的发生是由于驾驶人没有针对道路的特点采取合适的驾驶行为造成的,如速度过快或超车。一个基本的解决方法是在车辆到达危险路段之前通过合适的交通标志警告驾驶人前方的危险情况,并进行相应的交通控制,促使驾驶人采取必要的比较安全的驾驶措施。

14.5.2 道路交通标志布设的原则

在交通标志布设过程中应该遵循以下的一些原则:

(1)交通标志的布设必须从整个系统的角度进行,要注意各标志种类和标志信息的协调。

(2)交通标志的布设应具有逻辑性。交通标志的逻辑性体现在两个方面,一是不同种类的交通标志之间的纵向设置顺序要符合驾驶人判断以及采取措施的顺序。如图 14-6a)所示，在交叉路口的前方应先设置方向地点标志提示前方各方向的去处，然后再设置车道指示标志，指明去各方向行驶的车道，这是按照判断的次序设置的，即先判断行驶的方向，然后再根据方向判断车道。如果将这个次序颠倒，先设置车道指示标志就会导致逻辑上的错误。二是必须在同一个地点上设置多块交通标志时，标志的设置顺序应符合因果关系。原则上在同一个地点不能设置 4 块以上的标志，但是在需要设置多块标志的时候，应根据因果关系或重要程度按先上后下、先左后右的顺序设置。这是与人的心理习惯相符合的，中国人总是习惯按这样的顺序进行阅读和判断，按这样的顺序能够保证最重要的信息首先被驾驶人关注。例如图 14-6b)上方的“反向弯路”标志相比下方的“建议速度”标志具有更高的重要性。

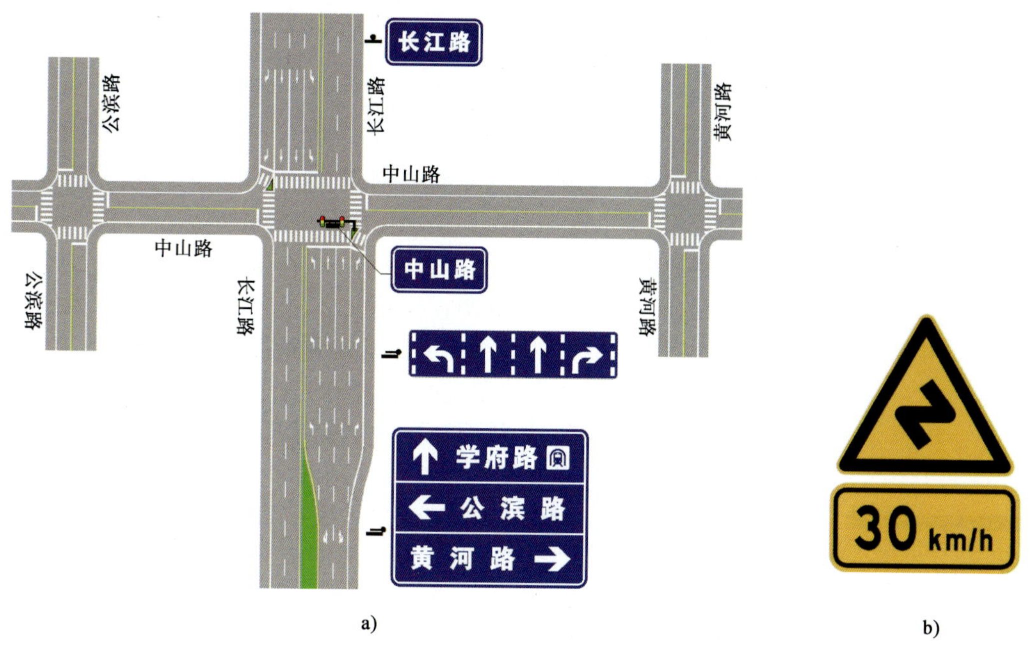

a)　　b)

图 14-6　标志设置的逻辑关系

(3)交通标志的布设应该考虑所有的道路使用者，对于指路标志需要同时兼顾短途出行和长途旅行的需求。不同的道路使用者需要的道路信息并不完全一致，对于长途旅行的驾驶人，更加需要的是远方具有方向代表性的著名地点信息或路线编号(名称)信息，如“北京”“上海”“G1”“G102”，这样的信息可以供驾驶人判断自己行进的方向是否正确或应该采用什么样的驾驶路线；而对于短途交通的驾驶人更加关心的是旅行目的地的具体地点信息，如“昌平”“妙峰山”。在交通标志布设中必须同时考虑这种长、短途驾驶人之间的需求差异，在标志内容的设计上要同时提供方向性信息与地点信息，方向性信息为长途驾驶人服务，地点信息满足短途驾驶人的需求。

(4)交通标志提供的信息应充分满足驾驶人的需求，但是需要注意的是交通标志提供的信息不能超出驾驶人的生理和心理认知能力，通俗地说就是“信息不能过载”。前面已经提到，驾驶人对交通标志辨识的能力受到自身生理和心理条件的限制，因此交通标志上的信息并不是越全、越多越好，而是在满足大多数驾驶人需求的前提下，控制信息的总量在驾驶人能够正确识别和判断的数量之内，一般情况下，每个方向的信息不宜超过 2 个。

(5)交通标志信息尤其是指路信息在路网范围内应该保持连续性，构成完整的信息链条。驾驶人按照交通标志的指引前进的过程就是对交通标志信息追逐的过程，如果交通标志信息发生了突然的中断或突变会使驾驶人感到茫然失措。例如在沿线的交通标志不断提供“A 地 × km”的地点距离信息之后，在驾驶人判断应该到达 A 地的地方不再出现有关 A 地的交通标志导向信息，会使驾驶人疑惑是否选择了错误的行驶路线，从而影响驾驶人顺利到达 A 地。因此，交通标志信息从地点距离标志开始到目的地标志截至应保证信息的连续性。

(6)交通标志的布设必须考虑交通的安全性原则。从交通设施的分类上，交通标志是一种重要的交通安全设施。交通标志的一个重要作用就是通过合理的信息预告警示行驶前方的危险(警告标志),或限制驾驶人的某些不安全驾驶行为(禁令标志),促使驾驶人采取安全的驾驶行为通过危险的路段,从而保证交通安全。

(7)交通标志的布设必须考虑路网的交通组织。交通标志是路网中重要的交通组织设施,通过合理的设置标志可以使路网内的交通流分布趋于合理。例如当某地区的交通量过大,导致交通拥堵和交通事故频发时,通过交通标志的设置,指引部分交通流量选择其他交通压力较轻的路线,就可以有效地缓解拥堵地区的交通压力。当然,当整个路网内的交通需求趋近于饱和的时候,仅靠交通标志是很难取得良好效果的,但是在交通标志布设过程中必须综合分析路网的交通状况,考虑可能的交通组织优化方案。

14.5.3 交通标志布设

(1)交通需求分析

交通标志的布设必须在交通需求分析的基础之上,结合路网、路线的实际条件进行,确定道路使用者对交通标志的需求,也就是道路在路网中的作用是进行交通标志布设的前提。

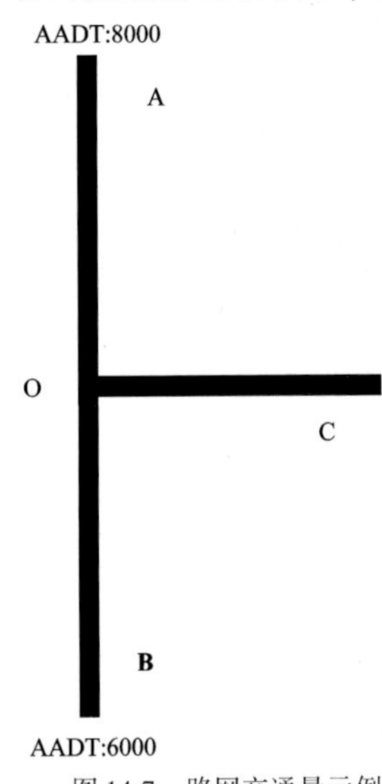

图 14-7 路网交通量示例

常用的确定交通需求的方法是 OD 调查与交通量分析。OD 调查是指起讫点调查,这是一种通过调查驾驶人出发点与目的地从而判断交通的路径以及交通需求的方法。由于 OD 调查需要投入大量的精力和时间,在实际的设计过程中最经常使用交通量分析的方法。交通量分析是通过观测路网中不同路段的交通量,从而推导出交通需求的方法。如图 14-7,通过交通量调查站确定 A 点的年平均日交通量为 8000 辆,B 点为 6000 辆,则可以确定由 OC 路段进出 AO 路段的交通量大概在 2000 辆左右。当然,这种方法不能反映 OC 路段进出 BO 路段的交通需求,而且计算的 OC 路段进出 AO 路段的交通量也存在误差,但是它还是可以反映出道路交叉点处的主要交通走向,在本例中就说明 A、C 间的交通需求是巨大的,OC 路段在路网中的主要作用是将交通流汇集到 A 地。

通过 OD 调查或者是交通量分析,可以明确在路网的各个结点上的交通的变化趋势,确定交通的主要目的地以及路径。完成交通需求分析之后,设计人员可以确定路网中任何两个结点间的交通需求,根据这种需求就可以确定在某一个结点处交通标志系统需要提供哪些指路信息。另外,由于交通标志板面的面积有限,因此不可能将所有的指路信息设置在上面,交通需求分析可以帮助设计人员确定用于交通标志的最重要的信息,更加有效地利用交通标志板面。

当需要进行交通标志设计的道路是一条新增道路的时候,无法进行直接的交通调查,此时根据新建道路在路网中的位置以及道路等级和条件,分析路网中其他道路上交通流转移的可能性,并根据道路沿线的经济状况预测可能新增加的交通流,从而获得新增道路的交通量分布,通过交通量分析的方法确定各结点的交通需求。有条件时,在运营期间应对设计阶段预测的交通需求结果进行核实,如果存在的差异比较大,应根据实际的情况重新进行交通标志设计。

(2)指路标志的布设

明确了交通需求后,结合路网的结构即可确定在路网的各个结点处需要提供什么样的指路信息,也就是明确了指路标志的内容。

在确定了交通标志的内容之后,设计人员要确定交通标志的设置位置。不同类型标志的设置位置在本书前面的章节中已经有很详细的描述,本章就不再重复,不过需要强调的是在选定标志设置位置的时候要注意以下几种情况:

①视距受到限制的位置不能设置交通标志;

②有障碍物(树木、桥墩)遮挡的位置不能设置交通标志;

③附近有高压线穿过的位置不能设置交通标志；

④排水边沟等道路构造物处不能设置交通标志；

⑤弯道外侧尽量不设置交通标志，不易被驾驶人识别；

⑥大型标志必须设置护栏予以保护。

根据交通标志设置位置处道路路侧的条件以及标志内容的多寡初步选定交通标志的结构形式。一般来说，在道路两侧比较开阔，视线良好的条件下尽量选用柱式的支撑结构；路侧狭窄或柱式标志被障碍物遮挡时考虑采用悬臂式结构；在同一个位置需要提供数量非常多的信息，尤其是需要结合行车道时采用门架式结构（如定向互通的匝道前减速车道起点附近位置）。交通标志结构形式的选择在后面还会有更加详细的说明。

标志的内容、位置以及结构形式是交通标志布设的三要素。确定了交通标志的内容、位置以及结构形式之后，就初步完成了指路标志的布设。

（3）其他类标志的布设

除了指路标志，交通标志系统中还包含警告标志、禁令标志、诱导标志、指示标志等很多重要的内容。这些标志为保障行车的安全和顺畅提供了最基本的保障，是交通标志布设过程中必不可少的环节。

这些为交通安全和交通控制服务的交通标志，在《道路交通标志和标线》（GB 5768）标准中已经明确规定了设置原则。在标志布设时，首先应该确定需要进行交通控制以及需要警示驾驶人的比较危险的路段。判断的标准，一是遵循标准的规定；二是要设计人员根据掌握的交通安全以及交通控制的知识进一步分析路线以及交通的特征确定。

确定了危险路段与交通控制路段之后，根据导致危险路段的原因以及交通控制的目的，选择相应的禁令、警告、指示、诱导标志，并根据道路的具体情况确定其位置。

在某些山区公路上，部分路段弯急坡陡，线形指标比较低，按照《道路交通标志和标线》（GB 5768）的规定设置此标志，有可能会出现设置间距很小的情况，在很短的距离上出现大量的警告标志，很容易导致驾驶人的心理认知疲劳，对标志的警示重视程度降低，削弱标志的效果，有可能导致不良后果的发生。因此在布设过程中不能机械地套用标准，而应该根据实际的情况将控制策略类似的路段划分为不同的交通控制区统一考虑，避免标志林立的现象出现，保持驾驶人对交通标志的警觉和遵守程度。

（4）交通标志的结构形式选择

道路标志的设置方式可分为：柱式、悬臂式、门架式和附着式四类。

①路侧式

路侧式指将标志安装在单柱或双柱上，设置在道路边缘、人行道、中央分隔带的方式，如图 14-8 所示。

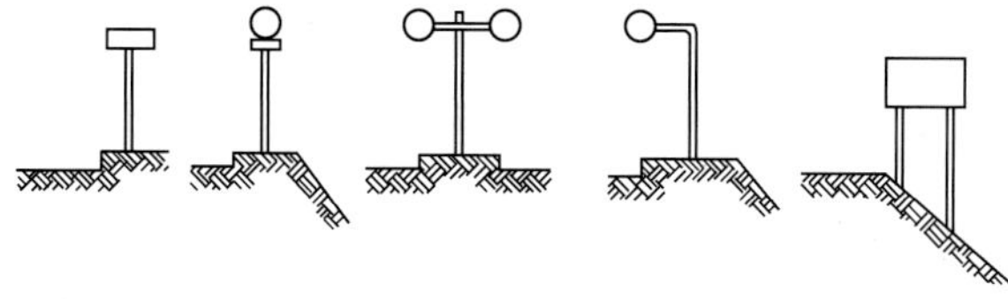

图 14-8　路侧式

路侧安装的标志应设置在车行道和人行道的建筑限界以外。标志牌的设置高度过低，表面易受污损，也易被行道树等遮挡而影响视认效果；标志牌的设置高度过高时，驾驶人靠近标志时会出现视野死角而看不见标志，而且标志有污损时还有清洗困难的问题。因此，标志标准中对设置高度规定的比较灵活：

高度设置，应视具体情况而定。有些城市道路上只有小客车行驶，标志下缘的高度可以降至 1.2m；在多个标志共设的情况下，以最下层标志的设置高度计，考虑视认性和景观，选定适当的设置高度。

当人行道的宽度相对于行人交通量显得十分紧张时,或人行道宽度小于 1.5m 时,或自行车道宽度小于 2.0m 时,为了减少设置标志对行人、自行车通行的障碍,标志的设置高度应大于 2.3m。

当标志设置在积雪地区时,应考虑当地的积雪深度和除雪方式等因素,不致因积雪、堆雪而影响标志的视认性。为了不妨碍除雪操作,标志牌的设置高度应在 1.8m 以上。

在人行道、分隔带、安全岛设置标志时,应遵守不得侵入建筑净空的规定。路侧安装的标志一般均设在道路的土路肩以外,标志板内缘距路肩边缘不得小于 25cm。

②悬臂式

悬臂式指将标志安装在单柱上,并将标志设置在车行道上方的方式,如图 14-9 所示。

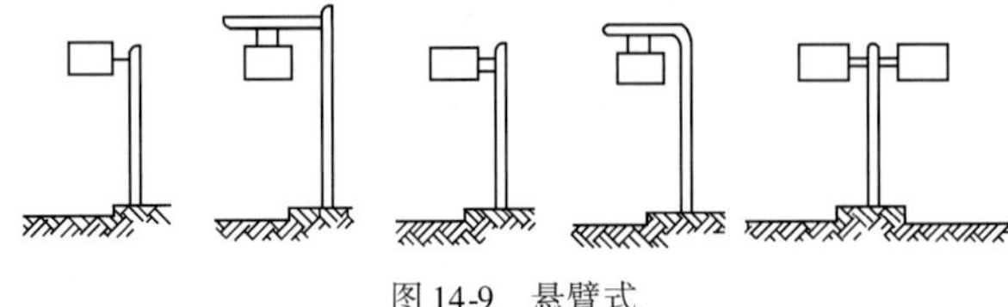

图 14-9　悬臂式

悬臂式安装标志,其设置高度应满足建筑限界的规定。一般道路,标志下缘到路面的净空高度应大于或等于 4.5m,高速公路的净空高度必须确保 5.0m 以上。考虑到施工误差、标志板变形下垂、路面加罩面等因素,需留 50cm 余量。

在积雪地区,应考虑历年积雪深度及除雪方法。一般净空高度必须留有压实雪层厚度的余量。

③门架式

门架式指将标志安装在门式结构上,并将标志设置在车行道上方的方式,如图 14-10 所示。

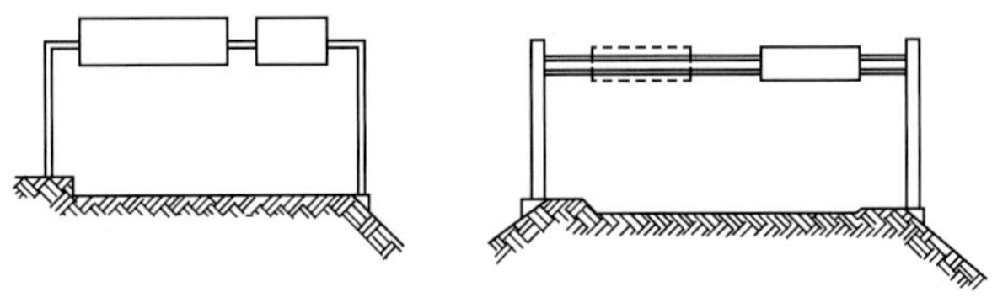

图 14-10　门架式

门架式安装标志,其设置高度应满足建筑限界的规定。一般道路,标志下缘到路面的净空高度应大于或等于 4.5m,高速公路的净空高度必须确保 5.0m 以上。考虑到施工误差、门架的挠度、路面加铺增厚等因素,需多留 50cm 余量。

在积雪地区,应考虑历年道路积雪情况及除雪方法,标志下缘到路面的净空高度必须留有雪压实厚度的余量。

④附着式

附着式指将标志安装在附属设施上的方式,如图 14-11 所示。

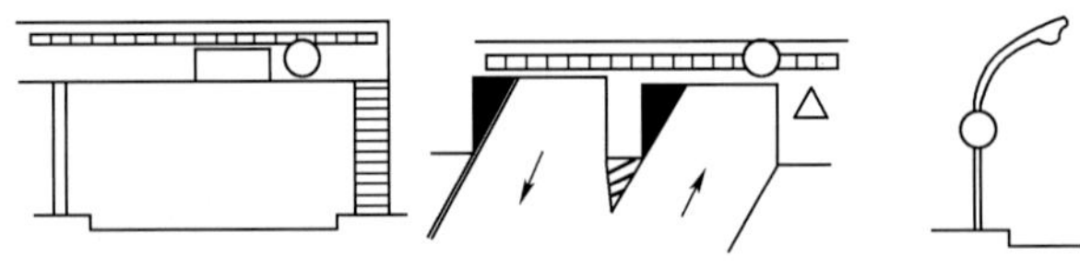

图 14-11　附着式

附着式安装可根据标志附设的结构形式选择适当位置。标志无论安装在路侧,还是安装在车行道上方,其安装高度应满足建筑限界的规定。

上述四种设置方式,一般以路侧式为基本方式,但在有些重要的地点,应选用悬臂或门架方式,在具体选择时要根据情况灵活运用。

警告、禁令、指示标志其信息大都采用图形符号,视认效果好,一般应采用路侧安装。除非由于道路构造或其他原因,采用路侧安装视认效果不理想,或在事故多发路段,或为了强调前方路段的危险性等,可采用车行点上方安装。

指路标志的信息以文字为主、图形符号为辅。指路标志种类繁多,要求表达的内容和信息量差别很大。一般内容单一、信息量少的指路标志宜采用路侧安装。指路标志中指示方向、地点、距离的路径诱导标志,信息量多,并且要对沿线重要地点做出向导,是非常重要的标志,应按悬臂方式安装。如果在多车道的道路上,上述指路标志采用门架式也是必要的。需要分别指示各车道去向的指路标志也应采用门架式安装。为了提高有些指路标志(如:著名地点、爬坡车道、道路编号、服务区等)的视认效果,根据道路标志布设的需要,而采用悬臂式或门架式安装。

从造价角度讲,柱式最经济,门架式最昂贵,悬臂式介于二者之间,同一标志板面设计成不同的支撑结构方式,造价可能相差几倍。所以,在满足功能要求的前提下,应尽可能采用造价低的支撑方式来设置标志。

(5)交通标志系统的优化

在交通标志布设的过程中,由于需求的不同,设计按指路标志布设以及安全控制类的标志布设进行。这带来的问题是指路标志与安全、控制标志在设置位置等方面有可能存在冲突的地方,因此必须对整个交通标志系统进行优化,其目的就是将上述两部分标志有机地联系到一起,使整个标志系统协调、经济、有效。

交通标志优化的过程同时也是一个设计复核的过程,在进行交通标志系统优化的过程中需要调整互相之间有不利影响的标志,使标志之间相互协调,根据不同的情况,可以采用移动位置、合并设置、局部调整原布设方案的方式,在满足功能要求和道路使用者需求的前提下,加强标志的系统性和整体性。

(6)交通标志布设的成果汇总

交通标志的布设仅仅是交通标志设计的一个环节,在完成布设的工作之后还需要进行标志的版面设计及结构设计,这些后续设计环节与布设的成果是息息相关的,因此汇总交通标志布设的成果是十分重要的。

交通布设的典型成果是交通标志布设一览表,该表应注明交通标志的位置(分上下行方向,以桩号表示)、标志的内容以及必要的功能说明、备注等。

14.5.4　交通标志布设案例

交通标志的布设是一个十分复杂的过程,为更好地介绍交通标志布设的程序以及方法,选用某一路网作为设计的案例,通过对案例的分析,逐步地进行交通标志的布设,方便读者理解。

(1)案例基本情况

选用的设计案例如图 14-12 所示,图 14-12a)为原有的道路区域路网,由于 A 城市与 B 城市均为发达的经济区,而且具有极佳的互补性,因此往返于两城市之间的交通量日益增加,国道 Gx01 已经不能完全满足交通的需要,在 A、B 两城市之间的路段经常处于拥堵的状态。为了保障交通的畅通、进一步促进经济的发展,公路建设部门在 A、B 两城市之间新建了高速公路 Gx02。图 14-12b)为在原有路网的 A 城市与 B 城市之间增设高速公路 Gx02 后形成的新路网,新的道路路网由如下道路构成:

两条高速公路 Gx01 与 Gx02 在结点 4 处成十字交叉;

国道 Gx01 贯穿区域路网的南北方向(上方为北),国道 Gx02 与两条高速公路分别相交于结点 2 与结点 10;

省道 Sx01、Sx02、Sx03、Sx04 连接着高速公路(国道)与不同的政治、经济区域;

城市、县、镇等政治、经济区域与国省道之间通过连接线连通(图中黑色的道路)。

在这个路网中,高速公路 Gx01 与国道 Gx01、Gx02 是该路网与其他道路网连通的主要道路,是该区域长途旅行车辆到达其他区域的主要出口。Gx2 虽然等级很高,但是它在路网的作用主要是解决城市 A 与城市 B 之间交通问题,减轻 Gx01 在 A、B 城市之间的交通压力。因此,本区域路网的主干路为 Gx1、Gx01 与 Gx02,但是 Gx02 与 Gx01 的走向基本相同,所以在 A、B 两个城市之间,Gx02 可作为服务于长途车辆的主干线使用。

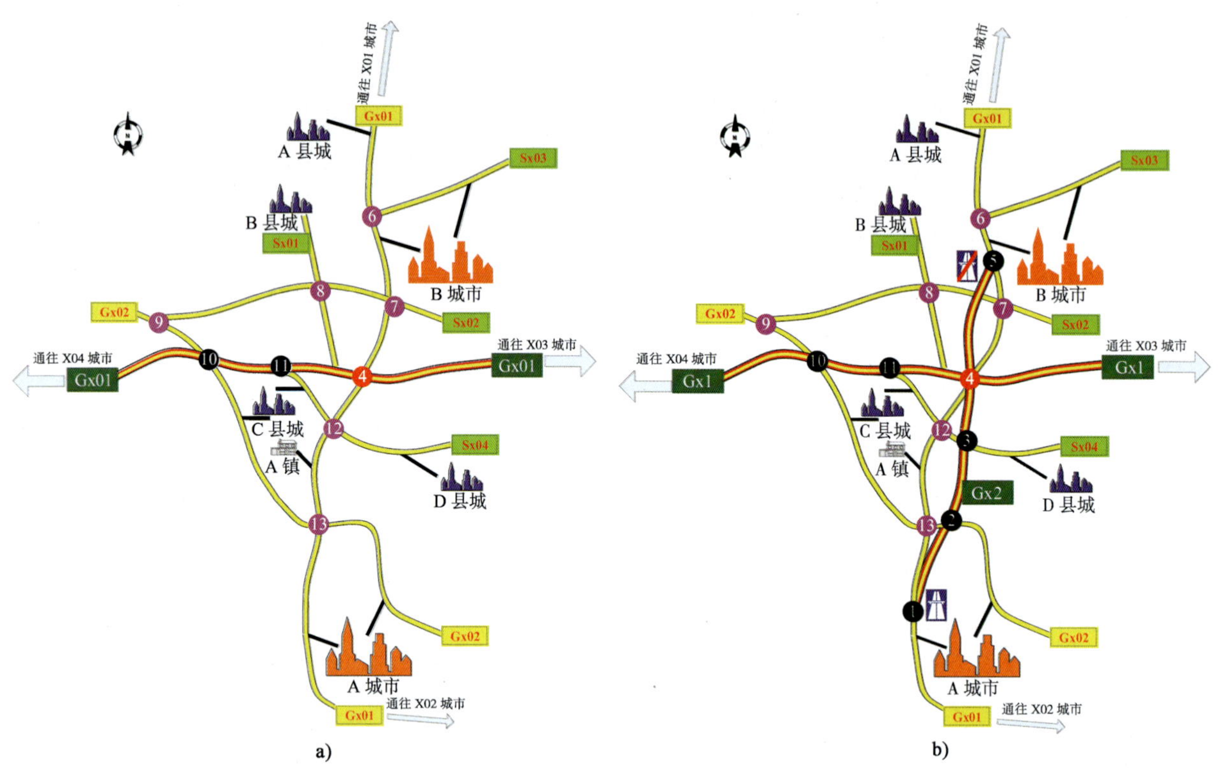

图 14-12　设计案例

由于高速公路 Gx2 的建设,原有路网的交通状态会发生变化,原有的一些合理路径已经不是最优的选择,如由 B 城市去 C 县城,若还是选择 B 城市→国道 Gx01→省道 Sx04→C 县城的路径显然不如行走高速公路安全、快捷。因此,除了需要对新增的高速公路 Gx2 进行标志设计之外,还需要对路网中原有道路的交通标志系统进行修正、完善。

在本案例中,选用高速公路 Gx2 与国道 Gx01 作为设计的对象,分别介绍新建道路与旧有道路的交通标志设计。

在设计案例中,该路网的主要功能是满足两个大城市与若干县城的出行需求,分析路网的结构可知:该路网的通达性不高,存在着目的单一的道路,如 Sx01 与 Sx04,它们的主要功能只是用来连接区域内不同地区。在整个路网中高速公路 Gx1 与国道 Gx01、Gx02 是贯通于整个区域并且与区域外联系的主要道路。也就是说途经该区域,但是终点位于域外某地的长途交通大多数需要通过这三条路线进入和离开路网。因此在考虑长途交通的时候必须考虑这三条道路的方向地点信息。

对于短途交通,需要注意的是一些地点有两条以上的道路可以通达,如 C 县城通过国道 Gx02 与省道 Sx04 都可以到达,在设计时应根据不同的道路、走向选择合适的指路信息。

Gx2 的建设是为了解决 A、B 城市间交通饱和的问题,它的建设减轻了 Gx01 的交通压力,不但使 A、B 两城市之间拥有了更加便捷、通畅的通道,而且对于前往 X03、X04 城市的车辆也提供了相对快速的路径。由于 Gx2 的等级高、安全性好,因此在制定交通组织方案时,应优先考虑引导交通使用该高速公路,尤其对于长途旅行的车辆更应充分发挥其作用。

(2)交通需求分析

根据调查,案例中国道 Gx01 各路段的交通量如图 14-13 所示,AADT 是指年平均日交通量。

分析各路段交通量的变化情况,可以发现由 A 城市至 B 城市间的交通量大于其他路段,可以确定 A、B 两个城市是该路段主要的交通目的地。另外,结点 4 两侧的交通明显增大,可见 Gx1 高速公路在路网中起到了干线的作用,对于 Gx01 上的交通来说,Gx1 也是一个重要的方向,结点 4 是一个重要的交通枢纽。

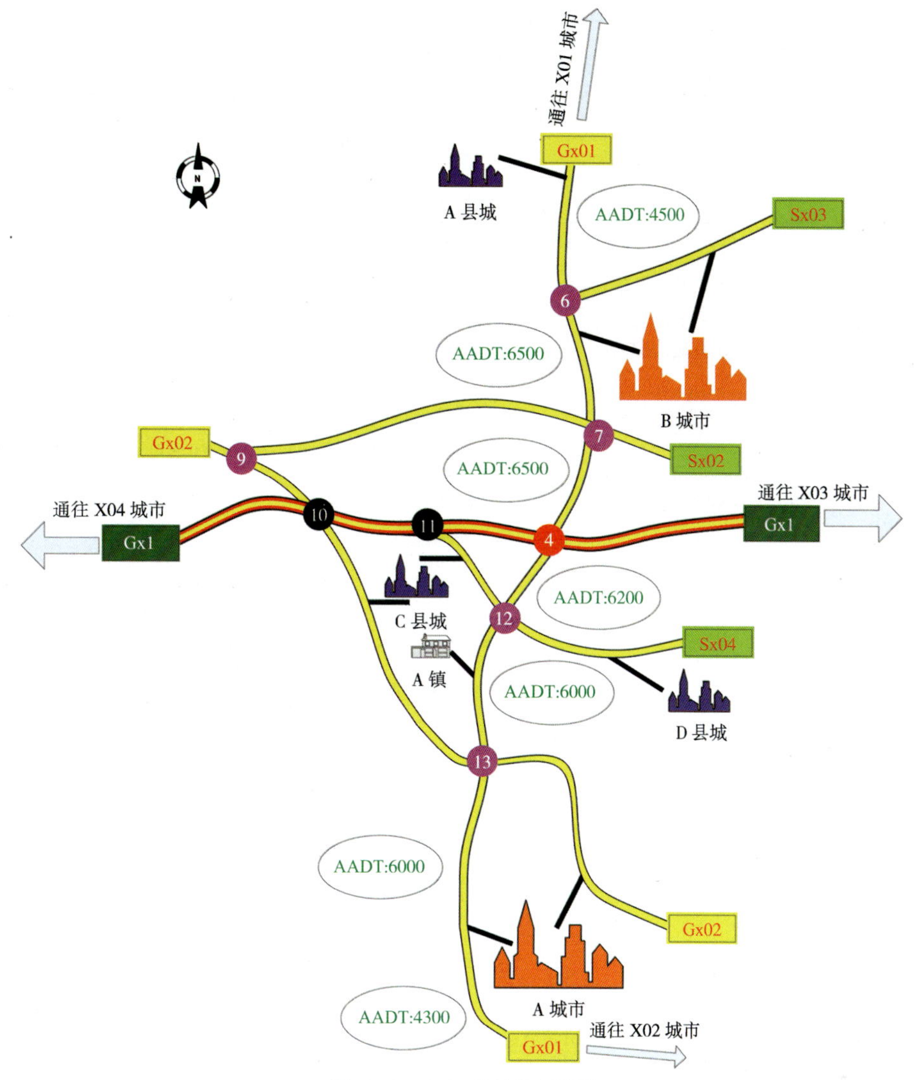

图 14-13　Gx01 各路段交通量

结点 13 以及结点 7 两侧的交通量没有发生大的变化，说明从 Sx02 与 Gx02 上汇入 Gx01 上的车辆没有明显的方向性差异。结点 12 北侧的路段交通量增加了 200，说明由 D 县城以及 Sx01 线前往 B 城市的交通更多一些。

基于以上初步分析，可以确定：

①Gx01 在路网中承担了比较重要的运输任务，在 A、B 两城市之间的短途交通上发挥了至关重要的作用。除了上述 A、B 间的路段，交通量仍然在 4000 以上，说明 Gx01 同时还承担了一部分长途运输任务。

②A 城市、B 城市、Gx1 高速公路是该路段范围内最主要的交通目的地和交通中转枢纽。

③D 县城也有相当的短途交通需求。

可以预见的是：当 Gx2 建成之后，A、B 两城市间的交通大部分会由该高速公路承担，因此交通量的分布与 Gx01 基本相同，设计中可以参照 Gx01 的分析结果确定 Gx2 上交通的主要交通需求。另一方面，设计人员可以预期：在 Gx2 通车之后，Gx01 在 A、B 城市间的交通量会大幅度减少，交通也将以短途为主。

从交通的安全以及便捷的角度出发，应尽可能地考虑引导车辆使用 Gx2 作为出行的路线，而国道 Gx01 的指路标志应针对 Gx2 进行完善，补充 Gx2 的指向信息，同时引导前往 Gx1 的车辆使用 Gx2 高速公路。

(3)指路交通标志布设

通过路网结构以及交通需求的分析，可以确定与 Gx1 以及 Gx01 相关的各个重要结点处交通标志需要提供的指路信息,确定的信息汇总于表 14-2。该表的制作过程就是确定交通标志内容的过程。

表 14-2　指路标志信息汇总

结点编号		短途指路信息		长途指路信息	
		北行	南行	北行	南行
1	Gx2	高速公路起点	高速公路终点	Gx1,B 城市	A 城市
	Gx01	Gx2 高速公路	A 城市	Gx02(直行)	X02 城市
2	Gx02	Gx02,Gx01(出口)	Gx02,Gx01(出口)	Gx1,B 城市(直行)	A 城市(直行)
3	Gx02	C、D 县城(出口)	C、D 县城(出口)	Gx1,B 城市(直行); Sx04(出口)	A 城市(直行); Sx04(出口)
4	Gx02	Gx1 高速公路 (出口)	Gx1 高速公路 (出口)	B 城市(直行); x03、x04 城市(出口)	A 城市(直行); x03、x04 城市(出口)
	Gx01	Gx2 高速公路 Gx1 高速公路	Gx2 高速公路 Gx1 高速公路	Sx02	Sx04
	Gx01	Gx2 高速公路 (出口)	Gx2 高速公路 (出口)	X03 城市 (东行直行)	X04 城市 (西行直行)
5	Gx2	高速公路终点 B 城市	高速公路起点	GX01,X01 城市	A 城市 Gx1 高速公路
6	Gx01	Sx03(出口)	Sx03(出口)	A 县城、X01 城市 (直行)	Gx2 高速公路 (直行)
7	Gx01	Sx02、Sx01 (出口)	Sx02、Sx01 (出口)	B 城市、X01 城市 (直行)	Gx2 高速公路 Gx1 高速公路(直行)
8	Gx01	Sx04(出口)	Sx04(出口)	Gx2 高速公路 X03 城市(东行直行) Gx01(出口)	X04 城市(西行直行) Gx01(出口)
9	Gx01	Sx04(出口)	Sx04(出口)	Gx2 高速公路(出口) Gx1 高速公路(直行)	Gx2 高速公路 Gx1 高速公路(出口) A 镇、Gx02(直行)
10	Gx01	Gx02(出口)	Gx02(出口)	Gx2 高速公路(出口) A 镇、Sx04(直行)	Gx2 高速公路(出口) A 市、x02 市(直行)
连接线出口		连接的行政区的地点信息			

确定的指路信息需要体现在具体的指路标志上,前面的章节中已经详细介绍了指路标志的类型和功能,我们需要做的就是选用合适的标志来承载这些信息。一般来说指路标志的设置按照如下顺序进行:

对于高速公路 Gx2,任何一个结点处的指路信息都要通过 2km 出口预告、1km 出口预告、500m 出口预告、出口方向标志、出口标志来表示。此外,可在 500m 出口预告处同时设置"下一出口"标志,提示下一个出口的距离,如图 14-14 所示。

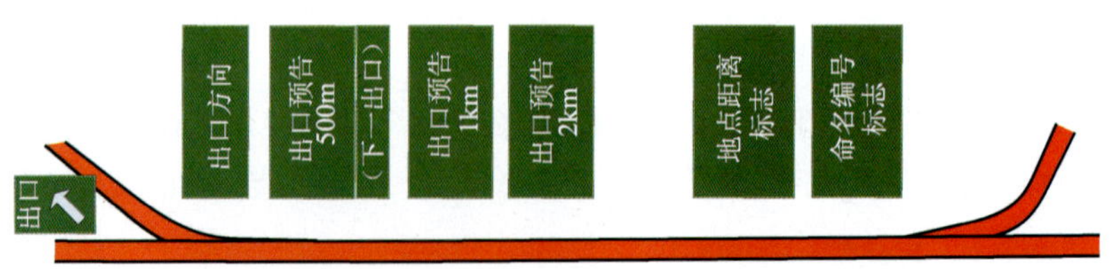

图 14-14　高速公路指路标志设置示例

对于一般道路 Gx01,在交叉路口的前方设置一块路口指路标志即可。另外,为了使驾驶人能够确认自己行驶在正确的道路上,在交叉路口后应设置相应的标志,标明道路编号已经前方具有方向性的重要地名,如图 14-15 所示。

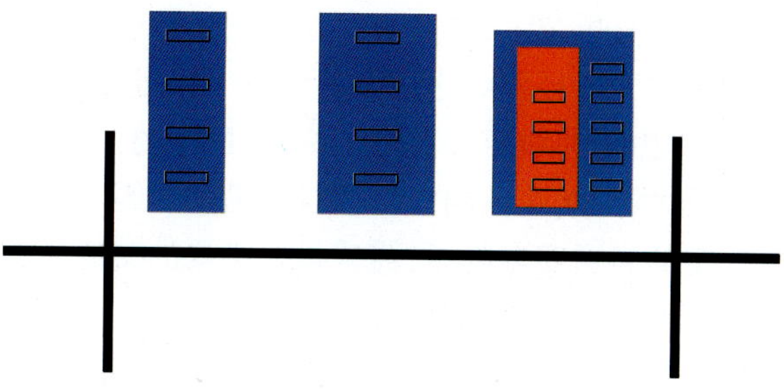

图 14-15　一般道路指路标志设置示例

为了保证信息的连续性和有效性,使道路使用者能够清楚地知道目的地的里程,在道路的出口之间应该设置地点距离标志,若是间距比较大,可以适当增加地点距离标志的数量。

下面以结点 2 与结点 3 之间路段的北行方向为例,说明上述原则是如何具体实现的。

从表 14-2 中,我们可以明确:在结点 3 处出口需要指示前往 C、D 县城,以及 Sx04 的车辆由此离开高速公路,同时指示直行方向为 Gx1 高速公路以及 B 城市并显示里程。

根据上述要求确定出口预告标志与地点距离标志的内容,根据《道路交通标志和标线》(GB 5768)的要求,第一步是确定出口的编号。对于高速公路的出口编号,国家或者省级交通主管部门有相应的规定,在本例中,我们暂定出口编号为“3”;第二步确定出口标志的内容文为“C 县、Sx04、D 县”;地点距离标志由上至下分别显示“Sx04 × ×公里”“Gx1　× ×公里”“B 城市　× ×公里”。由于两结点之间的距离比较长,因此地点距离标志设置两组,由于道路两侧比较平坦、宽阔,因此标志的结构尽量采用造价低的柱式结构。汇总后编制指路标志设置一览表,见表 14-3。

表 14-3　指路标志设置一览表

序号	方　　向	桩　　号	名　　称	内　　容	结构形式	备　　注
1	北行	Kx + × × ×	地点距离标志	“Sx04　× ×公里” “Gx1　× ×公里” “B 城市　× ×公里”	双柱式	
2	北行	Kx + × × ×	地点距离标志	“Sx04　× ×公里” “Gx1　× ×公里” “B 城市　× ×公里”	双柱式	
3	北行	Kx + × × ×	出口预告	“C、D 县、Sx04, 3 号出口,2km”	双柱式	距基准点 2km
4	北行	Kx + × × ×	出口预告	“C、D 县、Sx04, 3 号出口,1km”	双柱式	距基准点 1km
5	北行	Kx + × × ×	出口预告	“C、D 县、Sx04, 3 号出口,500m”	双柱式	距基准点 500m
6	北行	Kx + × × ×	出口预告	“C、D 县、Sx04, 3 号出口,斜箭头”	双柱式	基准点
7	北行	Kx + × × ×	出口标志	“出口,斜箭头”	单柱式	匝道三角带

这样的指路标志布设方案使驾驶人获得连续、明确的提示信息,能够满足他们对于道路方向以及地点信息的需求。当然,仅仅只有指路信息是不够的,交通标志还需要提供警示、诱导、指示等信息。

(4)其他交通标志布设

考虑了指路标志的设置之后,结合高速公路的路线特征以及管理、养护的需要设置与安全、控制、管理相关的标志。

①与道路安全相关的标志

主要考虑警告与禁令两类交通标志的设置。首先分析道路的特征,确定存在安全风险的路段,主要从两个方面入手,一是符合《道路交通标志和标线》(GB 5768)规定需设置警告标志的路段。根据对

Gx2 设计文件的排查,设计中并没有采用低于一般最小半径以及超过坡度、坡长限制的线形指标,因此从标准的角度无须设置警告标志,但是这并不说明所有的路段都是安全的,设计人员还要结合自己的专业技术知识进一步分析道路的特征,确保潜在的危险不会被遗漏。

通过分析,有一处路段存在着安全隐患,路线的线形如图 14-16,为了以较小的工程量绕过山峰,在长距离的大半径路线之后突然设置了两处半径 800m 的平曲线,虽然这样的线形组合是符合标准要求的,但是由于曲线半径发生了突然、巨大的变化(曲线前后的半径之比为 10:1),而且曲线处路线的交角也比较大,因此在该曲线外侧很容易发生因车速过快、转向不足导致的事故。基于以上分析,该路段存在一定的交通安全隐患,需要设置必要的交通标志警告驾驶人,并通过相应的禁令标志使驾驶人降低车速,安全行驶。具体的设计方案如下:

a. 在弯道前适当位置设置"向左急弯,限速 80km"的警告与禁令组合标志;

b. 在弯道范围内的曲线外侧,设置连续的视线诱导标,提示驾驶人道路的走向以及轮廓;

c. 在弯道后线形较好的路段设置"限速 100km"的标志,以解除限速 80km 的限制。

在考虑设置标志的同时,还应辅以路面减速标线等措施切实降低车辆进入弯道的速度。

除了上述的危险路段,互通立交匝道进出口处应该考虑设置诱导标志以及限速标志:

a. 在互通匝道入口前设置合流警告标志,提示主线车辆注意合流车辆;

b. 匝道入口的减速车道终点设置主线的限速标志,规定主线上车辆行驶的最高速度,结合主线的线形设计以及交通安全法的规定,本案例规定主线上最高限速 100km;

c. 匝道出口前设置"匝道,限速 60km 标志",匝道起点设置"限速 40km"的标志。之所以不直接限速到 40km 是使驾驶人能有一个逐步减速的过程,避免紧急制动减速的情况发生。

根据上述设置方案,汇总互通区安全相关标志的布设如图 14-17 所示。

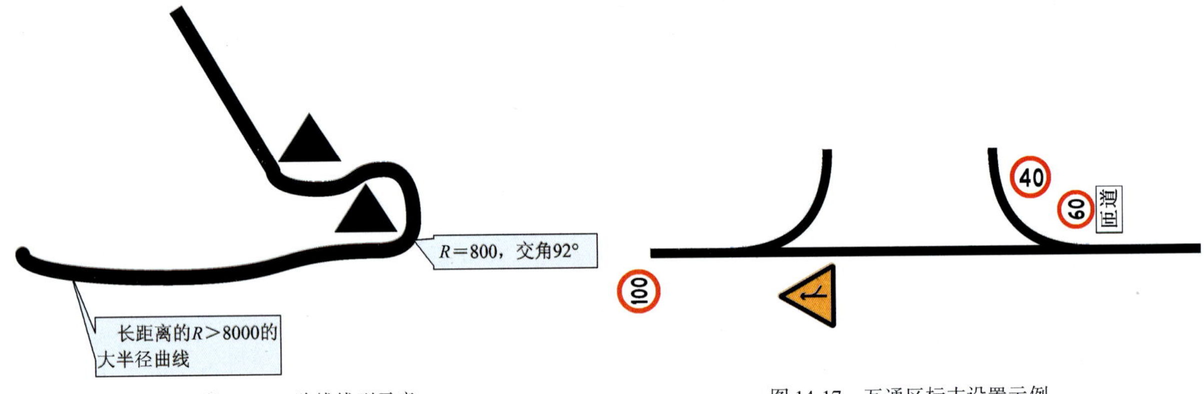

图 14-16 路线线型示意

图 14-17 互通区标志设置示例

②与道路管理、养护相关的标志

在高速公路上,交通标志除了为驾驶人服务之外,还有一部分标志是为了交通日常管理和养护的方便而设置的,这就是公里牌和百米牌,它们可以使养护人员更加方便地确定养护或维修路段的位置。

公里牌根据国家或省级交通主管部门为道路排定的桩号设置在整桩号位置,在公里牌之间每 100m 设置一个百米桩。根据这一要求,Gx2 高速公路的道路两侧按要求设置公里牌和百米牌。

与指路标志布设一样,在布设最后要将所有的标志汇总成布设一览表,见表 14-4。

表 14-4 标志布设一览表

序号	方 向	桩 号	名 称	内 容	结构形式	备 注
1	北行	Kx + × × ×	限速标志	限速 100km	单柱式	
2	北行	Kx + × × ×	警告、限速组合标志	向左急弯、限速 80km	单柱式	
3	北行	Kx + × × ×	视线诱导标	间距 30m 设置一组	单柱式	
4	北行	Kx + × × ×	限速标志	限速 100km	单柱式	

续上表

序号	方　向	桩　号	名　称	内　容	结构形式	备　注
5	北行	Kx+×××	匝道限速标志	限速 60km，匝道	单柱式	主线上
6	北行	Kx+×××	匝道限速标志	限速 40km	单柱式	匝道入口
7	北行	Kx+×××	合流诱导标		单柱式	
8	北行	Kx+×××	限速标志	限速 100km	单柱式	

（5）交通标志布设优化

在标志布设初步完成之后要对整个标志系统进行优化，因为在前面的工作中，指路标志与其他标志布设的出发点并不一样，而且是分为独立的部分完成的，难免会出现一些互相冲突或存在不利影响的地方。

进行交通标志优化要将所有的标志放在一起统一考虑，首先我们将表 14-3 与表 14-4 汇总到一起，将所有的标志按桩号排序。首先将距离比较近的标志挑选出来进行对比、分析。

从表 14-5 中，我们可以发现一些不利于驾驶人接受信息的设置：

①序号 2 与序号 3 标志间距只有 50m，而且前方的双柱式标志遮挡了后面的单柱标志。这样会导致驾驶人的注意力主要集中在序号 2 标志上，只有在非常近的距离时才会注意到序号 3 标志，而此时在采取减速措施就比较仓促。这样的标志设置关系不能有效发挥标志的功效，是优化中必须解决的问题，解决的方法是适当拉开标志之间的距离。由于序号 3 标志是安全类标志，必须设置在隐患路段前方，因此调整序号 2 标志。根据标志间的前后关系以及道路的线形以及路侧的条件，将 2 号标志向前方移动 600m，移动后标志的位置位于挖方区，不具备设置双柱标志支撑结构的条件，因此将标志的结构变更为单悬臂结构。

表 14-5　标志对比、分析表

序号	方　向	桩　号	名　称	结构形式	标志间距（m）
1	北行	Kx+×××	限速标志	单柱式	
2	北行	Kx+×××	地点距离标志	双柱式	2500
3	北行	Kx+×××	警告、限速组合标志	单柱式	50
4	北行	Kx+×××	视线诱导标	单柱式	100
5	北行	Kx+×××	限速标志	单柱式	1800
6	北行	Kx+×××	地点距离标志	双柱式	1500
7	北行	Kx+×××	出口编号预告	双柱式	1000
8	北行	Kx+×××	出口 2km 预告	双柱式	500
9	北行	Kx+×××	出口 1km 预告	双柱式	1000
10	北行	Kx+×××	出口 500m 预告	双柱式	500
11	北行	Kx+×××	出口方向标志	双柱式	100
12	北行	Kx+×××	匝道限速标志	单柱式	100
13	北行	Kx+×××	匝道限速标志	单柱式	120
14	北行	Kx+×××	出口标志	单柱式	10
15	北行	Kx+×××	合流诱导标	单柱式	150
16	北行	Kx+×××	限速标志	单柱式	300

②序号 6 标志与序号 7 标志间距 1km，但是这两块标志都提供了前方出口的信息，区别是序号 7 标志还提供了后续出口的信息。而且，序号 2 标志的内容与功能与序号 6 标志都是一样的，间距只有

4km,这个间距在高速公路上只需要几分钟时间,因此决定在优化方案中取消序号 6 标志。这可以节省交通标志投资、使交通标志的使用获得最高的效率。

③序号 12 与序号 13 标志间距只有 100m,而且前方的双柱式标志遮挡了后面的单柱标志。12 号标志的位置是规范明确规定的,而且出口方向标志设置在减速车道的起点具有最好的效果,而 13 号标志“匝道,限速 60km”的位置若向后移动则其起不到使车辆逐步减速的目的,因此考虑将序号 12 标志的结构形式改变为单悬臂,使其不能遮挡后方的 13 号标志。由于进入减速车道的车辆速度已经比较缓慢,因此 100m 的间距也能够保证这两块标志的作用得到充分的发挥。

通过上述的优化,Gx2 结点 2 至结点 3 北行方向的交通标志布设就完成了,为了进行好后续的设计工作,需要将布设的结果最后汇总,见表 14-6。

表 14-6 标志布设汇总表

序号	方 向	桩 号	名 称	结构形式	标志间距(m)
1	北行	Kx+×××	限速标志	单柱式	
2	北行	Kx+×××	地点距离标志	单悬臂式	1900
3	北行	Kx+×××	警告、限速组合标志	单柱式	650
4	北行	Kx+×××	视线诱导标	单柱式	100
5	北行	Kx+×××	限速标志	单柱式	1800
6	北行	Kx+×××	出口编号预告	双柱式	2500
7	北行	Kx+×××	出口 2km 预告	双柱式	500
8	北行	Kx+×××	出口 1km 预告	双柱式	1000
9	北行	Kx+×××	出口 500m 预告	双柱式	500
10	北行	Kx+×××	出口方向标志	单悬臂式	100
11	北行	Kx+×××	匝道限速标志	单柱式	100
12	北行	Kx+×××	匝道限速标志	单柱式	120
13	北行	Kx+×××	出口标志	单柱式	10
14	北行	Kx+×××	合流诱导标	单柱式	150
15	北行	Kx+×××	限速标志	单柱式	300

14.6 交通标志版面设计

交通标志的结果必须以让道路使用者易于理解的方式表达其含义,这就需要进行交通标志版面设计,包括每一块标志的外观尺寸、颜色、图案的形式、文字的大小、位置及相互关系等。

交通标志中的禁令、警告、视线诱导标等的外形、尺寸等已经有非常明确的规定,不允许轻易变更。在交通标志设计过程中的标志版面设计主要是指指路标志,这是因为指路标志版面上的汉字数量、箭头符号的变化都比较大,版面设计的目的就是使指路标志上的内容能被道路使用者正确理解。

交通标志版面设计一般分为以下几个过程。

14.6.1 交通标志外观尺寸分组

不同指路标志的内容区别很大,尤其是汉字的数量差异比较大,因此不同的标志的外观尺寸也会不一样。但是,若标志板的尺寸过多会增加生产过程中的成本,而且容易在标志板贴反光膜以及施工过程时造成混乱。因此,最经济、科学的做法是根据标志的内容将标志版面的尺寸分组设计,也就是说将内容差不多的交通标志统一为某一个统一尺寸,这样可以将全路段应用的所有标志划分为有限的几个尺寸组别，既便于生产、施工，也利于日后的维修、养护。

对于有经验的设计人员，在开始版面设计之前能够根据自己的经验划分好交通标志版面的组别划分。而对于设计经验不足的人员，则需要先进行试设计，然后再将若干尺寸相近的标志统一为同一个尺寸。

14.6.2　交通标志版面设计方法

指路标志版面的设计以《道路交通标志和标线》（GB 5768）的相关规定为设计依据。在进行交通标志版面设计的时候，首先要明确版面上需要设置的地名信息以及图案，然后根据表 4-9 的要求，确定标志中汉字的高度，计算行车速度是公路工程标准中用以控制线形指标选取的指标，是指车辆在道路上条件最不利路段上能够达到的最大安全速度，《公路工程技术标准》（JTG B01—2003）中已经用设计速度的概念取代了计算行车速度。对于一条道路而言，计算行车速度是一个最基本的设计指标，在任何一个道路项目中都要首先确定计算行车速度，在进行交通标志版面设计的时候，可以通过查阅道路设计文件很容易地确定。表 4-9 中对应不同的计算行车速度，汉字高度的取值是一个范围，比如计算行车速度为 120km/h 对应的汉字高度为 60 ~ 70cm。在这个范围内，低于下限值会导致标志不能在合适的距离上被驾驶人辨别，而越接近上限，标志的视认性越好，但是若取值高于上限制标志的视认性并不能获得更大的提高。在版面设计中可以根据具体的道路功能要求以及资金的情况，综合分析确定具体的汉字高度数值。一般来说，在资金允许的情况下，汉字的高度取值尽可能地接近上限。另外，若道路条件很好，车辆实际行驶的速度远远高于道路的计算行车速度，此时应以道路上车辆的实际运行速度作为选择汉字高度的依据。

在标志版面设计中，汉字的高度是一个最基本的设计参数，从表 4-10 与表 4-12 中可以看到，交通标志上的其他要素，英文、阿拉伯数字，包括指向箭头、图案等的外观尺寸与相互之间的位置关系都是以汉字的高度为度量的，因此在确定汉字的高低以后就可以确定标志上其他部分的特征。

交通标志布设完成后，每一块标志上面的内容已经明确了，而在标志上各图元的外观尺寸以及相互关系确定之后，版面设计的工作是将各个图元排列醒目、清楚，应避免不同的地名距离过近出现歧义。下面通过一个具体的实例说明交通标志版面设计的步骤。

在该实例中，需要在交叉路口处设置 G2 高速公路的指示，同时要明确东西转弯方向的指路信息。

在设计版面的时候，首先应考虑的是版面内容需要反映的信息，在本例中包含以下 3 个方面：

（1）直行方向信息；

（2）交叉路口相交方向信息；

（3）道路的走向。

首先选取直行和转弯的地名信息，并采用十分易于理解的十字交叉路口图案表示交叉路口，然后考虑为驾驶人至少前行方向，在标志左上角增加方向信息（北）。综合以上分析，确定标志的具体内容与标志形式如图 14-18 所示。

确定了标志的版面形式之后就要进行详细的版面设计，首先是确定汉字的高度，本例中设定汉字的高度为“h”，则标志中的英文高度为 $h/2$，阿拉伯数字高度为 h，其他的图元尺寸也可以根据标准确定。

图 14-18　标志内容及形式示意

标志上存在 5 个基本图元，分别是“G2”“南京路”“东北路”“交叉路口图案”“北”，根据标准的要求，这 5 个图元的外观尺寸是确定的。下面需要做的是合理调整各个图元之间的位置，使各个图元相互关系合理，整个标志清楚、美观、不产生歧义，并考虑图元与边框之间的距离后确定整个标志版面的尺寸。在上述工作完成之后，绘制交通标志版面设计图，如图 14-19 所示，该图是交通标志版面制作的依据，对于交通标志的施工是非常重要的。

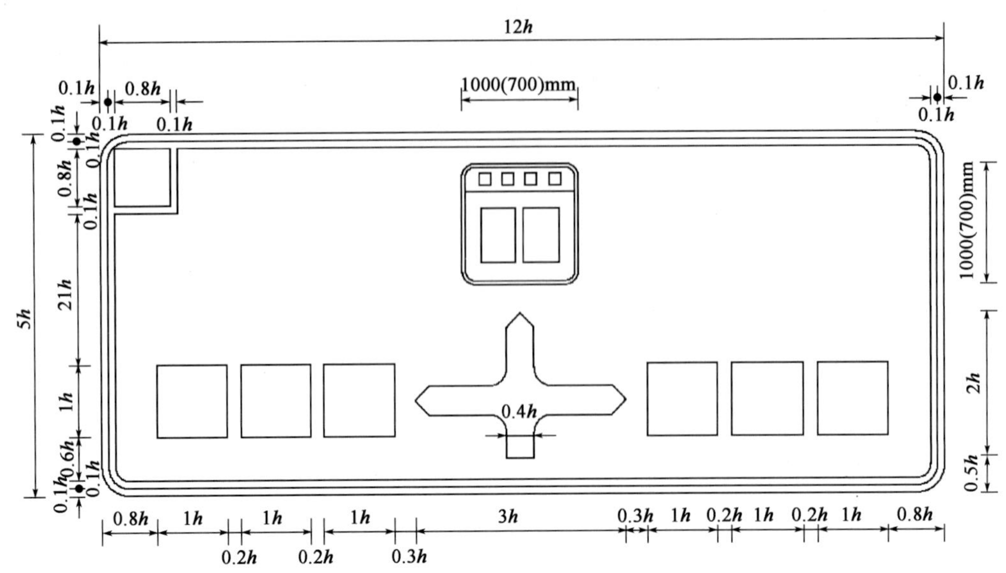

图 14-19　标志版面设计图

14.7　交通标志结构设计

交通标志在一定的结构形式支撑下应能在各种自然环境中不间断地发挥功能,因此在结构设计时,要充分考虑到在承受荷载时的力学强度、刚度和稳定性。同时,还要兼顾到其对道路美化所起的作用,在可能条件下,尽量使其结构雄伟、壮观,与道路沿线环境相协调。

交通标志,作为具有特定功能的结构物,有别于道路、桥梁和各类工业与民用建筑,在我国现有各类设计规范中没有专门提到有关交通标志的设计要求,本节将针对这类结构物的特点,参照国内外的有关规范和做法,比较系统地提出一套设计理论和方法,同时也提出一些优化设计的建议以供参考。

14.7.1　交通标志结构的合理分组

在我国在建和已建的高等级公路中,交通标志设置的数量巨大。如首都机场高速公路,里程不到 20km,而标志数量近 400 块,平均约 20 块/km,这当然与其立交规模大、数量多有关,但一般情况下,标志设置的数量也平均在 8 ~ 12 块/km。由于标志数量繁多,同一结构类型的标志又可能包括若干板面尺寸,具有同一板面尺寸的标志数量又各不相同。理想的设计方法应是对所出现的各种板面尺寸的标志分别进行上部结构和下部结构的设计,以期做到物尽其用,但这样做不但使设计的工作量大大增加,更重要的是给材料的采购、结构的施工带来很大麻烦,容易引起混乱,因此应对同一结构类型的标志进行合理分组,使材料规格尽量减少同时又能尽量降低总造价。一般情况下,结构的分组数以 3 ~ 5 组为宜。

以单柱式标志为例。设某高速公路设置了 10 种单柱式标志板面,各标志板面面积和数量见表 14-7。

表 14-7　各标志板面及面积和数量

编　号 N	板面面积 S(m^2)	数量 n(个)	编　号 N	板面面积 S(m^2)	数量 n(个)
1	6.00	30	6	2.20	30
2	5.76	20	7	1.73	30
3	3.36	30	8	1.13	83
4	2.99	24	9	0.64	60
5	2.42	5	10	0.62	7

设将如上单柱式标志,分为三组。则可采用如下几种分组方法:(1)根据板面面积进行分组,则各组的板面面积差为:$\Delta = (S_{max} - S_{min}) = (6.00 - 0.62)/3 = 1.79$,因此三组板面临界值分别为:6.00、4.21、2.42,采用这三个数据分别进行结构设计,板面面积位于其间的标志采用与上界面积值同样的结构。近似认为同一组标志的立柱、基础造价相同,所不同的是标志板和反光膜的造价。设三组标志的立柱、基础造价分别为4000、2000、1000元,标志板(含滑动槽钢)和反光膜的造价为每平方米800元,则单柱式标志结构总造价Cost1为:

$$
\begin{aligned}
Cost1 = &[(30+20)\times 4000 + (6.00\times 30 + 5.76\times 20)\times 800] + \\
&[(30+24)\times 2000 + (3.36\times 30 + 2.99\times 24)\times 800] + \\
&[(5+30+30+83+60+7)\times 1000 + (2.42\times 5 + 2.20\times 30 + 1.73\times 30 + \\
&1.13\times 83 + 64\times 60 + 0.62\times 7)\times 800] = 1110432(\text{元})
\end{aligned}
$$

根据标志数量进行分组。表14-7中,共有单柱式标志$\sum n = 30 + 20 + \cdots + 7 = 319$,则每一组平均为$319/3 = 106$。于是,编号为1~4的标志为一组,数量为104;编号为5~8的为一组,数量为148;编号为9~10的为一组,数量为67。根据同一组中板面面积最大的标志进行结构设计,则可得到另一个总造价Cost2。

分组方法还可视板面尺寸和标志数量采用跳跃式分组方法;如同样将上述单柱式标志分为三组,面积差采用两个3.00、1.50,则分组情况按板面面积计为6.00、3.00、1.50,按标志数量计为80、89、150。这样又可得到一个总造价Cost3。

最后,选取总造价最低的方案为最佳方案。

以上以单柱式标志为例说明了标志合理分组的方法,其他类型的标志结构可参照使用。当然,这是一种非常粗略的方法,比较准确的做法应当是分组与具体的结构设计、当地的材料价格等结合起来,反复比较,必要时借助计算机来参与,以达到理想的结果。

14.7.2　交通标志结构的设计

交通标志是一种长期使用的结构物,任何一个交通标志结构必须经过计算验证,以确保在一定的使用年限之内,交通标志能够正常发挥作用。常用的标志结构计算方法有两种:一种是应用结构力学和材料力学的原理将标志结构简化为杆件体系,采用极限状态设计方法进行验算;另一种是采用有限单元法的近似计算方法进行验算。极限状态设计方法理论严谨、简单易行,使用手算的方法就可以进行,但是由于假设条件比较多,计算的结果与实际情况存在一定区别,为了保证安全必须考虑修正系数。有限单元法是将结构划分为有限个小单元,确定边界条件,通过近似计算求解。当单元数划分的足够多时,可以非常精确地得到结构的受力特征。这种方法的计算结果非常接近于实际使用,但是计算的过程很复杂,必须应用计算机通过专门的程序来进行。在实际的使用中,由于极限状态法能给出足够精确的结论,而且计算方法简单、易于理解,因此使用得非常广泛。但是随着计算技术的进步,有限单元法的应用已经越来越广泛。本节将初步介绍应用极限状态法计算标志结构的方法,对有限单元法感兴趣的读者可以参考有关的书籍。

14.7.3　交通标志结构的极限状态方法设计

1)基本假设

为了简化计算、忽略一些次要的因素,根据经验,作如下的基本假设。

(1)风载方向:交通标志所受外荷载主要为风载,假设仅考虑风载方向与标志板平面垂直的情况;

(2)双柱式标志:假设两立柱分别承受一半的风载,据此双柱式标志的计算可简化为单柱式的形式;

(3)悬臂式标志:横梁多于一根时,假设风载由各横梁平均承担;对双悬臂标志,假设两标志板板面相同;

(4)门架式标志:假设门架式标志结构、所受荷载关于其中心线对称;

(5)标志基础:标志的混凝土基础埋置深度较小(一般小于3m),假设基础四周土的摩阻力和弹性抗力忽略不计。

2)设计原则

交通标志的上部结构一般采用钢结构,采用以概率理论为基础的极限状态设计方法,按承载能力极限状态和正常使用极限状态设计,而下部结构采用混凝土基础,采用基础工程的理论设计。

计算交通标志、结构或构件的强度、稳定性以及连接的强度时,应采用荷载设计值(即荷载标准值乘以荷载分项系数);计算正常使用极限状态的变形时,应采用荷载标准值。计算变形时可不考虑螺栓孔引起的界面削弱。

(1)承载能力极限状态的计算

应使荷载效应不利组合的设计值小于或等于结构抗力效应的设计值,表达式为:

$$\gamma_0(\delta_{Gd}+\delta_{Qd})\leqslant f_d \tag{14-1}$$

式中:γ_0——结构重要性系数,交通标志结构安全等级按二级考虑,该系数取为 1.0;

δ_{Gd}——永久荷载(结构重力)的设计值 G_d 在结构构件截面或连接中产生的应力效应,G_d 按下式计算:

$$G_d=\gamma_G\times G \tag{14-2}$$

γ_G——永久荷载(结构重力)分项系数,当永久荷载效应对结构构件或连接的承载能力不利时,$\gamma_G=1.2$;当为有利时,$\gamma_G=1.0$(计算柱脚螺栓时,$\gamma_G=0.9$);

G——永久荷载的标准值;

δ_{Qd}——可变荷载(主要为风载)的设计值 Q_d 在结构构件截面或连接中产生的应力效应:

$$Q_d=\gamma_q\times Q \tag{14-3}$$

γ_q——可变荷载(主要为风载)分项系数,一般情况下,采用 1.4;

Q——可变荷载的标准值;

f_d——结构构件和连接的强度设计值,按下条的规定采用。

(2)正常使用极限状态的计算

应考虑荷载的短期效应组合,表达式为:

$$v=v_G+v_Q\leqslant[V] \tag{14-4}$$

式中:v——交通标志结构或构件中产生的变形值;

v_G——永久荷载(结构重力)标准值在交通标志结构或构件中产生的变形值;

v_Q——可变荷载(风载)标准值在交通标志结构或构件中产生的变形值;

$[V]$——结构或构件的容许变形值。

(3)一般情况下,交通标志结构的基础不需要进行变形验算。按地基承载力确定基础底面积以及埋深。

3)设计计算

交通标志结构的设计计算主要包括以下几个部分:

①荷载的计算与组合;

②立柱(横梁)的设计与强度验算;

③立柱(横梁)的变形验算;

④立柱与横梁的连接螺栓、立柱与基础的地脚螺栓的设计与强度验算;

⑤基础的设计与验算。

标志验算过程中使用到的力学知识在其他书籍中有非常深入的阐述,因此本书对于立柱(横梁)的设计与强度验算、立柱(横梁)的变形验算只说明基本的理论,而立柱与横梁的连接螺栓、立柱与基础的地脚螺栓的设计与强度验算以及基础的设计与验算就不再介绍。而荷载的计算与组合有区别于其他结构物的特殊要求,在本书中将进行详细的介绍。

(1)荷载的计算与组合

交通标志所承受的荷载包括两部分:永久荷载和可变荷载。永久荷载即交通标志结构的自重;可变荷载主要为风载。

①标志板所受的风载

$$F_{wb}=\gamma_0\gamma_q\left[\left(\frac{1}{2}\rho Cv^2\right)\sum_{i=1}^{n}(W_{bi}\times H_{bi})\right]/1000 \tag{14-5}$$

式中：F_{wb}——标志板所受的风载(kN)；

γ_0、γ_q——同前：

ρ——空气密度，一般取 $1.2258\text{N}\cdot\text{s}^2\cdot\text{m}^{-4}$；

C——风力系数，标志板 $C=1.2$；

v——风速(m/s)；

W_{bi}——第 i 块标志板的宽度；

H_{bi}——第 i 块标志板的高度；

n——标志板的数量。

②立柱(横梁)所受的风载

$$F_{wb}=\gamma_0\gamma_q\left[\left(\frac{1}{2}\rho Cv^2\right)\sum_{i=1}^{n}(W_{p}\times H_{bi})\right]/1000 \tag{14-6}$$

式中：F_{wp}——标志板所受的风载(kN)；

γ_0、γ_q——同前；

ρ——空气密度，一般取 $1.2258\text{N}\cdot\text{s}^2\cdot\text{m}^{-4}$；

C——风力系数，圆管形立柱 $C=0.8$，薄壁矩形立柱 $C=1.4$；

v——风速，单位 m/s；

W_p——立柱(横梁)的迎风面宽度；

H_{bi}——立柱(横梁)的迎风面高度，应扣除被标志板遮挡的部分。

式(14-5)、式(14-6)中计算风压标准值为：$P=\frac{1}{2}\rho Cv^2$。该式考虑了风荷载体型系数 C，风速 v 应选用当地比较空旷平坦地面上离地 10m 高统计所得的 30 年一遇 10min 平均最大风速。

当交通标志设置高度大于 10m 时，如位于某些立交区的落地式标志，应考虑风压高度变化系数和风振系数，具体计算可参照《建筑结构荷载规范》(GB 50009—2001)进行。选用的风速 v 值不得小于20m/s。

(2)立柱(横梁)的设计与强度验算

①柱式、双悬臂式标志的立柱设计与验算

立柱在这类结构中承受横向力作用，在其横截面上将产生正应力和剪应力，应分别进行验算。另外，还应对处于复杂应力状态下的危险点进行验算，然后根据形状改变比能理论(第四强度理论)，建立强度条件。

②悬臂式标志的横梁设计与验算

与立柱相比，横梁在设计与验算时，还应考虑其自重(永久荷载)的影响，由于重力与风力作用方向不同，因此应对其进行组合或叠加。

相应地，横梁根部所承受的剪应力亦有两个，一个是由风载引起(Q_w)，一个是由自重引起(Q_g)，由于不同方向、不同力产生的最大剪应力值或同一位置由不同力产生的剪应力值有一定差距，因此在进行验算时，应取其最大值。

横梁根部危险点的位置与立柱相同，在计算危险点的正应力和剪应力时，应注意作用力的组合或叠加，最后根据第四强度理论建立强度条件。

③单悬臂式标志的立柱设计与验算

单悬臂式标志的立柱根部受力如图 14-20 所示。

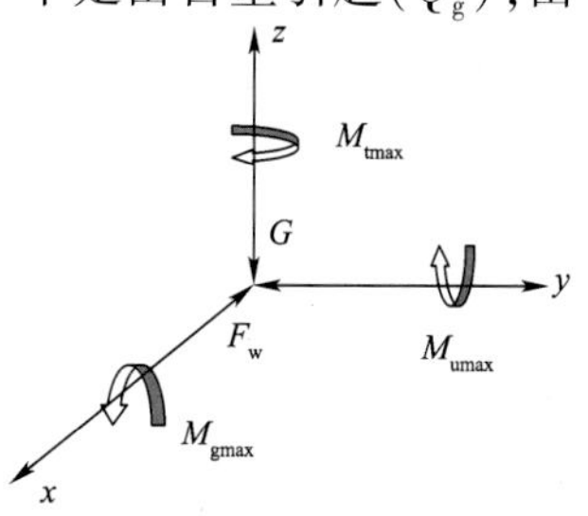

图 14-20　单悬臂式标志的立柱根部受力示意

单悬臂结构是一个不对称结构，横梁以及标志板的恒载会在立柱根部产生轴向力 G 以及弯矩 M_g，同时立柱根部还承受风载引起的弯矩 M_u。另外风载还会导致扭矩 M_t 以及剪力 F_w。

立柱根部受到的这两个力和三个方向的力矩可以通过结构力学中里的平衡条件求得。一般情况下,标志立柱所用材料属于薄壁杆件,即杆件的长度、截面的轮廓尺寸和截面的厚度三者是不同级的量。由于单悬臂标志立柱所受外力不通过截面的剪力中心,因此它将同时受到弯曲和扭转的共同作用。并且,立柱受扭后,其横截面在纵轴方向不能自由地凸凹翘曲,纵向纤维有了轴向变形,这种扭转称为约束扭转。在约束扭转作用下,截面为圆形的立柱不产生轴向位移,也就不产生扭转正应力。对一般截面来说,闭口薄壁型立柱的扭转刚度可大于相同面积开口截面立柱扭转刚度的10~100倍,甚至更大。所以这类立柱的抗扭作用接近于实体截面,这时立柱将主要由自由扭转控制。开口薄壁型立柱由于约束扭转,可以产生与基本应力达到相同数量级的扭转正应力和扭转剪应力。

因此,单悬臂式标志结构立柱的强度验算,分为两部分:一部分为按横力弯曲的方法进行计算,另一部分按约束扭转的薄壁杆件理论计算,然后将结果进行叠加后求得立柱根部的剪应力以及正应力,通过与材料强度设计值的比较,就可以确定标志在设定荷载的作用下是否满足强度要求。

④立柱(横梁)的变形验算

根据经验,按照强度条件设计的标志立柱或横梁截面往往过于单薄,此时,刚度条件可能起控制作用。因此,对于各类交通标志结构,构件的变形验算是必不可少的,这也是其有别于其他土建结构物的一个显著特点。对于悬臂式和门架式的标志,由于在自重作用下,横梁会自然下垂,因此变形的验算也可为横梁预拱度的设计提供依据。

立柱或横梁的变形验算,可分别求得每项荷载单独作用下梁的挠度 v 和转角 θ,然后按照叠加原理进行叠加。

a. 柱式、双悬臂式标志立柱的挠度验算,应验算由风载引起的水平挠度是否超出要求。

b. 悬臂式、门架式标志的横梁挠度验算应分别验算由风载和横梁自重引起的水平和垂直最大挠度值是否超出要求。

单悬臂式、门架式标志立柱的挠度验算。

这类薄壁杆件的挠度计算,也分为两部分:一部分系由弯曲而引起,和一般杆件的挠度计算类似:另一部分是当杆件处于约束扭转时,由扇性正应力 δ_w 和纯扭转剪应力 τ_k 所作之功对挠度产生的影响。

立柱(横梁)的变形验算的理论计算公式如式(14-7):

$$v_{top} = \sum\int_0^l \frac{\overline{M}_{(i)}M_{(p)}}{EI}dz + \sum\int_0^l \frac{\overline{B}_{W(i)}B_{W(p)}}{EI_W}dz + \sum\int_0^l \frac{\overline{M}_{k(i)}M_{k(p)}}{GI_l}dz \tag{14-7}$$

式(14-7)中后两项分别为根据扇性正应力 δ_w 和纯扭转剪应力 τ_k 所作之功而推出的挠度计算公式,B_w 为弯曲扭转双力矩,M_k 为纯扭转力矩。

交通标志的布设、版面设计以及结构验算是交通标志设计主要的三个方面,一般来说,比较好地完成这三个方面的工作就能够使道路上的标志满足使用的要求。但是一个优秀的设计团队还需要进行更多工作,其中包括在交通标志施工过程中提供技术支持,根据现场的情况以及工程的进展情况合理的调整设计方案;在道路竣工通车后进行回访,评估交通标志的使用状况,对于不适应实际交通状况的地方进行修改设计。只有这样,才能保证交通标志的有效、合理,才能使交通标志真正发挥指路、安全的功能。

14.8 智慧交通标志设计

一直以来,道路交通标志由于需要明确标志的版面、尺寸、支撑形式、与其他设施的关系等,一般需要从不同的角度反映设计意图。完整的标志设计一般包含标志平面布置图、标志布设一览表、版面设计图、工程数量表等。一旦部分内容修改,则必然会影响到其他关联的设计文件,占用了设计工作者的大量时间。

智慧交通标志设计系统根据《道路交通标志和标线》(GB 5768.2)以及《公路交通标志和标线设置规范》(JTG D82)等安全设施相关行业规范,将标志设计过程中需要用到的基础资料以及关键设计内容凝练成专家问答系统以及 Excel 表格作为系统的输入部分。在导入该系统后,一次性完成所有标志设计工作,标志平面布置图、标志布设一览表、版面设计图、工程数量表同步完成。对于设计文件局部内容的修改,可同步至其他关联设计文件。

智慧交通设计系统采用嵌入式设计,集成在 Autocad 系统中,具有的主要功能模块包括项目概要数据配置、标志集成智慧设计、一般互通智慧设计、枢纽互通智慧设计、服务区标志智慧设计、桥梁标志智慧设计、隧道标志智慧设计、标志管理以及文件输出,见图 14-21。

图 14-21　嵌套在 Autocad 系统的工具条

14.8.1　项目概要数据设置

项目概要数据设置是开始一项新项目的必选项,用来确定项目的基本信息,如道路的编号、名称、中远程控制信息用来确定命名编号标志以及地点距离标志等。如果已经保存过配置数据,也可以直接导入配置数据。

项目概要数据设置采用向导设计,主要配置数据如下。

(1)道路编号和中远程控制点

道路编号和中远程信息用于命名编号标志、地点距离标志和枢纽互通的直行标志的远程控制信息,见图 14-22。

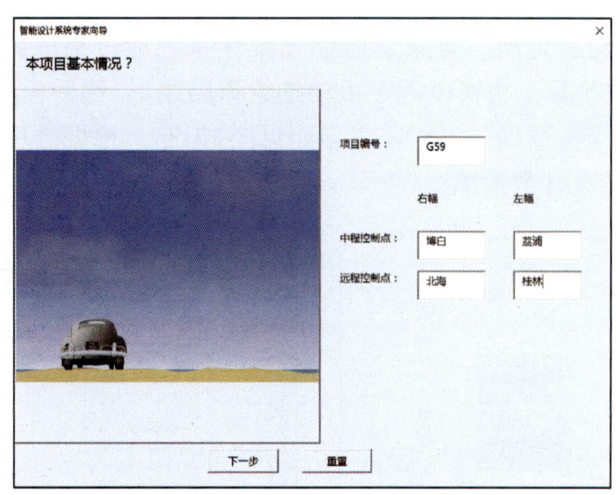

图 14-22　道路编号和中远程控制点信息录入

(2)道路车道数

道路车道数可以基本确定标志的支撑形式以及采用的限速方案。如单向三车道及以上可以采用分车道分车型限速方案,见图 14-23。

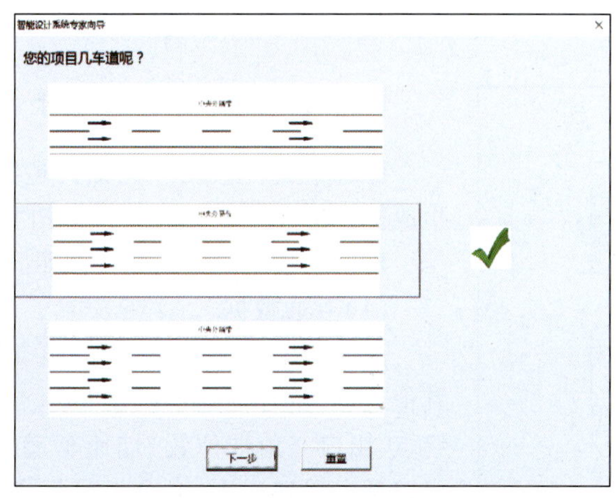

图 14-23　道路车道数参数设置

(3)设计速度和字高设定

设计速度或限制速度决定了项目采用的基本字高,如果输入的字高设定不符合规范规定,则拒绝该输入,见图 14-24。

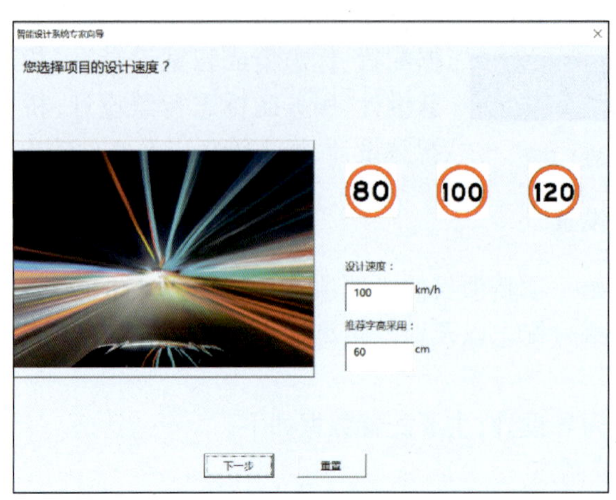

图 14-24　设计速度和字高参数设置

(4)线路坐标信息

线路坐标信息用以获取道路走向。智慧交通标志设计系统通过提取路线设计文件的桩号数据坐标,可实现在 cad 中自动提取坐标。也可以等距手动描绘道路线形,然后程序自动计算各桩号数据的坐标。获得公里桩和百米桩的坐标数据。坐标采集界面见图 14-25。根据公里桩和百米桩的位置,换算成连续的数值型桩号,导入标志设计数据库。

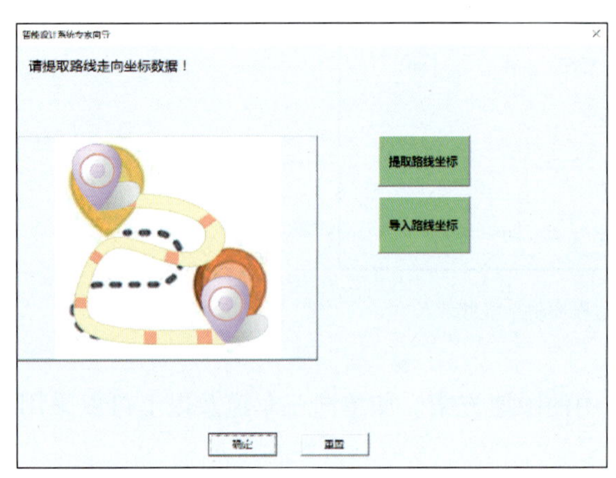

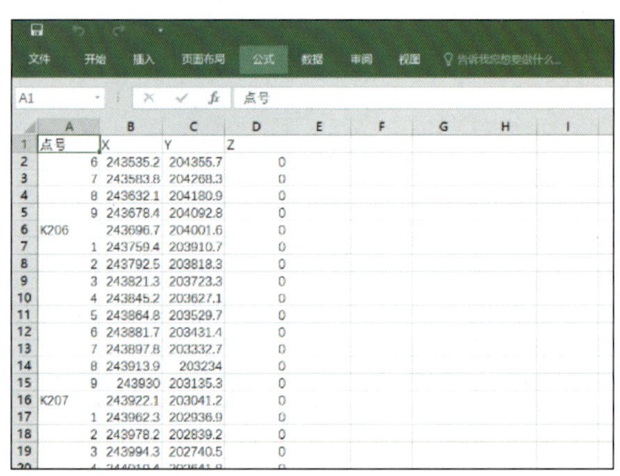

点号	X	Y	Z
6	243535.2	204355.7	0
7	243583.8	204268.3	0
8	243632.1	204180.9	0
9	243678.4	204092.8	0
K206	243696.7	204001.6	0
1	243759.4	203910.7	0
2	243792.5	203818.3	0
3	243821.3	203723.3	0
4	243845.2	203627.1	0
5	243864.8	203529.7	0
6	243881.7	203431.4	0
7	243897.8	203332.7	0
8	243913.9	203234	0
9	243930	203135.3	0
K207	243922.1	203041.2	0
1	243962.3	202936.9	0
2	243978.2	202839.2	0
3	243994.3	202740.5	0

图 14-25　线路走向坐标信息设置

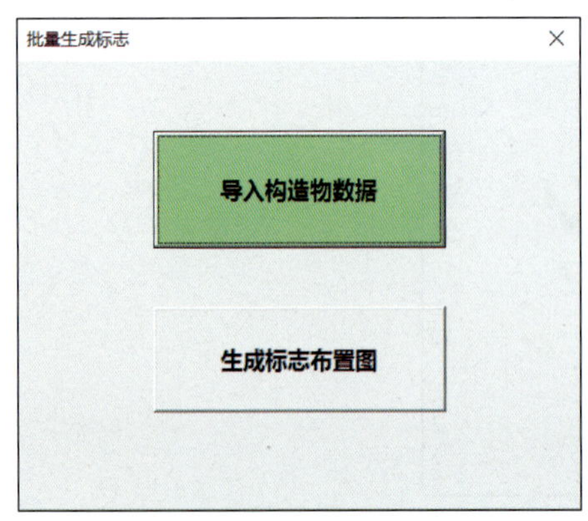

图 14-26　标志集成智慧设计界面

14.8.2　标志集成智慧设计

标志集成智慧设计包括构造物数据、设计数据的导入和生成标志平面布置图功能,见图 14-26。

构造物数据的导入需要按照固定格式导入 Excel 文件。

(1)互通数据

互通数据包括互通名称,被交路编号或名称,主要地点,其他地点,左右幅的下一出口地点,左右幅的基准点、渐变段终点、出口三角端位置、加速车道终点的位置信息,用以确定出口预告系列标志、命名编号标志、出口逐级减速标志、入口后限速标志的设置位置,见图 14-27。

互通名称	被交路编号或名称	主要地点	其他地点	下一出口地点		右幅关键位置信息				左幅关键位置信息			
				右幅	左幅	前基准点	渐变段终点	出口三角端位置	后基准点（加速车道终点）	前基准点	渐变段终点	出口三角端位置	后基准点（加速车道终点）
北市	S212	北市	大浦	G80	荔浦	210975	211093	211300	211829	212148	212048	211850	210950
党州	G80	南宁	梧州	玉林西	北市	224890	224990	225230	226380	226540	226440	226180	225058
玉林西	G324	玉林西	兴业	福绵	南宁	239180	239329	239485	240030	240295	240191	240010	239180
福绵	福绵大道	福绵	成均	新桥	玉林西	250850	250950	251120	251630	251960	251860	251660	250950
新桥	S334	新桥	兴业	博白	福绵	262540	262640	262840	263360	263660	263560	263340	262510

图 14-27　互通数据录入及设计界面

(2)服务区数据

服务区数据包括服务区名称，设施类型(服务区或停车区)，左右幅的基准点、渐变段终点、出口三角端位置、加速车道终点，用以确定服务区预告系列标志、命名编号标志、出口逐级减速标志、入口后限速标志的设置位置，见图 14-28。

服务区名称	构造物类型	右幅关键位置信息				左幅关键位置信息			
		前基准点	渐变段终点	出口三角端位置	后基准点（加速车道终点）	前基准点	渐变段终点	出口三角端位置	后基准点（加速车道终点）
龙安	服务区	231080	231180	231380	232390	231970	231860	231640	230600
新桥	停车区	259070	259170	259370	260380	260030	259920	259700	258700

图 14-28　服务区数据录入及设计界面

(3)桥梁数据

桥梁数据包括桥梁名称、左右幅设置桩号、桥梁长度，见图 14-29。

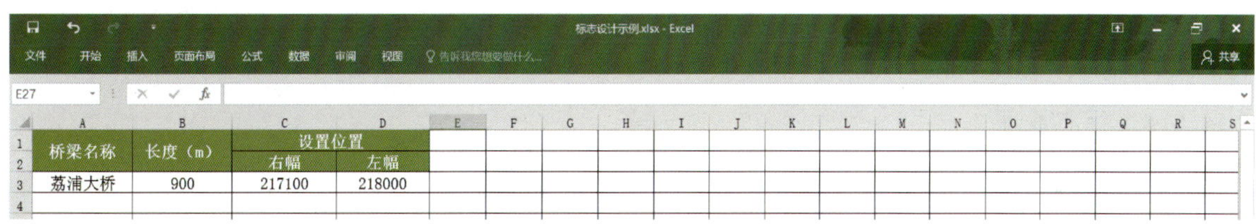

桥梁名称	长度（m）	设置位置	
		右幅	左幅
荔浦大桥	900	217100	218000

图 14-29　桥梁数据录入及设计界面

(4)隧道数据

隧道数据包括隧道名称、左右幅设置桩号、隧道长度，见图 14-30。

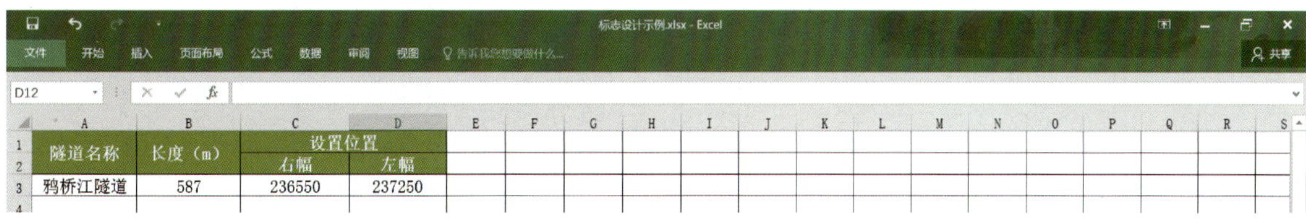

隧道名称	长度（m）	设置位置	
		右幅	左幅
鸦桥江隧道	587	236550	237250

图 14-30　隧道数据录入及设计界面

(5)其他数据

其他标志数据包括标志类型和名称、设置桩号、断面位置，见图 14-31。

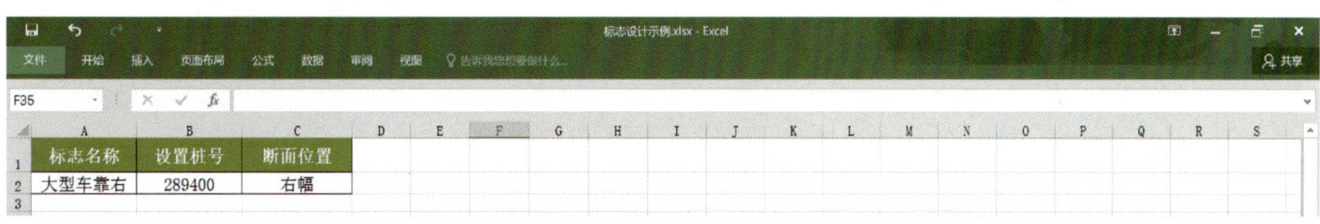

标志名称	设置桩号	断面位置
大型车靠右	289400	右幅

图 14-31　其他数据录入及设计界面

在构造物数据导入后,点击"生成标志布置图"按钮后,程序自动实现全部标志的生成工作,见图 14-32。

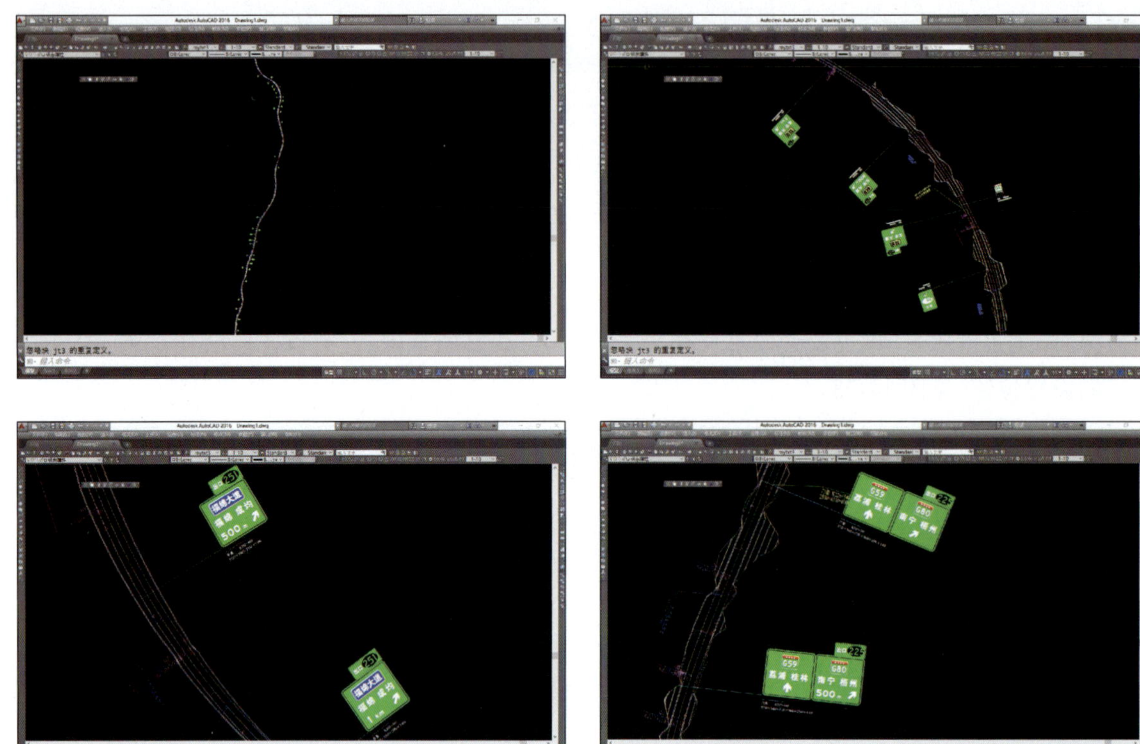

图 14-32　标志平面布置图输出成果界面

14.8.3　标志管理

标志管理功能包括生成标志布设一览表和标志版面大样图。

(1)浏览所有标志

浏览所有标志功能是对本次设计的所有标志进行遍历,生成统计表。功能界面见图 14-33。

图 14-33　浏览所有标志输出成果界面

(2)标志一览表

点击"标志一览表"后,可快速生成标志一览表,完成界面见图 14-34。

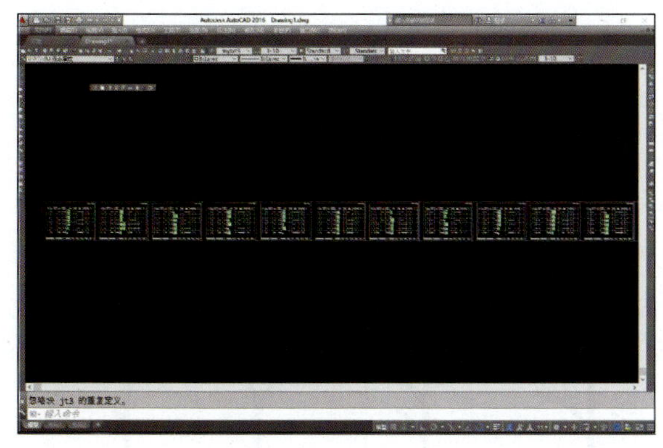

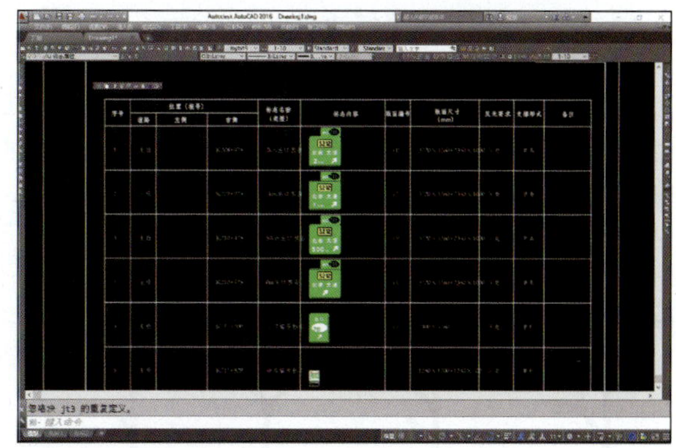

图 14-34　生成的标志一览表界面

(3)标志大样图

点击“标志大样图”后,可快速根据设定的字高,规范字间距、行距等生成标志大样图,完成界面见图 14-35。

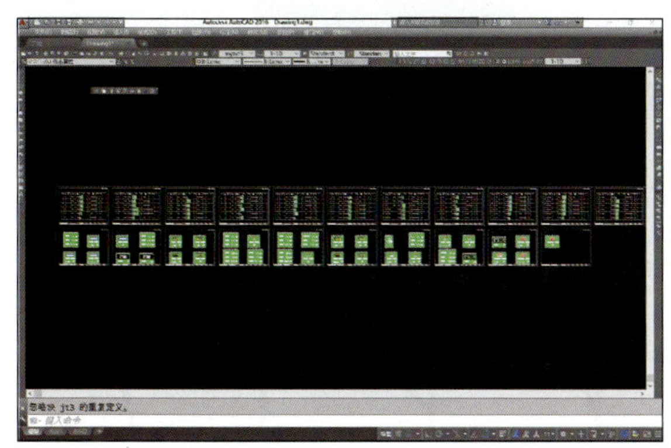

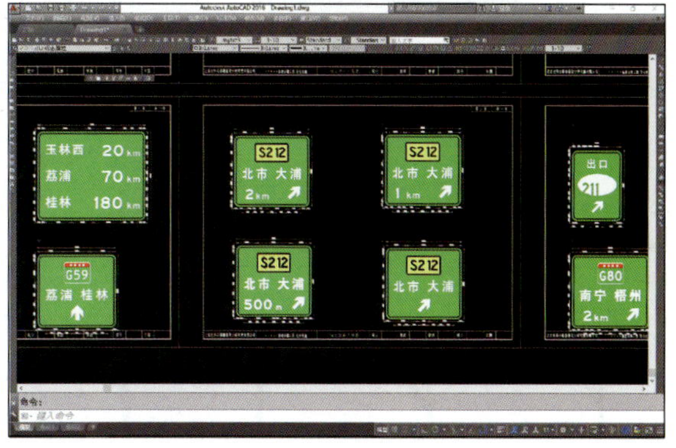

图 14-35　生成的标志版面大样图界面

14.8.4　一般互通标志布设

如果有单独的或新增加一个互通,需要进行标志设计,可以单独进行布设。输入的参数基本和前面集中布设的数据一致,输入界面及输出成果见图 14-36。

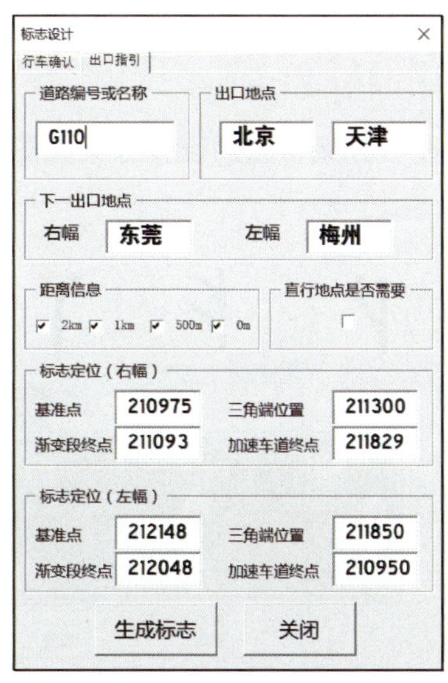

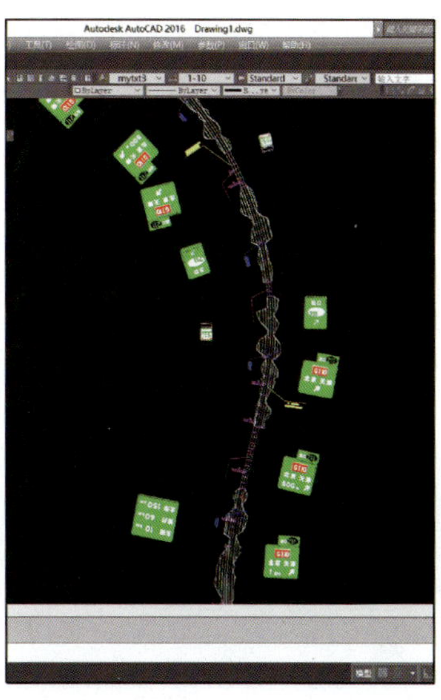

图 14-36　单个互通出口预告标志设计界面

14.8.5　枢纽互通标志布设

如果有单独的或新增加一个枢纽互通,需要进行标志设计,可以单独进行布设。如果枢纽比较复杂,需要单独进行设计,也推荐采用此功能。输入的参数除了前面集中布设的数据外,还需要对枢纽的形式进行设定,包括单出口枢纽、双出口枢纽、主线左右分叉枢纽和直右分叉枢纽。

单出口枢纽的两种设置方案见图 14-37。

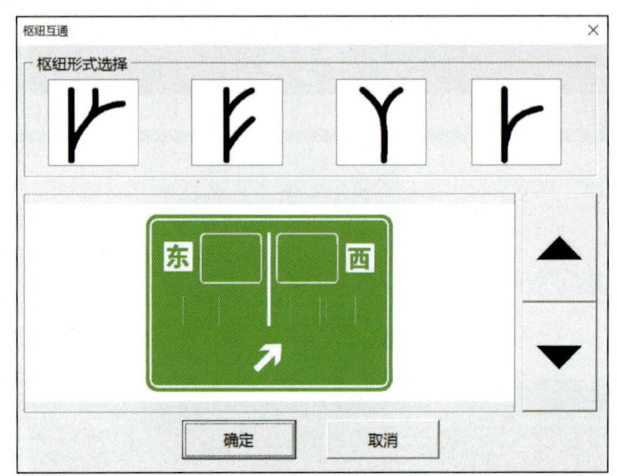

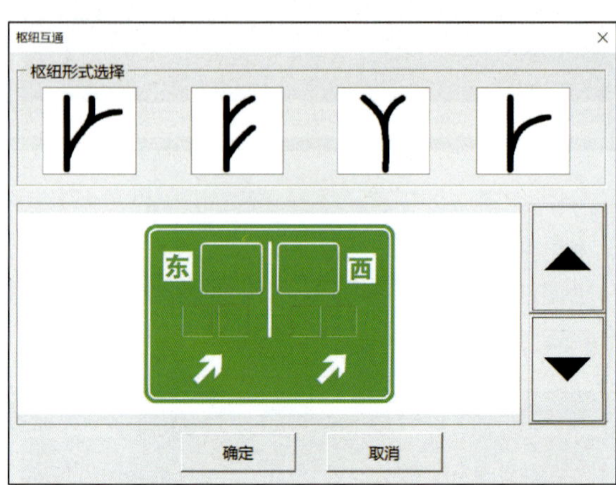

图 14-37　单个枢纽互通出口预告标志设计界面

双出口枢纽的两种设置方案见图 14-38。

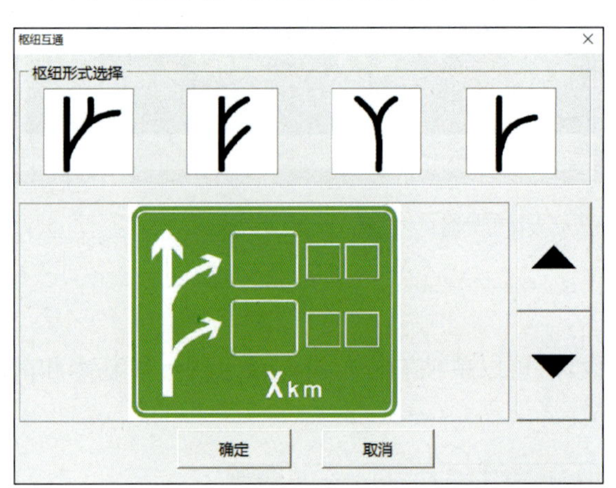

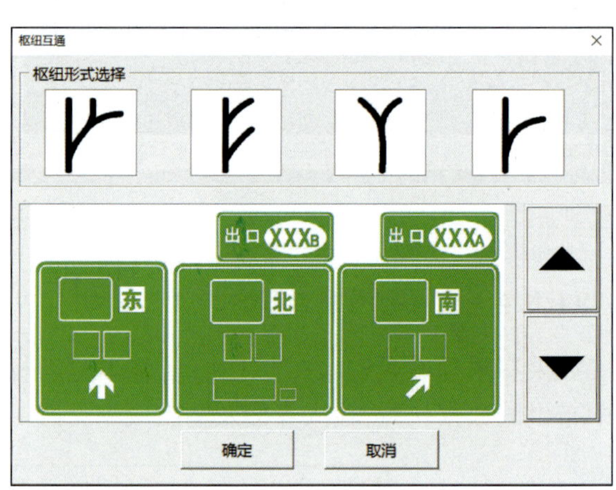

图 14-38　双出口枢纽互通出口预告标志设计界面

主线左右分叉枢纽的设置方案见图 14-39。主线直右分叉枢纽的设置方案见图 14-40。

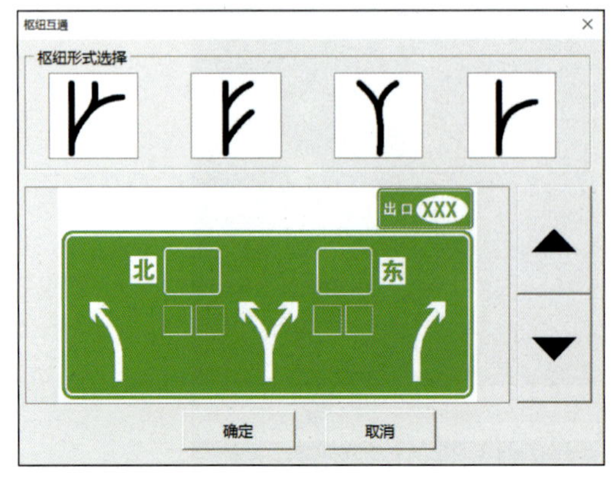

图 14-39　左右分叉枢纽互通出口预告标志设计界面

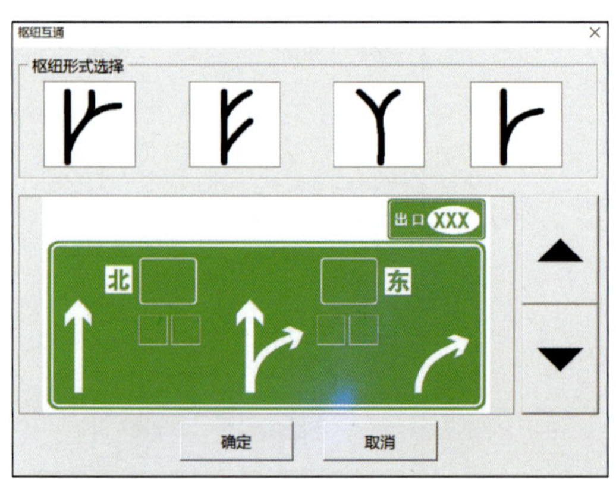

图 14-40　直右分叉枢纽互通出口预告标志设计界面

输出布设成果见图 14-41。

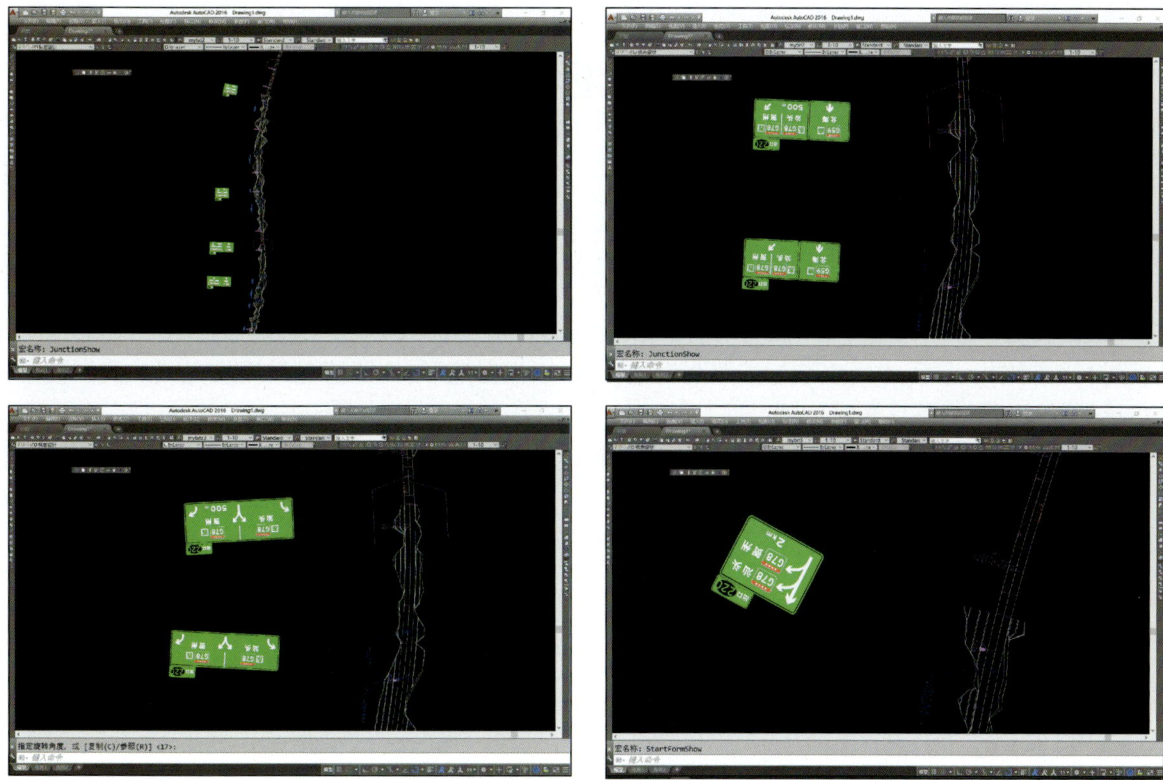

图 14-41　枢纽互通出口预告标志设计输出成果

14.8.6　服务区标志布设

如果有单独的或新增加服务区或停车区,需要进行标志设计,可以单独进行布设。输入的参数和前面集中布设的数据一致。其他如桥梁标志布设、告示标志布设等,基本和服务区标志布设的输入和输出界面一致,本文略。输入界面见图 14-42。

图 14-42　服务区预告标志设计界面

14.8.7　其他

其他标志如限速标志可根据道路的车道数设置成分车型限速、分车道限速或分车型分车道限速,设置在加速车道终点后,本文略。另外根据道路的线形数据可设置急弯告示标志等,本文略。

第15章　交通标志制作和检测

15.1　交通标志制作

《道路交通标志和标线　第2部分:道路交通标志》(GB 5768.2)规定:除另有规定外,标志应采用逆反射材料制作标志面,并可安装标志照明设施,也可以根据地形、日照情况采用发光式。我国使用比较广泛的逆反射材料是反光膜。

本章主要介绍反光膜静态永久性交通标志的制作工艺。交通标志由标志板和支撑件两部分组成。标志板又包括标志面、标志底板、滑槽和铆钉等部件。交通标志及支撑件的技术要求及检测方法在《道路交通标志板及支撑件》(GB/T 23827)中有相应的规定。

15.1.1　交通标志材料

(1)标志面反光膜

反光膜类型及夜间逆反射性能等见第3章介绍,逆反射材料的选择见第4章介绍。

(2)标志底板

标志底板可采用铝合金板、铝合金型材、钢板、合成树脂类板材及其他板材制作,合成树脂类板材包括塑料板、铝塑板、玻璃钢板等。

用于标志底板的铝合金板材的性能要求在《道路交通标志板及支撑件》(GB/T 23827)中规定,其力学性能应满足《一般工业用铝及铝合金板、带材　第2部分:力学性能》(GB/T 3880.2)的规定;用于技术等级较高的道路时,标志底板宜采用牌号为5A02-O或5052-O等的铝合金板材;对于门架式、悬臂式等大型标志板或用于沿海及多风地区的标志板,宜采用牌号为3004-O或3104-O等的铝合金板材;用于标志底板的铝合金板,其最小实测厚度不应小于1.5mm,对于大型标志底板,宜采用厚度为2~3mm的铝合金板材。目前,一些高速公路的大型指路标志,采用宽度为30cm的挤压成型铝合金型材制作标志底板。这种挤压成型的铝合金型材,其性能应符合《一般工业用铝及铝合金挤压型材》(GB/T 6892)的有关规定或设计要求,同时应具有轻质、高强、耐蚀、耐磨、刚度大等特点,宜采用综合性能等于或优于牌号2024-T3的铝合金型材。

用于标志底板的薄钢板通常是碳素结构钢和低合金结构钢冷轧薄钢板、镀锌薄钢板,其性能应符合《冷轧钢板和钢带的尺寸、外形、重量及允许偏差》(GB/T 708)、《连续热镀锌和锌合金镀层钢板及钢带》(GB/T 2518)、《碳素结构钢冷轧钢板及钢带》(GB/T 11253)等有关标准的规定。薄钢板的表面防腐处理应符合《公路交通工程钢构件防腐技术条件》(GB/T 18226)的要求。薄钢板用于标志底板时,其最小实测厚度不应小于1.0mm。

用于标志底板的合成树脂类板材包括塑料、玻璃钢等材料,用于标志底板时,其最小实测厚度不应小于3.0mm,其力学性能应符合《公路用玻璃纤维增强塑料产品　第5部分:标志底板》(GB 24721.5)的规定。

(3)滑槽和铆钉

通过铆钉的铆接,把标志底板与滑槽连接起来。滑槽除了使标志底板与标志立柱连接的作用外,还有加强标志底板平整度与刚度,方便标志的安装与加强整体强度的作用。滑槽可采用铝型材或型钢,滑槽的材质应选择与标志底板性能相当的同类材料。避免因性能不同而造成标志底板和滑槽的机械损坏或电化学腐蚀。铝滑槽宜采用铝合金热压型材,其性能应符合《一般工业用铝及铝合金挤压型材》

(GB/T 6892)的有关要求。钢滑槽宜采用型钢,其材质应符合《冷弯型钢通用技术要求》(GB/T 6725)的有关要求,型钢应进行热浸镀锌等防腐处理,其防腐质量应满足《公路交通工程钢构件防腐技术条件》(GB/T 18226)的要求。

铆钉作为标志底板与滑槽的连接件,它的质量是不容忽视的。标志用铆钉为沉头铆钉,其形状应符合《沉头铆钉》(GB/T 869)的有关要求,直径不宜小于 4mm。材质应符合《铝及铝合金拉制圆线材》(GB/T 3195)的要求,并尽可能与标志底板及滑槽相匹配。

(4)支撑件

支撑件为支撑和连接紧固标志板的构件,包括立柱、横梁、法兰盘、抱箍和紧固件等。交通标志立柱可选用 H 型钢、钢管、铝合金型材、木材、合成材料及钢筋混凝土管等制作,也可选用钢桁架。目前我国立柱和横梁大多采用 Q235 碳素结构钢钢管,钢管分无缝钢管和焊接钢管两种。立柱直径大于 152mm 时,应采用无缝钢管;直径小于或等于 152mm 时可以采用焊接钢管。无缝钢管的力学性能应符合《结构用无缝钢管》(GB/T 8162)的要求;焊接钢管应符合《直缝电焊钢管》(GB/T 13793)的要求。型钢可使用热轧 H 型钢、槽钢或方形冷弯型钢等。热轧 H 型钢的力学性能应符合《热轧 H 型钢和部分 T 型钢》(GB/T 11263)的要求;冷弯型钢的力学性能应符合《冷弯型钢通用技术要求》(GB/T 6725)的要求。钢制立柱、横梁、法兰盘、柱帽应采用热浸镀锌等防腐处理。防腐层质量应符合《公路交通工程钢构件防腐技术条件》(GB/T 18226)的有关规定。

随着技术的发展,立柱轻量化的要求,门架标志立柱钢桁架被广泛采用。经验算,在支撑同样尺寸交通标志的情况下,同样采用 Q235 的钢材,该结构的钢材用量是薄壁圆杆结构的 60%。桁架结构见图 15-1,细节尺寸见图 15-2。

a)　b)　c)

图 15-1　桁架结构

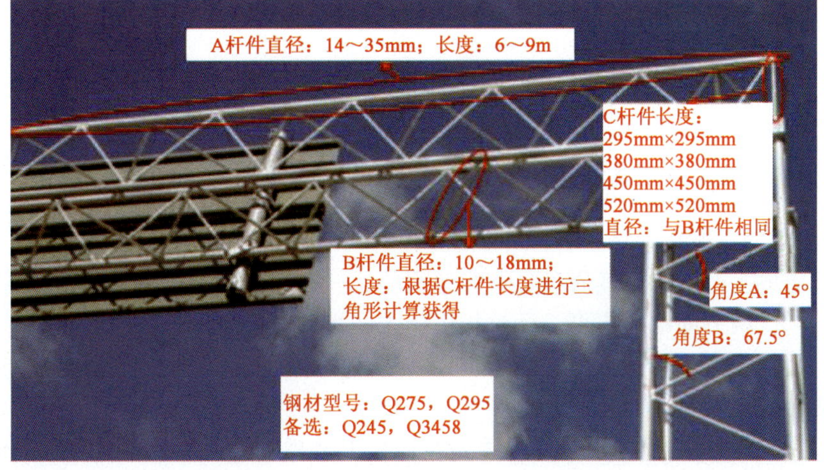

图 15-2　桁架结构细节尺寸

对于单柱式标志立柱,目前也有一些新型的轻量化标志杆件,在保证标志基础符合强度的条件下,减少了大量的交通标志基础成本。常见的轻量化标志杆件如图15-3所示,管材通常为铝合金或者不锈钢材质,U形和方形增加了杆件的强度。这种轻量化的标志安装时,在土质坚硬的表面可以采用直接敲击的方式。

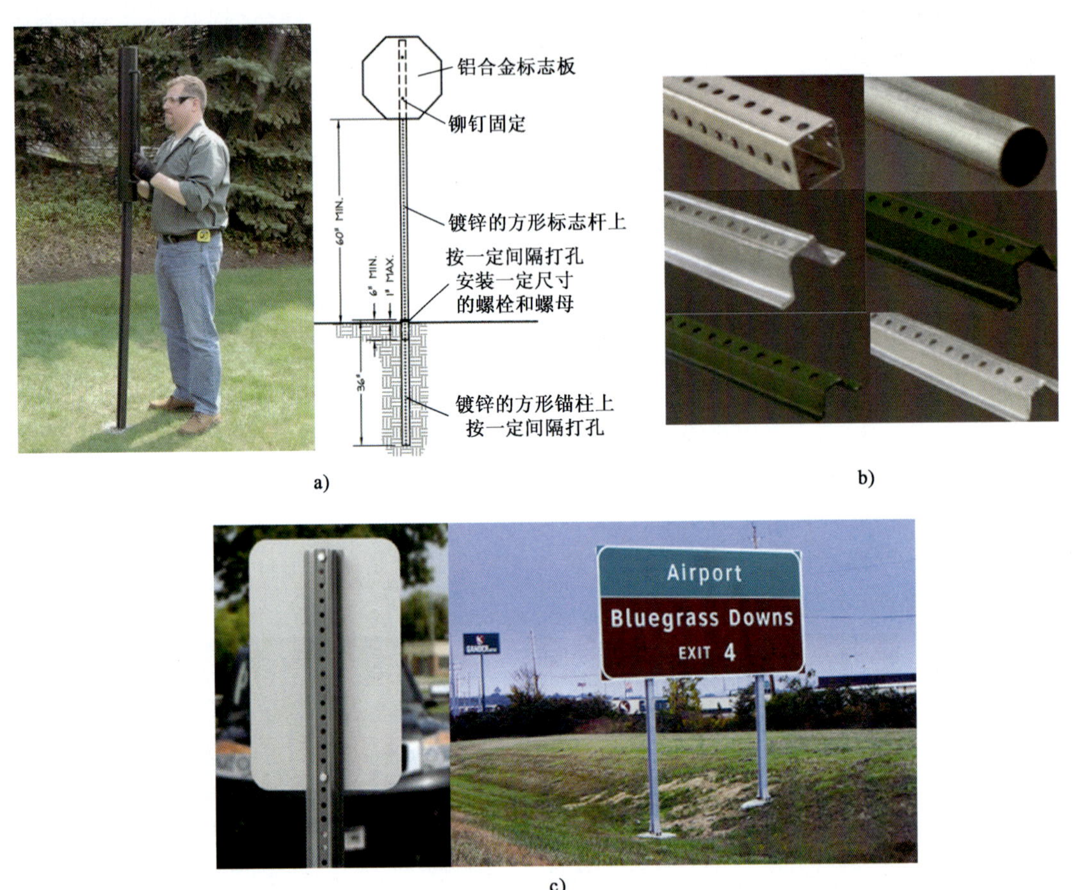

图15-3　柱式轻量化管材立柱

标志板与立柱的连接可采用抱箍夹紧式或钢带捆扎式等方式,支撑件中抱箍夹紧式的小型构件包括用于连接标志板与立柱的抱箍和螺栓、螺母等紧固件,用于连接标志法兰盘与基础的地脚螺栓和螺母等。抱箍和紧固件应采用碳素结构钢或合金结构钢制作。紧固件的外形尺寸和机械性能应符合《钢结构用高强度大六角头螺栓、大六角螺母、垫圈技术条件》(GB/T 1231)、《紧固件机械性能　螺栓、螺钉和螺柱》(GB/T 3098.1)等标准的要求。抱箍、紧固件等防腐层质量应符合《公路交通工程钢构件防腐技术条件》(GB/T 18226)的有关规定。

目前市场上广泛使用的反光材料为反光膜,标志底板为铝合金底板,下面就以这两种材料为例介绍交通标志板的生产工艺。

15.1.2　交通标志板生产工艺流程

交通标志使用周期一般在十年左右,如何能满足十年的使用周期,制造生产出符合国家标准的交通标志产品,对于标志的生产者来说其质量是不容忽视的。一方面使用符合国家标准的原材料,另一方面采取合理的制作工艺,两方面缺一不可。标志板由标志底板和板面两部分加工而成。一个是金工部分,另一个是贴膜部分,两个流程相互平行是标志板生产的两大条块。图15-4为标志板生产工艺流程。

(1)标志底板制作

若以铝合金板(简称铝板)作标志底板,首先在铝板上放样划线,放样划线后再裁切。小型标志底板宜由单张铝板放样加工而成。当制作大型指路标志时,为了满足交通标志尺寸的要求,需要进行铝板的拼接,如:弯边拼接式、拼嵌拼接式和平板铆接式(图 15-5),这几种底板拼接工艺既不影响反光膜的质量,也不影响夜间视认性,还可以优化工艺,减少浪费。

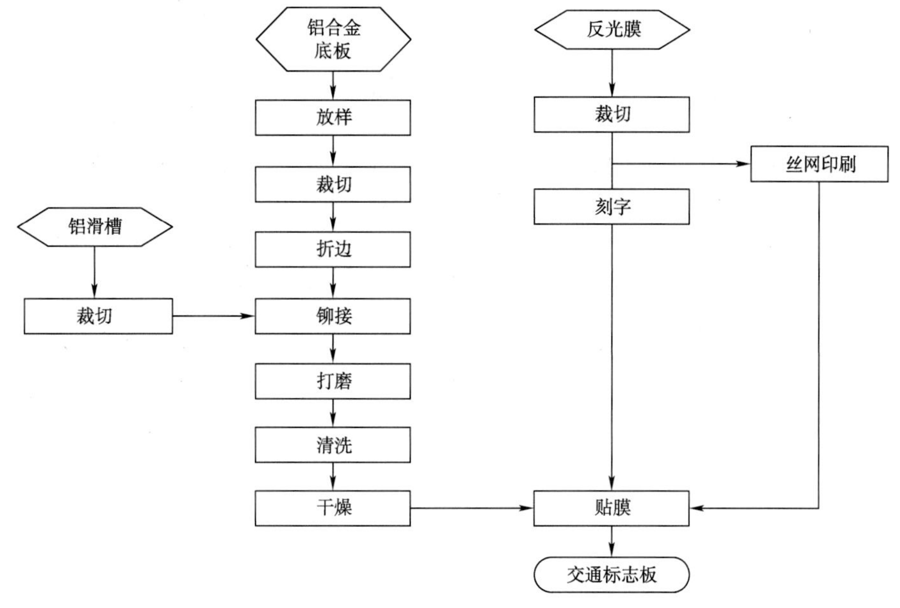

图 15-4　交通标志板生产工艺流程图

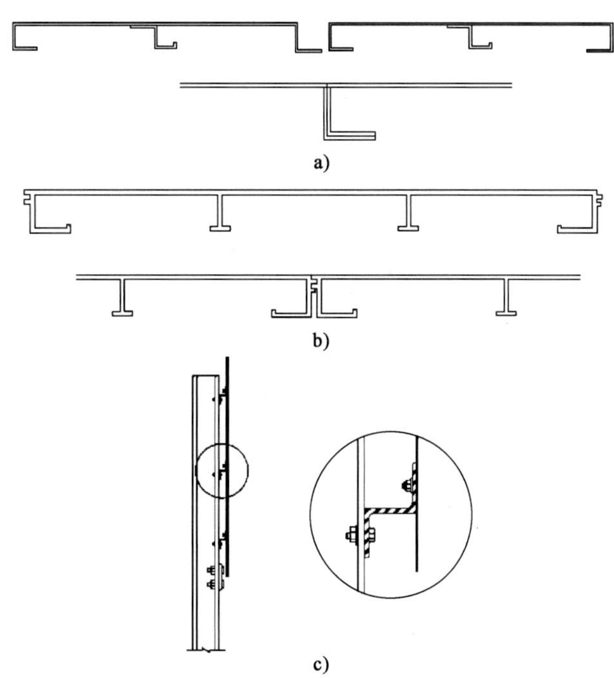

图 15-5　底板拼接工艺示意

a)弯边拼接式;b)拼嵌拼接式;c)平板铆接式

对于大型双柱式标志,为了减少风阻,标志底板也可以分解组合制作,把一块大面积的标志分解制作成 2 块以上的小面积标志,最后安装时几块小标志组合在一起安装,分解组合方式应符合《道路交通标志和标线　第 2 部分:道路交通标志》(GB/T 5768.2)的要求。

三角形、矩形及多边形等标志板先使用剪板机沿着放样裁切线裁切,圆角部分配以相应的模具使用冲床冲切成型,若没有冲床等机械,圆角冲切也可以使用电锯、电剪刀等小型工具,最后使用折弯机沿着放样折边线折弯。裁切好的铝板一般应进行折边加固,以加强标志板面的刚性。折边加固的形式可参考《道路交通标志板及支撑件》(GB/T 23827)的有关规定,对大型指路标志宜采用双折边或四折边加固角铝型材,这对加强板面的刚性和平整度是大有好处的。矩形标志底板的双折边可用折弯机来完成。

圆形标志底板的折边通常可在裁圆机上一并完成。圆形标志使用裁圆机将铝板先裁成圆形,随后调整裁圆机刀头位置,将圆板进行绲边处理。

另一种工艺是利用大型液压机及相应的模具,一次性地把铝板裁切和折弯成相应尺寸的三角形或圆形等标志底板,这类生产方法加工的三角形或圆形标志底板形状、尺寸比较准确且美观,只是设备投资较大,且每次更换模具都会花费很多人力、物力,对于大批量地生产同一种规格的标志比较方便,对于小批量的规格不同的标志不太方便。

标志底板外形尺寸偏差决定了交通标志板外形尺寸的偏差。标志底板尺寸是否符合标准要求,其中关键的一步是放样成型。三角形、圆形、矩形是比较有代表性的标志形状,下面结合《道路交通标志和标线　第 2 部分:道路交通标志》(GB 5768.2)及《道路交通标志板及支撑件》(GB/T 23827),给出三角形警告标志底板放样图(图 15-6)及警告标志底板尺寸表(表 15-1),圆形法规标志底板放样图(图 15-7)及圆形法规标志底板尺寸表(表 15-2),指路标志底板放样图(图 15-8)及指路标志底板尺寸表(表 15-3)。

①三角形警告标志底板放样实例分解。

②圆形法规标志底板放样实例分解。

③矩形指路标志底板放样实例分解

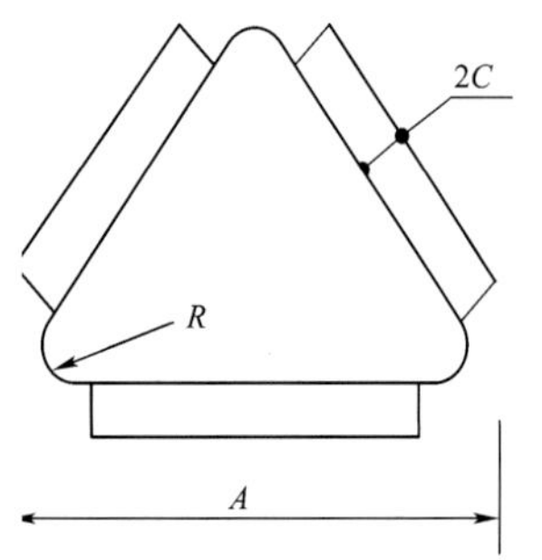

图 15-6　三角形警告标志底板放样图

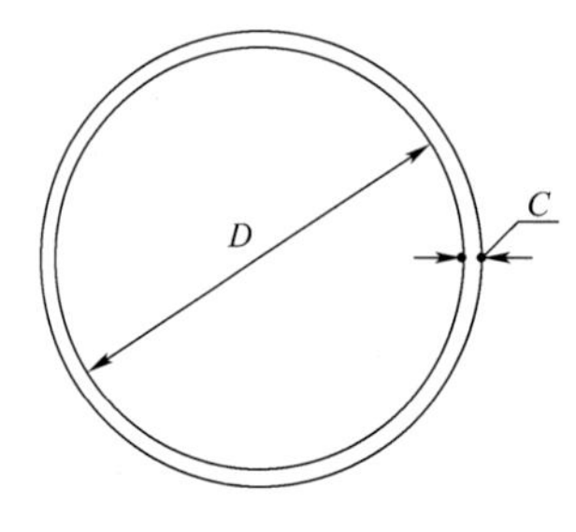

图 15-7　圆形法规标志底板放样图

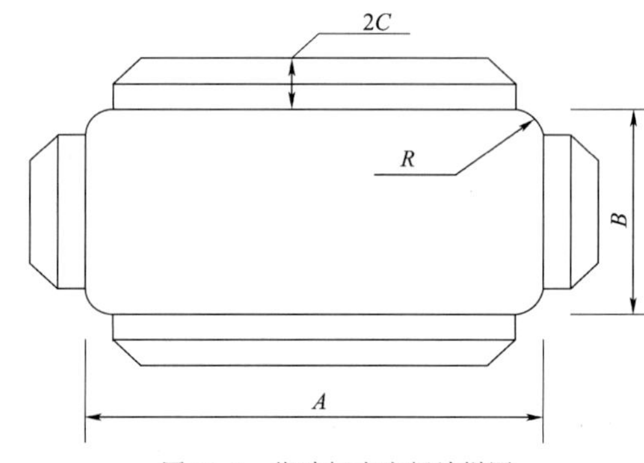

图 15-8　指路标志底板放样图

表 15-1　警告标志底板尺寸

三角形边长(A)(cm)	130	110	90	70
双折边宽度($2C$)(cm)	2.5×2	2.5×2	2.5×2	2.5×2
圆角半径(R)(cm)	7	5.8	4.6	3.4

表 15-2　圆形法规标志底板尺寸

圆形标志(cm)	标志外径(D)	120	100	80	60
	折边宽度(C)	1~1.5	1~1.5	1~1.5	1~1.5

表 15-3　指路标志底板尺寸

指路标志(cm)	长(A)	—
	宽(B)	—
	双折边宽度($2C$)	2.5×2
	圆角半径(R)	$0.4h$

注:h 为字高。

(2)铆接

折边后的标志底板就可在其背面安装滑槽了。连接标志底板和滑槽的方法有多种,最常用的是铆接法。用沉头铆钉铆接铝板和铝滑槽是一种经典的工艺方法,操作简便、稳定可靠。我国大部分标志生产厂都是采用这种方法。近年来,随着科学技术的发展及国外先进工艺技术的引进,有一些工厂开始使用焊接工艺安装滑槽,如用储能点焊局部熔合铝板和铝槽,达到连接的目的;也有用氩弧焊,在氩气中通过熔化焊条来连接铝板和铝槽。只要焊接的焊点具备足够、稳定的强度，焊接工艺操作简便且不损坏标志板面，其优越性是明显的。

滑槽的间距应按设计的要求，不宜过大，一般保持在50～60cm。铆接间距应均匀一致，一般宜为150mm±50mm，且滑槽端部应加强铆接以分散应力。这里要特别注意，在铝板上铆孔应深浅适当、平滑光洁。孔过深过浅都会造成铆接强度损失或板面凹凸不平等缺陷。现在常用的方法是在钻头上安装一个定位装置，保证铆孔深浅均匀一致。按设计要求把滑槽铆接好，标志底板就制作完成了。

（3）清洗

为了使反光膜能牢固地粘贴在标志底板上，必须对标志底板的正面进行彻底地清洗，以去除在铝板加工过程中留存的大量油脂。脱脂处理有气体脱脂、碱性脱脂和水洗脱脂等多种方法。由于前几种方法都会使用对人体有毒有害的物质，所以我国大多数标志生产厂现在都采用水洗脱脂的方法。通常的做法是使用平板砂磨机，借助细砂纸或百洁布对铝板的表面进行仔细打磨，这样不仅能除去油污，而且在微观上把铝板表面磨毛，大大增加了黏结面积。打磨完铝板后再用金属清洗剂溶液清洗铝板的表面，最后利用具有一定压力的清水把铝板彻底冲净，直至水流顺铝板自上而下形成均匀水膜，而底板表面不结水珠为洁净。水洗过的标志底板必须彻底干透，通过晾干铝板或加热烘干铝板，才可以粘贴反光膜。

（4）反光膜裁切

反光膜可用多种不同的方法裁切成所需的形状和尺寸。通常用锋利的裁纸刀裁切标志面的底膜；用电脑刻字机把反光膜切刻成一定大小的文字和图案，作为标志面的信息部分。为了保证标志面信息的一致性，电脑刻字机应使用符合《道路交通标志和标线》（GB 5768）要求的字库、图库软件。切割好的反光膜需要放置在温度18～28℃、相对湿度20%～50%的环境中，贴膜车间应密闭、无尘、恒温、恒湿。反光膜裁切尺寸参见《道路交通标志和标线　第2部分：道路交通标志》（GB 5768.2）。

另一种工艺是将字符或图案用油墨印刷，俗称丝网印刷。在裁切好的底膜上按照制备好的模版用油墨印上字符或图案，这种工艺可以节省反光膜等材料，所使用的油墨应与反光膜相匹配，有一些反光膜生产厂家会指定其专用油墨，油墨质量应符合《道路交通标志板及支撑件》（GB/T 23827）的相关要求。在反光膜规定的使用年限内，油墨不能出现起皮、剥落、粉化、龟裂、褪色等受损坏的痕迹，被印表面的色度性能和逆反射性能，应达到相应等级反光膜耐候性能的要求。目前市场上也有打印膜工艺的使用，这是一种新的工艺，极大地提高了生产效率并节约了制作成本。

（5）贴膜

贴膜的方法有手工贴膜和机器贴膜两种。贴膜机又有手动贴膜机和电动贴膜机之分，其幅宽也从1.6m到大型贴膜机的4m左右不等。目前通常使用贴膜机粘贴交通标志的底膜，使用转移膜、橡胶刮板或橡胶辊，手工粘贴文字和图案。用机器贴膜时，由于反光膜所受的粘贴压力均匀连续，粘贴后的标志面平整光滑，无皱纹、起泡、条纹、变形等缺陷，其粘贴效果是手工贴膜无法比拟的。如果贴膜过程中出现气泡，或贴完膜后出现气泡，应用小针在气泡上先扎眼，再用刮板将空气顺小眼方向赶出，切忌未扎眼就进行气泡处理。反光膜应粘贴于整个标志面且超出边缘至少2cm，最后裁切掉边缘多余的反光膜。

对于圆形、三角形及边长小于1.2m的矩形标志板面，反光膜不应拼接。当粘贴面膜无法避免接缝时，应按面膜产品相同的基准标记方向拼接。随着微棱镜型反光膜的广泛应用，避免同一块标志板光度不均匀的问题。接缝以搭接为主，宜为水平接缝，且应为上搭下，玻璃珠型反光膜重叠部分不应小于5mm，微棱镜型反光膜重叠部分不应小于30mm；当需要印刷加工或反光膜有特殊要求时，可采用平接，平接缝宜为垂直接缝，接缝间隙不应超过1mm。因为垂直于地面时，拼缝里的水会在冲洗灰尘后自然流出，而水平的情况下可能导致水和灰尘积存。棱镜型反光膜和玻璃微珠型反光膜的接缝处理见图15-9。

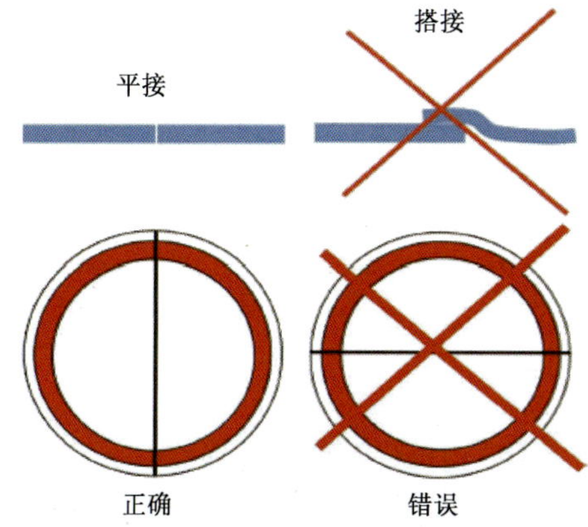

图15-9　反光膜拼接示例图

对圆形、三角形及边长小于 1.2m 的矩形标志板面,反光膜不应拼接。在大型标志板面上,当不可避免出现拼接缝时,应使用反光膜产品的最大宽度进行拼接,接缝以搭接为主,且应为上搭下,横向不能有拼接,搭接部分不应小于 5mm。如果文字和图案需要采用油墨丝网印刷,则应先在反光膜上印刷好文字和图案,待充分干燥后,再进行贴膜工序。

15.1.3 支撑件制作

(1)法兰盘和加强筋板的加工流程(图 15-10)

通常法兰盘和加强筋板的生产工艺是相同的,应分别根据设计的要求,选择不同的材料和加工不同的形状、尺寸。切割一般是采用半自动氧气乙炔切割机,用钻床在法兰盘上钻孔成型。

(2)横梁和短横梁的加工流程(图 15-11)

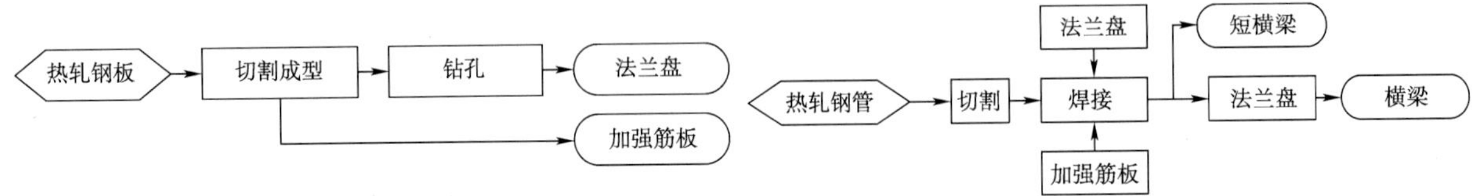

图 15-10　法兰盘和加强筋板的加工流程图

图 15-11　横梁和短横梁的加工流程图

横梁和短横梁的生产工艺是相同的。钢管的切割一般直接采用氧气乙炔切割。短横梁是立柱的一个部件,将其焊接到立柱上后,一并热浸镀锌。

(3)立柱的生产工艺流程(图 15-12)

立柱的生产工艺基本上是短横梁、法兰盘和加强筋板等部件的焊接组合。钢管上端的开孔也是采用氧气乙炔切割。

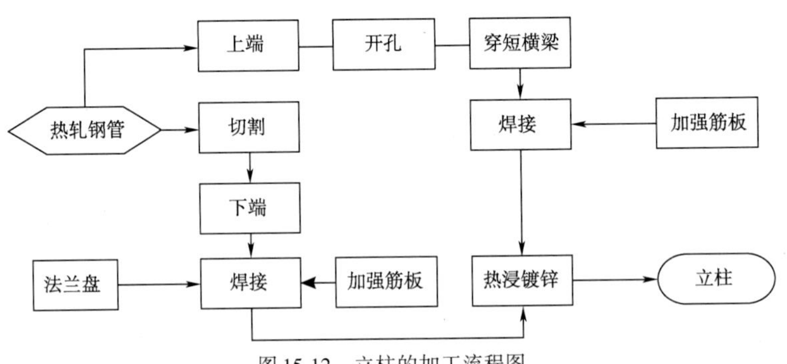

图 15-12　立柱的加工流程图

(4)柱帽的加工流程(图 15-13)

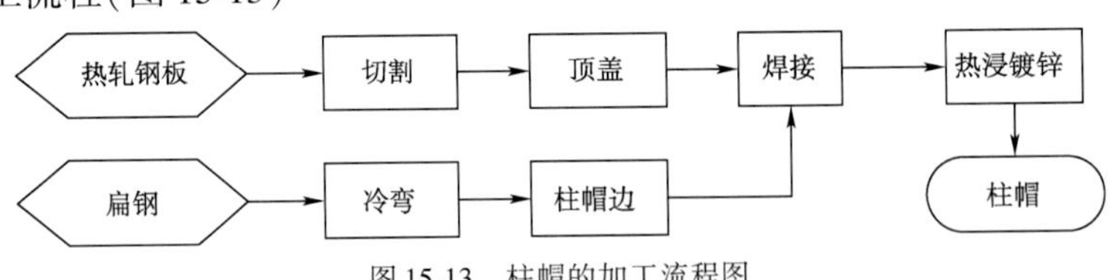

图 15-13　柱帽的加工流程图

在公路现场,把立柱上端短横梁的法兰盘与横梁的法兰盘进行连接,端头盖上柱帽,就完成了单悬臂式的支撑件。

(5)立柱底板的加工流程(图 15-14)

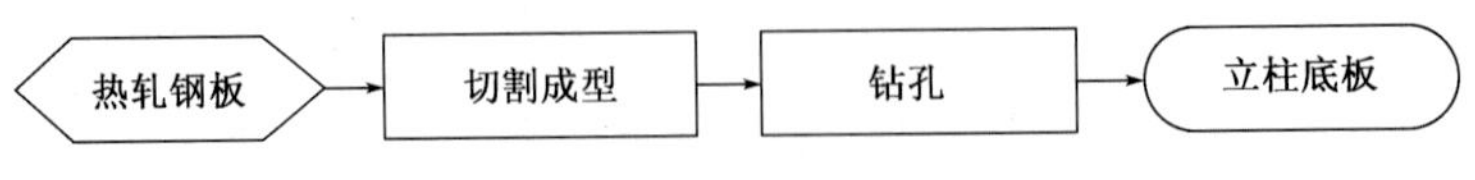

图 15-14　立柱底板的加工流程图

(6)连接件制作工艺流程

作为连接件的螺栓、螺母等紧固件通常是采购的标准件,再进行热浸镀锌等防腐处理。抱箍的生产工艺流程见图 15-15。

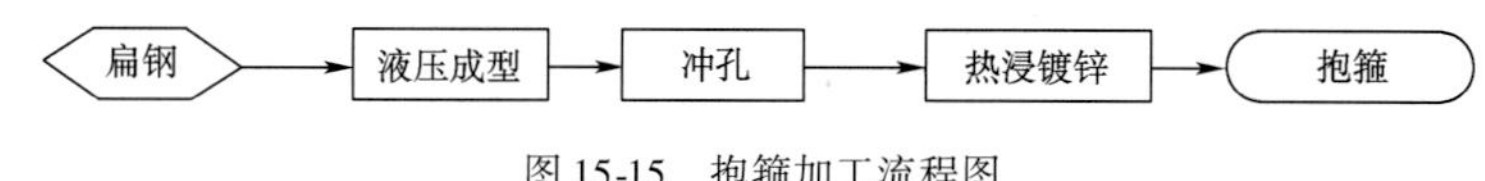

图 15-15　抱箍加工流程图

15.1.4　工厂自检

在交通标志的制作过程中,其中最后一个环节是工厂自检。只有按照国家标准、交通行业标准进行一定的质量检测工作,才能保证产品的成品率。

1)对各种原材料的质量检测

工厂每采购一批原材料如反光膜、铝合金板、滑槽、铆钉、钢板、钢管、连接件等,都应该由原材料生产单位出具该批产品的质量检测报告或质量证明书、证明单。重大工程所用的主要原材料如反光膜、铝合金板、钢板、钢管等,应该随机抽取样品到国家市场监督管理总局和行业主管部门认可的、有资质的检测机构,按相关的国家标准或行业标准进行全面的检测,以保证生产制作交通标志的原材料是合格品或优质产品。

2)对生产过程的控制

(1)当领取各种原材料如标志底板、反光膜、钢板、钢管等时,要核对它们的牌号、等级,并对一些简单的技术参数(如尺寸、板厚、钢管壁厚等)进行测量复核。

(2)对标志底板、滑槽、钢板、钢管等材料的放样应精确计算,并有专人复核尺寸后,才能裁切、切割或钻孔、开孔。对裁切后的标志底板、滑槽的边缘或尖角应检查是否倒棱呈圆滑状。

(3)板面折边的尺寸要准确,折边工序一次完成。目测检查折边处,不能有裂纹或不平整现象。对大型指路标志,底板的拼接应边角对齐,标志底板拼接缝的缝隙不能大于 1mm。

(4)滑槽的间距应按设计的要求度量,其不平行度不应大于 2mm/m。标志底板与滑槽铆接后,应检查铆接点的正面,不得有明显的铆钉痕迹;铆钉与标志底板之间要紧密结合,不应有缝隙。铆钉顶面应与标志板面保持平整。对于底板与滑槽焊接的工艺,应检查焊点是否有虚焊漏焊。

(5)标志底板打磨清洗后,应用水流法检查其油污是否彻底除尽。

(6)贴膜前应检查标志底板是否彻底干燥、清洁。并调节贴膜的环境条件,保持温度在 18 ~ 28℃、相对湿度在 20% ~ 50%。贴膜时,要调整好贴膜机胶辊的间隙和垫板的平整,以保证反光膜粘贴牢固、无缺陷。对圆形、三角形及边长小于 1.2m 的矩形标志板面,不得有反光膜拼接缝;在大型标志板面上,当不可避免出现拼接缝时,应按面膜产品相同的基准标记方向拼接。接缝以搭接为主,宜为水平接缝,且应为上搭下,玻璃珠型反光膜重叠部分不应小于 5mm,微棱镜型反光膜重叠部分不应小于 30mm;平接时缝宜为垂直接缝,接缝间隙不应超过 1mm,拼接的两边应无明显颜色或逆反射性能的差异。距标志板边缘 5cm 之内,不得有拼接。

(7)电脑刻字机要安放在与贴膜车间相同的环境中,切刻不同级别反光膜时,要选择对应的刻刀并调整好雕刻的压力。

(8)支撑件各部位的尺寸应符合设计的要求。切割要横平竖直,弧线要圆滑;法兰盘与横梁、立柱的轴线应保持垂直。并检查所有的焊缝,是否平整、密实,无焊渣、突起,达到牢固连接。

3)对交通标志产品出厂前的质量检测

对于边长大于 1.2m 的大型标志板,每块都要逐一检查。对于小型标志板可按一定比例抽样检查。

(1)目测标志板的形状、文字、图案、颜色是否符合《道路交通标志和标线》(GB 5768)或设计的要求;粘贴的文字是否准确,笔画也应横平竖直。

(2)测量标志板的外形尺寸。一般外形尺寸偏差为 ±5mm。当外形尺寸大于 1.2m 时,其偏差为外形尺寸的 ±0.5%。邻边夹角偏差为 ±5°。

(3)检查标志板面,应平整,板面不平度不应大于 7mm/m。无明显的皱纹、划痕、凹陷、破洞、变形或颜色不均匀、逆反射性能不均匀等缺陷。反光膜要粘贴牢固,当发现气泡时,应及时进行合理的处理。并查看标志板面的反光膜拼接缝是否符合相关标准的规定。

(4)复核支撑件的立柱、横梁、法兰盘和基础的钢筋预埋件等主要部件的形状、尺寸、连接是否符合设计的要求,并检查支撑件是否满足表面光洁,颜色均匀一致,是否有破损、变形、锈蚀、漏镀及各种焊缝缺陷。实测镀锌层的厚度应符合设计的规定。

(5)交通标志板成品背面,应贴有耐久性的标记或产品合格证,两块标志邻接面之间应用适合的衬垫材料分隔,以免在运输、搬运过程中磨损标志板面。标志板应储存在干净、干燥的室内;其他主要金属构件也应打上耐久性的标记。

15.2 交通标志检测

15.2.1 标志板检测

1)技术要求

(1)通用技术要求

交通标志作为一种产品,应有产品标志。其背面应有清晰、耐久的标志,包括生产厂商的名称、商标或其他有关信息;标志板的类别、生产日期及应用的标准号等内容。

生产标志板的原材料应是合格产品,如反光膜、铝合金底板、铝滑槽等应具有出厂合格检验单。

外观质量总体上要求标志板的形状、图案及文字等应符合《道路交通标志和标线 第 2 部分:道路交通标志》(GB 5768.2)的规定,标志底板的边缘和尖角应适当倒棱;标志板不允许存在裂纹、明显的气泡、划痕、损伤和颜色、逆反射性能不均匀等缺陷。反光膜应尽可能减少拼接,当不可避免出现接缝时,应使用反光膜产品的最大宽度进行拼接。接缝以搭接为主,重叠部分不应小于 5mm。需要平接时,其间隙不应超过 1mm,距标志板边缘 5cm 之内不得有拼接;标志板应平整,表面无明显皱纹、凹痕或变形,板面不平度不应大于 7mm/m;一般外形尺寸偏差为 ±5mm,若外形尺寸大于 1.2m 时,其偏差为其外形尺寸的 ±0.5%。

(2)标志底板厚度

采用铝合金板制作标志底板时,其厚度不宜小于 1.5mm,大型标志板的厚度应根据设计要求制定。在规定的宽度内,厚度允许偏差应按《一般工业用铝及铝合金板、带材 第 3 部分:尺寸偏差》(GB/T 3880.3)的要求;采用挤压成型的铝合金型材制作标志底板时,型材宽度一般不小于 30cm;使用薄钢板制作标志底板时,其厚度不宜小于 1.0mm,允许偏差应执行《冷轧钢板和钢带的尺寸、外形、重量及允许偏差》(GB/T 708);采用合成树脂类板材制作标志底板时,其厚度不宜小于 3.0mm,允许偏差应符合相关标准规定。

(3)色度性能

目前,交通标志板面通常使用反光膜及黑色字膜制作。反光膜是利用逆反射原理预制成形以便使用的一种薄膜,分为玻璃珠型和微棱型。交通标志因使用反光膜而具有逆反射性能,因此,不管白天或黑夜均应有良好的视认性,尤其在晚上仍能具有与白天一样的可见性和醒目度。

反光膜的颜色主要包括表面色(昼间色)和逆反射色(夜间色),黑色字膜只有表面色。表面色为反光膜在白天使用时的颜色,即昼间色。目前国家标准中规定的安全色和视觉信号表面色均属于表面色。逆反射色为具备逆反射特性的反光膜在夜间使用时所显现的颜色,即夜间色。

目前交通标志用反光膜有白色、黄色、红色、绿色、蓝色、棕色和荧光色等多种颜色,各种颜色表面色的色品坐标和亮度因数应在表 15-4 规定的范围内,色品图见图 15-16。黑色字膜表面色应在表 15-5 规定的范围内。各种颜色逆反射色的色品坐标应在表 15-6 规定的范围内,色品图见图 15-17。可以看出,在表 15-4 中除白色亮度因数规定了下限值外,其他颜色亮度因数均为一个范围值。例如,绿色的亮度因数范围是 0.03 ~0.10 之间,若低于 0.03,绿色看起来就发暗、发深,若制成标志板,它的逆反射系数相对较低,在夜间的视认性就差;若大于 0.10,绿色看起来色浅,若做成标志板,它的逆反射系数虽然高了,但在白天的视觉效果差,看起来不醒目。在检测过程中发现除个别颜色外,目前国内销售使用的反光膜色度性能基本符合要求。而存在问题较多的是丝网印刷后的标志板。一方面在印制之初色度性能已不合格，出现明显色偏；另一方面在标志板使用一段时间后，出现褪色、颜色不正等现象。

表 15-4　反光膜表面色

颜色	色品坐标（标准照明体 D_{65}，几何条件 45°a:0°，2°视场角）								亮度因数	
	1		2		3		4		无金属镀层	有金属镀层
	x	y	x	y	x	y	x	y		
白	0.350	0.360	0.305	0.315	0.295	0.325	0.340	0.370	≥0.27	≥0.15
黄	0.545	0.454	0.494	0.426	0.444	0.476	0.481	0.518	0.15～0.45	0.12～0.30
橙	0.558	0.352	0.636	0.364	0.570	0.429	0.506	0.404	0.10～0.30	0.07～0.25
红	0.735	0.265	0.681	0.239	0.579	0.341	0.655	0.345	0.02～0.15	0.02～0.11
绿	0.201	0.776	0.285	0.441	0.170	0.364	0.026	0.399	0.03～0.12	0.02～0.11
蓝	0.049	0.125	0.172	0.198	0.210	0.160	0.137	0.038	0.01～0.10	0.01～0.10
棕	0.430	0.340	0.610	0.390	0.550	0.450	0.430	0.390	0.01～0.09	0.01～0.09
灰	0.305	0.315	0.335	0.345	0.325	0.355	0.295	0.325	0.12～0.18	—
荧光黄绿	0.387	0.610	0.369	0.546	0.428	0.496	0.460	0.540	≥0.60	—
荧光黄	0.479	0.520	0.446	0.483	0.512	0.421	0.557	0.442	≥0.40	—
荧光橙	0.583	0.416	0.535	0.400	0.595	0.351	0.645	0.355	≥0.20	—

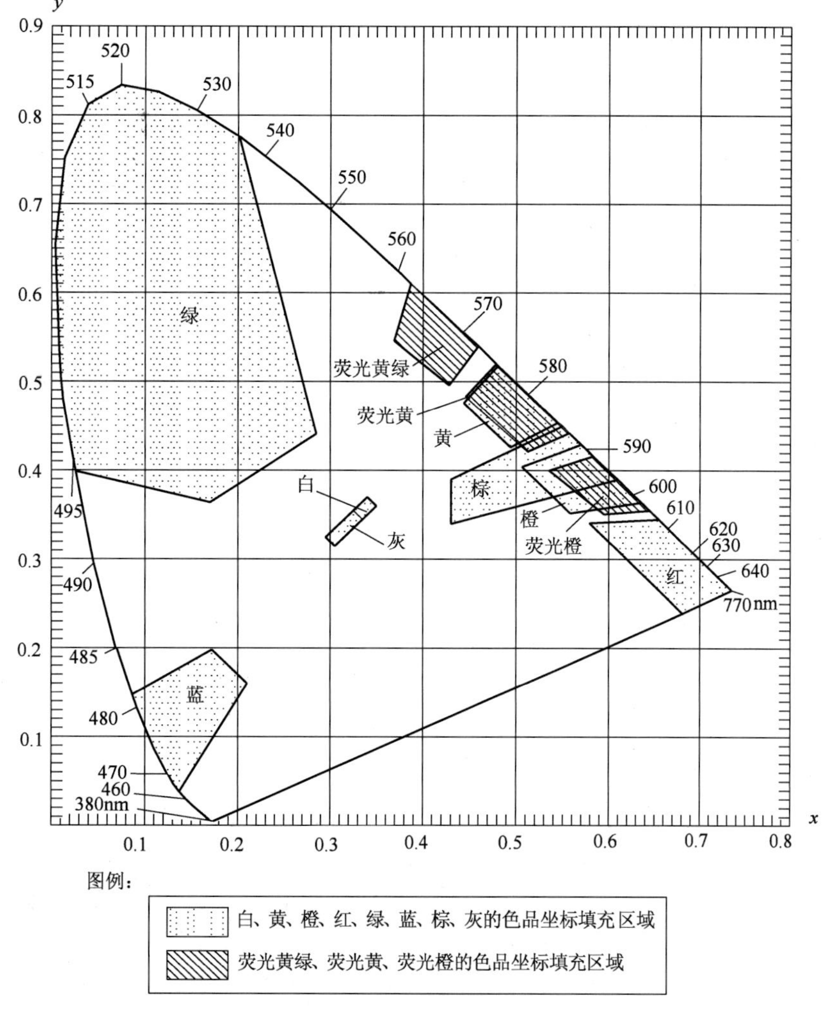

图 15-16　反光膜各种颜色表面色色品图

表 15-5 黑色字膜表面色

颜色	色品坐标光源为标准照明体 D_{65},观测条件为 45/0								亮度因数
	1		2		3		4		
	x	y	x	y	x	y	x	y	
黑	0.385	0.355	0.300	0.270	0.260	0.310	0.345	0.395	≤0.03

表 15-6 反光膜逆反射色

颜色	色品坐标(标准照明体 A,2°视场角)							
	1		2		3		4	
	x	y	x	y	x	y	x	y
黄	0.513	0.487	0.500	0.470	0.545	0.425	0.572	0.425
橙	0.595	0.405	0.565	0.405	0.613	0.355	0.643	0.355
红	0.650	0.348	0.620	0.348	0.712	0.255	0.735	0.265
绿	0.007	0.570	0.200	0.500	0.322	0.590	0.193	0.782
蓝	0.033	0.370	0.180	0.370	0.230	0.240	0.091	0.133
棕	0.595	0.405	0.540	0.405	0.570	0.365	0.643	0.355
荧光黄绿	0.480	0.520	0.473	0.490	0.523	0.440	0.550	0.449
荧光黄	0.554	0.445	0.526	0.437	0.569	0.394	0.610	0.390
荧光橙	0.625	0.375	0.589	0.376	0.636	0.330	0.669	0.331

注:对白色和灰色的夜间色不做要求。

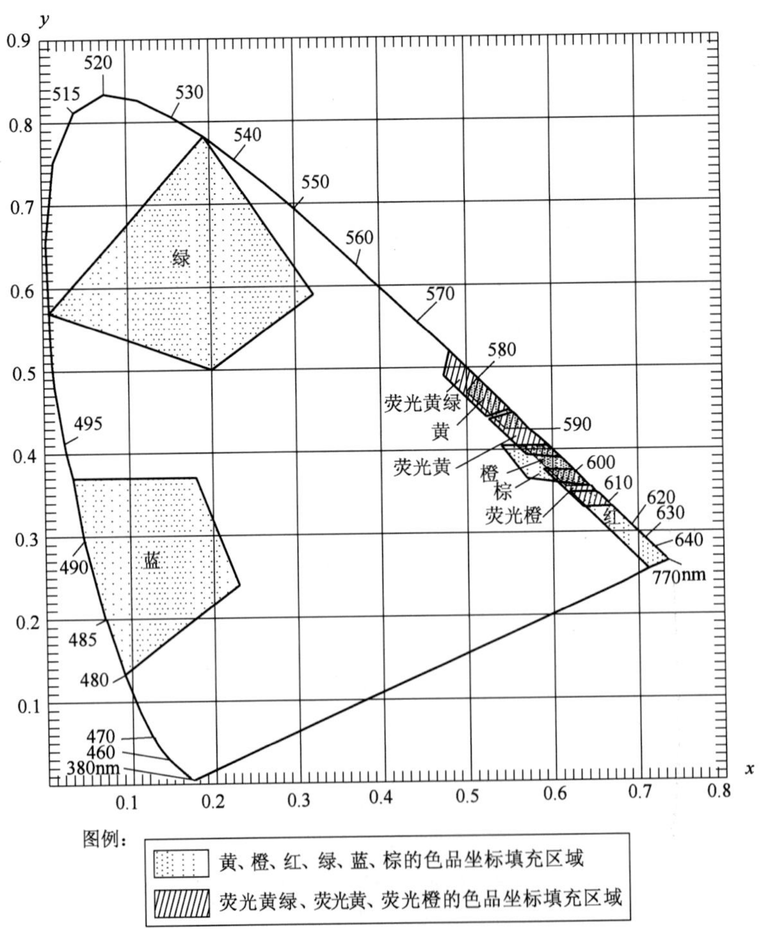

图 15-17 反光膜各种颜色逆反射色色品图

《交通控制用反光膜》(ASTM D4956-19)里加入了荧光粉色反光膜,这种颜色主要用于城市交通的警示管理。荧光粉色反光膜的表面色,在表 15-7 所规定的范围内。

表 15-7　荧光反光膜表面色(标准照明体 D_{65},照明观测条件 45/0,视场角 2°)

颜色	色品坐标										亮度因数
	1		2		3		4		5		
	x	y	x	y	x	y	x	y	x	y	
荧光粉	0.600	0.340	0.450	0.332	0.430	0.275	0.536	0.230	0.644	0.290	≥0.25

(4)光度性能

光度性能是反光膜逆反射性能的主要度量指标,也是反光标志夜间视认性好坏的关键因素。反光膜的光度性能以逆反射系数来表示。

现行《道路交通反光膜》(GB/T 18833—2012)中,依据光度性能、结构和用途,分为以下 7 种类型,见表 15-8。

表 15-8　反光膜类别结构

反光膜类别	Ⅰ类	Ⅱ类	Ⅲ类	Ⅳ类	Ⅴ类	Ⅵ类	Ⅶ类
俗称	工程级	超工程级	高强级	超强级	大角度反光膜	金属镀层反光膜	柔性反光材料
结构	玻璃珠透镜埋入型	玻璃珠透镜埋入型	玻璃珠密封胶囊型	微棱镜型	微棱镜型	微棱镜型	微棱镜型
使用年限	七年	十年	十年	十年	十年	三年	三年

注:各类反光膜使用寿命为制造商一般承诺的期限,实际使用寿命与其材质和用途有关。如荧光反光膜以及用于临时性交通标志和作业区设施的反光膜,使用寿命一般为三年。

反光膜的逆反射系数值不应低于表 15-9 ~ 表 15-15 给出的相应级别的规定。

表 15-9　Ⅰ 类 反 光 膜

观测角	入射角	最小逆反射系数 RA($cd \cdot lx^{-1} \cdot m^{-2}$)							
		白色	黄色	橙色	红色	绿色	蓝色	棕色	灰色
0.2°	-4°	70	50	25	14	9.0	4.0	1.0	42
	15°	50	35	16	11	7.0	3.0	0.6	30
	30°	30	22	7.0	6.0	3.5	1.7	0.3	18
0.5°	-4°	30	25	13	7.5	4.5	2.0	0.3	18
	15°	23	19	8.5	5.3	3.4	1.4	0.2	14
	30°	15	13	4.0	3.0	2.2	0.8	0.2	9.0
1°	-4°	5.0	3.0	1.8	2.0	1.0	0.6	0.2	3.0
	15°	3.0	2.0	1.1	1.0	0.8	0.3	0.2	2.1
	30°	2.0	1.5	0.7	0.6	0.4	0.2	0.1	1.2

表 15-10　Ⅱ 类 反 光 膜

观测角	入射角	最小逆反射系数 RA($cd \cdot lx^{-1} \cdot m^{-2}$)						
		白色	黄色	橙色	红色	绿色	蓝色	棕色
0.2°	-4°	140	100	60	30	30	10	5.0
	15°	110	80	41	22	22	8.0	3.5
	30°	60	36	22	12	12	4.0	2.0
0.5°	-4°	50	33	20	10	9.0	3.0	2.0
	15°	39	27	16	8.0	7.5	2.5	1.5
	30°	28	20	12	6.0	6.0	2.0	1.0

续上表

观测角	入射角	最小逆反射系数 RA(cd·lx^{-1}·m^{-2})						
		白色	黄色	橙色	红色	绿色	蓝色	棕色
1°	-4°	11	6.0	3.9	2.5	2.5	0.8	0.6
	15°	9.0	4.0	3.2	1.6	1.6	0.6	0.4
	30°	5.0	2.0	1.8	0.8	0.8	0.3	0.2

表 15-11　Ⅲ 类 反 光 膜

观测角	入射角	最小逆反射系数 RA(cd·lx^{-1}·m^{-2})										
		白色	黄色	橙色	红色	绿色	蓝色	棕色	灰色	荧光黄绿	荧光黄	荧光橙
0.2°	-4°	250	175	100	50	45	20	12	125	200	150	75
	15°	210	145	84	42	35	16	10	100	170	125	65
	30°	175	120	70	35	25	11	8.5	75	140	105	50
0.5°	-4°	95	66	38	19	15	7.5	5.0	48	75	55	30
	15°	90	62	36	18	13	6.3	4.3	40	70	55	25
	30°	70	50	28	14	10	5.0	3.5	32	55	40	20
1°	-4°	10	7.0	4.0	3.0	3.0	1.0	0.8	5.0	8.0	6.0	3.0
	15°	10	7.0	4.5	2.0	2.0	0.7	0.6	4.8	8.0	6.0	3.0
	30°	9.0	6.0	3.0	1.0	1.0	0.4	0.3	4.5	7.0	5.0	2.0

表 15-12　Ⅳ 类 反 光 膜

观测角	入射角	最小逆反射系数 RA(cd·lx^{-1}·m^{-2})									
		白色	黄色	橙色	红色	绿色	蓝色	棕色	荧光黄绿	荧光黄	荧光橙
0.2°	-4°	360	270	145	65	50	30	18	290	220	105
	15°	265	202	106	48	38	22	13	212	160	78
	30°	170	135	68	30	25	14	8.5	135	100	50
0.5°	-4°	150	110	60	27	21	13	7.5	120	90	45
	15°	111	82	44	20	16	9.5	5.5	88	65	34
	30°	72	54	28	13	10	6.0	3.5	55	40	22
1°	-4°	35	26	12	5.2	4.0	2.0	1.0	28	22	11
	15°	28	20	9.4	4.1	3.0	1.5	0.8	22	17	8.5
	30°	20	15	6.8	3.0	2.0	1.0	0.6	16	12	6.0

表 15-13　Ⅴ 类 反 光 膜

观测角	入射角	最小逆反射系数 RA(cd·lx^{-1}·m^{-2})									
		白色	黄色	橙色	红色	绿色	蓝色	棕色	荧光黄绿	荧光黄	荧光橙
0.2°	-4°	580	435	200	87	58	26	17	460	350	175
	15°	348	261	120	52	35	16	10	276	210	105
	30°	220	165	77	33	22	10	7.0	180	130	66
0.5°	-4°	420	315	150	63	42	19	13	340	250	125
	15°	252	189	90	38	25	11	7.8	204	150	75
	30°	150	110	53	23	15	7.0	5.0	120	90	45

续上表

观测角	入射角	最小逆反射系数 RA(cd·lx⁻¹·m⁻²)									
		白色	黄色	橙色	红色	绿色	蓝色	棕色	荧光黄绿	荧光黄	荧光橙
1°	-4°	120	90	42	18	12	5.0	4.0	96	72	36
	15°	72	54	25	11	7.2	3.0	2.4	58	43	22
	30°	45	34	16	7.0	5.0	2.0	1.0	36	27	14

表 15-14　Ⅵ类反光膜

观测角	入射角	最小逆反射系数 RA(cd·lx⁻¹·m⁻²)					
		白色	黄色	橙色	红色	绿色	蓝色
0.2°	-4°	700	470	280	120	120	56
	15°	550	370	220	96	96	44
	30°	400	270	160	72	72	32
0.5°	-4°	160	110	64	28	28	13
	15°	118	81	47	21	21	10
	30°	75	51	30	13	13	6.0

表 15-15　Ⅶ类反光膜

观测角	入射角	最小逆反射系数 RA(cd·lx⁻¹·m⁻²)								
		白色	黄色	橙色	红色	绿色	蓝色	荧光黄绿	荧光黄	荧光橙
0.2°	-4°	500	350	125	70	60	45	400	300	200
	15°	350	245	88	49	42	32	280	210	140
	30°	200	140	50	28	24	18	160	120	80
0.5°	-4°	225	160	56	32	27	20	180	135	90
	15°	155	110	38	22	19	14	124	93	62
	30°	85	60	21	12	10	7.7	68	51	34

美国标准《交通控制用反光膜》(ASTM D4956-19)中将反光膜分为 11 类，其中第Ⅶ、第Ⅹ已合并到第Ⅷ,实际为 9 类。类别较为详尽，而且随着新产品的出现不断添加新的类别，并根据技术出现的时间进行顺序排列，为材料和技术发展提供了较大的空间，有利于技术的推广和应用水平的提高。但因没有按照产品结构和光度性能高低进行类别和级别划分，导致在产品应用和监管方面存在缺陷。

欧共体标准《固定、立式道路交通标志—反光标志面材料性能要求和试验方法》(EN 12899—1-1:2017)中，按照反光膜的产品结构分为玻璃珠型和微棱镜型，按照计算逆反射系数值[RA,C(α,β)]分为三类，每一类又分为两个子类，这是按照光度性能差异进行材料分级，但不同结构的产品没有建立性能关联，在使用中无法进行横向比较。

澳大利亚/新西兰标准《交通控制用逆反射材料和反射器　第 1 部分：反光膜》(AS/NZS 1906.1:2017)中，依据光度性能及耐久性将反光膜分为 7 级，3 个部分，100 级～1100 级 4 个等级为标志使用类，NP090 和 NP090 (EMB)为机动车号牌使用类，100T 级～1100T 级为临时标志使用类，性能决定用途，用户据此选择相应级别后，选择自己适用的产品。同时为新技术、新材料的发展预留了相应的空间，不会因标准的原因而对新产品进行限制。

日本 2019 年版《道路标志反光膜》标准中，将反光膜分为 5 个等级，即工程级、高强级、棱镜工程级、棱镜高强级、广角型棱镜级，最高等级为广角型棱镜级。该标准规定的玻璃珠型与棱镜型的观测角入射角要求不同，为确保交通标志更好的视认性，棱镜型反光膜的观测角从玻璃珠型要求的 2°变更为

1°,等同于《道路交通反光膜》(GB/T 18833—2012)标准中的Ⅴ类反光膜,对在 1°大观测角条件下的光度性能提出了较高要求。

(5)反光膜及黑膜对标志底板的附着性能

反光膜及黑膜在 5min 后的剥离长度不应大于 20mm。

(6)标志底板与滑槽的连接

传统工艺一般采用铆接方式,目前也有焊接方式。铆接方式使用沉头铆钉连接。铆接间距应均匀一致,宜为 150mm ±50mm,且滑槽端部应加强铆接以分散应力。铆钉形状应符合《沉头铆钉》(GB/T 869)的要求,直径不宜小于 4mm,并与标志底板及滑槽相匹配;焊接方式标志底板与滑槽的焊接工艺质量应稳定可靠,无漏焊、虚焊等现象,焊接强度应均匀,焊接强度值不低于同类材料采用铆钉连接时的强度要求;其他工艺连接方法应经证实安全可行,并提供相应的检测报告方可使用。

(7)抗冲击性能

抗冲击试验后,以冲击点为圆心,半径 6mm 区域以外,标志面材料不应出现裂缝、层间脱离或其他破坏。

(8)耐高低温性能

经 72h 低温试验后,标志面材料不应有裂缝、剥落、碎裂或翘曲的痕迹。

经 24h 高温试验后,标志面材料不应有裂缝、剥落、碎裂或翘曲的痕迹。

(9)耐盐雾腐蚀性能

经每周期 22h,共 5 个周期的耐盐雾试验后,标志面材料不应有变色或被侵蚀的痕迹。

(10)耐候性能

耐候性试验完成后,标志面材料应无明显的裂缝、刻痕、凹陷、气泡、侵蚀、剥离、粉化或变形,从任何一边不应出现超过 2mm 的收缩,也不应出现从标志底板边缘的脱胶现象,色品坐标应在表 15-1[1]反光膜表面色各角点的色品坐标规定范围内,逆反射系数值不应低于老化前标准值的 80%。

2)试验、检测方法

道路交通标志用反光膜对环境温湿度的要求较高,因此在进行有关反光膜性能的测试前需在温度为 23℃ ±2℃,相对湿度 50% ±10% 的环境中放置 24h 再进行检测。测试时应在温度 23℃ ±2℃,相对湿度 50% ±10% 的环境中进行。

(1)产品标志、原材料性能

依据《道路交通标志板及支撑件》(GB/T 23827)标准,共有 12 项技术要求。其中产品标志、原材料性能是通用技术要求,产品标志需要查验交通标志产品是否标记有《道路交通标志板及支撑件》(GB/T 23827)所规定的有关厂家信息,是不是三无产品。原材料性能查验标志底板、反光膜、滑槽等是否有材质证明检验单、是否具有检测机构出具的检测报告等。

(2)外观质量

外观质量包括总体要求、板面缺陷、标志面反光膜的拼接、板面不平度、外形尺寸偏差等五项。其中总体要求、板面缺陷、标志面反光膜的拼接等三项依据《道路交通标志板及支撑件》(GB/T 23827)的有关规定目测检查;板面不平度采用钢直尺和塞尺测量,将标志板自由置于平台上,待其平衡稳定时,测量板与平台的最大间隙,即不平度值,测量尺寸不允许修约;外形尺寸偏差用精度为 1mm 的钢卷尺或相应精度的工具测量,尺寸测量值不允许修约。在测量时应注意量取标志面反光膜的粘贴部分,正确的测量方法是量取反光膜的外边缘,而不是标志底板的外边缘。在测量三角形标志外形尺寸时,量取的是三条边延长线交点的长度,直接量取冲角后的三角形标志边长是错误的。

(3)标志底板厚度

随机抽取没有加工的标志底板原材料测量厚度。以铝合金底板为例,用精度为 0.01mm 的千分尺分别测量三个点,取范围值为测量结果,测量值不允许修约。依据《一般工业用铝及铝合金板、带材第 3 部分:尺寸偏差》(GB/T 3880.3)的要求,测量铝合金板材厚度应在长边距板角不小于 115mm,距板材边缘不小于 25mm 的范围内进行测量。

(4)色度性能

在实际检测中,标志板生产厂家应参考生产厂商的使用说明及使用目的,依照标志板的生产工艺,反光膜及黑膜粘贴到标志底板上,制成 150mm × 150mm 的标志小样,作为质检部门实验室检测试样。包装及运输应严格按照标志板的有关规定。

表面色检测仪器可选用分光测色仪、色彩色差计等测色仪器,采用标准照明体 D_{65},视场角 2°及45/0的照明观测条件,依据《道路交通反光膜》(GB/T 18833)规定的方法直接测得各颜色的色品坐标。荧光反光膜色度性能检测方法可参见《荧光反光膜和荧光反光标记材料昼向色度性能测试方法》(JT/T 693)规定的方法测试。

逆反射色的检测仪器可选用亮度计,采用《标准照明和几何条件》(GB/T 3978)规定的 CIE 标准照明体 A 光源,入射角 0 °、观测角 0. 2 °的照明观测条件,按《夜间条件下逆反射体色度性能测试方法》(JT/T 692)规定的方法,测得各种反光膜夜间色的色品坐标。

(5)光度性能

试样制备同色度性能的准备过程。测试逆反射系数有绝对测量法和相对测量法,绝对测量法测试仪器可选用逆反射测试系统,整个测试于暗室中进行,采用标准照明体 A 光源,光探测器前表面至试样表面距离一般不小于 15m,它的测量范围为观测角 0° ~2°,入射角 0° ~ ±90°任何角度的逆反射数值。光度性能测量装置示意图见图 15-18。

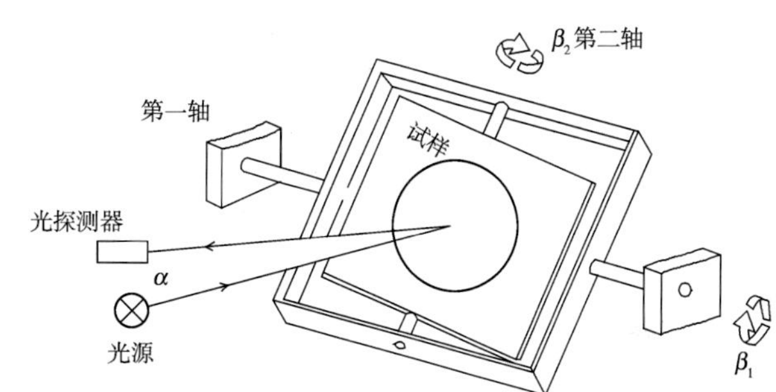

图 15-18　逆反射性能测量装置示意图

绝对测量法测量过程:

①把光探测器放在试样的参考中心位置上,正对着光源,测量出垂直于试样表面的照度值 $E_{\perp}$。

②把上述光探测器置于图 12 的位置上,移动光探测器使观测角为 0. 2°;转动试样,使光的入射角 β_1(β_2 = 0)分别为 −4°、15°或 30°,测出在每个入射角时,试样反射光所产生的照度值 E_r。

③重复上述测试过程,使观测角分别为 0. 33°和 1°,入射角 β_1 分别为 −4°、15°或 30°等各种几何条件,测出试样反射光所产生的照度值 E_r。

④用下列公式计算出在不同观测角和入射角条件下的发光强度系数 R 和逆反射系数 R':

$$R = \frac{I}{E_{\perp}} = \frac{E_r \cdot d^2}{E_{\perp}}$$

$$R' = \frac{I}{E_{\perp} \cdot A} = \frac{E_r \cdot d^2}{E_{\perp} \cdot A}$$

式中:R——试样的发光强度系数($cd \cdot lx^{-1}$);

R'——试样的逆反射系数($cd \cdot lx^{-1} \cdot m^{-2}$);

I——试样的发光强度(cd);

A——试样的表面面积(m^2);

E——试样在参考中心上的垂直照度(lx);

E_r——光探测器在不同观测角和入射角条件下测得反射光的照度(lx);

d——试样参考中心与光探测器孔径表面的距离(m)。

相对测量法测试仪器可选用逆反射系数测量仪和一组标准样板,每次测量前要对仪器进行零点校准,然后使用和样品相同结构、相同颜色的标准样板进行标定,最后进行测量。标准样板应定期到计量检定单位检定。并以绝对测量法为仲裁依据。

欧共体标准《固定、立式道路交通标志——反光标志面材料性能要求和试验方法》(EN 12899-1-1:2017)通过 RA,C(α,β)值来描述反光标志面材料的反光特性,RA,C(α,β)是通过在不同旋转角 ε(−45°、0°、45°)及不同方位角 ω_s(−90°、0°、90°)下逆反射系数值 RA 计算而来的,这个值考虑了反光膜的旋转均匀性。

日本 2019 年版《道路标志反光膜》标准中对于棱镜型反光膜的方向性也进行了考虑,检测时要求测量旋转角 ε 在 0°方向和 90°方向的值,取平均值为反光膜的逆反射系数值。

(6)反光膜对标志底板的附着性能

裁取 200mm×25mm 的反光膜,将一端撕去 100mm 防粘纸的反光膜贴在清洁后的铝板中央,制成附着性能试样。试样示意如图 15-19 所示。试样制备好后,需在温度为 23℃ ±2℃,相对湿度 50% ±10% 的环境中放置 24h 再进行检测。

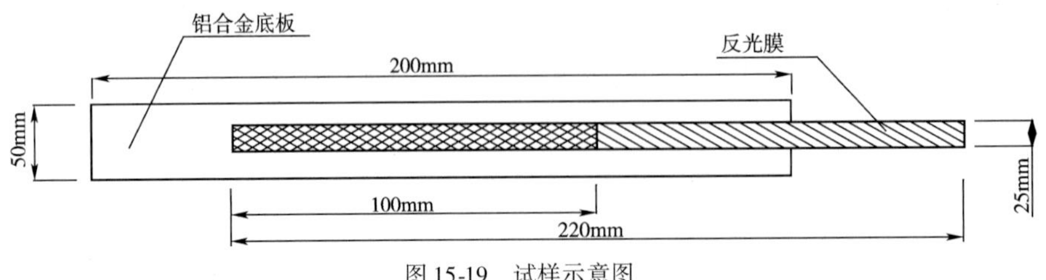

图 15-19　试样示意图

测试时试样反光膜面朝下放置于反光膜附着性能测试仪支架顶部,如图 15-20 所示。将 0.8kg 吊锤悬挂于反光膜的自由端上,用秒表控制测试时间,5min 后用精度为 1mm 钢板尺测量反光膜剥离的长度 L。

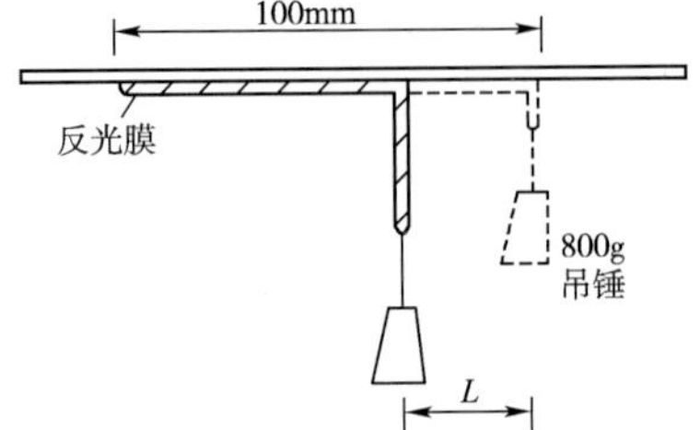

图 15-20　反光膜附着性能试验示意图

(7)标志底板与滑槽的连接

标志底板与滑槽的连接可采用铆接、焊接或其他经证实安全可靠的工艺方法。焊接质量应稳定可靠,焊接强度值应不低于同类材料采用铆钉连接时的强度要求。检测焊接强度值使用电子万能试验机,分别检测焊点的抗拉强度、抗剪负荷等。其点焊接头抗剪负荷值可以比照《铆钉用铝及铝合金线材》(GB/T 3196)中相应的铆钉强度值。点焊接头抗拉强度值可以比照《一般工业用铝及铝合金板、带材 第 2 部分:力学性能》(GB/T 3880.2)中相应的铝合金底板强度值。

(8)抗冲击性能

测试仪器为反光膜耐冲击测定仪。反光膜及黑膜粘贴到标志底板上,制成 150mm×150mm 的标志小样,把试样的反光面朝上,水平放置在厚度为 20mm 的仪器底座上。在试样上方 250mm 处,用一个质量为 0.45kg 的实心钢球自由落下,撞击试样中心部位,按标准的要求用四倍放大镜检查被撞击表面的变化。

(9)耐高低温性能

测试仪器为高低温湿热试验箱。反光膜及黑膜粘贴到标志底板上,制成 150mm×150mm 的标志小样,将试样放入试验箱内,开动冷源,将箱内温度逐渐降至 -40℃ ~3℃,使试样在该温度下保持 72h,关闭电源,使试验箱自然升至室温,约 12h 后,再把试验箱升温至 70℃ ±3℃,并在该温度下保持 24h,最后关闭电源,使试验箱自然冷却至室温,取出试样,在标准测试条件下放置 2h 后,检查其表面的变化。

(10)耐盐雾腐蚀性能

测试仪器为气流式盐雾腐蚀试验箱。按《人造气氛腐蚀试验盐雾试验》(GB/T 10125),把化学纯的氯化钠溶于蒸馏水,配制成质量比 5% ±0.1% 的盐溶液。使该盐溶液在盐雾箱内连续雾化,箱内温度保持 35℃ ±2℃。反光膜及黑膜粘贴到标志底板上,制成 150mm×150mm 的标志小样,将试样放入盐雾箱内,其受试面与垂直方向成 30°角,相邻两样板保持一定的间隙,行间距不少于 75mm。试样在盐雾箱内连续暴露 120h 后取出,用流动水轻轻洗掉试样表面的盐沉积物,再用蒸馏水漂洗,然后置于标准环境条件下恢复 2h,对试样进行全面检查。

(11)耐候性能

耐候性能分为自然暴露试验和人工气候加速老化试验。耐候性能试验时间见表 15-16。

表 15-16　耐候性能试验时间

反光膜级别	自然暴露试验(月)	人工加速老化试验(h)
Ⅰ类	24	1200
Ⅱ类	36	1800
Ⅲ类	36	1800
Ⅳ类	36	1800
Ⅴ类	36	1800
Ⅵ类	12	600
Ⅶ类	12	600
各类反光膜仅用于临时性交通标志和作业设施时,自然暴露试验时间一般为 12 个月,人工加速老化试验时间一般为 600h		

自然暴露试验按《塑料　太阳辐射暴露试验方法》(GB/T 3681),反光膜及黑膜粘贴到标志底板上,制成 150mm × 250mm 的试样。面朝正南方,与水平面呈当地的纬度角或 45° ± 1°进行暴晒。试样开始暴晒后,每一个月作一次表面检查,半年后,每三个月检查一次。反光膜达到《道路交通反光膜》(GB/T 18833)规定的暴晒期限,合成树脂类板材的标志底板暴晒两年后,作最终检查,并进行有关性能测试。试样表面不应被其他物体遮挡阳光,不得积水。暴露地点的选择尽可能近似实际使用环境或代表某一气候类型最严酷的地方。以自然暴露试验为仲裁试验。

人工气候加速老化试验测试设备为氙灯老化试验箱,反光膜及黑膜粘贴到标志底板上,制成 65mm × 142mm 的试样。按《塑料　实验室光源暴露试验方法》(GB/T 16422.2),将试样放入试验箱,反光膜达到《道路交通反光膜》(GB/T 18833)规定的试验时间,合成树脂类板材经过 1200h 试验后,用清水彻底冲洗,用软布擦干后进行各种检查及有关性能测试。

15.2.2　支撑件检测

1)技术要求

(1)结构尺寸

①标志立柱的形状和尺寸应符合设计要求,无缝钢管的外径、厚度、弯曲度应符合《结构用无缝钢管》(GB/T 8162)的要求,直缝电焊钢管的外径、厚度、椭圆度应符合《直缝电焊钢管》(GB/T 13793)的要求。

②标志立柱为钢构件时,顶部应加盖柱帽,柱帽结构尺寸应符合设计要求。

③标志板与立柱的连接件结构尺寸应符合设计要求。

(2)力学性能

立柱、横梁、法兰盘、抱箍、紧固件等支撑件的力学性能,应符合《结构用无缝钢管》(GB/T 8162)、《直缝电焊钢管》(GB/T 13793)、《碳素结构钢》(GB/T 700)及有关设计要求。

(3)钢构件防腐层质量

采用钢构件制作的支撑件,其防腐层质量应符合《公路交通工程钢构件防腐技术条件》(GB/T 18226)的要求。

2)支撑件试验、检测方法

(1)结构尺寸

结构组成采用目测,外形尺寸、外径、壁厚等应采用精度和量程满足要求的直尺、卷尺、壁厚千分尺等工具测量。

(2)力学性能

立柱、横梁、法兰盘、抱箍、紧固件等支撑件的力学性能按《金属材料　拉伸试验　第 1 部分:室温试验方法》(GB/T 228.1)、《塑料　拉伸性能的测定　第 1 部分:总则》(GB/T 1040.1)、《纤维增强塑料性能试验方法总则》(GB/T 1446)、《焊接接头拉伸试验方法》(GB/T 2651)、《铝及铝合金铆钉用线材和棒材剪切与铆接试验方法》(GB/T 3250)、《钢结构用高强度大六角尖螺栓、大六角螺母、垫圈技术条件》(GB/T 1231)等有关标准的要求进行测试。

(3)钢构件防腐层质量

立柱、横梁、法兰盘、抱箍、紧固件等为钢构件时,其防腐层质量按《公路交通工程钢构件防腐技术条件》(GB/T 18226)的方法进行测试。

标志金属构件主要包括立柱、横梁、法兰盘和紧固件等。金属构件涂层质量直接关系到标志的使用寿命及安全性,因此此项的检测十分关键。

第 16 章　交通标志施工及质量验收

交通标志的施工质量关系到标志设计意图的体现,施工企业在取得企业施工合格证后方有资格进行交通标志的投标与施工。施工企业对现场踏勘中发现的与设计文件不一致之处,应及时向建设单位反映,在正式施工前予以解决。施工企业应对运抵施工现场的交通标志板、立柱等构件进行验收确认。

16.1　施工

施工企业在与建设单位签订合同,确定承担交通标志施工任务后,应遵循以下程序进行准备并施工:施工准备工作;施工组织设计,确定工序、制定施工工艺;组织工人进驻施工场地,完成土建施工以及设备安装调试工作,施工过程中严格按照施工质量管理规定进行;施工质量验收。应积极推广使用成熟的并经主管部门批准的新技术、新工艺、新材料、新设备;应采取措施降低或减少环境污染,保护环境。

16.1.1　施工准备工作

(1)施工准备工作按其性质和内容通常包括技术准备、物资准备、劳动准备、施工现场准备和施工场外准备。

(2)技术准备是施工准备工作的核心。

由于任何技术的差错或隐患都可能引起人身安全和质量事故,造成生命、财产和经济的巨大损失,因此必须认真地做好技术准备工作。具体内容如下:

①熟悉相关技术标准及施工技术规范。

②熟悉、审查施工图纸、工程地质、气象资料、地下管线和建筑物竣工图等技术资料。在施工过程中,不允许对地下设施造成任何损坏。

③参加设计交底会之前,施工单位应该仔细阅读图纸,进行现场踏勘、施工测量,将有疑问的地方标出,以便与设计人员沟通。在交底会上,施工单位应与设计人员就图纸中不清楚或有疑问的地方进行讨论,确保全面了解图纸。在交通标志工程施工的过程中,如果发现施工条件与设计图纸的条件不符,或者发现图纸中仍然有错误,或者因为材料的规格、质量不能满足设计要求,或者因为施工单位提出了合理化建议,需要对施工图纸进行及时修订时,应遵循技术核定和设计变更的签证制度,进行图纸的施工现场签证。

④施工安装前,应编制出详细的标志施工组织设计,以便协调各方关系,合理组织力量,保证施工质量和进度。

(3)物资准备工作主要包括施工材料的准备、构(配)件和制品的加工准备和施工安装机具的准备。

①所有进场材料应具有产品合格证书,并进行抽样检查。

②所有材料应妥善储存和堆放。

③安装调试施工机具及标定试验机具。

(4)劳动组织准备是要建立一个精干、高效的施工队伍,这是工程施工顺利进行的先决条件。

(5)当材料的加工、订货和施工场内外的准备工作完成之后,应该及时填写开工申请报告,并报上级主管部门批准。

16.1.2　施工过程及质量控制

人员施工过程中,应该严格按照施工工序施工,同时严把质量关,制定完备的质量管理体制与监督手段,确保施工工程质量。交通标志施工过程如图 16-1 所示。

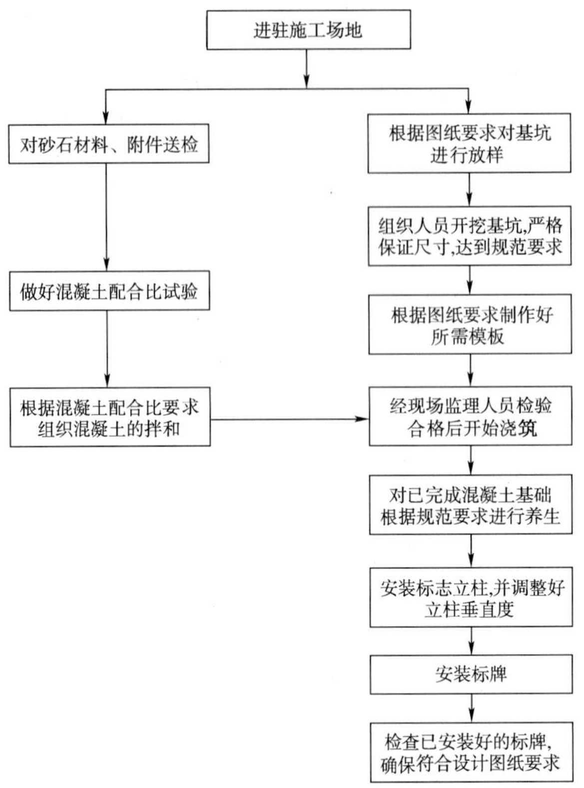

图 16-1　交通标志施工工艺流程图

1)标志定位

(1)标志应按设计桩号定位。设置标志的目的是维护公路交通安全和畅通,为公路使用者提供明确的交通信息服务,所以标志桩号不能随便更改。在规定位置设置有困难时,可以在不影响标志视认性的情况下进行适当调整。

(2)依照设计图纸要求,准确找到标志安放桩号位置,用皮尺、线等工具将所需开挖的基坑按尺寸大小在现场进行定位放样。

(3)标志定位时应保证各类交通标志的横向位置任何部分均不应侵入公路建筑限界以内,其中柱式板的内边缘、悬臂式标志和门架式标志的立柱内边缘距土路肩边缘线的距离不应小于 25cm。设置于高速公路、一级公路中央分隔带上的交通标志板或立柱与中央分隔带边缘线的间距每侧均应大于现行《公路工程技术标准》(JTG B01)中 C 值的规定。设置于桥梁上交通标志如受空间条件的限制,其立柱可以落在混凝土护栏上,但应进行必要的防护。

2)开挖基坑

(1)对放样好的基坑组织人工开挖,施工单位应在基础开挖之前通知监理工程师,以便查看或检测标志位置和地面高程,基坑应挖到图纸所示的大小和深度。在开挖的基坑未经监理工程师批准之前,不得浇筑混凝土。

(2)所有从基坑中挖出的剩余材料,如果监理工程师认为适用,则可铺于路堤中或按指示的其他方法处理。必要时,基坑的各侧面应予以可靠的支撑。

(3)对过深基坑做好必要的安全防护措施。

3)交通标志基础浇筑

交通标志基础是确保交通标志稳定性的最关键部分,也是一个综合性的工程,它包括地脚螺栓的施工、上下法兰盘的施工与安装、基础中钢筋施工,以及基础混凝土浇筑等。

(1)基础浇筑所需的粗集料、细集料及水泥等材料须进行物理性能试验,试验结果应达到设计规范的要求。

(2)根据混凝土基础设计强度要求,所需浇筑混凝土应做好试验配合比,其配合比例须满足设计要求。

(3)依照设计要求以及现场基坑地形情况,根据《公路桥涵施工技术规范》(JTG/T 3650)中规定的要求制作基础模板。安装模板前,需报请监理工程师批准。模板内应无污物、砂浆以及其他杂质。基础制作完成后需对模板进行拆除,因此在模板使用前应对其内表面涂以脱模剂或涂抹其他相同功能的代用品,以便于脱膜。脱模剂及代用品不能使混凝土变色。

(4)按图纸的设计要求,将所需预埋钢筋捆扎好。

(5)将法兰盘的外露螺栓进行包裹处理,以防施工过程中将其螺丝损坏。

(6)通过拉线、量尺等方法,按照设计要求将法兰盘位置固定。

(7)混凝土经过搅拌机均匀搅拌后,需在 45min 内浇入基坑,混凝土应贴靠着开挖面浇筑,每个底座顶部 1.0m 高的一段要立模,并用振捣器振捣以消除空隙。振捣持续时间,应以拌合物停止下沉、不再冒气泡并泛出水泥砂浆为准,不宜过振。振捣过程中应随时检查模板,如有下沉、变形或松动,应及时纠正。基础表面用手工抹平,所有外露边缘要用修边器修圆,确保外观平整,无蜂窝麻面。

(8)混凝土基础中的地脚螺栓和基底法兰盘位置应准确,并经监理工程师校检后,才能浇筑混凝土。在混凝土施工完毕后,应采用适当的方法保护地脚螺栓免于锈蚀、人为破坏或预埋位置扰动。

(9)浇筑好的混凝土基础待表面收浆后应进行养护处理。

①采用湿法养护时,应符合下列规定:

a. 混凝土基础脱模后,宜用草袋、草帘等覆盖其表面,均匀洒水,经常保持潮湿状态。

b. 昼夜温差大的地区,为防止混凝土基础产生收缩裂缝,应在混凝土浇筑 3d 内采取一定的保温措施。

c. 养护时间宜根据混凝土强度增强情况决定,一般宜为 14 ~ 21d。

②采用塑料薄膜养护时,应符合下列规定:

a. 因薄膜溶剂具有易燃或有毒等特性,使用、储运时应注意安全。

b. 塑料薄膜的配合比应严格遵照说明,必要时由试验确定。

c. 塑料薄膜施工,宜采用喷洒法。当混凝土表面不见浮水和用手指压无痕迹时,可进行喷洒,喷洒厚度宜以能形成薄膜为度。溶剂喷洒用量宜控制在 $3m^2/kg$ 左右。

d. 在高温、干燥、刮风时,在喷膜前后,应用遮阴篷加以遮盖。

e. 养护期间应保护塑料薄膜的完整。当破裂时应立即加以修补。

(10)基础的回填必须采用经监理工程师批准的能够充分压实的材料,不得用草皮土、垃圾和有机土等回填。回填一般要到结构物的拆模期完成之后进行,如果养生条件反常,应按监理工程师的指示延长时间。回填材料应分层摊铺,并用符合要求的设备压实,每层都应压实到标准要求。回填用土的含水率应严格控制。

4)标志安装

(1)根据设计图纸要求以及基础顶部高程,准确测算出立柱的长度,并逐一进行编号登记。

(2)焊接加工好的标志立柱应进行防腐处理,可进行热镀锌处理,应保证其镀锌层厚度达到设计要求,且立柱表面无流挂、滴瘤、漏镀等现象。

(3)将防腐处理好的立柱用吊车将其安装在先期浇筑好的混凝土基础上,并按规范要求调整竖直度。

(4)经检验合格的标志牌产品,其运输、储存和搬运应按相关标准规范要求进行。已粘贴反光膜的标志板面之间应以适合的衬垫材料分隔,标志板应储存在干净、干燥的地方。

(5)标志牌在装卸过程中,尽量不让贴有反光膜的一面接触较脏物品,以保证其表面整洁,如有污染,应立即用工业酒精清理干净。

(6)交通标志安装角度要求如下:

①所有交通标志都应该按照设计图中的要求定位和设置,所安装的标志应与交通流方向几乎成直

角,在曲线路段,标志的设置角度应由交通流的行进方向来确定,而不是由设置标志所在地点的道路方向来确定。

②路侧安装时,为避免标志面眩光对驾驶人的影响,标志板面的法线应与公路中心线平行或成一定角度,禁令标志和指示标志为 0° ~45°,指路标志和警告标志为 0° ~10°。

③采用悬臂、门架或附着式支撑结构时,标志的安装角度应与公路中心线垂直。在积雪地区,门架安装时标志板可前倾 0° ~10°。

(7)根据测量好的立柱间尺寸,将抱箍底座以及连接螺丝在铝槽中安放好。

(8)在安装人员做好安全防护准备工作后,将标志牌用绳索固定,利用吊车或滑轮装置将其吊至立柱安装部分,并利用水平尺保证板面的整体水平。

(9)吊装过程中需避免板面大幅度摆动,以免擦伤反光膜,同时一定注意标志特别是悬臂标志不要与电线发生干扰,以免发生事故。在紧固连接螺丝时,应注意螺丝与板面的受力均匀,不要造成板面的凹凸不平而影响反光效果。

(10)悬臂或门架安装的标志,其设置高度应满足公路建筑限界的规定。考虑到标志构件施工误差、标志门架、横梁变形下垂、路面加厚面层等因素,标志净空高度需留 20 ~50cm 的余量。在积雪地区,标志净空高度应考虑历年积雪深度及除雪方法,一般情况下,净空高度应留有压实雪层厚度的余量。建议各类交通标志板下缘距路面的高度如表 16-1 所示。

(11)标志安装完毕后,要经过监理工程师检查,以确认在白天和夜间条件下标志的外观、视认性、颜色、镜面眩光等是否符合设计图纸要求。

(12)标志安装完毕后,整理施工作业区,恢复路面整洁。

表 16-1　标志板下缘距路面的高度(cm)

标志分类		路侧柱式、附着式	悬臂式、门架式、高架附着式
主标志	警告标志	150 ~250①	应符合公路建筑限界的要求:高速公路、一、二级公路不小于 500;三、四级公路不小于 450
	禁令标志	150 ~250①	
	指示标志	150 ~250①	
	指路标志	150 ~250①	
辅助标志②		应符合公路建筑限界的要求	

注:①选择高度值时,应根据标志是否妨碍行人活动或版面信息是否被遮挡而定。具体见第 4 章。临时性标志不受此限。

②主标志的安装高度应考虑辅助标志也能满足公路建筑限界的要求。

16.1.3　施工中的注意事项

施工中应注意以下几个问题:

(1)按照图纸对交通标志基坑进行放样时,应以设计图纸为基础,结合现场环境、地形条件,灵活处理。

我国的公路特别是低等级公路往往修建较早,后来经过多次大修以及工程改造,道路路线主体设计图纸有时并不能完全准确地反映道路及路侧的实际情况,有时公路里程桩与百米桩也不够准确,在这种情况下,交通工程设计人员进行该项目的交通标志设计时,需通过实地测量与目测的方式进行交通标志设置。施工单位在进行标志放样时应该充分结合道路现场情况,将交通标志设置在不受树木、电杆等障碍物阻挡的位置,如果发现有电缆、光缆等设施或者该位置地质条件恶劣,确实无法进行交通标志的施工时应该即刻与设计人员联系,进行设计变更。

(2)基坑挖完后,在浇筑混凝土之前应该做好安全保护工作。

交通标志的基坑,特别是悬臂式、门架式等交通标志的基坑虽然没有土建设施的基础庞大,但一般深度也达到 2m 以上,如果安全防护措施不当,一旦有人不慎掉入基坑将会可能造成一定的伤害。因此,施工方在进行交通标志基坑的施工过程中和施工完成后,应切实做好周边的安全保障工作,如竖立警示牌、警示灯,并尽快进行混凝土基础的浇筑。

(3)安装交通标志牌时,注意周边电线,切实保障安全。

悬臂式、门架式交通标志往往高度都在 5m 以上,要将他们悬挂在标志横梁上要运用高空作业车等大型设备。这时就应该充分注意在施工时不要破坏到周边的电线、电缆等设施。特别是市区内的交通标志施工,由于电线多,一定要提高注意力、谨慎施工,避免发生安全事故。

(4)交通标志施工完毕后要对施工现场进行清理与打扫。

(5)施工过程中的交通安全,参见第 24 章作业区标志标线的应用。

16.2　质量验收

在交通标志工程施工项目管理过程中,进行工程项目质量的评定和验收,是施工项目质量管理的重要内容。施工单位必须根据合同和设计图纸的要求,严格执行国家颁发的有关工程项目质量检验评定标准和验收标准,及时地配合监理工程师、质量监督站等有关人员进行质量评定和办理竣工验收交接手续。工程项目质量等级,均分为"合格"和"不合格"两级,凡不合格的项目不予验收。

16.2.1　一般规定

(1)交通标志工程质量应按基本要求、实测项目、外观质量和质量保证资料等检验项目分别检查。

(2)交通标志工程应对基本要求逐项检查,经检查不符合规定时,不得进行工程质量的检验评定。

(3)工程所用的各种原材料的品种、规格、质量及混合料配合比和半成品、成品应符合有关技术标准规定并满足设计要求。

(4)交通标志可按 5 ~ 10km 划分为一个评定单元,关键项目的合格率应不低于95%,一般项目的合格率应不低于 80%。

(5)检验项目评为不合格的,应进行整修或返工处理直至合格。

16.2.2　基本要求

(1)交通标志的加工、制作应符合《道路交通标志和标线》(GB 5768)和《道路交通标志板及支撑件》(GB/T 23827)的规定。

(2)交通标志在运输过程中不得损伤标志面及金属构件的涂层。

(3)交通标志的设置及安装应满足设计要求并符合施工技术规范的规定。

(4)交通标志及支撑件应安装牢固,基础混凝土强度应满足设计要求。

16.2.3　实测项目

交通标志实测项目见表 16-2。

表 16-2　交通标志实测项目

项次	检 查 项 目	规定值或允许偏差	检查方法和频率
1△	标志面反光膜逆反射系数($cd \cdot lx^{-1} \cdot m^{-2}$)	满足设计要求	逆反射系数测试仪:每块板每种颜色测 3 点
2	标志板下缘至路面净空高度(mm)	+100,0	经纬仪、全站仪或尺量:每块板测 2 点
3	柱式标志板、悬臂式和门架式标志立柱的内边缘距土路肩边缘线距离(mm)	≥250	尺量:每处测 1 点
4	立柱竖直度(mm/m)	3	垂线法:每根柱测 2 点
5	基础顶面平整度(mm)	4	尺量:对角拉线测最大间隙,每个基础测 2 点
6	标志基础尺寸(mm)	+100,-50	尺量:每个基础长度、宽度各测 2 点

注:△为关键项目。

16.2.4 外观质量

交通标志在安装后标志面及金属构件涂层应无损伤。

16.2.5 质量保证资料

工程应有真实、准确、齐全、完整的施工原始记录、试验检测数据、质量检验结果等质量保证资料。质量保证资料应包括下列内容:

(1)所用原材料、半成品和成品质量检验结果;

(2)材料配合比、拌和加工控制检验和试验数据;

(3)地基处理、隐蔽工程施工记录;

(4)质量控制指标的试验记录和质量检验汇总图表;

(5)施工过程中遇到的非正常情况记录及其对工程质量影响分析评价资料;

(6)施工过程中如发生质量事故,经处理补救后达到设计要求的认可证明文件等。

第 17 章　交通标志养护

17.1　概述

截至 2019 年,中国公路总里程已达 484.65 万公里、高速公路达 14.26 万公里,居世界第一。2013 年 6 月 20 日,交通运输部在国务院新闻办公室举行的新闻发布会上正式公布了《国家公路网规划(2013 年—2030 年)》,在新的规划里国家高速公路网进一步完善,在西部增加了两条南北纵线,成为“71118”网,规划总里程增加到了 11.8 万公里。

公路建设的迅猛发展,势必为随之而来的养护工作带来极大的机遇和挑战。

随着时间的推移,早期建设的公路交通标志在自然或人为的侵蚀损毁下,其功能正在逐渐降低甚至丧失,养护面临的问题已变得日益尖锐。养护工作的质量直接影响标志的使用寿命、质量和效率,对标志能否正常、有效地被视认起着至关重要的作用。

反光交通标志所具有的夜间视认性,已成为夜间行车必不可少的安全保障。交通标志因遮挡、老化或各种损伤所引起的提示和诱导作用的降低,将直接影响行车安全和交通质量,对生命和财产会构成极大的威胁。所以如何正确养护、有效发挥交通标志的功能,如何对养护质量进行正确评价,就成为值得探讨和研究的热门话题。

建立完善的养护管理制度,确定合理的养护作业内容,提出正确的养护方法,采取恰当的养护手段,使用先进的检测设备和科学的检测依据,对养护质量进行准确、可靠的评价和判定,是交通标志养护所应采取的措施,也是保证养护质量所必备的前提。

17.2　养护及更换技术

17.2.1　标志养护技术

交通标志的养护内容分为检查、保养维修和更新改造。检查包括经常性检查、定期检查、特殊检查和专项检查。平时应加强日常巡查。经常性检查的频率不少于 1 次/月;定期检查的频率不少于 1 次/年;遭遇自然灾害、发生交通事故或出现其他异常情况时,应及时进行附加的特殊检查;设施更新改造之后,应进行全面的专项检查。

交通安全设施的养护应满足设施完整和外观质量、安装质量、技术性能等各项质量要求。因交通事故、自然灾害或其他原因造成的设施损伤应及时进行修复。对于事故多发路段和一些特殊路段,应结合公路安全保障工程的技术内容,及时改造完善各种交通安全设施。

公路交通标志的养护应符合下列要求:

(1)应保持交通标志的设置合理、结构安全,板面内容整洁、清晰。

(2)标志板、支柱、连接件、基础等标志部件应完整、无缺损且功能正常。

(3)标志应无明显歪斜、变形,钢构件无明显剥落、锈蚀。

(4)标志面应平整,无明显褪色、污损、起泡、起皱、裂纹、剥落等病害。

(5)标志板的图案、字体、颜色等应符合相关标准要求。

(6)反光交通标志应保持良好的夜间视认性。

检查测试结果应及时予以记录,并依此作为是否需要保养维修或更新改造的评价依据。日常检查应与日常保养相结合,对于现场可以采取的保养措施应及时进行,例如清除标志附近的杂物、紧固松动的螺丝等,以提高养护工作的效率,保障交通安全。

公路交通标志的检查测试及其结果评价的记录表可参照表 17-1 制定。应本着客观公正、实事求是的态度,及时做好检查测试及其结果评价过程中的各项记录,为交通标志的养护管理提供真实、详细的原始数据。

表 17-1　交通标志检查评价

检查类别	检查项目	检查方法	扣分标准
经常性检查	△完整性和外观质量	人工目测或动态检测车测试	轻度缺损:1 ~ 10; 重度缺损:11 ~ 20
定期检查	△完整性	人工目测或动态检测车测试	轻度缺损:1 ~ 10; 重度缺损:11 ~ 20
	外观质量	人工目测或动态检测车测试	轻度缺损:1 ~ 10; 重度缺损:11 ~ 20
	△标志面光度性能(逆反射系数)	标志逆反射测试仪 或动态检测车测试	不符合:20
	△标志板下缘至路面净空高度	量尺或动态检测车测试	不符合:20
	立柱竖直度	角度尺、竖直度仪或动态检测车测试	不符合:10
特殊检查	设施损坏项目	人工目测或仪器测试	轻度缺损:1 ~ 10; 重度缺损:11 ~ 20; 一般指标不符合:10; 关键指标不符合:20
专项检查	相关标准要求项目	人工目测或仪器测试	轻度缺损:1 ~ 10; 重度缺损:11 ~ 20; 一般指标不符合:10; 关键指标不符合:20

注:1. 以每座标志为一检查评价单元,累计扣分不超过 100 分。
　2. 带△者为关键指标。

依据检查测试及其结果评价,应对交通标志进行及时保养维护。公路交通标志的保养维护内容包括:

(1)清理标志周围的杂草杂物。

(2)清除影响标志视认的树木等遮挡物,或在规定范围内挪动标志位置。

(3)清洁标志板面,去除黏附在其上的污秽。

(4)修复变形、弯曲、倾斜的标志板和支撑件。

(5)防腐涂层剥落后应及时予以补涂。

(6)标志件缺损时应及时增补。

(7)连接件松动应及时进行紧固。

(8)标志设置或板面内容存在问题时,应进行必要的变更。

(9)构件防腐涂层剥落严重,或局部锈蚀严重,存在安全隐患时,应重新进行防腐处理。

(10)基础破损后应及时进行修补等。

(11)标志基础周围的土路基被积水淹塌时,应及时清除积水,并进行培土处理。

当保养维修无法满足使用要求时,应对交通标志进行必要的更新改造。公路交通标志的更新改造内容一般包括:

(1)标志技术状况不符合养护质量要求,或按相关性能判断交通标志达到预期寿命时,应予以部分或整体更换。

(2)标志通过对主要部件的整体更换来进行更新改造时,可根据工期要求和成本核算选择合理的更换方式。

(3)对于事故多发路段或危险路段,应对标志进行安全改造,视情况更改、补充或增加标志信息,或使用较为醒目的荧光反光标志。

17.2.2　标志板面更换技术

在交通标志养护的更新改造中,对交通标志的整体更换,可再利用原交通标志的底板来进行翻新制作,在保障安全的前提下充分节约资源。其制作的工艺大致分为以下几个步骤,如图 17-1 所示。

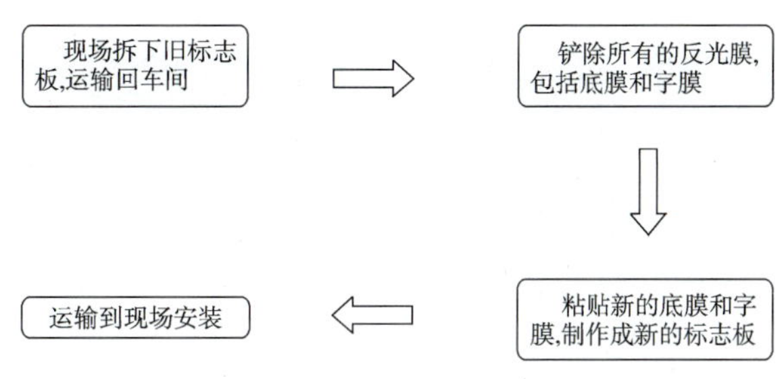

图 17-1　制作工艺步骤

以下是从底板(一般为铝板)上铲除反光膜的主要工序介绍。

1)反光膜的去除

(1)铲膜前的预处理

反光膜与铝板之间有着非常强的黏合力,在常温下铲除十分费力,如果提高板面温度至 70℃以上,则可以大大提高铲膜的速度。有两种比较经济实用的方法能快速提高板面温度。

①将交通标志板平放至烈日下暴晒 2h 以上,如图 17-2 所示。

②将 100℃的热开水直接淋烫到标志板面上,利用水的流动性,使反光膜的温度迅速上升,如图 17-3 所示。建议淋水与铲膜同时进行,效果更好。

图 17-2　烈日暴晒

图 17-3　开水淋烫标志板面

安全提示

淋热水时应避免水花四溅,同时注意水的流动方向,避免人员烫伤。

(2)铲膜操作

①铲膜工具包括长柄铲刀、短柄铲刀两种,如图 17-4 和图 17-5 所示。

图 17-4　长柄铲刀

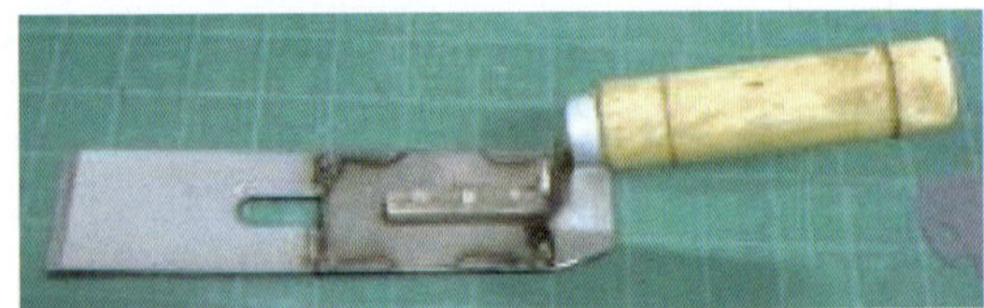

图 17-5　短柄铲刀

②长柄铲刀的使用方法:适用于长距离、大板面的铲膜;逐渐加力前进,而不是多次冲击式加力,如图 17-6a)所示。

③短柄铲刀的使用方法:适用于近距离、局部板面的铲膜;逐渐加力前进,而不是多次冲击式加力,如图 17-6b)所示。

a)

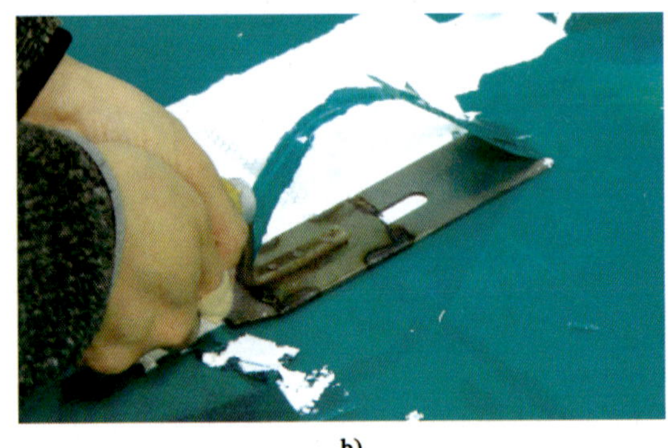

b)

图 17-6　铲刀的铲膜操作

安全提示

铲刀锋利,小心操作,逐渐熟悉铲刀的性能及用力方式,避免伤及旁人。

2)残胶的去除

(1)喷洒溶剂

①溶剂:乙酸乙酯。

②工具:喷壶。

③操作方法:将溶剂装入喷壶中,然后将溶剂喷洒在要去除残胶的板面上,如图 17-7 所示。

图 17-7　喷洒溶剂的操作

安全提示

1. 溶剂属于易燃品,注意储存和使用时远离明火。
2. 溶剂有刺激性气味,应在通风处使用。
3. 使用溶剂时,建议在附近配备相应的消防器材。
4. 不要将溶剂喷洒到人眼或皮肤上。

(2)静置

喷洒完后,约静置 2 ~ 3min,让溶剂对残胶进行充分浸润和溶解。

(3)残胶的收集

①工具:钢制油灰刀。

②操作方法:用油灰刀将已溶解的残胶刮下,并集中收集,如图 17-8 所示。

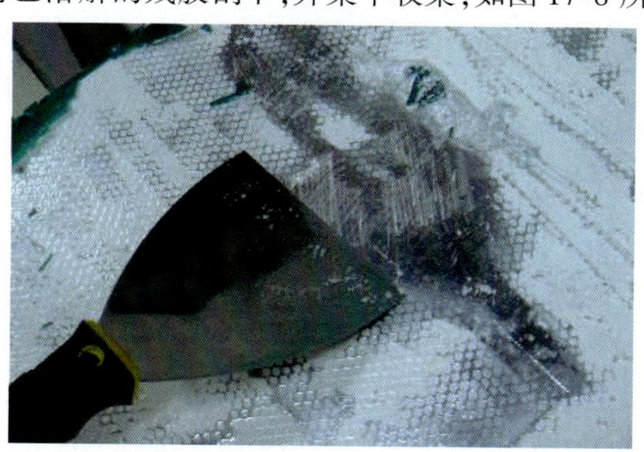

图 17-8　刮下已溶解的残胶

安全提示

1. 应戴手套操作,尽量避免皮肤直接接触溶解。
2. 板面上多余的溶剂应及时收集并妥善处理,远离明火。

(4)板面的最后清洁打磨

①工具:百洁布。

②操作方法:用百洁布沾溶剂,对板面进行清洁和打磨,如图 17-9 所示。

图 17-9　百洁布打磨

安全提示

应戴手套操作,尽量避免皮肤直接接触溶剂。

17.3　养护检测评价

17.3.1　养护检测技术

养护检测技术是在养护技术和检测技术的基础上融合发展而来的,在公路养护中的应用正在逐渐普及。检测是由具备资格的人员、使用科学的仪器、按照特定的程序所进行的技术操作,其结果是出具一组客观的检测数据,为产品和工程质量提供评价的依据。用客观的检测数据作为养护质量的评价依据,有利于减少人为因素形成的干扰,对于养护技术和管理工作的规范、提高都起着积极的推动作用。

交通标志养护质量的检查测试包括定期检查和专项检测。定期检查一般至少 1 次/年,可由具备一定检测能力的养护人员实施,也可委托专业检测机构实施。定期检查的内容由管理部门根据设施特点来确定,主要包括标志面逆反射性能、标志板下缘净空高度、标志立柱竖直度等。专项检测一般指标志更新改造之后,或日常检查、定期检查之后认为有疑问,需要由专门机构进行的全项检测,检测内容包括《公路工程质量检验评定标准　第一册　土建工程》(JTG F80/1—2017)规定的全部要求,见第 16 章。

养护检测应先有计划或方案,包括检测路线、抽样原则、检测项目、人员要求、经费使用、安全防护等内容。必要时还应在计划中安排专人进行管理和指挥, 以确保检测安全。

检测人员应具备与交通标志有关的专业知识和检测工作经验,工作认真负责、实事求是;操作特殊仪器需经过相应的培训和授权,熟悉操作程序并能对结果进行准确的评价和判断。

交通标志养护质量检测使用的仪器设备包括日常检测工具,如卷尺、游标卡尺、板厚千分尺、水平尺、组合工程尺等,以及色彩色差仪、逆反射系数测量仪等。交通标志的检测中鼓励积极采用先进的仪器设备,尤其是动态检测设备,并且仪器设备应经过有效的校准检定,以保证检测数据的准确性和可靠性。

加强对公路养护管理部门人员的检测知识培训。由合适的人员担任培训教师,采用理论与实践、集中与分散、室内与野外相结合的方式,有针对性地进行各类检测知识培训,提高养护管理人员的综合素质,加强养护管理中的检测力度。

检测结果应及时记录,并予以妥善保存,建立一套完整、可信的交通标志技术档案。

17.3.2　养护质量评价

应通过相应的检查和测试,对交通标志的保养维修或更新改造结果进行质量评价,确定其是否能够满足养护质量的要求,并给出养护质量等级。

公路交通标志养护质量应符合表 17-2 要求。

表 17-2　公路交通标志养护质量要求

序号	技术指标	质量要求
1	△完整性	标志板、支撑件、连接件、基础等构件应完整且功能正常
2	外观质量	标志构件应无明显歪斜、变形、锈蚀,外形尺寸及版面信息符合要求,颜色均匀一致,无明显褪色、污损、起泡、起皱、裂纹、剥落等现象
3	△标志面光度性能(逆反射系数,$cd \cdot lx^{-1} \cdot m^{-2}$)	不低于《道路交通反光膜》(GB/T 18833—2012)规定的各类反光膜最小逆反射系数的50%,或供应商提供的相应承诺
4	△标志板下缘至路面净空高度	符合设计要求
5	立柱竖直度(°)	≤0.5
6	△金属构件防腐层厚度(μm)	符合标准或设计要求

公路交通标志的养护材料主要包括:标志底板用铝合金板、钢板、合成树脂类板材、各种型材等,标志面用逆反射材料、油漆、油墨等,标志立柱、横梁用无缝钢管、焊接钢管、槽形钢等,以及起连接紧固作用的抱箍及各种紧固件。

应根据养护规模和养护需求,储备一定数量的养护材料及其易损配件。公路交通标志养护材料应符合《道路交通标志板及支撑件》(GB/T 23827—2009)、《道路交通反光膜》(GB/T 18833—2012)等相关标准要求及设计要求。

交通标志养护质量的评价方法可参照执行《公路技术状况评定标准》(JTG 5210—2018)。该标准为《公路技术状况评定标准》(JTG H20—2007)的修订版,作为公路工程行业标准,自 2019 年 5 月 1 日起施行。

交通标志养护质量的评价,主要是对养护质量要求的各项指标确定其缺陷或病害程度,根据检查测试结果进行打分,并制定合理的权重系数,进行权重分配,最终给出优、良、中、次、差的等级评定结果。

包含交通标志的交通安全设施技术状况指数 TCI 计算公式如下:

$$\mathrm{TCI}=\frac{\sum_{i=1}^{i} w_i(100-D_i)}{\sum_{i=1}^{i} w_i}$$

式中:w_i——各类交通安全设施在 TCI 中的权重,取值见表 17-3;

D_i——交通安全设施根据其缺损表现的累计扣分,扣分标准见表 17-4。

表 17-3　各类交通安全设施在 TCI 中的权重

序号	1	2	3	4	5	6
设施类型	交通标志	交通标线	护栏	隔离栅	防眩板	其他设施
权重	0.25	0.20	0.25	0.10	0.10	0.10

注:其他设施——除表中所列之外的其他交通安全设施,包括突起路标、轮廓标等。

表 17-4　交通安全设施缺损表现及其扣分标准

缺损表现	扣分标准
轻度缺损:构件无严重缺失和损坏,关键养护指标符合要求	10
重度缺损:构件有严重缺失和损坏,关键养护指标不符合要求	20

根据缺损程度对交通标志的技术状况进行分析评价,并按表 17-5 规定,分别用绿、黄、红三色标识其缺损程度和评定等级。

表 17-5　交通安全设施技术状况评价

缺损程度	缺损表现	养护需求	状况标识
无	无缺损:构件无缺失和明显损坏,养护质量符合要求;技术状况检查结果评定等级为“好”	只需进行规定的日常清洁保养	绿色
轻	轻度缺损:构件无严重缺失和损坏,关键养护指标符合要求;技术状况检查结果评定等级为“中”	需根据损坏情况进行维护修复	黄色
重	重度缺损:构件有严重缺失和损坏,关键养护指标不符合要求;技术状况检查结果评定等级为“差”	无法修复,需进行更新改造	红色

标志养护质量的检测评价,可为养护部门的计划管理提供技术依据,也可为政府决策以及安全保障工程的实施提供技术支持。

17.4　养护发展方向

随着社会分工的精致细化以及科学管理手段的发展完善,交通标志的养护势必朝着市场竞争机制的引入、管理软件系统的使用、动态快速检测装置的研发等方向发展。

(1)市场竞争机制的引入

养护管理首先要把质量放在首位,建立、健全质量控制体系,严格检查评定验收制度,保证养护工程质量;其次应尽可能提高投资收益,争取以最低的成本得到最高的回报。所以对于合同额较大的养护任务,应引入市场竞争机制。并对养护质量实行检测、考核、评定、报告制度和岗位责任制,责任到人,层层严把质量关。

随着市场经济体制的建立和完善,目前的养护管理模式已不能完全适应公路养护发展的需要,缺乏活力和动力。公路养护要在市场竞争中生存和发展,就必须打破公路养护的原始运行方式,建立市场运行机制,推行开放的养护市场,形成竞争,优胜劣汰,培养高素质的养护管理队伍,提高包括交通标志在内的公路设施的养护质量水平和养护投资收益。

(2)管理软件系统的使用

随着科学的进步,先进的管理理念和管理技术开始步入公路养护领域。以 GPS 或北斗定位系统和数据库技术为基础的公路养护管理系统的使用,可以实现养护数据的定向采集、查询、统计和分析,为养护管理工作提供科学、便利的决策手段。

公路养护管理系统大致可分为基础数据管理模块、养护业务管理模块、统计报表管理模块、养护管理 GIS 模块、养护管理决策支持模块、WEB 综合查询模块、数据交换模块等,后台数据库由属性数据库、空间数据库、业务数据库以及综合数据库构成。美国等发达国家的公路养护管理系统较为全面和成熟,交通标志使用专业的软件系统进行养护管理。目前我国已建立了公路数据库系统以及路面养护管理系统和桥梁养护管理系统,专业的交通标志养护管理系统已有相应研究成果,尚待完善使用(图 17-10)。

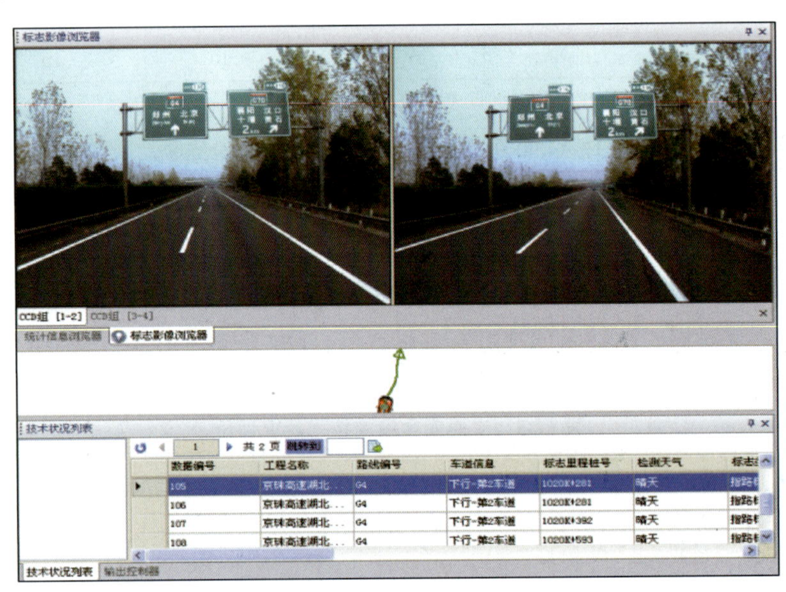

图 17-10　交通标志养护管理系统

(3)动态快速检测装置的研发

交通标志的养护管理和检测评价,需要大量的测试数据作为技术依据。然而交通标志形式多样、设置复杂,对其进行数据采集极为困难。

道路交通标志的设置位置、版面内容、光度性能、色度性能等信息,是交通标志安全提示和引导功能得以实现的主要载体,也是养护检测评价的重要技术参数。因缺少相应的快速测试设备,以往的检测评价中对标志信息的获取,只能使用手持式装置,依靠人工逐个搭乘高梯进行测试,并手工记录测试结果来完成。如缺少某些信息或信息存在疑义,再次获取信息的代价很大,往往会不了了之,对标志养护数据的准确性和有效性势必造成一定的影响。应用动态、车载的快速检测装置,是解决该问题的唯一手段。所以交通标志快速检测装置的出现,应该为时不会太远。

国外正在研究开发的标志光度性能测试装置见图 17-11。

国内通过专项研究已形成多项创新技术,可用于公路交通标志标线等安全设施的外观质量、外形尺寸、破损率、光度性能等技术状况的信息采集和养护服务水平的综合检测评价,已在京珠高速公路湖北段进行试用。该项技术和装置被鉴定为国际领先水平,见图 17-12。

图 17-11　国外研发的标志光度性能快速检测装置

图 17-12　国内研发的交通安全动态快速检测装置

第三篇　道路交通标线

第 18 章　概　　述

18.1　道路交通标线设置的意义

道路交通标线是由施划或安装于道路上的各种线条、箭头、文字、图案及立面标记、实体标记、突起路标和轮廓标等所构成的交通设施。它的作用是向道路使用者传递有关道路交通的规则、警告、指引等信息。

道路交通标线是重要的交通控制设施。合理设置的交通标线对于保障道路交通流的平稳有序运行、保障道路交通的安全和效率、明确并保护各方交通参与者的权利具有重要意义。

利用道路交通标线传递信息的优点体现在以下几点：

(1)道路交通标线一般在驾驶人的自然视线之内,利用道路交通标线传递道路交通信息不会过多地分散驾驶人的注意力；

(2)利用道路交通标线,可以沿道路行驶方向不间断地提供道路交通信息,而且成本较低；

(3)利用道路交通标线,可以在不增加行车障碍的条件下清晰地提示驾驶人何处应该采取控制动作,或者何处开始实行交通控制措施。

道路交通标线也有一定的缺点,主要体现在以下几点：

(1)交通标线会受到车辆的磨损,需要定期维护,以维持其功能；

(2)在路面积水、冰雪等条件下,道路交通标线的视认性会受到较大的影响,部分不反光的道路交通标线在夜间或视距不良条件下难以发挥作用；

(3)如果标线材料或施工控制不当,大面积连续设置的标线会降低路面附着系数；

(4)标线可视性会受到道路平纵曲线的影响,尤其是与道路行车方向成角度设置的横向标线,在交通量较大的条件下,还会被前方车辆遮盖；

(5)标线所提供的信息距离有限,不能利用标线提供预告等较长距离的交通信息；

(6)受驾驶人视角的影响,路面文字、图形等沿道路横向设置的标线,必须进行必要的变形或拉长,以便于驾驶人视认和理解。

道路交通标线可以与其他交通控制设施,如标志、信号灯等结合使用,共同传递道路交通管理的信息,也可单独使用,起到其他交通设施难以实现的作用。尽管标线有其应用上的局限性,但其在交通控制方面起到的重要作用是无法替代的。

18.2　道路交通标线的设计原则

(1)与道路交通运行情况相匹配的原则:交通标线的设置是为促进道路交通更加顺畅,提高道路交通的效率和安全。进行标线设计之前,首先需要对所设计道路的基础条件、实际(或可能的)交通组成、交通流运行的特点有详细的了解,依据实际交通需要设置标线。与交通运行情况不相匹配的交通标线不但会妨碍交通流的正常运行,还会使交通参与者对交通标线的功能产生怀疑,严重时还有可能使那些遵守路面标线的交通参与者置身险境。

(2)适当设置的原则:路面标线作为信息传递的手段,所能够传递的信息量是有限的,如果期望通过标线传递的信息过多反而可能导致混乱,妨碍正确信息的传递。过度或不必要的路面标线不仅会导致混乱,还会产生路面附着力降低的问题,无论从物理意义上还是安全意义上都是应当尽量避免的。

(3)灵活设计的原则:交通标线设计不应拘泥于形式上的统一,应该树立关注交通实际状况、一切以道路资源有效利用及交通运行更加顺畅安全为目的的观点。在此基础之上,依据道路交通条件灵活处理各种标线的设置。

(4)交通标线设计与道路设计的关系:这两者是两个相互独立的系统,即使最初道路设计时设计成单向四车道的道路,之后随着沿途条件和交通条件的变化,也有可能通过标线设置变成单向三车道或单向五车道使用。合理设计交通标线与合理设计道路本身具有同等的重要性,也能够发挥同等的效能。无论设计多么合理的道路,如果没有合理的标线设置,也不能发挥出应有的作用;相反,即使是基础条件较差的道路,通过合理的标线设置,也可以发挥出较好的功能,这一点充分说明了标线设置的重要性。

(5)与其他交通设施相匹配的原则:同一地点设置的交通标志、标线等交通设施,所传递的交通信息不能相互矛盾,不能给交通参与者造成困惑。

(6)新建道路或临时性道路向公众开放时,需要在适当的位置设置必要的交通标线(或临时标线)。当标线陈旧不能提供足够的视认性或已经不再适应变化后的道路环境时,应按照变化后的道路环境重新设置标线。

总之,交通标线的设置应当让道路使用者感觉遵从路面标线是最好而且最安全的选择,要树立人们对交通标线的信赖。

第 19 章　交通标线的基本要素

《道路交通标志和标线》(GB 5768)中按照指示标线、禁止标线、警告标线和其他标线的分类方法,对各种标线的样式、尺寸及其含义进行了详细的规定,并赋予每一种标线一个编号。如果仅从形状方面分类,交通标线的基本要素仅包括单纯的线、图形(符号)以及文字、数字等。

为方便以后各章节的引用和说明,同时也为便于工程技术、施工人员的使用,本节对构成交通标线的基本要素进行了整理,见表 19-1。表中的编号是本手册为方便使用,赋予各基本要素的代号,同时这些代号还可以用于实际的交通标线设计图,可以将设计人员的意图及要求较好地传递给现场施工及工作人员,减少设计和实际设置的差异。

表 19-1　交通标线的基本要素

编号	形状及尺寸(除标明单位外,缺省单位为 cm)	颜色	能形成的标线种类
Y1	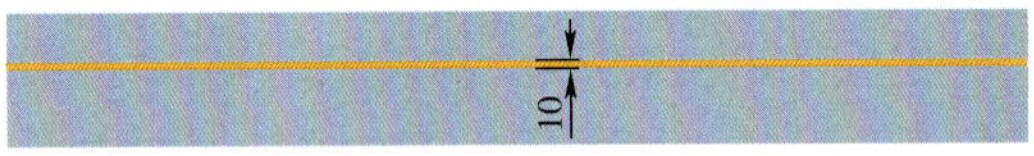 10	黄	专属停车位标线
Y2	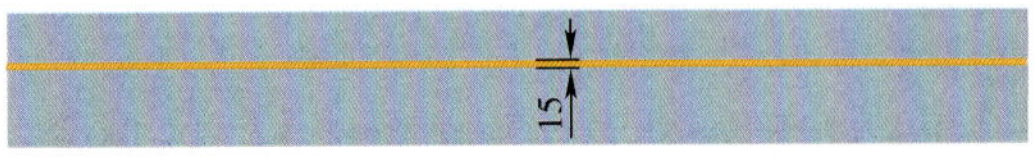 15	黄	禁止跨越对向车行道分界线
Y3	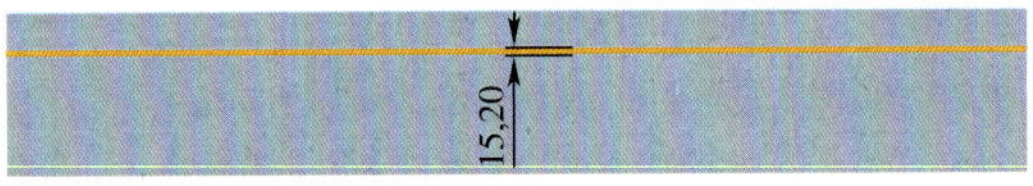 15,20	黄	车行道边缘线
Y4	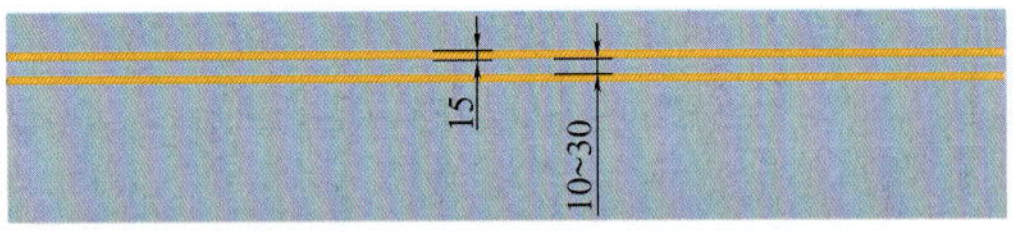 15　10~30	黄	禁止跨越对向车行道分界线
Y5	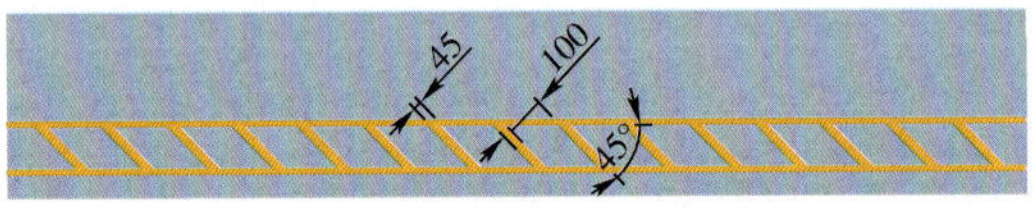 45　100　45°	黄	禁止跨越对向车行道分界线
Y6	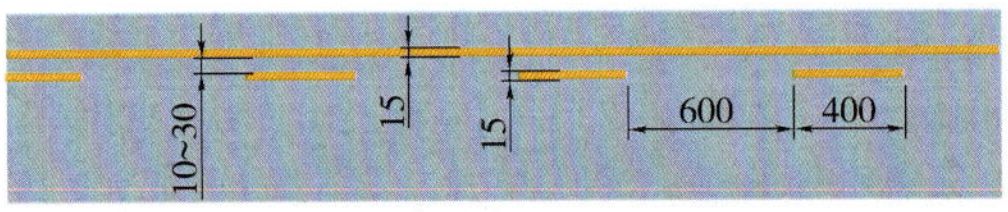 10~30　15　15　600　400	黄	禁止跨越对向车行道分界线、渐变段标线
Y7	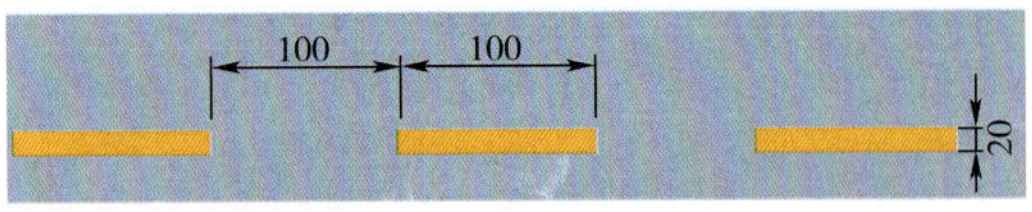 100　100　20	黄	非机动车禁驶区线
Y8	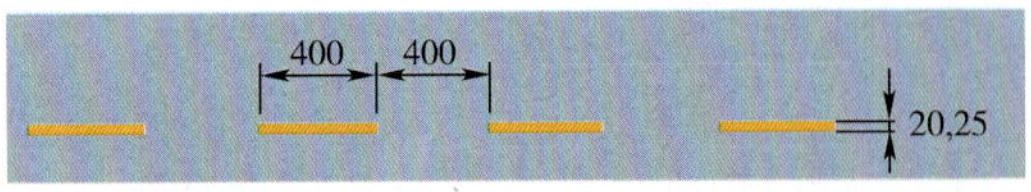 400　400　20,25	黄	公交专用车道线
Y9	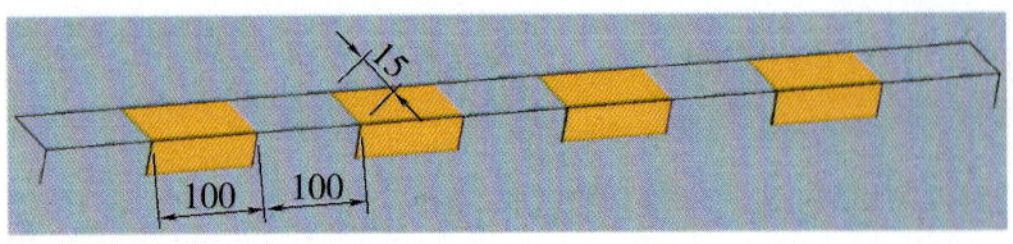 15　100　100	黄	禁止长时停车线

续上表

编号	形状及尺寸(除标明单位外,缺省单位为 cm)	颜色	能形成的标线种类
Y10	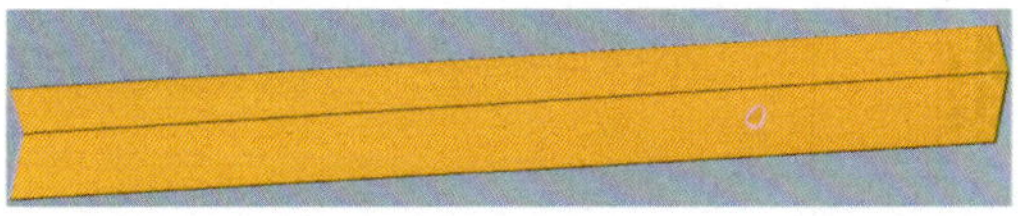	黄	禁止停车线
Y11		黄	可跨越对向车行道分界线
Y12	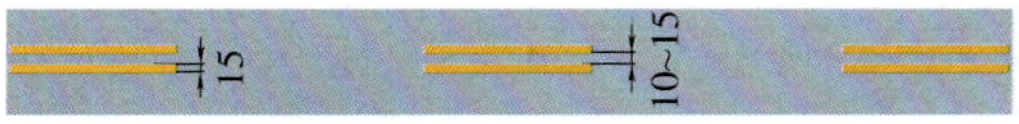	黄	潮汐车道线
Y13	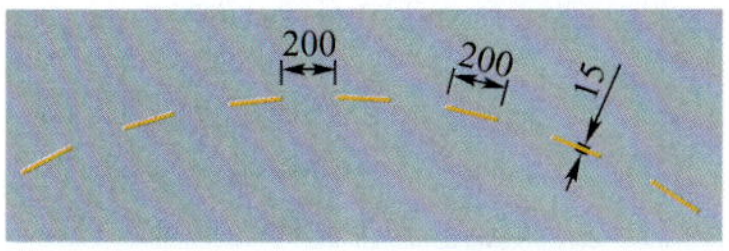	黄	路口导向线
W1	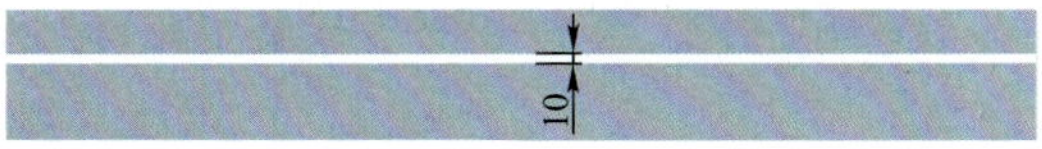	白	收费停车位标线
W2	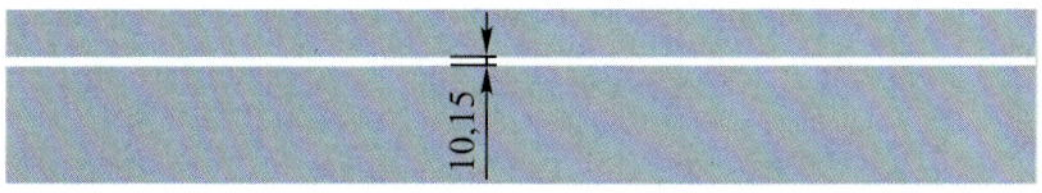	白	导向车道线、禁止跨越同向车行道分界线
W3	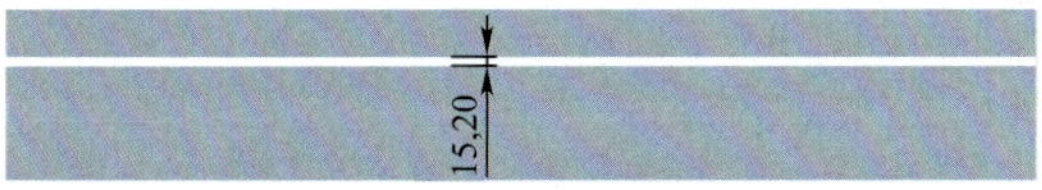	白	车行道边缘线
W4		白	停止线
W5	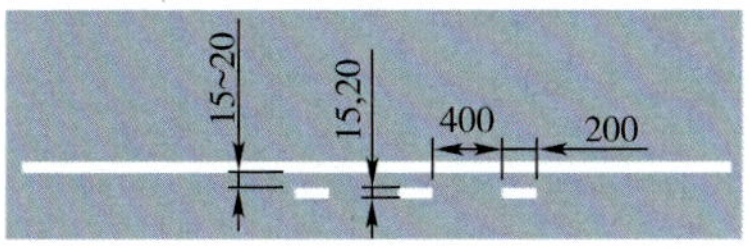	白	车行道边缘线
W6	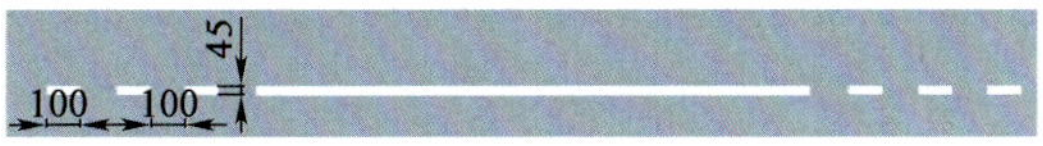	白	港湾式停靠站标线
W7		白	可跨越同向车行道分界线
W8	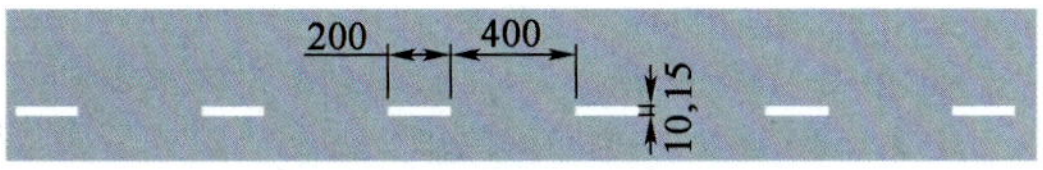	白	可跨越同向车行道分界线
W9	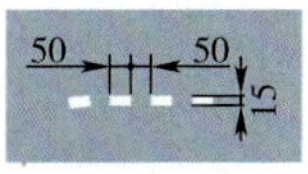	白	左弯待转区线

续上表

编号	形状及尺寸(除标明单位外,缺省单位为 cm)	颜色	能形成的标线种类
W10	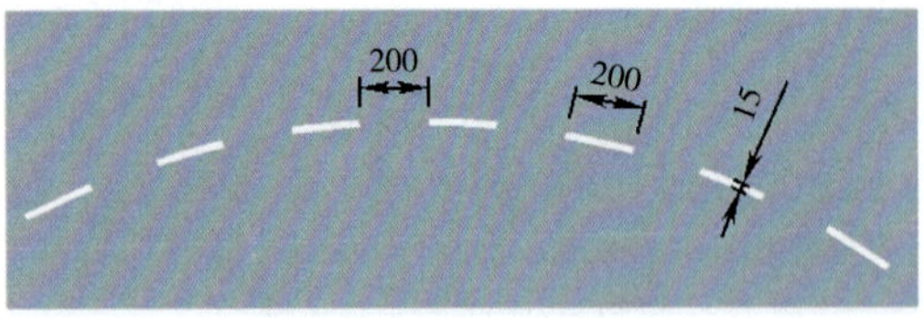 200 200 15	白	路口导向线
W11	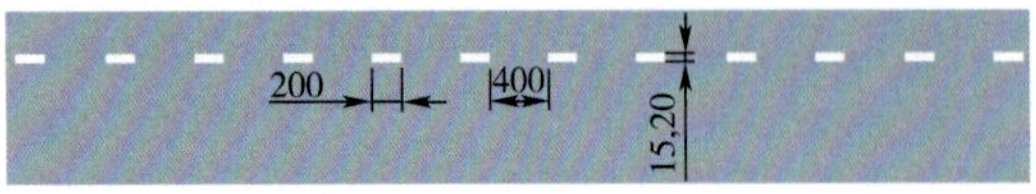 200 400 15,20	白	车行道边缘线
W12	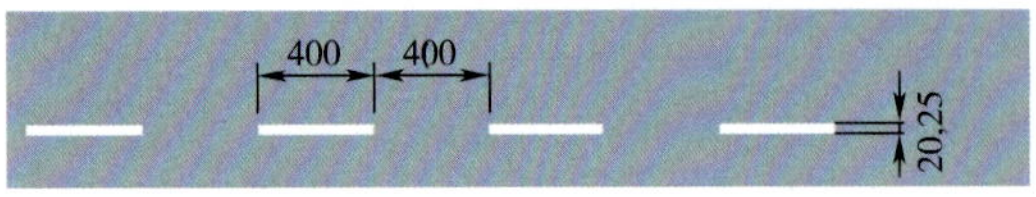 400 400 20,25	白	多乘员车辆专用车道线
B1	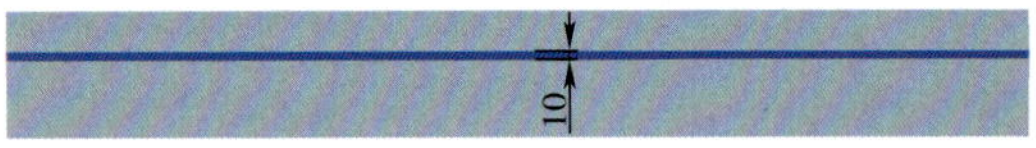 10	蓝	免费停车位标线
Z1	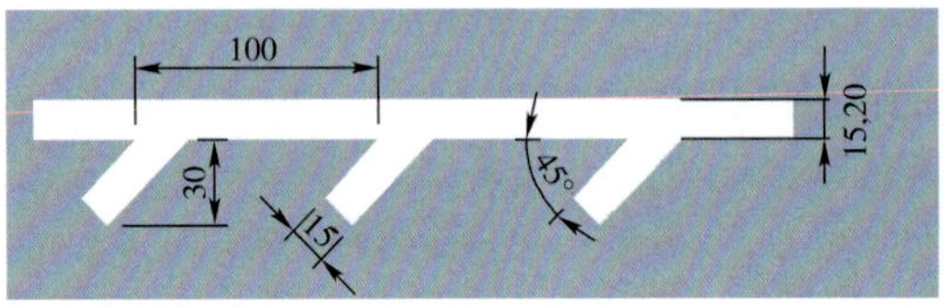 100 15,20 30 45° 15	白	可变导向车道线
Z2	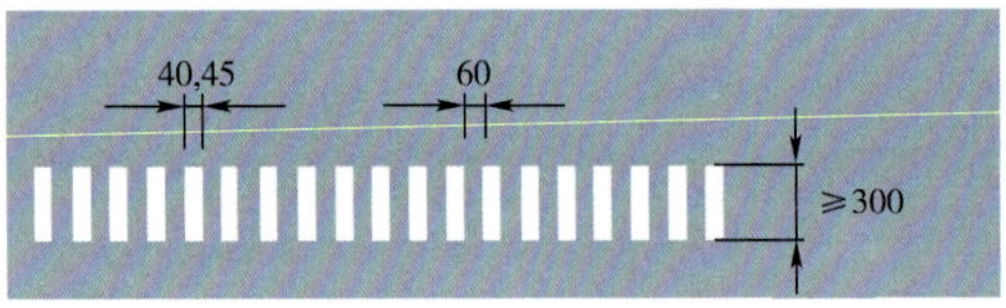 40,45 60 ≥300	白	人行横道线
Z3	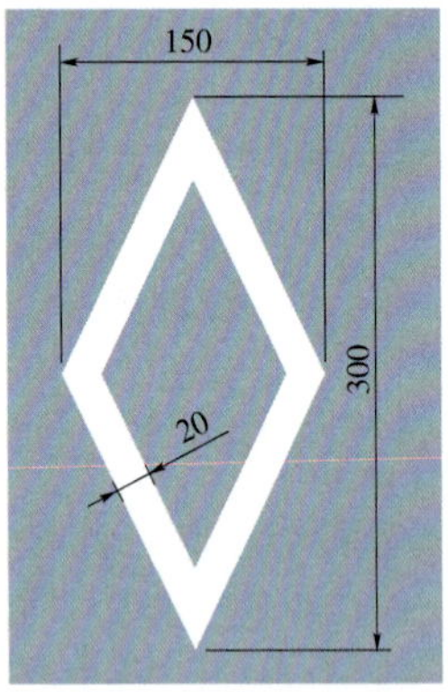 150 300 20	白	人行横道预告标识
Z4	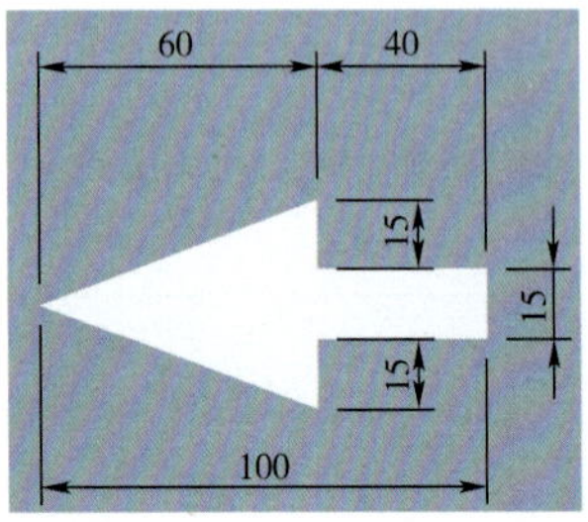 60 40 15 15 15 100	白	行人左右分道的人行横道线

续上表

编号	形状及尺寸(除标明单位外,缺省单位为 cm)	颜色	能形成的标线种类
Z5	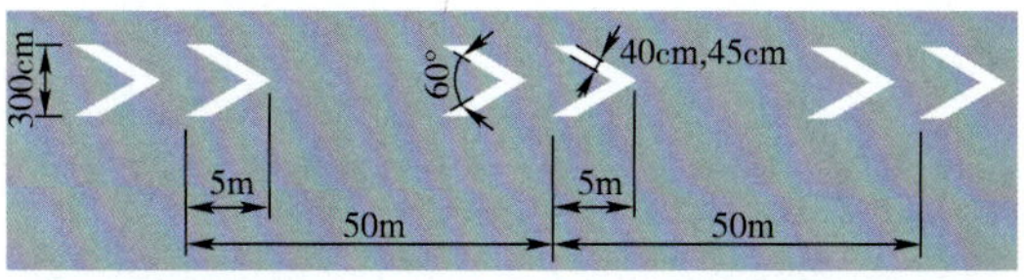 300cm 60° 40cm,45cm 5m 5m 50m 50m	白	车距确认线
Z6	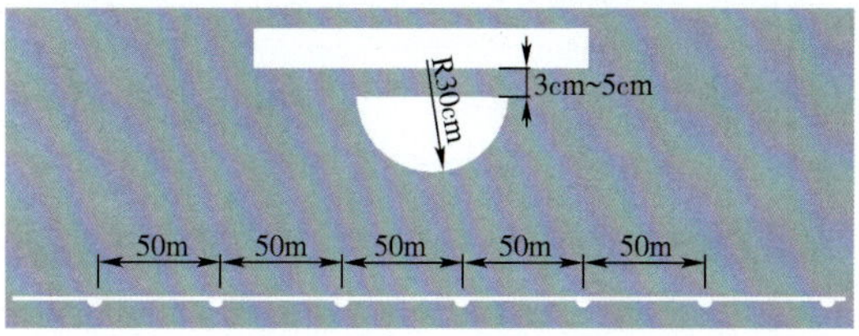 R30cm 3cm~5cm 50m 50m 50m 50m 50m	白	车距确认线
Z7	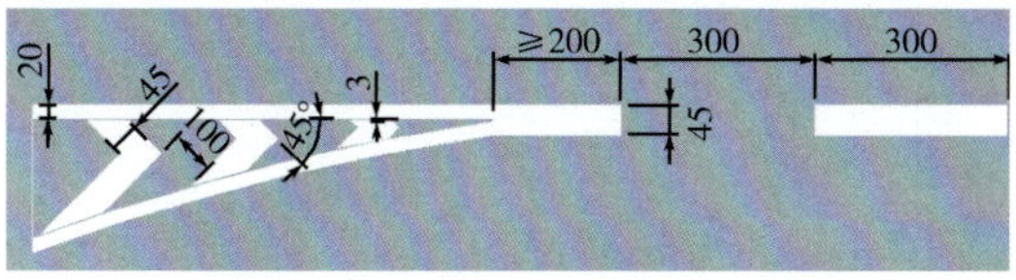 20 45 15 45° 3 ≥200 300 300 45	白	道路出入口标线
Z8	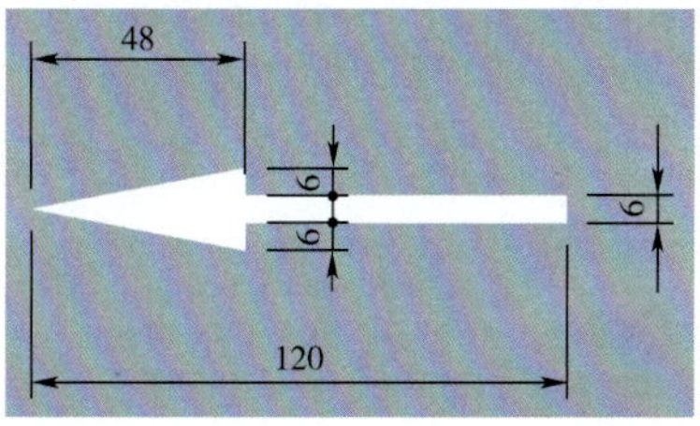 48 6 6 6 120	白	固定停车方向停车位标线
Z9	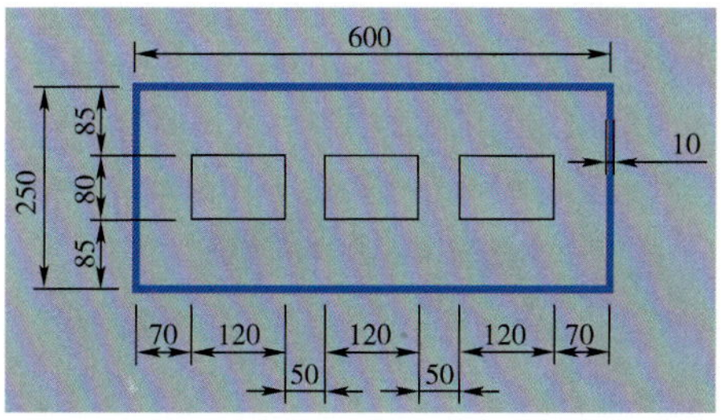 600 85 80 85 250 10 70 120 120 120 70 50 50	蓝	出租车专用待客停车位标线
Z10	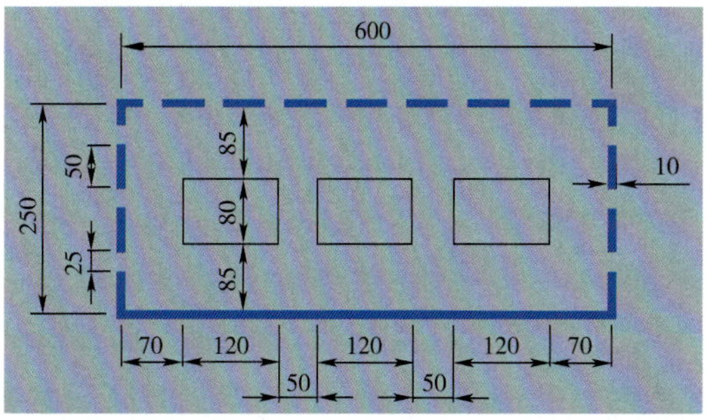 600 50 25 250 85 80 85 10 70 120 120 120 70 50 50	蓝	出租车专用上下客停车位标线
Z11	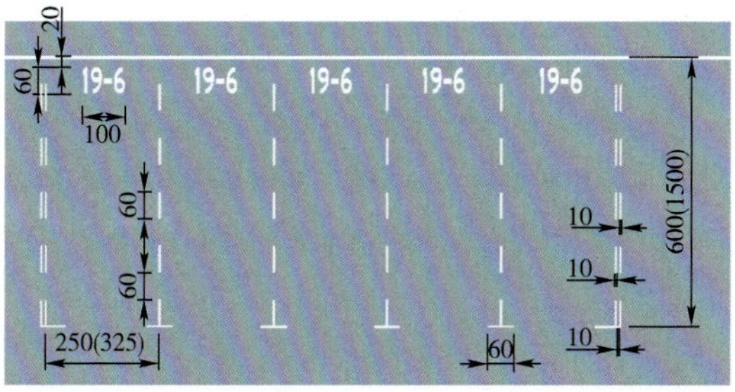 20 60 19-6 19-6 19-6 19-6 19-6 100 60 60 250(325) 60 10 10 10 600(1500)	白	机动车限时停车位标线

续上表

编号	形状及尺寸(除标明单位外,缺省单位为 cm)	颜色	能形成的标线种类
Z12	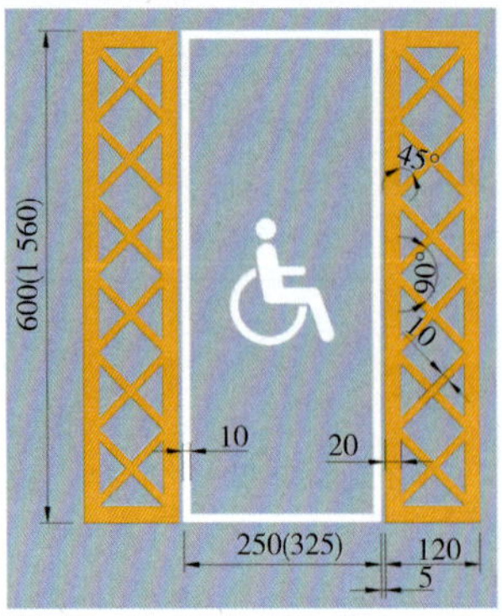600(1 560) 45° 90° 10 10 20 250(325) 120 5	黄(停车位标线为白、蓝或黄色)	残疾人专用停车位标线
Z13	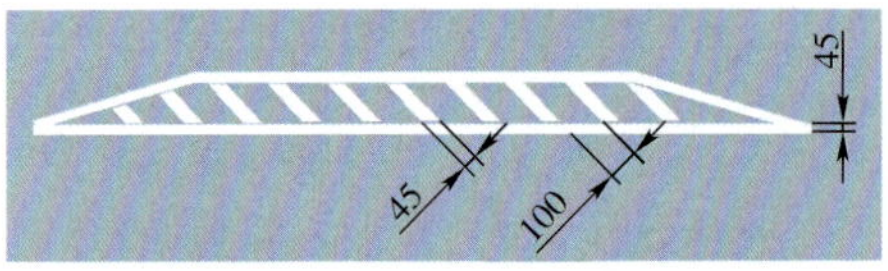45 45 100	白	港湾式停靠站标线
Z14	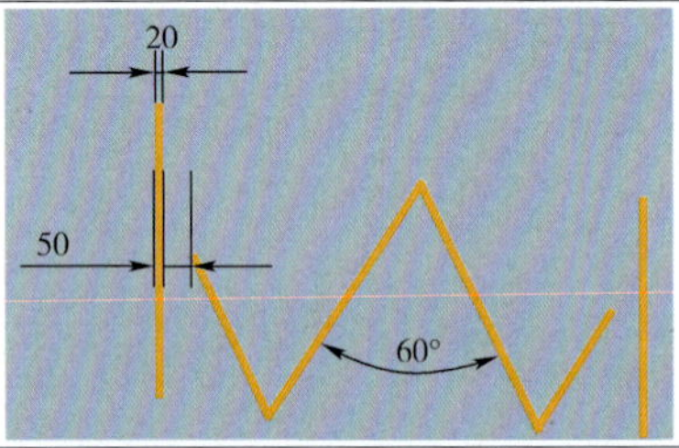20 50 60°	黄	车种专用港湾式停靠站标线 路边式停靠站标线
Z15	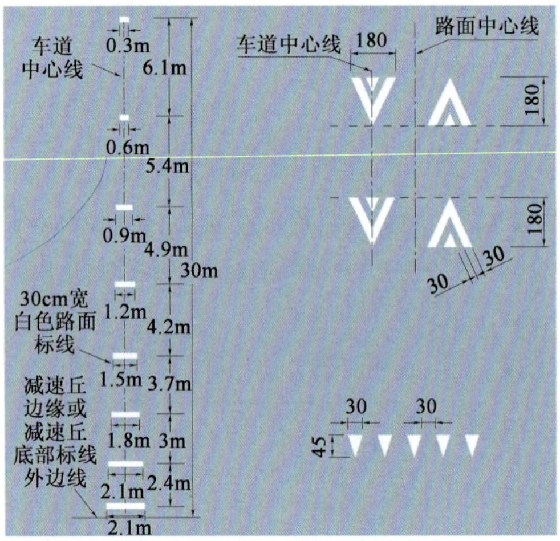车道中心线 0.3m 6.1m 0.6m 5.4m 0.9m 4.9m 30m 30cm宽白色路面标线 1.2m 4.2m 1.5m 3.7m 减速丘边缘或减速丘底部标线外边线 1.8m 3m 2.1m 2.4m 2.1m 车道中心线 180 路面中心线 180 180 30 30 30 30 45	白	减速丘标线
Z16	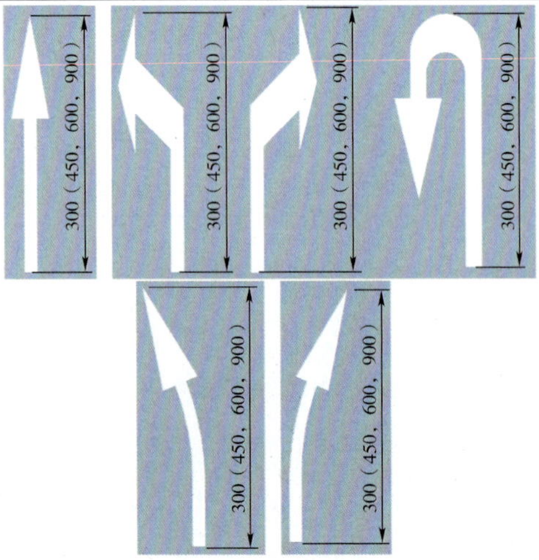300(450,600,900) 300(450,600,900) 300(450,600,900) 300(450,600,900) 300(450,600,900) 300(450,600,900)	白	导向箭头

续上表

编号	形状及尺寸(除标明单位外,缺省单位为 cm)	颜色	能形成的标线种类
Z17		白	非机动车道标线 非机动车停车位标线 非机动车专用道标线
Z18		白	残疾人专用停车位标线
Z19	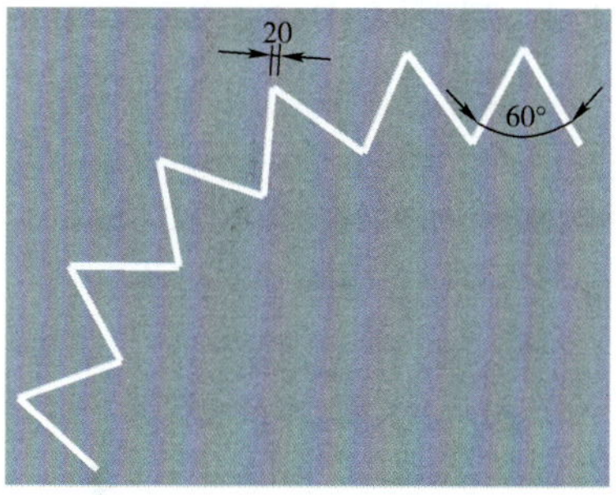	白	注意前方路面状况标记
Z20	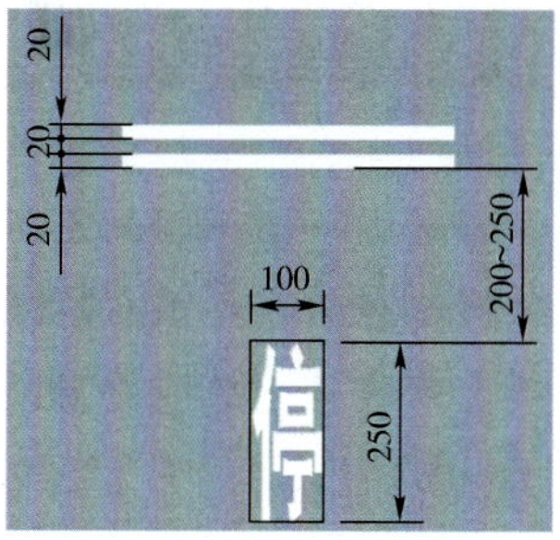	白	停车让行线
Z21	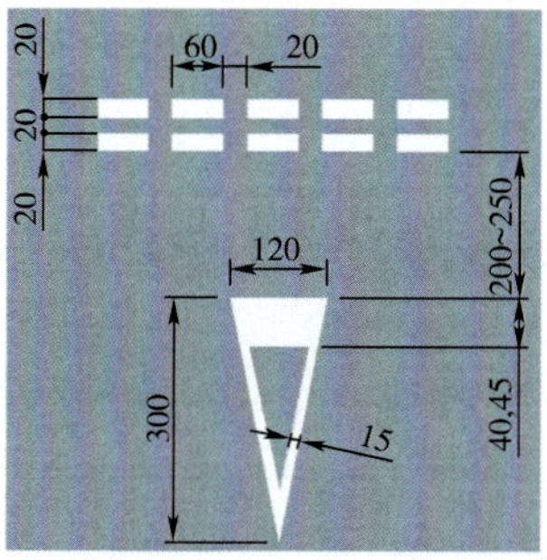	白	减速让行线

续上表

编号	形状及尺寸(除标明单位外,缺省单位为 cm)	颜色	能形成的标线种类
Z22	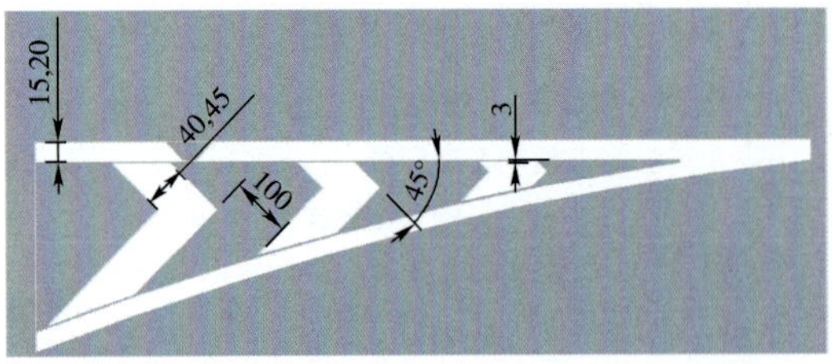	白 (黄)	导流线 渐变段标线 接近障碍物标线 收费岛地面标线
Z23	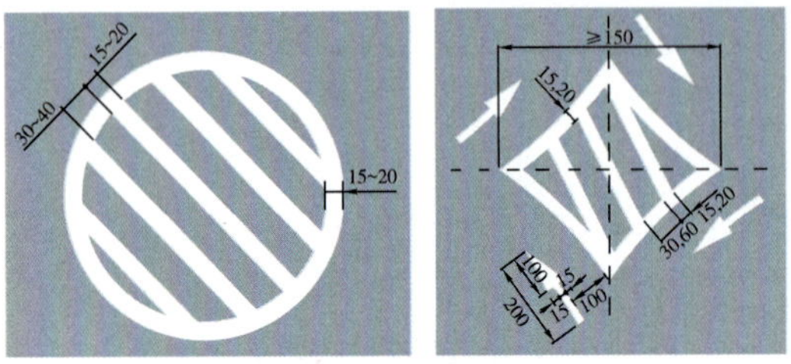	白	中心圈
Z24	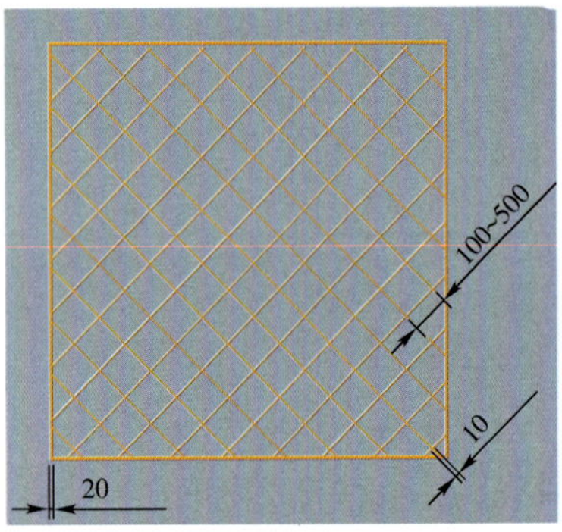	黄	网状线
Z25	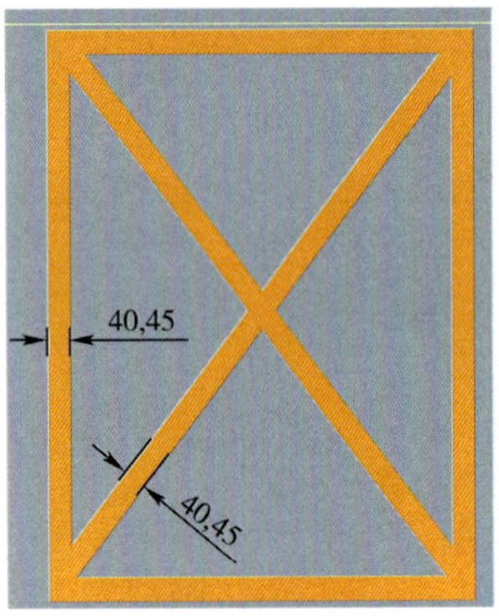	黄	简化网状线
Z26	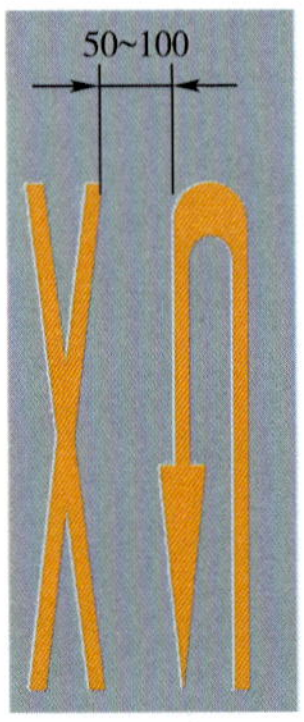	黄	禁止掉头标记

续上表

编号	形状及尺寸(除标明单位外,缺省单位为 cm)	颜色	能形成的标线种类
Z27	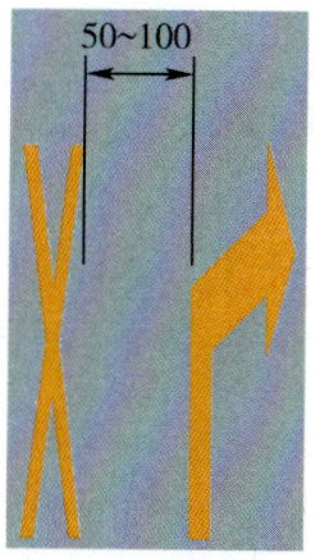	黄	禁止转弯标记
Z28	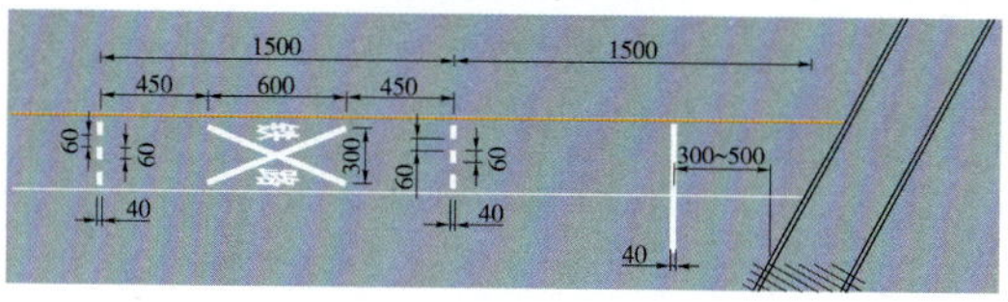	白	铁路平交道口标线
Z29	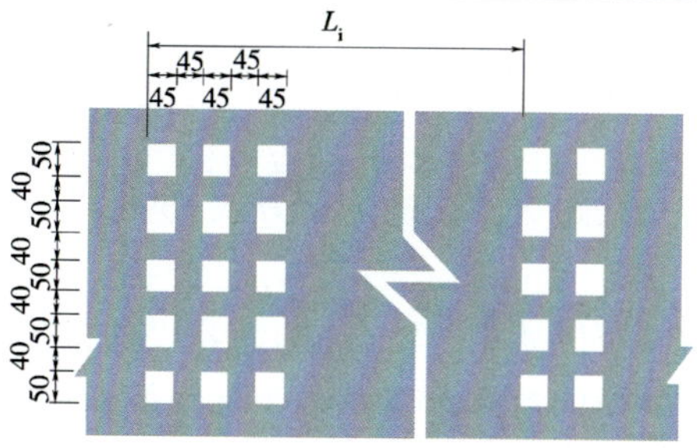	白	收费广场减速标线
Z30	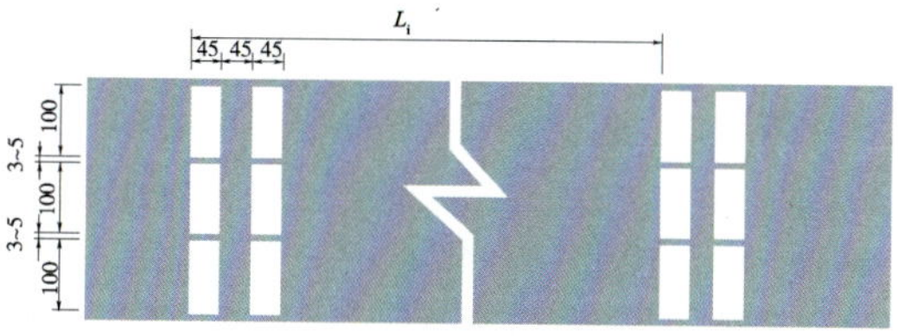	白	车行道横向减速标线
Z31	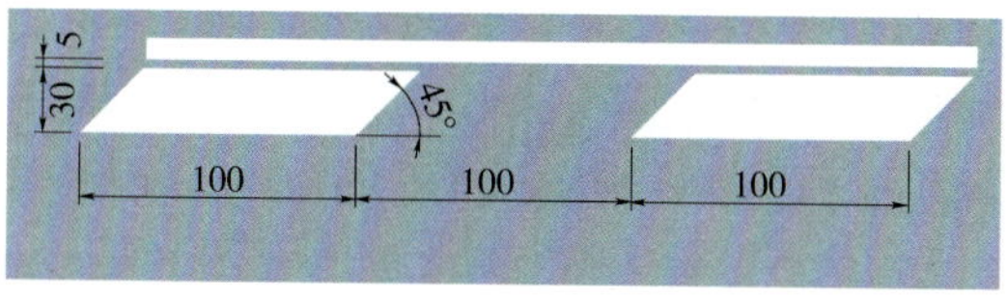	白	车行道纵向减速标线
Z32		白	车行道纵向减速标线渐变段
Z33	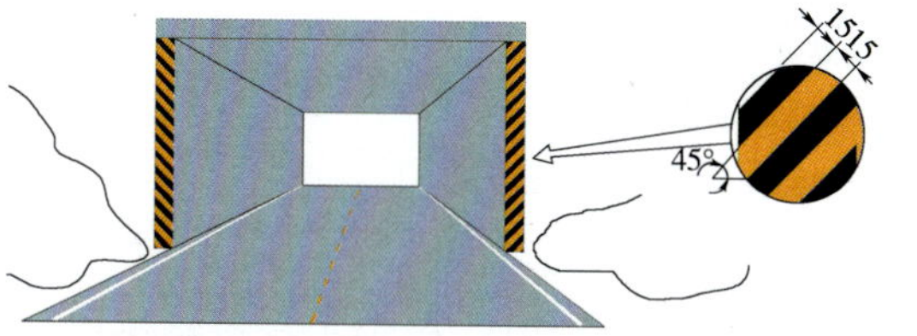	黄黑	立面标记 立体标记

第 20 章　交叉路口及其附近道路交通标线设计方法

交叉路口及其附近设置交通标线，主要是为了保障交叉路口的交通能够平稳、有序和安全。按照设置位置的不同，又包括以下内容：

(1)交叉路口出入部分的标线：在交叉路口出入部分，根据车行道功能划分，分别设置车行道分界线、导向箭头、导流线等标线。这些标线的设置是为了指明驶入、驶出交叉路口交通流的行驶位置和前进方向。

(2)交叉路口内的标线：在交叉路口停止线内侧设置停止线、人行横道线、导向线、导流线、非机动车禁驶区线、中心圈等标线，目的是为了指示交叉路口内交通流的交叉规则、左右拐弯的方法以及行驶方向等。

20.1　交叉路口及其附近道路交通标线的设计顺序

设置于交叉路口及其附近道路的交通标线，决定了交叉路口的交通运行方式，也可以说路面标线的设计是交叉路口设计的最后一项内容。

交叉路口设计包括的内容较为广泛，因本手册的篇幅范围所限，本部分的内容以存在满足要求的交叉路口基础条件为前提，主要讨论在此基础之上的路面标线的总体设置及各个标线的设置位置，标线设置参数的确定方法等。

交叉路口及其附近道路交通标线的一般设计顺序如图 20-1 所示。

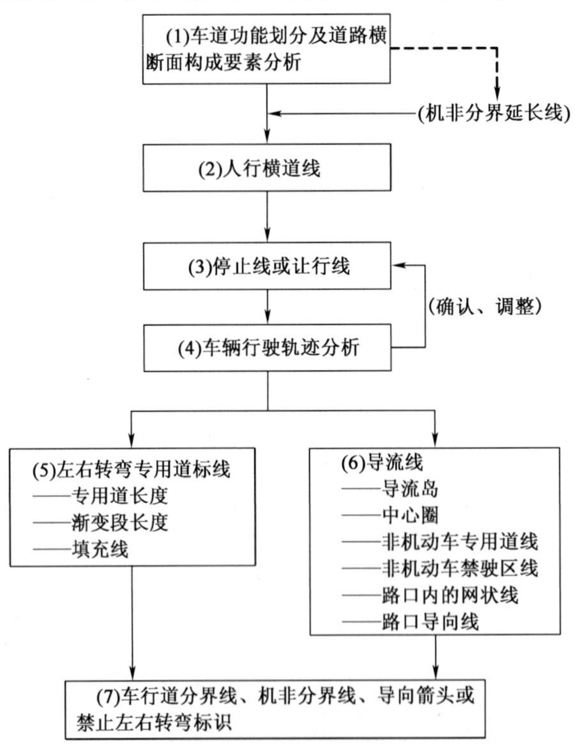

图 20-1　交叉路口及其附近道路交通标线设计顺序

对图 20-1 说明如下：

第一步，划分车道功能。根据交叉路口出入部分的道路横断面构成，确定车行道路数量、车行道道宽、非机动车道宽度等参数，由此可以确定机非分界的大体位置。

第二步，确定人行横道线的设置位置。根据第一步中确定的机非分界线的延长线，综合考虑横穿道路的行人和非机动车的安全及便利而确定。

第三步，确定停止线或让行线的位置。由第二步中确定的人行横道线的位置直接确定停止线或让行线的位置，但停止线或让行线的位置，还需要依据左右转弯车辆的行驶轨迹线进行确认和调整，以保证车辆停止操作的顺畅、自然，及车辆停止后驾驶人能够清楚地看到交叉路口内的交通情况或其他的交通管制措施。

第四步，以上述一、二、三步结果为基础，结合道路实际情况和车辆组成情况，对车辆在交叉路口及其附近道路的行驶轨迹进行分析，一般应形成车辆行驶轨迹图。

第五步、第六步，由上述工作的结果，分别设计左右转弯专用道标线的有关参数及导流相关的标线。

第七步，最后完成车行道分界线、机非分界线、导向箭头或禁止左右转弯标识的设置。

20.2　交叉路口出入部分的标线设计

20.2.1　道路横断面划分

20.2.1.1　车行道宽度和数量

交叉路口前后直行车道的宽度原则上应与一般路段的车行道宽度相同，《公路路线设计规范》(JTG D20—2006)中对车行道宽度的规定见表20-1。

表20-1　车道宽度

设计速度(km/h)	120	100	80	60	40	30	20
车道宽度(m)	3.75	3.75	3.75	3.50	3.50	3.25	3.00

注：1. 设计速度20km/h且为单车道时，车道宽度采用3.50m。
2. 高速公路为八车道，内侧车道宽度采用3.50m。

需要设置左右转弯专用道等附加车道时，一般应将交叉路口及其前后道路进行适当的加宽，以保证必要的宽度。征地困难、实际施工难度较大情况下，在大型车混入率较低的公路、城市道路交叉路口，也可根据路口的具体交通情况对直行车道宽度进行适当的调整。

由于左右转弯车辆的行驶速度比直行车辆慢，并且会有突然停车的情况出现，所以附加车道的宽度可依据实际情况，按照比直行车道窄0.25m的原则确定。

交叉路口出入部分的车行道数量必须满足的条件是：交叉路口驶入处的车行道数量小于等于交叉路口驶出处的车行道数量。例如，交叉路口驶入处的车行道中，被直行车所利用的(包括直行车行道，直行左转弯混用车行道，直行右转弯混用车行道)的车行道有2条，那么直行方向驶出处的车行道数量至少也保证有2条。另外，在驶入处若设置了2条左转弯车行道，那么在交叉路口左转弯驶出处也必须设置2条或以上的车行道，如果驶出处车行道数量无法和驶入处的情况相匹配，则没有必要在驶入处设置2条左转弯车行道。右转弯车行道的情况也是如此。

20.2.1.2　附加车行道的设置

交叉路口左右转弯专用道的设置应遵循以下原则：除左转弯交通量非常小的情况外，在交叉路口应积极开辟左转弯专用道。右转弯专用道应在相对必要的情况下设置。

在交叉路口，当左转弯车辆由于对面直行车流影响而停车时，其后的直行车辆为了避开这个左转弯车辆，也不得不相应的改变前进方向，从而妨碍到邻近车行道的车辆，可能会造成交叉路口通行能力降低、交通堵塞等情况，甚至可能诱发追尾和侧面冲撞等交通事故。为了消除这一隐患，把左转弯车辆和直行车辆分离开是非常有必要的，而左转弯专用道的设置也是根本的解决方法，所以强调左转弯专用道的设置非常重要，除非在左转弯交通量极少的地方，否则都应该设置左转弯专用道。

而右转弯专用道则应在需要的情况下设置。有必要设置右转弯专用道的情况包括：

(1)右转弯交通量非常大,并且与右转弯车辆交错的横过道路的行人或非机动车非常多的情况下;

(2)主流交通为右转交通流,即主干道路在交叉路口以较大角度右转弯的情况下;

(3)行驶速度较高的高速公路、城市快速路及其他干线道路上,为安全右转必须减速的情况下。

附加车行道的设置应掌握这样的原则:在将要进入交叉路口驶入处时,车辆可以通过安全、平稳的变线操作进入各自需要的导向车道。附加车行道的设置一般应独立于其他车行道之外,也就是说,车行道的设计应保证左右转弯车辆更改车行道进入附加车行道时,直行车辆也可以照旧行驶进入直行车行道。

20.2.1.3 设置附加车行道情况下主线的偏移和渐变段长度

为开辟交叉路口附加车行道,应首先考虑适当的路口加宽与适当的路口车道宽度缩减,上述措施无法满足要求或受条件限制无法实施时,按优先次序可依次采用缩小中央分隔带宽度、缩小中央分隔带宽度并缩小车行道宽度、偏移对向车行道分界线并缩小车行道宽度、缩小路肩或非机动车道的宽度等方法开辟交叉路口附加车行道。在交叉路口出入部分,为了设置附加车行道,对向车行道分界线和同向车行道分界线需要偏移时,偏移渐变段区间长度按式(20-1)计算:

$$L = \begin{cases} \dfrac{v^2 W}{155} & (v \leqslant 60\text{km/h}) \\ 0.625 \times vW & (v > 60\text{km/h}) \end{cases} \tag{20-1}$$

式中:L——渐变段的长度(m);

v——设计速度(km/h);

W——变化宽度(m)。

式(20-1)计算结果大于表 20-2 所示最小值时,采用计算结果作为实际渐变段长度,反之采用表 20-2所示最小值作为实际渐变段长度。

表 20-2 渐变段长度最小值

设计速度 v(km/h)	最小值(m)	设计速度 v(km/h)	最小值(m)
20	20	60	40
30	25	70	70
40	30	80	85
50	35	>80	100

对于设计速度与实际运行速度偏离较大的道路,可以用实际运行速度值代替设计速度值确定渐变段长度。

设置附加车行道条件下主线的偏移和渐变段长度确定方法如图 20-2 所示。

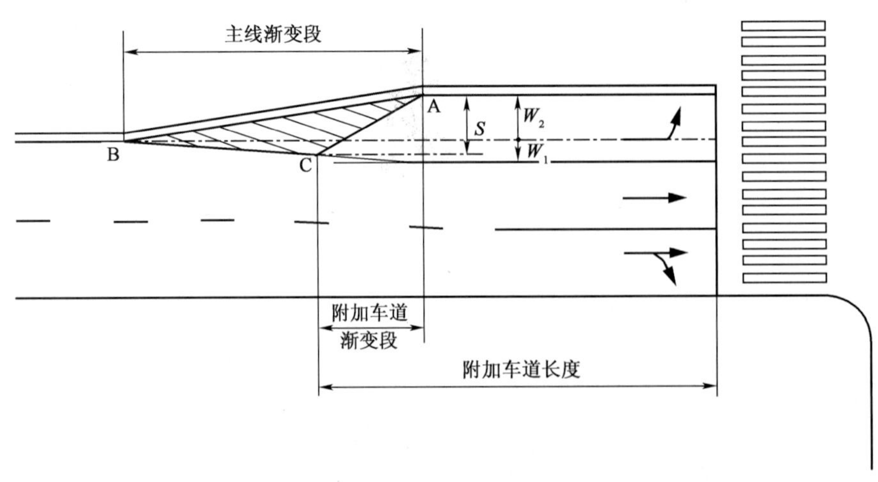

图 20-2 设置附加车行道条件下主线偏移和渐变段

在主线交通流偏移而设置附加车行道的情况下，渐变段长度应能够使车辆在原有行驶速度下能顺利流畅偏移，故渐变段区间应越长越好。图 20-2 中 W_1 为车行道分界线偏移幅度，W_2 为车行道中心线偏移幅度，使用其中任何一个作为偏移幅度都可以计算出渐变段长度，但考虑到渐变段区间的长度应尽可能长，所以应取两者中的较大值作为渐变段长度计算所用的变化宽度 W，即可用式(20-2)来计算：

$$W = \max\{W_1, W_2\} \tag{20-2}$$

图 20-2 中的 S 为过渡段标线顶点距偏移后道路中心线的距离，是确定实际标线设置的关键参数，如图 20-2 所示几何关系，可以通过式(20-3)来计算：

$$S = \frac{6L(W_1 + W_2)}{6L + vW_1} \tag{20-3}$$

计算渐变段长度所使用的速度 v，一般采用道路的设计速度，对于设计速度与实际运行速度偏离较大的道路，可以用实际运行速度值代替设计速度值确定渐变段长度。

20.2.1.4　附加车道渐变段

附加车道的渐变段长度按照式(20-4)求值：

$$L = v \times S/6 \tag{20-4}$$

式中：L——附件车道渐变段的长度(m)；

v——设计速度(或实际运行速度)(km/h)；

S——含义如图 20-2 所示(m)。

附加车道渐变段的设置目的主要是将左转弯或右转弯车辆正确引导到左右转弯专用道上。需要明确的是：附加车道的渐变段长度必须小于主线偏移的渐变段长度，按照应用经验，参照国外应用的成果，确定式(20-4)所示的计算方法。

20.2.2　左转弯专用道标线设置方法

20.2.2.1　左转弯专用道的设置方法

为开辟交叉路口左转弯专用附加车道，应首先考虑适当的路口加宽与适当的路口车道宽度缩减，上述措施无法满足要求或受条件限制无法实施时，按优先次序可依次采用缩小中央分隔带宽度、偏移道路中心线并缩小车行道宽度、缩小中央分隔带宽度并缩小车行道宽度、缩小路肩或非机动车道的宽度等方法。

(1)缩小中央分隔带宽度。

可以通过减小中央分隔带宽度开辟左转弯专用道，示例如图 20-3 所示，其中 v 为速度，单位为千米每小时(km/h)，W 为中央分隔带宽度缩减值，单位为米(m)。左转弯专用道开辟完成后，可保留中央分隔带剩余的面积，但如果剩余的部分宽度不足 50cm 且中央分隔带本身未被加高，可以仅设置路面标线。

(2)偏移道路中心线并缩小车行道宽度。

在没有中央分离带，无法利用中央分离带的宽度来确保左转弯车行道宽度的情况下，可以使道路中心线偏移并缩小交叉路口入口车行道宽度，以确保左转弯专用道的道宽，设计顺序如下(图 20-2)：

①A 点的确定：以停止线为起点，从左转弯专用道长度(确定方法见本节后部)减去左转弯渐变段长度($v \times S/6$)，取其长度定为 A 点；

②B 点的确定：按照图 20-2 所示，利用式(20-1)求主线渐变段长度，从 A 点按此渐变段长度求得 B 点；

③C 点的决定：以 A 点为基点，分别以 S 和 $v \times S/6$ 为坐标，确定 C 点；

④按上述方法确定出的△ABC 处应设置填充线。

利用偏移道路中心线并缩小交叉路口驶入处的车行道宽度开辟左转弯专用车道的示例如图 20-4 所示。

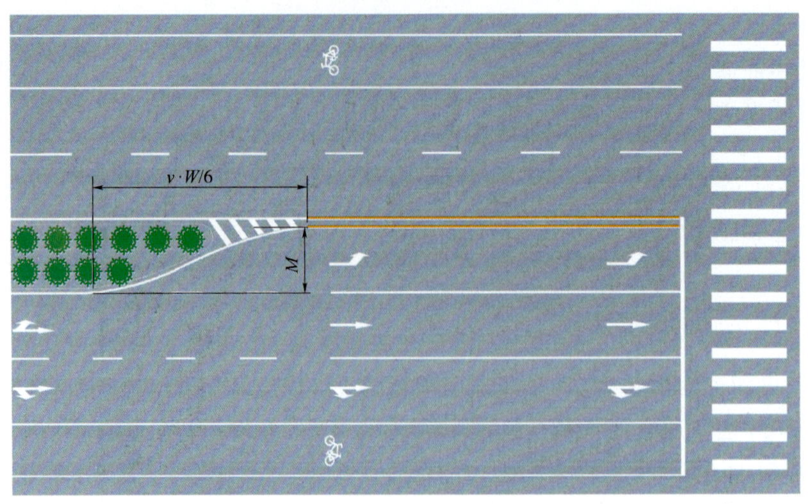

图20-3　缩小中央分隔带宽度开辟左转弯专用道示例

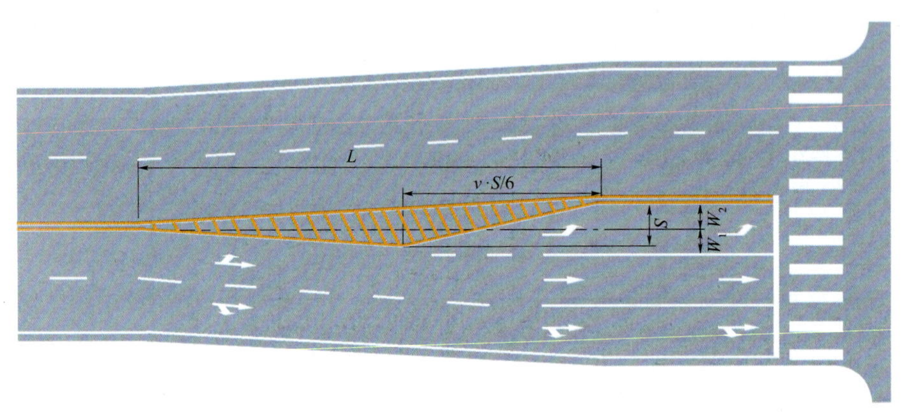

图20-4　偏移道路中心线并缩小车行道宽度以开辟左转弯专用道示例

(3)缩小中央分隔带宽度并缩小车行道宽度。

在中央分隔带宽度较小,仅依靠缩小中央分隔带宽度不足以开辟左转弯专用车道时,可采用缩小中央分隔带和缩减车行道宽度相结合的方法来开辟左转弯专用道,如图20-5所示。

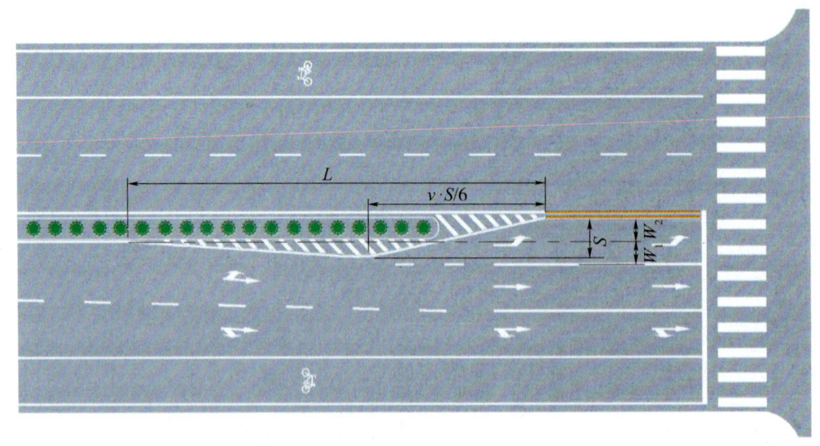

图20-5　缩小中央分隔带和缩减车行道宽度相结合开辟左转弯专用道示例

(4)缩小路肩或非机动车道的宽度。

在设置了硬路肩或非机动车道的道路,可在交叉路口附近缩小路肩或非机动车道的宽度,以开辟左转弯专用道。仅靠缩减路肩或非机动车道宽度不能确保左转弯专用道的宽度时，路口其他车行道的宽度可进行适当的缩减，如图 20-6 所示。缩减非机动车道宽度时，应首先保证不会影响到行人及非机动车正常的通行，建议慎重选用。

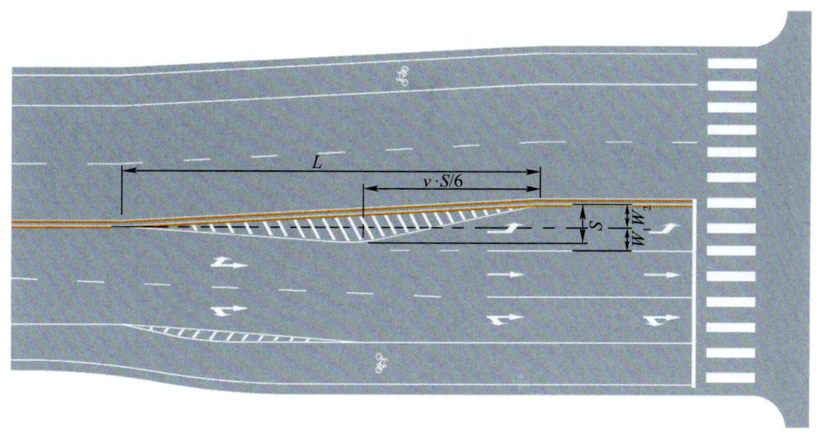

图 20-6　缩小路肩或非机动车道的宽度以开辟左转弯专用道示例

（5）双向左转车道。

城市道路中如设置左转弯专用道的交叉路口在较短的间隔内连续出现，且车行道宽度允许的情况下，可将中间车道设计为双向左转车道，标线设置如图 20-7 所示。

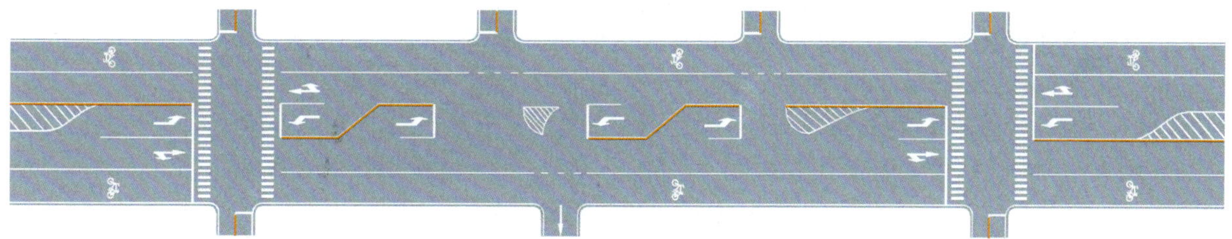

图 20-7　双向左转车道标线设置示例

（6）左转弯专用道和对向驶入直行道的相对设置。

T 形交叉路口设置左转弯专用道时，需在进入交叉路口前将对向直行车辆行驶路线进行偏移，以降低直行车辆与左转弯车辆在交叉路口内的相互影响，如图 20-8 所示。

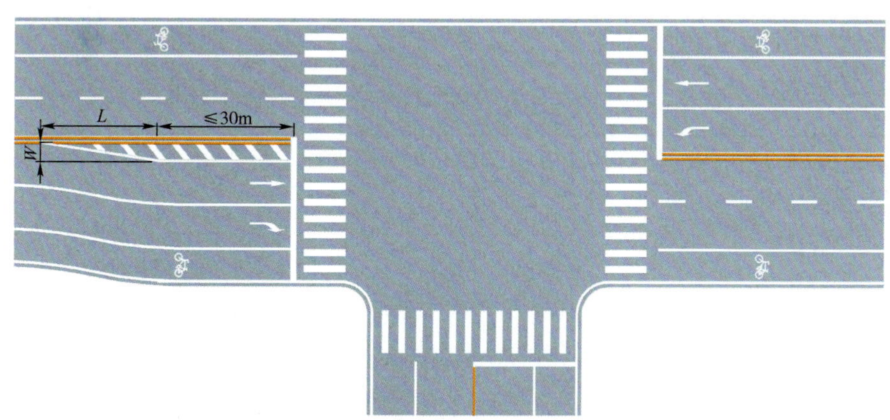

图 20-8　T 形交叉路口左转弯专用道与对向直行车道的相对位置示例

20.2.2.2　左转弯专用道的长度

左转弯专用道由以下部分组成：

（1）将左转弯车辆引导到左转弯专用道上的渐变段区间；

（2）左转弯车辆减速需要的区间；

(3)左转弯车辆排队所需的区间。

各部分含义如图20-9所示。

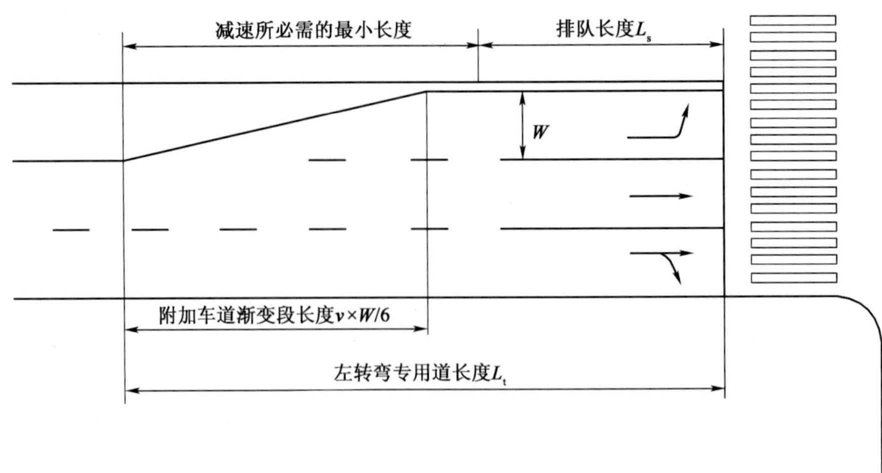

图20-9　左转弯专用道长度

这些区间长度的累加即为左转弯专用道长度。为避免左转弯专用道过长,实际设置困难,可将渐变段区间作为减速区间使用。左转弯专用道的长度 L_t 按式(20-5)计算:

$$L_t = L_d + L_s \tag{20-5}$$

式中:L_t——左转弯专用道长度(m);

L_d——减速所必需的最小长度(L_{dmin})和左转弯附加车道渐变段长度($V \times W/6$)中数值较大的一个(m);

L_s——左转弯排队长度(m)。

车辆减速所需长度可参照表20-3取值:

表20-3　减速区间长度(m)

设计速度 v (km/h)	干线公路和城市主干路	其　他
100	100	—
80	60	45
60	40	30
50	30	20
40	20	150
30	10	10
20	10	10

为尽量消除或减小左转弯车辆对其他方向车辆行驶的影响,左转弯车辆排队所需长度 L_s 最小值应取为30m,大于30m时按式(20-6)或式(20-7)计算:

信号灯控制交叉路口:

$$L_s = 1.5 \times N \times s \tag{20-6}$$

式中:N——1个信号周期内平均左转弯车辆的台数(辆);

s——平均车头间隔(m)。

无信号控制交叉路口:

$$L_s = 2 \times M \times s \tag{20-7}$$

式中:M——1min时间内平均左转弯车辆的台数(辆)。

左转弯车辆排队时的平均车头间隔 s,小型车可取为6m,大型车可取为12m。如无法得出大型车混入率,则可取 s 为7m统一计算。

20.3　交叉路口内的标线设计

20.3.1　人行横道线

人行横道线为白色平行粗实线(又称斑马线),线宽为 40cm 或 45cm,线间隔一般为 60cm。在实际应用中,应尽量使车辆车轮穿过标线的间隔部分,以减少车轮对标线的磨损,为此可以适当调整斑马线的线间隔,但线间隔最大不应超过 80cm,人行横道线的最小宽度为 300cm,并可根据行人交通量以 100cm 为一级加宽。干线道路交叉路口人行横道的宽度应为 4m,在相对较窄的道路交叉路口,人行横道的最小宽度为 3m,根据具体情况可做 1m 为单位的增减。

在保证车辆转弯顺畅的前提下,路口人行横道线应尽量靠近交叉路口中心,以缩短车辆通过路口的时间,并便于保持几个方向上人行横道的连续性,方便行人通行。人行横道的设置要兼顾残疾人行走的便利,应与路侧人行步道上的无障碍坡道(盲道)出口相对,与人行步道顺畅连接。人行横道两端应避开电线杆、灯杆、广告牌、树木、草坪等影响行人正常行走的永久设施。一般情况下,人行横道线内沿与路缘石延长线之间预留 0.5 ~ 1m 的空间,以保证路口内机动车、非机动车与行人之间的安全距离,如图 20-14 所示。如影响车辆转弯,人行横道线可视路口情况,在路缘石延长线后的适当位置设置。

图 20-14　人行横道线设置示例

人行横道的设置应考虑尽量缩短行人或非机动车横过道路的时间,一般应尽量将其设计为与行车道成直角。畸形路口的人行横道应灵活设置,尽量选择行人横穿车道的最短距离,并符合行人的行走轨迹,减少绕行,示例如图 20-15 所示。

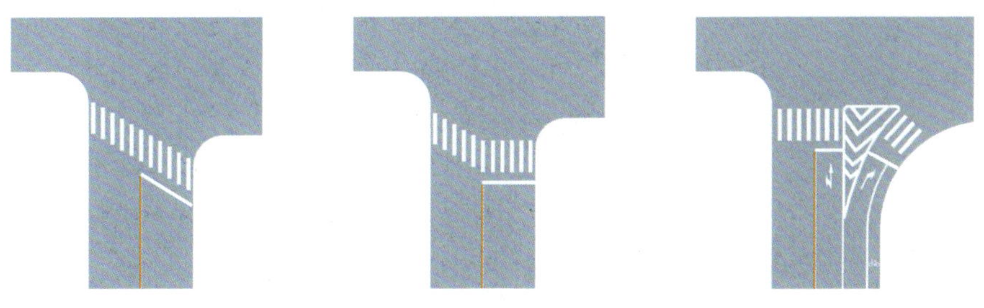
图 20-15　畸形路口人行横道线设置示例

行人一次横穿道路的距离应控制在 15m 以下。如果在 15m 以上,则应在合适位置设置安全岛。安全岛长度宜大于或等于人行横道宽度,宽度与中央分隔带相同或依据实际情况确定,如图 20-16 所示。在安全岛面积不能满足等候信号放行的行人停留需要等情况下,人行横道线可错位设置,如图 20-17所示。在交叉路口有渠化安全岛的情况下,人行道标线应通过安全岛设置。

一般应在综合考虑行人流量、行人年龄段分布、道路宽度、车流量、车辆速度、视距等多种因素后,确定人行横道线的设置宽度和形式。行人过街交通量特别大的路口,可并列设置两道人行横道线,使斑马线虚实段相互交错,并辅以方向箭头指示行人靠左右分道过街,如图 20-18 所示。

需要预告前方有人行横道时,应在人行横道前的车行道中央设置人行横道预告路面标识。设置位置应综合考虑车辆的停车距离和夜间行驶时的可视性,一般在距离人行横道前 30 ~ 50m 的地方设置一个,在 10 ~ 20m 间隔的地方设置一个,根据具体的道路状况,可以再重复设置一个。人行横道位于路段中、道路曲线转弯部分的前方或其他视距不良处时,必须设置预告标识,如图 20-19 所示。

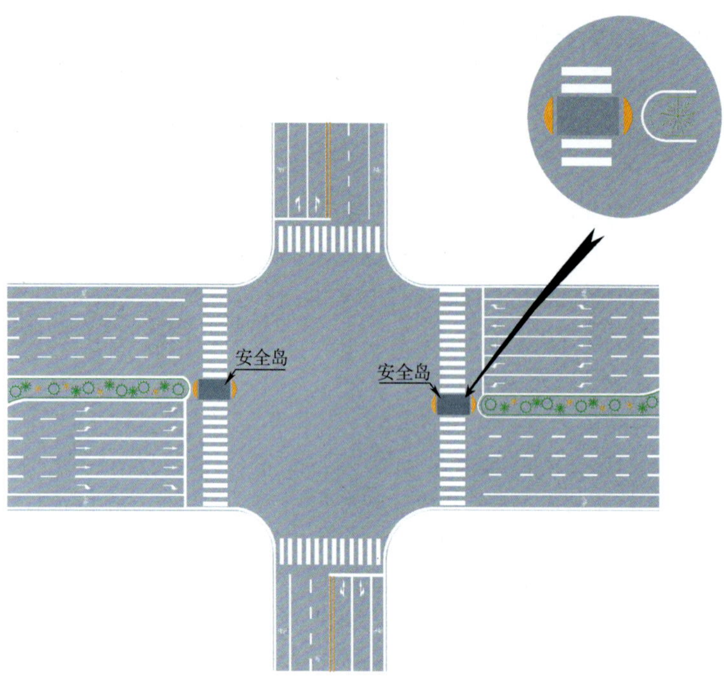

图 20-16　安全岛设置示例

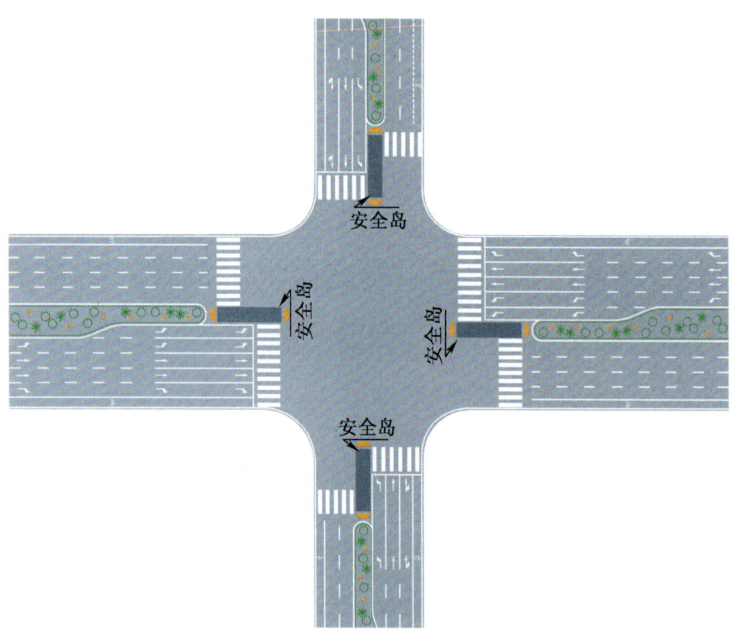

图 20-17　人行横道线错位设置示例

20.3.2　停止线

交叉路口内的停止线表示车辆停止后任何部分都不能超过这条线。在信号灯控制交叉路口、铁路平交道口、左转弯待转区的前端、人行横道线前及其他需要车辆停止的位置设置。双向行驶的路口,停止线应与对向车行道分界线连接;单向行驶的路口,其长度应横跨整个路面。停止线的宽度可根据道路等级、交通量、行驶速度的不同选用 20cm、30cm 或 40cm。停止线应设置在有利于驾驶人观察路况的位置。在路口条件允许的情况下,应尽量靠近路口的中心,以便于车辆快速通过路口,提高路口的通行能力。在设置人行横道的路口入口处,停止线应距离人行横道线外沿(远离路口中心的一侧)100 ~ 300cm 处设置,无人行横道的路口入口,停止线应在距离横向路缘延长线 100 ~ 300cm 处设置。

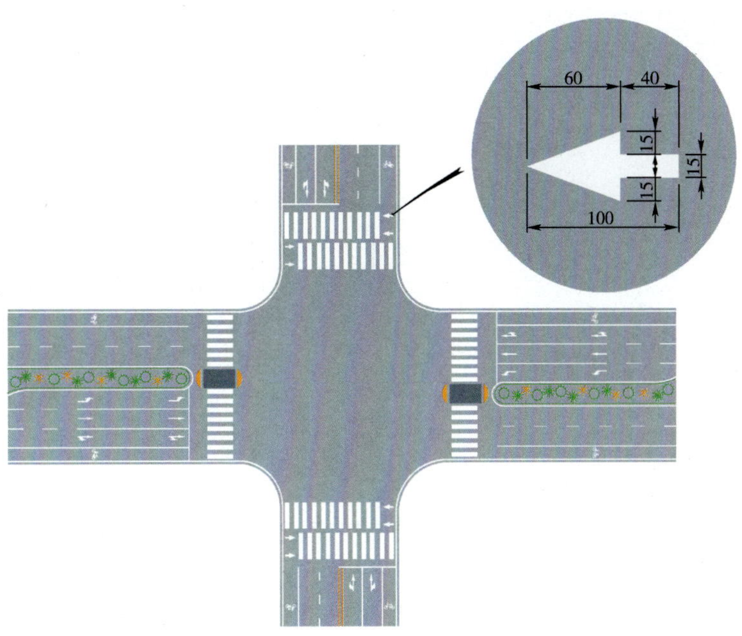

图 20-18　行人左右分道的人行横道线设置示例(尺寸单位:cm)

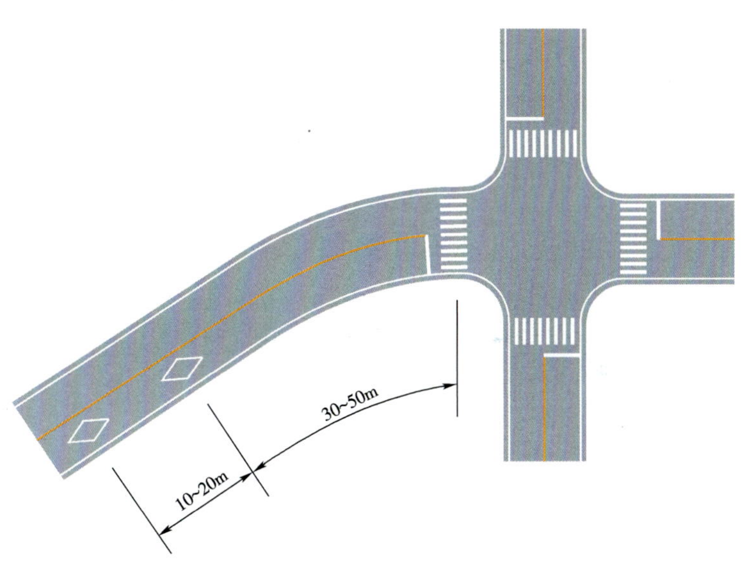

图 20-19　人行横道线预告标识设置示例

停止线原则上应与车行道中心线垂直。畸形路口的停止线可以根据实际情况设置成斜形或阶梯形,如图 20-20 所示。停止线对横向道路左转弯机动车正常通行有影响时,可适当后移,或部分车道的停止线作适当后移,后移距离可根据实际情况决定,一般为 100 ~ 300cm,如图 20-21 所示。

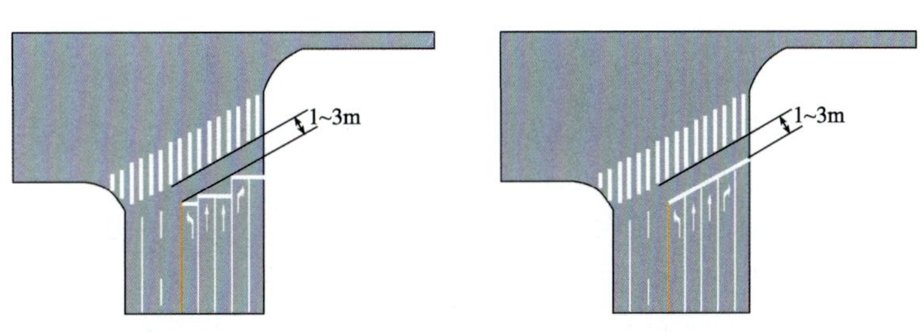

图 20-20　畸形路口停止线设置示例

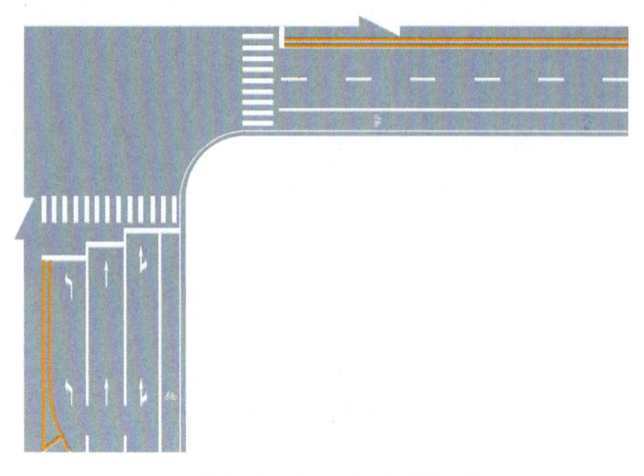

图20-21 停止线错位设置示例

20.3.3 让行线

(1)基本原则:交叉路口内的让行线包括停车让行线和减速让行线两种。让行控制定义了交叉路口的通行优先权,让行线的设置应经过综合技术判断确定,判断的基本原则是:

①确保交通安全;

②符合相关法律法规的要求;

③使必须停车的车辆数最小;

④使路段交通延误率最小。

(2)下列情况应进行停车让行控制:

①支路与干路垂直相交(或接近垂直相交),用其他路权分配原则和措施无法获得较好遵守的情况下;

②城市街道与过境公路或运行速度较高的城市快速路、城市主干路垂直(或接近垂直)相交,而且未设置信号灯的情况下;

③无信号控制支路与绿波带信号控制道路相交的情况下;

④相交道路速度差别较大、交叉路口视距受限或事故记录显示需要进行停车让行控制的情况下;

⑤道路与铁路平面交叉的情况下。

(3)下列情况下,可重点考虑进行停车让行控制:

①需要控制左转弯冲突的场合;

②在行人或非机动车流量较大的区域,需要控制机非冲突的场合;

③道路使用者无法看清交通冲突的地点,与其冲突的交通流停车让行能使该道路使用者合理、安全通过交叉路口的情况下;

④居民区两条条件相同(或相近)的集散型支路相交形成的交叉路口,多路同设停车让行控制能够改善交叉路口运行性能的情况下。

(4)确定两条条件相近的相交道路停车让行的设置方向时,可参照下述原则:

①可能与较多行人横穿和学校活动冲突的方向上;

②在视距不良或已经设置减速丘等减速设施的方向上;

③在到达路口前具有最长不受干扰通行条件的方向上;

④在对路口交织点具有最佳视距的方向上。

(5)多路同设停车让行控制:多路同设停车让行控制应当以工程判断为基础,下列情况下推荐采用多路同设停车让行控制:

①交叉路口信号灯处于安装、调整或关闭期时,作为临时交通控制措施,可在交叉路口所有进口进行停车让行控制;

②事故记录分析显示,过去12个月中,交叉路口范围内所有事故中,有5件或以上可以通过多路同设停车让行控制措施予以避免时;

③流量达到下述要求时:

a.从主路双方向进入交叉路口的车流量,在一天中的任何8h之内,至少达到平均300辆/h,并且从支路双方向进入交叉路口的车辆、行人、非机动车等流量,在相同的8h内,至少达到平均200单元/h;高峰时间段内,造成支路车辆平均延误至少30s时;

b.虽然交通流量未达到上述要求,但主路车辆进入交叉路口的85%分位车速在65km/h以上,而且最小交通流量数据达到上述数据的70%时;

c.没有合适的信号配时能够满足各方要求,并且有关数据达到条件②及③中的a所定标准的80%时。

(6)下列情况下应进行减速让行控制：

①通过工程判断，符合设置停车让行的条件，但交叉路口视距良好，道路使用者能够清楚地观察到可能的交通冲突，以限速值、85%分位车速值或法规规定的速度通过交叉路口，或即使有危险情况，驾驶人也能从容控制停车的情况下，应以减速让行控制代替停车让行控制；

②道路合流处，加速车道长度不足或视距不足时；

③横穿中央分隔带超过 9m 的道路或分离式路基的道路时，在横穿第一侧道路前设置停车让行标志，而在横穿第二侧道路前设置减速让行标志；

④交叉路口存在一些特殊的问题，工程判断减速让行控制可能解决这些问题时；

⑤环岛交叉路口的所有入口处。

停车让行线为两条平行白色实线和一个白色“停”字。双向行驶的路口，白色双实线长度应与对向车行道分界线连接；单向行驶的路口，白色双实线长度应横跨整个路面。白色实线宽度 20cm，间隔 20cm，“停”字宽 100cm，高 250cm。减速让行线为两条平行的虚线和一个倒三角形，颜色为白色。双向行驶的路口，白色虚线长度应与对向车行道分界线连接；单向行驶的路口，白色虚线长度应横跨整个路面。虚线宽 20cm，两条虚线间隔 20cm。倒三角形底宽 120cm，高 300cm。

高速公路和匝道上不进行停车让行控制。除特殊情况外，在设置有信号灯的交叉路口和干线道路主线上不设停车让行控制。让行控制不能用作车速控制的措施。设有“停车让行”或“减速让行”标志的路口，除路面条件无法施划标线外，均应设置停车让行标线或减速让行标线。

20.3.4　导流标识

(1)左转弯待转区线：在设有左转弯专用信号且辟有左转弯专用车道时使用，可在左转弯专用车道前端设置左弯待转区，伸入交叉路口内，但不得妨碍对向直行车辆的正常行驶。

设有左转弯专用信号且辟有左转弯专用车道的路口内，相对两个方向直行车流之间有足够的车辆等待空间时，可综合考虑交叉路口实际面积、左转弯车流量及主要左转弯车型、信号灯配时等情况确定左弯待转区的设置位置和尺寸。路口太小，左弯待转区域太短，设置左弯待转区严重影响直行车辆通行的情况下，不应设置左弯待转区。

设有专左象位信号灯但象位顺序为先放行左转车流后放行直行车流的条件下不设置左弯待转区。左弯待转区末端应尽量向前延伸至路口的中心，但其末端不得越过对向直行车道的延长线，不得妨碍对向直行车辆的正常行驶。路口入口设置有两条及其以上左转专用车道时，外侧左转专用车道的待转区可略长于内侧车道，以利于通行，如图 20-22 所示。

在有条件的地点，左弯待转区可以设置成少变多条的形式，以充分利用空间，增加左转弯的通行能力，如图 20-23 所示。

左弯待转区线为两条平行并略带弧形的白虚线，线宽 15cm，线段及间隔长均为 50cm，其前端应划停止线。在待转区内须施划白色左转弯导向箭头，导向箭头长 300cm，一般在左弯待转区的起始位置和停止线前各施划一组。左弯待转区较长时，中间可以重复设置导向箭头；左弯待转区较短时，可仅设置一组导向箭头。左弯待转区是供左转车辆暂时停留的区域，其设置长度应充分考虑该区域交通量以及信号灯配时等数据，避免由于左转弯待转区长度不够造成交通堵塞或者由于长度过长造成的交通冲突的发生。直行和左转共用车道不宜设置左弯待转区。

(2)导流线：路口内的导流线表示车辆需按规定的路线行驶，不得压线或越线行驶，主要用于过宽、不规则或行驶条件比较复杂的交叉路口，立体交叉的匝道口或其他特殊地点。导流线应根据交叉路口的地形和交通流量、流向情况进行设计。导流线的颜色分为黄色和白色两种，用来分隔两个同向行驶的交通流时用白色，用来分隔两个对向行驶的交通流时用黄色，用来分隔三个(及其以上)不同方向行驶的交通流时用白色。

导流线一侧与机动车道相邻，或两侧与行驶方向相反的机动车道相邻时，导流填充线的形状为直线，与双向车流方向均成 45°夹角；导流线两侧与行驶方向相同的机动车道相邻，填充线为折线，与两侧车辆方向均成45°夹角;导流线与三条及其以上不同流向的机动车道相邻,填充线的方向应视具体情况灵活掌握。导流线的形状、大小、面积没有特定的标准,应根据道路具体情况设置。

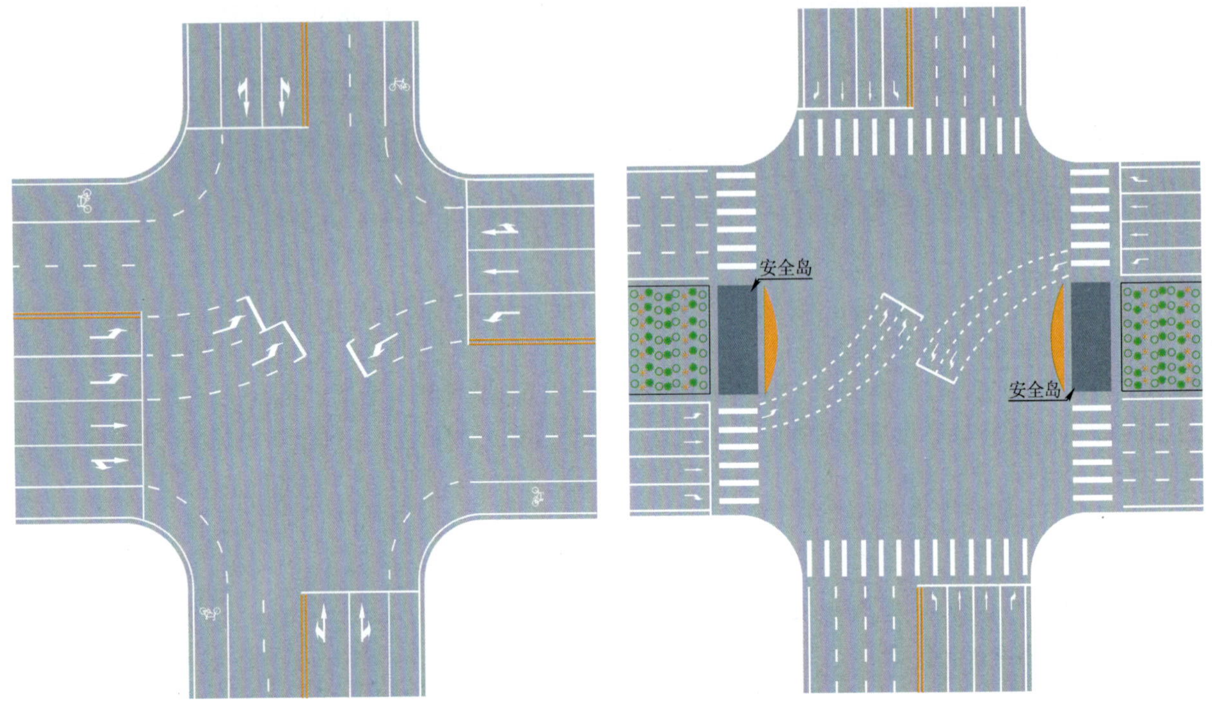

图 20-22　左弯待转区设置示例一　　图 20-23　左弯待转区设置示例二

导流线的设置应考虑车辆最小的转弯半径,符合车辆的行驶轨迹,兼顾车辆行驶的安全与舒适。导流线的边缘线应与临近的道路边缘线、车行道分界线或中心线顺畅连接。

右转弯导流线有三种设计方法,如图 20-24 所示。a)仅在内侧设置斑马填充线,将右转弯车辆的转向半径最小化,实际右转弯车辆易于偏道路外侧行驶,所以这种设置方法可使导流线不易磨损;b)仅在外侧设置斑马填充线,将右转弯车辆的转向半径最大化,但导流线易磨损;c)在两侧都设置了斑马填充线,是上述两种方法的折中。在实际应用中,如右转弯车辆速度较高,则可考虑按方法 b)设置导流线,把右转弯的半径设到最大,使车辆顺畅轻松右转弯。在右转弯车辆较多的情况下,则可以考虑采用方法 a)或 c)设置导流线,减少导流线的磨损。在采用方法 a)或 c)设置导流线时,还必须考虑到一点,在靠近非机动车道的右转弯车道内设置了斑马填充线后,行人和非机动车就易于在填充线区域停留或占道通行,存在一定的安全问题。

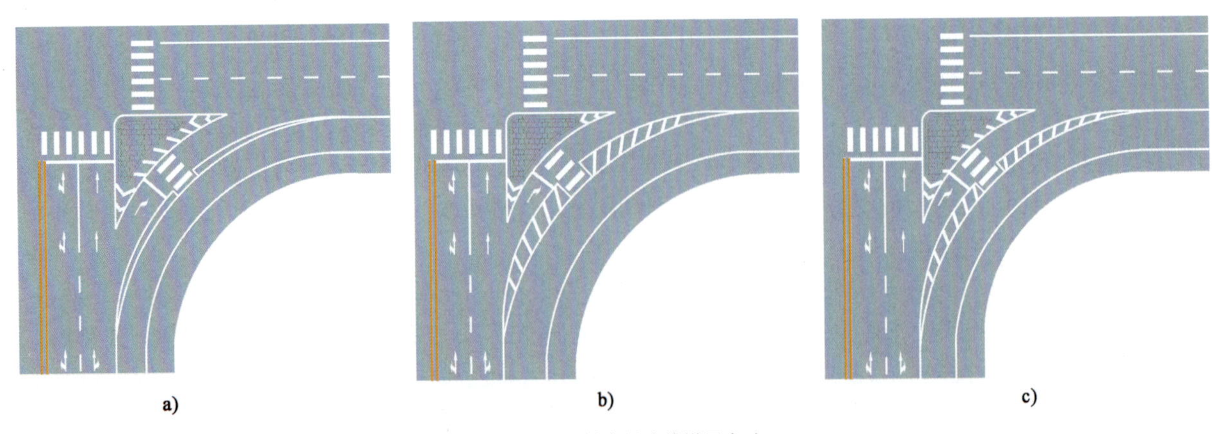

图 20-24　右转弯导流线设置方法

(3)路口导向线:在平面交叉路口面积较大、形状不规则或交通组织复杂,车辆寻找出口车道困难或交通流交织严重时,应设置路口导向线,辅助车辆行驶和转向。路口导向线为虚线,实线段 200cm,间隔 200cm，线宽 15cm。连接同向车行道分界线或机非分界线的路口导向线为白色圆曲（或直）虚线；连接对向车行道分界线的路口导向线为黄色圆曲（或直）虚线。

①左转弯导向线：左转弯导向线宜在畸形路口使用，设置在左转弯车流量较大的方向，用以规范左转机动车的行驶轨迹，提高车辆通过路口的速度，减少路口交通冲突。在路口入口设有两条专用左转车道的情况下，宜同时设置 3 条左转弯导向线，如图 20-25 所示。路口入口直左车道也可根据实际需要设置左转弯导向线，如图 20-26 所示。两条相对方向的左转弯导向线不应在路口内交叉，至少应保证 1m 以上的安全距离，如图 20-27 所示。

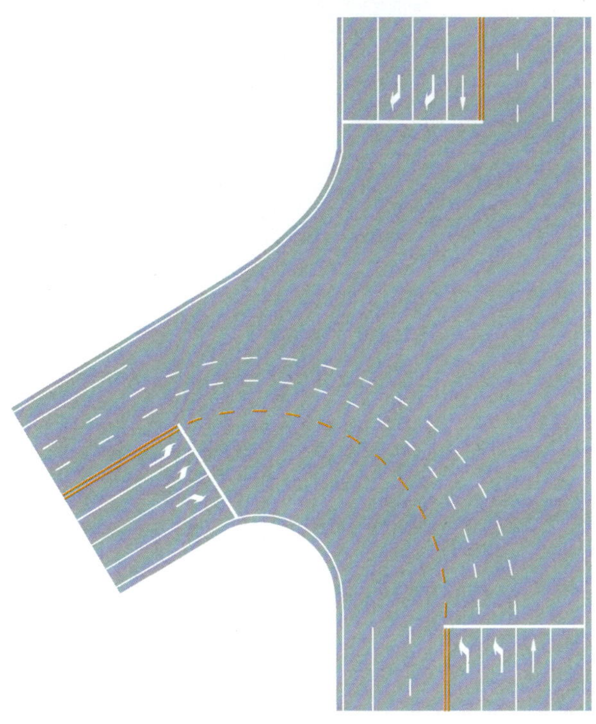

图 20-25　左转弯导向线设置示例一

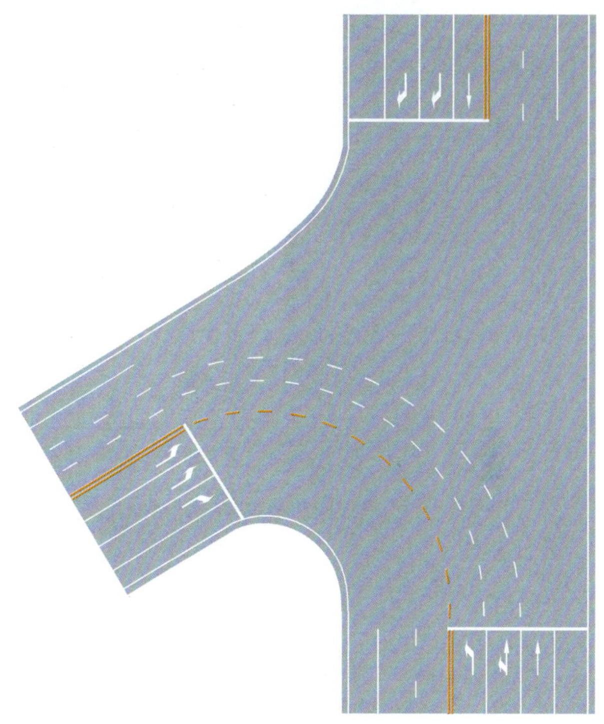

图 20-26　左转弯导向线设置示例二

②右转弯导向线：交叉路口内车辆右转弯半径较小、右转弯需转动的角度较大或右转弯车辆易与非机动车或路缘石发生冲突时，宜以右转弯机动车道外侧的机非分道线或路缘线末端为起点，沿机动车右转轨迹设置，连接到路口出口机非分道线或路缘线起始点为终点，设置右转弯导向线，用以规范右转车辆的行驶轨迹，设置示例如图 20-28 所示。右转弯导向线在路口人行横道内的部分不需设置。

③直行导向线：路口入口直行车道和同方向出口车道错位设置，存在事故隐患时，可根据实际情况设置直行导向线，用以规范直行车辆的行驶轨迹，减少通过路口的时间，减小交通冲突。设置示例如图 20-29 所示。直行导向线在路口内不应交叉设置。

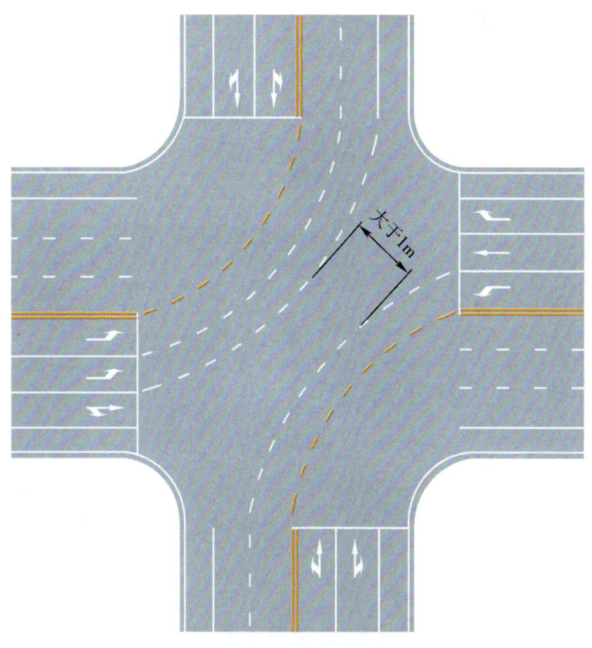

图 20-27　左转弯导向线设置示例三

20.3.5　非机动车专用道标线

非机动车专用道标线颜色为蓝色，表示此车道仅供非机动车行驶，行人及其他车辆不得进入。设置有人行横道时,非机动车专用道应与人行横道平行,边缘线与人行横道线间隔 5cm,位于交叉路口内侧;未设置人行横道时,非机动车专用道的设置可参照人行横道的设置要点;交叉路口内非机动车专用道的宽度宜为 1.5 ~2m。交叉路口非机动车专用道设置示例如图 20-30 所示。

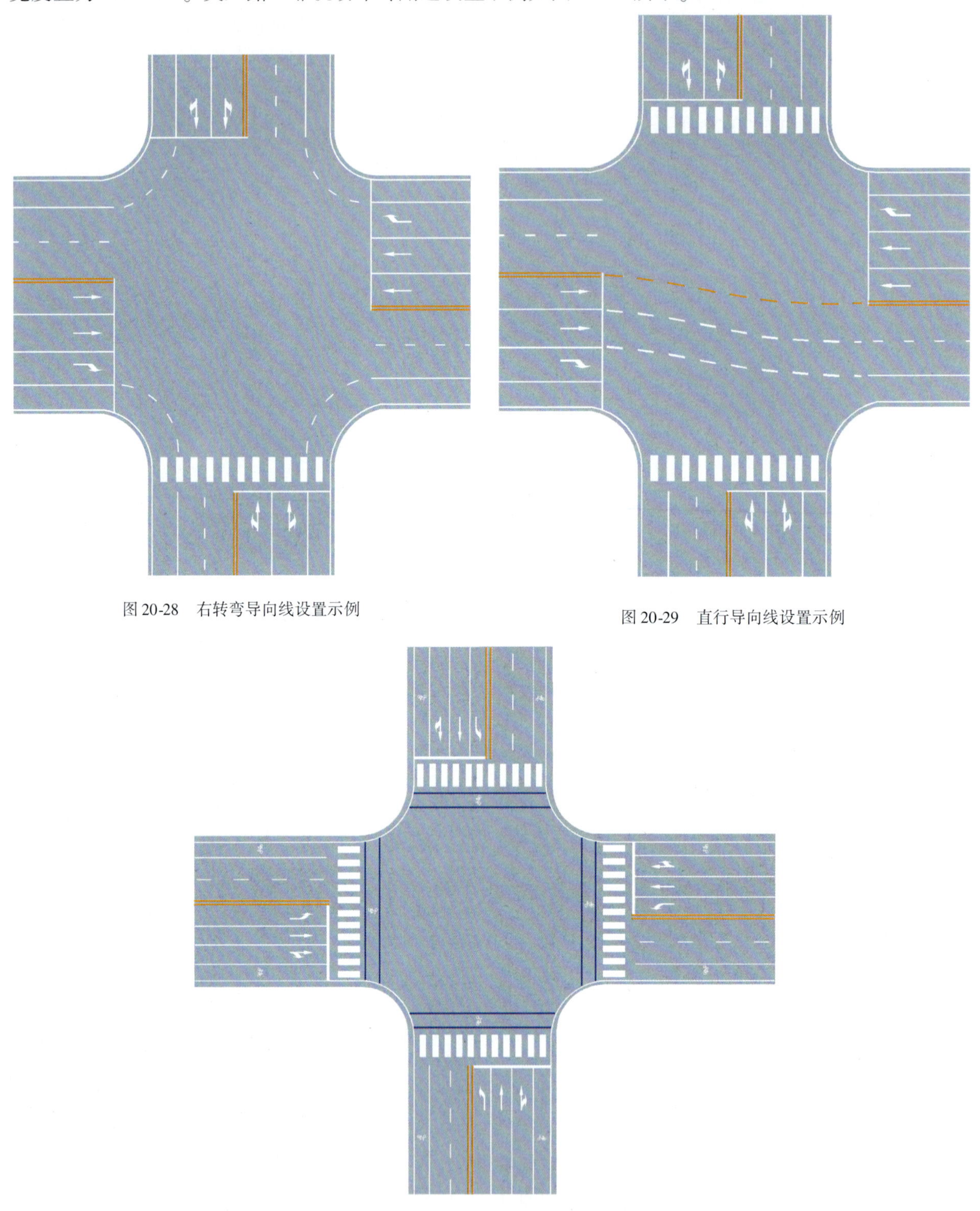

图 20-28　右转弯导向线设置示例

图 20-29　直行导向线设置示例

图 20-30　交叉路口内的非机动车专用道

20.3.6　非机动车禁驶区标线和中心圈

在无专用左转弯相位信号控制的较大路口或其他需要规范非机动车行驶轨迹的路口内,可设非机动车禁驶区标线,用以告示非机动车使用者在路口内禁止驶入的范围。非机动车禁驶区范围以机动车道外侧边缘为界，可配合设置中心圈。左转弯非机动车应沿禁驶区范围外绕行，且两次停车，其停止线长度不应小于相应非机动车道宽度。

非机动车禁驶区应在四个方向能明确区分机动车道和非机动车道的路口内设置。路口入口不设置专用右转车道的情况下，非机动车禁驶区轮廓线应设置在相交道路机非分道线或道路外侧路缘线的延长线上；路口入口设有专用右转车道的情况下，禁驶区轮廓线应设置在专用右转车道左侧的导向车道线的延长线上；轮廓线外侧距人行横道的距离宜大于 4m，无人行横道的则距停止线的距离宜大于 4m，内侧距路口中心位置或中心圈的距离宜大于 5m，设置示例如图 20-31 所示。非机动车禁驶区矩形区域的四个夹角位置应配合设置非机动车二次停止线。T 形交叉路口可设置扇形非机动车禁驶区，如图 20-32 所示。

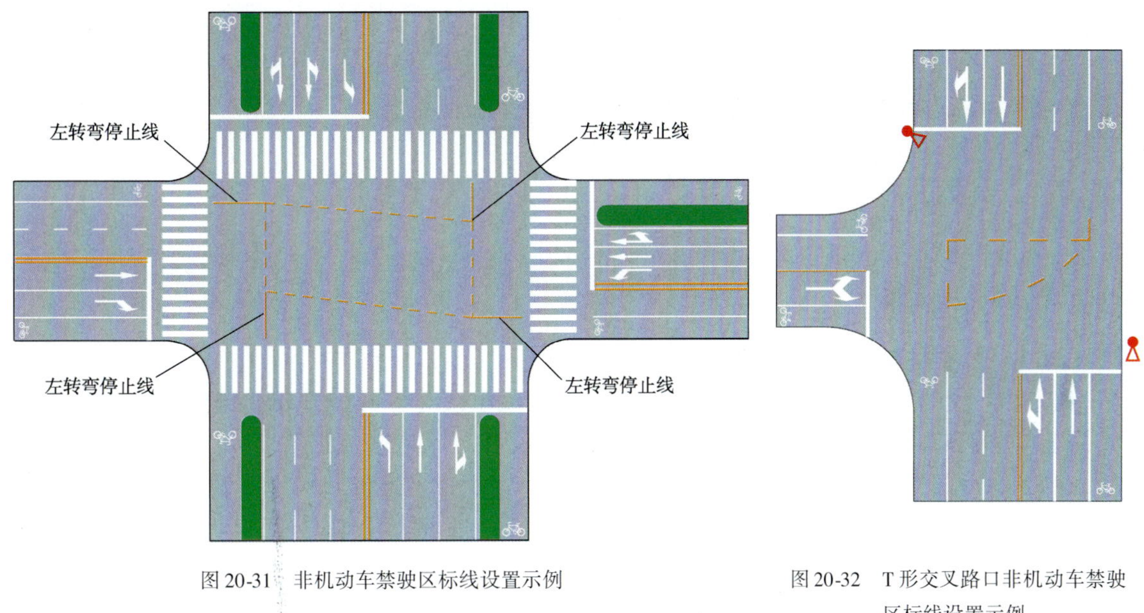

图 20-31　非机动车禁驶区标线设置示例

图 20-32　T 形交叉路口非机动车禁驶区标线设置示例

路口面积较小或路口对向出入口错位距离过大，不宜设置非机动车禁驶区。非机动车禁驶区的设置要符合非机动车的行驶轨迹，非机动车二次停止线的设置要兼顾直行机动车和左转非机动车的通行便利，不得妨碍该方向右转弯机动车的正常行驶。

中心圈设置在平面交叉路口的中心，用以区分车辆大、小转弯或作为交叉路口车辆左右转弯的指示，车辆不得压线行驶。中心圈有圆形和菱形两种形式，颜色为白色。中心圈直径及形状应根据交叉路口大小确定，圆形的直径不小于 120cm，菱形的对角线长度不小于 150cm。

第 21 章　路段交通标线设计

路段交通标线设计主要包括以下内容:

(1)一般路段交通标线设计,包括道路中心、车行道分界线、车行道边缘线及非机动车道线等的设计。

(2)特殊路段交通标线的设计,包括人行横道相关标线、分合流标线等需要特殊考虑路段的标线设计。

路段交通标线设计的最终目的是使交通流能够安全、顺畅地运行。

21.1　一般路段交通标线设计

21.1.1　道路中心线

21.1.1.1　设置原则

(1)年平均日交通量大于等于 300 辆/d,且路面宽度大于或等于 6m 的双向行驶的公路及路面宽度大于或等于 6m 的城市道路,应设置道路中心线,用于分隔对向行驶的交通流。

(2)道路中心线宜设置在道路的中线上,但不限于一定设在道路的几何中心线上。如道路几何中心线位置为水泥混凝土路面的接缝或其他原因无法施划道路中心线时,通过工程研究和判断,单黄实线或单黄虚线道路中心线可偏离道路几何中心设置,偏离距离应取能够进行标线施划作业的最小值,并保证偏离后车行道宽度符合标准规范的要求。

21.1.1.2　设置方法

(1)双向两车道道路:允许车辆越线超车或转弯的一般平直路段,设置可跨越对向车行道分界线为道路中心线,设置示例如图 21-1 所示(图中箭头仅表示车流行驶方向)。

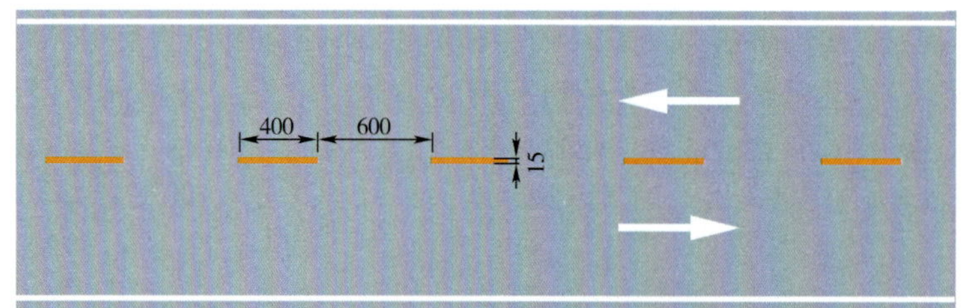

图 21-1　双向两车道道路一般平直路段道路中心线设置示例一(尺寸单位:cm)

因道路条件原因、天气原因或交通管理需要,禁止双方向车辆越线或压线行驶时,设置单黄实线禁止跨越对向车行道分界线为道路中心线,如图 21-2 所示(图中箭头仅表示车流行驶方向)。

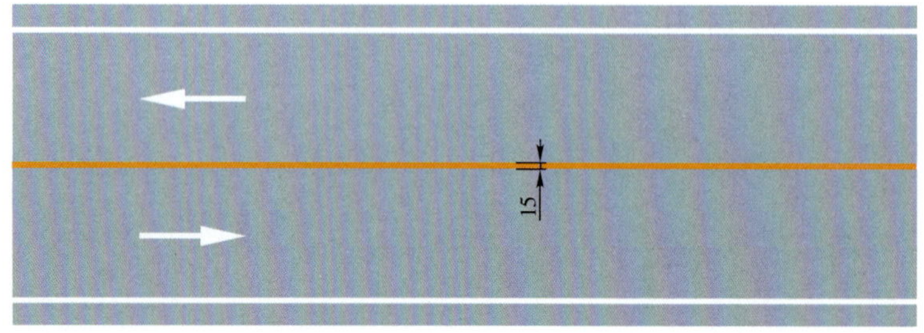

图 21-2　双向两车道道路一般平直路段道路中心线设置示例二(尺寸单位:cm)

双向两车道道路一个方向允许车辆超车或左转弯，而另一个方向不允许时，或一个方向交通量远大于另一个方向交通量时，可设置黄色虚实线，对向车行道分界线作为道路中心线，其中允许超车或转弯的一侧设置黄色虚线。

当双向两车道道路路面较宽，但又不足以增加一条车行道变为双向三车道道路时，为保证车行道宽度不大于 3.75m，可采取以下的处置方法：

①加宽单黄实线，禁止跨越对向车行道分界线的宽度，最大为 30cm；

②道路中心线的宽度需要大于 30cm 时，可采用双黄实线或黄色虚实线，禁止跨越对向车行道分界线为道路中心线，两条标线间的净距一般为 10～30cm，最大不应超过 50cm；

③道路中心线的宽度需要大于 80cm 时，应用黄色斜线或其他设施填充两条黄实线间的部分，如图 21-3所示。

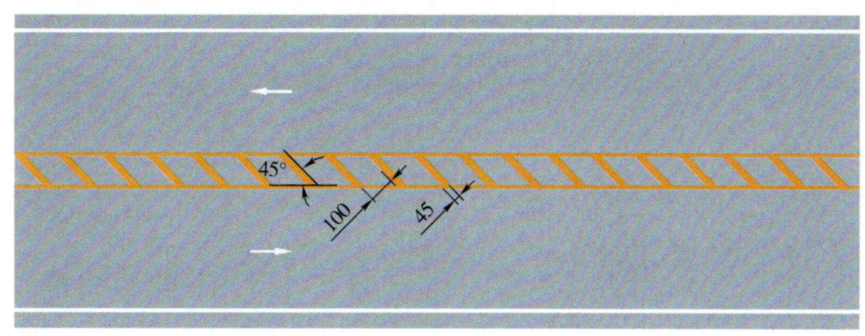

图 21-3　双向两车道道路一般平直路段道路中心线设置示例三（尺寸单位：cm）

（2）双向三车道道路：一般平直路段采用黄色双实线，禁止跨越对向车行道分界线或黄色虚实线，禁止跨越对向车行道分界线作为道路中心线，其中黄色虚实线的虚线位于单车道侧，允许单车道侧车辆临时越线超车，如图 21-4 所示（图中箭头仅表示车流行驶方向）。

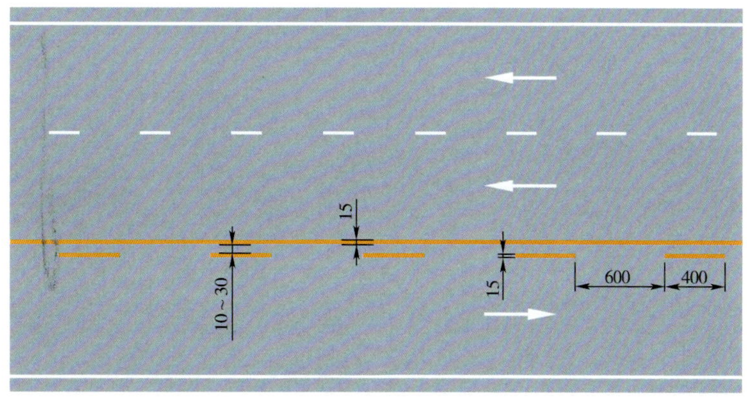

图 21-4　双向三车道道路一般平直路段道路中心线设置示例一（尺寸单位：cm）

施划中心黄色虚实线的三车道道路，一个方向车行道数从两车行道改变为一车行道（或从一车行道改变为两车行道）时采用过渡标线，设置示例如图 21-5 所示（图中箭头仅表示车流行驶方向）。

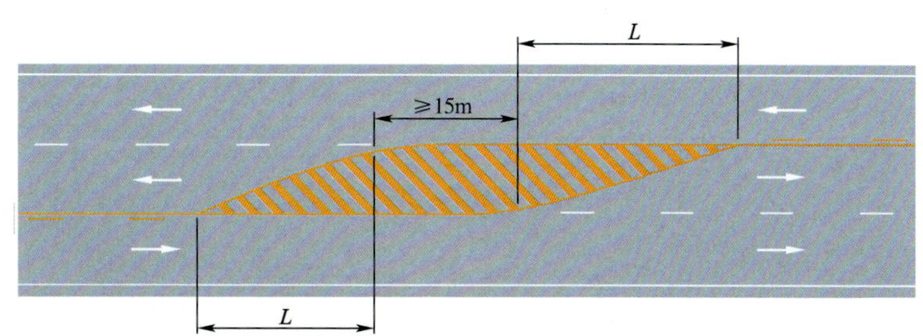

图 21-5　双向三车道道路一般平直路段道路中心线设置示例二（尺寸单位：cm）

（3）无中央分隔带的双向四车道及以上道路。

无中央分隔带的双向四车道及以上道路的一般平直路段，应采用双黄实线对向车行道分界线作为道路中心线,在路面较宽时,可加大两条标线间的净距或应用黄色斜线或其他设施填充两条黄实线间的部分。

21.1.1.3 设置注意事项

(1)道路中心线线条宽度一般为 15cm,在路面宽度受限,需要调整道路中心线宽度等特殊情况下可采用 10cm 线宽;双线类型的道路中心线,两标线的间隔一般为 10 ~ 30cm,可依据道路实际条件由设计人员研究确定;虚线类型的道路中心线,虚线段与间隔长分别为 400cm 和 600cm。

(2)单黄线与双黄线搭接时,单黄线宜位于双黄线的中间,双黄线的净距大于 45cm 时,应进行过渡处理,如图 21-6 所示。

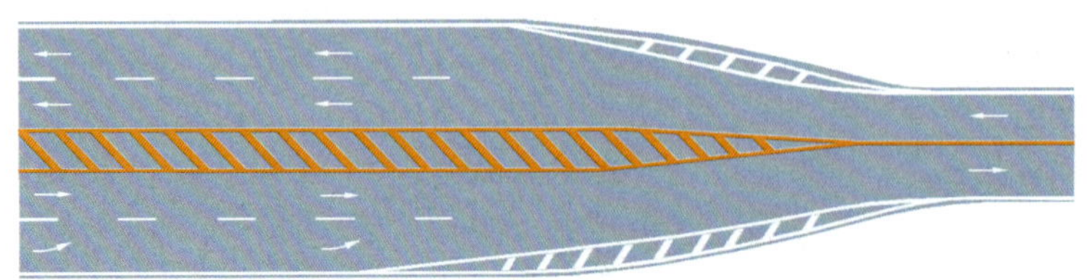

图 21-6　单黄线与双黄线搭接设置示例

(3)黄色单实线、黄色双实线类型的道路中心线推荐采用振动标线,振动标线的形式有多种,常用的有圆点状、方块状及"排骨"状振动标线,尺寸示例如图 21-7 所示。

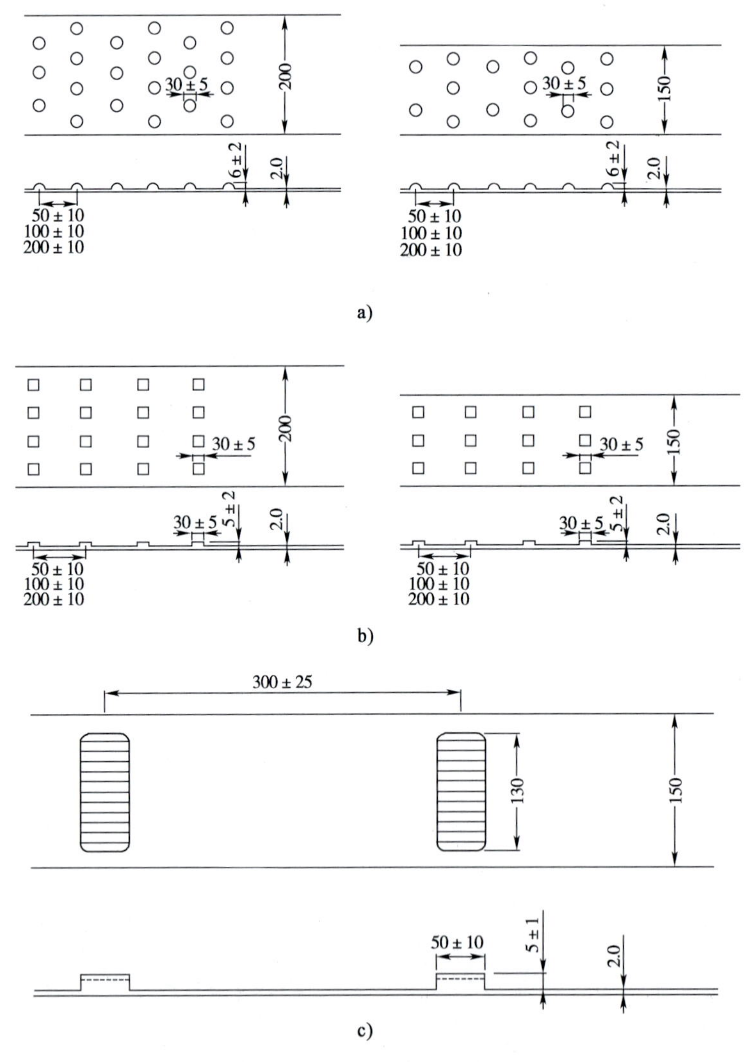

图 21-7　振动标线尺寸示例(尺寸单位:mm)

a)圆点状振动标线;b)方块状振动标线;c)"排骨"状振动标线

21.1.2 车行道分界线

21.1.2.1 一般设置原则

(1)同一行驶方向有两条或以上的车行道时,应设置同向车行道分界线。

(2)同向车行道分界线的设置位置应按照有关标准规范中关于车行道宽度的规定及道路横断面实际布置情况确定。

(3)同向车行道分界线有白色虚线和白色实线两种类型。其中,白色虚线同向车行道分界线为指示标线,指示同向车行道的分界位置,车辆在保证安全的情况下,可以短时越线行驶;白色实线同向车行道分界线为禁止标线,用于禁止车辆跨越车行道分界线进行变换车道和借道超车。

21.1.2.2 设置方法

一般路段车行道分界线采用白色虚线,设计速度不小于60km/h的道路,白色虚线可跨越同向车行道分界线线段及间隔长分别为600cm和900cm,设置示例如图21-8所示(图中箭头仅表示车流行驶方向);设计速度小于60km/h的道路,白色虚线可跨越同向车行道分界线线段及间隔长分别为200cm和400cm,设置示例如图21-9所示。

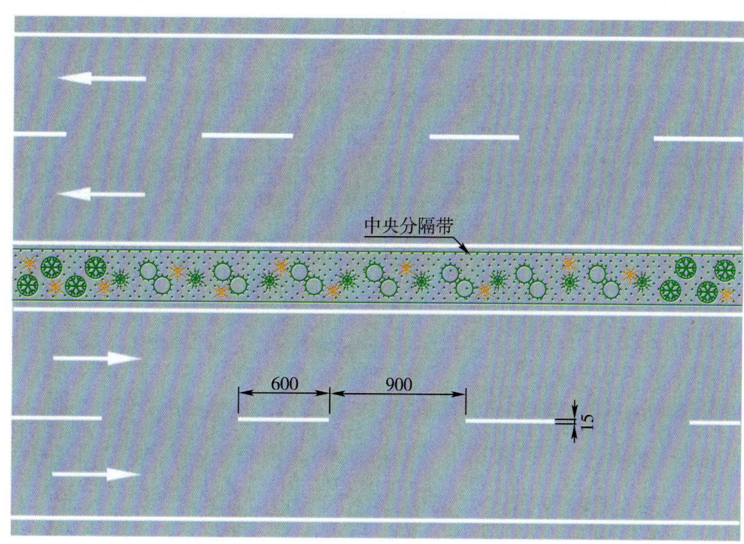

图21-8 设计速度不小于60km/h道路的同向车行道分界线设置示例(尺寸单位:cm)

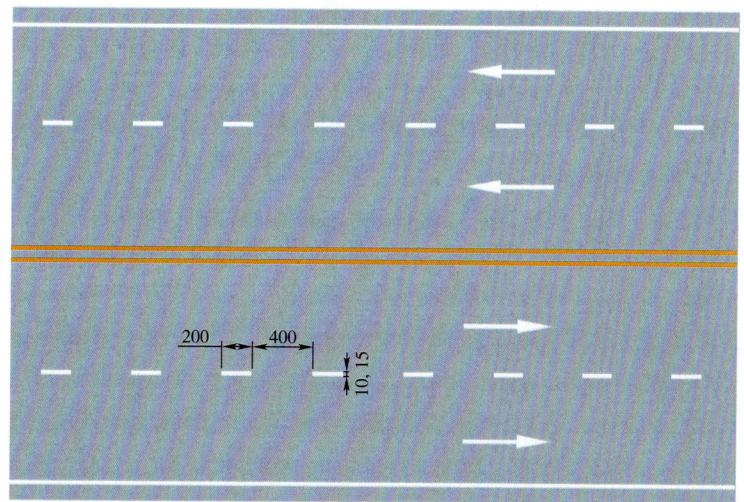

图21-9 设计速度小于60km/h道路的同向车行道分界线设置示例(尺寸单位:cm)

21.1.2.3 设置注意事项

同向车行道分界线一般线宽为 10cm 或 15cm,交通量非常小的农村公路、专属专用道路等特殊应用情况下,线宽可采用 8cm。

21.1.3 车行道边缘线

21.1.3.1 一般设置原则

(1)车行道边缘线用以指示机动车道的边缘或用以划分机动车道与非机动车道的分界。用以划分机动车道与非机动车道分界时,也可称作机非分界线。

(2)车行道边缘线应设置在道路两侧紧靠车行道的硬路肩或非机动车道内,并不得侵入车行道内。车行道边缘线横向布置如图 21-10 所示。

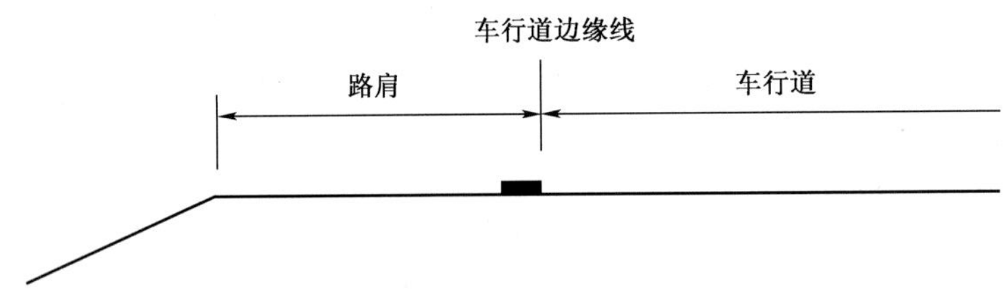

图 21-10 车行道边缘线横向布置示意图

21.1.3.2 设置方法

(1)双向四车道及以上道路除出入口、交叉路口及允许路边停车的特殊路段外,所有车行道边缘上应设置车行道边缘白色实线,双向三车道及以下道路可不设置,但下列情况下应在车行道边缘施划白色实线:

①道路的窄桥及其上下游路段;

②采用道路设计极限指标的曲线段及其上下游路段;

③交通流发生合流或分流的路段;

④路面宽度发生变化的路段;

⑤路侧障碍物距车行道较近的路段;

⑥经常出现大雾等影响安全行车天气的路段;

⑦非机动车或行人较多的机非混行路段。

(2)在出入口、交叉路口及允许路边停车路段等允许机动车跨越边缘线的地方,可设置车行道边缘白色虚线。

(3)在必要的地点,如公交车站临近路段、允许路边停车路段等,可设置车行道边缘白色虚实线,虚线侧允许车辆越线行驶,实线侧不允许车辆越线行驶,用以规范车辆行驶轨迹。跨线行驶的车辆,应避让其他正常行驶的车辆、非机动车和行人。

(4)机动车单向行驶且非机动车双向行驶的路段,在机动车道与对向非机动车道之间应施划黄色单实线作为车行道边缘线。单向行驶的道路左边缘应施划黄色单实线为车行道边缘线。黄色单实线车行道边缘线设置示例如图 21-11 所示。

21.1.3.3 设置注意事项

(1)车行道边缘线的一般线宽为 15cm 或 20cm,交通量非常小的农村公路、专属专用道路等特殊应用情况下,可采用 10cm。车行道边缘白色虚线的虚线线段及间隔长分别为 200cm 和 400cm,车行道边缘白色虚实线的间距为 15 ~ 20cm,虚线线段及间隔长分别为 200cm 和 400cm。

(2)车行道边缘线如与人行横道线的白色实线相重合,为避免路面标线过厚产生阻水及其他问题,应将车行道边缘线在人行横道线处断开,并留下 5cm 的泄水口,如图 21-12 所示。

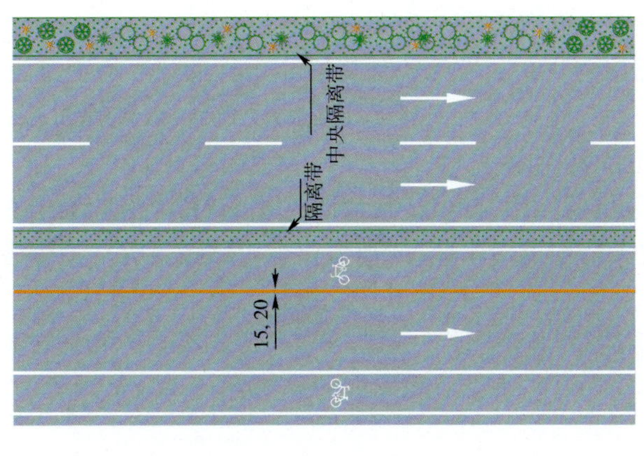

a)

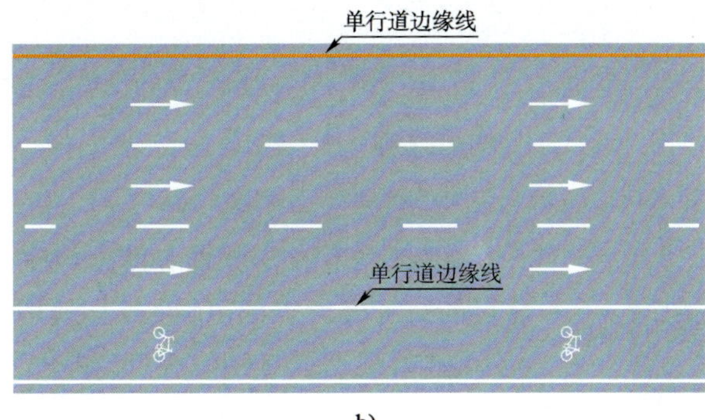

b)

图 21-11　黄色单实线车行道边缘线设置示例(尺寸单位:cm)

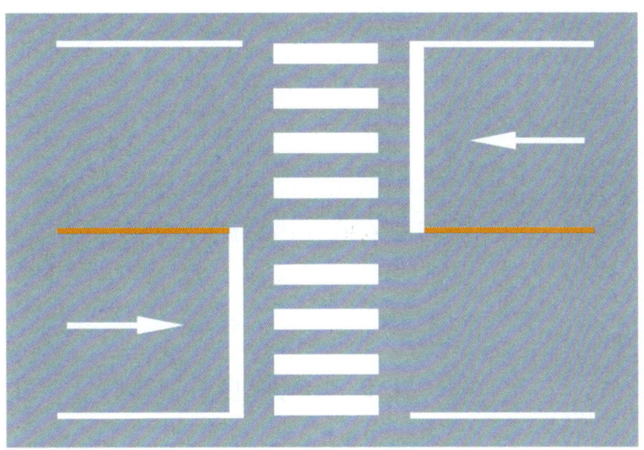

图 21-12　车行道边缘线与人行横道线重合时设置示例

21.1.4　非机动车道线

非机动车道线由车道线、非机动车标记图案和“非机动车”文字组成。一般情况下,可仅采用非机动车标记图案而不标文字标记。除特殊点段外,该车道为非机动车道,机动车不得进入。非机动车道标线颜色为蓝色时,表示此车道仅供非机动车行驶,行人及其他车辆不得进入。

21.2　特殊路段交通标线设计

21.2.1　路段中的人行横道线

学校、幼儿园、医院、养老院门前的道路没有行人过街设施时,应施划人行横道线,设置指示标志。人行横道线的设置间距根据实际需要确定,但路段上设置的人行横道线之间的距离一般应大于 150m。

遇到下列情况,不应设置人行横道线:

(1)在视距受限制的路段、急弯、陡坡等危险路段和车行道宽度渐变路段;

(2)设有人行天桥或人行地道等供行人穿越道路的设施处,以及其前后 200m 范围路段内;

(3)公交站前后 30m 范围路段内。

在无信号灯控制的路段设置人行横道线时,应在到达人行横道线前的路面上设置停止线和人行横道线预告标识,并配合设置人行横道指示标志,视需要也可增设人行横道警告标志,如图 21-13 所示。

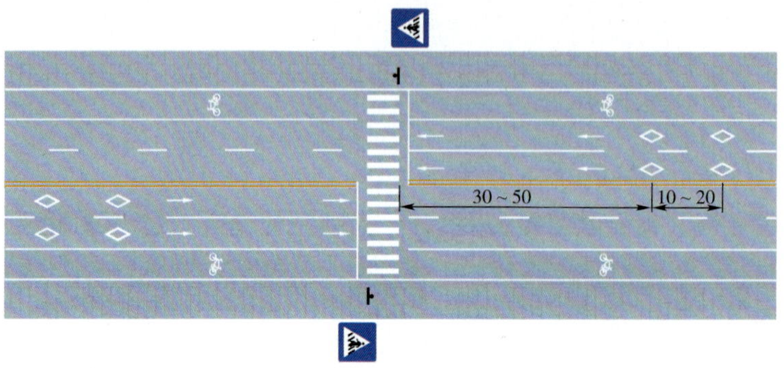

图 21-13　路段人行横道线设置示例(尺寸单位:m)

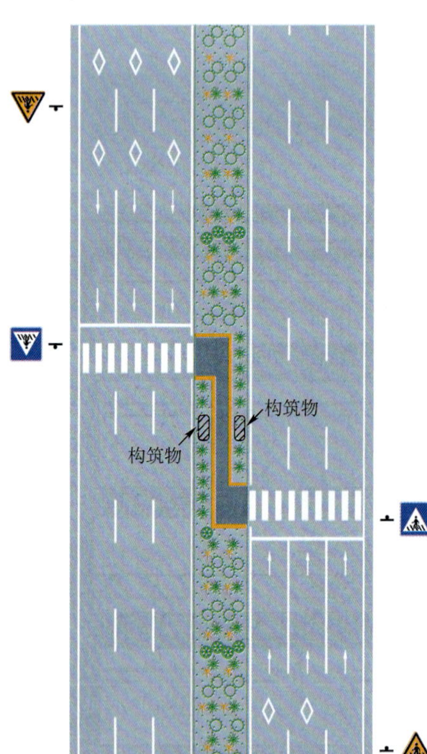

图 21-14　人行横道线错位设置示例

路段中设置人行横道线,在安全岛面积不能满足等候信号放行的行人停留需要、桥墩或其他构筑物遮挡驾驶人视线等情况下,人行横道线可错位设置,如图 21-14 所示。

21.2.2　道路出入口标线设计

道路出入口标线用于引导驶入或驶出车辆的运行轨迹,提供安全交汇,减少与突出缘石碰撞的可能,包括出入口的横向标线、三角地带的标线。出入口标线的颜色为白色,大样如图 21-15所示,应结合出入口的形式和具体线形进行设计布置。

为保证道路出入口路段正常的行车秩序,保障车辆安全顺畅的驶入或驶出道路,宜在道路出入口路段(加减速车道)适当位置设置白色实线,禁止跨越同向车行道分界线,设置示例如图 21-16、图 21-17 所示。

21.2.3　道路条件或车行道宽度变化段标线设计

在道路宽度或车行道数量发生变化的路段应当设置过渡标线,同时应设置车行道边缘白色实线,并可采用振动标线的形式。图 21-18、图 21-19、图 21-20 为路宽缩减或车行道数量变化时过渡段标线的施划示例,图中 L 为渐变段长度,按 20.1 节的规定取值;M_1 为安全停车视距,参照有关标准规范取值;D 为路宽缩减终点标线延长距离,设计速度不小于 60km/h 的道路,D 取 40m,其他道路 D 取 20m。在路宽缩窄的一侧应划车行道边缘线,并应配合设置车行道数递减标志。

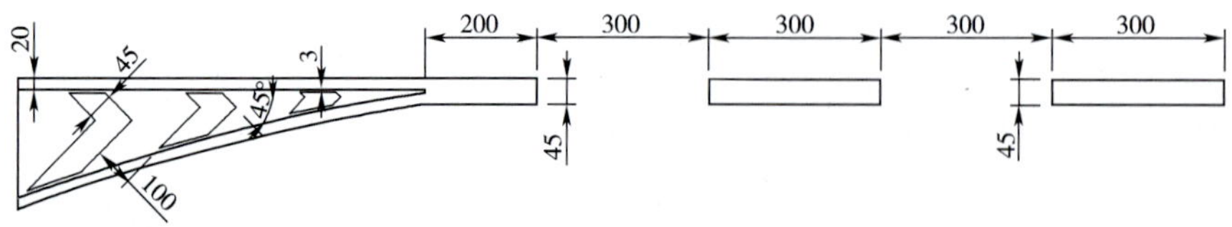

图 21-15　出入口标线大样图(尺寸单位:cm)

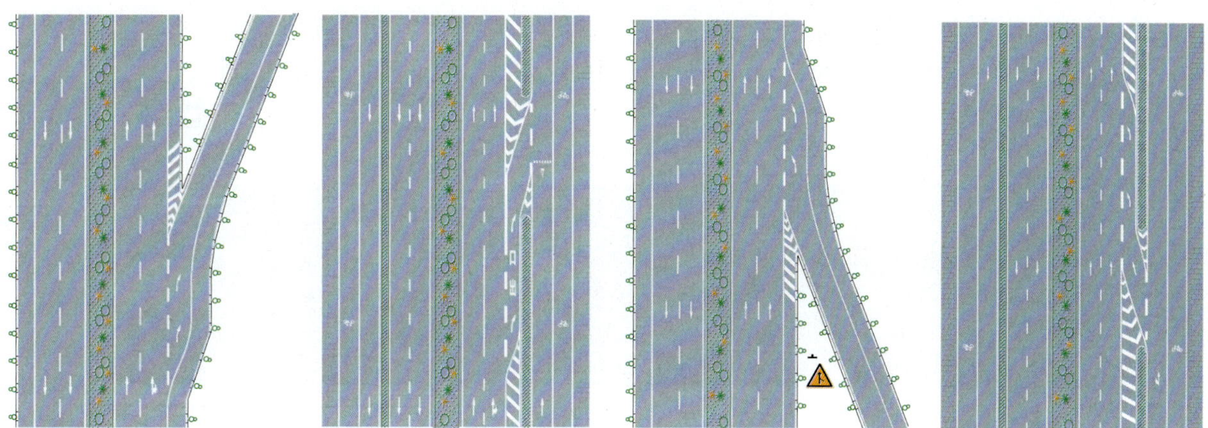

图 21-16　出口标线设置示例　　图 21-17　入口标线设置示例

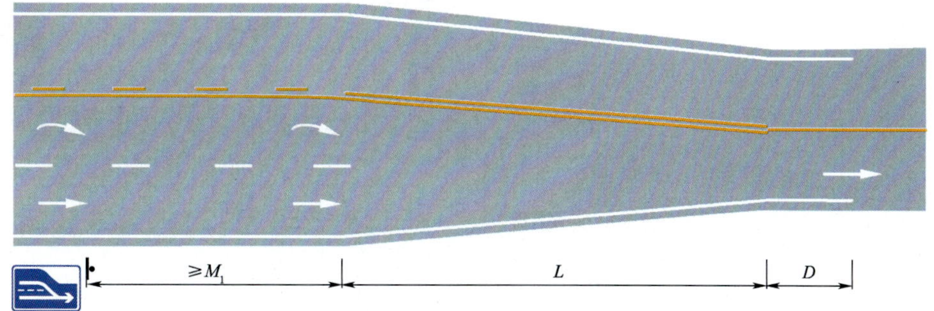

图 21-18　三车行道变为双车行道标线设置示例

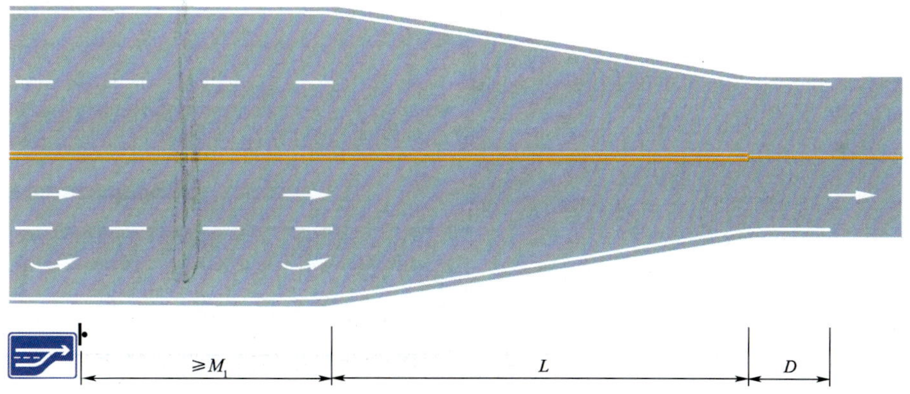

图 21-19　四车行道变为双车行道标线设置示例

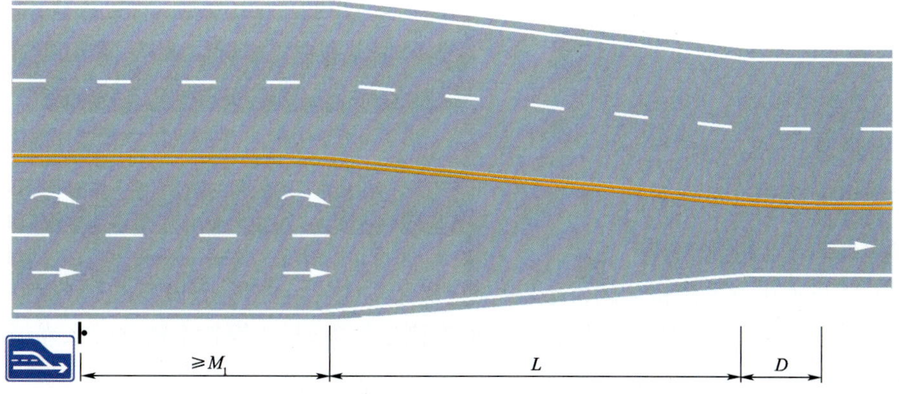

图 21-20　四车行道变为三车行道标线设置示例

路面空间允许的情况下,路面(车行道)宽度渐变段标线应尽量采用填充线形式,填充线为倾斜的平行粗实线。线宽 45cm,间隔 100cm,倾斜角度为 45°,图 21-21、图 21-22 为应用示例。

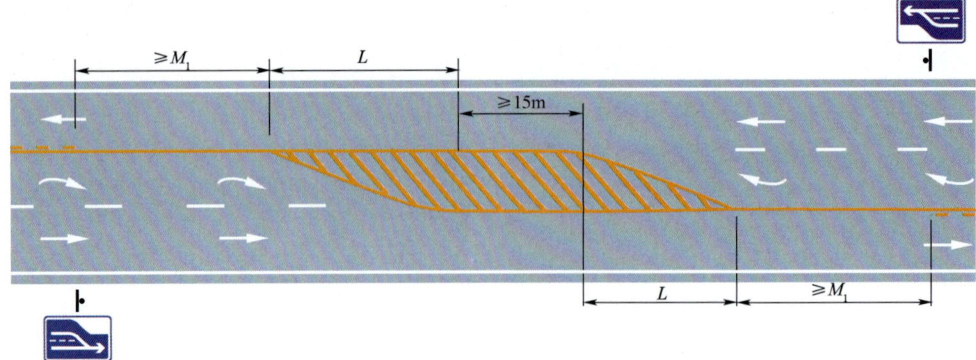

图 21-21　三车行道填充线渐变段标线设置示例

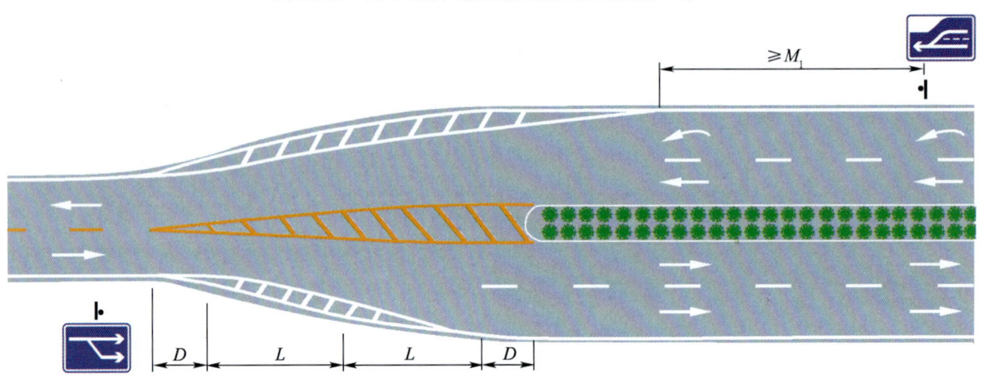

图 21-22　两车行道变为四车行道填充线渐变段标线设置示例

在不易发现前方路面状况发生变化的路段,需要提醒驾驶人注意,以便尽早采取措施,可设置注意前方路面状况标记。标记为白色实折线,线宽 20cm,顶角为 60°,设置高度及设置范围视实际需要而定,如图 21-23 所示(图中箭头仅表示车流行驶方向)。

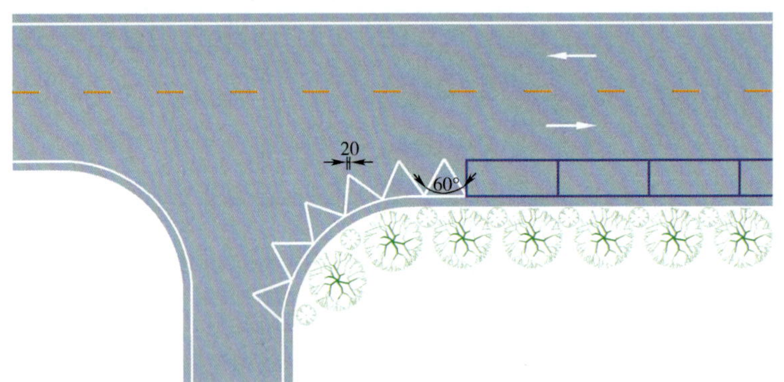

图 21-23　注意前方路面状况标记(尺寸单位:cm)

21.2.4　接近障碍物段标线设计

21.2.4.1　一般设置原则

当道路中心或车道中有上跨桥梁的桥墩、中央分隔带端头、标志杆柱及其他可能对行车安全构成威胁的障碍物时,应设置接近障碍物标线,以指示路面有固定性障碍物,警告车辆驾驶人谨慎行车,引导交通流顺畅驶离障碍物区域。

21.2.4.2　设置方法

(1)障碍物位于道路中心时,接近障碍物标线为黄色,标线外廓为实线,内部以黄色填充线填充,设置示例如图 21-24 ~ 图 21-26 所示。

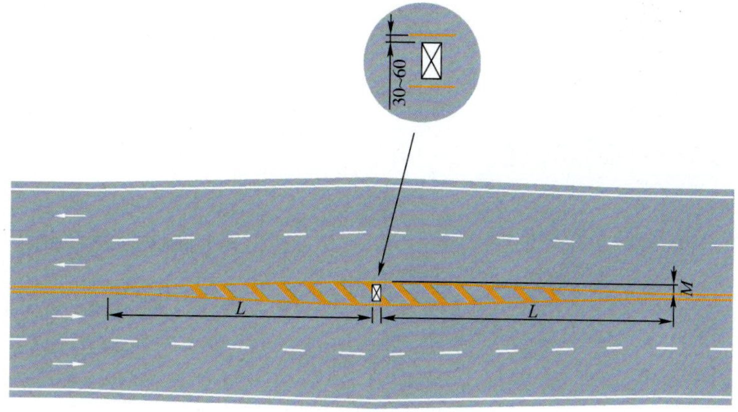

图 21-24　双向四车行道接近道路中心障碍物标线设置示例(尺寸单位:cm)

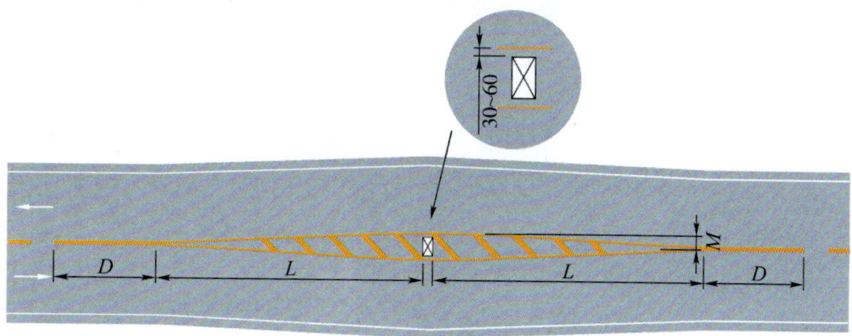

图 21-25　双向两车行道接近道路中心障碍物标线设置示例(尺寸单位:cm)

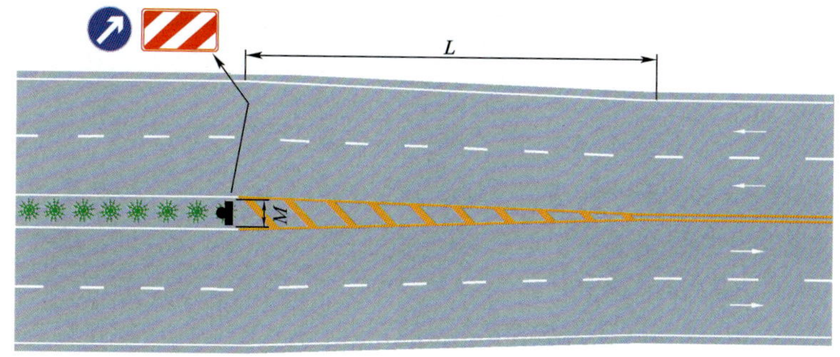

图 21-26　接近道路中心实体中央分隔带标线设置示例(尺寸单位:cm)

(2)障碍物位于车道中时,接近障碍物标线为白色,标线外廓为实线,内部以白色填充线填充,设置示例如图 21-27 所示。

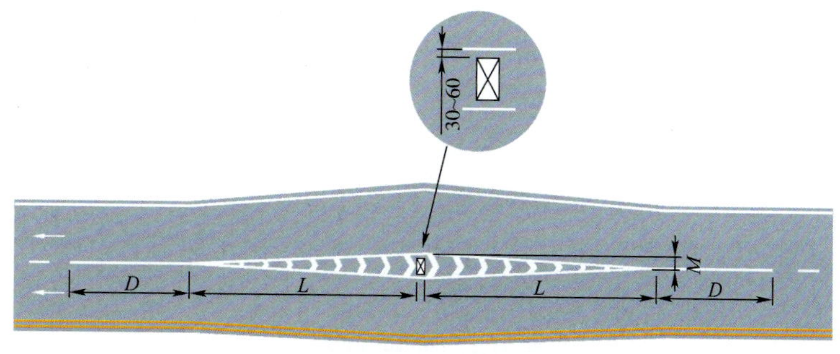

图 21-27　接近车行道中障碍物标线设置示例(尺寸单位:cm)

21.2.4.3　设置注意事项

(1)接近障碍物标线外廓实线宽度原则上与相接的对向车行道分界线或同向车行道分界线相同,填充线为倾斜的平行粗实线,线宽 45cm,间隔 100cm,倾斜角度为 45°。

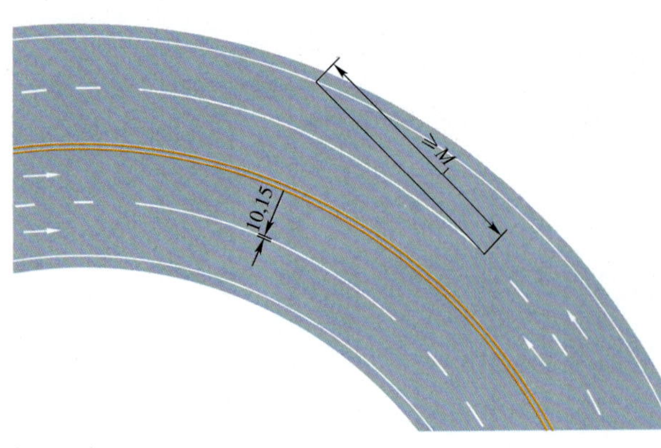

图 21-28 道路曲线段白色实线禁止跨越同向车行道分界线设置示例(尺寸单位:cm)

(2)当障碍物为中央分隔墩、隧道洞口、收费岛、实体安全岛或导流岛、灯座、标志基座等立体实物时,在实体立面上应设置立面或实体标记,地面标线处可配合设置防撞设施。标线距离实体障碍物的最小偏移距离为 30cm,从标线中间计算到障碍物表面。

21.2.5 曲线段及视距不良段标线设计

在弯道、陡坡等视距不良路段,为保证车辆行驶安全,应在一定区域内设置白色实线,禁止跨越同向车行道分界线,设置示例如图 21-28 所示。

视距受限的双向两车道平曲线路段道路中心线设置方法如图 21-29 所示(图中箭头仅表示车流行驶方向);竖曲线路段道路中心线设置方法如图 21-30所示(图中箭头仅表示车流行驶方向)。

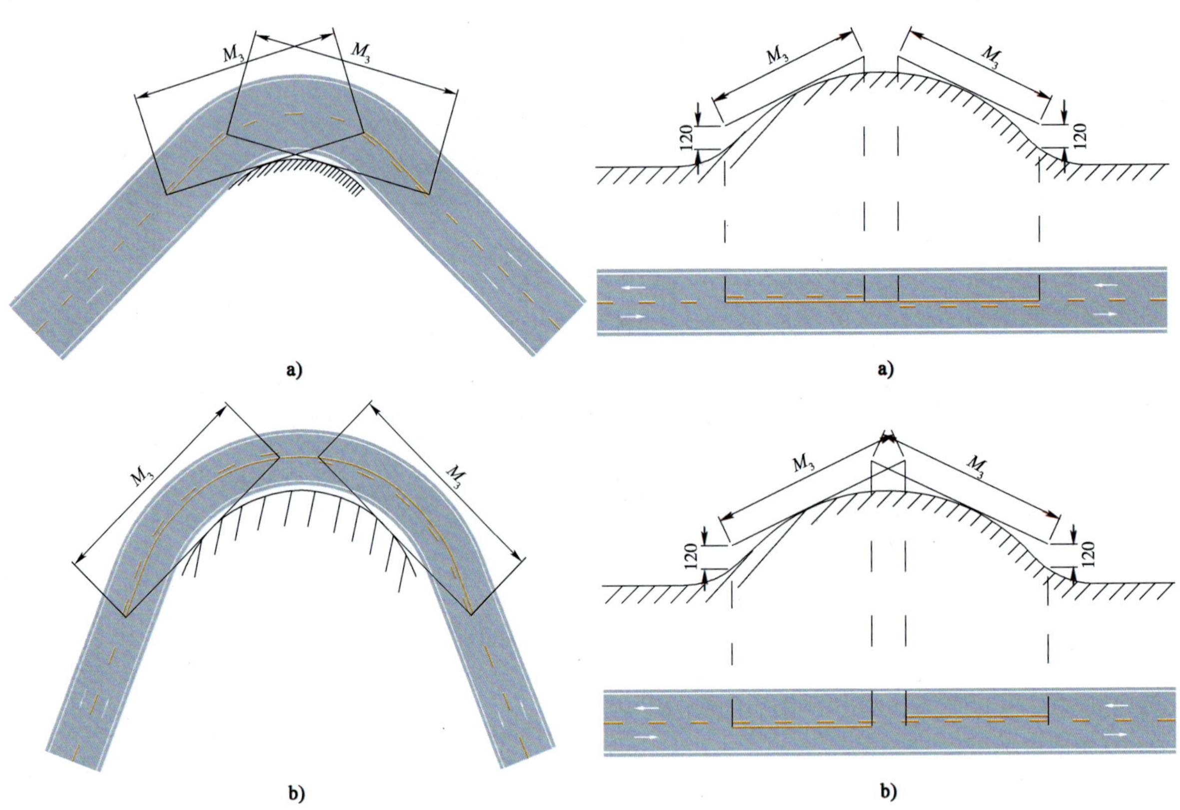

图 21-29 视距受限的双向两车道平曲线路段道路中心线

图 21-30 视距受限的双向两车道竖曲线路段道路中心线(尺寸单位:cm)

图中 M_3 为超车视距,其取值见表 21-1。超车视距的取值应与道路的设计值一致;速度值应选取设计速度与实际限速值两者中的较大值。L 为渐变段(过渡段)长度,其计算方法见 20-1 节。

表 21-1 超车视距

速度(km/h)		20	30	40	60	80
超车视距(m)	一般值	0	150	200	350	550
	最小值	70	100	150	250	350

21.2.6　停靠站相关标线设计

停靠站标线包括港湾式停靠站标线和路边式停靠站标线两种：

(1)港湾式停靠站标线：标示车辆通向专门的分离引道的路径和停靠位置，由渐变段引道白色虚线、正常段外边缘白色实线或白色填充线组成。港湾式停靠站正常段的长度一般不小于30m，两侧渐变段引道的长度一般不小于25m。标线具体尺寸如图21-31所示(图中箭头仅表示车流行驶方向)，其中图21-31b)标线形式一般用于停靠站较宽的情况，以保证停靠区域宽度处于合适的范围。当专用于公交车、校车等特定车辆停靠时，应在停靠站中间标注停靠车辆的类型文字，并以黄色实折线填充停靠站正常段其他区域，指示除特定车辆外，其他车辆不得在此区域停留，标线尺寸如图21-32所示(图中箭头仅表示车流行驶方向)。

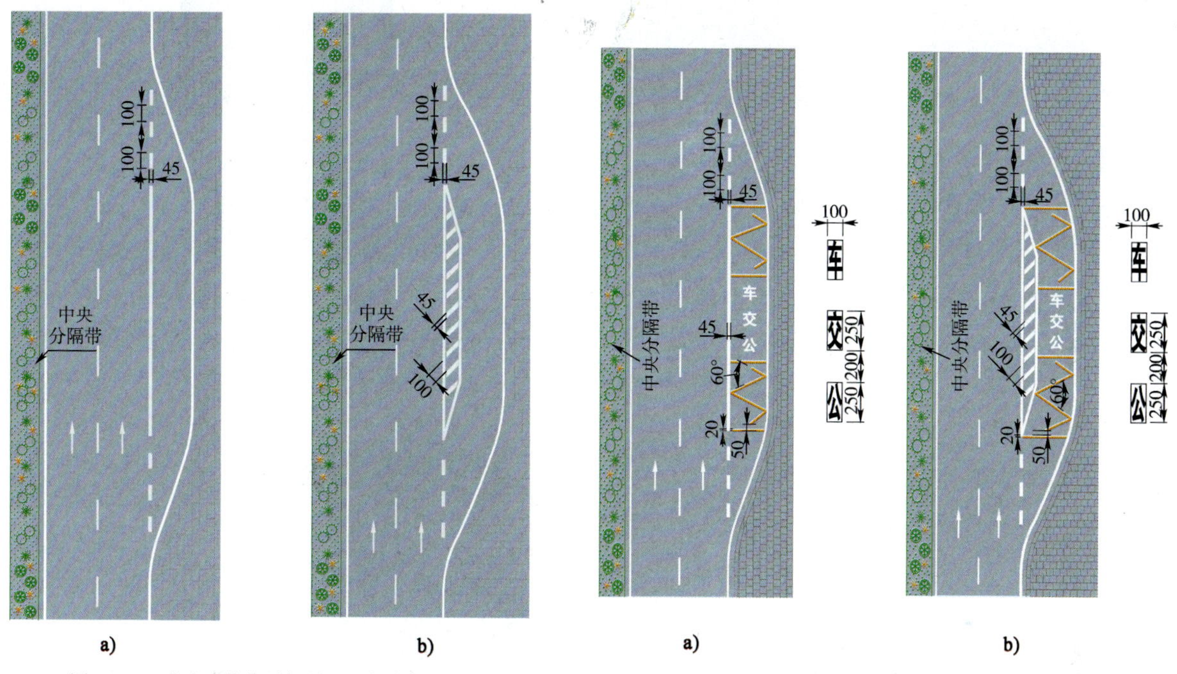

图21-31　港湾式停靠站标线(尺寸单位：cm)

图21-32　车种专用港湾式停靠站标线(尺寸单位：cm)

(2)路边式停靠站标线：当公共汽车线路客流量较少、道路条件受限制或用于校车停靠时，可在路边施划路边式停靠站标线，指示公共汽车或校车停靠站的位置，并指示除公共汽车或校车外，其他车辆不得在此区域停留。路边式停靠站标线的外围为黄色实线，内部填充黄色实折线，并在中间位置标注停靠车辆的类型文字，如图21-33所示(图中箭头仅表示车流行驶方向)。路边式停靠站的尺寸需要考虑客流量大小、停靠站公共汽车线路数量等因素，长度一般不小于25m。

21.2.7　实施禁令管制路段标线的设计

(1)在交通繁杂而同向有多条车行道的桥梁、隧道、弯道、坡道、车行道宽度渐变路段、交叉路口驶入段、接近人行横道线的路段或其他认为需要禁止变换车道的路段，应设置白色实线同向车行道分界线，禁止车辆超车或越线行驶。白色实线同向车行道分界线推荐采用振动标线的形式，如图21-34、图21-35所示。

设有爬坡车道的路段，应设置白色实线，禁止跨越同向车行道分界线，并将缓行爬坡车辆与其他车辆进行分离，如图21-36所示。

(2)需要设置限速的事故多发地点，可将最高限速的标志版面图形施划于路面作为路面限速提示用标记。该标记应为反光标记，且应与限速标志配合使用，并应注意应用抗滑的标线材料。施划于路面的限速标志版面图形为长短轴之比为2.5∶1的椭圆，长轴与行车方向平行，长轴最长不超过6m，如图21-37所示(图中箭头仅表示车流行驶方向)。

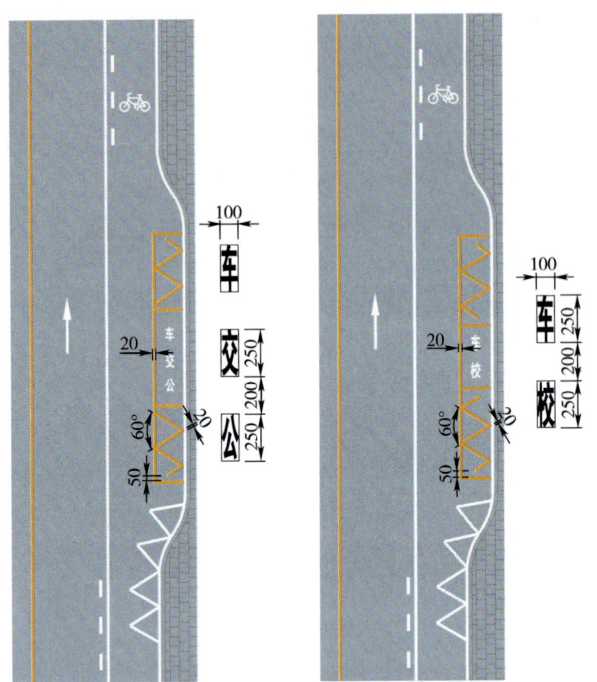

图 21-33　路边式停靠站标线(尺寸单位:cm)

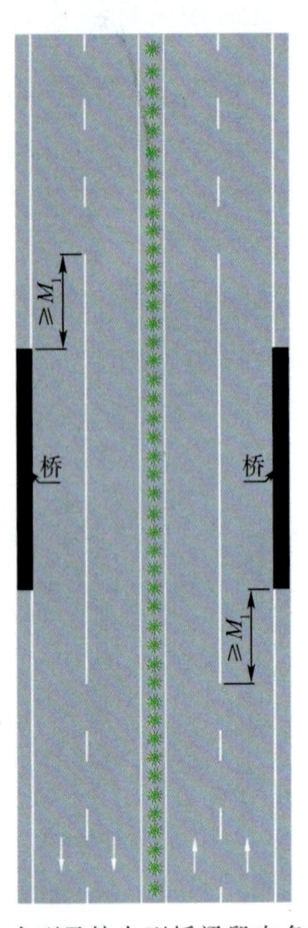

图 21-34　大型及特大型桥梁段白色实线禁止跨越同向车行道分界线设置示例

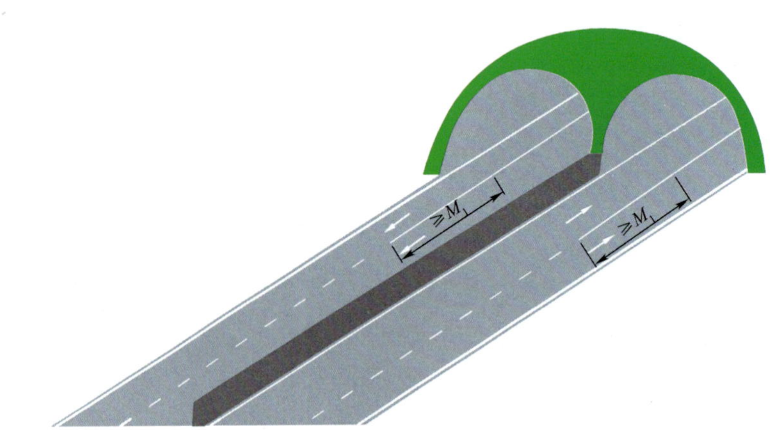

图 21-35　长大隧道段白色实线禁止跨越同向车行道分界线设置示例

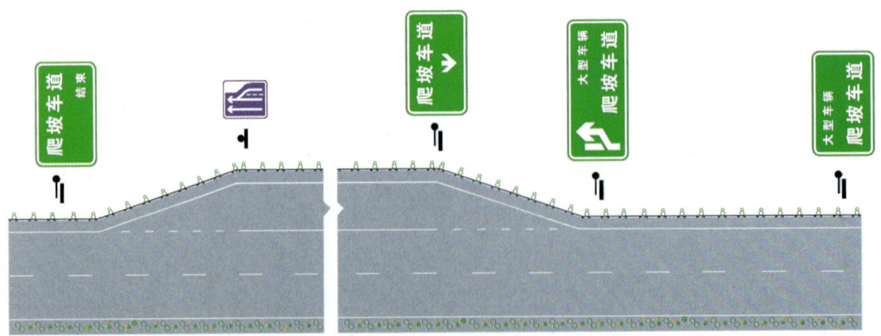

图 21-36　爬坡车道路段白色实线禁止跨越同向车行道分界线设置示例

(3)在禁止车辆掉头或转弯的路口或区间,可在路面上施划禁止掉头或转弯标记,如本车道为限时禁止掉头(转弯)车道,应在禁止掉头(转弯)标记下附加禁止掉头(转弯)时间段的黄色文字,设置示例如图 21-38 所示。禁止掉头(转弯)标记应与禁止掉头(转弯)标志配合设置。

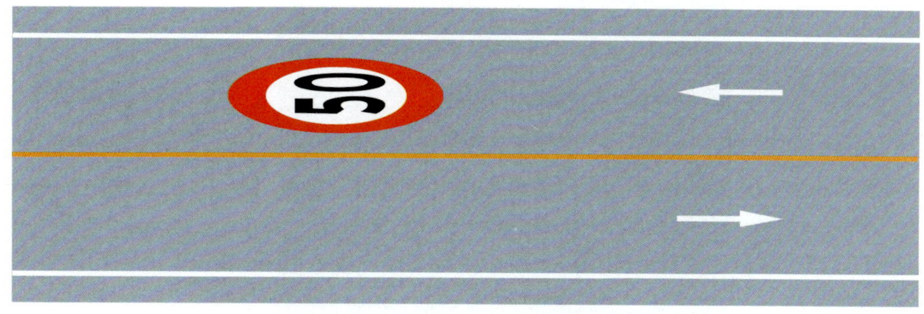

图 21-37　路面限速标记设置示例

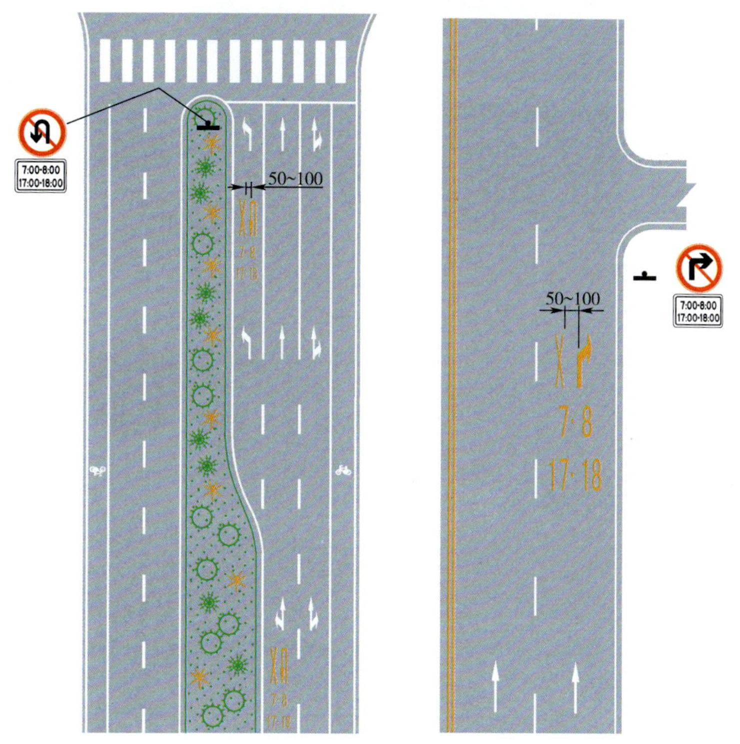

图 21-38　禁止掉头和禁止转弯标记设置示例(尺寸单位:cm)

(4)禁止路边长时停、放车辆,但一般情况下允许装卸货物或上下人员等的临时停放时,应设置禁止长时停车线。禁止路边任何形式的停、放车辆时,应设置禁止停车线。有缘石的道路,禁止停车线设置于路缘石上;无缘石的道路,禁止停车线设置于路面上,距路面边缘 30cm。禁止停车线的设置范围应覆盖整个禁止停车的路段。禁止停车线可配合禁止停放路面文字和禁止停放标志一并使用,并可根据需要在辅助标志上标明禁止路边停放车辆的时间或区间。在经常被积雪、积冰覆盖的地方,应同时设置禁止停放标志。设置示例如图 21-39、图 21-40 所示。

(5)标示禁止以任何原因停车的区域时应设置网状线,视需要划设于易发生临时停车造成堵塞的交叉路口、出入口及其他需要设置的位置。

网状禁停区可以根据实际需要施划在同一方向的一条车道中、同一方向的多条车道中、覆盖两个方向的所有机动车道中或允许机动车通行的其他区域内,如图 21-41 所示。非机动车道内不施划禁停区。

禁停区的长度应根据实际情况确定,车辆只能右转弯时,禁停区可以设置得短些;可以左转弯时,禁停区可相应加宽,以有利于车辆左转。

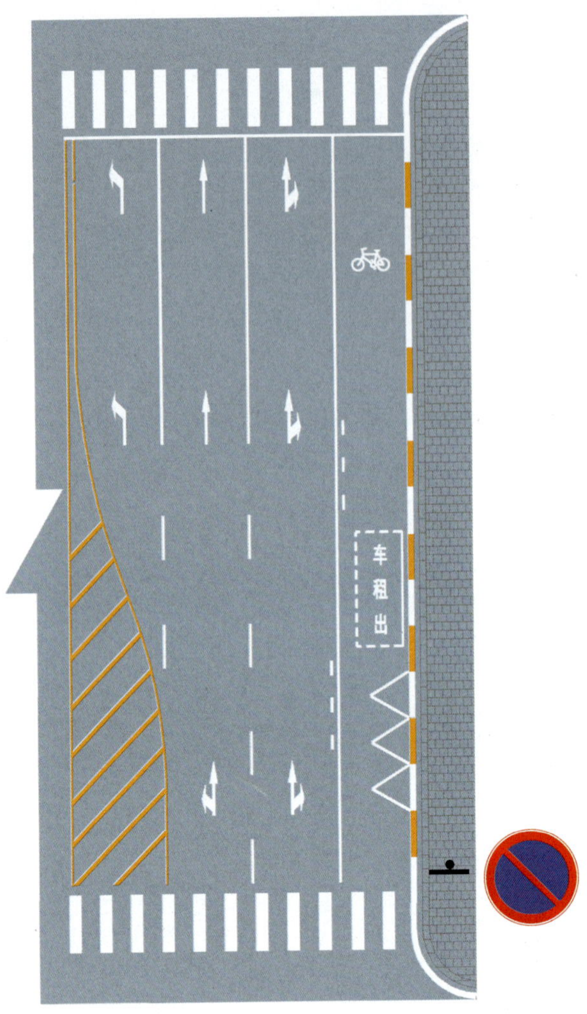

图 21-39　禁止长时停车线设置示例

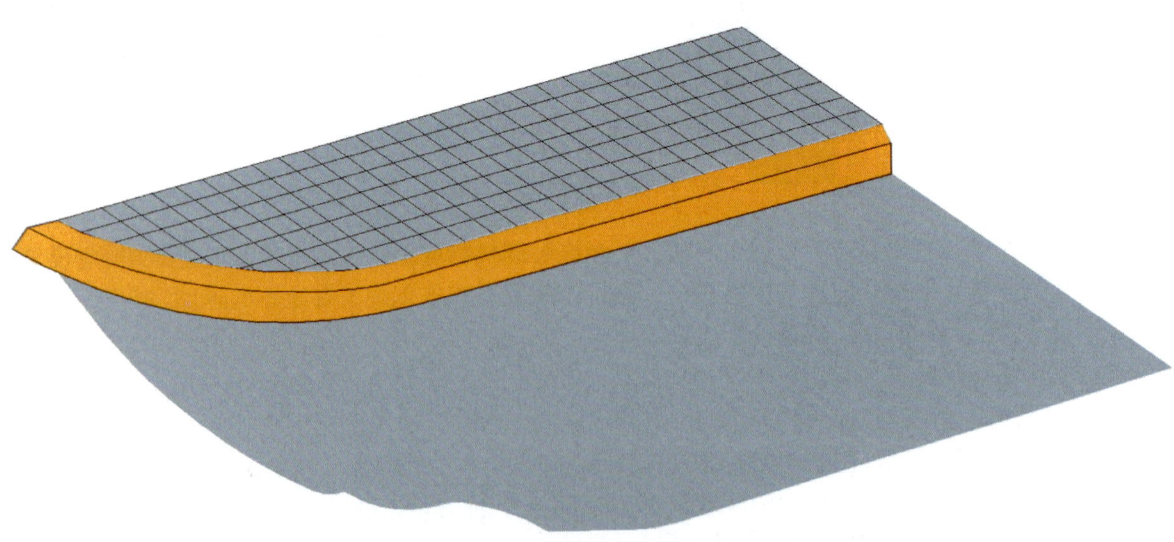

图 21-40　禁止停车线设置示例

网状线标线颜色为黄色,外围线宽 20cm,内部网格线与外边框夹角为 45°,内部网格线宽 10cm,斜线间隔 100 ~ 500cm,可依据禁止停车区域面积调整。在交通量较小的交叉路口或其他出入口处,网状线可简化,即在方框中加叉。网状线为黄色,线宽为 40cm 或 45cm。简化网状线最大边长应不大于 12m。

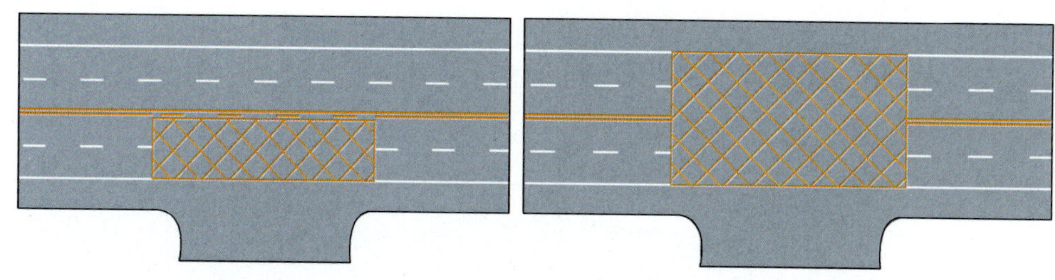

图21-41　网状线设置示例

(6)需要限定使用车行道的车辆种类时,可设置车种专用车道线。公交专用车道线、多乘员车辆专用车道线,应与公交专用车道标志、多乘员车辆专用车道标志配合设置。设置时,应注意大型车道线的含义与其他专用车道线的含义有所不同。

①公交专用车道线:公交专用车道一般设置在公交车辆比较密集、单侧车道最少为两条的路段,根据交通流量和高峰时间可设置为限时公交专用车道和不限时公交专用车道。公交专用车道线由黄色虚线及白色文字组成,黄色虚线的线段长和间隔均为400cm,线宽为20cm或25cm。标写的文字为:公交专用或BRT专用。如该车道为分时专用车道,可在文字下加标公共汽车专用的时间。公交车专用车道线从起点开始施划,每经过一个交叉路口重复出现一次字符。如交叉路口间隔距离较长,也可在中间适当地点增加施划字符,间距可控制在400m左右。公交车道与非机动车道临近设置时,应配合设置机非分道线,此时公交车专用道宽度包含一侧标线宽度。公交专用道标线根据管理的需要可直接延伸到路口的车辆停止线上;如不需要与路口停止线连接时,应与导向车道线起点之间预留100m左右的距离,并用可跨越车行道分界线与道路边缘线或导向车道线平滑顺畅连接,以利于公交车利用此区段并线,驶入路口相应导向车道。

②小型车专用车道线:在车行道内施划"小型车"路面文字,表示该车行道为小型车专用车道。

③大型车道线:在车行道内施划"大型车"路面文字,表示大型车应在该车道内行驶。

④多乘员车辆专用车道线:由白色虚线及白色文字组成,表示该车行道为有多个乘车人的多乘员车辆专用的车道,未载乘客或乘员数未达规定的车辆不得入内行驶。白色虚线的线段长度和间隔均为400cm,线宽为20cm或25cm。标写的文字为:多乘员专用。如该车道为分时专用车道,可在文字下加标专用的时间。

⑤非机动车道线由车道线、非机动车标记图案和"非机动车"文字组成。一般情况下,可仅采用非机动车标记图案而不标文字标记。除特殊点段外,该车道为非机动车道,机动车不得进入。非机动车道标线颜色为蓝色时,表示此车道仅供非机动车行驶,行人及其他车辆不得进入。

21.2.8　中央分隔带相关标线设计

道路中央有永久性物理隔离设施分隔对向交通流时,靠近隔离设施的车行道边缘线应为白色实线;城市道路上,采用活动护栏等可移动隔离设施分隔对向交通流时,靠近隔离设施的车行道边缘线可为黄色实线。

21.2.9　主线收费站标线设计

收费广场前的道路上应设置车行道横向减速标线,用于警告车辆驾驶人前方应减速慢行。减速标线设于收费广场及其前部适当位置,为白色反光虚线,根据设置位置的不同,可以是单虚线、双虚线或三虚线,垂直于行车方向设置。收费广场减速标线应按以下原则配置:使驶向收费车道的车辆通过各标线间隔的时间大致相等,以利于行驶速度逐步降低,减速度一般设计为1.8m/s^2。

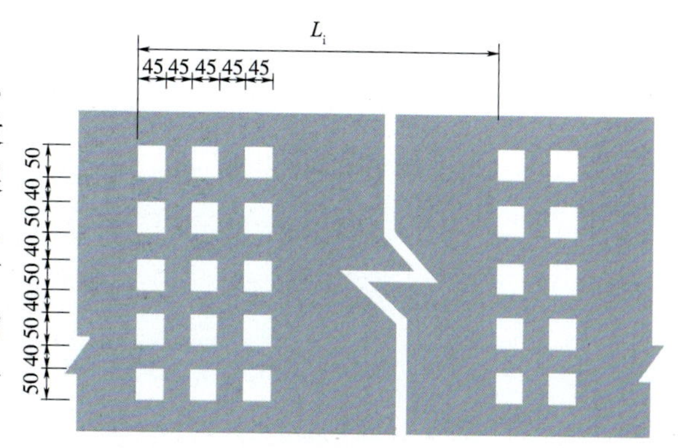

图21-42　收费广场减速标线(尺寸单位:cm)

减速标线尺寸如图21-42所示。收费广场减速标线设置示例如图 21-43 所示。第一道减速标线设置于距广场中心线 50m 的地方,其余标线按表 21-2 的规定设置。视收费广场长度、景观及管理需求,收费广场减速标线设置数量以五道(最少)至十二道(最多)为宜。

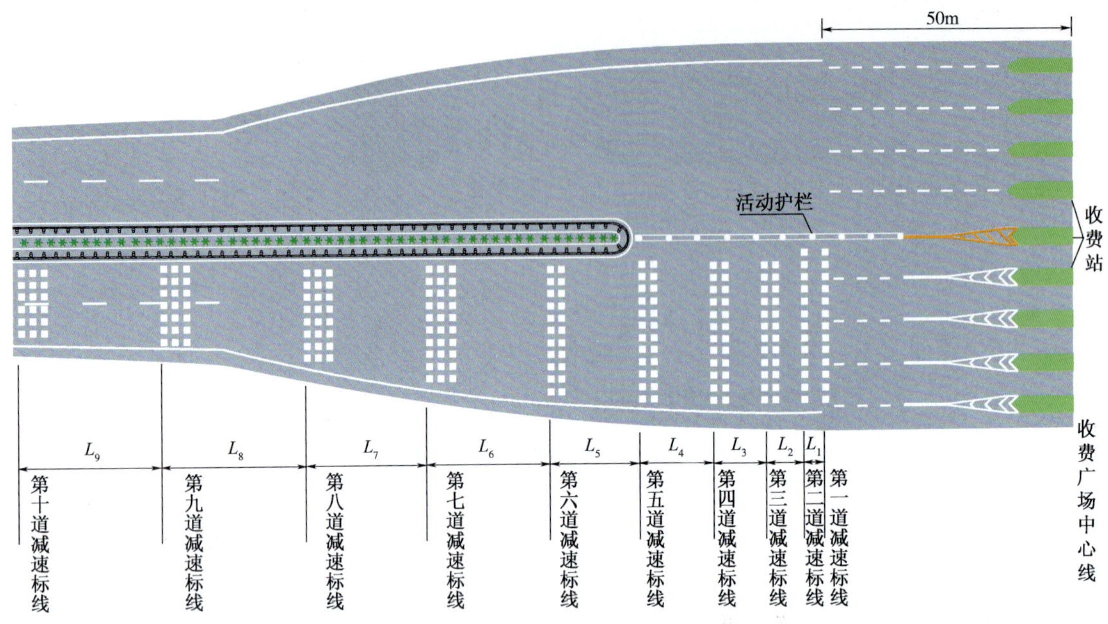

图 21-43　收费广场减速标线设置示例

表 21-2　收费广场减速标线设置参数

减速标线	第一道	第二道	第三道	第四道	第五道	第六道	第七道	第八道	第九道	第十道	第十一道	第十二道及以上
间隔(m)	$L_1=5$	$L_2=9$	$L_3=13$	$L_4=17$	$L_5=20$	$L_6=23$	$L_7=26$	$L_8=28$	$L_9=30$	$L_{10}=32$	$L_{11}=32$	32
标线虚线重复次数(次)	1	1	2	2	2	2	3	3	3	3	3	3

收费岛迎车流方向地面标线用以标示收费车道的位置,为通过车辆提供清晰标记。收费岛头地面标线的颜色为白色,标线应划在迎车行方向,长 1500cm,如图 21-44 所示(图中箭头仅表示车流行驶方向)。

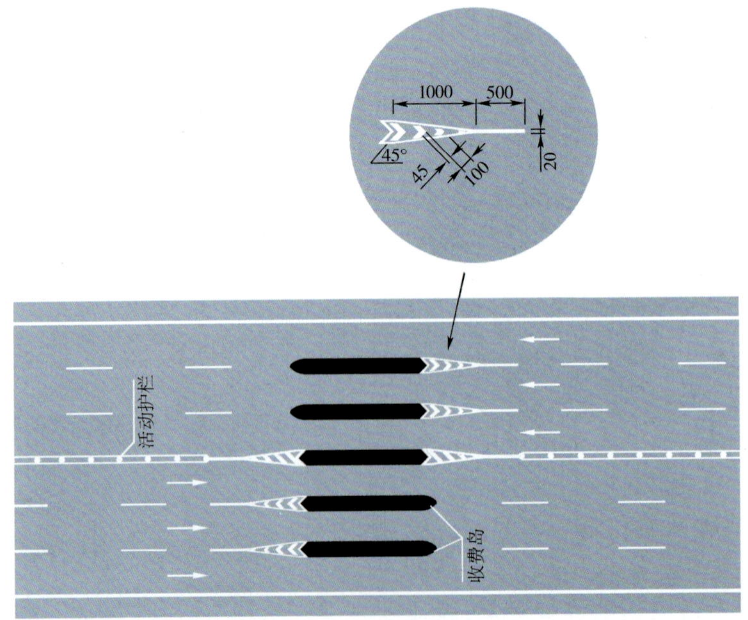

图 21-44　收费岛地面标线(尺寸单位:cm)

第22章　其他交通标线设计

22.1　导向箭头、路面图形和文字

(1)导向箭头

导向箭头用以指示车辆的行驶方向。在行驶方向受限制的交叉入口车道内、车道数减少路段的缩减车道内、设有专用车道的交叉路口或路段、畸形、复杂的交叉路口、渠化后的车道内应设置导向箭头。导向箭头的颜色为白色,可根据实际车道导向需要设置,组合使用时不宜超过两种方向。

应依据交通管理需要及车行道功能设定设置导向箭头。除掉头车辆外,其他车辆的行驶方向均应遵循导向箭头的指示。机动车在有禁止掉头或者禁止左转弯标志、标线的地点以及在铁路道口、人行横道、桥梁、急弯、陡坡、隧道或者容易发生危险的路段,不得掉头;在没有禁止掉头或者没有禁止左转弯标志、标线且道路条件允许的地点可以掉头,但不得妨碍正常行驶的其他车辆和行人的通行。

互通式立体交叉出口导向箭头应以减速车道渐变点为基准点,间距50m。入口导向箭头应以加速车道起点为基准点,视加速车道长度而定,可设三组或两组。

设计速度不大于40km/h的道路,采用总长为3m的导向箭头体系;设计速度大于40km/h而小于100km/h的道路,采用总长为6m的导向箭头体系;设计速度大于或等于100km/h的道路,采用总长为9m的导向箭头体系。城市道路设计速度大于40km/h而小于或等于60km/h时,也可采用4.5m的导向箭头体系。

(2)路面文字及图形标记

路面文字标记是利用路面文字指示或限制车辆行驶的标记。路面文字标记的高度应根据道路设计速度确定。除特殊规定外,路面文字标记的规格应符合表22-1的规定。

表22-1　路面文字标记规格

设计速度(km/h)	公路			城市道路
	字高①(cm)	字宽(cm)	纵向间距①(cm)	
≥100	900	300	600	可取公路相应值的0.5~0.7倍
40~100	600	200	400	
≤40	300	100	200	

注:①表示专用时间段的数字,相应值可取正常值的一半,字宽及横向间距视路面情况可适当调整。

速度限制标记表示车辆行驶的限制车速,用于需要限制车辆最高行驶速度或最低行驶速度的车道起点和其他适当位置。表示最高限速值数字的颜色为黄色,可单独使用;表示最低限速值数字的颜色为白色,应与最高限速值数字同时使用。限速标记数字高度按照表22-1选取。

需要设置路面限速标记且易发生事故的地点,也可将最高限速的标志版面图形施划于路面作为路面限速提示用标记,该标记应为反光标记且应与限速标志配合使用,并应注意应用抗滑的标线材料。

路面文字标记包括道路行驶方向的指示信息、特定时间段指示信息、出口提示信息等内容。汉字标记应沿车辆行驶方向由近及远竖向排列,数字标记沿车辆行驶方向横向排列。

路面图形标记主要包括非机动车路面图形标记、残疾人专用路面标记和注意前方路面状况标记三种。设置于车道或停车位内的路面图形标记宽度应为车道或停车位宽度的一半,并四舍五入取10cm的整倍数。

非机动车路面标记施划于车道起点或车道中,表示该车道为非机动车道;残疾人专用停车位路面标

记施划于残疾人专用停车位内,表示此车位为残疾人专用车或载有残疾人的车辆专用的停车位,其他车辆不得占用。

注意前方路面状况标记设置在不易发现前方路面状况发生变化,需要提醒驾驶人注意以尽早采取措施的路段,设置长度及设置范围视实际需要而定。

22.2 停车位标线

停车位标线标示车辆停放位置,可在停车场或路边空地,车行道边缘或道路中间适当位置设置,无特殊说明时,停车位标线应和停车场标志配合使用。

停车位标线的颜色为蓝色时,表示此停车位为免费停车位;为白色时,表示此停车位为收费停车位;为黄色时,表示此停车位为专属停车位。

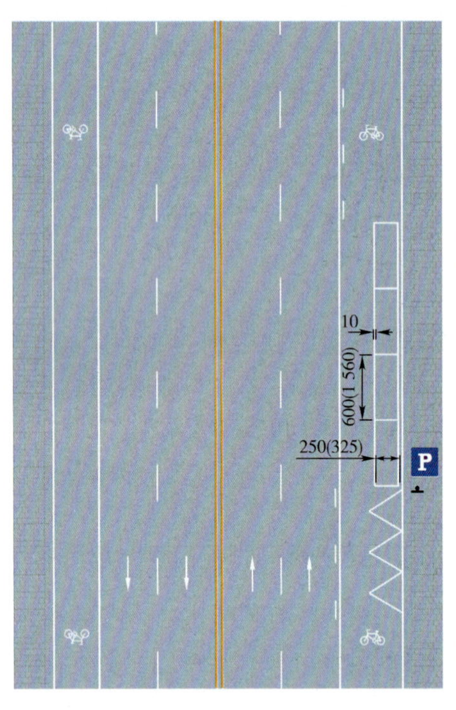

图 22-1 道路边缘平行式停车位设置示例(尺寸单位:cm)

停车位标线可以根据需要设置成平行式、倾斜式或垂直式。设置在车行道或道路边缘的停车位,一般宜采用平行式,且一般宜在停车位前的路面上设置注意前方路面状况标记,如图 22-1 所示。

靠近路口的路侧停车位应在导向车道线起点 30 ~ 50m 以外设置,但出租车专用上下客车位可例外。在出租车需要经常载客、等待、落客的地点,可根据实际需要设置出租车专用上下客车位或出租车专用待客车位。遇有公共汽车站、加油站、消防队、变压器、消防水井、医院、学校等时,在其路口两侧 50m 范围内不应施划停车位。

需要设置残疾人专用停车位时,应至少在停车位一边设置黄色网格线,标示残疾人上下车的区域,禁止车辆停放其上。

需要设置校车、救护车、消防车等的专用停车位时,应在停车位内标注专用车辆的文字,如“校车”“救护车”“消防车”等。

在具备条件的道路或路侧便道上,可根据交通管理的实际需要设置非机动车停车区。设置的非机动车停车区不应影响其他机动车、非机动车及行人的正常通行,同时不应妨碍过街人行横道、公共汽车站、公用电话亭、书报刊亭、邮筒等设施的正常使用。非机动车停车区应避开盲道设置。非机动车停车需求量较少时,非机动车停车区不宜分散设置,可采用就近集中设置的原则设置。设有非机动车停放架的地点,非机动车停放区应将停放架全部包围在内。

机动车停车位标线的宽度可为 6 ~ 10cm。停车位标线按两种车型规定尺寸,上限尺寸长为1560cm,宽为 325cm,适用于大中型车辆,下限尺寸长为 600cm,宽为 250cm,适用于小型车辆。条件受限时,宽度可适当降低,但最小不应低于 200cm。

非机动车专用停车位标线由标示停车区域边缘的边线和划于其中的非机动车路面标记组成。非机动车专用停车位标线可单独设置,已设置非机动车停车标志的,可不施划地面非机动车路面图形标记;未设置非机动车停车标志的,应施划地面非机动车路面图形标记。

22.3 减速丘标线及减速标线

(1)布置减速丘的路段,应在减速丘前设置减速丘标线。减速丘标线由设置在减速丘上的标记和设置在减速丘上游的前置标线组成。减速丘与人行横道联合设置时,可省略减速丘上的标记部分,但应标示出减速丘的边缘。减速丘标线应用反光标线。

(2)高速公路、一级公路主线和匝道设置的各类收费站、超限超载检测站进口端宜设置减速标线。弯路、坡路、隧道洞口前、长下坡路段及其他需要减速的路段前或路段中的机动车行车道内,可设置车行道横向减速标线和车行道纵向减速标线。

下列条件下可在需要减速的路段前及路段中设置车行道减速标线:

①车行道曲线半径小于 300m、停车视距小于 75m 的弯路前设置;

②反向弯路、连续弯路、相邻反向平曲线间距小于 100m 的弯路宜连续设置;

③高速公路终点与城市道路的连接处遇转弯或者车道变化时,在变窄前或转弯前设置;

④车辆经平路段或上坡路段后进入下坡路段,当下坡道路坡度大于 3.5% 时,在坡顶前设置;

⑤可在事故多发地点前设置。为保证设置的效果,可根据实际情况延伸到事故多发地点内。

路段车辆平均运行速度低于 80km/h 时,可选择车行道横向减速标线。车行道横向减速标线的设置间隔,应使车辆通过各标线间隔的时间大致相等,以利于行驶速度逐步降低,减速度一般设计为 $1.8m/s^2$。路段车辆平均运行速度较高,大车混入率相对较低时,可采用车行道纵向减速标线。

减速标线的应用必须注意标线的排水和防滑。车行道横向减速标线可用振动标线的形式。减速标线的设置宜与限速标志或解除限速标志相互配合。

22.4　车距确认线

车距确认标线作为车辆驾驶人保持行车安全距离的参考,视需要设于较长直线段、易发生追尾事故或其他需要的路段,应与车距确认标志配合使用。

在经常发生超车、追尾事故的路段上,高速公路或一级公路路段,可设置白色折线车距确认线,设置示例如图 22-2 所示。

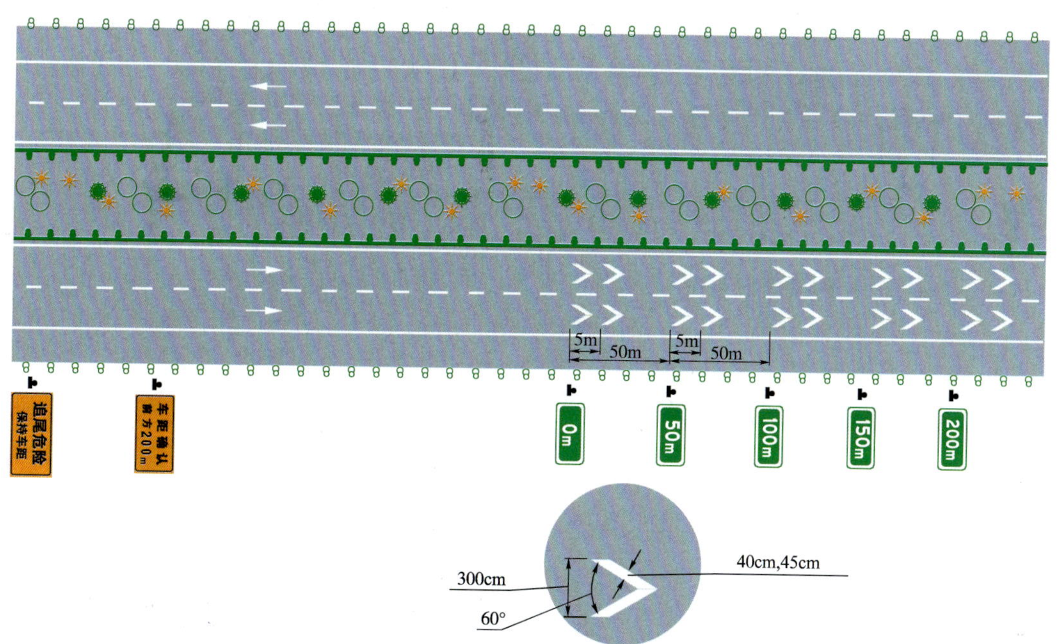

图 22-2　白色折线车距确认线设置示例

在气象条件复杂、交通流量较大、大车混入率较高的路段,设置白色折线车距确认线不能保证较好的视认效果时,可在路段两侧设置白色半圆状车距确认线,设置示例如图 22-3 所示。

白色折线车距确认线标线总宽 300cm,线条宽 40cm 或 45cm,从确认基点 0m 开始,每隔 5m 设置一道标线,连续设置两道为一组,间隔 50m 重复设置五组,也可在较长路段内连续设置多组。白色半圆状车距确认标线半圆半径为 30cm,间隔 50m 设置,一般在一定路段内连续设置。

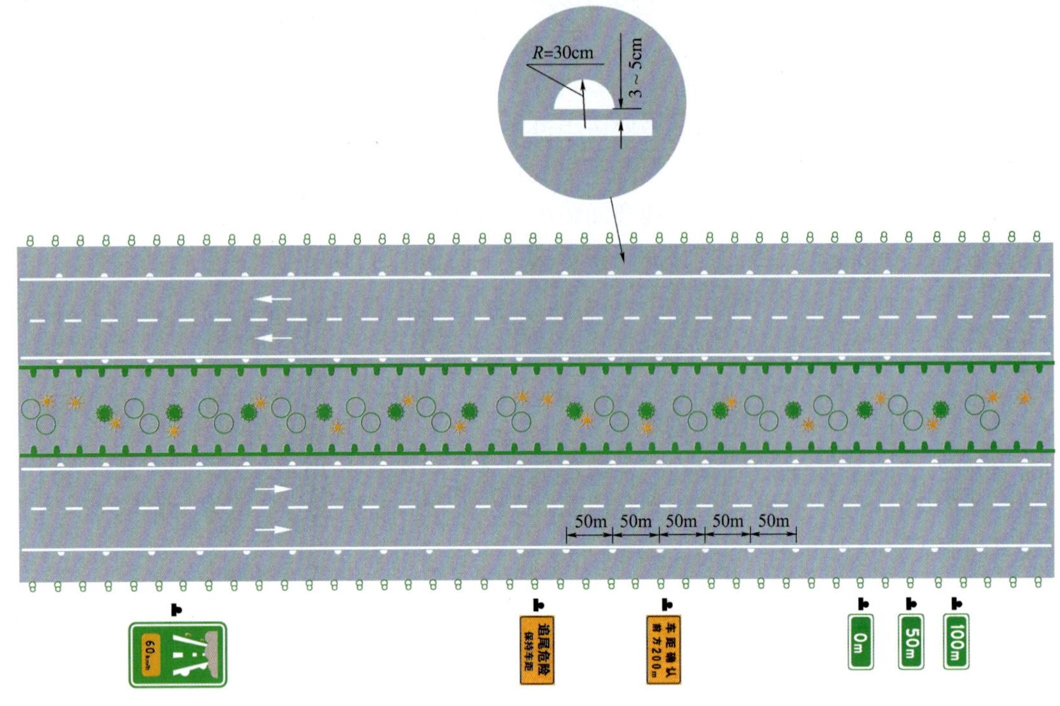

图 22-3　白色半圆状车距确认标线设置示例

22.5　立面标记和实体标记

(1)立面标记用以提醒驾驶人注意,在车行道或近旁有高出路面的构造物。可设在靠近道路净空范围的跨线桥、渡槽等的墩柱立面、隧道洞口侧墙端面及其他障碍物立面上,一般应涂至距路面 2.5m 以上的高度。标线为黄黑相间的倾斜线条,斜线倾角为 45°,线宽均为 15cm。设置时,应把向下倾斜的一边朝向车行道。

(2)实体标记用以给出道路净空范围内实体构造物的轮廓,提醒驾驶人注意。可设在靠近道路净空范围的上跨桥梁的桥墩、中央分隔墩、收费岛、实体安全岛或导流岛、灯座、标志基座及其他可能对行车安全构成威胁的立体实物表面上,一般应涂至距路面 2.5m 以上的高度。标线为黄黑相间的倾斜线条,线宽均为 15cm,由实体中间以 45°夹角向两边施划,向下倾斜的一边朝向车行道。

22.6　突起路标和轮廓标

(1)突起路标。

下列情况下,应在路面标线的一侧设置突起路标,并不得侵入车行道:

①高速公路的车行道边缘线上;

②一级及以下等级公路隧道的车行道边缘线上;

③一级公路互通式立体交叉、服务区、停车区路段的车行道边缘线上;

④互通式立体交叉匝道出入口路段。

隧道的车行道分界线上宜设置突起路标。

下列情况下,可设置突起路标:

①高速公路的同向车行道分界线上;

②一级公路的车行道边缘线、同向车行道分界线上;

③减速标线上;

④二级、三级公路的渠化标线及小半径平曲线、道路变窄、路面障碍物等危险路段。

突起路标可单独设置成车行道边缘线和车行道分界线，但不宜替代右侧车行道边缘线。

突起路标与标线配合使用时，应选用主动发光型或定向反光型，其颜色与标线颜色一致，布设间隔为 6 ~ 15m，一般设置在标线的空当中，也可依据实际情况适当加密。与边缘线和中心单实线配合使用时，突起路标应设置在标线的一侧，其间隔应与在车行道分界线设置的间隔相同。

突起路标与进出口匝道标线、导流标线、路面宽度渐变段标线、路面障碍物标线等配合使用时，应根据实际线形进行布设，力求夜间轮廓分明，清晰可见。

突起路标单独用作车行道分界线时，其布设间距推荐值为 1 ~ 1.2m，也可依据实际情况适当加密。壳体颜色应与标线颜色一致，并应使突起路标表面具有足够的抗滑性能。

突起路标单独用作减速标线时，其布设间距推荐值为 30 ~ 50cm，并应使突起路标表面具有足够的抗滑性能。

除有特殊要求外，突起路标的设置高度距路面宜为 10 ~ 25mm。

经常下雪的道路设置突起路标时，应采取易于除雪的措施。

(2)轮廓标。

轮廓标用以指示道路的前进方向和边缘轮廓：

①高速公路、一级公路和城市快速干道的主线，以及其互通式立交、服务区、停车场的进出匝道或连接道，应连续设置轮廓标。

②二级公路、三级公路、其他道路和路段视需要可沿主线两侧连续设置轮廓标；在小半径弯道、连续转弯、视距不良、易发生冲出路侧事故和事故多发等路段，宜结合其他安全处置措施沿主线两侧连续设置轮廓标。

③高速公路的主线直线段，轮廓标设置间隔一般为 50m；附设于护栏上时，其设置间隔可为 48m。一级公路和城市快速干道的主线直线段，轮廓标设置间隔一般为 40m。二级公路、三级公路和其他道路的主线直线段，轮廓标设置间隔一般为 30m。

④曲线段轮廓标设置间隔可按表 22-2 规定选用，也可适当加密。在曲线段外侧的起止路段设置间隔如图 22-4 所示，如果两倍或三倍的间距大于 50m 则取为 50m。

表 22-2　曲线段轮廓标的设置间隔

曲线半径 R (m)	<30	30 ~ 89	90 ~ 179	180 ~ 274	275 ~ 374	375 ~ 999	1000 ~ 1999	2000 及以上
设置间隔 S (m)	4	8	12	16	24	32	40	48

⑤轮廓标在道路左、右侧对称设置。轮廓标反射器分白色和黄色两种，高速公路、设中央分隔带的整体式一级公路或分离式一级公路，按行车方向，左侧设置黄色轮廓标，右侧设置白色轮廓标；二级及二级以下等级公路，按行车方向左右两侧的轮廓标均为白色。

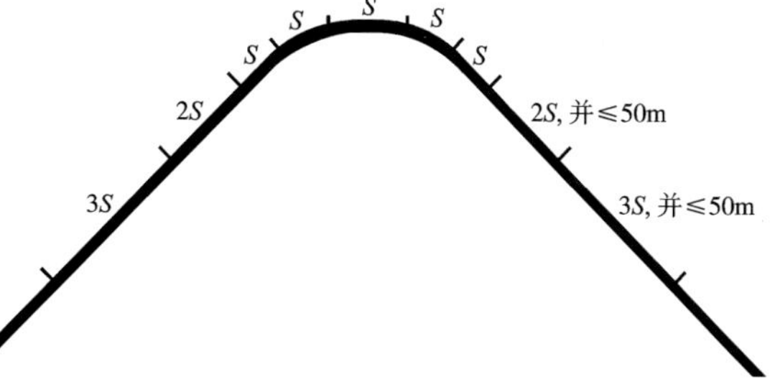

图 22-4　曲线段轮廓标设置间隔示例

⑥轮廓标的标准设置高度为 70cm，最小设置高度为 60cm。设置于混凝土基础中的轮廓标，其设置高度(指反射器的中心距路面的高度)应与附着式轮廓标的高度大致相同。

⑦轮廓标反射器的安装角度，无论在直线段或在曲线段上，应尽可能与驾驶人视线方向垂直。

第 23 章　标线材料、施工及维护

23.1　标线分类

标线按不同特征有不同的分类方式,除了《道路交通标志和标线　第 3 部分:道路交通标线》(GB 5768.3)“一般规定”中的标线分类方式外,按《道路交通标线质量要求和检测方法》(GB/T 16311)规定还可以有以下分类。

(1)按标线材料可分为:

a)溶剂型涂料标线;

b)热熔型涂料标线;

c)水性涂料标线;

d)双组分涂料标线;

e)预成形标线带标线;

f)其他材料标线。

(2)按标线功能可分为:

a)反光标线;

b)突起(振动)标线;

c)抗裂标线;

d)抗滑标线;

e)自排水标线

f)其他功能标线。

(3)按标线反光特性可分为:

a)非反光标线;

b)反光标线。

(4)按标线雨夜反光特性可分为:

a)Ⅰ型,即非雨夜道路交通反光标线;

b)Ⅱ型,即雨夜道路交通反光标线。

23.2　标线材料

标线材料主要包括:路面标线涂料、路面标线用玻璃珠、道路预成形标线带、立面反光标记涂料、突起路标、轮廓标和路面防滑涂料等。《路面标线涂料　第 1 部分:通则》(JT/T 280-1)中对路面标线涂料进行了分类,如表 23-1 所示。

表 23-1　路面标线涂料的分类

类别	型号	涂料中预混玻璃珠含量(质量百分比)	状态	形成标线后是否具有振动功能
热熔	反光型	>30%	固态	否
	突起型	>30%		是
溶剂	普通型	0	液态	否
	反光型	>30%		否

续上表

类别	型号	涂料中预混玻璃珠含量(质量百分比)	状态	形成标线后是否具有振动功能
双组分	普通型	0	液态	否
	反光型	>30%		否
	突起型	>30%		是
水性	普通型	0	液态	否
	反光型	>30%		否

《路面标线用玻璃珠》(GB/T 24722)中根据路面标线用玻璃珠粒径分布不同,分为 1 号、2 号、3 号、4 号四个型号,其粒径分布见表 23-2。

表 23-2　玻璃珠的粒径分布

型　号	玻璃珠粒径(μm)	玻璃珠质量百分比(%)
1 号	850 残留	0
	600 ~ 850	15 ~ 30
	300 ~ 600	30 ~ 75
	106 ~ 300	10 ~ 40
	106 通过	0 ~ 5
2 号	600 残留	0
	300 ~ 600	50 ~ 90
	150 ~ 300	5 ~ 50
	150 通过	0 ~ 5
3 号	212 残留	0
	90 ~ 212	96 ~ 100
	90 通过	0 ~ 4
4 号	1400 残留	0
	600 ~ 1400	95 ~ 100
	600 通过	0 ~ 5

1 号玻璃珠宜用作热熔型、双组分、水性路面标线涂料的面撒玻璃珠。2 号玻璃珠宜用作热熔型、双组分路面标线涂料的预混玻璃珠。3 号玻璃珠宜用作溶剂型路面标线涂料的面撒玻璃珠。4 号玻璃珠为雨夜玻璃珠,宜与非雨夜玻璃珠配合使用,用作热熔型、双组分路面标线涂料的面撒玻璃珠。《路面标线用玻璃珠》(GB/T 24722)除增加了 1 号、2 号、3 号、4 号玻璃珠外,还增加了其他粒径分布的玻璃珠选用规则及试验方法。

道路预成形标线带产品属于一种特种标线材料,由热塑性材料构成。该热塑性材料一般为聚合材料、颜料及玻璃的均匀混合物,在热塑性材料反光表面外嵌入玻璃珠层。标线带在工厂制作成形,施工时直接粘贴在路面上。由于标线带表面嵌有玻璃珠,故可反光。道路预成形标线带可分为长效标线带和临时标线带两大类。

长效标线带是指铺设在每车道平均日交通总量不大于 15000pcu/d 的路面上,使用寿命达到 12 个月以上的标线带。长效标线带分为两种类型。I 型长效标线带是指标线带无预涂胶,使用时涂敷液态粘合剂。II 型长效标线带是指标线带预涂压敏胶,使用时预备或不预备粘接剂或底胶。长效标线带根据其初始逆反射亮度系数的大小分为 I 级反光和 II 级反光。白色 I 级反光长效标线带初始逆反射亮度系数应大于 $500\text{mcd} \cdot \text{lx}^{-1} \cdot \text{m}^{-2}$,黄色 I 级反光长效标线带初始逆反射亮度系数应大于 $300\text{mcd} \cdot \text{lx}^{-1} \cdot \text{m}^{-2}$。白色 II 级反光长效标线带初始逆反射亮度系数应大于 $250\text{mcd} \cdot \text{lx}^{-1} \cdot \text{m}^{-2}$,黄色 II 级反光长效标线带初始逆反射亮度系数应大于 $175\text{mcd} \cdot \text{lx}^{-1} \cdot \text{m}^{-2}$。长效标线带的抗滑性能分为 A 级、B 级。A 级抗滑值至少为 45BPN,B 级抗滑值至少为 55BPN。

临时标线带是指铺设在每车道平均日交通总量不大于 15000pcu/d 的路面上,使用寿命达到 3 个月以上的标线带。临时标线带分为两种类型。I 型(可清除)标线带材料使用期限超过预计的有限寿命之后,可以用人工或使用机械手段,在 4℃以上环境下从沥青或水泥混凝土路面整块或以大于 60cm 的碎片除去,不允许使用加热、溶解、击碎或炸开等破坏性手段对路面留下痕迹。II 型(不可清除)标线带材料不必具备可清除的特性。

立面反光标记和实体反光标记可采用粘贴反光膜或涂布立面反光标记涂料实现。采用黑黄色溶剂普通型涂料涂刷的立面标记和实体标记,因涂料内无逆反射材料,在夜间不具有反光效果。

采用铝背基反光膜制作立面反光标记时,可直接粘贴于混凝土表面。采用普通反光膜制作立面反光标记时,因无法在混凝土表面上直接粘贴,需先在混凝土基层上先锚定马口铁板再粘贴反光膜,或先用锚固胶锚固再贴反光膜。采用反光膜的立面反光标记可视角近 60 度。

使用立面标记涂料制备立面标记和实体标记时,可采用滚涂或喷涂施工工艺施工,这种立面反光标记的可视角近 180 度,具有夜间、潮湿、连续环境条件下广角高反光的优点。同时,立面反光标记涂料,具有环保无污染、施工方便、快速干燥等优点,可在在多种立面和实体上涂装,如水泥、镀锌钢板、铝板、木板和塑料表面,且具有良好的附着性。

铺装路面防滑涂料可形成彩色防滑减速标线和彩色防滑路面,尤其在潮湿或者下雨时,可以有效防止车辆行驶时打滑、水漂,同时美化环境,并从视觉上对驾乘者进行色彩警示,提高行车安全性能。在弯道、下坡、十字路口、公交车站和过街天桥等容易打滑的危险路段,宜铺设彩色防滑减速标线和彩色防滑路面。通常根据实际需要,可以将其铺设成红、橙、黄、绿、蓝等多种色彩,施工时也可以在集料中混合玻璃珠,撒布后获得雨夜反光性能。

在实际使用时,国内外均大量使用路面标线涂料作为主要的道路交通反光标线材料,在特殊情况下,少量使用道路预成形标线带和突起路标作为道路交通反光标线材料。目前,我国的路面标线涂料基本上形成以热熔型为主,溶剂型、双组分、水性为辅的局面。

为了使涂料生产、标线施工、业主单位能深入了解道路交通标线材料的类型及有关经济技术指标,生产、使用多种适用的路面标线涂料,为用户合理选用服务,现将目前国内各种不同类型的路面标线涂料的性能、优缺点和价格作一详细对比,详见表 23-3。

表 23-3　道路交通标线材料性价比对比表

序号	涂料类型	溶剂型	热熔喷涂型	热熔刮涂型	双组分涂料	水性涂料	热熔突起型	预成形标线带
1	标线干膜厚度(mm)	0.2~0.7	0.7~1.2	1.5~2.5	0.4~2.5	0.2~1.8	基底部分1~2、突起部分3~7	基底部分0.3~2.5、突起部分>0.8
2	每平方米标线含材料施工价格(元)	10~15	28~30	30~45	40~120	20~60	40~80	80~200
3	寿命(月)	>3	>6	>12	>24	>6	>24	>6
4	施工温度(℃)	≥5	≥10	≥10	≥10	≥10	≥10	≥5
5	干燥速度	较快	快	快	较慢	较快	快	快
6	优点	价格低、重涂及清除旧线容易、可冬季施工	易重涂、不易裂、施工快、可反光	涂层厚、耐磨、可反光	反光性能好、寿命较长、附着力强	环保性好(VOC<1100g/L)、反光好	反光性能优优异、有振动效果	反光好、寿命较长、附着力强

续上表

序号	涂料类型	溶剂型	热熔喷涂型	热熔刮涂型	双组分涂料	水性涂料	热熔突起型	预成形标线带
7	缺点	多作临时标线或覆盖旧线、使用寿命短、VOC 含量高、有环境污染、一般不反光	需加热至 180 ~ 220℃施工、耗能、水泥基和旧路面要涂下涂剂	重涂及清除旧线难、需加热至 180 ~ 220℃施工、耗能、水泥基和旧路面要涂下涂剂	清除旧线难、施工规范要求严、价格偏高	低温及潮湿环境下不便施工、施工环境要求相对湿度 RH <85%	重涂及清除旧线难、价格高、需加热至 180 ~ 220℃施工、耗能、水泥基和旧路面要涂下涂剂	施工规范要求严、价格偏高

德国联邦公路研究所(BAST)的 R. Keppler 教授提交的论文《德国的道路标线系统试验》,提供了该所自 1989 年以来 15 年的 1954 组不同类型的白色道路标线材料使用性能试验数据,详见表 23-4。

表 23-4　不同类型的白色道路标线材料使用性能试验数据

标线材料种类	溶剂含量(%)	施 工 方 法	试验数	试验结果满意数	满意率(%)	排序
双组分涂料	<1	喷涂、刮涂、挤压	304	188	61.8	1
预成形标线带	0	冷压、≤50℃热压	151	79	52.3	2
高固体分水性涂料	<1	刮涂、挤压	17	8	47.0	3
普通水性涂料	<1	喷涂	251	107	42.6	4
溶剂型涂料	<25	喷涂	775	259	33.4	5
热熔型涂料	0	喷涂、刮涂、挤压	456	116	25.5	6
总计	—	—	1954	757	38.7	—

表 23-4 所列数据是在室内的环道磨损模拟试验装置上试验得到的,试验全面考核了不同类型的白色道路标线的使用性能,包括耐磨性、持续反光性、耐粘污性、附着力和裂纹状况等。从表 23-4 可以看出:当前我国产量最大、使用最多的热熔型和溶剂型道路交通标线涂料的标线使用性能模拟试验结果并不理想,满意率低;而满意率最高、性能最好的双组分路面标线涂料使用量开始持续增长,性能较好的水性路面标线涂料用量仍比较少。

分析造成我国与德国使用情况相反的原因在于:国内环保意识有待加强,使用中更侧重路面标线材料性价比,选择材料时,价格为使用者首要考虑的因素。

合理选用道路交通标线材料应综合考虑路标线涂料种类、标线施工机械和标线施划工艺等因素,参考表 23-3 的各种道路交通标线材料的性能、优缺点和价格对比,以及表 23-4 的不同类型道路交通标线材料使用性能试验数据,建议应针对标线的使用条件,对于不同的道路、不同的地区、不同的标线,选用合适的标线材料,具体建议如下:

(1)高速公路的边缘实线可采用热熔喷涂型和水性涂料

因为高速公路上的车辆行车较规范,边缘实线受车轮的碾压较少,磨损少,而对标线的反光性能要求较高。热熔喷涂型涂料能够满足此要求,且性能价格比最高,应优先选用。水性涂料环保,涂层与路面和玻璃珠的黏接力强,反光性能优良,也是可考虑采用。

(2)高速公路的间断线(中线)可采用热熔刮涂型或双组分刮涂型涂料

因为间断线(中线)通常是施划在车辆换道及并线的路段上,受车辆碾压次数较频繁,标线的磨损相对要大。热熔刮涂型或双组分刮涂型施划的标线涂层较厚,经久耐用。采用耐久型标线材料可以保证标线在较长时间内正常使用,减少了在通车条件下频繁施工划线作业的危险。

(3)高速公路转弯及事故多发地带可采用路面抗滑涂料和突起型涂料

这些路段如果抗滑性能差,且车速过快,行进中的车辆会因离心力而偏离正常线路,易酿成交通事故。采用彩色路面防滑涂料施划标线和加铺路面,不仅可以大幅度提高路面的防滑性能,同时亮丽的色彩具有色彩警示性,也提高了驾驶人的警觉性,注意减速缓行。采用突起振动型反光标线时,一旦车轮辗压在标线上,车身就会产生轻微震荡,同时发出噪声,提醒驾驶人车辆已驶离正确方向,这种振动和噪声比车轮辗压在道钉上或减速带所产生的要柔和些,这种标线的突起部分能够使标线在雨夜里也有一定的反光可视性能。

(4)低等级公路及等外公路宜采用反光标线

低等级公路及等外公路上的标志、突起路标和轮廓标等交通安全设施较少,又没有灯光照明,而且机动车辆和其他车辆混合行驶,路况复杂,夜间行车极不安全,为了防止事故的发生,建议公路管理部门增设各种交通安全设施,低等级公路及等外公路宜采用反光标线。

(5)北方城市道路可选用双组分涂料

城市道路上通常车速要比高速公路低,而且有路灯,但车流量大,要求耐磨,除此之外,北方城市的标线积灰和沾染污物较为严重,而降雨量很小,不可能靠雨水来冲洗标线来自洁。而双组分涂料在成膜时要起交联反应,交联后的涂膜温变性能不明显,耐污性能相对较好。

(6)南方城市道路可选用热熔反光涂料

南方地区降雨量较大,通过雨水经常性冲洗标线,使标线的自洁性好,因而可以选用热熔反光涂料。

(7)城市道路的弯道、十字路口、旺市、工厂和校园门口等路段采用热熔突起型标线和彩色防滑标线

在这些重要路段通过施划热熔突起型标线和彩色防滑标线可以提高驾驶人的警觉性,减缓车速,防止滑移,使行车更安全,也保护了过往行人。彩色防滑标线不仅可以提高路面的抗滑性能,而且用色彩装点城市路面,既醒目又有景观装饰效果,可说是一种不错的选择。

(8)水泥路面可采用热熔喷涂型涂料

水泥是碱性的无机硅酸盐,其与高分子的有机涂料的结合力差,目前在水泥路面上划制的标线使用寿命很少超过 1 年。从经济合理性上考虑,采用热熔喷涂型涂料比采用刮涂型涂料更能节省物力和财力,常划常新。

(9)旧路面要采用使用寿命与翻修时间相当的标线涂料

旧路面本身的表面状况不佳,使用不久就得翻修,如果采用耐久性的标线涂料,易出现标线的使用寿命大于路面使用寿命的现象,在经济上是不合理的,如果采用热熔喷涂型或水性涂料将是较好的选择。

(10)正确使用路面标线用玻璃珠

路面标线的反光是源自预先混入涂料内的玻璃珠和撒布在涂层表面的面撒玻璃珠,如果玻璃珠的成圆率高,折射率高,玻璃珠的粒径级配合理,那么标线的反光效果就好。这些玻璃珠的粒径是要按一定的比例级配的,以保证标线涂层中的玻璃珠粗细配合,黏附牢固,在使用过程中,不同大小的玻璃珠随着标线的磨损而依次显露和脱落,从而使标线一直能保持持续反光,路面标线用玻璃珠应符合《路面标线用玻璃珠》(GB/T 24722)。大量的试验检测数据表明,目前涂料预混合面撒的玻璃珠经常达不到规定要求,尤其是玻璃珠粒径分布、级配不当,甚至有些粒径的玻璃珠缺档,影响了标线的持续反光性能。

(11)热熔喷涂型涂料性能价格比最高

从表 23-3 可以看出,热熔喷涂型涂料施划的标线涂层厚度为 0.7～1.2mm,仅为目前用得最多、最广的热熔刮涂型涂层厚度 1.5～2.5mm 的一半左右,涂料用量可减半,而反光性能不减。采用喷涂方法将涂料施划到路面上,填入路面的缝隙和粗糙的表面结构,有利于涂料与路面的结合,并能基本保持路面原有的摩擦系数,是热熔刮涂型所不及的。刮涂的涂层虽然厚,耐磨,但实际情况是,不等涂层完全磨损完毕,就不得不铲去重涂,因为此时的涂层由于玻璃珠的脱落,涂层的反光性能下降很多,根据《道路交通标线质量要求和检测方法》(GB/T 16311)规定,如果白色标线的逆反射系数小于 $80\text{mcd}\cdot\text{m}^{-2}\cdot\text{lx}^{-1}$ 就需要重涂。涂层的磨损与反光性能不同步衰减是热熔刮涂型涂料的致命弱点,涂层尚未完全磨损,却因逆反射系数达不到要求被铲掉,从而造成人力和物力的浪费。热熔喷涂型涂料划制的标线表面结构状况近似于原路面,即与路面的摩擦系数相近,而刮涂的标线表面很光滑,车轮在上面很容易打滑。

(12)双组分涂料性能最好

从德国的标线使用性能模拟试验表明,双组分涂料划制的标线使用性能满意率最高,表 23-4 所列的双组分涂料标线的反光性能优良,使用的寿命也最长,主要源于这类标线的涂膜是化学交联型的,与路面及玻璃珠结合力强。这类涂料施划标线的不粘胎干燥时间与涂膜厚度无关。不足之处是这类涂料的价格稍高,施工规范要求严格,涂料组分得按一定比例现场现配现用。

(13)水性标线涂料符合节能环保发展趋势

水性标线涂料用于高速公路的也较好,反光性能优良,最可取的是:该涂料的 VOC 含量(挥发性有机挥发物含量)小于 100g/L,符合国内外节能环保的发展趋势。

突起路标按基体材料分为塑料、钢化玻璃、金属等。按逆反射性能,突起路标分为逆反射型(简称 A 类)和非逆反射型(简称 B 类)两种。逆反射型突起路标按逆反射器类型又可分为 A1 类、A2 类、A3 类等。突起路标的材料应具有良好的耐化学腐蚀、耐水、耐 UV 紫外线和耐候性能,金属材料还应具有良好的韧性,受过载破坏后不应有导致交通伤害的尖锐碎片。

轮廓标的逆反射材料宜采用反射器或反光膜。反射器有微棱镜型和玻璃珠型两种形式。微棱镜型反射器的颜色和逆反射性能应均匀一致。玻璃珠型反射器的玻璃珠颜色应一致,排布均匀,不应有破损或其他缺陷。反光膜在柱体上应粘贴平整,无皱纹、气泡、拼接缝等缺陷。

柱式轮廓标的柱体宜采用耐候性能优良的合成树脂类材料,其性能应符合以下要求:

(1)耐候性能:连续自然暴露两年或进行人工气候加速老化试验 1200h,轮廓标柱体不应有裂缝、凹陷、变形、剥落、腐蚀、粉化、变色或层间分离等破损的痕迹;

(2)耐盐雾腐蚀性能:试验后,柱体不应有变色、扭曲、损伤或被侵蚀的痕迹;

(3)加保护层的合成树脂类柱体,其保护层在经受耐候性能试验、盐雾腐蚀试验后,也不应出现变色、开裂、粉化或剥落等破损的痕迹;

(4)普通柱式轮廓标用合成树脂类板材的实测厚度应不小于 3.0mm,弹性柱式轮廓标柱体的实测厚度应不小于 4.0mm,它们的纵向抗拉强度应不小于 25MPa。弹性柱式轮廓标柱体经不小于 30 次折弯后,不应出现裂缝或折断的现象,其顶部任意水平方向的残余偏斜应不大于 70mm;

(5)附着式轮廓标支架或底板用合成树脂类材料时,其实测厚度不应小于 3.0mm,按《塑料　弯曲性能的测定》(GB/T 9341—2008)的方法测试,其支架或底板的抗弯强度应不低于 40MPa。

黑色标记宜采用耐候性能优良的涂料或塑料薄膜,应与轮廓标柱体有良好的黏结性能。黑色标记采用涂料喷涂而成,按《色漆和清漆　划格试验》(GB/T 9286)的划格试验测试(用单刃切割刀具、切割间距为 2mm、底材为柱体材料),涂料对柱体的附着性能应不低于二级的要求。若黑色标记采用塑料薄膜粘贴,拼接处应为搭接,重叠部分不小于 10mm,每段黑色标记只能有一条拼接缝。试验后,用手不能从一端把切开的黑膜整块剥下。

附着式轮廓标的支架和底板,一般应采用铝合金板或钢板制造,连接件应采用钢材制造。铝合金板应使用《一般工业用铝及铝合金板、带材》(GB/T 3880)中规定的牌号。用作支架及底板时,其最小实测厚度不应小于 2.0mm。

钢板应使用《热轧钢板和钢带的尺寸、外形、重量及允许偏差》(GB/T 709)中规定的牌号。用作支架及底板时,其最小实测厚度不应小于 1.5mm。为提高钢材的防腐能力,用于轮廓标底板、支架或连接件的钢构件,应进行热浸镀锌的表面处理,镀锌层平均厚度应不小于 50μm,最小厚度应不小于 39μm。若用其他方法防腐处理,防腐层应符合《公路交通工程钢构件防腐技术条件》(GB/T 18226)的有关要求。

23.3　标线施工

标线施工具有流动性,且标线施工完成后需要一定的养护期,为确保标线施工顺利进行,应根据道路的宽度、交通量、地形、气候及施工现场情况,合理组织施工,注意交通安全,设置适当的交通警告标志,阻止车辆及行人在作业区内通行,防止将涂料带出或形成车辙或将突起路标压偏,直至标线充分干燥或突起路标完全固定为止。

23.3.1 路面标线的施工

路面标线施工就是由专业施工人员通过专业施工设备将不同种类的路面标线材料,按照相关标准规定施划或安装于路面上。目前路面标线涂料是我国公路上使用量最大和使用最广泛的道路交通标线材料,因此,本部分将对路面标线涂料的施工工艺进行详细介绍。

路面标线涂料的施工不同于其他建筑涂料或工业涂料的施工,其施工具有以下特点:施工工艺的连续性、时间性和流动性,要求各施工工序配合紧密衔接;施工作业区的特殊性和危险性,在已通车路段施工受半封闭交通影响较大,施工通常在易引起交通堵塞和诱发交通事故,城市道路交通标线在夜间进行,施工人员安全存在危险,在新建道路上施工需与业主、监理单位和其他配合单位进行协调工作,施工受车辆通行限制;施工环境复杂多变,施工受季节、气象条件、地域、路面状况等客观条件影响较大。

1)路面标线施工的准备工作

(1)施工人员岗位培训工作

施工前对施工人员进行岗位培训工作的主要内容如下:

①施工安全管理和注意事项;

②路面标线涂料的产品类型和施工特点;

③施工图、施工工序中的施工要点和注意事项;

④专用施工设备操作方法和要领;

⑤相关技术标准规定和质量控制要点。

(2)施工现场考察和施工时间选择工作

施工前对施工现场考察工作的主要内容如下:

①施工时的气象条件;

②施工路面状况和交通流特点;

③业主的施工要求;

④与监理单位和其他配合单位的协调工作;

⑤在已通车路段施工时,应避开交通高峰时段;

⑥结合施工现场气象条件,尽量选择在路面干燥和气温10℃以上白天进行施工。

(3)施工安全管理工作

道路交通标线施工通常在开放交通情况下进行,城市道路施工受条件限制经常在夜间进行。不同种类标线材料施工时存在着高温作业、特种设备操作、易燃易爆、有机溶剂中毒和行驶车辆伤害等危险和有害因素,因此,施工安全管理工作至关重要。施工安全管理工作应注意以下事项:

①施工进场时,根据施工现场的路面状况和交通流特点,在作业区适当位置设置安全锥、警告标志、旗帜、警示灯等安全管理工具,对行驶车辆、行人进行安全警示;

②施工作业区应配备专职安全管理员,进行临时指挥和疏导交通,避免事故发生;

③施工作业时施工人员应穿戴醒目的反光衣帽;

④已通车路段施工时,一般情况下行车道单向通车,另一方向封闭施工,必要时双向行车道进行全封闭施工,确保施工人员安全的前提下,尽量方便车辆行人通行。

2)热熔型路面标线涂料的施工

热熔型路面标线涂料常温下为固体粉末状。由于其涂料成分中主要成膜物为热塑性树脂,所以加热到一定温度时会熔化为液体,施划于路面时由于物理冷却固化,一般3min内即可实干通车。热熔标线的厚度因其标线类型不同而不同,热熔反光型和热熔普通型标线的干膜厚度为0.7~2.5mm,热熔突起振动标线的突起部分高度为3~7mm、基线厚度为1~2mm,每平方米标线的涂料用量在2~5kg左右。由于热熔标线具有线形美观、经久耐用等优点,据不完全统计,我国热熔型标线的用量占标线总量的 90% 以上。热熔型路面标线涂料的施工工艺内容如下：

(1)熔料

熔料工序是热熔型路面标线涂料的施工重要环节之一。热熔型路面标线涂料熔料过程一般在热熔釜中采用燃气方式进行，热熔釜的照片如图 23-1 所示，熔料温度一般在 200℃以上，熔融状态涂料的流动度直接关系涂料的施工性能，因此，熔料工序中最重要的是控制好熔融状态涂料的流动度，实际操作中主要依靠控制熔料温度和操作人员的经验来完成。

图 23-1　热熔釜

(2)路面清扫和干燥

施划基准线前应对施划标线区域路面的灰尘、泥沙、残土、石子和落叶等路面杂质进行清扫，可采用人工和机械清扫的方式进行，图 23-2 显示了常用的路面清扫机。必要时还需要利用烘干设备清除路面的水分。

(3)施划基准线和放样

施划基准线应首先确定基准点，应按照施工图中路面中心线与标线的距离确定基准点。一般在直线路段间距 10～20m 确定一个基准点，曲线路段间距 10m 内确定一个基准点。所需基准点发出后，用线绳连接基准点放出基准线。进行大规模道路交通标线施工时，基准线将通过车载放线设备完成。

放样时应按照施工图中的图形和位置，使用粉笔、油漆和测量工具等在路面上做好标记，放样后应核准基准线位置与施工图中的位置是否一致。图 23-3 显示了放线用手推水线划线机的照片。

图 23-2　路面清扫机

图 23-3　手推水线划线机

(4)路面二次清扫和干燥

大规模施工时,施划基准线和放样与标线施工时间间隔较长,需进行路面二次清扫和干燥,为涂刷下涂剂和标线施工做准备。

(5)涂刷下涂剂

为提高路面与道路交通标线的附着力,通常在路面待施划标线区域涂刷下涂剂。应根据沥青路面和水泥混凝土路面的不同选择不同类型的下涂剂,涂刷方式可采用刷涂、滚涂或喷涂。喷涂下涂剂可采用如图 23-4 所示下涂剂喷涂机。目前,已有厂家开发出路面清扫和下涂剂喷涂一体机,如图 23-5 所示。

图 23-4　下涂剂喷涂机

图 23-5　路面清扫和下涂剂喷涂一体机

(6)标线施划

标线施划是道路交通标线施工工艺中的最重要工序。按施工方式划分可分为热熔刮涂、热熔喷涂和热熔振荡三种施工方式,前两种施工方式主要用于热熔反光型和热熔普通型路面标线涂料的施工,后一种施工方式主要用于热熔突起型路面标线涂料的施工。

热熔刮涂施工设备按其动力方式可分为手推式、自行式和车载式三种,分别如图 23-6、图 23-7 和图 23-8 所示。

图 23-6　手推式热熔刮涂机

图 23-7　自行式热熔刮涂机

自行式施工设备是在手推式施工设备基础上,通过添加动力系统为施工机械提供运行动力、减少施工人力劳动强度的施工设备。热熔喷涂施工设备按其动力方式包括手推式、自行式和车载式三种;按其喷涂方式可分为低压有气喷涂型、离心喷涂型和螺旋喷涂型三种。热熔振荡施工设备一般为自行式,如图 23-9 所示。

图 23-8　车载式热熔刮涂机

图 23-9　自行式热熔振荡划线机

采用上述设备进行标线施划时，应控制好以下施工步骤和环节：

①检查施工设备，确保设备处于完好状态。

②标线施划前确认下涂剂处于实干状态，否则由于下涂剂中的溶剂挥发，施划的标线易产生气泡和着火。

③施工时，对熔融状态的涂料应充分搅拌均匀，防止沉淀分层，影响施工质量。

④撒布在标线涂层上的玻璃珠应分布均匀，其撒布量为 0.3 ~ 0.5kg/m^2。

⑤新路面施划道路交通标线施工时间尽量延后，控制在路面状态稳定之后，以避免标线脱落或污染。

⑥普通标线施工后，再进行文字、箭头等特殊标线施工。

⑦大规模施划标线结束后，应对不符合要求的标线进行修整处理，达到相关标准和技术要求。

⑧施工后应及时对施工机械、工具等整理，清除散落的玻璃珠等路面残留物，防止引发事故。

3）溶剂型路面标线涂料的施工

溶剂型路面标线涂料具有施工速度快、施工设备相对简单、施工费用低的特点，在我国低等级公路和城市道路的标线施工中占有一定的市场份额。标线施工量较小时一般采用刷涂方式施工，标线施工量较大时一般采用喷涂方式施工。溶剂型标线干膜厚度一般在 0.3 ~ 0.4mm，每平方米标线的涂料用量一般在 0.4 ~ 0.6kg。溶剂型标线有普通型和反光型之分，但由于这类标线厚度薄、对玻璃珠的黏结效果差，在实际使用中较少采用溶剂反光标线。溶剂型标线施工设备按其动力方式包括手推式、自行式和车载式三种，分别如图 23-10、图 23-11 和图 23-12 所示；按其喷涂方式可分为低压有气喷涂型和高压无气喷涂两种。溶剂型路面标线涂料的施工条件和注意事项如下：

①施划前应清扫路面的灰尘、泥沙、残土、石子和落叶等杂质。

②路面处于潮湿状态时严禁施工，雨后路面要在充分干燥后方可施工，必要时还需要利用烘干设备清除路面的水分，检查施工设备。

③施工时气温应不低于 5℃。

④涂料开罐后应充分搅拌均匀方可使用。

⑤涂料黏度过高时应选用生产厂家配套或制定的稀释剂稀释。

⑥不同厂家和不同品种的涂料应避免混用。

⑦溶剂型路面标线涂料为易燃品，施工和储存过程中严格遵守安全使用规则。

⑧在施工过程中，有大量溶剂挥发，长期使用将危害施工人员身体健康，应采取相应的劳动防护措施。

图 23-10　手推式冷漆划线机

图 23-11　自行式冷漆划线机

图 23-12　车载式冷漆划线机

4)双组分路面标线涂料的施工

双组分路面标线涂料由 A 组分和 B 组分两部分组成。施工时 A、B 组分按一定配比混合后常温施划于路面,在路面上 A、B 组分发生化学反应交联固化形成标线,双组分涂料标线的干膜厚度为 0.4～2.5mm。双组分涂料标线按其施工方式划分,主要包括喷涂型、刮涂型、结构型和振荡型四种。喷涂型标线的干膜厚度为 0.3～0.8mm,刮涂型标线的干膜厚度为 1.5～2.5mm。通常情况下双组分道路交通标线施工时均面撒玻璃珠,为反光标线。

双组分路面标线涂料的施工条件和注意事项如下:

①施划前应清扫路面的灰尘、泥沙、残土、石子和落叶等杂质。

②在水泥混凝土路面施划前应采用机械打磨机、钢刷等工具设备清理干净其表面碱性层,或道路通车 1 个月后再施划标线。

③施工时路面温度一般在 10～35℃。

④A、B 组分在设备管道中各行其道,不能混用,只在喷嘴内或喷嘴外按配比混合。

⑤双组分涂料固化时间标线厚度无关,而与 A、B 组分配比和施工环境温度相关。

⑥双组分涂料应避免接触明火。

⑦面撒玻璃珠应选用经硅烷偶联剂处理的镀膜玻璃珠。

⑧施划完成后应及时按设备生产厂家提供的方法对施工设备进行清洗。

5)水性路面标线涂料的施工

目前国际上涂料工业的总体趋势向着水性化、无溶剂化、高固体分和紫外光固化方向发展。热熔型涂料存在着大量耗能和重涂施工难度大、需要除掉旧线才能施工等不足。而溶剂型涂料其含有 30%～

40% 以上的有机溶剂，涂料成膜后，有机溶剂全部挥发至大气中，存在严重污染环境的问题。因此，水性路面标线涂料作为环保节能型产品越来越受到广泛关注。水性路面标线涂料是一种高固体分常温涂料，其施工设备与溶剂型标线施工设备相同。水性普通型路面标线涂料的施工方式采用低压有气喷涂和高压无气喷均可，水性反光型路面标线涂料因其含有玻璃珠只能采用用低压有气喷涂方式施工。水性路面标线涂料的施工条件和注意事项如下：

①施划前应清扫路面的灰尘、泥沙、残土、石子和落叶等杂质，必要时涂刷水性路面标线涂料配套下涂剂。

②气温低于 10℃、相对湿度大于 80% 气象条件时严禁施工。

③路面处于潮湿状态或施工后 2h 内天气预报有雨时严禁施工。

④涂料施工时一般不允许加水稀释，否则影响涂料干燥速度和成膜性。

⑤施工时，涂料不能长时间高速搅拌，否则易造成涂料黏度下降和标线产生气泡现象。

⑥不同厂家和不同品种的涂料应避免混用。

⑦间断施工时，应及时卸下喷嘴浸入浓度 50% 的氨水中，防止喷嘴堵塞。

⑧施划有误的水性标线应在其干燥前用大量清水冲洗除去，施工完成后应及时用清水洗净施工设备和工具，干燥后很难清除。

6）道路预成形标线带的施工

预成形标线带施工时，通过其背面预涂胶层或在路面另涂胶结剂，使成形标线带贴附于沥青或水泥路面上。在正常路面温度条件下，借助车辆行驶的压力使标线带与路面紧密结合。预成形标线带的厚度除胶层外不低于 1.5mm；对于有突起断面的成形标线带，其突起部分厚度最低不应小于 0.5mm。成形标线带和防滑彩色路面标线的施工还应符合产品使用说明书的规定。

7）冷涂型路面防滑涂料的施工

彩色防滑路面铺装的施工工艺主要包括以下工序和注意事项：

（1）首先应进行路面清扫和干燥，在雨后铺装路面应利用烘干设备彻底清除路表水分，特别是冬天路面温度低时，温暖的路面可以加速基料干燥。对已经存在裂缝、坑洞等病害路段，应该在修补完毕之后再行铺装，且应加大基料的用量。新铺沥青路面在通车 2 周后，路面被压实之后再进行薄层彩色防滑路面铺装施工，新铺混凝土路面，应该在养护 56d 后再铺装薄层彩色防滑路面材料，正常施工温度 10℃以上为宜。

（2）将需要铺装薄层彩色防滑路面材料的路段分隔成一定大小的施工段，在每个施工段四周设置满足设计厚度的模板，要坚固牢靠，接缝处黏结胶粘带，保证不漏基料。

（3）将基料的主剂与固化剂按规定的比例进行混合，强力搅拌 3 ~ 10min，使两组份颜色均匀一致，将基料涂布在路面上，立即用橡胶刮板刮铺成所需要的厚度；然后将彩色防滑集料均匀地撒布其上，彩色防滑集料以完全覆盖基料层为准，不得漏撒。根据不同路段需求应选用粒径适宜的防滑集料，一般基料的覆盖率为 1.5 ~ 2.5kg/m^2，集料用量约为 8 ~ 12kg/m^2。

（4）待基料固化后，用强力吸尘器或者扫帚将多余的防滑集料除去，即可形成薄层彩色防滑路面。薄层彩色防滑路面铺装后需要干燥、常温养护，不得洒水，1 ~ 3h 后可恢复通车；温度低时，应适当延长道路封路养护时间。为了保护路面环境清洁，通车 3d 后，将路面表面没有粘牢脱落的防滑集料扫走；7d 后，再进行一次路面清扫。

23.3.2　突起路标的施工

在大多数情况下，突起路标作为交通标线的补充，与涂料标线同时使用。标线大多采用机械施工，行进速度较快，而突起路标要逐个粘贴，速度慢。因此，突起路标施工时，不得影响标线施工，最好在标线施工完成后再粘贴突起路标。这样可免除标线施工对突起路标的污染。标线施工完成后，突起路标的施工放样才可顺利进行。涂料或突起路标与路面结合牢固的重要条件就是要保持与路面接触面的干净、干燥。路面上的灰尘、泥沙、水分是妨碍涂料或突起路标黏结的主要因素，可根据不同情况采用扫帚、板刷和燃气燃烧器等工具彻底清除。

根据设计文件的要求确定突起路标的设置位置,反射体应面向行车方向。突起路标的施工放样工作,一般应沿着标线来定位,反射体应面向行车方向。

由于突起路标种类较多,材料各异,施工方法有所不同。突起路标位置确定后,最常用的方法是把突起路标用胶直接粘贴在路面上。在粘贴前,应用扫帚、刷子、高压喷嘴吹风等办法清理路面。用刮刀把黏合剂涂抹在路面上和突起路标底部,突起路标就位,在突起路标顶部施加压力,排除空气,再一次调整就位。若采用强化玻璃突起路标,则应在路面上钻孔,取出岩芯,清理孔穴后涂胶,突起路标就位,在突起路标顶部施加压力,排除空气,再一次调整就位。待胶凝固后即可开放交通。

突起路标在黏合剂固化以前不能受力,因此在突起路标施工过程中,一定要做好养护管理和交通诱导工作,在黏合剂固化以前,一定要避免车辆冲压突起路标,待黏合剂固化以后,才可开放交通。

突起路标施工时,底胶应满足供应商提及的要求,并保证底胶饱满、均匀。现行《突起路标》(JT/T 390)对突起路标的技术要求、性能有明确规定,除设计文件另行规定外,应遵照执行。

23.3.3 轮廓标的施工

轮廓标是沿道路两侧边缘设置、用于指示道路前进方向和边界、具有逆反射性能的交通安全设施。按设置条件可分为埋设于地面上的柱式轮廓标和附着于构造物上的附着式轮廓标。柱式轮廓标按柱体材料的不同特性,又可分为普通柱式轮廓标和弹性柱式轮廓标。所有钢构件均应进行防腐处理。轮廓标应在具备安装条件时施工。施工安装前,应对轮廓标的埋设条件、位置、数量进行核对。设置于土中的轮廓标,由柱体、反射器和基础等组成。柱体为三角形,顶面斜向车行道,主体部分为白色,在距路面55cm以上部分有25cm的黑色标记,在黑色标记的中间有一块18cm×4cm的反射器。反射器为定向反光材料。轮廓标的基础为混凝土。柱体与基础可采用装配式,设置于土中的柱式轮廓标构造见图23-13。

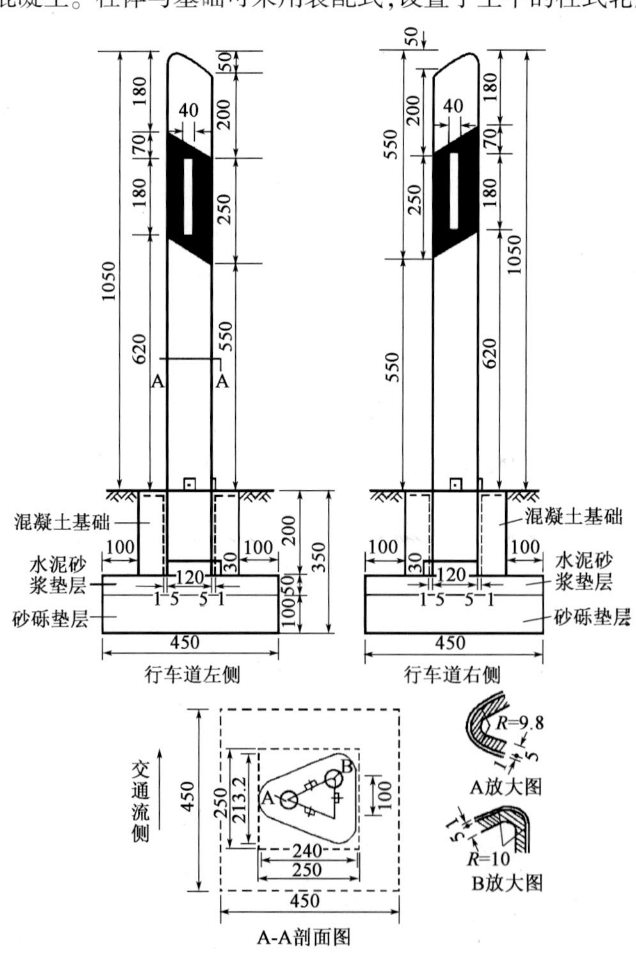

图23-13 轮廓标(设置于土中的)构造(尺寸单位:mm)

附着于各类建筑物上的轮廓标,由反射器、支架和连接件组成。可根据建筑物的种类及埋置的部位采用不同形状的轮廓标和不同的连接方式。

轮廓标附着于波形梁护栏中间的槽内时,反射器为梯形,与后底板铆结在一起,后底板固定在护栏与立柱的连接螺栓上。后底板应做成一定的角度。角度的大小以保证汽车前照灯光能大致与其保持垂直为原则,如图23-14所示。

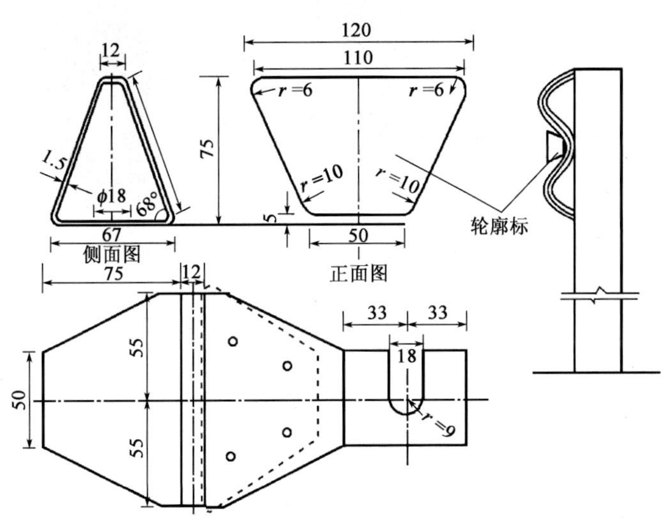

图23-14 轮廓标附着于波形梁护栏中间的槽内(尺寸单位:mm)

在经常有雾、风沙、阴雨、下雪、暴雨等地区,可采用较大的反射器(如ϕ100mm的圆形),并将轮廓标安装于波形梁护栏的立柱上,如图23-15所示。这种轮廓标可以分为单面反射(A型)和双面反射(B型)两种,B型适用于需要为对向车道提供视线诱导的场合(如中央分隔带);也可将圆形反射器装在波形护栏板的上缘,这种轮廓标,通过专门加工的支架把轮廓标固定在波形梁上,如图23-16所示。

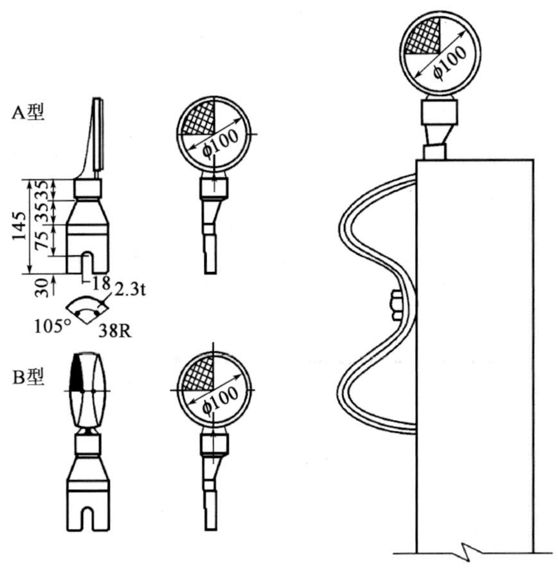

图23-15 轮廓标安装于波形梁护栏立柱上(尺寸单位:mm)

附着于缆索护栏的轮廓标,是通过夹具将轮廓标固定在缆索上的,如图23-17所示。附着于侧墙上的轮廓标,包括在隧道壁,挡墙,桥墩、台侧墙,混凝土护栏等处设置的轮廓标,其构造见图23-18。设置于混凝土基础中的轮廓标柱,其设置高度(指反射器的中心高度)应与附着式轮廓标的高度大致相同。

轮廓标反射器的安装角度,无论在直线段或在曲线上,应尽可能与驾驶人视线方向垂直。轮廓标的设置位置,除特殊路段外,应等间隔对称排列。轮廓标的设置间隔按标准规定确定。

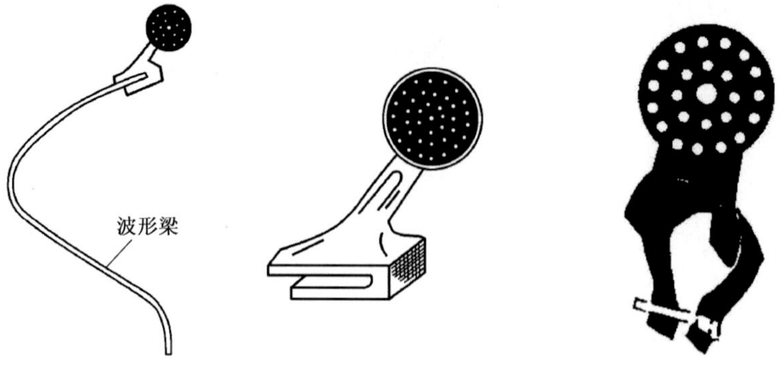

图 23-16　固定于波形梁上缘的轮廓标　　图 23-17　固定于缆索护栏的轮廓标

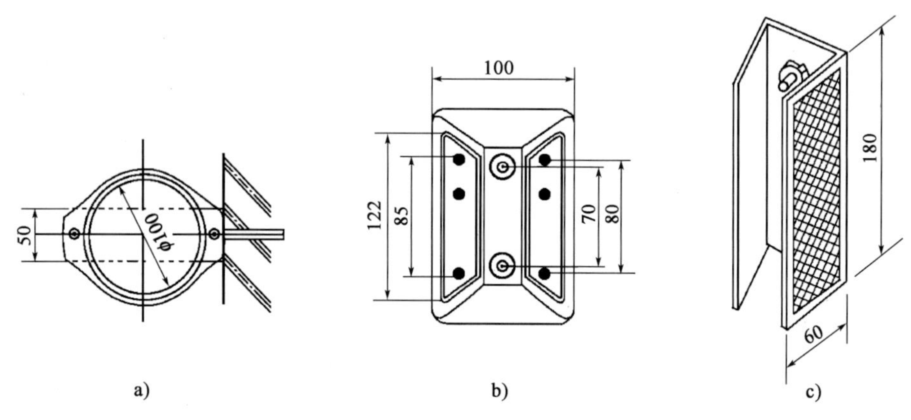

图 23-18　附着于侧墙上的轮廓标(尺寸单位:mm)

柱式轮廓标应按设计文件的规定量距定位。柱式轮廓标施工时,应设置混凝土基础。基础开挖达到规定的尺寸和深度后,先浇筑一层片石混凝土,厚度不应小于 20cm。接着在片石混凝土上支模板,测定模板顶部的标高。当立柱与混凝土基础浇在一起时,则可将立柱放入模板中,固定就位后,即可浇筑混凝土。混凝土浇筑完成后,应采取正常的养护措施,直到混凝土达到规定的强度;当轮廓标柱体或立柱为装配式结构时,则应预留柱体插入的空穴,或采用法兰盘连接。柱式轮廓标,可在混凝土基础的预留空穴中安装。混凝土基础可采用现浇或预制的方法施工,并应符合现行《公路桥涵施工技术规范》(JTG/T 3650)的规定。预制时,应按设计文件的规定预埋连接件。柱式轮廓标安装时,柱体应垂直于水平面,三角形柱体顶角平分线应垂直于道路中心线,柱体与混凝土基础之间用螺栓连接。

附着于梁柱式护栏上的轮廓标可按立柱间距定位;附着于混凝土护栏和隧道侧墙上的轮廓标应量距定位。附着式轮廓标应按照放样确定的位置进行安装。附着于护栏槽内的轮廓标,反射器为梯形,把反射器后底板固定在护栏与立柱的连接螺栓上。附着于缆索护栏上的轮廓标,通过夹具把轮廓标固定在缆索上。附着于隧道壁、挡墙、桥墩、桥台侧墙、混凝土护栏等处的轮廓标,通过预埋件或用胶固定在侧墙上。反射器的安装角度应符合设计文件的规定;安装高度宜尽量统一,并应连接牢固。

23.4　标线质量验收

在交通标线工程施工项目管理过程中,进行工程项目质量的评定和验收,是施工项目质量管理的重要内容。施工单位必须根据合同和设计图纸的要求,严格执行国家颁发的有关工程项目质量检验评定标准和验收标准,及时地配合监理工程师、质量监督站等进行质量评定和办理竣工验收交接手续。工程项目质量等级,均分为“合格”和“不合格”两级,凡不合格的项目不予验收。

23.4.1　一般规定

(1)交通标线工程质量应按基本要求、实测项目、外观质量和质量保证资料等检验项目分别检查。

(2)交通标志工程应对基本要求逐项检查,经检查不符合规定时,不得进行工程质量的检验评定。

(3)工程所用的各种原材料的品种、规格、质量及混合料配合比和半成品、成品应符合有关技术标准规定并满足设计要求。

(4)交通标线可按 5 ~ 10km 划分为一个评定单元,关键项目的合格率应不低于 95% ,一般项目的合格率应不低于 80% 。

(5)检验项目评为不合格的,应进行整修或返工处理直至合格。

23.4.2　路面标线质量验收

(1)基本要求

①交通标线施划前路面应清洁、干燥、无起灰。

②标线用涂料产品应符合《路面标线涂料》(JT/T 280)及《路面标线用玻璃珠》(GB/T 24722)的规定;防滑涂料产品应符合《路面防滑涂料》(JT/T 712)的规定。

③标线的颜色、形状和位置应符合《道路交通标志和标线》(GB 5768)的规定并满足设计要求。

④反光标线玻璃珠应撒布均匀,施划后标线无起泡、剥落现象。

(2)实测项目

见表 23-5。

表 23-5　路面标线实测项目

项次	检查项目			规定值或允许偏差	检查方法和频率
1	标线线段长度(mm)	6000		±30	尺量:每 1km 测 3 处,每处测 3 个线段
		4000		±20	
		3000		±15	
		2000		±10	
		1000		±10	
2	标线宽度(mm)			+5,0	尺量:每 1km 测 3 处,每处测 3 点
3△	标线厚度(干膜,mm)	溶剂型		不小于设计值	标线厚度测量仪或卡尺:每 1km 测 3 处,每处测 6 点
		热熔型		+0.50,-0.10	
		水性		不小于设计值	
		双组分		不小于设计值	
		预成型标线带		不小于设计值	
		突起型	突起高度	不小于设计值	
			基线厚度	不小于设计值	
4	标线横向偏位(mm)			≤30	尺量:每 1km 测 3 处,每处测 3 点
5	标线纵向间距(mm)	9000		±45	尺量:每 1km 测 3 处,每处测 3 个线段
		6000		±30	
		4000		±20	
		3000		±15	

续上表

项次	检 查 项 目				规定值或允许偏差	检查方法和频率
6△	逆反射亮度系数 RL (mcd · m^{-2} · lx^{-1})	非雨夜反光标线	Ⅰ级	白色	≥150	标线逆反射测试仪:每 1km 测 3 处,每处测 9 点
				黄色	≥100	
			Ⅱ级	白色	≥250	
				黄色	≥125	
			Ⅲ级	白色	≥350	
				黄色	≥150	
			Ⅳ级	白色	≥450	
				黄色	≥175	
		雨夜反光标线	干燥	白色	≥350	干湿表面逆反射标线测试仪:每 1km 测 3 处,每处测 9 点
				黄色	≥200	
			潮湿	白色	≥175	
				黄色	≥100	
			连续降雨	白色	≥75	
				黄色	≥75	
		立面反光标记	干燥	白色	≥400	
				黄色	≥350	
			潮湿	白色	≥200	
				黄色	≥175	
			连续降雨	白色	≥100	
				黄色	≥100	
7ϕ	抗滑值(BPN)	抗滑标线			≥45	摆式摩擦系数测试仪:每 1km 测 3 处
		彩色防滑路面			满足设计要求	

注:①抗滑标线、彩色防滑路面测量抗滑值。

(3)外观质量

标线线形不得出现设计要求以外的弯折。

23.4.3 突起路标质量验收

(1)基本要求

①突起路标产品应符合《突起路标》(GB/T 24725)、《太阳能突起路标》(GB/T 19813)的规定。

②突起路标的布设及其颜色应符合《道路交通标志和标线》(GB 5768)的规定并满足设计要求。

③突起路标施工前路面应清洁、干燥,定位准确。

④突起路标与路面的黏结应牢固。

(2)实测项目

见表 23-6。

表 23-6 突起路标实测项目

项次	检 查 项 目	规定值或允许偏差	检查方法和频率
1	安装角度(°)	±5	角尺:抽查 10%
2	纵向间距(mm)	±50	尺量:抽查 10%
3	横向偏位(mm)	±30	尺量:抽查 10%

(3)外观质量

突起路标表面无污损。

23.4.4　轮廓标质量验收

(1)基本要求

①轮廓标产品应符合《轮廓标》(GB/T 24970)的规定。

②柱式轮廓标的基础混凝土强度、基础尺寸应满足设计要求。

③轮廓标的布设应满足设计要求并符合施工技术规范规定。

④轮廓标应安装牢固,色度性能和光度性能应满足设计要求。

(2)实测项目

见表 23-7。

表 23-7　轮廓标实测项目

项次	检 查 项 目	规定值或允许偏差	检查方法和频率
1	安装角度(°)	0～5	花杆、十字架、卷尺、万能角尺:抽查 5%
2	反射器中心高度(mm)	±20	尺量:抽查 5%
3	柱式轮廓标竖直度(mm/m)	±10	垂线法:抽查 5%

(3)外观质量

轮廓标表面无污损。

23.4.5　质量保证资料

工程应有真实、准确、齐全、完整的施工原始记录、试验检测数据、质量检验结果等质量保证资料。质量保证资料应包括下列内容:

(1)所用原材料、半成品和成品质量检验结果;

(2)材料配合比、拌和加工控制检验和试验数据;

(3)地基处理、隐蔽工程施工记录;

(4)质量控制指标的试验记录和质量检验汇总图表;

(5)施工过程中遇到的非正常情况记录及其对工程质量影响分析评价资料;

(6)施工过程中如发生质量事故,经处理补救后达到设计要求的认可证明文件等。

23.5　标线维护

1)维护内容

(1)维护检查

路面标线维护建议检查项目如表 23-8 所示。路面标线的维护检查类别及缺损程度评价见表 23-9。

表 23-8　路面标线维护建议检查项目

项次	检 查 项 目	建议规定值或允许偏差
1	完整性	标线线型及内容完整、无缺损且功能正常
2	外观质量	视认性良好,边缘整齐、线形流畅,无明显起泡、开裂、变色等现象。反光标线的面撒玻璃珠分布均匀。重新划设的新标线应与旧标线基本重合
3	标线剥落面积	不超过检查总面积的 35%
4	标线色度性能	符合《道路交通标线质量要求和检测方法》(GB/T 16311)的要求
5	反光标线逆反射亮度系数 $(mcd \cdot m^{-2} \cdot lx^{-1})$	白色标线≥80; 黄色标线≥50

表 23-9　路面标线维护检查类别及缺损程度评价

检查类别	检查内容	检查方法	缺损程度		
			A	B	C
日常检查	完整性和外观质量	目测	标线线形及内容完整、无缺损且功能正常;视认性良好,边缘整齐、线形流畅,无明显起泡、开裂、变色等现象;反光标线的面撒玻璃珠分布均匀。重新划设的新标线应与旧标线基本重合	标线线形及内容基本完整、无明显缺损且功能基本正常;无显著起泡、开裂等现象;反光标线具有反光效果	标线线形及内容不完整、有缺损且功能不正常;有显著起泡、开裂等现象;反光标线无反光作用
定期检查	表 23-5 要求的全部项目	目测和仪器测试	全部项目符合要求	标线线形及内容基本完整、无明显缺损且功能基本正常;无显著起泡、开裂等现象;标线剥落面积和逆反射亮度系数符合要求	标线线形及内容不完整、有缺损且功能不正常;有显著起泡、开裂等现象;标线剥落面积和逆反射亮度系数不符合要求
特殊检查	表 23-5 中认为有必要的项目				
专项检查	《公路工程质量检验评定标准　第一册　土建工程》(JTG F80/1)要求的有关路面标线的全项内容				

(2)保养维护

清洁标线表面,去除标线表面上的污物。

路面标线材料经过施工形成路面标线后,在使用过程中通常表面会被污染,影响其视认有效性,因此标线表面需要定期维护清洁。清洁时可采用人工和机械方法,以及利用自然降雨等手段。此外,在路面标线材料的合理选择使用方面也应该受到关注。

造成路面标线污染的原因大体可分为四方面,即:气象条件、施工或使用场所、油污或灰土等污染物和标线材料自身性能。气象条件、施工或使用场所、油污或灰土等污染物是造成道路交通标线污染的外在影响因素,标线材料自身性能则是内在影响因素。

以热熔型涂料作为标线材料为例,由于其主要成膜物为热塑性石油树脂,涂料软化点一般在 90 ~ 120℃。在冬季,气温低时标线涂层变硬;而在夏季,气温可达 35℃时,路表温度常为 50 ~ 60℃,此时热熔标线涂层会变软、表面黏性增加,易附着污染物,对保持标线的鲜明度和标线养护清洁带来极为不利的影响。特别是轮胎黑色橡胶粒子嵌入标线涂层中造成的污染,很难清除。

标线上的污染物来自诸多方面,如汽车渗出油污、建筑工地灰土,以及新铺道路黏性沥青和没有干燥的下涂剂等,都是引起标线表面污染的原因。此外,汽车制动轮胎黑印、汽车尾气等也是重要的污染源。

由于路面标线使用环境不同,即使是同为热熔标线,其污染程度由于南北方、公路与城市道路、季节不同、交通状况、路面状况和气象条件不同等存在差异。在气候温热地区、路面洁净度高的道路或行车速度较快的路段,热熔标线有较好的鲜明度。而在停车站、人行横道、十字路口等行人较多或车辆频繁起动、制动的场所热熔标线污染相对严重。在同一道路上,中心线、车行道分界线、车行道边界线的鲜明度可能有所不同,经常有雨水冲刷的热熔标线鲜明度会好些。

路面标线污染将带来交通安全隐患,近年来国内外为了提高标线的耐沾污性开展了许多研究工作。在我国目前通常采用的方法是将热熔涂料分为冬季施工产品、夏季施工产品,并细分为北方产品和南方产品。相对来讲,冬季施工产品和北方产品的软化点会低一些;夏季施工产品和南方产品的软化点会高一些,涂料的硬度高些,表面比较干爽,耐沾污性好些。北京市在解决路面标线污染问题方面,由北京市公安局交通管理局联合国内外标线材料生产和施工企业进行了一些有益的探索工作,通过采用国外双组分涂料体系，在未撒布反光玻璃微珠条件下进行了示范应用，并取得了一定的效果。该标线由于未撒反光布玻璃微珠，提高了表面光洁性，耐沾污方面有所改善，但标线不具备反光功能。

(3)更新改造

标线的补划、重划、增划等。

标线有部分功能达不到要求，应予以补划。

标线涂层磨损、剥落严重，剥落面积超过 35% 时，应重新施划。

对于照明条件不足的路段，如反光标线的逆反射功能明显降低，逆反射亮度系数低于表 23-5 规定值时，应予以重划。

对于事故多发路段或危险路段，应视情况对标线种类进行调整，增加雨夜反光、突起振动及彩色防滑路面等特殊功能。

2)维护方法

(1)标线表面清洁

平时清扫路面时注意加强对标线的检查和清洁，发现污渍应及时进行清洁处理。

清洁时主要使用清水冲洗表面，辅以适当的中性清洗剂，再用清水冲洗干净。

去除标线表面的沥青渍、油渍、制动痕迹或其他污渍时，可使用酒精等极性较弱的溶剂局部刷洗，再使用清洗剂和清水冲洗干净。

(2)标线涂层补划

补划标线应先清扫路面，严格按照划制标线的步骤进行，并尽量采用与原有标线相同的材料和方法进行补划，保持标线涂层的均匀一致；

受条件限制无法采用原标线材料和方法时，可以选用与原标线尽可能相似的材料和方法进行补划。

(3)标线重划

标线剥落面积大于 35% 或反光标线逆反射亮度系数低于表 23-5 规定值时，应重新进行划制。

标线重划应尽可能与原标线位置重合。如需要调整，应重新进行设计，并按照新的设计要求重新放线进行划制。

标线重划要选用符合标准要求的材料，同时应适应当地气候、路面特点，采用相应的施工方法，严格遵照施工条件和施工工艺进行施工。

(4)标线去除

补划或重划标线前，应先去除原有标线。去除标线应选择经济、合理的办法，并尽量不破坏或少破坏路面。

对于脱落面积大于 35% 的标线，重划时必须清除旧线，并选择附着力好的标线材料，如水泥混凝土路面可采用双组分材料标线；逆反射亮度系数不合格而标线外观保持较好的路面，如沥青路面，可不清除标线，而采用喷涂工艺直接在原有标线上涂敷，以提高反光效果，但应注意采用和原材料相近的材料施工。

现有的标线和路面标记的去除方法有如下 4 种：

①机械去除法

采用机械打磨或铣削或刨削的方法将原有的旧标线去除掉。此法常用于清除旧的热熔标线涂料划设的标线涂层，因为热熔标线涂层较厚(约 1 ~2.5mm)，去除的工作量大，磨或铣或刨时都很易伤及标线底下和周围的路面，且费工又费时。目前，已有厂家开发出用于旧线清除的专用设备——热熔旧线除线机，如图 23-19 所示，主要用于高速公路、城市道路热熔标线修补和改线。

图 23-19　热熔旧线除线机

②化学去除法

利用脱漆剂中的溶剂对标线涂层的溶胀作用，可以将标线涂层从路面上剥离。常用的脱漆剂为混合的有机溶剂,此外还有稀热碱溶液或常温有机酸类溶液;加磷酸或磺酸等腐蚀性物质的酸性脱漆剂;由 1 份苯胺和 10 份氢氧化铵(体积比)混合的碱性脱漆剂;由二氯乙烷、三氯乙烷、四氯化碳或亚甲基氯化物等组成的不燃性脱漆剂;以十二烷基磺酸钠为乳化剂的乳化剂型脱漆剂;热硅酸盐溶液的硅酸盐型脱漆剂等。

溶剂型标线涂料划设的标线涂层较薄,用脱漆剂去除较方便、实用,但是脱漆剂大量散发的溶剂会污染施工环境,易造成人员中毒,引发火灾,不宜大面积使用。

③高压水冲洗法

高压水冲洗路面上的旧标线和路面标记效果较好,不会损伤路面,但需要高压水泵、喷枪及冲洗水,适用于清除溶剂型和热熔型及水性涂料等划设的薄型标线或标记涂层。

④喷砂法

喷砂技术是利用喷砂机产生的高速砂流抛射工作表面在冲击力作用下进行不接触式的表面处理技术。近年来,随着高速公路建设的发展和车流量的迅猛增长,以及交通管制的科学化发展,在用道路经常面临需要并网、改道、拓宽等处理,之后标线需要重新施划,同时必须去除原有旧标线,否则极易给司驾人员造成误导和判断失误,从而造成交通安全隐患。目前,我国普遍存在着对旧标线去除重视不够和去除不彻底,究其根本还是没有好的清除手段。喷砂技术用于旧标线的去除,从技术上是可靠和可行的,而且技术先进,有好多目前通用的方法不具备的优点,它可以同时满足去除不同路面、不同材料的标线,而且清除彻底,不留残痕,不损伤路面,作业迅速、机动,采用可回收式喷砂不造成周围环境污染,在作业过程中无须完全封闭路面,方便安全。目前这方面的研究已经得到重视和开展,不久,喷砂技术在这方面一定会更好地发挥作用。

(5)标线涂改

在需要涂改的旧标线和路面标记上用涂改材料覆盖粘贴或涂刷掩盖是一种较为方便的方法。但要满足色泽、遮盖率、耐磨、附着力、抗滑性等性能要求。目前国内只有少数工厂生产路面标线涂改材料,并且也没有制定出相关的行业标准或国家标准,可参考英国标准 *Black materials for masking existing road markings Specification*(BS 7962:2000),译成中文为《涂改现有路标的黑色材料规格》。这里所指的黑色涂改材料可以是热熔型标线涂料、各种类型涂料、胶带或其他材料,可以是移动式的或固定的。该标准只规定了在沥青路面上的涂改材料的性能要求,并未规定施工方式,材料生产商自定和提供施工方式,换言之,不管用什么材料和施工方式,只要涂膜性能达到标准要求即可。该标准的检测方法既适用于实验室检测,也适用于路面现场检测。

第四篇　道路交通标志和标线应用

第24章　作　业　区

作业区，是指路上或路侧进行养护、维修作业时所形成的工作区域。作业路段是受作业区影响的相关路段。作业路段是道路上一个特殊路段，虽然它是临时性的，但是由于施工、养护作业的影响，作业路段车道数减少，通行能力下降，存在着如变换车道、分合流、跟驶等复杂的车辆运行状态，工人、施工机械和来往的车辆也构成了一个杂乱的环境，因此作业路段与其他路段相比危险性较高。

道路交通标志和标线是引导道路使用者有序使用道路的一个重要的管理手段。在作业路段设置合理的交通标志和标线能有效地告知相关的道路作业的情况，规范交通流运行秩序，既能保障作业区交通安全，又有助于提高道路的运行效率。

在作业路段上设置的标志和标线称为作业区标志和标线。由于路上的作业行为都是相对短时性的，作业区的标志和标线也是服务于特定时间段的。为了区别作业区标志和标线与其他道路交通标志和标线，作业区临时性的警告标志、指路标志和标线均采用橙色。需要特别说明的是，除少数标志为专用于作业区的标志外，其他标志和标线形状、图案、尺寸均与一般路段相同，但颜色为橙色，禁令、指示标志颜色不变。

24.1　作业区组成

作业区对其上、下游一定范围内路段的交通影响最大，对该路段进行一定的交通控制和管理，有助于提高作业路段乃至相关路段的通行效率和交通安全性。

根据驾驶人驶近、驶入、驶出作业区的时间顺序，及各区段道路环境、作用及驾驶人接收到的信息的不同，道路作业区分为警告区、上游过渡区、缓冲区、工作区、下游过渡区及终止区等六个区段，如图24-1和图24-2所示 。

24.1.1　作业区限速

与相邻路段相比，作业区存在明显的道路环境变化，为保障作业区路段的安全性和畅通性，应该进行速度控制。根据国内外现场调研和相关的研究成果，作业区限速值不应大于表24-1的规定。

表24-1　作业区限速值

设计速度(km/h)	限速值(km/h)	设计速度(km/h)	限速值(km/h)
120	80	60	40
100	70	50、40、30	30
80	60	20	20

作业区的限速应采用逐级限速或重复提示限速的方法，以提高安全性和畅通性。根据国内外现场调研、逐级限速经验和模拟计算分析结果，提出每100m降低10km/h是合适的，同时考虑作业区标志的

密集程度,提出相邻两个限速标志牌间距不宜小于 200m。

为了提高隧道内作业的安全性,最终限速值可降低 10km/h 或 20km/h。当车速为 20km/h 时,隧道内交通将受到严重影响,因此,最小限速值不宜小于 20km/h。

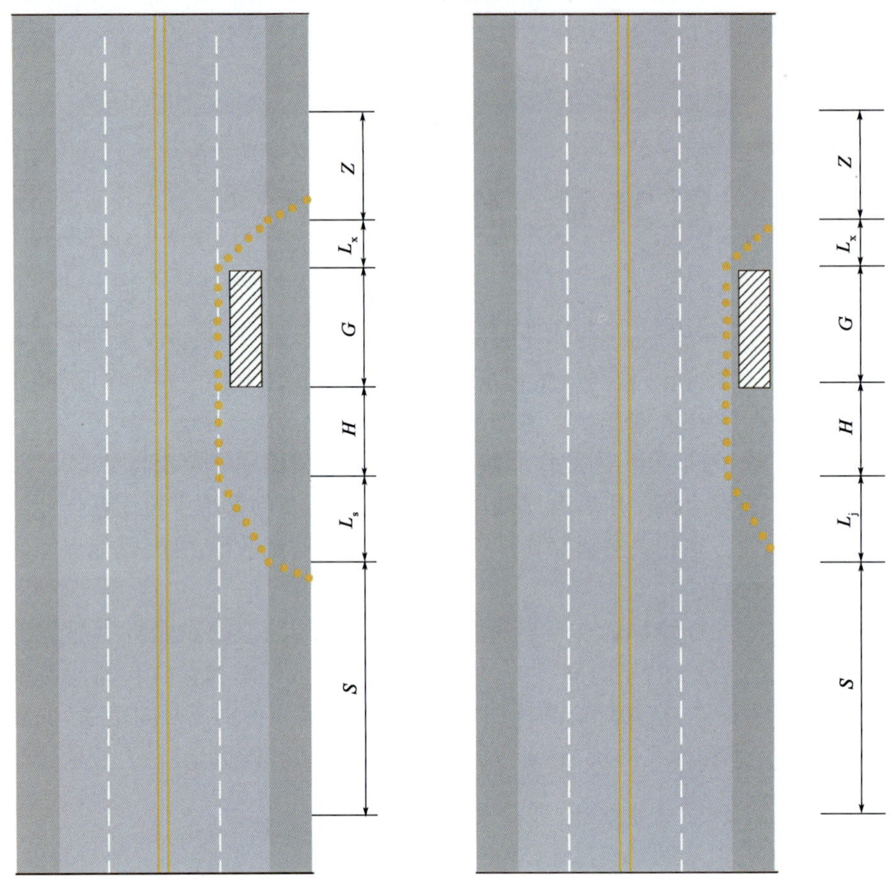

图 24-1　占用车道的作业区构成图　　　　图 24-2　不占用车道的作业区构成图

S-警告区长度;L_s-车道封闭上游过渡区;L_j-路肩封闭上游过渡区;H-缓冲区;G-工作区;L_x-下游过渡区;Z-终止区

24.1.2　警告区

在作业区的六个组成部分中,警告区是最重要的一个部分。当车辆遇到警告区的第一块作业区标志时,则意味着这辆车已经进入作业区了,在以后的路段上,要通过设置于警告区内的交通标志告诉驾驶人前方将要发生什么,行车状态应按照沿路所设的交通标志的指示而随时改变,并且要使驾驶人在到达工作区之前,可以有足够的时间改变他们的行车状态。

一般情况,警告区的长度由下列因素所决定:车辆在警告区内改变行车状态所需要的时间以及在作业区附近车辆发生拥挤时的最大排队长度。警告区的最小长度可以由式(24-1)来估算:

$$S = S_1 + S_2 + S_3 \tag{24-1}$$

式中:S——警告区最小长度(m);

S_1——从正常行驶车速降至所限制的行驶车速所需要的距离(m);

S_2——车辆到达工作区地段附近的排队尾部时的最小安全距离(m);

S_3——在工作区地段附近因车道封闭、车道数减少、行车条件改变等因素引起的车辆拥挤时的车辆排队长度(m)。

S_1是车辆进入警告区后从正常车速 v_1 按照限速标志规定减速到 v_2 所需要的距离,可按式(24-2)计算:

$$S_1 = \frac{v_1}{3.6}t + \frac{v_1^2 - v_2^2}{2g(\varphi \pm i) \times 3.6^2} \tag{24-2}$$

式中：v_1——减速前车速(m/s)；

v_2——减速后车速(m/s)；

t——驾驶人反应时间，通常取 2.5s；

φ——道路纵向摩阻系数，取值范围 0.29～0.44；

i——道路纵坡，上坡取“+”，下坡取“-”；

g——重力加速度，9.8m/s^2。

计算结果见表 24-2。

表 24-2　S_1 的长度

正常行驶速度(km/h)	减速后行驶速度(km/h)	减速距离(m)	正常行驶速度(km/h)	减速后行驶速度(km/h)	减速距离(m)
120	60	225	60	30	70
100	60	150	40	20	45
80	40	120	30	20	30

S_2是已经以 v_2车速行驶的后续车辆在到达前方工作区地段附近因车道关闭而车道数减少的断面时，不致与前面的改道车辆或排队车辆相撞的最小安全距离，可以按式(24-3)计算：

$$S_2 = \frac{v_2}{3.6}t + \frac{v_2^2}{2g(\varphi \pm i) \times 3.6^2} \tag{24-3}$$

式中符号意义同前。计算结果见表 24-3。

表 24-3　S_2 的长度

限制速度(km/h)	安全距离(m)	限制速度(km/h)	安全距离(m)	限制速度(km/h)	安全距离(m)
60	90	40	50	20	20

S_3是工作区地段附近车道上拥挤车辆的排队长度。可以按式(24-4)估算：

$$S_3 = \frac{Q \cdot l}{n} \tag{24-4}$$

式中：Q——发生在车道上的交通事件(包括养护维修作业)引起交通拥挤的最小流量(辆/h)；

l——每辆车的平均长度，按 7m 计；

n——车道数。

根据有关统计资料，发生在车道上的交通事件(包括养护维修作业)引起交通拥挤的最小流量(15min 流量)见表 24-4。

表 24-4　车道上交通事件引起拥挤的最小流量(15min 流量)

公路等级	车道数	Q(辆/h)	公路等级	车道数	Q(辆/h)
高速公路	4	860	二级公路	2	220
	3	540		1	100
一级公路	2	260	三级公路	1	60

按照表 24-4 提供的数据，用式(24-4)计算得到相应的拥挤排队长度见表 24-5。

表 24-5　S_3 的 长 度

公路等级	车道数	S_3(m)	公路等级	车道数	S_3(m)
高速公路	4	1505	二级公路	2	770
	3	1260		1	700
一级公路	2	910	三级公路	1	420

综合上述计算结果,并考虑公路和城市道路等级分类和具体条件,可以得到警告区最小长度 S,见表 24-6。

表 24-6　警告区最小长度

设计速度(km/h)	公路作业区(m)	城市道路作业区(m)	设计速度(km/h)	公路作业区(m)	城市道路作业区(m)
120	1500	—	50	400	40
100	1000	1000	40	300	40
80	600	100	30	300	40
60	400	40	20	200	40

24.1.3　过渡区

当工作区包含了一条或多条车道时,就需要封闭工作区所包含的车道。为了防止车流在改变车道时发生突变,需要设置一个改变车道的过渡区,以使车流的变化缓和平滑。过渡区一般包括两种:上游过渡区和下游过渡区。

(1)上游过渡区

在上游过渡区中,应包括车道封闭和路肩封闭两种情况,假定车辆的行驶速度为 v(km/h),被封闭的车道宽度为 W(m),则车道封闭时所需要的上游过渡区的最小长度可用《道路交通标志和标线》(GB 5768)建议的公式来估算。

$$L_s = \begin{cases} \dfrac{v^2 W}{155} & (v \leqslant 60\text{km/h}) \\ 0.625vW & (v > 60\text{km/h}) \end{cases} \tag{24-5}$$

式中:L_s——上游过渡区的最小长度(m);

v——养护维修工作区路段的车速(km/h);

W——所封闭车道的宽度(m)。

车道封闭上游过渡区的最小长度可按表 24-7 选取,路肩封闭上游过渡区的最小长度可按表 24-8 选取。

表 24-7　车道封闭上游过渡区的最小长度 L_s

限制车速(km/h)	封闭车道宽度(m)	车道封闭上游过渡区最小长度(m)
60	3.0	70
	3.5	90
	3.75	90
40	3.0	30
	3.5	40
	3.75	40
20		10

表 24-8　路肩封闭上游过渡区的最小长度 L_j

<table>
<tr><th>限制车速(km/h)</th><th>封闭路肩宽度(m)</th><th>路肩封闭上游过渡区最小长度(m)</th></tr>
<tr><td rowspan="5">60</td><td>1.5</td><td>20</td></tr>
<tr><td>1.75</td><td>20</td></tr>
<tr><td>2.5</td><td>30</td></tr>
<tr><td>3.0</td><td>40</td></tr>
<tr><td>3.5</td><td>50</td></tr>
<tr><td rowspan="5">40</td><td></td><td rowspan="5">20</td></tr>
<tr><td></td></tr>
<tr><td></td></tr>
<tr><td></td></tr>
<tr><td></td></tr>
<tr><td rowspan="5">20</td><td></td><td rowspan="5">10</td></tr>
<tr><td></td></tr>
<tr><td></td></tr>
<tr><td></td></tr>
<tr><td></td></tr>
</table>

上游过渡区长度设置得是否合理,也可以直接在现场观察出来。若车辆在通过过渡区时常有紧急制动或在过渡区附近拥挤较为严重,则有可能是前方的交通标志设置不当或上游过渡区长度过短。

由于隧道内的光线较暗,且其侧墙会使驾驶人产生压抑感,为了提高隧道的安全性,可以将隧道内的上游过渡区的长度增加0.5倍,即隧道内的上游过渡区长度是按表24-7中的数值的1.5倍确定的。作业区位于路肩时,上游过渡区长度可按以上数值的三分之一选取。

(2)下游过渡区

下游过渡区是为了将工作区的车流再引回正常车道的一个过渡段。若下游过渡区设置得当,将有利于工作区交通流的平稳疏散。下游过渡区的长度一般只要保证车辆有足够的路程来调整行车状态即可,宜按30m取值,最小不应小于道路缩减宽度。

在利用对向车道来转移本向车流的情况中,本向车道的下游过渡区实际上就是对向车道的上游过渡区,因此设置要求与上游过渡区是相同的。

24.1.4　缓冲区

缓冲区是过渡区和工作区之间的一段空间,它的设置主要考虑到假设驾驶人判断失误,有可能直接从过渡区闯入工作区,造成人员伤害和设备损坏。设置缓冲区可以提供一个缓冲路段,使失误车辆有调整行车状态的余地,避免发生更严重的事故。因此,在缓冲区内一般不准堆放东西,也不准养护维修作业人员在其中活动或工作。为了更有效地保护养护维修作业人员,在过渡区与缓冲区之间,可以设置防冲撞装置,以加强防护作用。缓冲区的最小长度宜按照表24-9选取。

表 24-9　缓冲区的最小长度

限制速度(km/h)	缓冲区长度(m)	限制速度(km/h)	缓冲区长度(m)
20、30	15	60	80
40	40	80	120

24.1.5　工作区

工作区是养护施工作业的工作场所,也是作业人员工作、堆放建筑材料、停放施工机械的地方。为了保障安全,在工作区与开放交通的车道之间要有明确的隔离装置。工作区的长度一般根据作业的实际需要而确定。工作区长度过大时,将对交通造成严重的影响,产生交通堵塞,甚至导致交通瘫痪。根据国内外研究成果,工作区最大长度超过 4km 时,车辆延误时间过长,驾驶人普遍难以接受。

工作区的布置还需要考虑为工程车辆提供安全的进口和出口。

24.1.6　终止区

终止区为通过或绕过作业区的车辆提供一个恢复行车状态的过渡路段,一般在终止区的末端设置解除限速和作业区终止等标志,这样可以使驾驶人明白已经通过了作业路段,并恢复正常的行车状态。终止区最小长度应按表 24-10 选取。

表 24-10　终止区的最小长度

限制速度(km/h)	终止区长度(m)	限制速度(km/h)	终止区长度(m)
≤40	10~30	>40	30

24.2　作业区道路交通标志和标线

24.2.1　作业区道路交通标志

作业区道路交通标志是由于道路作业而设置的临时交通标志,根据需要包含警告标志、禁令标志、指示标志及指路标志。由于道路作业而设置的临时警告和指路标志,底色为橙色或荧光橙色;临时指示和禁令标志,底色不变。照明条件不好、能见度差的作业区,临时警告和指路标志底色宜采用荧光橙色。作业区临时标志均可采用主动发光标志。为保障视认性,作业区交通标志宜采用《道路交通反光膜》(GB/T 18833—2012)中Ⅴ类、Ⅳ类反光膜。

设置于警告区的标志尺寸根据该路段的设计速度确定,设置于作业区其他位置的标志尺寸根据作业区的限制速度确定。

作业区交通标志应易于搬动和运输、能简单快速地安装和拆除,安装后结构稳定。

24.2.1.1　施工标志

施工标志用以警告前方道路施工,车辆驾驶人应减速慢行或绕道行驶,见图 24-3。

施工标志和相关辅助标志设置于作业区不同位置。可作为临时标志支设在施工路段前适当位置。

作业区距离标志,如图 24-4a)所示,用以预告距离作业区的长度,设置于警告区起点附近,辅助标志上的数字宜取警告区长度值;

作业区长度标志,如图 24-4b)所示,用以预告作业路段长度,设置于缓冲区起点附近,辅助标志上的数字宜取缓冲区长度与工作区长度之和;

作业区结束标志,如图 24-4c)所示,用以说明作业区结束位置,设置于终止区之后。

辅助标志上的数字应取整。

图 24-3　施工标志

注:数字为示例。

a)

b)

c)

图 24-4　施工标志示例

a)作业区距离标志;b)作业区长度标志;c)作业区结束标志

24.2.1.2　车道数变少标志

根据作业区车道封闭情况，选择车道数变少标志图案，如图 24-5 所示，设置于警告区中点附近。

图 24-5　车道数变少标志

24.2.1.3　改道标志

用以告知车辆改道行驶，用于借用对向车道或改道于便道的作业区，设置于警告区中点附近，如图 24-6 所示。

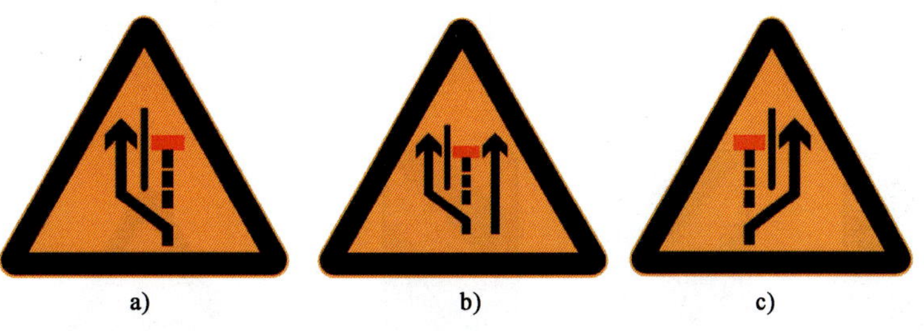

a)　b)　c)

图 24-6　改道标志

图 24-6a）用于作业方向道路完全封闭、车辆借用对向车道或便道通行时；

图 24-6b）用于作业方向道路未完全封闭，一部分车辆借用对向车道通行，一部分车辆在原方向车道行驶的情况；

图 24-6c）用于作业方向道路完全封闭、车辆借用同向便道通行时。

24.2.1.4　橙色箭头标志

用以指示车辆离开作业区所在道路、绕过作业区返回到原路的绕行路径，如图 24-7 所示。橙色箭头附着于绕行路线沿线原有指路标志的支撑结构上，箭头指向绕行路线的方向。箭头的高度宜不小于所附着指路标志的字高。

24.2.1.5　绕行标志

用以指示前方道路作业封闭的绕行路线，如图 24-8 所示。设置于作业封闭路段前方的交叉口前，用黑色箭头表示绕行路线。

该绕行标志版面与指路标志中绕行标志相同，但颜色为橙底白色街区，绕行路线为黑色，如图 24-8 所示。

图 24-7　橙色箭头

图 24-8　绕行标志

24.2.1.6 线形诱导标

用以引导作业区行车方向,提示道路使用者前方线形(行驶方向)变化,注意谨慎驾驶。图 24-9 设置于作业区线形(行驶方向)变化处,图 24-10 设置于作业区隔离设施端部、渠化设施端部等处。基本单元尺寸取值按照《道路交通标志和标线 第 2 部分:道路交通标志》(GB 5768.2)的相关规定执行。

图 24-9 线形诱导标

24.2.1.7 注意交通引导人员标志

用以告知前方有交通引导人员指挥作业区路段的交通,设置于交通引导人员之前至少 100m 处,如图 24-11 所示。

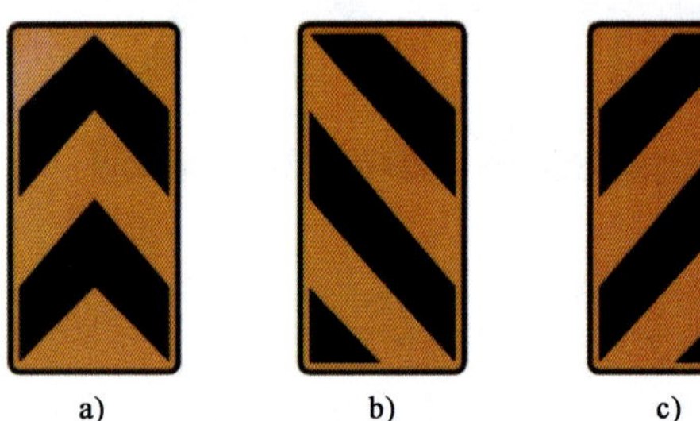

a) b) c)

图 24-10 竖向线形诱导标

a)两侧通道;b)右侧通道;c)左侧通道

图 24-11 注意交通引导人员

24.2.1.8 出口关闭标志

用以表示高速公路或城市快速路的出口因作业关闭的情况,宜附着于关闭出口的 2km、1km、500m 出口预告标志和出口标志上,字高不低于 50cm。根据需要,可于关闭出口的前一个出口前增加设置,并以辅助标志说明关闭出口的名称或编号,如图 24-12 所示。

24.2.1.9 出口标志

当作业区影响驾驶人对出口的判断时,用以指示出口,可根据需要设置。字高不低于 50cm。可以辅助标志说明出口的名称或编号,如图 24-13 所示。

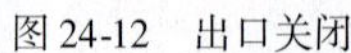

图 24-12 出口关闭

图 24-13 出口

24.2.1.10 行人、非机动车通道标志

当作业区占用人行道、非机动车道时,用以指示临时的行人和非机动车绕行通道,设置于绕行通道前适当位置,如图 24-14 所示。

图24-14　行人、非机动车通道

24.2.1.11　移动性作业标志

用以警告前方道路有作业车正在作业,车辆驾驶人应减速或变换车道行驶。移动性作业标志悬挂或安装于工程车或机械的后部,也可单独设置于移动作业区前。单独设置时标志边长不应小于100cm,下缘距离地面应不小于0.5m。

标志为橙色底黑色图案,背面斜插色旗二面,如图24-15所示。移动性作业标志安装于工程车后部示例如图24-16所示。

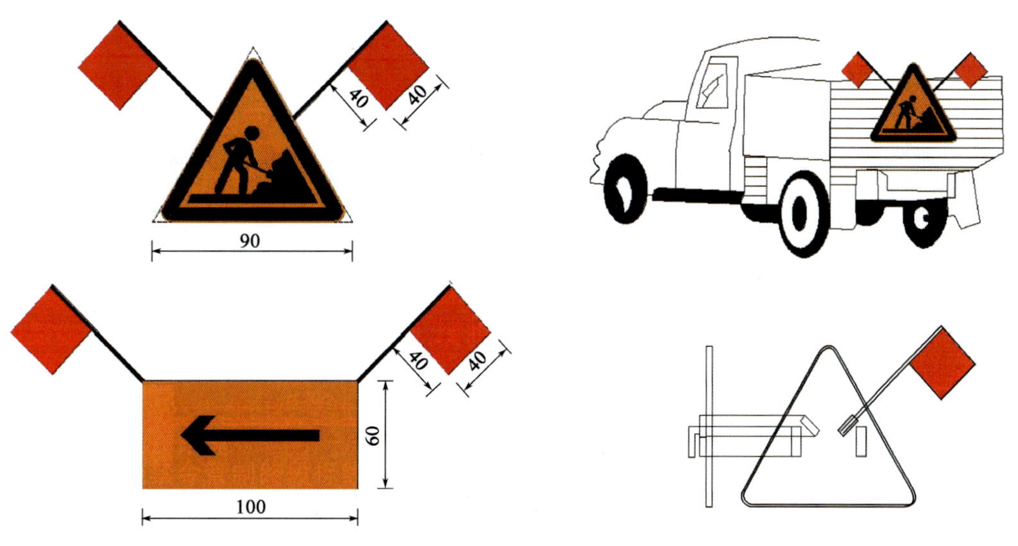

图24-15　移动性作业(尺寸单位:mm)　　图24-16　移动性作业标志安装于工程车后部示例

24.2.2　作业区道路交通标线

根据国外作业区交通组织经验,作业区标线具有良好的交通引导作用,对规范作业区交通流秩序和交通运行安全性起到重要作用。作业区交通标线为临时性标线,用于管制和引导作业期间的交通流。若作业区路段原有标线不符合施工期间交通组织的要求或有可能误导驾驶人时,最好清除原有标线并按照施工交通组织的要求划橙色作业区标线。

作业区交通标线的形式、尺寸应符合《道路交通标志和标线　第3部分:道路交通标线》(GB 5768.3)的相应规定,具体根据作业区交通组织的需要选用。夜间无照明的作业区应采用反光标线材料。

24.3 作业区交通标志和标线的应用

24.3.1 概述

作业区交通标志、标线及其他设施,是针对作业期间设置的临时性设施,作业完成后应及时拆除并恢复原交通标志、标线及其他设施。设置作业区标志和标线时,需要对作业区周围路段的交通环境、管理措施和现状设置的标志和标线进行仔细勘察,与作业路段临时交通管理相矛盾的标志和标线应暂时去除或遮挡。在短时作业的情况下,如果出现相互矛盾的标志,道路使用者应遵循作业区标志的指示和指引;如果出现标志和标线相互矛盾的情况,道路使用者应遵循作业区标志的指示和指引。

由于高速公路上车辆速度较高,突然出现的作业区的相对危险更大,因此高速公路上的作业区应更注重利用交通标志和标线进行作业区的提前警告和导流;一般公路上的作业区与高速公路相比通行条件较复杂,运行车速范围宽,作业区对交通秩序的影响更大,因此一般公路的作业区标志和标线设置应注重交通秩序的维持。与公路相比城市区域路网较密,当某一条道路局部进行施工时,大多数驾驶人会选择其他绕行路线,由于路网容量的限制,绕行车辆将会对区域交通产生不同程度的影响,导致原路网中交通量本已接近饱和状态的路段,交通拥堵现象更加严重,从而易引起大范围区域路网通行效率和安全性的降低。因此,城市道路上的作业区标志和标线的设置应主要侧重于作业路段信息发布和绕行路线的引导。施工作业路段设置交通标志和标线时,除了保证交通安全性之外,还应尽量提高通行效率。

(1)作业区的隔离

除移动作业外,必须设置渠化设施分隔作业区域和交通流。分隔对向交通流时,推荐使用活动护栏和塑料注水(砂)隔离栏等具有一定防撞能力的隔离设施,条件不具备时也可使用交通锥、交通桶或交通柱。交通柱仅用于渠化设施设置空间受限无法使用交通锥或交通桶的地方。

渠化设施的设置范围包括上游过渡区、缓冲区、工作区及下游过渡区。交通锥、交通桶、交通柱的间距不宜大于 10m,在上游过渡区宜适当加密。位于道路交叉范围内的作业区和临时作业区可根据实际情况简化上游过渡区、缓冲区、下游过渡区的渠化设施的设置。

设置渠化设施隔离交通流后,剩余空间需满足车辆通行的空间,在公路上与作业区相邻的机动车道宽度最小为 3.0m,城市道路上最小为 2.75m,达不到最小宽度时应同时封闭该车道。

作业区夜间宜设置照明或主动发光标志。除移动作业区外,同时应设置施工警告灯。施工警告灯设置在路栏顶部和渠化设施的顶部,也可同时设置在围绕工作区的其他设施上,以标示施工区域的外轮廓。为保证连续有效的标示轮廓,施工警告灯的设置间距不宜大于 20m,高度宜为 1.2m 且不应低于 1.0m。

(2)作业区的标志设置位置

作业区标志的合理设置,可有效警示并引导车辆平稳通过作业路段,是作业区路段重要的安全保障。标志的设置一方面与作业区具体位置和渠化设施的设置有关,另一方面与作业各组成部分驾驶人的信息需求和驾驶行为也存在密切的关系。

警告区是驾驶人发现作业区、作出判断并调整驾驶行为的关键区域。因此警告区标志设置要醒目,明确前方作业区具体情况,为驾驶人调整驾驶行为提供充足信息。因此,在警告区起点设置作业区距离标志,预告作业区位置,使驾驶人明确作业区位置。高速公路、城市快速路车辆运行速度较高,可根据实际情况在警告区起点前增设作业区距离标志,以增强信息告知效果。在警告区的中点附近设置具体的作业区交通组织情况标志,为驾驶人提供明确的作业区交通组织情况,以及时变更车道、调整速度等:如由于施工作业对部分车道进行封闭,则设置车道数变少标志;需要借用对向车道或施工便道通行时,则设置改道标志。如工作区路段的最终限速值与原路段限速值相差较大,则应在警告区内完成限速过渡,根据国内外研究成果,限速值每 100m 降低 10 km/h 是合适的,同时考虑警告区标志牌的密集程度,相邻两个限速标志牌的间距以大于 200m 为宜。

上游过渡区是车辆进入实际施工作业路段前,为车流变化缓和、平滑地改变车道而设置的过渡区,因此上游过渡区应根据实际情况设置线形诱导标或可变箭头信号,给驾驶人以行驶方向的指示。为更好地规范驾驶人在上游过渡区内的变换车道行为,可设置施工区标线,与路面原有标线组成虚实线,明确实线一侧车辆禁止变换车道,防止个别车辆频繁穿插而引起的交通秩序混乱和拥挤。

缓冲区的主要作用是提供一个缓冲区段,给失误的车辆提供调整行车状态的余地,避免更严重的事故发生。同时,缓冲区也是车辆进入施工作业路段的最开始点,应设置限速标志,限速值取作业区最终限速值,告知驾驶人在施工作业路段可采用的最高速度。如果作业区较长时,缓冲区起点设置作业区长度标志,告知驾驶人该特殊路段的具体长度,使驾驶人对前方行驶状态形成预判,避免急躁心理和行为。

工作区是施工人员和设备作业、停留,以及临时存放材料的区域。工作区前端应设置路栏,与车辆隔离的设施上应设置警示灯,以明确表示施工作业的区域。

下游过渡区是将车流引入正常行驶状态的一个区段,下游过渡区标志标线设置应从交通流平滑变化入手。在需要作出较大方向改变才能回归正常行驶路段的下游过渡区,应根据实际情况设置线形诱导标或可变箭头信号,给驾驶人以行驶方向的指示。

终止区后车辆就恢复到正常行驶状态,因此推荐在终止区末端设置作业区结束标志,明确告知驾驶人由于施工作业进行临时交通控制的路段已经结束。同时,由于作业区路段进行了速度控制,在终止区后应对速度控制予以解除。解除限速有两种方式:在原路段限速值很明确的前提下,推荐设置原路段限速值的限速标志;当作业区较短,原路段限速策略复杂或作业区附近路段设置了限速标志的情况,可采用解除限速标志。

无中间带路段内侧车道的作业区和借用对向车道组织交通的作业区时,相当于对向车道内也出现了由于施工作业引起的需要改变驾驶操作的情况,对向也应该按照警告区、上游过渡区、缓冲区、工作区、下游过渡区、终止区等区段划分和要求设置作业区交通标志、标线及其他设施。

临时作业区可根据实际情况缩短作业区距离标志与上游过渡区的距离,并简化车道数变少标志、改道标志、作业区长度标志、作业区结束标志的设置。

(3)作业区的限速

由于工作区的存在,车辆在养护作业控制区内必须改变行驶状态,导致车速的离散性变大、车辆相互干扰增多,从而引起交通流的不稳定,影响其安全性。为保证车辆安全地通过作业区路段,应对车辆进行合理的限速,而合理的限速策略应兼顾安全性与交通效率两方面。研究表明,过高与过低的限速都会降低安全性,采用较低限速值时,理论上作业区的安全性可以得到保障,但是限速过低容易引起很长的排队,影响交通效率,并对驾驶人的心理造成一定的影响。实际调查发现,一些作业区采用 5km/h 的限速值,驾驶人实际很难按照如此低的限速行驶,实际车速远高于限速,部分路段的平均车速高达 50km/h,因此过低的限速反而会造成更大的安全隐患。根据国内外研究成果,作业区的最终限速一般推荐为设计车速的 60% ~70%。

同时,限速策略也直接影响作业区的安全性。国外的一些研究表明,在一定的距离范围内,连续设置限速标志能起到较好的效果。西部交通科技项目《山区公路养护施工作业区交通组织及安全技术研究》的报告中指出:施工作业区内应频繁设置交通标志以引起驾驶人更多注意。国家科技支撑计划项目《山区公路网安全保障技术体系研究与示范工程》课题提出,对于高速公路及一级公路限速应采取每 200m 降 20km/h 的逐级降速的限速方案。对于设计时速低于 60 km/h 的公路可以采取单一限速标志。

结合禁令标志的设置位置规定,作业区最终限速标志应设置在上游过渡区的起点前,在缓冲区和工作区可根据需要重复设置;终止区末端对作业区的速度限制应予解除;原路段限速值与作业区限速值差值较大时,宜进行限速过渡,如图 24-17 所示。位于交叉口的作业区、临时作业区和移动作业区可简化限速标志设置。

24.3.2　路外作业区

如图 24-18 所示,作业区位于路侧公路用地界限内,或位于城市道路的人行道上,作业区不占用行车道和路肩,但与路肩距离较近,应在警告区前端设置施工标志。

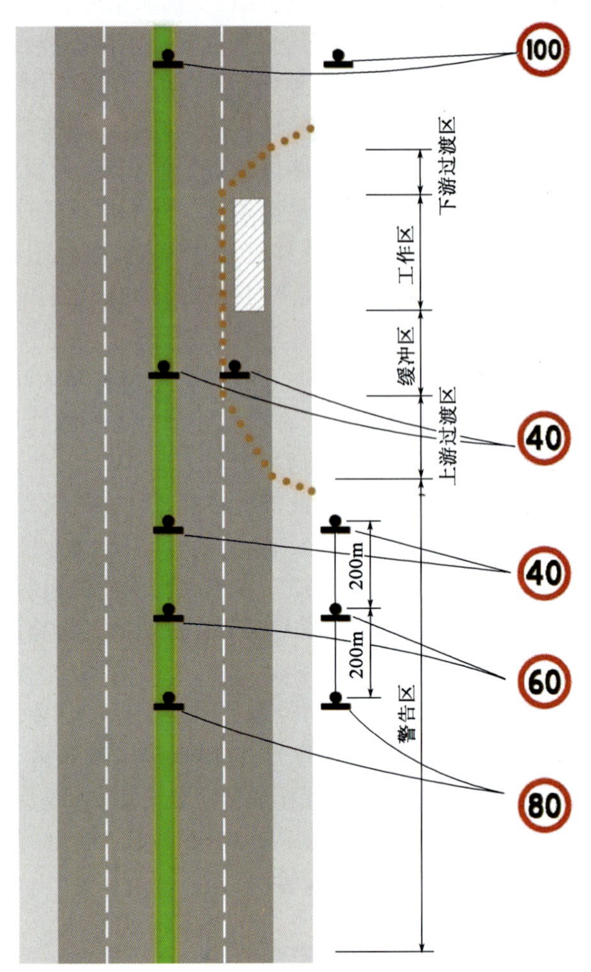

图 24-17　作业区限速标志设置的示例

注：40,40 为作业区限速值，60、80,60 和 80 为限速过渡值。100,为原路段限速值，也可用 40。

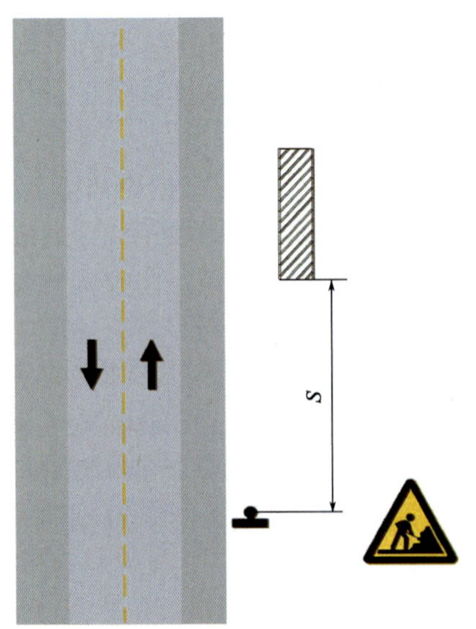

图 24-18　路外施工的作业区安全标志布设示例

作业区虽然不占用车行道，但考虑到作业区的车辆、人员和机械会出现于驾驶人的视野内，会对驾驶人的心理产生一定的影响，为避免驾驶人盲目采取一些不必要的避让行为而导致交通事故发生，如驾驶人错误地认为作业区会影响到自己的正常行驶，避让过大而占用对向车道，从而引发对撞事故。在警告区前端设置施工标志，使驾驶人意识到该处作业区有完整的标志指引，驾驶人就会自觉地等待下一个标志并准备按照指引行驶，从而避免了驾驶人的盲目避让行为可能引起的交通危险。

符合以下情况的路外作业区可不设置施工标志：

①当作业区边缘与硬路肩边缘距离较大时(大于 5m)，可以不设置施工标志，此时驾驶人能清楚辨别作业区位于路外，不会对行车造成影响。

②当对应路段设置了护栏且作业区边缘与护栏横向间距大于护栏的最大变形量时,见表24-11,可以不设置施工标志。因为护栏能给驾驶人以清晰的视线诱导,帮助驾驶人分辨作业区是在护栏的外侧。作业区边缘与护栏间距之间的距离要满足护栏的最大变形量,这样才能保证一旦车辆与作业区路段护栏发生碰撞时,车辆不会与作业区内的机械发生二次事故。

表24-11 不设道路作业安全标志时作业区与护栏的最小横向间距

护栏形式	混凝土护栏	波形梁护栏	缆索护栏
最小间距(m)	>1	>3	>5

③设置了警告灯(闪烁或旋转)的短时施工作业区,可以不设置施工标志。因为警告灯可以起到足够的警示作用。

24.3.3 路肩、人行道或中央分隔带内的作业区

如图24-19所示,作业区位于路肩或人行道上,并未侵入行车道,为警示来往车辆注意施工机械,在警示区前端设置施工标志。

若作业区占用一部分行车道时,设计速度小于或等于40km/h时的道路且除去被占用的路面后行车道能保证最小宽度为3m时,可用锥形交通路标将作业区和开放交通的车道进行分隔,并根据路肩作业设置施工标志;设计速度大于40km/h的道路,由于车辆高速行驶时横向的摆动较大,出于安全的考虑最好将被占用的车道封闭,或采取限速措施将该路段的行驶速度控制在40km/h以下。

当作业区位于高速公路和城市快速路的路肩上时,可在施工标志前至少500m处设置如图24-20所示的预告标志。

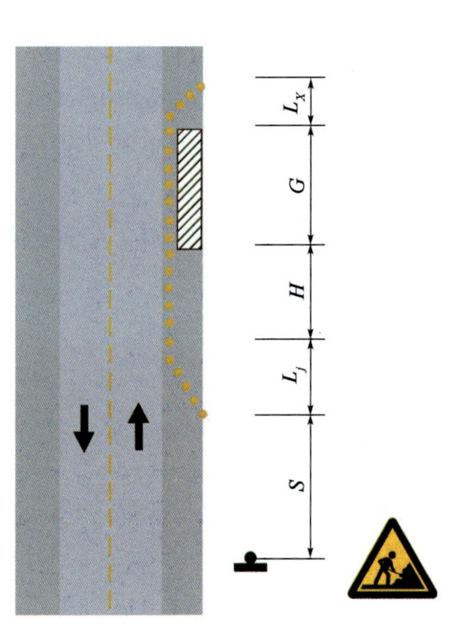

图24-19 一般道路路肩作业区安全标志布设示例

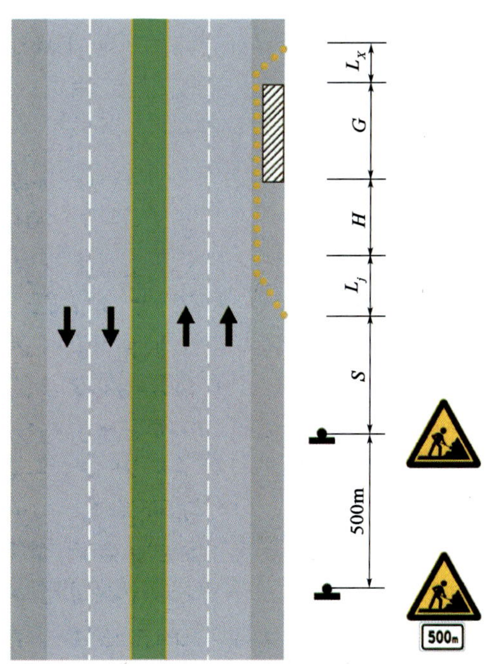

图24-20 高速公路及城市快速路路肩作业区安全标志布设示例

当作业区位于道路的中央分隔带内且未侵入行车道时,为避免作业区对驾驶人造成不良的心理影响而诱发事故,也最好参照路肩作业区的方式设置施工标志和预告标志。对于没有设置中央分隔带护栏的路段最好设置锥形交通路标,标明作业区的边界。

城市道路上作业区布置,应减少对非机动车、行人的影响。作业区占用人行道或非机动车道时,宜提供另外的人行通道或非机动车通道,并予以指明,见图24-21。

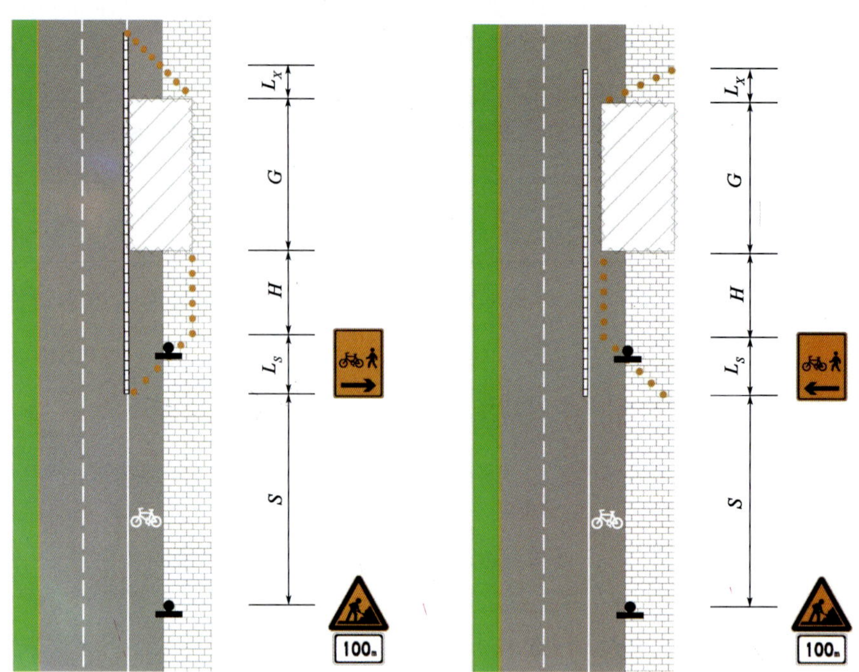

图 24-21　城市道路非机动车道和人行道作业区布设示例

24.3.4　双向两车道和单车道道路封闭一条车道的作业区

如图 24-22 所示,为了保证公路的畅通,双车道公路上进行施工维修时通常封闭一条车道而保留一条车道开放交通。这就造成了双向交通流使用一条车道的问题,若不能进行有效的交通组织,轻则引起交通拥堵,重则发生严重的对撞事故,甚至多车事故。因此这类作业区除需设置必要的作业区、行车道改变等警示标志外,还需进行必要的路权方面的管理和引导,可以采用设置交通标志和设置交通信号灯(旗手)两种方式。

交通量较小且通视条件好的路段,可参照图 24-22 的方式,利用设置会车让行和会车先行标志确定施工路段的优先通行权,一般交通量较大的方向享有优先通行权。可以在渐变区前适当位置设置停车线,使驾驶人在停车线处停车瞭望对向来车情况、等待对向车辆通过或确认安全后,再通过施工作业路段。

利用标志明确路权的方式只适用于交通量较小且通视条件好的路段,是因为:

(1)在交通量较大时,享有优先权方向的交通流形成连续流,连续地通过作业区路段,让行方向车辆的等待时间会大大增加,一旦等待时间超过了驾驶人的心理预期,某些驾驶人就会选择强行进入作业区路段,极易导致交通阻塞甚至交通事故。由于封闭一条车道后,整条路的交通量都转移到开放交通的那一条车道承担,因此一旦主要交通流方向的饱和度在 0.5 以上,优先车道就会挤占让行车道上车辆的通行时间,增加驾驶人强行通过的概率。因此,利用交通标志确定路权的方式适用于主要交通方向交通流饱和度小于 0.5 时的情形。

(2)良好的通视条件是保证让行方向驾驶人能够正确评估对向来车情况的前提。良好的条件包括两方面:无障碍物和距离不宜过长。距离过长时,驾驶人不能在作业区的一端看清作业区的全貌,因此不能正确判定对向来车情况。综合考虑驾驶人视野和等待时间,推荐作业区小于 300m 时适宜通过设置标志的方式明确路权。

当主要交通方向的交通饱和度大于 0.5,或作业区长度大于 300m,或作业区路段位于弯道、视距不良的凸曲线顶部,或作业区存在障碍物影响驾驶人的通视时,推荐采用在作业区两端设置信号灯或旗手的方式组织和管理交通。两端设置的信号灯应进行联动控制,一个方向为绿灯时,另一个方向为红灯,绿灯方向变为红灯后，原红灯方向应继续维持红灯一段时间，保证对向车辆全部驶出作业区路段后，再变为红灯。具体的信号相位和时长应由专业人员进行设计。作业区两端应同时配合设置停车线。这类作业区也可以利用旗手管理交通，旗手应分别在作业区两侧，相互配合确定本方向是否开放交通，值得注意的是，旗手应 24h 值守，并配备反光衣和反光指挥棒。

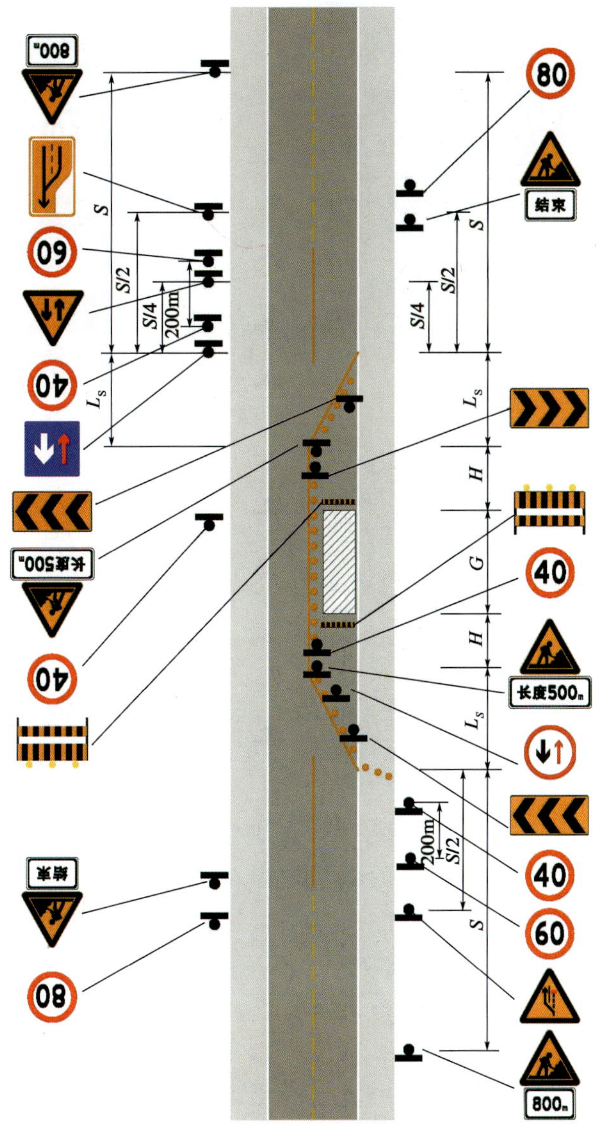

图 24-22　双向两车道道路封闭一条车道进行施工作业时作业区布置示例

单车道道路占用部分路面作业时，推荐封闭交通指示车辆绕行其他道路，或进行临时加宽为车辆提供绕行空间。

24.3.5　四车道道路封闭一条车道的作业区

四车道道路封闭一条车道的作业区，是目前道路进行大中修时比较常见的一种类型，如图 24-23 所示。这种类型作业区的优点是只降低施工方向的局部车道的通行能力，对对向车流没有影响。保证施工路段的通行能力是该类型作业区的主要问题。根据目前的研究成果，对作业区路段通行能力影响较大的主要有两个因素：工作区段长度 G 和车辆合流位置。

工作区段越长，车辆排队通过工作区段的时间就越长，排队距离越长，拥堵规模越大，排队消散时间越长，排队对工作区前方车流运行的影响就越大，附近路段通行能力降低的就越多。工作区段的长度与施工区转场、现场布置等费用以及车辆延误有关。

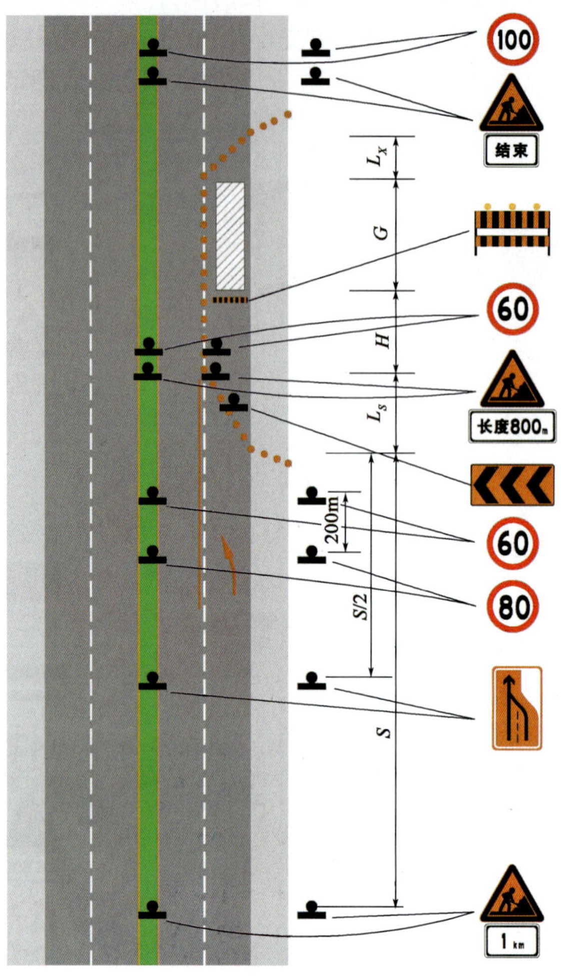

图 24-23　双向四车道道路封闭一条车道进行作业时作业区布置示例

根据国外研究成果，双向四车道工作区的最优长度(G^*)可以根据下式计算得到：

作业区上游有排队时

$$G^* = \sqrt{\frac{2z_1 + p_1 p_2 p_3 z_2^2}{p_1 p_2 p_3 z_3^2 + 2 p_3 p_4 c_w z_3}} \tag{24-6}$$

作业区上游无排队时

$$G^* = \sqrt{\frac{z_1}{z_3 Q p_3 p_4}} \tag{24-7}$$

$$p_1 = Q - c_w;p_2 = 1 + \frac{Q - c_w}{c_0 - Q};p_3 = V_d + \frac{n_a V_a}{10^8};p_4 = \frac{1}{v_w} - \frac{1}{v_a}$$

式中：G^*——最优工作区长度(m)；

c_0——无作业路段时路段通行能力(辆/h)；

c_w——作业路段通行能力(辆/h)；

n_a——亿车小时事故率(起/亿车小时)；

Q——作业区上游交通量(辆/h)；

v_a——作业区上游平均速度(km/h)；

v_w——作业路段平均速度(km/h)；

V_a——平均事故成本(元/起)；

V_d——平均时间成本(元/车小时)；

z_1——设置作业区,准备作业成本(元/作业区);

z_2——作业区设置、交通组织、准备作业时间(h/施工区);

z_3——作业区每公里养护时间(h/km)。

双向双车道工作区的最优长度(G^*)可以根据下式计算得到:

$$G^* = \sqrt{\frac{z_1 v\left(\frac{3600}{H} - Q_1 - Q_2\right)}{z_2 V\left[Q_1\left(\frac{3600}{H} - Q_1\right) + Q_2\left(\frac{3600}{H} - Q_2\right)\right]}} \tag{24-8}$$

式中:G^*——最优工作区长度(m);

v——作业路段平均速度(km/h);

V——平均时间成本(元/车小时);

H——平均车头时距(s);

Q_1——作业区所在车道的交通量(辆/h);

Q_2——作业区对向车道的交通量(辆/h);

z_1——设置作业区,准备作业成本(元/施工区);

z_2——作业区每公里养护时间(h/km)。

作业区路段的上游过渡区是事故发生频率最高的路段,车辆在合流过程中常发生刮擦、追尾等事故,因此在过渡区前方提示驾驶人路段车道封闭情况显得尤为重要。因此,在到达上游过渡区之前设置车道数变少标志,对车道封闭的情况进行提前告知,并在上游过渡区的两端设置可变箭头信号诱导车道合流,各段长度如图 24-23 所示。

为了提高作业区的通行能力,在交通量较大的施工作业区,可以在如图 24-23 所示的车道数变少标志之前适当位置再重复设置一处,也可以适当增加上游过渡区的长度。

对于借用对向车道组织交通时,对向车道也由于施工作业通行条件发生改变,在被借用车道的开始端前设置对向缓冲区、对向过渡区和对向警告区,指引对向车辆注意避让,如图 24-24 所示。同时,在作业区最终限速较高的路段,双向交通流的分隔对保障通行安全性起到重要的作用,有条件时推荐设置具有防撞能力的活动护栏,也可使用相互连接成整体的水马,使用交通锥时应适当降低最终限速值。

24.3.6　多车道道路封闭一条车道的作业区

六车道及以上道路封闭一条车道的作业区布置与四车道道路的基本相同。由于路面较宽、车道较多,为了防止路侧标志被其他车辆遮挡,影响标志设置效果,警告区内设置的作业区标志应同时设置于路侧和中央分隔带上。

当施工区域位于同时占用两车道时,为了使合流过程更加平滑,推荐采用逐渐过渡的方法,如图 24-25 所示。

当作业区位于中间车道时,一般情况下为了保障安全性,应封闭作业车道及两侧车道中的一条;形成同时占用两车道作业区的形式,按图 24-25 布置渠化设施和标志标线。当施工作业路段交通量大、封闭两条车道会发生严重拥堵的情况时,经交通工程论证后,可只封闭作业车道,但应在道路作业区上游设置前置缓冲区,以降低车辆接近速度、规范车辆行驶路线,从而提高安全性,如图 24-26 所示。

24.3.7　弯道路段的作业区

弯道路段作业区的主要问题是作业区和弯道可能相互遮挡,使驾驶人不能提前了解前方道路状况而发生危险。这种情况主要发生在急弯路段或视距受限路段。

根据道路条件和视距条件,主要分为以下几种情况:

(1)高速公路、一级公路上的弯道路段作业区

高速公路和一级公路有分隔、单向双车道以上,由于路面较宽、视野较好、参照物多,驾驶人对路况

的判断可以依靠多方面的信息,不容易形成弯道与作业区的相互遮挡。视线良好时可按照一般路段的方式布置交通标志和标线;视距受限时应在路段的前方提供弯道和作业区两个警告信息,根据距离由近到远,从左到右或由上到下排列,其余参照一般路段布置交通标志和标线。

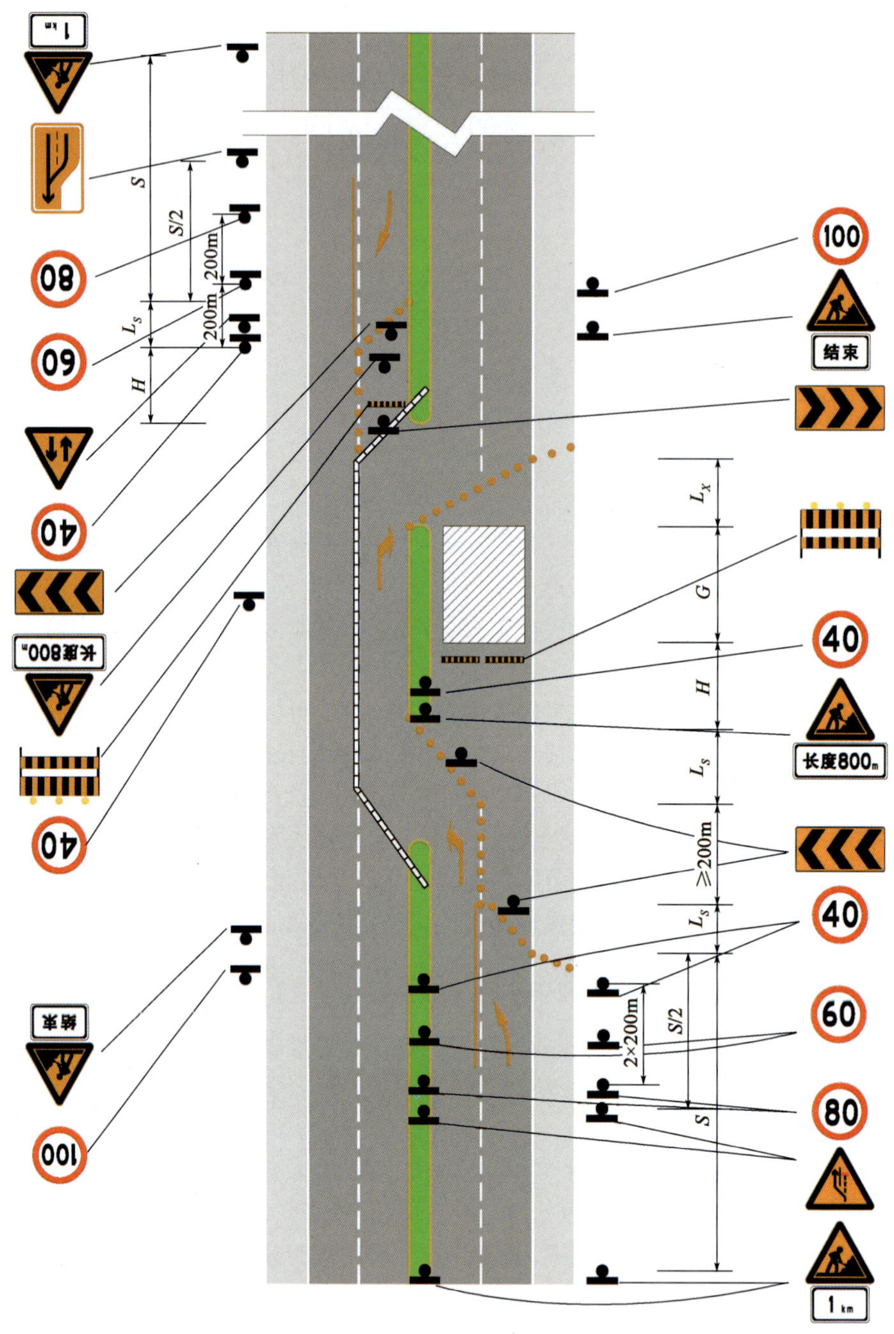

以原限速为 100km/h 为例。

图 24-24　四车道高速公路、一级公路封闭一个方向交通借用对向车道通行作业区布置示例

(2)二级及二级以下公路上的弯道路段作业区

由于二级及二级以下公路都为双车道公路,情况比高速公路和一级公路复杂,因此作业区两侧应设置专职的人员组织、管理交通。

弯道与作业区的位置关系影响到标志的设置位置,根据作业区控制区长度,一般距离作业区最远的标志与作业区的距离为 S,考虑到驾驶人对标志的提前视认,以 S 和 $2S$ 为特征点,将弯道与作业区的位置关系分为以下几种:

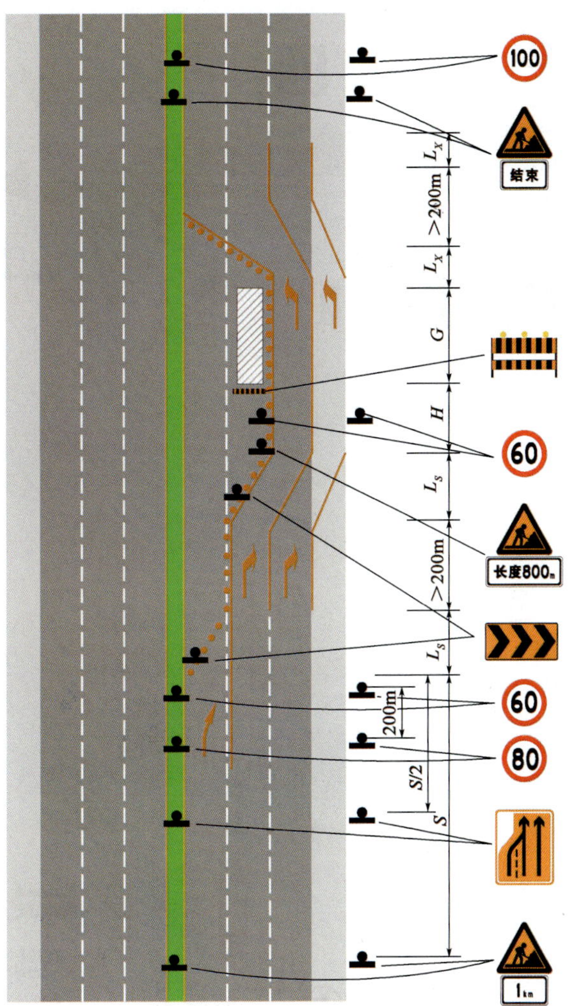

图24-25　双向六车道道路封闭外侧两车道作业区的布置示例

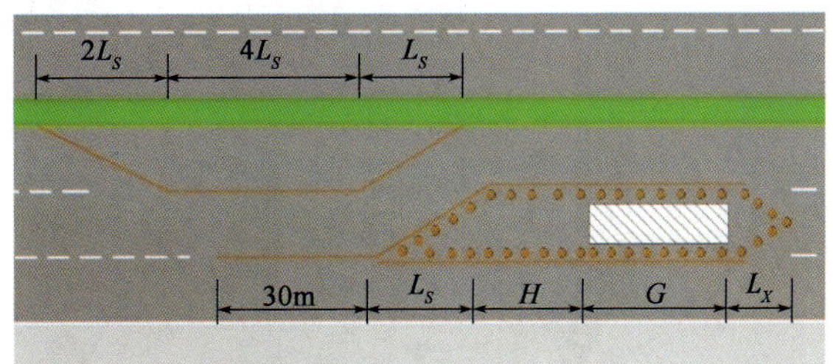

图24-26　前置缓冲区设置示例

①作业区位于弯道前方，作业区终点与弯道终点距离 $L<S$，如图24-27所示。

主要是施工车道对向车流受到弯道的遮挡，不易发现作业区，如不提前进行警示并说明施工路段路权状况，则可能与受施工影响而换车道行驶的车辆发生后果严重的对撞事故，因此将作业区一系列标志提前到弯道起点设置。同时提醒施工车道车辆注意前方弯道情况，在作业区前设置急弯警告标志。

②作业区位于弯道后方，作业区终点与弯道终点距离 $L<S$，如图24-28所示。

作业区位于弯道后方且距离较近，按照一般路段的布置方式，车辆将在弯道路段上变换车道，与对向车辆共用一条车道，再加上弯道视线条件不好、施工区的存在影响驾驶人的视线等原因，使弯道上变换车道更为危险，因此将上游过渡区延长，提前至弯道起点，使变换车道的车辆拥有更好的视线条件。

③作业区起(终)点与弯道起(终)点距离 L，$S\leqslant L<2S$，如图24-29所示。

由于弯道起(终)点与施工作业区的起(终)点相距较远，如将标志提前到弯道起(终)点设置，警示效果不强，因此在弯道起(终)点处加设一处急弯与作业区组合标志。

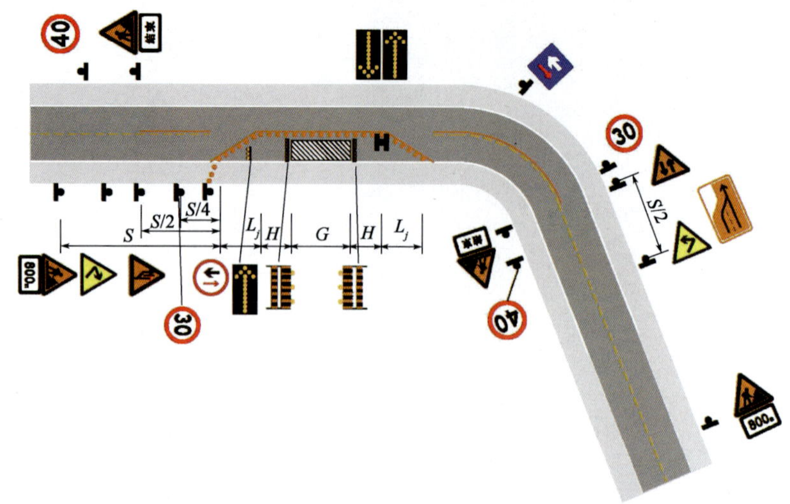

图 24-27　二级及二级以下公路弯道作业区布置示例一

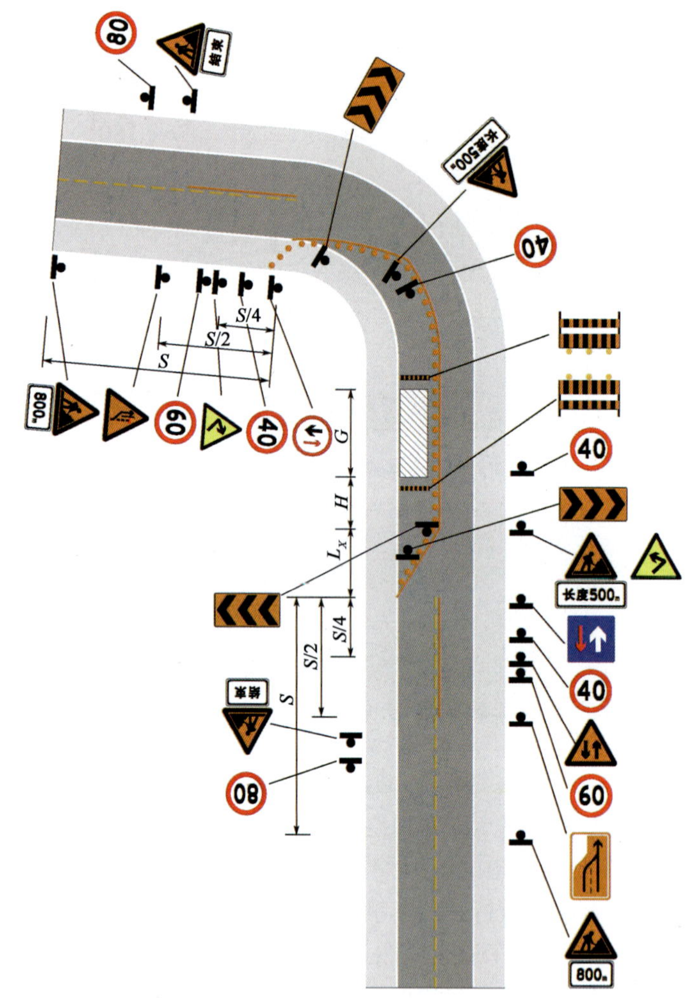

图 24-28　二级及二级以下公路弯道作业区布置示例二

④作业区起(终)点与弯道起(终)点距离大于 2S。

作业区与弯道的距离较长,其相互干扰较小,可以作为两个独立的路段进行处置,此时作业区按照一般路段布置。

24.3.8　互通立交附近的作业区

作业区位于加速车道时,将造成车辆驶入主线前加速不足,导致合流区段车速相差加大、车辆间冲突增多。因此,在加速车道上游主线路段设置作业区距离标志,提示驾驶人前方路段存在受作业区影响的路段,距离从汇流点开始向上游计算。作业区距离标志同时应设置在匝道上,如果警告区的最小长度大于匝道长度,作业区距离标志应设置于匝道起点附近。由于在匝道上一般很难发现位于加速车道上的作业区,因此将上游过渡区应延长至匝道内,有助于驾驶人提前发现作业区的情况;由于作业区占用加速车道,匝道进入的车辆不能完成加速后自然合流,因此应在汇流点前适当位置设置停车/减速让行标志和标线。下游过渡区可不设置,渠化设施应设置至加速车道终点处,如图 24-30 所示。

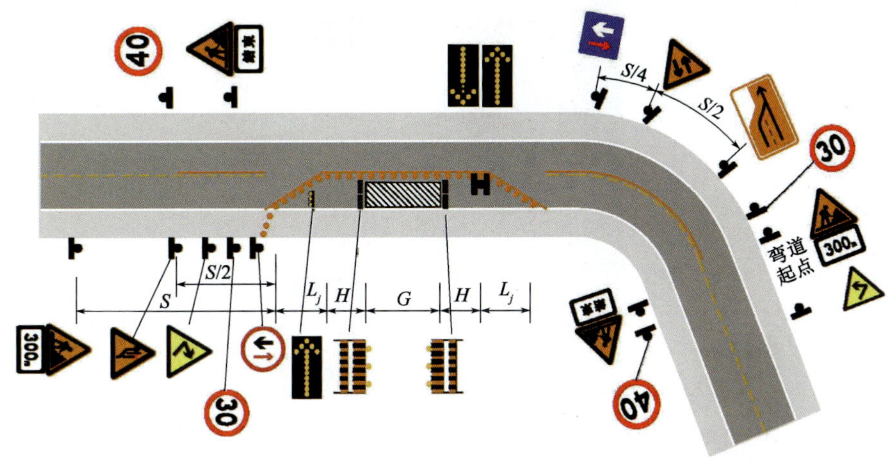

图 24-29　二级及二级以下公路弯道作业区布置示例三

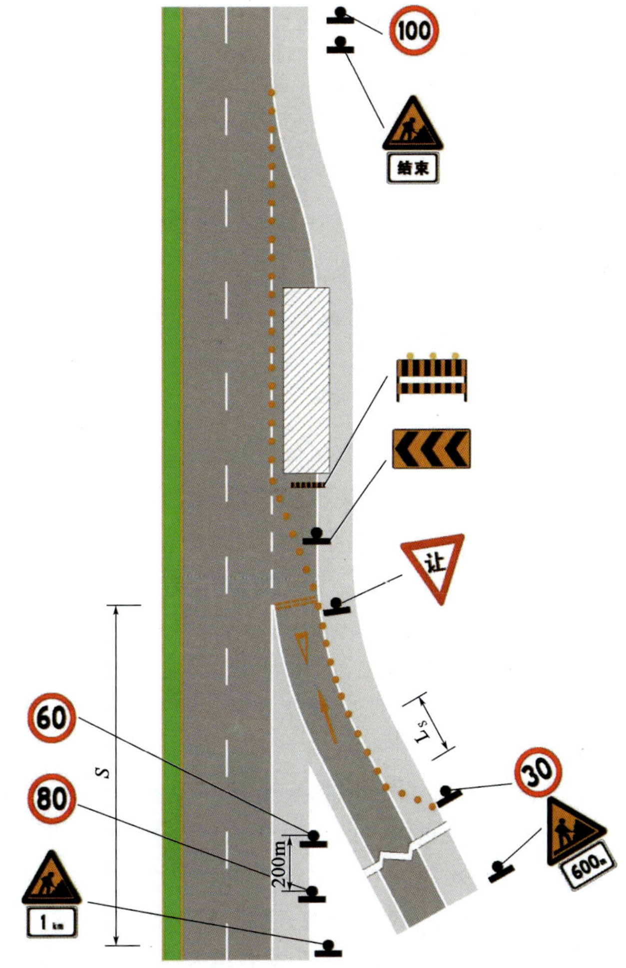

图 24-30　加速车道上作业区过渡区布置示例

交通量较大、匝道驶入车辆很难找到可穿插间隙的情况,以及主线车辆速度快,不充分加速后汇入危险性较高的路段,可封闭汇流点附近部分相邻车道,如图 24-31 所示。封闭相邻车道时,汇流点前可不设置停车/减速让行标志和标线。

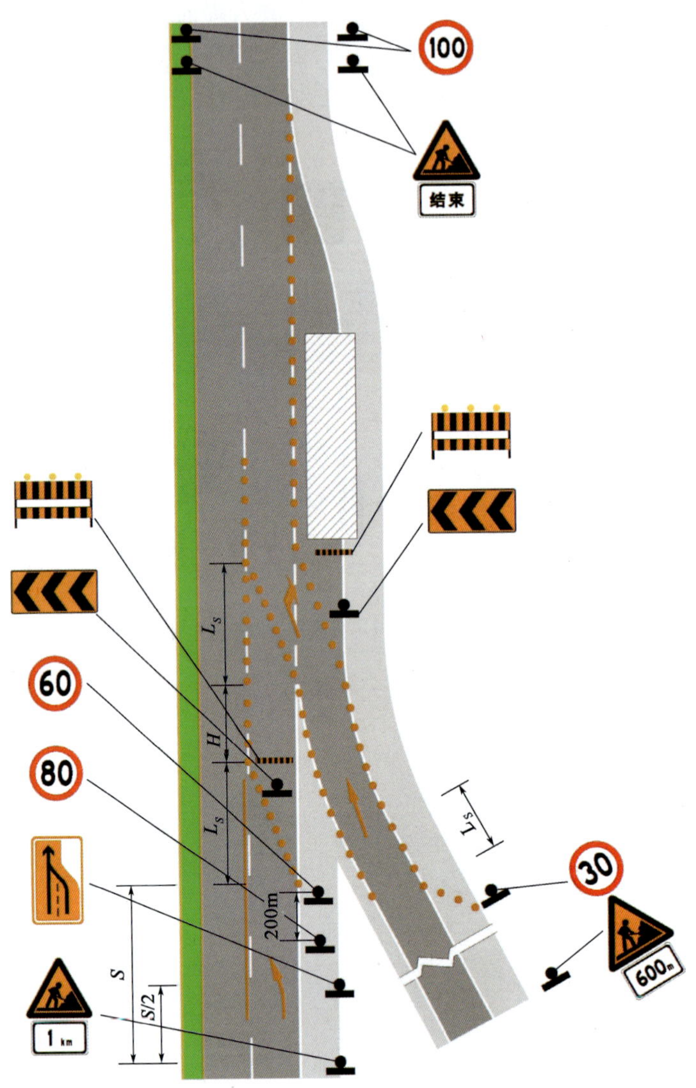

图 24-31　加速车道作业区封闭相邻车道示例

作业区位于减速车道时,需要驶出主线的车辆不能提前与主线车辆分离、减速,只能在主线路段完成减速行为,将影响主线车辆的正常运行,因此作业区距离标志应设置在渐变段起点前。上游过渡区应起始于渐变段的起点附近,可根据实际情况缩减上游过渡区和缓冲区的长度,如图 24-32 所示。作业区位于减速车道,影响驾驶人对出口的判断时,应增设作业区出口标志。

作业区位于入口匝道时,如果警告区长度大于匝道长度,作业区距离标志宜设置于匝道起点附近。作业区位于出口匝道时,主线车辆一般不能提前发现作业区,因此将施工标志设置于主线渐变段起点附近,有助于驾驶人对作业情况的提前预知,如图 24-33 所示。

作业区位于变速车道的相邻车道上时,将同时影响变速车道和主线上的车辆。作业区位于加速车道的相邻车道上时,主线和匝道上均应设置作业区距离标志。匝道上警告区长度按匝道设计速度选取,如果警告区长度大于匝道长度,作业区距离标志宜设置于匝道起点附近。上游过渡区应起始于鼻端前,如图 24-34 所示。作业区位于减速车道相邻的车道时,应设置渠化设施分离驶入匝道的交通流,设置长度不宜小于 300m,上游过渡区设置的可变箭头信号或线形诱导标,应避免影响匝道上车辆,如图 24-35 所示。

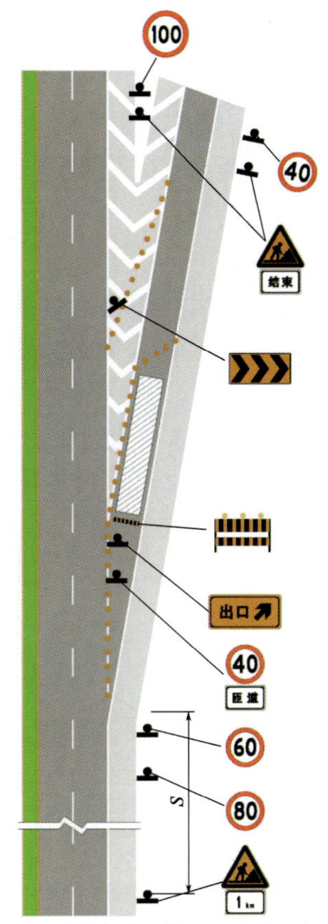

图 24-32　减速车道上作业区过渡区布置示例

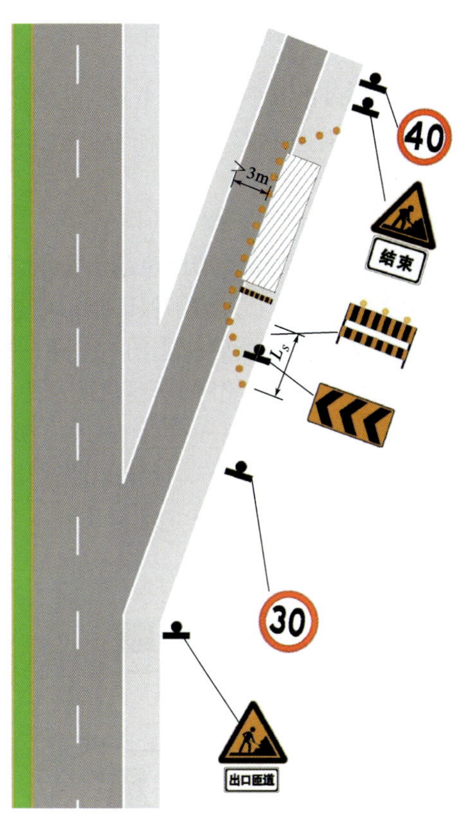

图 24-33　减速车道上作业区过渡区布置示例

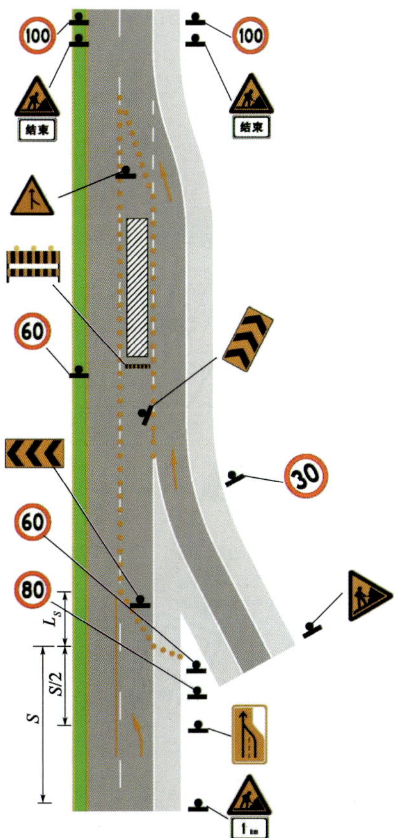

图 24-34　加速车道相邻车道上作业区过渡区布置示例

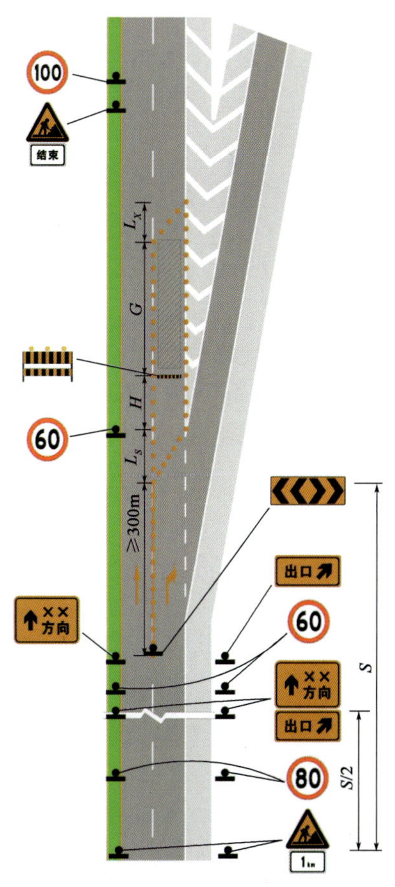

图 24-35　减速车道相邻车道上作业区过渡区布置示例

24.3.9 施工封闭路段的绕行路径指示

施工封闭路段的绕行路径,主要通过橙色箭头和绕行标志来指示。橙色箭头主要应用于绕行路径距离较长的道路,如公路;绕行标志主要应用于路口间距较近、绕行距离较近的道路,如城市道路。

(1)施工封闭路段绕行路径的指示

公路施工封闭绕行路段用橙色箭头指示,驾驶人按照橙色箭头所指示的方向行驶就能顺利地绕过施工封闭路段回到原路上。为了保证指示信息的连续性,绕行路线经过的每个交叉路口均需要设置橙色箭头,一般附着在原有指路标志的右上角,箭头朝向车辆行驶的方向。

高速公路某一路段封闭时,车辆只能从距离封闭路段最近的出口和入口进行绕行,因此高速公路上橙色箭头设置在距离封闭路段最近的"入口预告标志""地点、方向标志""出口预告标志""出口地点方向标志"上,如图 24-36 所示。

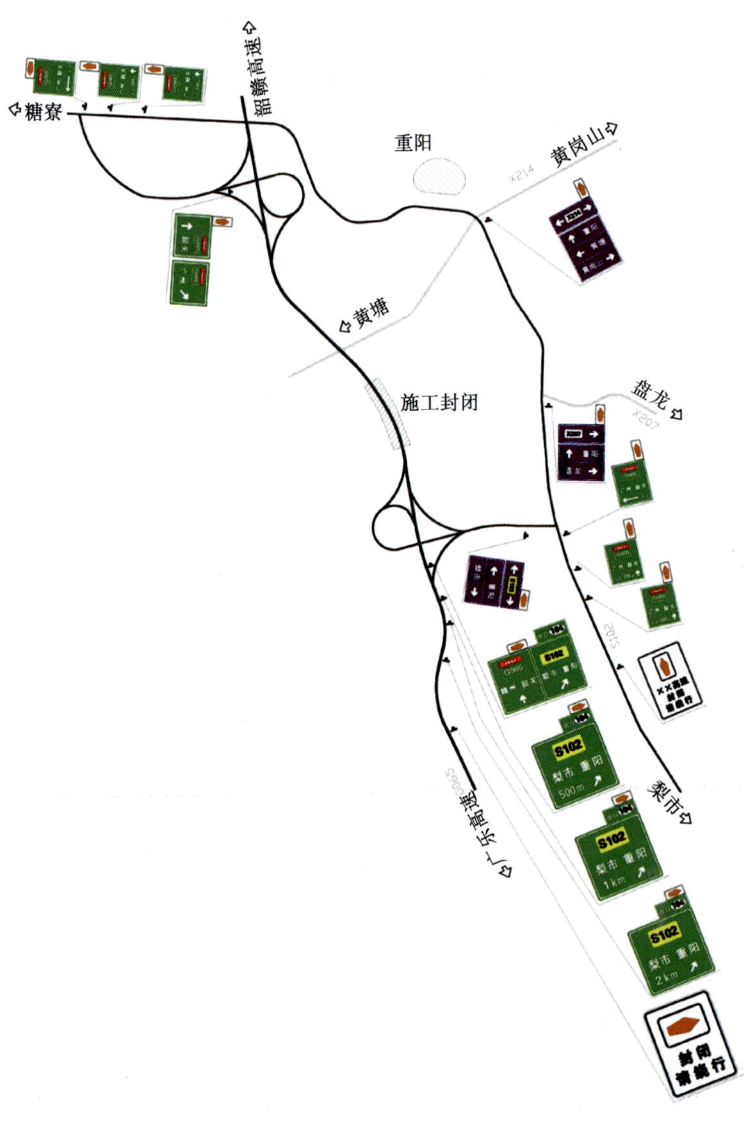

图 24-36 高速公路施工封闭路段绕行路径指示

(2)施工封闭路段绕行路径的指示

城市道路因施工原因封闭路段的绕行路径用绕行标志指示,绕行标志一般设置在距离施工路段最近的交叉路口,除封闭交通的方向外,其他三个方向均要设置,绕行标志的图案可根据实际路网情况和施工交通组织方案确定,如图 24-37 所示。

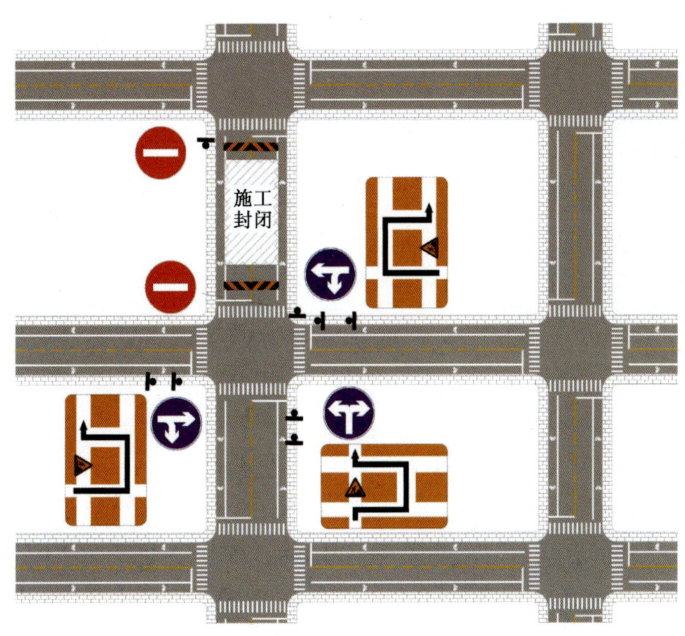

图 24-37　城市道路施工封闭路段绕行路径指示

24.3.10　交叉路口作业区

作业区与交叉路口距离较近,作业区的存在对交叉路口的交通组织产生一定影响时,属于交叉路口作业区。由于交叉路口是车流汇集与转向的地点,交叉路口本身的交通运行就比较复杂,作业区的存在更增加了交叉路口交通流的混乱程度,因此交叉路口作业区最好采用硬质围挡将作业区域与交通流分隔,同时设置施工警告灯围绕标识作业区域一周,使作业区域更加醒目,同时遮挡施工作业机械、工人及材料,减少交叉路口的繁乱。距离交叉口 20m 范围内、距离地面 0.8m 以上的部分应采用网状或者镂空等通透式围挡,以避免影响交叉口视距。

交叉路口作业区位于交叉路口的一个进口道上时,在作业区的前方设置车道数变少标志和施工标志即可,如图 24-38 所示。如果该进口道交通量较大,封闭一个车道会引起严重的拥堵,可以根据交叉路口通行能力计算的结果借用对向车道组织交通,如图 24-39 所示,为使交通流平滑,可在对向进口道提前设置过渡区,使车流以一车道形式通过交叉路口,避免车流在交叉路口范围内合流而造成拥挤与发生事故,借用对向车道导致行车道错位时可在交叉路口设置导流标线引导车流。如果通行能力计算表明,借用对向车道也不能缓解车道封闭引起的拥挤或将会导致对向车流的拥挤,则建议在该路段前一个交叉路口提前采取绕行措施。

作业区位于交叉路口的出口车道上,所在路段无中央分隔带,且作业区位于左侧车道时,对向交通流会受到作业区的影响,因此在对向车道也要设置施工标志警示驾驶人小心驾驶。对于交叉路口的其他进口道,可以在交叉路口前方适当位置设置施工标志警示转向车辆的驾驶人小心作业区对交通造成的影响,如图 24-40 所示。

作业区位于交叉路口中心区时,作业区的迎交通面可以设置导向箭头来指明车辆的行驶方向,夜间施工要保证照明。作业区位于交叉路口正中时,可按照环形交通进行组织,设置环岛行驶标志代替导向箭头,如图 24-41 所示。

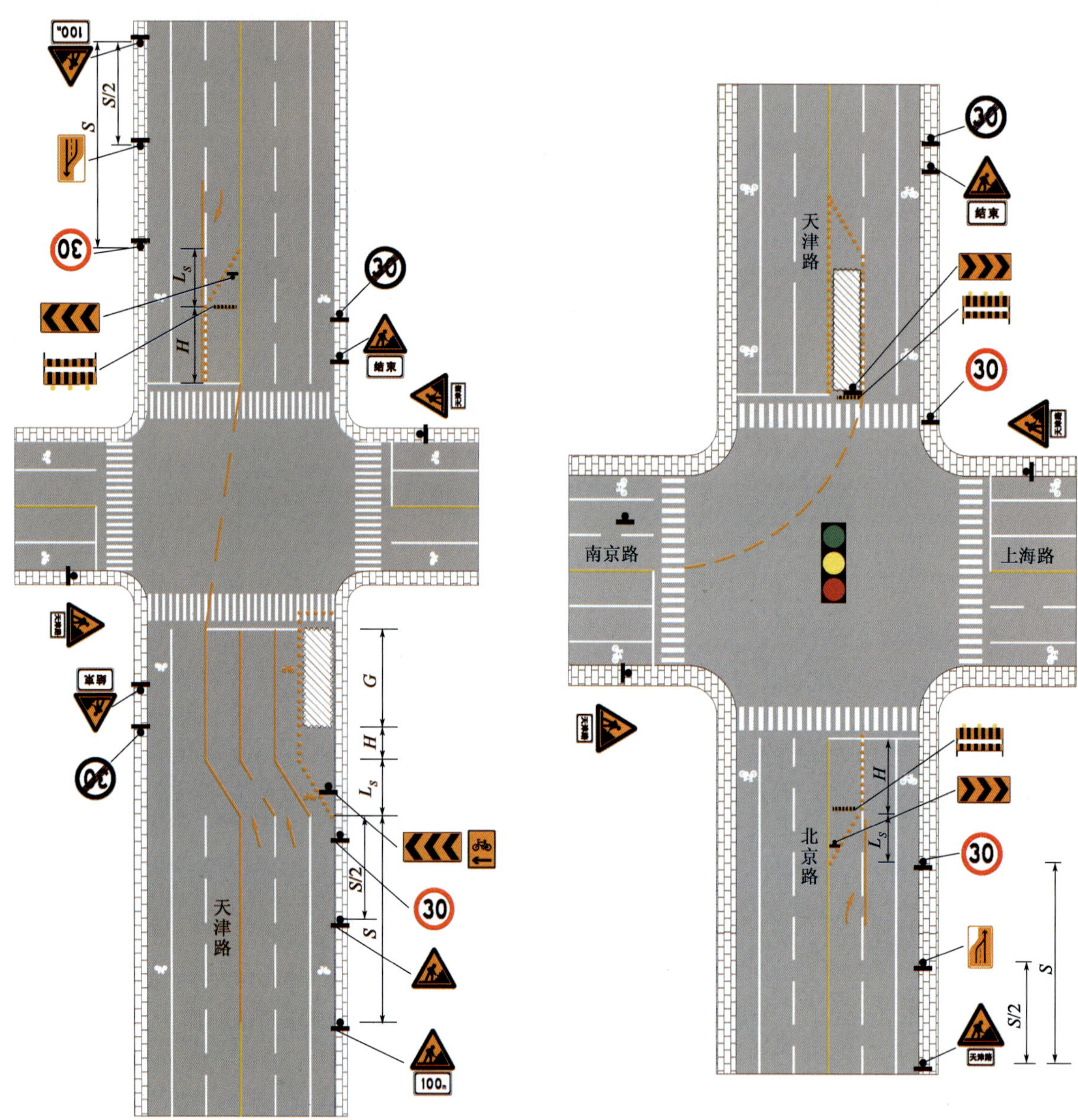

图 24-38　交叉路口进口道作业区布置示例

图 24-39　交叉路口出口道作业区布置示例

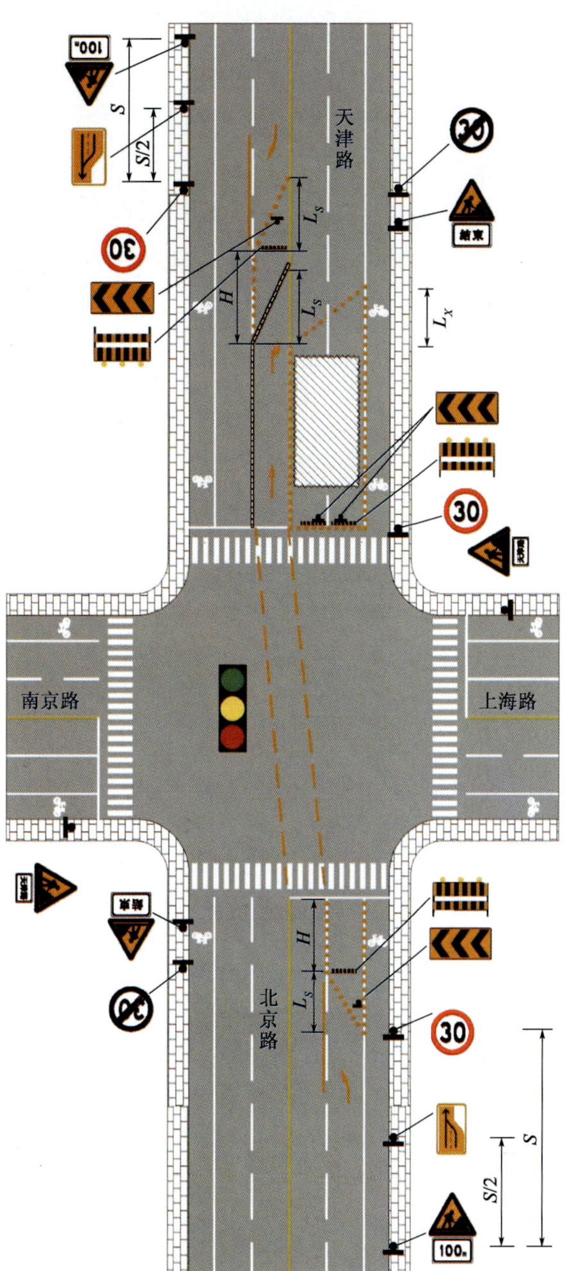

图 24-40　交叉路口出口道作业区借用对向车道组织交通的布置示例

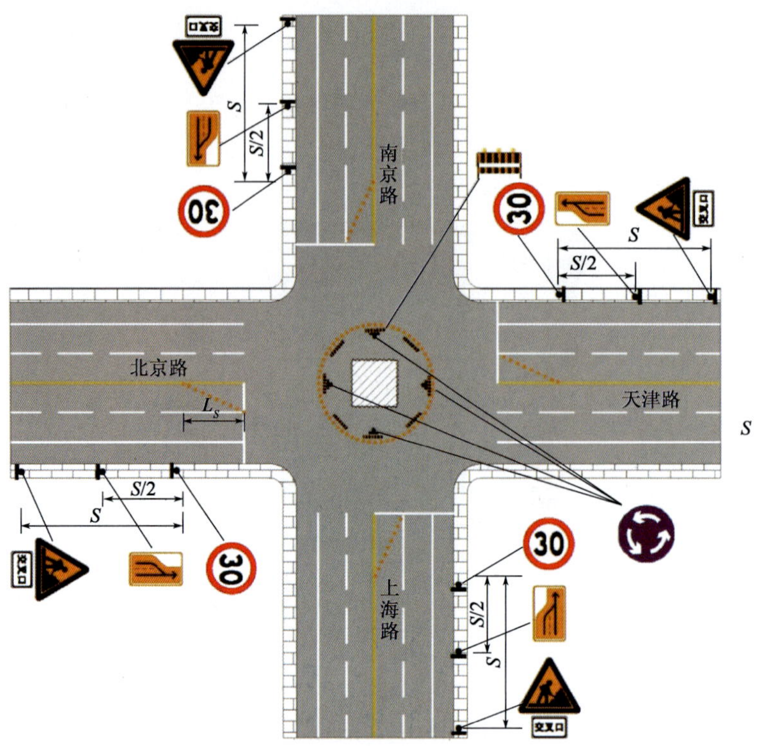

图 24-41　作业区位于交叉路口中央时环形交通组织示例

第 25 章　限　　速

25.1　限制速度的安全性原则

限制速度的原理根据的是公路安全性原则，即每一等级的公路首先应满足其功能，同时要保证安全。为了保证安全，所有等级的公路最好体现、符合以下原则：

（1）功能性：路网中的各种路应有规划、明确其功能，应适应与其功能相关的交通运行的要求；

（2）同质性：避免速度、行驶方向、车重等的明显差异，尽量减少同一时间内使用同一路段或交叉口的不同交通方式间的速度和车辆总重的差异；

（3）可预见性：避免道路使用者之间的不确定性；使道路使用者尽可能早地预见交通环境；使道路使用者能够正确地预见道路的布局。

具体阐述如下：

（1）功能性

道路系统的功能是很重要的，其实际使用功能应和当初设计其要达到的功能相当。路网中的道路具有不同的功能，"运输功能"的道路和"接入功能"的道路应有明显的不同。运输功能的道路是运输长距离的交通的，本地交通需要接入功能的道路。功能性要求有：

①尽可能将居住区连成片，居住区尽可能大并且不要被"运输功能"的道路分隔（即运输功能的道路不要从居住区穿过）；

②不安全的道路上的行驶时间要尽可能短，使得每一次出行的大部分时间行驶在安全的道路上；

③使出行尽可能短；

④最短的道路和最安全的道路应该是一致的。

（2）同质性

事故的严重程度是由速度、方向、车重等很多因素决定的。根据每公里伤亡人数的指标，最安全的道路是机动车专用的高速公路。尽管其车速较高，但其方向（如无横穿交通）、车重（无行人、自行车、低速货车等）相对较一致、差异较小。另外，荷兰等一些欧洲国家倡导的居住区设计、改造成 30km/h 区域（区域内最高限速 30km/h），也是相对较安全的，虽然其方向和交通参与者的重量有较大的差异，但因为不同道路使用者之间速度的差异性较小也是较安全的。

速度是道路安全的一个核心要素，较高的驾驶速度，发生事故时的速度也较高，事故后果就较严重；另一方面，速度较高，处理信息和反应的时间就较短，避免事故的可能性就小。但不能说车速过快是事故的主要原因，警察很少记录事故时的速度，也很少将事故归于车速过快的原因。国际上事故的深度调查表明，20% ~35% 的事故里，速度是一个非常重要的安全因素。

有一类道路既不是"运输功能"的道路也不是"接入功能"的道路，主要是集散功能，车辆行驶其上的速度较高，又有相当多的交叉交通。这些道路要提高安全性，需要将机动车和非机动车（如行人、自行车等）分离，减少车速和车重的差异。在无法分离的地点，需要对最高速度予以限制（如交通信号灯、环岛等）。

同质性的要求主要是事故分析的结果。使一些碰撞成为不可能、不同车辆间进行分隔可以减少很多事故。事故严重性也因速度低或无障碍净区而大大降低。同质性的要求是：

①避免和对向交通的碰撞；

②避免和横穿交通碰撞，尤其是交叉口处的慢速车辆；

③将不同车型分隔;

④潜在的冲突点降低车速;

⑤避免沿路的障碍物。

(3)可预见性

安全的道路应是标识清晰,使道路使用者明确其应该的行为,即道路应是“自解释”的。为了便于道路使用者明确不同类道路的区别,需要做到以下两点:一是道路分类要尽可能少,二是同一类道路的设计和布局等应尽可能一致。这样,道路使用者就知道其在某一类道路上应该的行为是怎样的,也能更好地判定别的道路使用者的行为是怎样的。在“自解释”道路上,道路使用者知道其应该以什么速度行驶、是否会有其他交通从便道上汇入、是否会有自行车在路上等。

道路的识别和可预见性的要求是:

①通过清晰的设计、标志和标线,避免不可预见的行为;

②使道路分类可识别;

③限制每一类道路的设计要素的数目,使同一类道路更加均一、一致。

上述这些和 3.1 所述同理。

25.2 公路功能与分类

(1)美国

在美国等国家,公路功能分类被广泛应用于管理权限分配、投资决策、公路网规划、公路设计等公路交通发展的各个重要领域。公路功能分类的理论与公路交通发展的实践结合起来,不仅有利于构建功能合理的公路网,而且有利于公路交通的发展战略、交通规划、投融资政策、设计标准等多方面政策的制定,实现公路的全面、协调、可持续发展。

美国先后两次进行全国范围的公路功能分类的研究,第一次是 1969 ~ 1971 年进行的,1968 年美国制订了《国家公路功能分类研究手册》,其中制订了公路功能分类的标准和程序,然后根据其规定对现有(1968 年)的公路进行功能分类;第二次研究是 1970 ~ 1990 年间根据《国家公路功能分类和需求研究手册》进行的,依然沿用第一次的公路功能分类等级及分类标准。美国在 1973 年通过了《联邦帮助公路法案》(Federal-Aid Highway Act),要求在 1976 年 7 月 1 日前所有联邦帮助的公路都使用公路功能分类并进行相应的实施完善。这个法案至今仍然有效。1989 年美国联邦公路局修订了《公路功能分类概念、标准和过程手册》,并规定了公路部门要和都市规划组织(MPO)以及区域交通规划部门(RTPA)协调进行此项工作,而且对于同一条公路在跨州的行政区界时应协调保持功能分类的一致性,并规定了功能分类调整后各州的各等级公路里程的详细的登记办法,只有通过规定程序登记的公路才会受到联邦的资金资助。

美国在公路功能分类过程中发现,从土地使用的密度和类型、街道和公路网密度、出行方式等角度来看,城市和乡村存在不同的特点。因此,依据美国国家人口普查局对地区的划分,将公路所在的区域分为城市地区和乡村地区两大类,分别按功能层次进行划分。按照公路功能分类的思想,干线公路主要提供机动性功能,而地方公路主要提供可达性功能,集散公路的功能介于机动性和可达性之间。因此,里程较短的干线公路将承担较多的运输量,而里程较长的地方公路仅承担较少的运输量。

关于限速标志的限速值,美国是按上述功能分级,本地道路主要是提供接入,限速值一般为 32 ~ 72km/h;集散道路平衡接入和畅达,使当地道路的车辆到达大路上,限速值一般为 56 ~ 88km/h;干路是连接城市的主要道路但不包含州际公路,限速值一般为 80 ~ 113km/h;美国最高一级的公路是州际公路,提供快速畅达,限速值一般为 88 ~ 121km/h。美国各州最高限速不同,大部分州是从 88km/h(55mile/h)至 120km/h(75mile/h),只有西部 4 个州最高限速为 128km/h(80mile/h)。

(2)荷兰

在荷兰,其道路管理部门认为干线道路、集散道路、接入道路应分别具有以下特征,驾驶人可以判断其所在道路的功能。

①干线道路：

a. 物理隔离（对向交通之间）；

b. 紧急停车带；

c. 优先道路（主路优先）；

d. 道路边缘实线（0.2m 宽）。

②集散道路

a. 没有物理隔离分隔对向交通，有道路中心双线；

b. 优先道路；

c. 道路边缘虚线（3m 线、3m 间隔，0.15m 宽）。

③接入道路

a. 无道路中心线；

b. 间断的环形道路，如果证明可以提高效率，交叉口可以优先；

c. 无道路边缘线，如果证明可以提高效率，使用虚线（1m 线、3m 间距，0.1m 宽）。

下面介绍荷兰基于上述思想的道路分类及其特征，以及各类道路的限速值。每一类道路都体现了上述特征，道路使用者可以很容易地确定其所在道路功能、适宜的驾驶行为，也就能够采取适宜的并大致一致的速度。

①线道路（乡村）

干线道路分为两类（表 25-1）。一类是高速公路，另一类是机动车专用道路。

表 25-1　干线道路特征

高速公路	机动车专用道路
限速：100 或 120km/h； 设计速度：120km/h； 分层立交； 物理隔离； 至少 2×2 车道； 紧急停车带； 完全连续标线	限速：100km/h； 设计速度：100(90)km/h； 分层立交； 物理隔离； 至少 2×1 车道，最多 2×2 车道； 紧急停车港湾和/或半硬化路肩； 完全连续标线

②集散道路

集散道路分为两类（表 25-2），一类是多车道的，另一类是单车道的。

表 25-2　集散道路特征

多车道	单车道
限速：80km/h； 设计速度：80km/h； 物理隔离； 优先道路，2×2 车道； 紧邻摩托车和自行车道； 有平行的自行车道或服务道路； 交叉路口为环岛或有信号控制交叉口； 和接入道路相连的数目有限制； 紧急停车港湾或半铺装路肩； 不连续的道路边缘线	限速：80km/h； 设计速度：80km/h； 无物理隔离分隔对向交通； 优先道路，1×2 车道； 紧邻摩托车和自行车道； 有平行的自行车道或服务道路； 交叉路口为环岛或有信号控制交叉口； 和接入道路相连的数目有限制； 紧急停车港湾或半铺装路肩； 不连续的道路边缘线

③乡村接入道路

乡村接入道路铺装的路面的宽度在 2.5～6.0m 之间，机动车道的宽度在 2.50～3.50m 之间。铺装的宽度包括车道宽度、两条供自行车行驶的车道（有边缘线虚线与机动车道分隔，无自行车的地面标识）宽度之和。

接入道路也分为两类(表 25-3),一类是有虚线分隔机动车和自行车,另一类是只有一条车道供所有道路使用者使用。

表 25-3　接入道路特征

有自行车道	无自行车道
如果有可能,交叉口有优先; 道路边缘线为虚线	平面交叉无优先; 无道路边缘线

值得注意的是,集散道路和接入道路的交叉口都是环岛或三支、四支平交口。为了区分,集散道路在交叉口前后各 100m 处建了一隆起的平台,也降低了车辆速度。

接入道路的限速一般为 30 ~ 60km/h。

荷兰进行着"持续的安全路网"计划,对整个路网,根据道路功能进行分类,并监测整个计划的过程。其倡导以低成本的措施进行这个分类工作,并在线形和设计上进行改进。据估计,这项工作将使道路死亡事故减少 60%。"持续的道路安全"启动于 1998 年,第一阶段实施的目标非常清楚,并制定了计划监测实施的情况。

①道路分类计划,使荷兰路网总长超过 100 万 km,使路网中道路满足其功能,基本解决存在的矛盾;

②在建成区以低成本措施完成一个 30km/h 速度区的示范,并在 2002 年将 30km/h 速度区(当时是 10%)的数量达到 50%;

③在乡村次要道路上以简单方法形成 60km/h 速度区,到 2002 年完成 3000km 的道路;

④如果需要并有可能的话,利用基础设施建设的方法以保证 30km/h 速度区和 60km/h 速度区,如自行车设施、环岛等;

⑤在 30km/h 速度区之外的平面交叉口表明优先权,赋予骑车人同样的优先权;

⑥实施安全审核,进一步开发指南及相应的支持。

荷兰高速公路的最高限速,实行分时段限速,从 2020 年开始早 6 点到晚 7 点最高限速为 100km/h,晚 7 点到早 6 点最高限速为 130km/h。

(3)英国

英国的公路功能分类既体现了功能分类方法的主要思想,又具有本国特色。它首先将公路按照其重要性分为主要公路和次要公路两大类,主要公路再细分为高速公路和一级公路,次要公路划分为二级公路、三级公路和未定级公路三大类。此外,一级公路再分为干线公路和重要公路,高速公路和干线公路合称为战略公路网。在英国,功能等级高的公路虽然里程短,却承担了较大的交通量。英国道路功能分级及相应的限速值见表 25-4。英国高速公路最高限速 112km/h(70mile/h)。

表 25-4　英国道路等级划分

分类	步行街	接入道路	集散道路	次干路	干路
主要功能	步行; 集会; 贸易	步行; 车辆接入; 货物运输和服务; 慢速车辆	旅行的起终点附近的车辆移动; 公交车站	通往主要路网的中距离交通; 公共交通; 都为过境交通	快速通行; 长距离交通; 没有人行道和临街接入口
步行	完全自由; 主要形式	比较自由可随机穿行	渠化控制通行(比如斑马线)	行人交通很少, 有确保安全的设施	人车分离
大型货运	主要是服务和到门的货物运输	居民区:仅有部分相关的; 其他区:货物运送和服务	很少的过境出行	很少的过境出行	适合所有的大型载货车,尤其是过境车辆
车辆接入到个别点	无,急救或部分服务车辆除外	占主要地位	有一些	无,除了一些主要的中心区	无,除了一些全国的重要交通点

续上表

分类	步行街	接入道路	集散道路	次干路	干路
当地交通	无,但是可能还会包括一些公交	无	占主要地位	一些,仅给少量的当地服务,接口间距很重要	几乎没有,接口间距可能把当地交通排除在外了
过境交通	无	无	无	中距离交通占主要地位	长距离交通占主要地位
车辆运行速度/限速	低于8km/h(5mile/h)	低于32km/h(20mile/h),有减速设施	限速48km/h(30mile/h),路网布局就会阻碍速度的提高	建成区限速48或64km/h(30或40mile/h)	高于64km/h(40mile/h),取决于道路几何线性

注:表列道路大多在城市及附近,乡村道路被认为是连接城市之间的干线。

(4)瑞典

在瑞典,国家道路安全计划在“0愿景”的原则下,对瑞典道路重新进行分类和设计。以下是2000年时瑞典道路安全政策研究中实施计划:

①370km机动车道路改建为高速公路;平均日交通量超过8000且限速在90或110km/h的国道共280km,改建为13m宽道路并设中央缆索护栏;

②在宽度为13m、限速在90或110km/h的道路上设中央缆索护栏,总里程为3500km;

③13600km的低交通量城市道路改建为“0愿景”中30km/h街道;

④9000km的中等到大交通量城市道路改建为“0愿景”中50或30km/h道路;

⑤9000km的非常低交通量的城市接入道路改建为“0愿景”中步行街道。

瑞典普遍最高限速为110km/h,只有南部较少的一些新建、条件好、安全、平直路段最高限速为120km/h。

(5)澳大利亚

澳大利亚道路限速的首要因素是道路功能,不同的道路功能推荐不同的限制速度。表25-5是澳大利亚道路功能适用的限速。

表25-5a 澳大利亚道路限速分类(城区道路)

限速值(km/h)	适用的道路功能	适用类型
10	地方街道	社区性公共区域
40	地方街道或者干路; 地方街道或者地方区域	①限速为60km/h或70km/h的城市道路上或一般限速为60km/h的城市道路上的学校区; ②根据道路条件限制及车辆运行状况确定速度为40km/h的地方街道或区域
50	地方街道或者地方区域	没有法定最低限速的地方道路路段或者区域①
60	地方街道 干路	①城市道路一般限速; ②无中央分隔带、邻接区接入口较密的城市道路上一般限速; ③限速为80km/h或者90km/h的道路或区域的学校区
70	干路	等级较高的道路限速区: ①有中央分隔带、有转弯储车道、邻近区域道路直接接入的道路; ②无中央分隔带、邻近区域接入受限的道路

续上表

限速值(km/h)	适用的道路功能	适 用 类 型
80	干路和快速路	等级较高的道路限速区: ①有中央分隔带、有转弯储车道、邻近区域直接接入很少的道路; ②无中央分隔带、邻近区域直接接入很少的道路
90	快速路② 干路	限速区: ①等级较低的快速路; ②条件受限的近郊干路
100	快速路②	等级较高的快速路限速区
110	快速路②	等级很高的城市快速路的一定长度路段限速区

注:一般限速——一条路的限速;

限速区——一般限速的路段上局部低于一般限速的限速路段。

①50km/h 将成为某些州城市道路的一般限速值;

②同样适用于高速公路、收费公路和其他标准相当的道路。

表 25-5b 澳大利亚道路限速分类(郊区和城市间道路)

限速值(km/h)	适 用 类 型
60	80km/h 或者 90km/h 限速区的学校区
80, 90	经过一些小村落、邻近建筑较少的区域的限速区,但不用于已建成区
100	无限速区郊区公路的一般限速 * 或限速区,也用于其他限速区
110	①高等级郊区快速路; ②高等级郊区干线公路或高速公路

注:* 不适用于所有州。

从美国和澳大利亚的道路功能分类和限速值、欧洲国家实施的道路安全计划(战略、政策等)可以看出,公路功能分类和速度限制有直接的关系。从安全角度出发,道路上理想的限速情况是道路分类简单、特征明显,道路使用者了解并趋向于速度一致地行驶,只需要在个别路段设置一些限速标志和建议速度标志。国际上尤其是欧洲国家已经制定了明确的安全计划,向着这个方向投入并改进。

图 25-1 是国外各类道路上限速标志,可以看出不同功能道路特征差异明显。

(6)德国

德国法规规定:以道路上所立的限速标志为准。没有限速标志的,按以下速度:

①城区道路限速 50km/h。

②高速公路(含城市快速路)和郊外有中央分隔带的道路,小客车理论上没有最高速度的限制,建议速度是 130km/h;巴士限速 100km/h;货车限速 80km/h。

③没有中央分隔带的郊外公路,总重小于 3.5t 的机动车限速 100km/h。

④没有中央分隔带的郊外公路,以下几种车辆限速 80km/h:总重在 3.5 ~ 7.5t 的车;带拖车的小客车;货车虽然没超过 3.5t 但带拖车;巴士(包括带拖车的)。

⑤没有中央分隔带的郊外公路,以下几种车辆限速 60km/h:总重超过 7.5t 的车;带拖车的货车,拖车总重不超过 3.5t;所有座位坐了人并有乘员站立的巴士。

⑥安装了防雪链的车辆,即使环境良好,限速 50km/h。

德国小客车理论上不限速,高速公路上小客车建议速度为 130km/h,三分之二的高速公路上设了限速标志。

图 25-1　国外各类道路上的限速标志

a)高速公路;b)干路;c)干路(过村镇最高限速 70km/h);d)次干路(最高限速 70km/h);e)次干路(过村镇最高限速 50km/h)

我国的《公路工程技术标准》(JTG B01—2014)将公路按照功能和适应的交通量划分成了 5 个等级(或称技术分类),如表 25-6 所示。各等级公路设计特征见表 25-7。

表 25-6　我国公路分级

等级	功能特征	适应交通量(pcu/日)
高速公路	供汽车分向、分车道行驶,全部控制出入口的多车道公路	15000 辆以上
一级公路	供汽车分向、分车道行驶,按需要控制出入的多车道公路	15000 辆小客车以上
二级公路	供汽车行驶的双车道公路	5000 ~ 15000 辆
三级公路	供汽车行驶的双车道公路	2000 ~ 6000 辆
四级公路	供汽车行驶的双车道或单车道公路	双车道:2000 辆以下 单车道:400 辆以下

表 25-7　公路等级及设计特征

等级	设计车速(km/h)	功能
高速公路	120 100 80	干线公路

续上表

<table>
<tr><th>等级</th><th>设计车速(km/h)</th><th colspan="2">功能</th></tr>
<tr><td rowspan="3">一级公路</td><td>100</td><td rowspan="2">干线公路</td><td></td></tr>
<tr><td>80</td><td rowspan="2">集散公路</td></tr>
<tr><td>60</td><td></td></tr>
<tr><td>二级公路</td><td>80
60</td><td colspan="2">干线公路
集散公路</td></tr>
<tr><td>三级公路</td><td>40
30</td><td colspan="2" rowspan="2">接入公路</td></tr>
<tr><td>四级公路</td><td>20</td></tr>
</table>

注:3.5.1 规定:高速公路和作为干线的一级公路的特殊困难局部路段,且因新建工程可能诱发工程地质病害时,经论证,该局部路段的设计速度可采用 60km/h,但长度不宜大于 15km,或仅限于相邻两互通式立体交叉之间的路段。作为集散的二级公路,受地形、地质条件限制,可采用 40km/h。

从安全的功能性、同质性、可预见性考虑,对于设计速度为 80km/h、60km/h 的公路,既可以是干线公路又可以是集散公路,既可以是一级公路又可以是二级公路;对于设计速度是 40km/h 的公路,既可以是集散公路,又可以是接入公路。另外,作为干线公路,从高速公路、一级公路到二级公路都有;作为集散公路,从一级到三级都有。这些难以让道路使用者判断其所在道路功能、可能预见的交通情况以及应该采取的行为。

目前我国的限速现状是:驾驶人无法知道自己所行驶道路的最高限速,为了让驾驶人了解并遵守,需要在起终点及每一个交叉路口后设置限速标志;除此以外,需要在因车速过快引起的事故多发段、穿村镇路段、线形接近极限值等路段进行局部路段更低的限速和解除。

因此,建议对我国公路、城市道路的功能分类及其特征应进行进一步的研究、优化,并制定国家的安全计划,逐步、持续地进行改进,从根本上解决我国道路限制速度的设置问题,同时极大地提高道路交通安全。

25.3 限制速度值选取

世界银行专家对发展中国家交通状况进行调查、研究得出结论,从经济的角度出发,综合各方面对运输费用的影响,推荐发展中国家公路的平均速度(不是限速)不应高于以下数值:双向两车道 5 ~ 6m 碎石路面为 50km/h;双向两车道 5 ~ 7m 铺装路面为 60km/h;双向两车道 7 ~ 9m 铺装路面为 70km/h;双向两车道 9 ~ 12m 铺装路面为 80km/h;双向四车道高速公路为 90km/h。我国属于发展中国家,交通流平均速度的制定可参考上列推荐数值,结合不同类型道路可测算出符合我国具体情况的最佳平均速度,进行限速。这是从经济性角度考虑。限速值和经济、安全、通行以及周边的影响如噪声等都相关。过低的限速,无论交警的执法怎样,驾驶人遵守的比例都相应地降低。合理可信的限速值、自执行限速设施的设置,因为目前越来越多的“电子警察执法”变得越发地重要。

我国道路限速值目前难以按道路功能等级确定。对于设计道路,根据《公路工程技术标准》(JTG B01—2014)2.0.3 公路设计速度的定义:“设计速度是确定公路设计指标并使其相互协调的设计基准速度。”可以依据设计速度进行限速。《道路与交通工程词典》对设计车速的定义:设计车速是道路几何设计(如平曲线半径、超高、纵坡及坡长、各种视距等)的基本依据,也是表明道路等级与使用水平的主要指标。在道路几何设计要素具有控制性的特定路段上,此为具有平均驾驶技术水平的驾驶人在天气良好、低交通密度时所能维持的最高安全速度。这个定义比较明确地提出了“具有控制性的路段”,实际上道路设计时也是这样,只是部分路段采用了偏低指标时,平均驾驶技术水平的驾驶人能以设计速度安全行驶通过。对于大多数路段,以设计速度作为限速值从安全上讲是充分的。在设计阶段,只需要根据设计速度对全线定一个限速值,同时对“具有控制性的路段”依据设计速度确定一个限速值。道路运营后,需要根据运营和环境情况进行调整。个别技术指标受限路段也可以以建议速度的形式,提醒驾驶人以合适的速度通过这些路段。建议速度标志是警告标志。《美国交通工程设施手册》MUTCD 没有明确建议速度值的选取，澳大利亚的标准明确了：如果某些位置的限速值超过了车辆通过的最大安全速度（我们理解的设计速度），应配合相应的警告标志和建议速度标志联合使用，以提醒驾驶人需要降低速度。所以，一条路上最高限速值和建议速度值可能是不同的。但要避免驾驶人同时看到不同速度值的限速和建议速度。

对于运营道路，限制速度标志的限速值可以取自由流状态下 v_{85}，并在一定范围内调整。限制速度值应为 10km/h 的倍数。

实际设立限制速度标志时，可能需要考虑以下的其他因素：

①道路功能、等级、特征、路肩条件、线形和视距等；

②路侧土地使用和环境；

③停车需求和行人活动；

④一个时间段的事故记录。

对于已经设立了限制速度标志的道路，道路特征或周围土地使用情况发生了重大变化的路段的限制速度标志应进行再评估。

无论设计阶段设置的限速标志，还是运营阶段设置的限速标志，如果绝大多数的驾驶人都违反这一禁令，那么有可能是限制速度值定得不合理，也有可能是驾驶人对道路特征和环境的判断与实际情况不符。如果是后一种情况，需要对道路设施和环境进行一定的改善，而不仅仅是重新评估限速值。

25.4　限速区间

限制速度标志是对应一个区段的，可参考表 25-8 确定限速标志的一个最小的设置区间。

表 25-8　最小限速区间

限速值（km/h）	30（仅限于学校）	40	60	70	80	90	100	110
最小长度（km）	0.2	0.4	0.6	0.7	0.8	0.9	2.0	10.0

限速区间结束，限制速度变化时，根据我国规范对设计一致性评价的要求，较好的做法是前后限速值的差不超过 20km/h。

20km/h 的评价标准来自国外的研究成果，对于我国的车辆、交通状况，是否仍取这个标准，需要做进一步的研究。

25.5　限速方式及标志设置

速度是交通安全和运输效率的核心，对于我国各种道路上的交通现状、车辆组成情况，如何进行速度管理是提高道路安全性、提高道路通行效率的关键。

关于车速与事故数，人们直观感觉，速度越高，相应事故数越多。很早就有研究表明，事故数与速度不是简单的线性关系。1964 年，Solomon 在 600km 公路上观测 10000 个驾驶人的车速与事故的情况，发现车速与事故数之间是一个“U”形曲线；车速接近平均车速时，事故率最低；随着车速与平均车速的差增大，无论是大于平均车速还是小于平均车速，事故数都呈增加趋势。近年来的研究表明，事故数与速度的关系不显著，主要和速度的离散性相关。速度离散性大，频繁发生车辆超车和被超车，容易发生事故。就是说路上行驶的车辆，不仅仅是比一般车辆速度快的那些车容易发生事故，那些车速比一般车辆慢的车辆也很容易发生事故，为了减少事故数，应该注意不是降低速度，而是要降低速度差。

和速度与事故数的关系不同，速度与事故严重度的关系是基于物理学，运动的车辆的能量是其质量与速度平方的乘积。碰撞中消散的能量越多，乘员所受的危害越大。研究表明车速超过 96km/h 后事故严重度随速度增加快速增加，车速超过 112km/h 后致命伤亡的可能性迅速增加。类似的研究结论还有很多。同样，基于上述物理学关系，碰撞中两车的质量相差越大，事故严重伤亡的可能性越大。

基于这些结论和分析,进行速度控制时,关键是减少车辆之间的速度离散性、减少质量差异较大的车辆之间的碰撞可能性。理想的状况是某一设计速度的道路上,各种车型均在较小速度范围内行驶。现实情况是,我国道路上车辆状况差异很大,小客车、大客车性能较好,货车尤其是载了货物的货车,在上坡路段速度很低;另外,装载货物的货车和客车的质量差异也很大。所以,国内目前高速公路和城市快速路上很多实行分车型限速、分车道限速、分车型和分车道限速组合等方式。

如果货车性能足够好,按上述结论和分析,货车和客车应该在一个限速范围内行驶。这种情形下,事故次数会降低。为了降低事故严重性,可以将质量差别较大的车型分车道行驶。理想情况是,各种车型分车道行驶,且各车道限速值是一致。

实际情况是,无论上坡、下坡,载货汽车的速度与客车速度存在较大的差异。国内某高速公路进行的车速调查表明,一般平直路段小客车车速较高,v_{85} 在 115km/h 左右;大客车运行速度也较高,v_{85} 在 100km/h 左右;2 ~6 轴大货车的运行速度情况较为接近,平均速度都在 70km/h 左右,v_{85} 在 80km/h 左右。同是这条路上,载货汽车(2 ~6 轴)平均质量为 40t 左右,85% 位质量为 60t 左右。表 25-9 是国内某高速上坡坡顶车速观测值,小客车和大货车的速度差在 30km/h 以上,整个断面的车速离散性最大。

表 25-9 某高速公路下坡路段坡顶处断面车速统计结果

车 道	车 型	平均车速(km/h)	运行车速 v_{85}(km/h)	车速标准差(km/h)
车道 1(左侧车道)	整体	85	68	16.1
	大货车	63	66	4.0
	小客车	93	100	11.5
车道 2(右侧车道)	整体	68	87	18.9
	大货车	56	71	15.9
	小客车	86	105	14.4
断面	整体	75	97	20.0
	大货车	58	69	14.4
	小客车	91	103	13.5

25.5.1 单一限速

车道与各种类型车辆采用相同限速标准的道路采用单一限速标志,限速标志如图 25-2 所示。单一限速标志适合设置在道路条件、交通条件、路侧环境及干扰从始至终大体一致的道路。此外单一限速标志也适合设置在局部道路条件存在困难的路段,通常与警告标志配合使用,如急弯、隧道、窄路、村庄等路段。

25.5.2 分车型限速

分车型限速标志是指对路段中按照车型种类的不同,分别实施不同的限速标准所采用的限速标志。标志样式如图 25-3 所示。分车型限速标志适合设置在路段中货车、客车、小客车及其他机动车之间速度差较大,如采用相同限速值,会由于货车、客车及其他车辆行驶速度过高而带来行车危险。

图 25-2 单一限速标志　　图 25-3 分车型限速标志

理想的限速方式是分车型限速与大型车靠右行驶相结合。图 25-4 是我国高速公路上常见的分车型结合分车道限速方式，以此为例，可能存在以下问题：

①左侧第一块标志：辅助标志“小客车”是对 2 个限速标志的辅助标志，还是对 4 个禁令标志的辅助标志？这里的辅助标志应该是对 2 个限速标志的辅助标志，否则解释不清；路上驾驶人行车时能否反应过来？

②左侧第一块标志：那么含义为这个车道对小客车的最高限速 120km/h，最低限速 100km/h；同时这个车道禁止货车和大客车驶入。即这个车道小客车专用，可表达为：限速标志 + 指示标志“小客车专用车道”，车道专用标志在车道正上方，可以省略向下的箭头。

③左侧第二块标志：“禁止货车”与“客车专用”含义重复，是否可以只设一个？

④右侧两块标志：“大小型车”意为所有车型，既然不针对某种车型，则不需要。

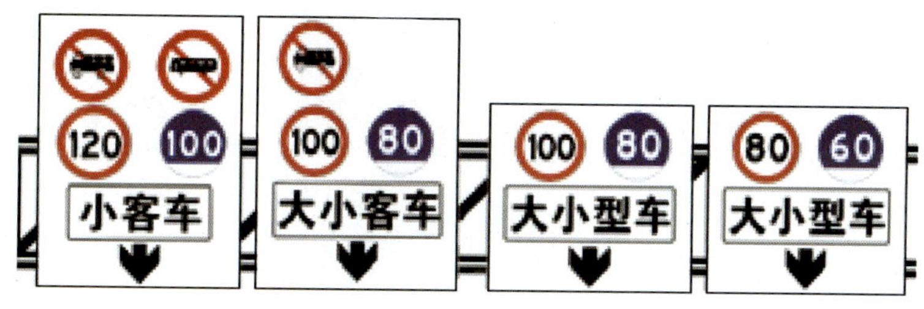

图 25-4　设计速度 120km/h 双向八车道高速公路限速标志设置

除标志表达的问题外，此处限速方式需要讨论的问题如下：

①左侧第二条车道，小客车可以行驶，限速 100km/h 的依据？是否浪费道路资源？

②右侧 2 条车道，小客车可以行驶，限速 100km/h、80km/h 的依据？是否浪费道路资源？

③最右侧车道所有车都可以走，《道路交通安全法》规定了除小客车外其他车辆的最高限速 100km/h，最右侧车道限速 80km/h 的依据？是否浪费道路资源？

④最左侧小客车车道专用是否必要？如果客车都尽量使用左侧第二条车道，需要时才使用最左侧车道，是否效率更高、更安全？

图 25-4 标志显示的管理需求是希望货车在右侧 1 ~ 2 个车道行驶，减少对客车的影响，大客车不要使用最左侧车道，因为法规规定了大客车限速 100km/h，走在最左侧车道影响小客车的速度、影响最左侧车道的效率，也不利于安全。

所以，八车道高速公路建议的方式见图 25-5a)；对于双向四车道高速公路，一样适用，见图 25-5b)。

25.5.3　分时段、天气限速

分时段、天气限速标志是指对交通流时段分布差异较大或经常变化的天气改变了行车条件，需对路段按照时段、天气变化来实施不同限速标准所采用的限速标志。分天气限速标志样式如图 25-6 所示。分时段、天气限速标志适合设置在交通流特性随着时间变化存在较大差异变化规律，且严重地改变了行车条件，并引起交通事故增多的路段。

根据天气情况设置天气不良时的限速值，如雨雪天气的限速，以动态或静态的限速标志表示，见图 25-7a)。也可以以图 25-7b)、c)所示的建议速度提醒驾驶人控制车速。

25.5.4　其他限速

进入隧道前，如果隧道内和隧道外横断面相同、照明充分，可以按路段上最高限制速度进行限速；相反，可以以低于路段上最高限制速度 10 ~ 20km/h 的速度作为隧道内最高限制速度，如图 25-8 所示。

收费站前如果需要限速,可以考虑收费方式设置合适的限速值,如图 25-9 所示,在岛头设置 30km/h 的最高限速。如图 25-10 城市快速主路限速 80km/h,匝道限速 50km/h。

需要进行最高速度限制时,标志必须设置,标线可选。“限制速度标志”也可以和“最低限速标志”同时使用。此时,如果设置路面标线,可以只设“最高速度限制标记”,也可以同时设“最高速度限制标记”和“最低速度限制标记”。“最低限速标志”不单独使用,必须和“限制速度标志”一起使用。“最低速度限制标记”也不单独使用,必须和“最高速度限制标记”一起使用。

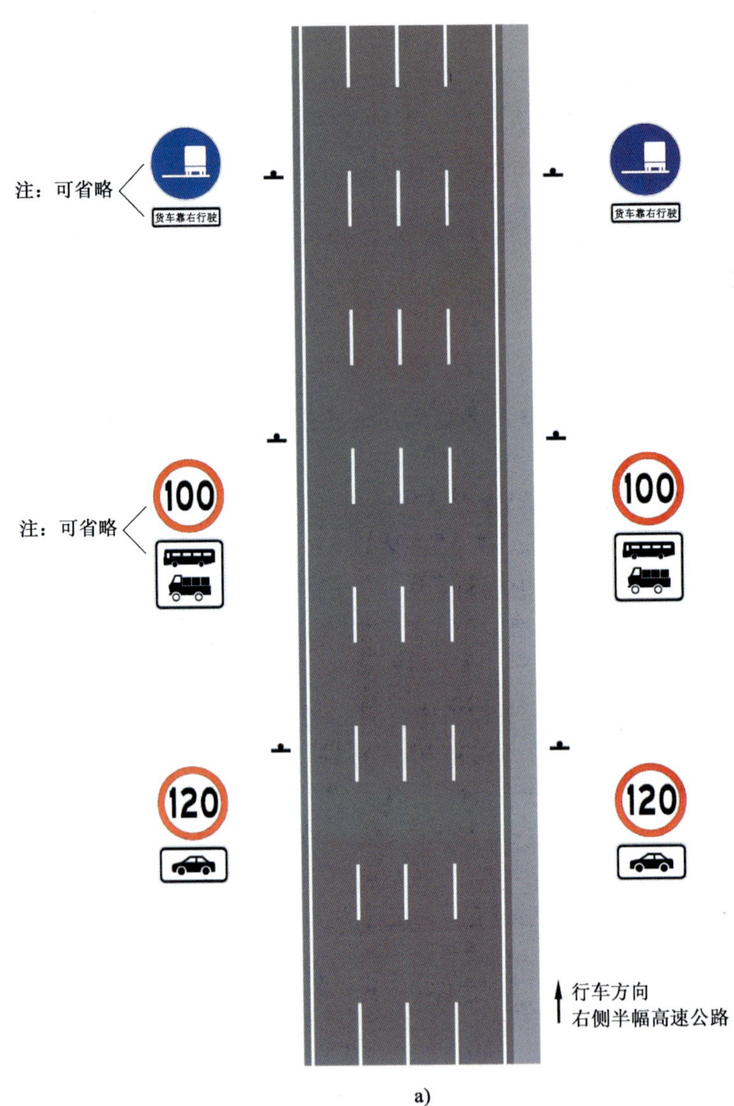

a)

图 25-5

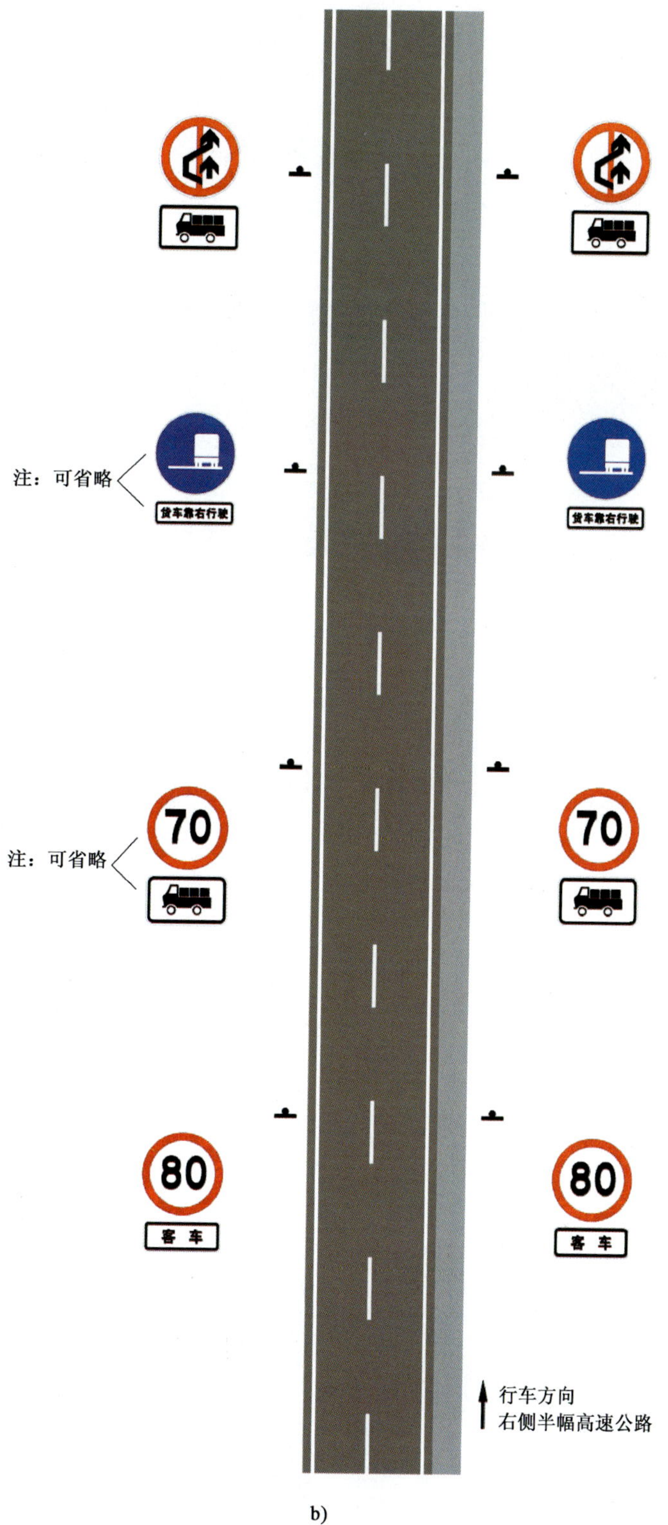

b)

图 25-5　推荐的高速公路限速标志设置示例

图 25-6　分天气限速标志

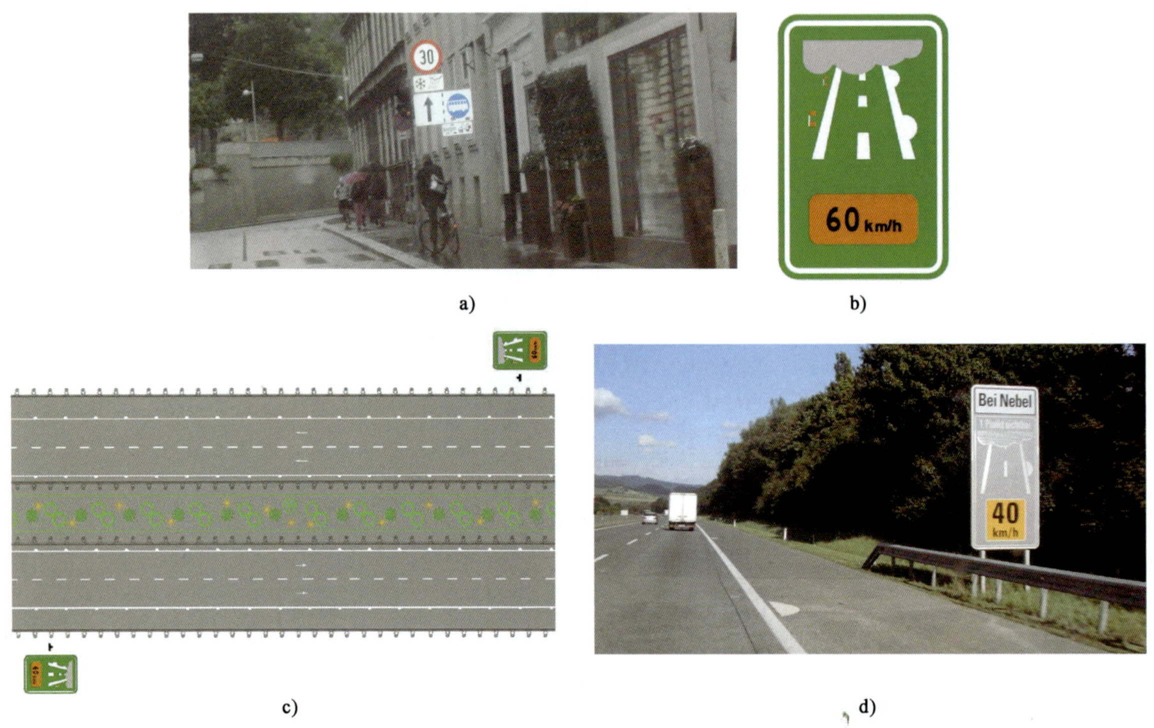

a)　b)　c)　d)

图 25-7　特殊天气对驾驶者的建议车速

a)国外雨雪天限速标志;b)特殊天气建议速度;c)特殊天气建议速度标志设置示例;d)国外雾天建议限速标志

a)　b)

图 25-8　隧道限速示例

图 25-9　收费岛限速

图 25-10　主线限速 80、匝道限速 50

第 26 章　铁 路 道 口

铁路道口是道路上一类特殊的平面交叉路口。在铁路道口铁路列车享有绝对的优先通过权,道路车辆必须让行。与铁路列车相比,道路上运行的所有车辆都属于交通弱势群体,一旦发生交通事故后果非常严重。因此铁路道口的交通标志和标线设置重点是对驾驶人进行提示和警告。

26.1　铁路道口交通标志和标线

26.1.1　铁路道口标志

《道路交通标志和标线　第 6 部分:铁路道口》(GB 5768.6—2017)规定铁路道口设置的标志包括有人看守铁路道口标志、无人看守铁路道口标志、叉形符号、斜杠符号等,如图 26-1 ~ 图 26-5 所示。

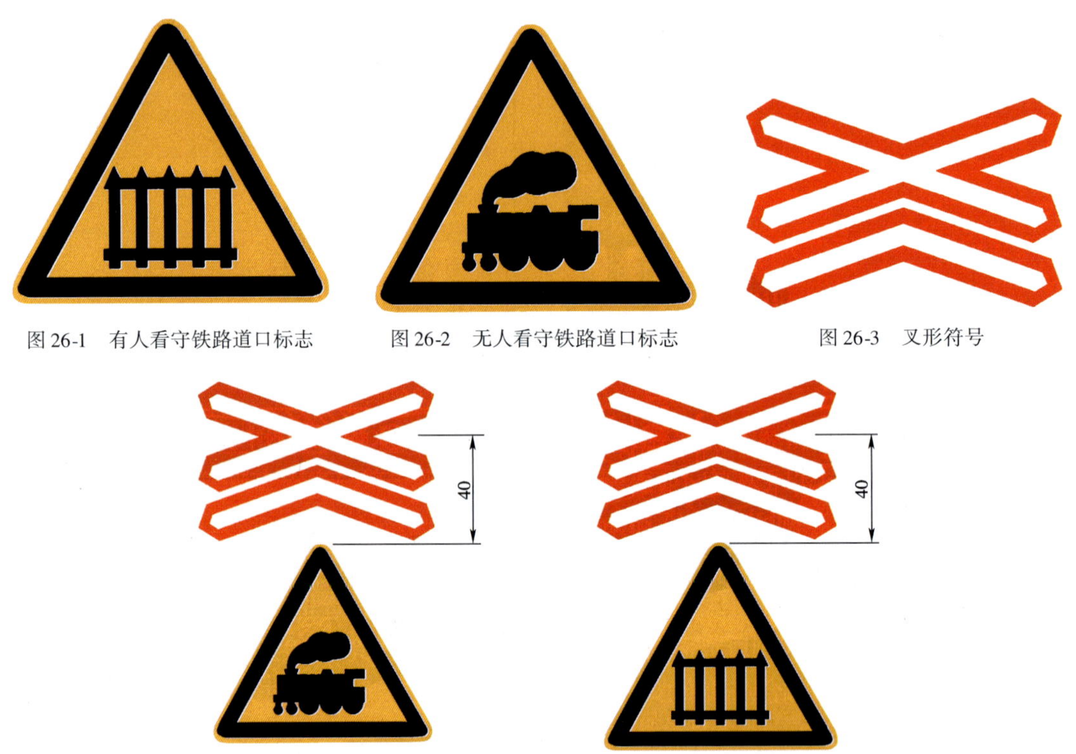

图 26-1　有人看守铁路道口标志

图 26-2　无人看守铁路道口标志

图 26-3　叉形符号

图 26-4　叉形符号与铁路道口标志的配合设置(尺寸单位:cm)

叉形符号与有人看守铁路道口标志或无人看守铁路道口标志配合设置,警告驾驶人注意多股铁路的来车情况,多股铁路与道路相交,应在有人看守铁路道口标志或无人看守铁路道口标志的上方设置叉形符号。

斜杠符号表示距铁路道口的距离。与无人看守铁路道口标志配合使用,斜杠符号应在铁路道口前设置三块,如图 26-5 所示:第一块为一道斜杠,这是在距铁路道口 50m 的位置;第二道和第三道分别是两道斜杠和三道斜杠,设置在距铁路道口 100m 和 150m 的位置。

基于铁路道口风险较高,为保障运行安全性,在道口前可根据道口实际控制情况设置有人看守铁路道口标志或无人看守铁路道口标志,警告驾驶人注意铁路来车状况。设计速度为 60km/h 及以上的路段,有人看守铁路道口标志或无人看守铁路道口标志与停止线间的距离按照《道路交通标志和标线

第 2 部分：道路交通标志》(GB 5786.2—2022)中警告标志前置距离选取；设计速度为 60km/h 以下的路段，有人看守铁路道口标志或无人看守铁路道口标志与停止线距离宜取 30m。城市道路交叉口密集路段的铁路道口，无人看守铁路道口标志可设置在铁路道口上游交叉口处。

图 26-5　斜杠符号与无人看守铁路道口标志的配合设置

26.1.2　铁路平交道口标线

除铁路平交道口标线外，在铁路道口还需要设置停车线、停车让行标志、禁止超车标线和禁止变换车道标线等。

如图 26-6 所示，铁路平交道口标线用以指示前方有铁路平交道口，警告车辆驾驶人必须在停止线处停车，在确认安全情况下或交通放行时，才可通过。车道宽度小于或等于 3 m 时，"铁路"标字和交叉线的尺寸可采用图 26-6 中括号内数字。

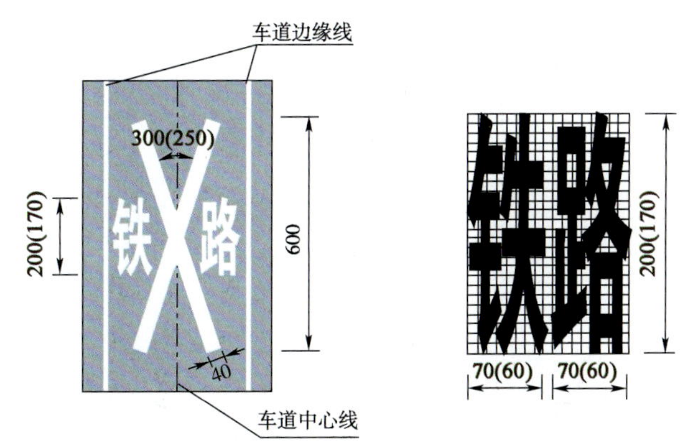

图 26-6　铁路平交道口标线(尺寸单位：cm)

铁路平交道口标线应设置在铁路道口前方距离第一根铁轨 15m 处，每条机动车道都要设置一组铁路平交道口标线。

铁路道口附近路段双车道时应设置禁止跨越对向车行道分界线，多车道时还应设置禁止跨越同向车行道分界线。除城市道路交叉口密集路段外，从停止线开始计算，禁止跨越对向车行道分界线和禁止跨越同向车行道分界线的长度不小于 30m。

26.2　铁路道口交通标志和标线的应用

26.2.1　一般路段上铁路道口

视距是保障铁路道口安全的主要影响因素。对于非信号控制且未设置栏木的无人看守铁路道口，机动车驾驶人距道口交叉点 50m 处,能看见表 26-1 所规定的侧向视距处的机车车辆时,应设置减速让行标志。否则应设置停车让行标志。侧向视距的示意见图 26-7。

表 26-1 铁路道口侧向视距

列车限速(km/h)	侧向视距(m)	列车限速(km/h)	侧向视距(m)
40	160	20	80
35	140	15	60
30	120	10	40
25	100		

注:列车限速超过 40km/h 时,可计算确定视距。

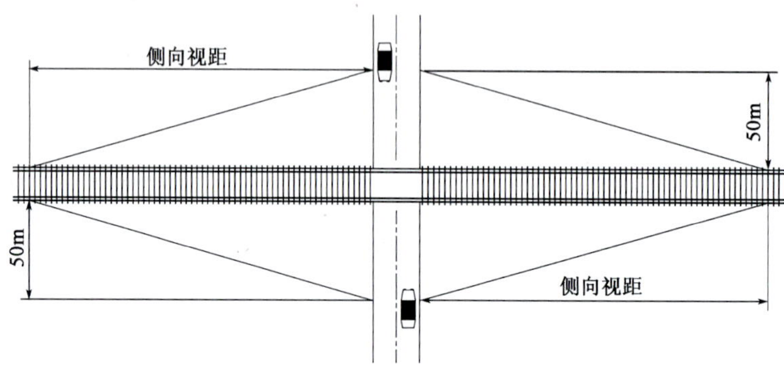

图 26-7 铁路道口侧向视距示意

为加强警示和提前预告,对于非信号控制且未设置栏木的无人看守铁路道口应设置无人看守铁路道口标志,如图 26-8 所示。有人看守铁路道口一般铁路部门有信号或栏木控制,但针对驾驶人不易发现的有人看守铁路道口前也推荐设置有人看守铁路道口标志,如图 26-9 所示。城市道路交叉口密集路段的铁路道口,无人看守铁路道口标志或有人看守铁路道口标志可设置在铁路道口上游交叉口处,如图 26-10 所示。

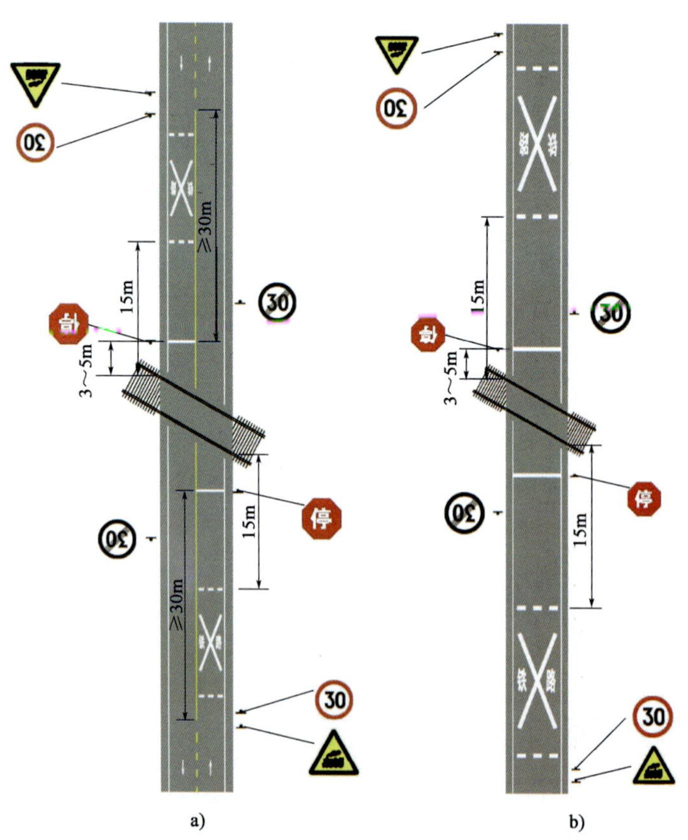

图 26-8 无人看守铁路道口标志和标线设置示例

a)双车道无人看守铁路道口;b)单车道无人看守铁路道口

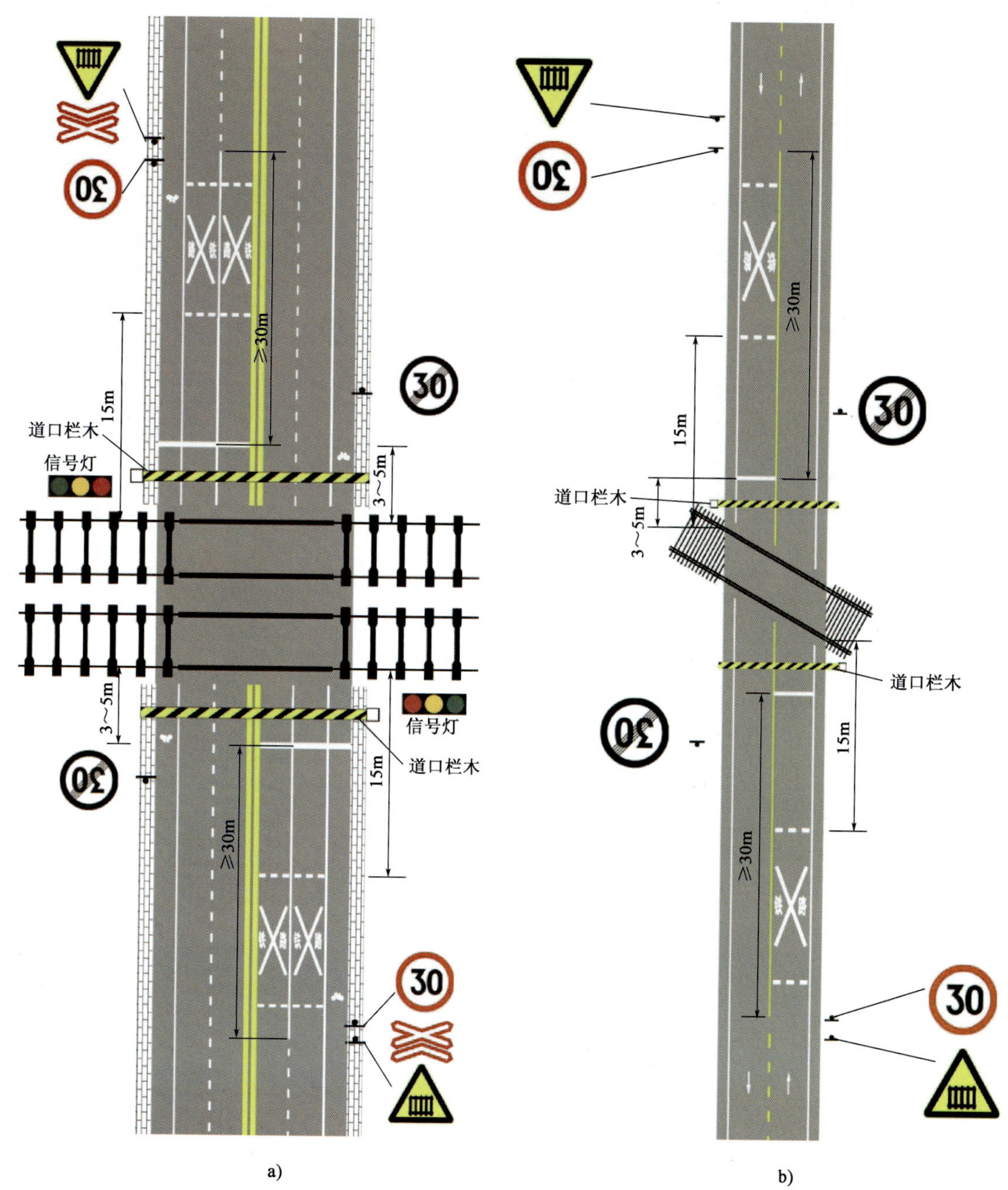

图 26-9　有人看守铁路道口标志和标线设置示例

a) 信号多股铁路道口；b) 栏木控制铁路道口

为起到足够的警示和控制作用时，铁路道口的前方都可以设置铁路平交道口标线。当路面条件不良，无法设置铁路道口标线时，应距道口交叉点 5m 处应设置停止线，如图 26-11 所示。同时针对无人看守铁路道口，应在无人看守铁路道口标志下设置斜杠符号，共设置三组，如图 26-11 所示。城市道路交叉口密集路段可不设置斜杠符号。

铁路道口上游 30m 左右应设限速标志，限速值取 30km/h；下游 5m 外解除限速。城市道路交叉口密集路段的铁路道口，限速标志可设置在铁路道口上游交叉口处，如图 26-10 所示。

26.2.2　视线不良路段的铁路道口

铁路道口附近路段存在弯道、下陡坡路段、上跨桥等特殊路段或构筑物，可能影响驾驶人视线或分散驾驶人注意力，影响驾驶人提前感知铁路道口，易导致驾驶人驶近铁路道口时来不及反应从而引发事故。因此铁路道口附近存在视线不良以及相互遮挡的问题时,要加强对铁路道口、危险设施的警告。

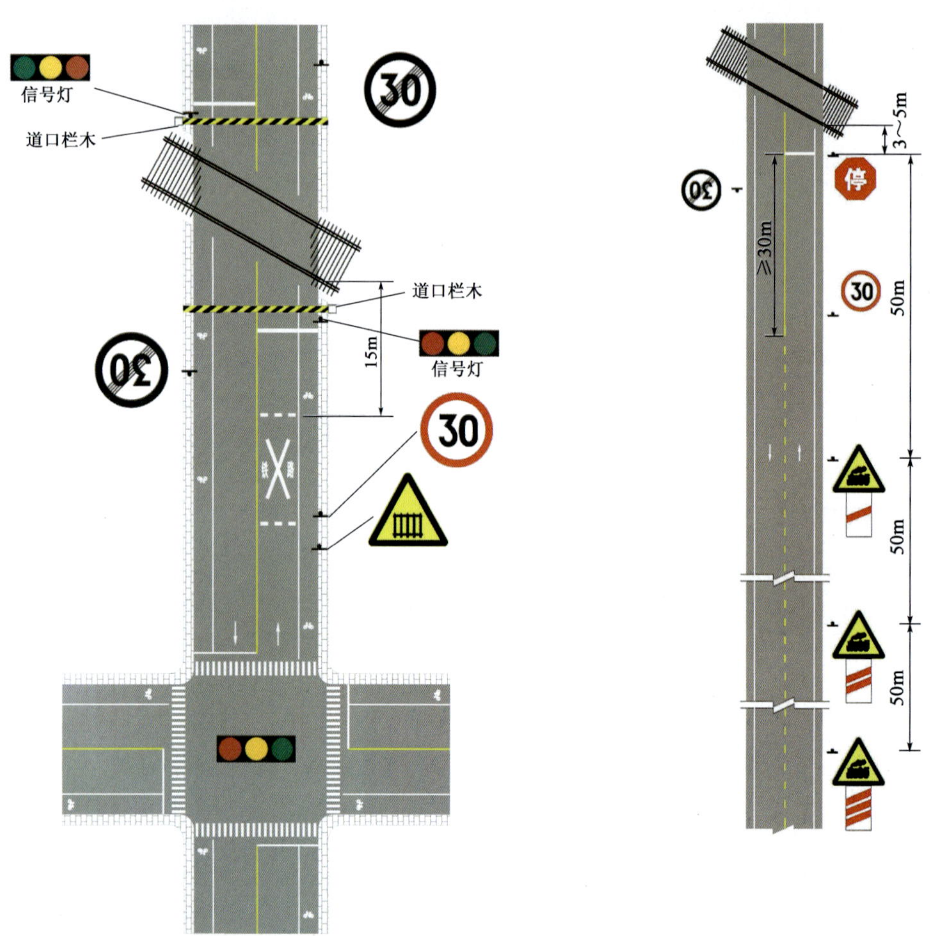

图 26-10 城市道路交叉口密集路段铁路道口标志设置示例　　图 26-11 无人看守铁路道口设置斜杠符号示例

根据铁路道口与弯道、下陡坡路段、上跨桥等特殊路段或构筑物的位置关系,可分为以下几种类型,其中铁路道口警告标志与道口停止线的距离为 S,设置斜杠符号时按照距离铁路道口最远一块斜杠符号标志计算;特殊路段起点或构造物与铁路道口之间的距离为 L。

①$L<S$ 时,按照铁路道口警告标志位于视线受限的特殊路段或构造物之前,可以起到提前警示驾驶人的作用,因此按照一般路段的设置方法设置即可。

②$L \geqslant S$ 时,视线受限的特殊路段或构造物与铁路道口警告标志之间可能存在相互遮挡的情况,应根据特殊路段或构造物与铁路道口的相互位置关系增设相应警告标志,如图 26-12、图 26-13 所示:

ⓐ铁路道口上游附近的弯道、下陡坡路段、上跨桥等特殊路段或构筑物,铁路道口警告标志与特殊路段终点或构造物之间距离不足 30m 的,将影响驾驶人视线或分散驾驶人注意力,应在弯道、下陡坡路段、上跨桥等特殊路段或构筑物前重复设置铁路道口标志,并配合设置辅助标志标明距铁路道口的距离。

ⓑ铁路道口下游附近的弯道、下陡坡路段、平面交叉口等危险路段或事故多发路段,铁路道口与弯道、下陡坡路段、平面交叉口等警告标志或事故多发路段的警告标志之间距离不足 30m 的,由于铁路道口的存在将影响驾驶人视距或分散驾驶人注意力,应在铁路道口前适当位置设置弯道、下陡坡路段、平面交叉口等警告标志或事故多发路段的警告标志。

ⓒ经现场判断，存在其他影响驾驶注意力或视距的情况，也应增设相应警告标志。

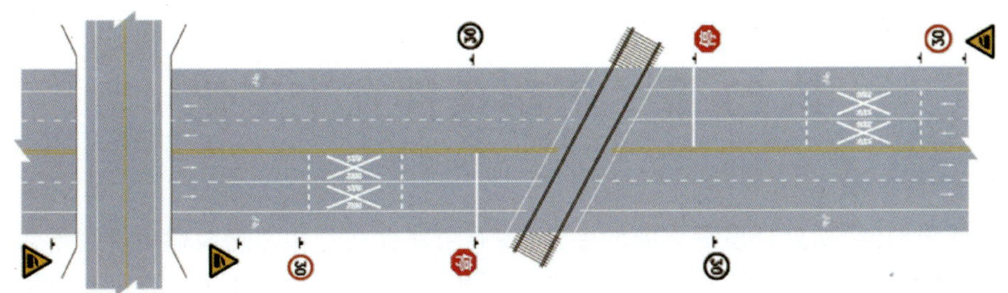

图 26-12　跨线桥附近的铁路道口

26.2.3　平面交叉路口附近的铁路道口

如果铁路道口与某一个平面交叉路口相距较近，那么此交叉路口引起的拥挤或排队会传递到铁路道口处，造成铁路道口处通行不畅，甚至在铁路范围内形成拥挤，那么当火车驶来时，危险区范围内的车辆不能及时驶离，会造成后果严重的交通事故。

铁路道口与平面交叉路口相距较近，铁路道口或平面交叉路口产生的最大排队长度大于它们之间的间距，高峰时期可能发生相互影响时，推荐应用交通信号灯进行交通流控制。在铁路道口和平面交叉路口处分别安装信号灯，并且两处交通信号灯采用联合控制，防止车辆排队引起的交叉路口拥堵和铁路道口事故。

除采用信号灯联合控制之外，推荐在平交口的其余三个进口道上设置铁路道口标志标出铁路道口的位置，如图 26-14 所示，告知驾驶人交叉路口附近路况，使其小心驾驶。

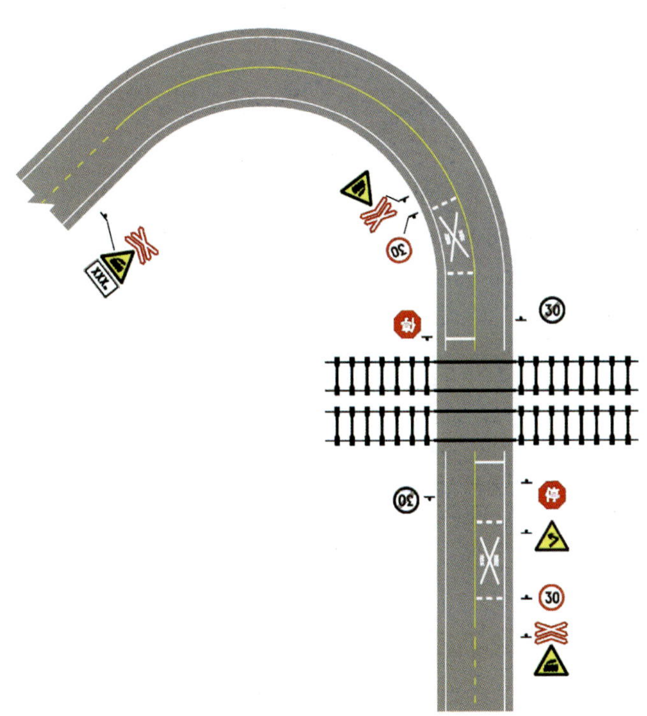

图 26-13　视距不良弯道附近的铁路道口

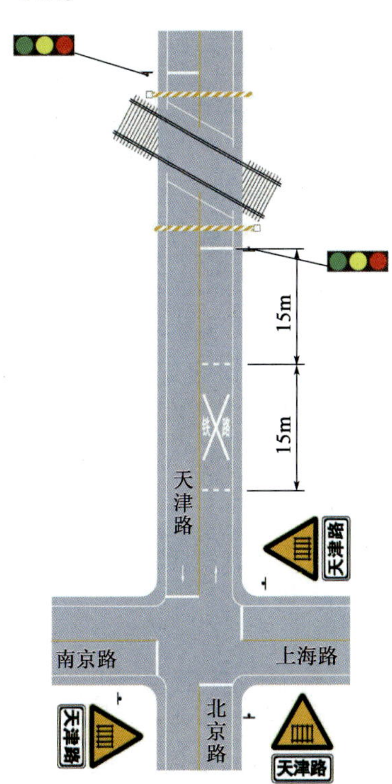

图 26-14　平面交叉路口附近的铁路道口

第 27 章　道路条件发生变化

由于规划、建设时间、所处环境等方面的差异,现有公路存在着相邻路段建设标准等级不同的情况,导致在两条不同建设标准的路段连接部分发生断面形式变化、车道数变化等,这些路段即为道路条件变化路段。在道路条件发生变化的路段需要驾驶人随着道路条件的变化来调整驾驶行为,若驾驶人未发现前方路段的变化情况,或未及时做出正确反应,就极有可能导致撞固定物、对撞等事故发生。因此,在道路条件变化路段利用标志和标线进行必要的指示、诱导是十分重要的。

道路条件不同的两段路段之间应设置渐变段,利用标线使相邻路段车道连续、平滑过渡,引导车辆顺利通过。渐变段长度不足将造成车道线形扭曲(图 27-1)、驾驶人很难保持在车道行驶,甚至造成紧急制动、失控等事故。

图 27-1　渐变段过短造成的线形扭曲

渐变段的长度应以式(27-1)计算:

$$L = \frac{v^2 W}{155} \quad (v \leqslant 60\text{km/h})$$
$$L = 0.625vW \quad (v > 60\text{km/h}) \tag{27-1}$$

式中:L——渐变段的长度(m);

v——该路段自由流第 85 位速度(v_{85}),当缺少实际运行速度数据时,可在设计速度基础上增加 10 ~ 20km/h 进行计算(km/h);

W——变化宽度(m)。

当式(27-1)计算结果大于表 27-1 所示最小值时,采用计算结果作为渐变段长度,反之采用表 27-1 所示最小值。

表 27-1　渐变段长度最小值

速度 v(km/h)	最小值(m)	速度 v(km/h)	最小值(m)
20	20	60	40
30	25	70	70
40	30	80	85
50	35	>80	100

本节 M 表示警告标志的前置距离,D 为标线延长距离,设计速度不小于 60km/h 的道路 D 取 40m,其他道路 D 取 20m。

27.1　车道数变化

【案例一】　四车道路段与双车道路段连接处

如图 27-2 为双方向宽度渐变的四车道与双车道连接路段,其标志和标线应按照以下方式设置:

①根据式(27-1)和表 27-1 确定渐变段长度。四车道路段的车行道分界线终止于渐变段的起点。为了保障过渡路段的交通秩序,推荐将四车道路段的中心双黄线向渐变段终点后延伸,至与渐变段终点距离 D 之后,路面中心线自然连接。

②如果两段相接的道路均未施划车行道边缘线时,在渐变段路面两侧划车行道边缘线,并两侧延长。向四车道路段一侧延伸主要是为合流的车辆驾驶人提供连续的视线诱导,应延伸至设置车道变少

标志处。向双车道路段延伸主要起渐变段和其之后的路段连接、过渡的作用，其延伸距离 D 在设计速度不小于 60km/h 的道路上取 40m，其他道路取 20m。如果两段相接的路段均已施划车行道边缘线，只需将两段车行道边缘线顺接。当有一段已施划车行道边缘线时，应将渐变段的车行道边缘线与其连接，另一端仍按照以上方式延伸。

③在渐变段的两端应设置导向箭头指示车辆行驶方向及车道数情况，在需要合流的四车道路段应增设一组以加强指示效果。

④在四车道路段需要合流的方向设置道路车道数变少标志，警示驾驶人注意道路条件的变化，车道数变少标志设置在需要合流的方向上。车道数变少标志与渐变段端头距离 M 应满足警告标志的前置距离。

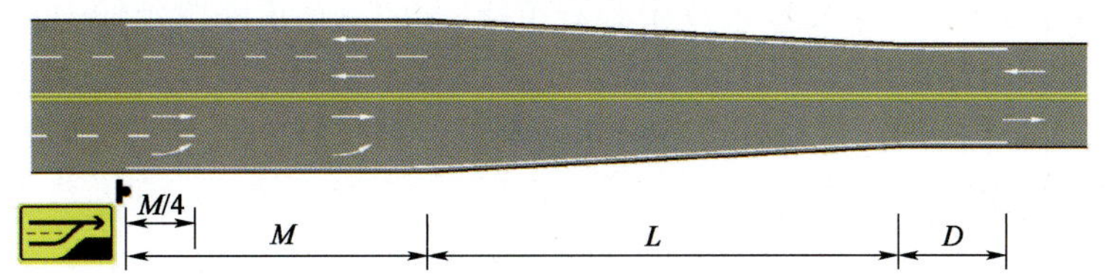

图 27-2　双方向宽度渐变的四车道与双车道连接路段

如道路宽度仅在一侧变化，可参考图 27-3 设置。此时渐变段的车行道边缘线仅在宽度发生变化的一侧设置。

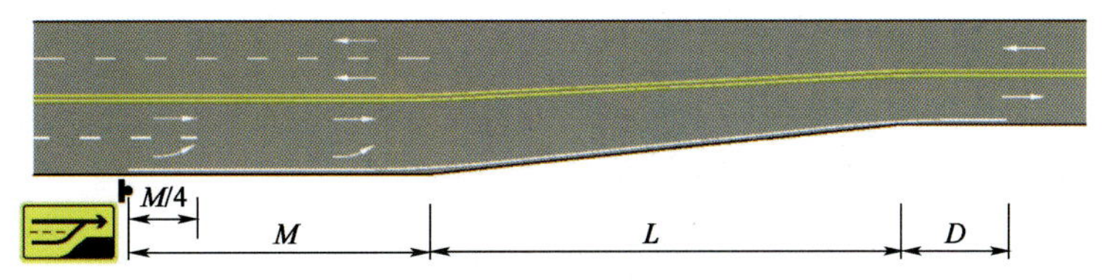

图 27-3　单方向宽度渐变的四车道与双车道连接路段

对于合流区经常发生刮擦事故的路段，可以利用虚实线作为车行道分界线，虚实线长度至少满足警告标志前置距离的要求，如图 27-4 所示。

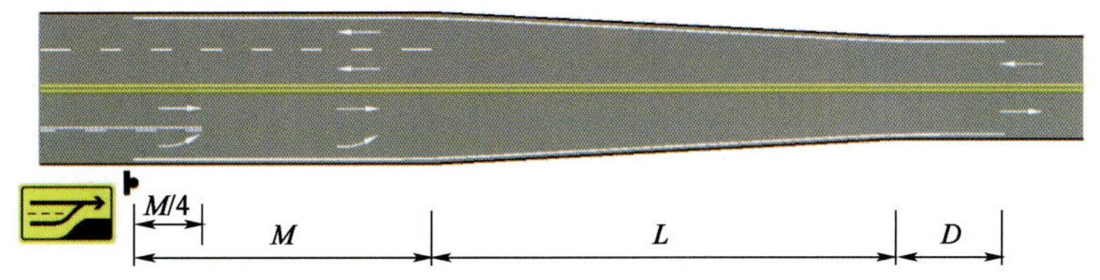

图 27-4　利用虚实线作为车行道分界线示例

如果单向车道变化数量大于等于两条时，应根据以上规则，每减少一条车道设置一段过渡段。如图 27-5 所示为单向三车道减少为一车道时过渡段示例。

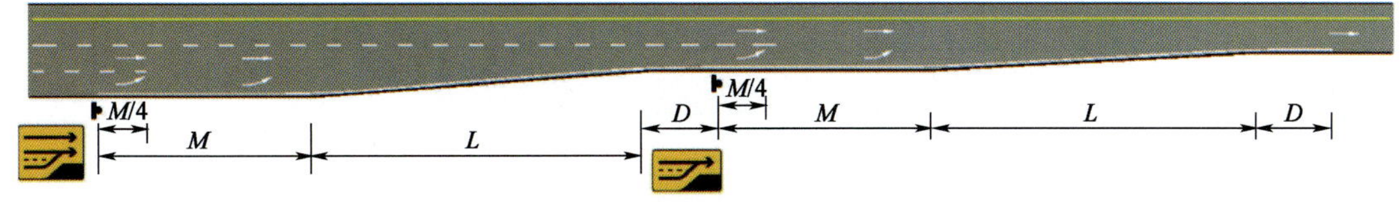

图 27-5　单向三车道减少为一车道的过渡段设置示例

【案例二】　四车道路段与三车道路段连接处

如图 27-6 所示，四车道变化为三车道时，道路中心线和车道数不变方向的标线自然连接，在渐变段的两端设置导向箭头。车道数发生变化的一侧，四车道路段的车行道分界线终止于车道数变少标志后 $M/4$ 处，渐变段道路边缘设置车行道边缘线，并向两侧延伸，在渐变段起点和可跨越同向车行道分界线终点设置导向箭头。在与渐变段前设置车道数变少标志。

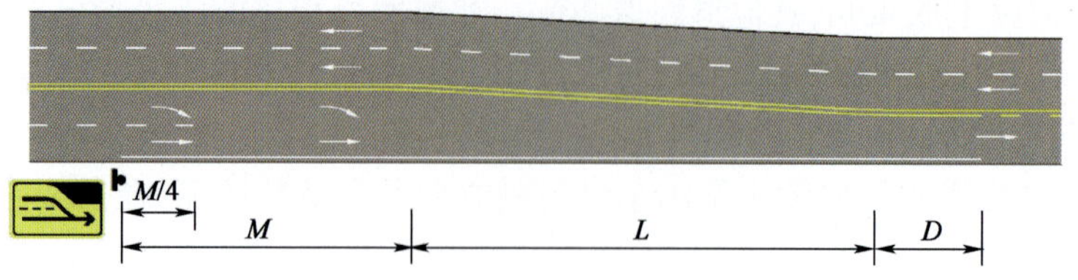

图 27-6　四车道与三车道连接路段

【案例三】　三车道路段与双车道路段连接处

如图 27-7 所示,道路中心线自然顺接,三车道路段道路中心线设置黄色虚实线,使单车道方向车辆可以借用对向车道进行超车。在渐变段设置中心双黄线,并向双车道路段延伸 D,之后与双车道路段中心线自然连接,双车道道路端头至少要设置一段禁止跨越对向车行道分界线,长度应大于该路段的会车视距。渐变段两端设置导向箭头,在车道数变化的一侧设置车行道边缘线并向两侧延伸,在过渡段前设置车道数变少标志,并增设一组导向箭头。

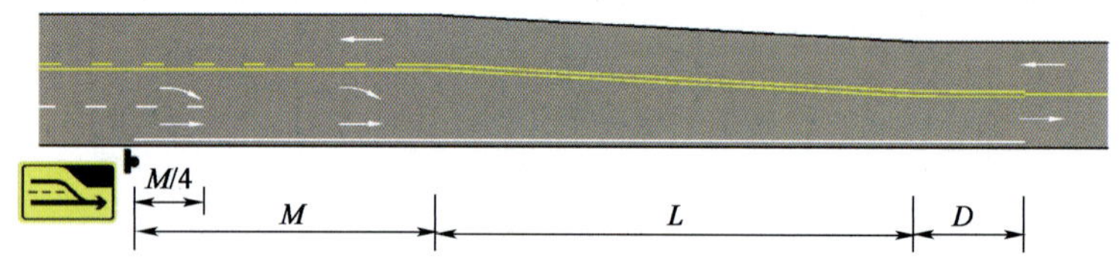

图 27-7　三车道与双车道连接路段

如渐变路段经常发生对向车辆的刮擦事故,可在渐变路段前方设置中心双黄线和渐变路段连接,设置长度应满足该路段的会车视距,如图 27-8 所示。

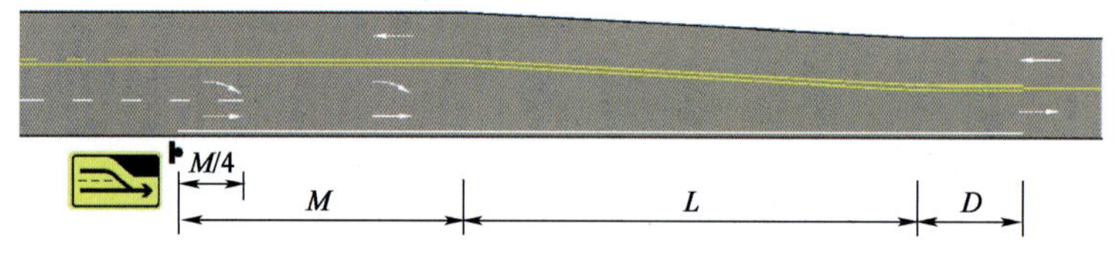

图 27-8　渐变前设置中心双黄线的三车道与双车道连接路段

【案例四】　三车道道路中间车道的方向变化

如图 27-9 所示三车道道路,其中间车道的行车方向在图中所示路段发生变化。中间车道反向变化前路段与变化后路段之间应设置渐变段,两侧设置方法相同,利用展宽道路中心线压缩中间车道,从而诱导中间车道车辆合流外侧车道。展宽的道路中心线之间用导流线填充,展宽段标线采用黄色。两个方向的渐变段之间应保持中心线展宽至少 15m,从而保证由于疏忽而未来得及变换车道的驾驶人有改正驾驶方向的空间,同时有利于改善车辆的合流秩序,保持车流平顺性。

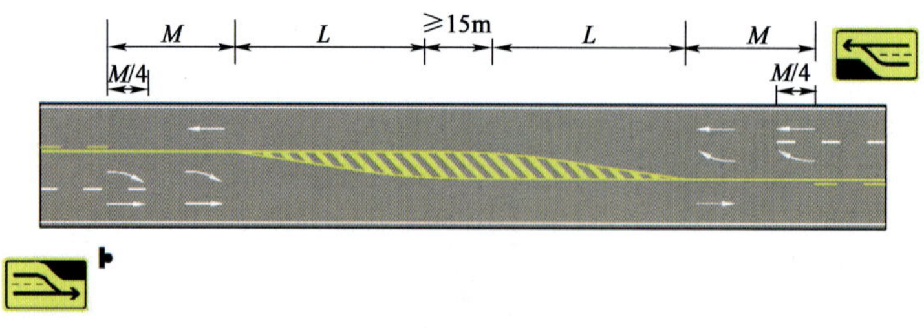

图 27-9　三车道道路中间车道行驶方向变化路段

此外,还应在渐变段两端设置导向箭头,在车道数变化的一侧设置车行道边缘线并向两侧延伸,在渐变段前设置车道数变少标志,并增设一组导向箭头。

在对向车辆经常发生刮擦事故的路段,为了加强对中间车道行驶方向改变的警示,可以在渐变段前后设置一段中心双黄线,其长度应不小于该路段会车视距,如图 27-10 所示。

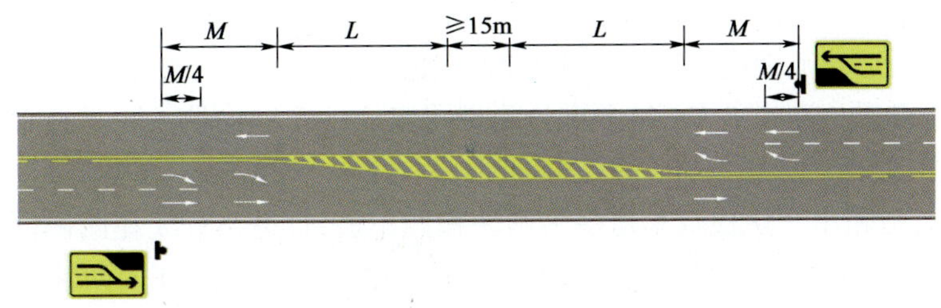

图 27-10　设置中心双黄线的中间车道行驶方向变化路段

27.2　路段断面形式变化

【案例一】　一块板路段与两块板路段连接处

由一块板变为两块板的路段，主要是对突然出现的中央分隔带和一块板路段上的双向交通进行警示，并诱导车辆从无中央分隔带路段顺利过渡到有中央分隔带路段，避免碰撞中央分隔带的危险。

在图 27-11 所示路段上设置长为 L 的过渡段，在过渡段范围将一块板断面的中心双黄线与两块板断面的中央分隔带边缘线相连接，并用导流线填充，形成道路中间带的过渡段，采用黄色标线表示对向车流之间的分隔并对驾驶人起到警示作用。在中央分隔带的端头设置分隔带右侧行驶标志，指示由一块板断面道路驶来的车辆绕开中央分隔带。两块板道路上行驶的车辆面临的问题是：驶入一块板道路后中央分隔带消失，将在标线隔离的双向交通路面上行驶。因此在中央分隔带消失前设置双向交通警告标志，警示驾驶人注意对向来车。

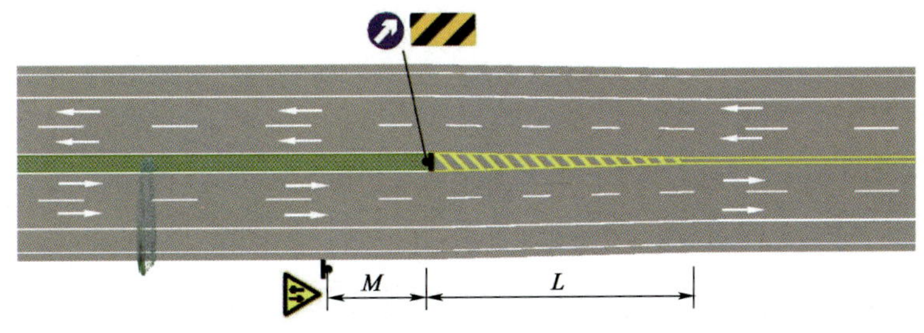

图 27-11　公路断面由一块板变为两块板变化路段

图 27-12 所示路段在道路由一块板断面变化为两块板断面的同时，车道数由双车道变为四车道。这类道路条件变化较大，应加长渐变段的长度至 $2L$。由于合流方向是潜在交通风险较大的方向，因此将其作为引导的重点。

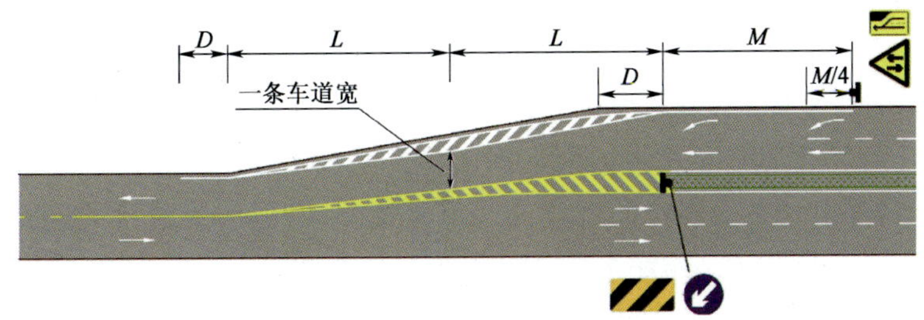

图 27-12　一块板双车道变为两块板四车道的变化路段(一侧变化)

在合流方向，在 L 的范围内将单向两车道宽度变为一条车道的宽度，在下一个 L 的范围内保持一条车道宽度，将合流后的车流导入一块板道路。为增加渐变段的平顺性，长为 $2L$ 的渐变段自两块板路段终点前 D 处开始，渐变段结束后设置车行道边缘线与渐变段相连接并延伸 D，以加强渐变段与一块板断面道路的连接性。在两块板道路边缘施划至少长为 M 的车行道边缘线，与渐变段相连，在其两端的对应位置设置两组导向箭头。

另一方向只需将一块板道路的中心线与中央分隔带的边缘线相连,在 $2L$ 的范围内完成宽度过渡。道路中心线应在一块板道路范围内设置长度满足会车视距的黄色实线,避免车辆跨线超车发生危险;在两块板道路范围内应设置长度为 D 的、与中央分隔带同宽的过渡标线带。同时在中央分隔带的端头设置分隔带右侧行驶标志,指示车辆绕开中央分隔带。

如图 27-13 所示,道路由一块板双车道变为两块板四车道,且道路宽度在两侧同时变化。这类路段的标志和标线设置与上述宽度在一侧变化路段的区别是:由一块板道路驶入两块板道路方向也应设置导流标线带诱导车流。导流标线带由两块板路段终点处开始,总长为($2L+D$)。在 L 的范围内保持一条车道宽度,将车流导向两块板道路方向,在下一个($L+D$)的范围内将单向一条车道的宽度变为两车道宽度。渐变段起点设置车行道边缘线与填充标线带相连接并向内延伸 D,以加强渐变段与一块板断面道路的连接性。

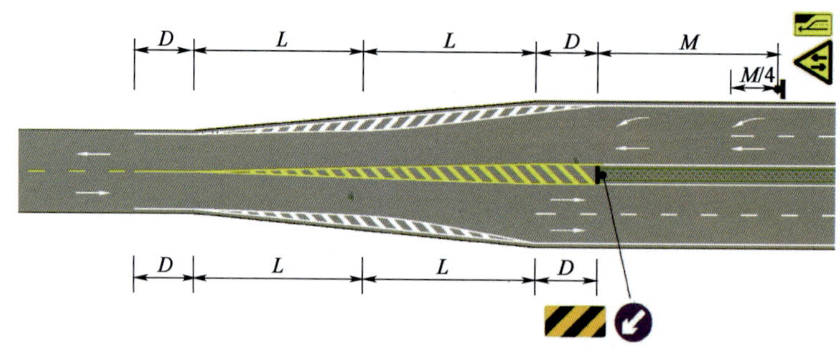

图 27-13　一块板双车道变为两块板四车道的变化路段(双侧变化)

【案例二】　一块板路段与三块板路段连接处

如图 27-14 所示,一块板路段与三块板路段相连,主要是利用填充标线在渐变段诱导非机动车绕开机非分隔带。宽度过渡主要在渐变段完成,为了过渡的连续性,导流标线带应向两侧延伸,向内延伸长度为 D。同时在分隔带的端头设置分隔带右侧行驶标志及辅助标志"非机动车",指示非机动车辆由分隔带进入行车道外侧行驶。

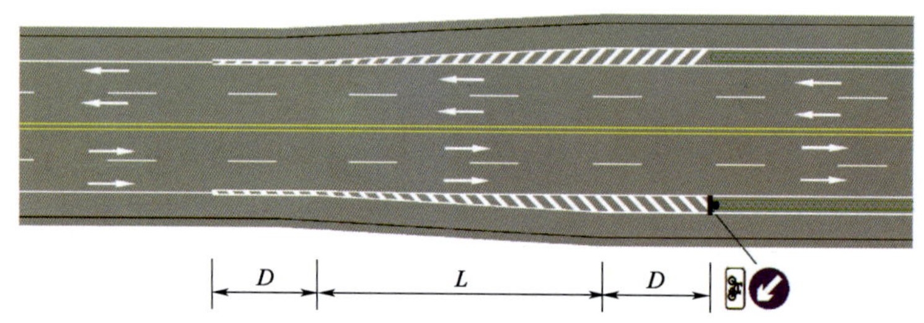

图 27-14　公路断面由一块板变为三块板变化路段

【案例三】　两块板路段与三块板路段连接处

如图 27-15 所示,两块板路段与三块板路段相连,主要是利用导流标线在中央分隔带和机非分隔带处进行过渡。中央分隔带和机非分隔带的过渡方式与上述相同,但为了过渡的连续性,导流标线带均应向两侧延伸,向内延伸长度为 D。两端车行道分界线自然连接。在分隔带的端头设置分隔带右侧行驶标志,机非分隔带处需设辅助标志"非机动车",指示车辆安全绕开分隔带,各行其道。在中央分隔带消失前设置双向交通警告标志,与中央分隔带尽头的距离满足警告标志前置距离要求。

【案例四】　两块板路段与四块板路段连接处

两块板道路与四块板道路连接时与道路断面由一块板变化为三块板相同,主要是利用导流标线在渐变段诱导非机动车。宽度过渡主要在渐变段完成,填充标线带应向两侧延伸长度为 D。同时在分隔带的端头设置分隔带右侧行驶标志及辅助标志"非机动车",指示非机动车辆由分隔带进入行车道外侧行驶,如图 27-16 所示。

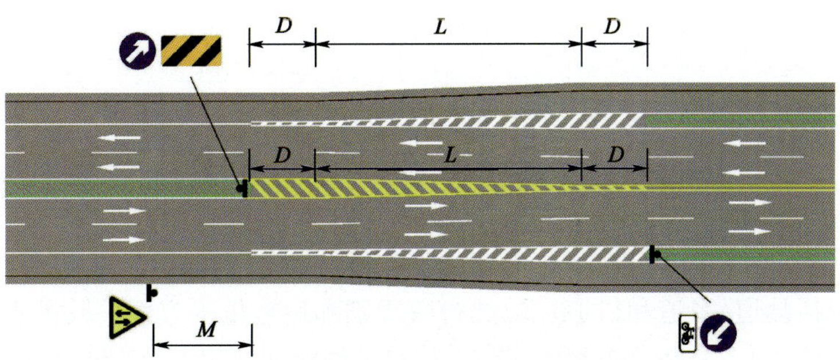

图 27-15　公路断面由两块板变为三块板变化路段

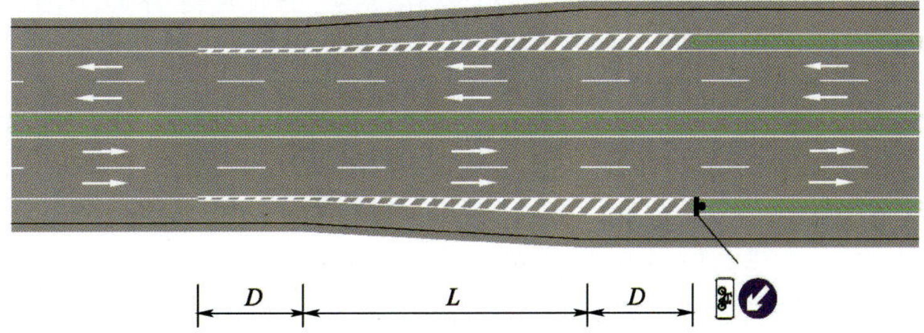

图 27-16　公路断面由两块板变为四块板变化路段

第 28 章　农村公路

农村公路一般包括县道、乡道和村道。虽然行政级别和运输量等方面不及国省干线公路,但农村公路是我国公路网的主体,约占公路总里程的 87% ,对农民群众便捷出行、活跃农村经济和促进新农村建设等方面发挥了重要作用。在农村公路中,包含极少一部分技术等级较高的公路。这部分农村公路和一些平原区农村公路可以参照国省干线公路设置标志和标线,仍有大部分处于山区的低等级农村公路需要根据其所处环境的特殊性进行针对性地设置。

28.1　山区农村公路特殊性

山区农村公路的特殊性主要有以下几个方面。

(1)交通投资的特殊性。投资小是农村公路的普遍现象。虽然全国很大一部分农村公路的路通了,但由于资金限制,没有设置必要的标志和标线。

(2)交通环境的特殊性。农村公路技术等级相对较低,道路条件相对较差,交通量相对较小,交通组成相对单一,以农用车和小型车为主,行驶车速较低,不同于国省干线公路。

(3)交通参与者的特殊性。交通参与者的特殊性突出表现在对道路环境的不熟悉。农村公路交通参与者主要有两类人群:外地人和本地人。外地人因以前没有或很少接触过农村公路,对其路况不熟。本地人也是近几年刚刚接触农村公路,对农村公路路况的好转有个适应的过程,且本地人多为农用车驾驶人,其中不乏没有经过培训考核的驾驶人,其交通安全意识相对较差。

(4)交通工具的特殊性。农村公路上运行车辆以农用车和小型车辆为主。这些车辆吨位小,运行速度相对较慢。且农用车安全性能相对较差,运行安全隐患相对较大。

(5)养护主体的特殊性。农村公路的养护主体为所在地乡镇,而一般乡镇普遍欠缺公路后期养护的经验。

(6)交通管理的特殊性。由于警力的限制,目前道路交通安全管理尚未延伸到农村公路。相当一部分农村公路交通安全基本处于无人管理的状态。无证驾驶、非法载客、酒后驾车等交通违法行为较为普遍。

正是由于农村公路的特殊性,使得农村公路要尽可能降低投资并顾及交通参与者特殊性的前提下,仍要满足标志和标线应有的功能。应坚持分类实施的原则,有针对性地进行农村公路标志和标线设置。在满足功能的前提下,宜设置一些低成本和易于农村公路交通参与者接受的标志和标线。

28.2　分类实施和针对性设置

(1)对于旅游公路和通公交线路,应参照国省干线公路标志和标线设置方法进行设置。因为旅游公路以外地车或自驾车居多,这些车辆驾驶人不熟悉当地路况,需要对他们进行必要的警告和指引。通公交线路,一旦发生事故,多是群死群伤事故,后果较为严重,需要设置标志和标线进行必要的警告和指引。因此,对于这类农村公路,标志和标线设置应“应设尽设”。

(2)对于一些穿村和穿城镇路段,这些路段一般道路较为平直,路面相对较宽,混合交通较为严重,宜参照干线公路穿城镇路段标志和标线设置方法进行设置。因此,对于这类公路,标志和标线设置应“提高标准”。

(3)对于通村公路,主要以服务当地村民出行为主,交通参与者比较熟悉路况。对于这些公路,标志和标线可以简化设置,可以在村口等村民进出比较频繁的路段设置一些宣传性的路面标记。因此,对于这类公路,标志和标线设置可"降低标准",简化设置。

(4)对于村内公路,主要以服务当地村民为主,外地车辆较少进入。因此,对于这些公路,标志和标线可"少设或不设"。

28.3 低成本标志和标线设置

【案例一】 急弯上下坡路段

如图 28-1 所示,为一急弯上下坡路段。在下坡方向设置"向右急弯"标志,在上坡方向路面施划向左急弯方向标记。由于向左急弯方向标记设置在上坡方向,便于驾驶人观察到,识别率可以达到 100%,指示驾驶人前方有一向左急弯。既提高了驾驶人对前往危险的识别率,又减少设置了一路侧标志,有效地降低了投资。由于路面标记设置在下坡方向不利于驾驶人识别,因此下坡方向仍采取设置路侧标志方式。上坡方向路面标记前置距离同下坡方向路侧标志前置距离。

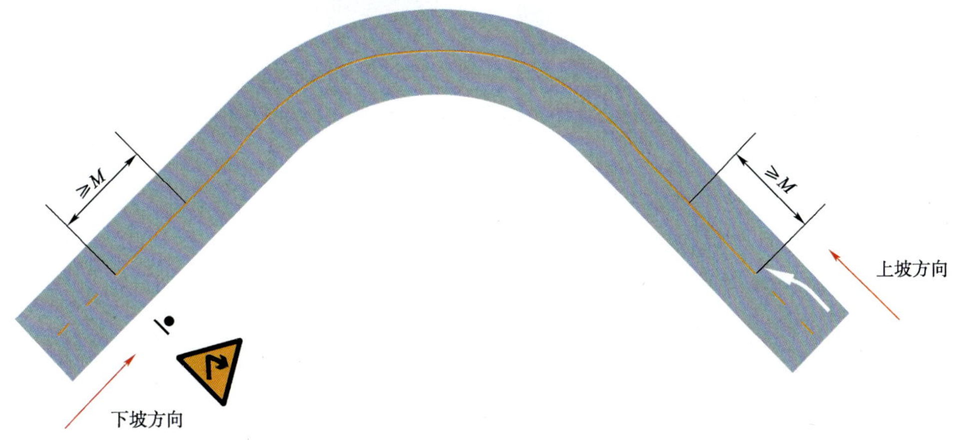

图 28-1 农村公路急弯上下坡路段

【案例二】 连续弯路路段

如图 28-2 所示,为一连续弯路路段。车辆进入连续弯路路段时,应通过设置标志和标线使驾驶人能够感受到道路线形的变化和走向。在连续弯路道路两侧沿道路线形设置注意前方路面状况标记,既可以使驾驶人感觉到弯路的变化和走向,又进一步压缩了车道,使驾驶人减速安全通过此路段。同时,还减少了一系列路侧线形诱导标的设置,降低了投资。

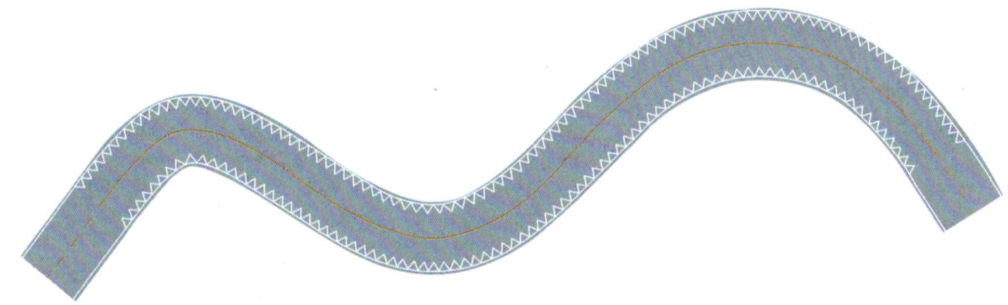

图 28-2 农村公路连续弯路路段

28.4 易于接受的标志和标线设置

【案例一】 标志路面化、文字化

如图 28-3、图 28-4 所示,为一需要鸣笛急弯路段。在弯道之前路面上施划"鸣笛"标记或"喇叭"标记,提示驾驶人在进入弯道之前"鸣笛",提示对向来车注意避让。这种设置方法主要考虑到农村公路驾驶人掌握的交通安全法律法规相对不足,不一定认识“鸣笛”标志。通过施划“鸣笛”标记或“喇叭”标记,可以基本保证驾驶人都认识,而且更具亲和力,而且还可以减少设置两块标志。

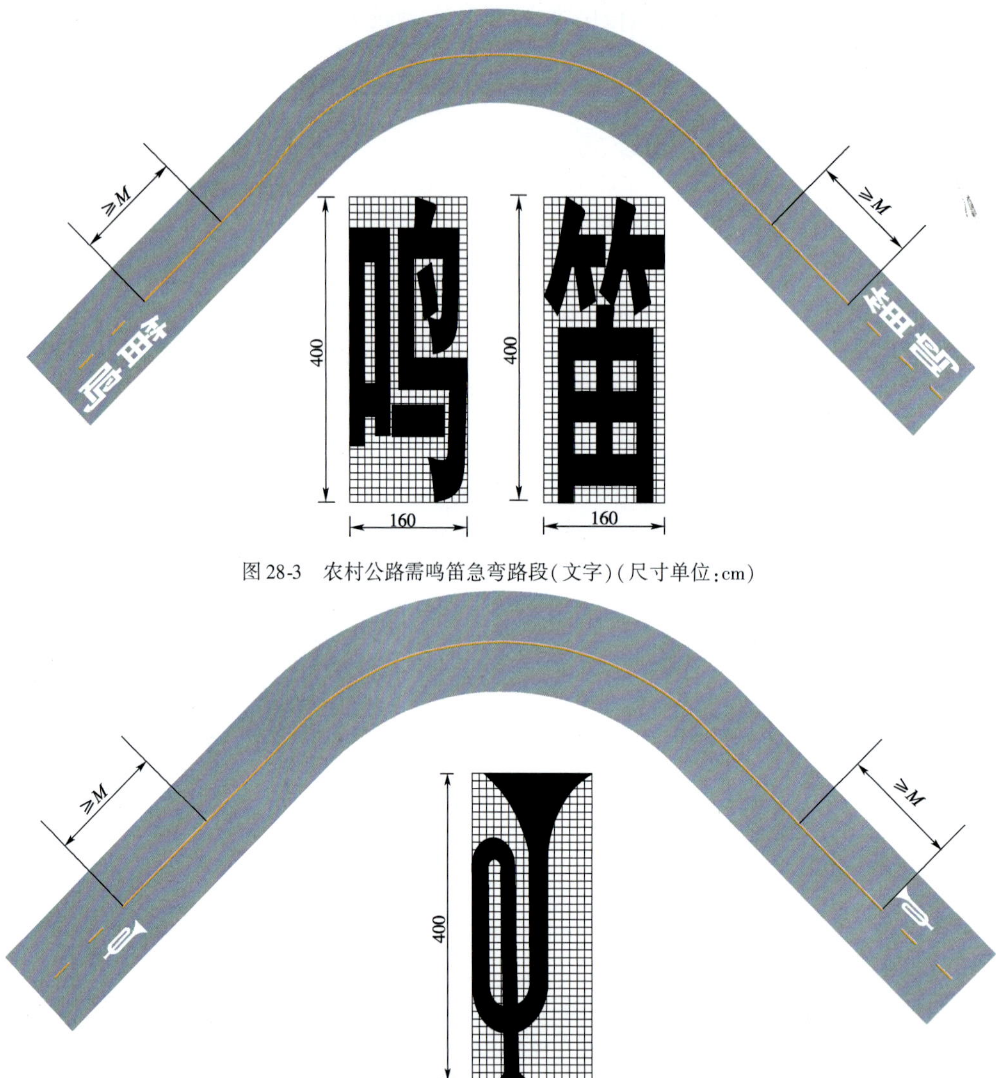

图 28-3　农村公路需鸣笛急弯路段(文字)(尺寸单位:cm)

图 28-4　农村公路需鸣笛急弯路段(图形)(尺寸单位:cm)

【案例二】　宣传性标志、标记

如图 28-5 所示,由于出行条件的限制,农民群众多选择结伴乘坐农用车出行。但由于农用车安全性能相对较低,近几年常发生群死群伤事故。除了开行农村客运班车之外,向农民群众宣传坐农用车的危害也是必要的。可在村口或村民进出比较频繁的路段设置一些宣传性的路面标记,如“坐农用车危险”等,同时注意其抗滑性。另外,还可以针对道路行车环境的危险性设置一些卡通化的行车安全提醒标志,如图 28-6 所示。

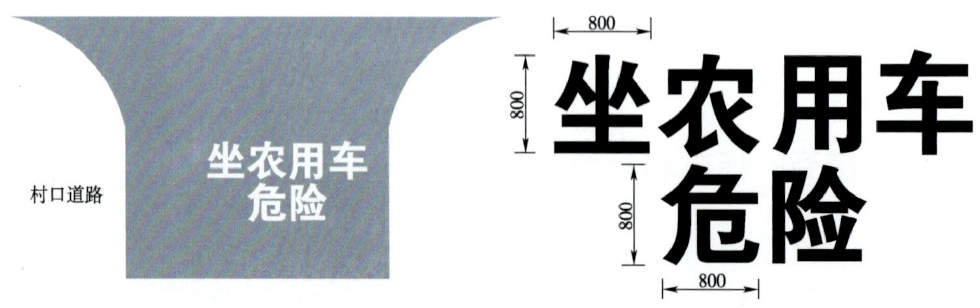

图 28-5　设置在村口的“坐农用车危险”路面标记(尺寸单位:mm)

图 28-6　卡通化行车安全提醒标志

28.5　穿村镇路段处置标志标线设置

处置理念：通过改变路域视觉环境，促使驾驶人自主降速、小心驾驶，提高路段整体安全性。

路段特征：永安村路段为典型的村镇路段，公路从城镇中穿过，公路城市化严重，两侧接入口数量多、间距密，混合交通特征明显，路段行人、非机动车、电动车、摩托车等交通量较大。另外，该路段位于下坡路段，来往车辆运行速度较高，如图 28-7 所示。

图 28-7　永安村路段位置

安全隐患：本路段路面较宽、路面通行好，且位于下坡路段，来往车辆运行速度较高。村庄路段行人、非机动车、电动车、摩托车等交通量较大、横穿公路行为多，易发生车辆与行人、非机动车等其他车辆的碰撞事故，造成严重后果。

事故数据显示，本路段事故形态比较集中，电动车或摩托车单车或双车事故最多，占总事故的 38%；其次是机动车撞电动车、摩托车、非机动车等的事故，占本路段事故总数的 35%；再次是两机动车相撞的事故和机动车撞人事故，均占总事故的 11%。

处置措施如下，见图 28-8。永安村路段实施前后对比见图 28-9。

①在进入村庄路段的前方设置间隔的薄层铺装减速标线，警示驾驶人减速慢行；

②村口设置贯穿路面的薄层铺装，在其上施划路面限速标记，并设置限速标志和村庄警告标志，提示驾驶人村庄路段开始、谨慎驾驶；

③村庄路段以薄层铺装加宽中间带，用显著的红色和不同的路面摩擦性，压缩行车道，引导驾驶人自动减速行驶；

④路段中交通量较大的支路口，开辟左转专用车道，明确路权，提醒驾驶人注意驶入车辆；

⑤在行人过街密集的路段，设置抬高的人行横道，迫使驾驶人在行人过街处降速，保证过街安全。

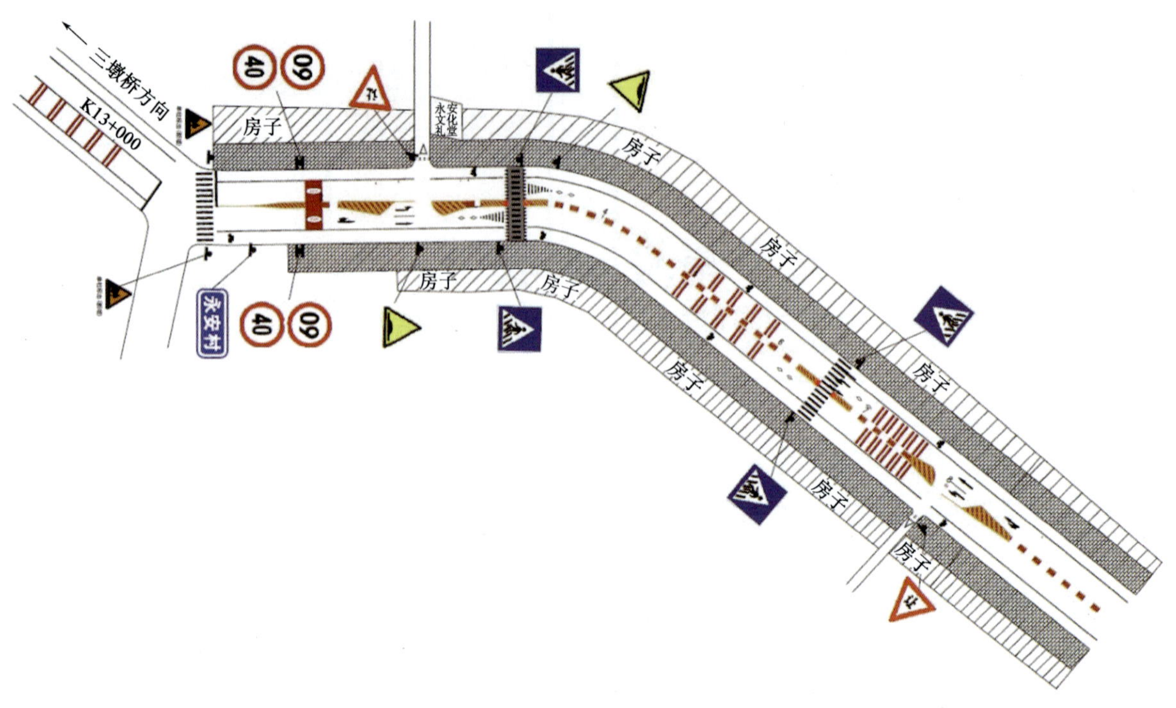

图 28-8　永安村路段综合处置措施布设图

a)

b)

c)

d)

图　28-9

e)

f)

图28-9　永安村路段综合处置前后对比

a)过街设施实施前;b)过街设施实施后;c)左转车道实施前;d)左转车道实施后;e)加宽中间带实施前;f)加宽中间带实施后

第29章　交叉路口渠化

29.1　十字交叉口和T形交叉口

29.1.1　基本步骤

以主路与支路相交的十字路口为例,说明交叉口渠化的基本步骤。

步骤一:明确路权

设定平面交叉口横向道路为主路,竖向道路为支路,从明确路权的角度,对支路实施停车让行控制,在入口车道端头设置停车让行标志和停车让行标线。停车让行标志设置于距离停车点最近的导流岛上,以不影响直行车辆通行为准。在右转交通流汇入直行交通流的位置设置"让"标志和标线,右转车辆让行直行车辆。

如果该交叉口为信号控制交叉口,交叉口范围内主要路权则是通过信号控制从时间上进行分配的。在信号控制不能有效划分路权的局部路段冲突点上仍需要通过设置"停""让"标志和标线划分路权。比如右转匝道交通流与交叉口出口主线车流的合流点需要通过设置"让"标志和标线划分路权。

步骤二:设置左右转弯车道

为提高主路左转车辆行驶安全性,同时也为了提高主路入口通行能力,减少车辆延误,在主线通过拓宽入口设置左转弯车道,为保证主路直行车道出入口位置对应,将左转弯车道对应的出口区域用渠化标线设置为渠化岛,在支线左转流量较大时,此区域也可以施划为出口加速车道。

对于双车道道路,可以按照如图29-1所示单侧拓宽方式或按照图29-2所示双车拓宽方式设置左转弯车道,具体采用何种拓宽方式需要根据路侧地形条件确定。

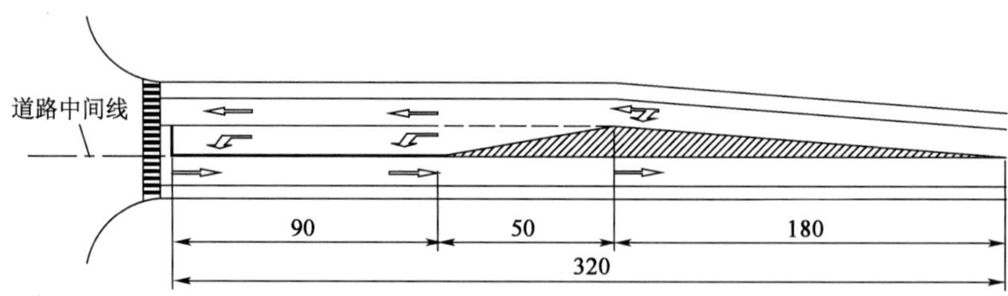

图29-1　单侧拓宽左转弯车道设置图(尺寸单位:m)

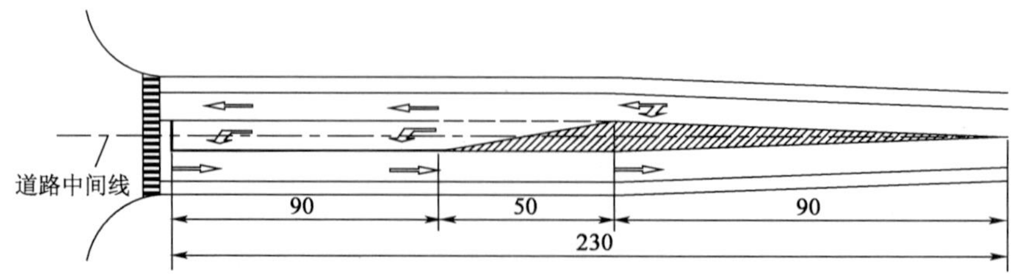

图29-2　双侧拓宽左转弯车道设置图(尺寸单位:m)

对于设置中央分隔带的四车道道路,可以部分借用中央分隔带的宽度设置左转弯车道,以减少路段拓宽宽度(图29-3)。

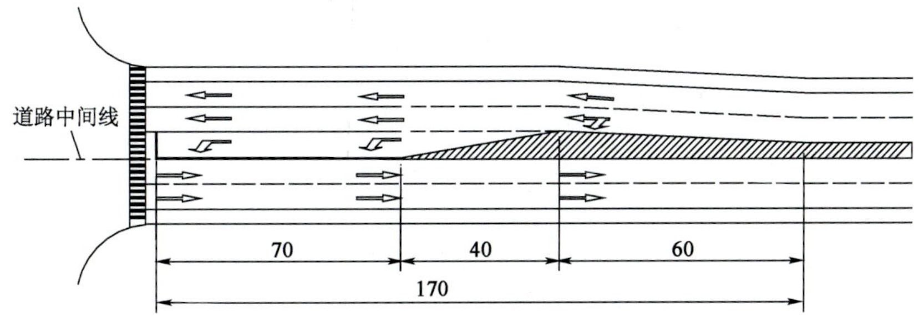

图 29-3　四车道道路左转弯车道设置图(尺寸单位:m)

步骤三:设置停止线

由于主路左转交通流路权低于对向直行交通流路权,因此,在左转弯车道入口设置让行线。在不影响转弯半径和不干扰其他交通流的情况下,停止线尽量靠近交叉点设置。在有人行横道的情况下,停止线应与人行横道边缘保持 1 ~ 3m 的距离。

步骤四:设置导向箭头

将第一组导向箭头设置于停止线或入口车道结束点后方 3 ~ 5m 的位置,第 2 组导向箭头设置于导向车道的起始位置,第 3 组导向箭头作为预示导向箭头在距离第 2 组导向箭头 30 ~ 50m 的位置设置。同时在右转分流点前方 10m 位置布设一组导向箭头,指导车辆右转。

步骤五:设置两侧(单侧)通行标志

为了给车辆以明确的诱导,防止车辆撞上突起的渠化岛,在渠化岛的分流端设置两侧(单侧)通行的标志。如果不存在渠化岛,则不用设置两侧(单侧)通行标志。

步骤六:检查完善标志标线

如果横穿行人较多,则需要考虑设置人行横道线和行人安全岛。

29.1.2　典型案例 1——城市十字交叉口

1)现状及问题

在甲路与乙路交叉口,先后出现两起死亡事故。第一起事故为一辆大型普通客车由西向北左转弯,适有一行人在人行横道内由东向西横过道路,大型普通客车左前部与行人身体接触,造成一名行人死亡,车辆损坏。第二起事故为一辆大型双层客车由东向南左转弯,适有两行人在人行横道内由东向西横过道路,大型双层客车与两行人接触,造成一名行人死亡,一名行人受伤。以上两起事故均由东西机动车左转与东西行人过街冲突引发,机动车、行人流线和冲突点示意图如图 29-4 所示。

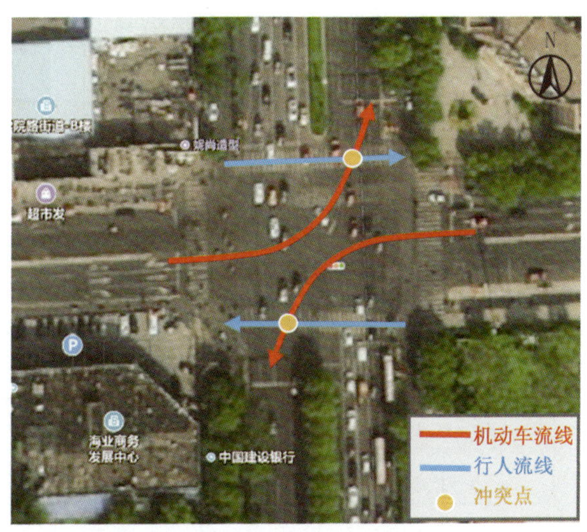

图 29-4　流线与冲突点示意图

(1)交叉口早晚高峰流量

甲路与乙路交叉口的早晚高峰流量,见表 29-1 所示。

表 29-1　交叉口早晚高峰流量(pcu/h)

进口方向	左转	直行	右转	合计
早高峰				
东	480	352	156	988
南	260	1200	224	1684
西	232	284	240	756
北	108	2744	192	3044
晚高峰				
东	316	280	260	856
南	228	2260	452	2940
西	372	284	232	888
北	212	1780	84	2076

(2)交叉口渠化

交叉口渠化方案,见表 29-2。

表 29-2　交叉口渠化方案

进口方向	车道						
	直左右	掉头	左转	直左	直行	直右	右转
东			2		1		1
南			2		4		1(辅路)
西			1		1		1
北			1		4		1(辅路)

(3)交叉口信号配时

交叉口信号配时方案见表 29-3 ~ 表 29-5。

表 29-3　机动车优化信号配时表(s)

相序	相位	绿灯时间	黄灯时间	全红时间	周期
1	东西直行	42	3	2	160
2	东西左转	25	3	2	
3	南北直行	59	3	2	
4	南北左转	14	3	2	

表 29-4　非机动车优化信号配时表(s)

相序	相位	绿灯时间	黄灯时间	全红时间	周期
1	东西直行	42	3	32	160
2	南北直行	59	3	21	

表 29-5　行人优化信号配时表(s)

相序	相　　位	绿灯时间	黄灯时间	全红时间	周　　期
1	东西直行	17	25	35	160
2	南北直行	26	33	24	

2)改造方案

该交叉口现状和优化设计情况如图 29-5、图 29-6 所示,改道方案如下:

①交叉口东西向增设行人过街安全岛。

交叉口东西方向行人过街距离较长,在中央分隔带(带宽约 4.5m)前增设安全岛(弧形设置),实现行人二次过街,保障行人过街安全。

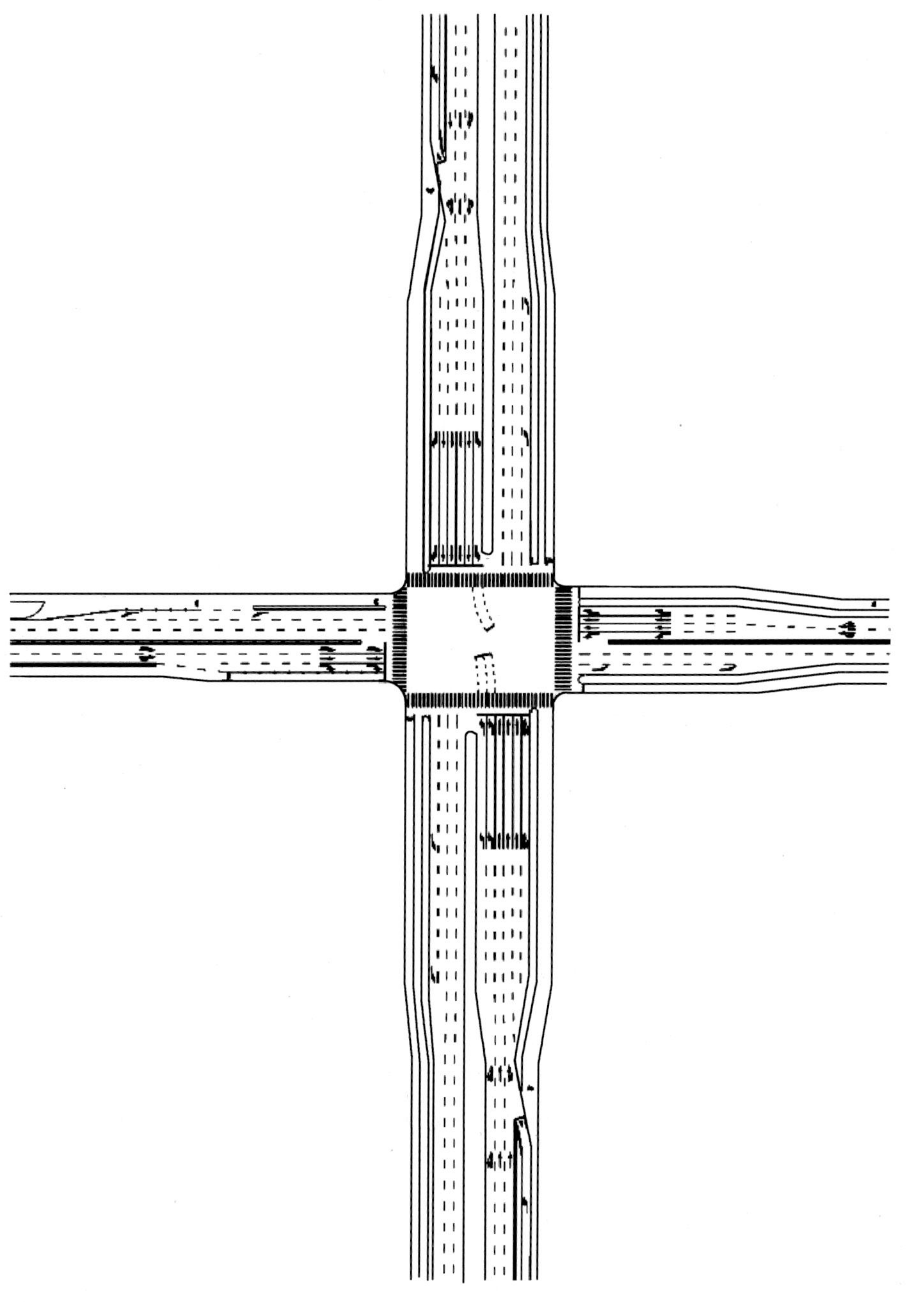

图 29-5　交叉口现状设计情况

②南北进口在中央分隔带新增开口实现机动车提前掉头。

南北进口的掉头车辆与左转车辆共用车道,存在干扰,同时北进口车辆掉头空间不足,在中央分隔带新增开口,实现机动车提前掉头;同时中央分隔带可扩建至东西人行横道前,防止机动车通行,保证行人过街安全。

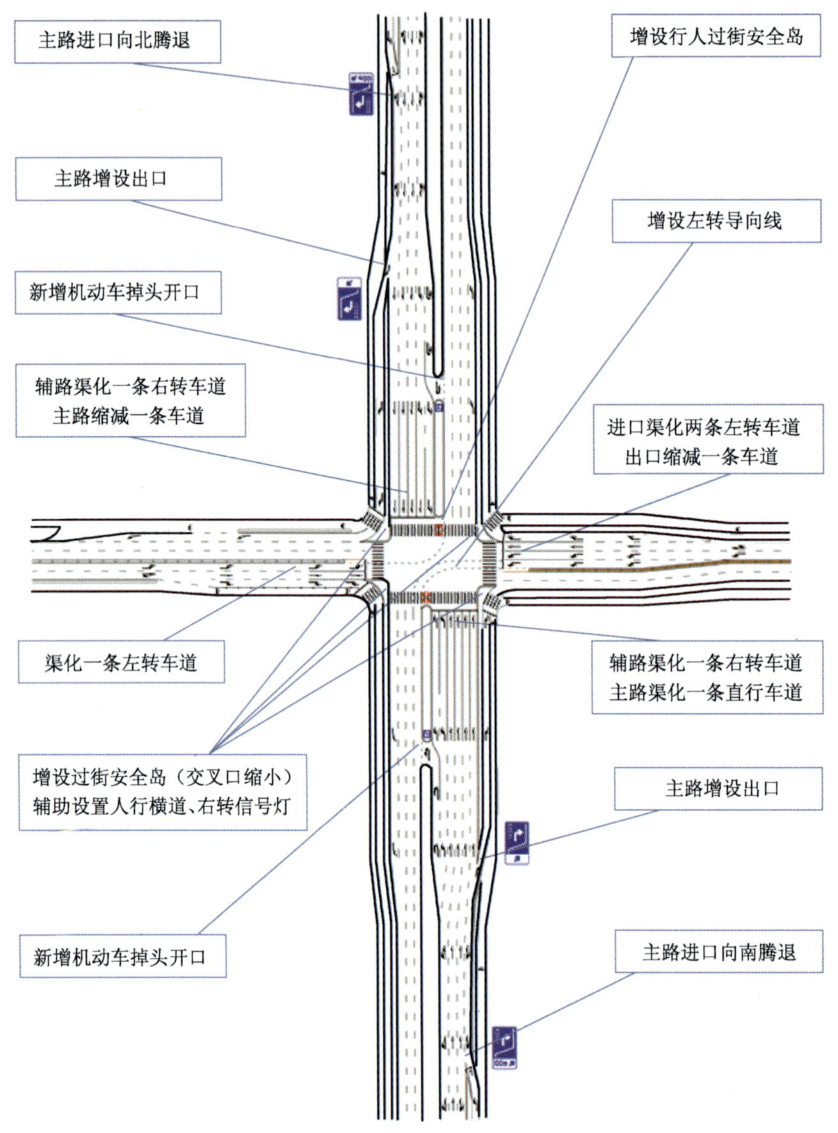

图 29-6 交叉口优化设计情况

③交叉口各进、出口车道渠化改造。

西进口渠化一条左转专用道;东进口渠化两条左转专用道,出口缩减一条车道;南进口主路的直右车道渠化为直行车道,并利用辅路渠化一条右转专用道;北进口主路缩减 1 条右转车道,利用辅路渠化 1 条右转专用道。

④交叉口南、北进口路段增设主路出口。

南、北进口路段增设主路出口,方便主路的右转车辆提前驶出,并配合标志标线施划设置。同时,为避免出主路出入口间车辆交织严重,将出口向南/北腾退。

⑤交叉口缩小,设置人行安全岛。

将交叉口缩小,并在交叉口内部设置人行过街安全岛,并辅助设置行人横道、右转信号灯等设施。

⑥信号配时优化。

增设左转专用相位,在道路渠化方案优化的基础上,基于现状流量,同时考虑行人过街的最短绿灯时长和绿闪时间设置要求,重新进行信号配时。

⑦增设导向线,取消待转区。

施划东西进口左转导向线，取消交叉口左转待转区，规范车辆行驶路径，提升通行安全。

29.1.3 典型案例 2——公路十字交叉口

1）现状及问题

G322 与 G104 十字交叉现状如图 29-7 所示。

图 29-7 G322 与 G104 十字交叉现状图

根据观测，G104 直行方向交通量超过 40000 辆/d，G322 左转至 G104 方向交通量达到 30000 辆/d，该两个方向交通量已经饱和，具体交通量见表 29-6。

表 29-6 G322 起点与 G104 十字交叉口交通量（辆/d）

路线方向	合计	车行方向	自然数合计	小型货车	中型货车	大型货车	特大货车	集装箱车	中小客车	大客车
瑞安往平阳方向	54912	直行	24192	1344	1440	288	0	0	18912	2208
		左转	7488	672	96	0	0	0	6720	0
		右转	23232	1152	960	96	96	192	20064	672
文成往阁巷方向	43968	直行	10368	1056	1632	480	384	0	6816	0
		左转	26304	1824	384	384	0	0	23232	480
		右转	7296	480	480	576	96	96	5568	0
平阳往瑞安方向	30240	直行	19488	480	864	96	0	0	16608	1440
		左转	8064	1152	480	96	0	0	6048	288
		右转	2688	768	672	576	288	0	384	0
阁巷往文成方向	30912	直行	13632	1248	1920	672	576	0	9216	0
		左转	6624	1248	192	384	0	0	4800	0
		右转	10656	1248	192	0	96	0	9120	0

加油站交通量见表 29-7。

表 29-7 出加油站交通量（辆/d）

路线方向	合计	车行方向	自然数合计	小型货车	中型货车	大型货车	特大货车	集装箱车	中小客车	大客车
瑞安往平阳方向	6236	直行	3048	388	192	0	0	0	2468	0
		左转	864	288	96	0	0	0	480	0
		右转	2324	184	96	96	0	0	1564	384

G104 右侧为加油站及运输公司，两处车辆进出车辆较多，出加油站车辆均直接横穿，直接穿插通行至直行或者左转车道，造成拥堵，容易引发交通事故。存在交通组织混乱危及行车的安全隐患，G104 右侧加油站对 G104 通行影响较大，如图 29-8 所示。

图 29-8　交叉口通行现状图

交叉口只在 G322 右转至 G104 处设置一个导流岛,现状导流岛采用大面积标线岛,且导流岛无警示柱、轮廓标等标志,造成视觉效果复杂、混乱,容易引发交通事故。各个方向进入交叉口的车道数量,与现有交通流分配不均。如:G322 的 C 侧,进入交叉左转车辆较多,目前设置为 2 左转,宜增加 1 个。

2)改造方案

根据 G104 及 G322 交通量,该交叉方案需考虑提高 G104 直行方向车流的通行能力,如采用分离立交或高架方案,基本能较为彻底地解决交叉拥堵问题。由于项目工期短,采用分离立交或高架方案工期上不能满足项目验收时间要求,因此,本次设计主要采取对平面交叉进行渠化改造,改造平面图如图 29-9 所示。具体措施如下:

(1)G104 线 A 侧

①进交叉口

设置“A—C”右转车道,右转车道进入交叉口渐变段长 50m,非机动车道宽 3m。右侧直行与右转车道布设实线标线。设置实体导流岛,并设置相配套的轮廓标或地面反光路钮加强夜间的识别性,引导非机动车辆进入导流岛进行行车等待。

封闭运输公司现有进出口,汇入 G322 线 K0 +120 物流公司出入口进出。禁止出加油站车辆横穿车道直行或者左转,并设置违法抓拍系统。出加油站车辆,进入右转车道行驶。出加油站往 B、D 方向车辆,引导车辆右转至 G322K0 +630 位置掉头。

对 G322 交叉口展宽段以及 G104 线 A 侧右侧硬路肩进行拓宽处理,拓宽车道路面结构层与主线路面结构层一致;拓宽时,需对原路段行道树、通信等设施进行拆除,拓宽后,进入交叉口方向车道数,由原来 4 个变为 5 个,分别为:1 左 +3 直 +1 右。

②出交叉口

维持原有 3 个车道不变。

(2)G104 线 B 侧

维持不变,进交叉口为:1 左 +2 直 +1 右;出交叉口为 2 个车道 +1“C—B”右转合流车道,合流加速车道长 80m。

(3)G322 线 C 侧

①进入交叉口

现有标线岛面积较大,考虑改造成绿化实体岛。车道维持 6 个不变,将第三车道由直行改为 1 个左转,改造后车道布置为:3 左 +2 直 +1 右。

②出交叉口

在“A—C”右转车道增设的情况下,对原有路面进行加宽。改造后,车道数变为:2 直 +1“A—C”右转合流车道,合流加速车道长 80m。

(4)G322 线 D 侧

维持不变,进交叉口为:1 左 +2 直 +1 右;出交叉口为 2 个车道。

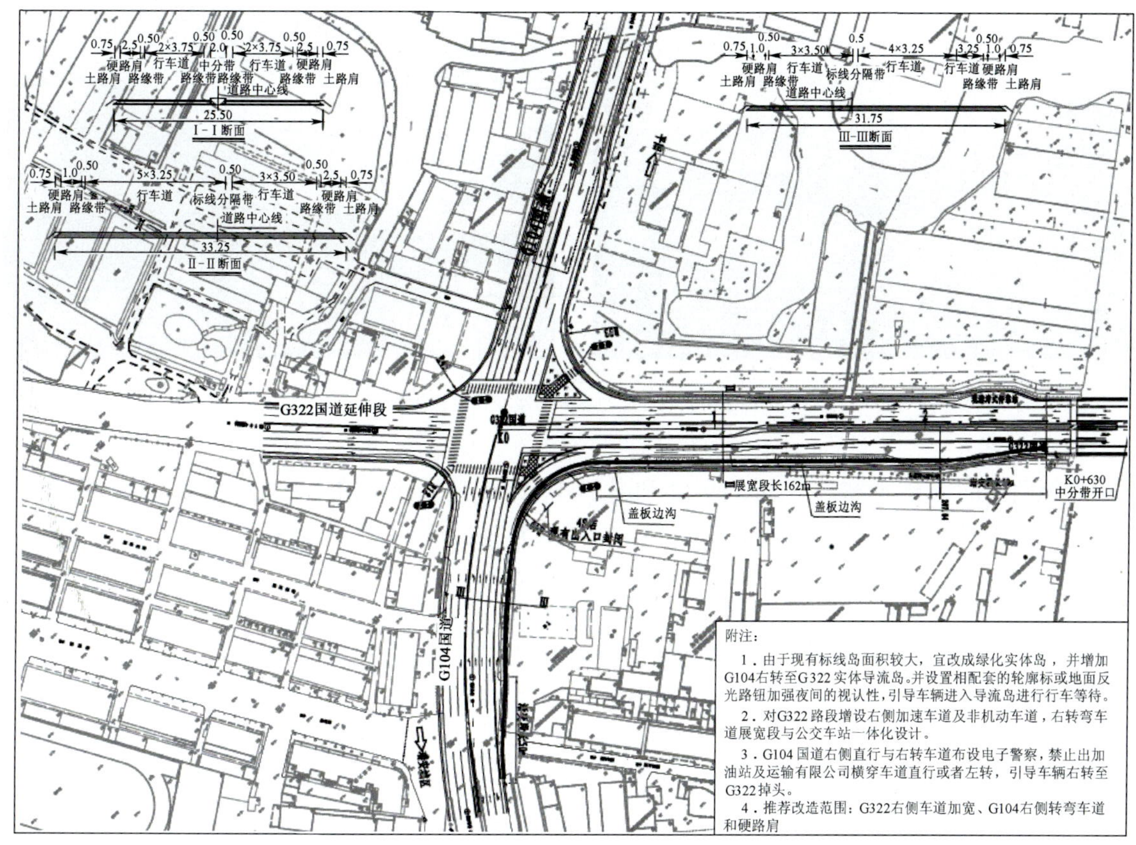

图 29-9　改造平面图（尺寸单位：m）

29.1.4　典型案例 3——T 形交叉口

1）现状与问题

G322 与 S56 旧线交叉口位置和线状如图 29-10、图 29-11 所示。

图 29-10　G322 与 S56 旧线交叉口位置图

该路口 G322（二级路段）与 S56 旧线（三级公路）成十字形交叉，采用主路优先的交通管理方式，无信号灯控制。现状是 S56 旧线为水泥路，路面宽 7m，路基宽 8.5m。

该路口的主要问题为：交叉角仅为 50°，被交道路交叉路段线位不顺畅，不利于行车安全；交叉路侧目前为马路市场被占用，人车混行情况复杂；S56 旧线在路口为 Y 形，车辆左右转弯均在同一幅，增加了交织点，且交叉口渠化不规范，形成安全隐患；G322 右侧山体树木对通往 S56 旧线的车辆造成视距遮挡；S56 旧线与村道中心线不一致，形成多个交叉角，导致行车混乱，形成安全隐患；交叉口北侧村道为桥梁接交叉，无转弯半径；本项目交叉口导流标线不完善，需进行优化。

图 29-11　G322 与 S56 旧线交叉口现状图

2)改造方案

根据该路口的情况,改造方案如图 29-12 和图 29-13 所示,主要改善措施为对现有交叉口渠化的改造:

①对交叉路段被交道路线位进行改线,增大交叉交角,进行渠化设计,设置导流岛;

②对 G322 右侧木进行修剪及移除,增加交叉转弯视距;

③村道改线需跨越渠道,设置两孔—4 ×2.5m 箱涵;

④G322 线 A 侧展宽车道为 3 个车道,进交叉口为 2 个车道,出交叉为 1 个车道;

⑤按改造平面图及改造方案效果图完善交叉口标志、标线。

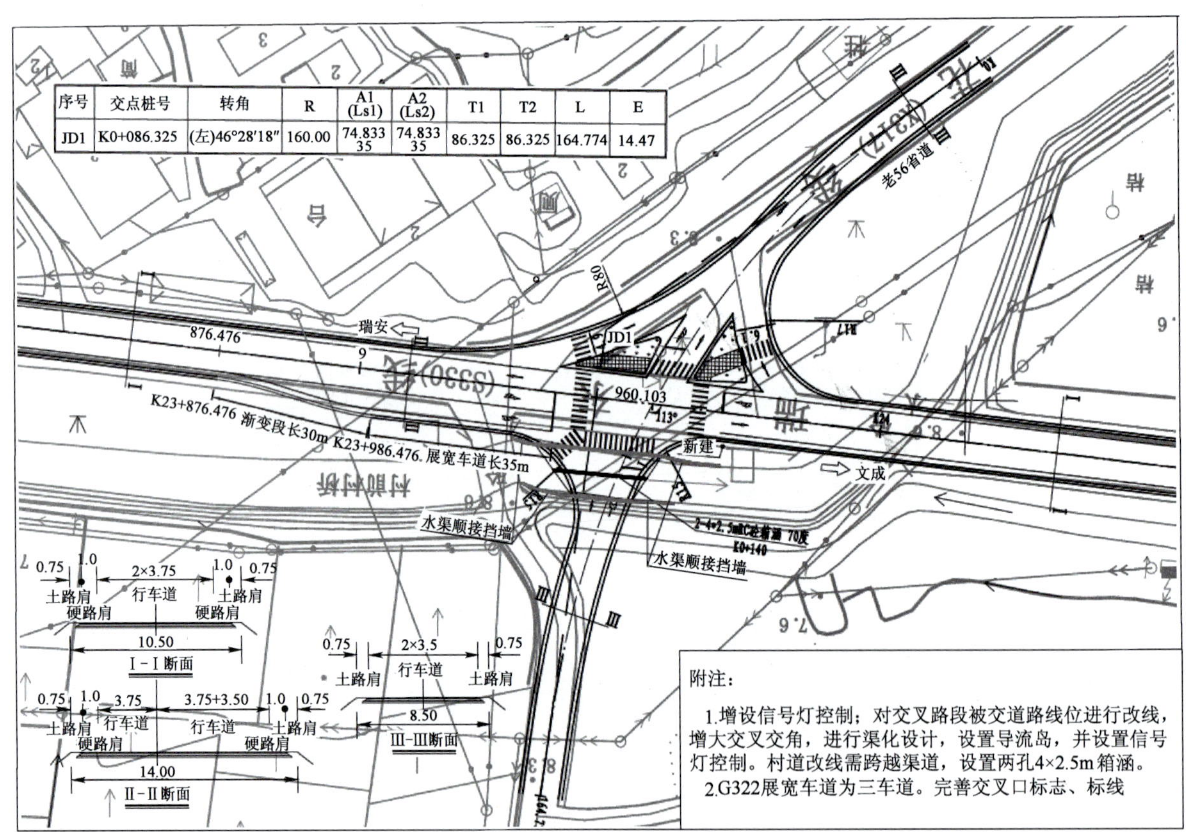

序号	交点桩号	转角	R	A1 (Ls1)	A2 (Ls2)	T1	T2	L	E
JD1	K0+086.325	(左)46°28′18″	160.00	74.833 35	74.833 35	86.325	86.325	164.774	14.47

图 29-12　G322 与 S56 旧线交叉口改造平面图(尺寸单位:m)

29.1.5　典型案例 4——公路 Y 形交叉口(图 29-14)

Y 形交叉口指的是主线在交叉口处转弯或者支线与主线的交叉角不大于 60°的交叉口(图 29-14)。Y 形交叉口优先处置方法是通过局部调整支线的入口线型,使支线与主线近似直角相交,然后采用 T 形交叉口渠化方法设置标志与标线。

图 29-13　G322 与 S56 旧线交叉口改造方案效果图

图 29-14　S210 与 S103 交叉口现场照片

1)现状与问题

该交叉口为 S210 与 S103 交叉,交叉口的交通组织情况及安全现状如下:

①S103 与 S210 交叉角度较小仅为 14°,交叉口范围过大,现有人行横道位置路面总宽度 37m,未设置行人驻足区,老人和儿童无法一次穿越。

②周边城镇化程度高,非机动车行人密集,两条省道支路多,路侧干扰大。

③两条省道流量大,根据交通量统计数据,S210 年平均日交通量自然数为 19295 辆、当量数为 22605 辆,S103 年平均日交通量自然数为 21686 辆、当量数为 25406 辆。

④红绿灯相位设置不合理,人行红绿灯损坏失效。

⑤人行横道线设置在现有 S210 左转弯车道、S103 右转车道上存在安全隐患。

2)改造措施

①减小交叉口平面范围,缩短停止线间的距离,原间距 200m 调整为 88m;

②优化调整人行横道设置位置,人行横道与转弯车道错位设置,于 S103 桥北侧建造一座人行桥用于行人和非机动车辆横穿;

③设置实体式渠化岛,设置门架式红绿灯,补充人行道信号灯,相应调整红绿灯相位并优化电子警察系统设置;

④增设分车道标志、人行指示标志安全设施,接线路权标线标志更新设置;

⑤平交口范围沥青路面铣刨重铺,渠化标线重新标划(图 29-15)。

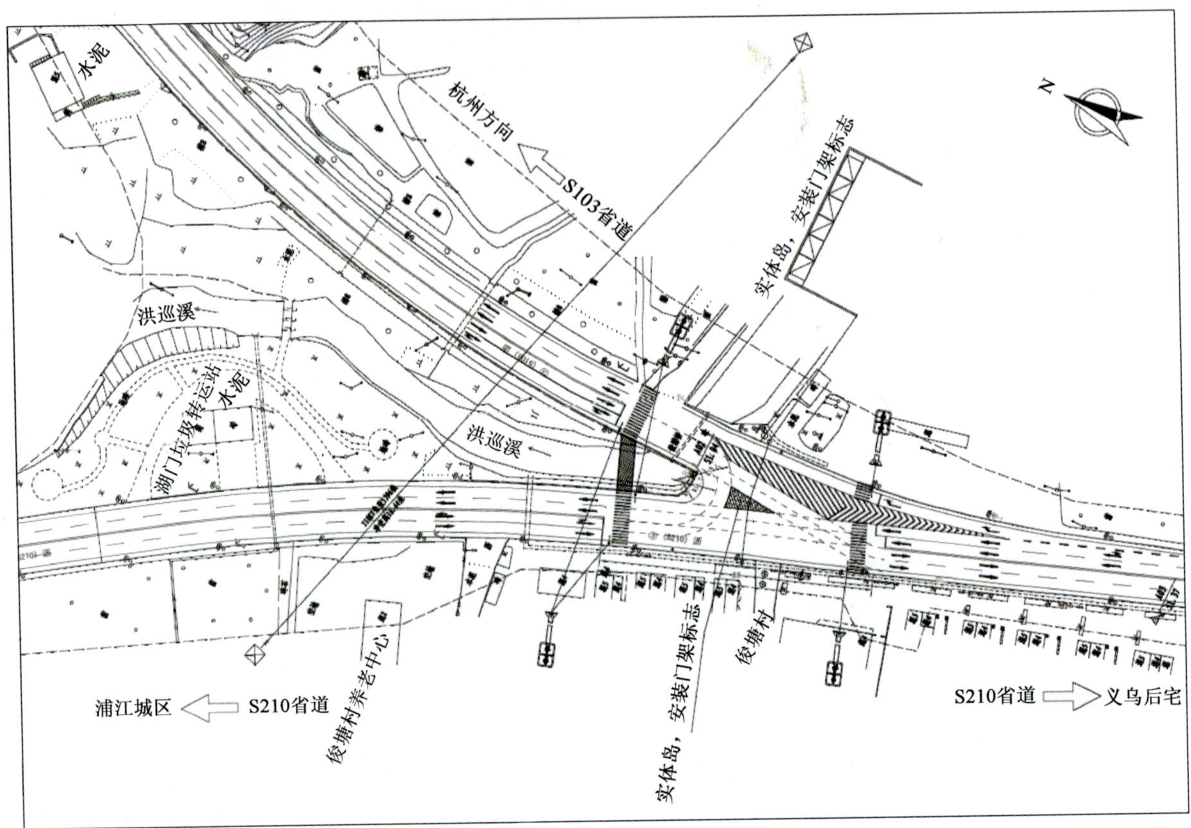

图 29-15 交叉口改造平面布置图

注:图中尺寸以 m 计,比例为 1∶1000。

29.1.6 典型案例 5——城市 Y 形交叉口

1)现状与问题分析

通过调研发现北京市甲路与乙路的交叉口存在的问题是:

①路口斜交导致行人过街距离过长;

②机动车左转角度过小(图 29-16)。

图 29-16 甲路与乙路交叉口

2)改造方案

甲路与乙路交叉口重新设置路口标线,使交叉口正交;具体方案参见图 29-17。同时根据路口改造情况,移动信号灯位置。

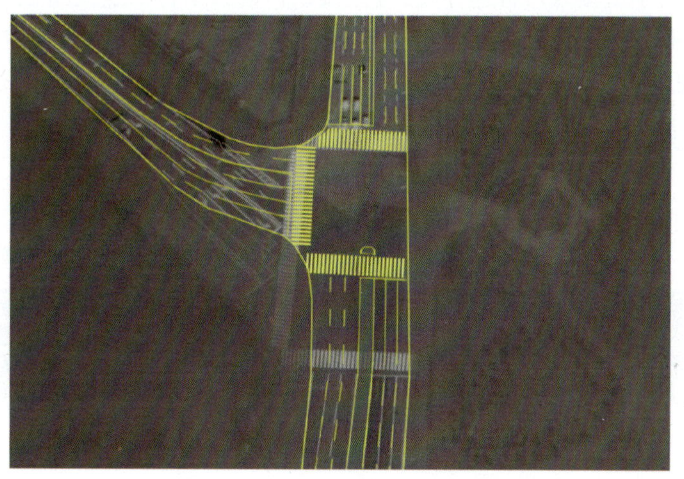

图 29-17　甲路与乙路交叉口改造方案

X 形交叉口设计与十字交叉口基本相同,但锐角部分应设置三角形导流岛,钝角部分由于半径过大不需要再设置三角形导流岛。

29.2　环形交叉口

环形控制通常在相交道路等级相同、交通流量相近的交叉口上应用。它的优点是车辆在环岛内单向逆时针运动,降低了交通冲突严重程度,但它适用流量较小,当交叉口出现交通拥堵时应改为信号控制(图 29-18)。

图 29-18　环形交叉口标志标线设置实例

通常情况下,环形交叉口标志标线具体设置方法如下:

(1)入口右转车辆不与内环车辆交织,而是通过外环右转直接驶出环形交叉口。

(2)环形交叉口标志与视线诱导标一起在环形渠化岛上面对入口方向设置。

(3)减速让行标志安装在进口车流汇入点与道路边线的垂直线上。如果设置了人行横道,则设置在人行横道位置。

(4)如果行人较多,则需要在导流岛处设置人行横道,人行横道宽度在 3 ~ 5m 范围内取值。

29.3 国省干线公路接入口

在我国国省干线上,小型接入口普遍存在,这些接入口的典型特征是道路宽度较窄,交通流量较小,如果这些出入口均按照上述交叉口渠化设计方法,则会严重影响干线的通行效率,为此,可以采用如图 29-19 所示方法处理。

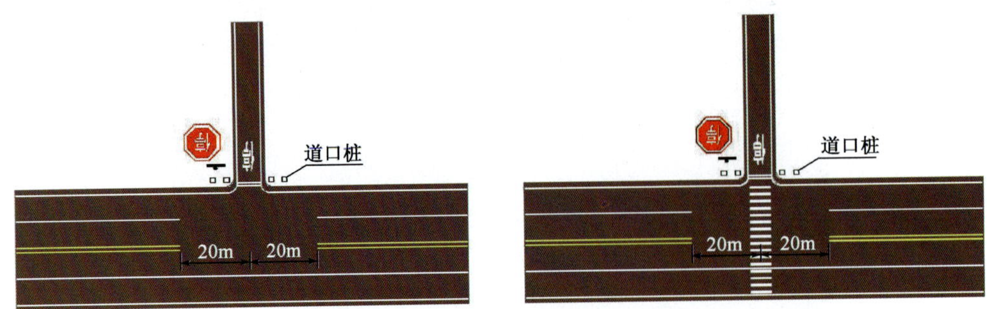

图 29-19 国省干线接入口标志标线设置示例

(1)在入口位置全幅设置停车让行标志和标线,明确主路与支路路权。

(2)在入口两侧各 10m 范围内,道路中心线由实线调整为可以跨越的虚线。

(3)在入口两侧设置道口桩,帮助主线驾驶人明确出入口准确位置。

(4)如果支路出入行人较多,还可以在主线上对应着支路口位置设置人行横道。

第五篇　国外道路交通标志和标线

第 30 章　国外交通标志

随着汽车的产生和交通运输的不断发展，交通标志和标线在各国逐步使用并发展，很多国家相继制订了交通标志和标线的标准和规范，如美国的《交通控制设施手册》(MUTCD)、英国的《公路手册》(*The Highway Code*)、加拿大的《交通标志与标线手册》(*Manual of Standard Traffic Signs & Pavement Markings*)等。由于各国经济、社会、交通运输等具体情况的不同，世界各个国家交通标志和标线的分类、内容和意义等不尽相同，个别标志的图形与含义等存在一定的差异。随着国际交往的不断加深，公路网不断完善，很多区域签订公路运输协定，跨境交通越来越多，分析国外交通标志和标线，尤其是差异较大的标志，对于进一步发展和完善我国的交通标志和标线，促进国际交通标志和标线的统一有一定的促进作用。由于各国交通标线的差异相对较小，本章主要讨论国外交通标志的情况，重点分析其中有差异的标志。

30.1　国外交通标志的分类

国外交通标志一般分为警告标志(Warning Signs)、禁令标志(Regulatory Signs, Prohibitory Signs, Restrictive Signs)、指示标志(Mandatory Signs)、指路标志(Guide Signs, Direction Signs, Indication Signs)和辅助标志(Additional Signs, Auxiliary Signs)。

此外还有优先通行与让行标志(Priority Signs)、信息标志(Information Signs)、道路作业标志与设施(Road Working Signs)、旅游标志(Recreational and Cultural Interest Area Signs)等。

30.2　国外部分有差异的交通标志

30.2.1　警告标志

国外警告标志主要有两种样式，分别为顶角朝上的等边三角形和菱形。使用三角形的国家较多，美国、加拿大、泰国、爱尔兰等国家使用菱形标志。

国外三角形警告标志为白底、红色边框、黑色图案，或者黄底、红色边框、黑色图案；菱形警告标志为黄底、黑色边框、黑色图案。

其他国家和地区有部分区别和较特殊警告标志有：

(1)向左(右)急弯、连续弯路

世界各国的急弯标志、连续弯路标志在箭头、图案标志等方面存在一些差异。较多国家采用图 30-1 所示的急弯、连续弯路警告标志。

爱尔兰的急弯、连续弯路标志如图 30-2 所示。

美国的急弯警告标志较多，部分标志还有支路警示、侧翻提醒、建议速度值，如图 30-3 所示。

(2)前方路口减速让行警告标志与前方路口停车让行标志

美国等国家和地区制定了前方路口减速让行警告标志和前方路口停车让行标志，用于路口视距较差、道路使用者在一定距离内无法看到前方让行标志的交叉路口前,分别如图 30-4、图 30-5 所示。

a)　b)　c)　d)　e)

图 30-1　国外使用较多的急弯、连续弯路警告标志

a)　b)　c)　d)

图 30-2　爱尔兰的急弯、连续弯路警告标志

a)　b)　c)　d)　e)

图 30-3　美国的急弯警告标志

图 30-4　美国等国家和地区的前方路口减速让行标志

图 30-5　美国等国家和地区的前方路口停车让行标志

(3)注意行人警告标志

部分国家的注意行人警告标志如图 30-6 所示。

a)　b)　c)　d)　e)　f)

图 30-6　部分国家的注意行人警告标志

(4)注意儿童警告标志

部分国家的注意儿童警告标志如图 30-7 所示。

a)

b)

c)

d)

图 30-7　部分国家的注意儿童警告标志

(5)注意非机动车警告标志

部分国家的注意非机动车警告标志如图 30-8 所示。

a)

b)

c)

d)

图 30-8　部分国家的注意非机动车警告标志

(6)前方施工警告标志

部分国家的前方施工警告标志如图 30-9 所示。

a)

b)

c)

d)

图 30-9　部分国家的前方施工警告标志

(7)带有文字警告标志

国外绝大部分警告标志使用图案,部分国家使用带有文字的警告标志(表 30-1)。

表 30-1　部分国家的带有文字的警告标志

序号	标志图案	标志内容
1	Try your brakes	注意检查车辆制动器 (也可以写注意洪水、禁止吸烟等,英国)
2	BUMP	路面不平 (美国)

续上表

序号	标志图案	标志内容
3	 SOFT SHOULDER	软路肩 (美国)
4	 BE PREPARED TO STOP	注意提前准备制动 (美国)

(8)其他警告标志

此外,部分国家根据区域特点制定了其他警告标志(表 30-2)。

表 30-2　部分国家的其他警告标志

序号	标志图案	标志内容
1		右侧软路肩,货车危险 (冰岛)
2		前方交通拥堵 (在多个国家使用)
3		无人看守铁路道口 (德国)
4		前方有轨电车交叉路口 (在多个国家使用)

续上表

序号	标志图案	标志内容
5		冰雪路面,注意安全 （德国）
6		注意公共汽车 （德国）
7		注意滑雪者 （芬兰）
8		前方隧道 （冰岛）
9		前方道路关闭 （匈牙利）
10		前方右侧车道关闭 （在多个国家使用）
11		注意前方双车道道路结束 （英国）

续上表

序号	标志图案	标志内容
12		注意前方道路上方电缆 (英国)
13		前方双向交通穿越道路 (英国)
14		注意低空直升飞机及突然发出的声音 (英国)
15		注意儿童闪光灯 (与学校标志一起使用,英国)
16		注意前方事故易发点 (以可变的方式显示,用于多个国家)
17		注意因雨、雪、雾等视距不良 (以可变的方式显示,用于多个国家)

30.2.2 禁令标志

除减速让行标志和停车让行标志外,国外大部分禁令标志为圆形。白底、红色边框、黑色图案,或者黄底、红色边框、黑色图案;解除禁令标志为白底、黑色边框,黑色图案,并带有一组自左下至右上的平行线;部分国家的禁止停车标志为蓝底、红色边框。

美国使用矩形禁令标志,多为白底、黑色边框、黑色文字,文字较多,详见美国《交通控制设施手册》(MUTCD)。

在一部分国家和地区的禁止某种车辆或者交通参与者驶入等标志相应图案上带有自左上至右下的红杠，部分国家此类标志无红斜杠，如图 30-10 所示。

其他国家和地区有部分区别的禁令标志有：

(1)禁止驶入标志

部分国家使用图 30-11 所示的禁止驶入标志。

图 30-10　部分国家的禁令标志

a)

b)

c)

图 30-11　部分国家的禁止驶入标志

注：图 c)为丹麦使用的禁止驶入标志。

(2)禁止超车标志

部分国家使用图 30-12 所示的禁止超车标志和图 30-13 所示的解除禁止超车标志。

图 30-12　部分国家的禁止超车标志

(3)禁止向右拐弯标志

部分国家禁止向左、向右转标志使用自左下至右上的红杠，如图 30-14 所示。

图 30-13　部分国家的解除禁止超车标志

图 30-14　部分国家的禁止向左、向右转弯标志

(4)禁止危险品运输车辆通行标志

部分国家禁止危险品运输车辆通行标志如图 30-15 所示。

(5)限制车辆间最小距离标志

部分国家限制车辆间最小距离标志如图 30-16 所示。

图 30-15　部分国家的禁止危险品运输车辆通行标志

图 30-16　部分国家的限制车辆间最小距离标志

(6)海关标志

很多国家使用的海关标志如图 30-17 所示。

图 30-17　部分国家的海关标志

30.2.3　优先通行标志与让行标志

很多国家将优先通行标志与让行标志单独分类,即 Priority Signs。优先通行标志与让行标志主要包括减速让行标志、停车让行标志、优先通行标志、优先通行结束标志、会车让行标志和会车先行标志(表 30-3)。

表 30-3　部分国家的优先通行标志与让行标志

序号	标志图案	标志内容
1	YIELD RIGHT OF WAY; GIVE WAY	减速让行
2	STOP; STOP	停车让行 (文字多使用区域语言)
3		优先通行
4		优先通行结束

续上表

序号	标志图案	标志内容
5		会车让行
6		会车先行

30.2.4　指示标志

部分国家指示标志一般为圆形，蓝底、白色图案。车行道行驶方向指示标志一般为矩形，蓝底、白色图案。意大利、西班牙、希腊等国家将车行道方向指示标志单独分类，即 Changing Lanes Signs、Lane Signs、Informative Lanes。

其他国家和地区有部分区别的指示标志有：

(1)向左(右)行驶标志与前方路口向左(右)转弯标志

部分国家使用图 30-18 所示的向左(右)行驶指示标志，使用图 30-19 所示的前方路口向左(右)转弯指示标志。

图 30-18　部分国家的向左行驶指示标志与向右行驶指示标志

图 30-19　部分国家的前方路口向左转弯和向右转弯指示标志

(2)最低限速标志和最低限速路段结束标志

部分国家使用的最低限速标志和最低限速路段结束标志如图 30-20 所示。

(3)公交车专用道标志

部分国家的公交车专用道标志为圆形，如图 30-21 所示，部分国家使用矩形，如图 30-22 所示。

图 30-20　部分国家的最低限速标志和最低限速路段结束标志

图 30-21　部分国家的圆形公交车专用道标志与公交车专用道结束标志

图 30-22　部分国家的矩形公交车专用道标志

(4)专用道结束标志

与公交专用道结束标志类似,部分国家在某种车或者交通参与者专用道指示标志上增加自左下至右上的红斜杠,表示该专用道结束,如图 30-23 所示。

图 30-23　部分国家的专用道结束标志

(5)其他指示标志

此外还有部分国家和地区使用的其他指示标志(表 30-4)。

表 30-4　部分国家的其他指示标志

序号	标志图案	标志内容
1	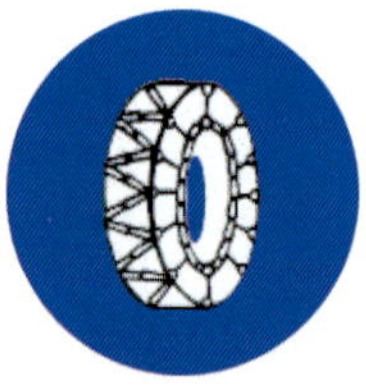	使用防滑链 (在多个国家使用)
2		使用近光灯 (西班牙)
3		使用安全带 (西班牙)
4		危险品运输车辆道路 (西班牙)

续上表

序号	标志图案	标志内容
5		环境污染品运输车辆道路 （西班牙）
6		易燃易爆品运输车辆道路 （西班牙）

30.2.5　辅助标志

国外辅助标志多为矩形，白底、黑边框、黑色图案和文字，有部分国家使用蓝底、白色图案和文字的辅助标志，如图 30-24 所示。

图 30-24　部分国家的辅助标志示意

丹麦的辅助标志为白底、红边框、黑色图案和文字或者蓝底、白色边框、白色图案和文字，部分警示文字使用红色，如图 30-25 所示。瑞典的辅助标志为黄底、红边框、黑色图案和文字或者蓝底、白色边框、白色图案和文字，部分警示文字使用红色，如图 30-26 所示。

图 30-25　丹麦辅助标志示意

图 30-26　瑞典辅助标志示意

交叉路口优先通行示意辅助标志在欧洲国家使用比较多，在交叉路口示意图上以粗线表示优先通行的方向，以细线表示需要让行的方向，如图 30-27 所示。

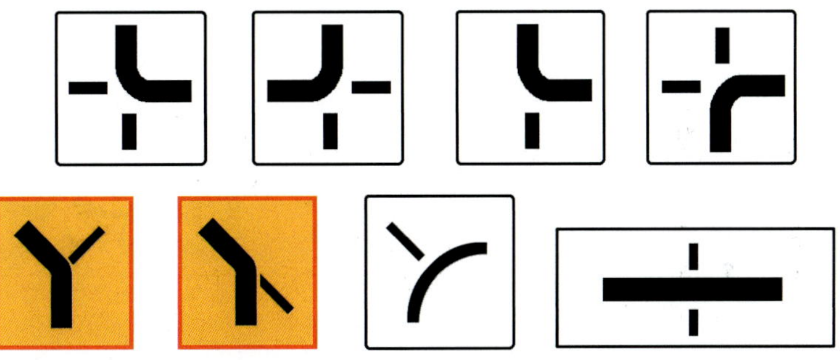

图 30-27　部分国家的交叉路口优先通行示意辅助标志

30.2.6 信息标志

信息标志在国外应用很多,主要为道路使用者提供各种信息,其范围也比较广,包括应急、停车场、医院、加油站、餐饮住宿、购物、休闲娱乐等,有的国家将旅游标志、车道方向标志、高速公路起点和终点标志等均归为信息标志,个别国家将指路标志也作为信息标志。

由于信息标志应用多、范围广,其样式也多种多样,采用矩形样式的略多,标志底的颜色有白、蓝、棕、绿等,图案多为黑色。部分国家较为典型的信息标志如图 30-28 所示。

图 30-28 部分国家的信息标志

30.3 总结

受条件所限,不能对世界各个国家的交通标志进行深入的对比分析,形式较为灵活的指路标志没有讨论。不过从本章分析可以看出,世界各国的交通标志存在一定的差异,交通标志的差异不利于国际公路交通运输的发展和交通安全,交通标志和标线的统一可以促进区域便利运输,提高交通安全,联合国于 1968 年制订了《道路交通标志与信号公约》,本篇下一章将对《道路交通标志与信号公约》进行介绍。

第 31 章　国际道路交通标志与信号公约

联合国希望通过统一的交通规则便利国际道路交通并提高道路的安全性，于 1968 年 11 月 8 日制订了《道路交通公约》与《道路交通标志与信号公约》(以下简称《公约》)，并于 1995 年 11 月 30 日和 2006 年 3 月 28 日两次对《公约》进行了修订。联合国大会 A/RES/60/5 号决议鼓励会员国加入联合国《道路交通公约》和《道路交通标志与信号公约》。欧洲内陆运输委员会考虑到欧洲的具体情况，提出了用于欧洲道路交通的补充协定，于 1971 年 5 月 1 日批准了该协定，即《公约》的《欧洲协定》。截至 2022 年 10 月，该《公约》有 71 个缔约国和 35 个签署国(包括加入国)。

《公约》的目的是统一国际道路标志、信号、符号以及道路标牌，《公约》对交通标志、信号和标线提出了相应的规定，由于信号部分与本书的关系较小，本章只讨论《公约》的交通标志与标线。

31.1　交通标志

《公约》将标志分为警告、优先通行与让行、禁令、指示、特定指示、信息、指路和辅助标志八类。

31.1.1　警告标志

《公约》规定了两种样式的警告标志“A^a”与“A^b”，“A^a”样式与我国的警告标志样式类似，为等边三角形，有一个水平边，与该边对应的角朝上，该样式为白底或黄底、红边框。“A^b”样式是一个菱形，黄底、黑色边框，如图 31-1 所示。一般情况下警告标志上的符号均为黑色或深蓝色。

图 31-1　《公约》规定的警告标志样式

a) A^a(白底)；b) A^a(黄底)；c) A^b

根据《公约》的规定，任何国家在签署《公约》时应当声明选用“A^a”“A^b”标志样式中的哪一项作为警告标志，也可在之后以替换声明的形式变更所做出的选择。

《公约》中的警告标志见表 31-1。

表 31-1　《公约》中的警告标志

标志编号	标 志 图 案		标 志 内 容
$A1^a$			向左急弯

续上表

标志编号	标志图案		标志内容
A1^{b}			向右急弯
A1^{c}			急弯(先左)
A1^{d}			急弯(先右)
A2^{a} A2^{b}	 10 %	 10 %	下陡坡
A2^{c} A2^{d}			下陡坡
A3^{a} A3^{b}	 10 %	 10 %	上陡坡

续上表

标志编号	标志图案		标志内容
A3[c] A3[d]			上陡坡
A4[a]			前方行车道变窄(两侧)
A4[b]1			前方行车道变窄(左侧)
A4[b]2			前方行车道变窄(右侧)
A5			浮桥
A6			码头

续上表

标志编号	标 志 图 案		标 志 内 容
A7[a]			路面不平
A7[b]			路面不平
A7[c]			路面不平
A9			路滑 (可逆标志[注])
A10	 	 	注意碎石

续上表

标志编号	标志图案		标志内容
A11			注意落石
A12[a]			注意人行横道(可逆标志)
A12[b]			注意人行横道(可逆标志)
A13			注意儿童(可逆标志)
A14			注意非机动车(可逆标志)

续上表

标志编号	标志图案		标志内容
A15[a]			注意牲畜(可逆标志)
A15[b]			注意野生动物(可逆标志)
A16			注意道路施工
A17[a] A17[b] A17[c]	  	  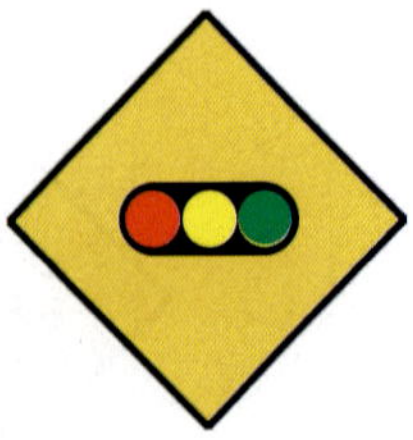	注意信号灯

续上表

标志编号	标 志 图 案		标 志 内 容
A18[a]		—	交叉路口
A18[b]			交叉路口
A18[c]1			交叉路口
A18[c]2			交叉路口
A18[d]1			交叉路口
A18[d]2			交叉路口
A18[e]			交叉路口

续上表

标志编号	标 志 图 案		标 志 内 容
A18[f]			交叉路口
A18[g]1			交叉路口
A18[g]2			交叉路口
A19[a]			干路先行
A19[b]1 A19[b]2	 	 	干路先行

续上表

标志编号	标 志 图 案		标 志 内 容
A19[c]1 A19[c]2			干路先行
A20			前方路口减速让行
A21[a] A21[b]	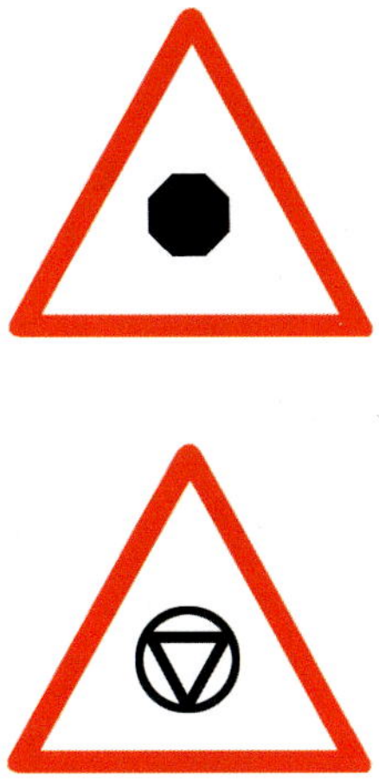		前方路口停车让行
A22			前方环形 (可逆标志,用于道路左侧行驶交通时符号为顺时针方向)

续上表

标志编号	标 志 图 案		标 志 内 容
A23			前方双向交通 (可逆标志)
A24			前方交通拥堵 (可逆标志)
A25			有人看守铁路交叉路口
A26[a]			无人看守铁路交叉路口 (可逆标志)
A26[b]			有人看守铁路交叉路口 (可逆标志)
A27			前方与电车轨道交叉路口 (可逆标志)

续上表

标志编号	标志图案		标志内容
A28[a]	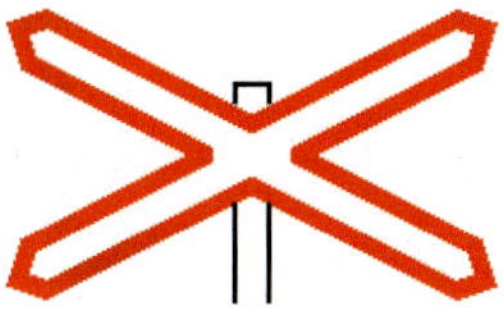	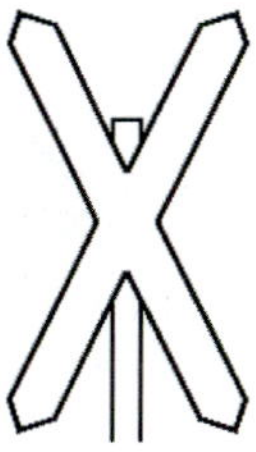	用于铁路道口
A28[b]	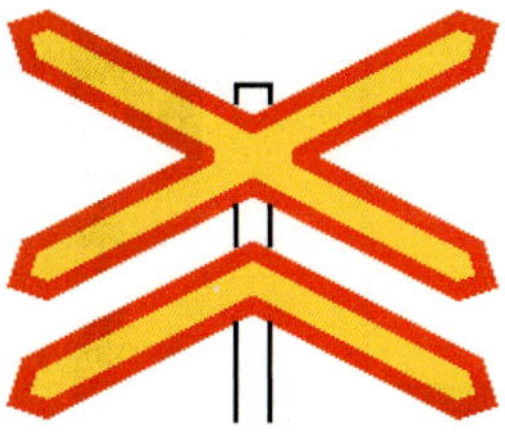		用于铁路道口 （铁路轨道至少为两条）
A28[c]	 RAIL CROSSING ROAD 3 TRACKS	 RAIL CROSSING ROAD	用于铁路道口 （铁路轨道至少为两条，可使用辅助标志说明铁路轨道的数量）
A29[a]			前方路口 （上方标志中可设置 A5、A25、A26 或者 A27，表示相应类型的路口）
A29[b]			前方路口 （上方标志中可设置 A5、A25、A26 或者 A27，表示相应类型的路口；设置在约为 A29[a] 与铁道线间距的三分之二处）
A29[c]			前方路口 （上方标志中可设置 A5、A25、A26 或者 A27，表示相应类型的路口；设置在约为 A29[a] 与铁道线间距的三分之一处）

续上表

标志编号	标 志 图 案		标 志 内 容
A30			注意低空飞机 (可逆标志)
A31			注意横风 (可逆标志)
A32			其他危险

注:可逆标志指在靠道路左侧行驶的国家或者地区,标志的图案应按照靠道路左侧行驶交通规则进行相应的调整。

31.1.2 优先通行与让行标志

《公约》规定了六种优先通行与让行标志,分别为:

(1)减速让行标志,为等边三角形,有一个水平边,与该边对应的角朝下,白底或黄底、红边框,标志上无任何符号,如图 31-2 所示。

(2)停车让行标志,《公约》规定了两种停车让行标志如图 31-3 所示。其中图 31-3a)为正八边形,标有"STOP"文字或者相关国家的文字,红底白字,其中字的高度不得低于标志牌全部高度的三分之一;图 31-3b)为白底或黄底、红边的圆形,圆内为减速让行标志,减速让行标志顶部附近用黑色或深蓝色宽大字母书写的英文单词"STOP(停车)",也可使用相关国家的文字。

《公约》签署国需要根据相关规定,选择使用图 31-3a)或者图 31-3b)。

图 31-2 《公约》减速让行标志

图 31-3 《公约》停车让行标志

(3)优先通行标志,由一个正方形构成,一条对角线竖立设置。标志的边为黑色,标志的中心为黑边的黄色或橘黄色正方形,两个正方形之间为白色,如图 31-4 所示。用于告知道路使用者,在优先通行道路与其他道路的交叉路口,其他道路上的车辆应给优先通行道路上的车辆让行,该标志可设置在优先通行道路的起点,并在各交叉路口重复出现;也可设置在交叉路口上或交叉路口之前。如优先通行标志已设置在道路上,优先通行结束标志应设置在优先通行道路终点,该标志可在终点前重复一次或多次;终点前重复出现的标志应设置辅助标志加以说明。

(4)优先通行结束标志,在优先通行标志上增加斜向上黑色或灰色斜杠,如图 31-5 所示,表示即将驶出优先通行道路。

(5)迎面车辆优先通行标志,表示迎面车辆优先通行。该标志为圆形,白底或黄底、红边,指示优先通行方向的箭头为黑色,指示其他方向的箭头则为红色,如图 31-6 所示。一般用于通行困难的狭窄路段等,标志设置于面向无优先通行权的道路一侧的车辆。此标志为可逆标志。

图 31-4　《公约》优先通行标志

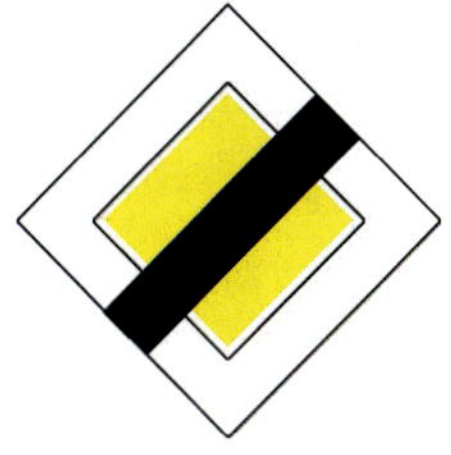

图 31-5　《公约》优先通行结束标志

图 31-6　《公约》迎面车辆优先通行标志

(6)会车先行标志,用于告知驾驶人在狭窄路段等通行困难路段,他们将优先于迎面车辆通行。标志为蓝底的矩形,上指箭头应为白色,其他箭头应为红色,如图 31-7 所示。使用会车先行标志时,应将迎面车辆优先通行标志设置在道路上狭窄路段的另一端,朝向相反方向行驶的车辆。此标志为可逆标志。

图 31-7　《公约》会车先行标志

31.1.3　禁令标志

《公约》中规定的禁令标志为圆形,一般底为白色或黄色,带有红色边框,标志上的符号和字为黑色或者深蓝色,标志上的斜杠为红色,自左上至右下;禁止停车和禁止临时停车标志底为蓝色;解除禁令标志为圆形,底色为白色或黄色,没有边界或仅有一条黑边框,并有一条斜带,从右上至左下,可以是黑色或深灰色,或者由黑色或深灰色平行线构成。

《公约》中的禁令标志见表 31-2。

表 31-2　《公约》中的禁令标志

标志编号	标 志 图 案	标 志 内 容
C1[a]		禁止驶入
C1[b]		禁止驶入

续上表

标志编号	标 志 图 案	标 志 内 容
C2		禁止通行
C3[a] 注		禁止机动车驶入
C3[b]		禁止摩托车驶入
C3[c]		禁止自行车驶入
C3[d]		禁止机动脚踏车进入
C3[e]		禁止货车驶入 (可设置辅助标志表明车辆总重超过对应吨位时禁止驶入)
C3[f]		禁止拖挂车驶入 (可设置辅助标志表明车辆总重超过对应的吨位时禁止驶入)

续上表

标志编号	标志图案	标志内容
C3[g]		禁止牵引拖车的动力驱动车辆驶入 （可设置辅助标志表明车辆总重超过对应的吨位时禁止驶入）
C3[h]		禁止危险品运输车辆驶入 （可设置辅助标志表明某种危险品运输车辆禁止驶入）
C3[i]		禁止行人进入
C3[j]		禁止畜力车进入
C3[k]		禁止人力车进入
C3[l]		禁止农用机动车驶入
C4[a]		禁止标志中相应的两类机动车或者道路使用者通行 （不得用于非建筑密集区）

续上表

标志编号	标 志 图 案	标 志 内 容
C4[b]		禁止标志中相应的三类机动车或者道路使用者通行 (不得用于建筑密集区)
C5	2m	限制车辆宽度
C6	3.5m	限制车辆高度
C7	5T	限制车辆载重量
C8	2T	限制轴重
C9	10 m	限制车长
C10	70 m	限制车辆间距离 (图中为不得小于 70m)

续上表

标志编号	标 志 图 案	标 志 内 容
$C11^{a}$		禁止左转
$C11^{b}$		禁止右转
C12		禁止掉头 （可逆标志）
$C13^{aa}$		禁止超车
$C13^{ab}$		禁止超车
$C13^{ba}$		禁止货车超车 （可设置辅助标志表明禁止某种车辆超车）
$C13^{bb}$		禁止货车超车 （可设置辅助标志表明禁止某种车辆超车）

续上表

标志编号	标志图案	标志内容
C14	50	限制时速 (可以在数字后加 km 或者 mile 表示限制时速的单位为千米或者英里;可设置辅助标志表示限制某种车辆速度)
C15		禁止鸣笛
C16	DOUANE ZOLL	禁止不停车通过 (用于过境停车检查)
C17[a]		禁令解除
C17[b]	40	限速路段结束
C17[c]		解除禁止超车
C17[d]		解除货车禁止超车

续上表

标志编号	标志图案	标志内容
C18		禁止临时停车 [可设置辅助标志标明禁止临时停车的时间、车辆等;可用配有红色边缘和红色横条的圆形标志替代,该标志上有相关国家使用的字母或表意文字(意符)表示"停车",此时该标志应为白底或黄底黑字]
C19		禁止临时和长时停车 [可设置辅助标志标明禁止临时和长时停车的时间、车辆等;可用配有红色边缘和红色横条的圆形标志替代,该标志上有相关国家使用的字母或表意文字(意符)表示"停车",此时该标志应为白底或黄底黑字]
C20[a]		禁止奇数日停车
C20[b]		禁止偶数日停车

注:缔约国可从标志 C3[a] 至 C3[l] 中删除红色斜杠,或者在不影响人们看懂该符号含义的前提下,不中断符号中的红色斜杠。

31.1.4 指示标志

《公约》中规定的指示标志一般为圆形。底为蓝色或黄色,符号为白色或浅色;或者标志为白色,红色边框,黑色或者深蓝色图案和字体。规定危险货物运输车辆行驶方向的标志为矩形。

《公约》中的指示标志见表31-3。

表31-3 《公约》中的指示标志

标志编号	标志图案	标志内容
D1[a]		指示行车方向(左转)
D1[a]		指示行车方向(直行)

续上表

标志编号	标志图案	标志内容
D1[a]		指示行车方向(前方路口右转)
D1[a]		指示行车方向(直行或者右转)
D1[b]		指示行车方向(右转)
D1[b]		指示行车方向(左转或者右转)
D2		从此通行
D3		环岛绕行
D4		自行车专用道

续上表

标志编号	标 志 图 案	标 志 内 容
D5		行人专用道
D6		骑马人专用路
D7	 30	最低限速
D8	 30	最低限速结束
D9		使用防滑链
D10[a]		危险品运输车辆左转

续上表

标志编号	标 志 图 案	标 志 内 容
D10[b]		危险品运输车辆直行
D10[c]		危险品运输车辆右转
D11[a]		共用车道 (表示图案中的车辆或交通参与者共用该道路, 其他车辆或交通参与者不得使用)
D11[b]		共用车道 (表示图案中的车辆或交通参与者共用该道路, 其他车辆或交通参与者不得使用)

31.1.5 特定标志

《公约》中规定的特定标志一般为正方形或矩形,配蓝底、浅色图案与文字,或浅色底、深色图案与文字,多用于车道行车规则指示或者区域行车要求的规定。

《公约》中的特定标志及含义见表 31-4。

表 31-4 《公约》中特定标志

标志编号	标 志 图 案	标 志 内 容
E1[a]		不同车道的最低限速

续上表

标志编号	标志图案	标志内容
E1[b]		一条车道的最低限速
E1[c]		不同车道的速度限制
E2[a]	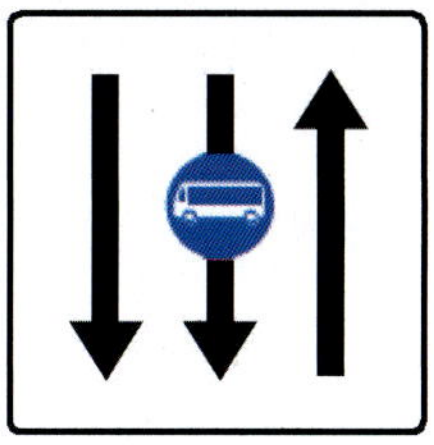	某车道为公共汽车专用车道
E2[b]	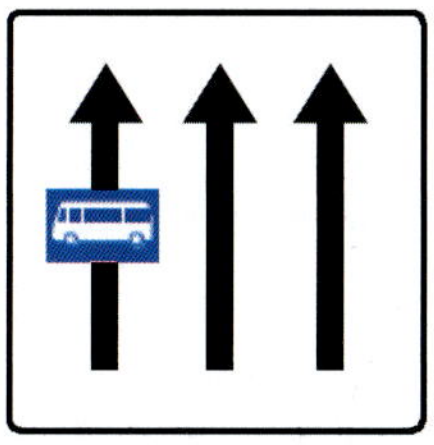	某车道为公共汽车专用车道
E3[a]		单行道 （可用相关国家的语言注明“单行道”）
E3[b]		单行道 （可用相关国家的语言注明“单行道”）
E4	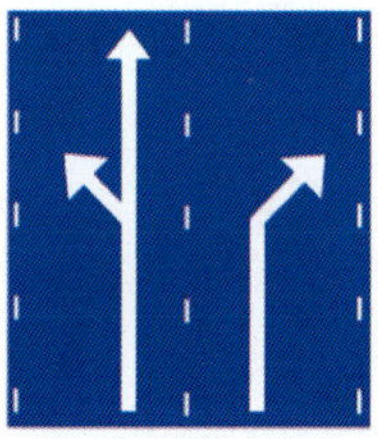	车道指示标志

续上表

标志编号	标 志 图 案	标 志 内 容
E5^{a}		高速公路开始
E5^{b}		高速公路结束
E6^{a}		机动车道
E6^{b}		即将驶出机动车道
E7^{a}	 Stockholm	建筑密集区
E7^{b}		建筑密集区
E7^{c}	 KØGE	建筑密集区

续上表

标志编号	标 志 图 案	标 志 内 容
E7[d]	GENÈVE	建筑密集区
E8[a]	Stockholm	建筑密集区结束
E8[b]		建筑密集区结束
E8[c]	KØGE	建筑密集区结束
E8[d]	GENÈVE	建筑密集区结束
E9[a]	ZONE	区域范围标志 （区域内禁止停车）
E9[b]	ZONE 07.00 - 19.00 h	区域范围标志 （区域规定时间内禁止停车）

续上表

标志编号	标 志 图 案	标 志 内 容
E9[c]	ZONE P	区域范围标志 (区域内停车区)
E9[d]	ZONE 30	区域范围标志 (区域内最高限速)
E10[a]	ZONE	区域标志结束 (驶出区域禁止停车路段)
E10[b]	ZONE 07.00 - 19.00 h	区域标志结束 (驶出特定时间内区域禁止停车路段)
E10[c]	ZONE P	区域标志结束 (驶出区域内停车区)
E10[d]	ZONE 30	区域标志结束 (驶出区域内限速路段)
E11[a]		隧道

续上表

标志编号	标 志 图 案	标 志 内 容
E11[b]		隧道结束
E12[a]		人行横道
E12[b]		人行横道
E12[c]		人行横道
E13[a]	 H	医院
E13[b]	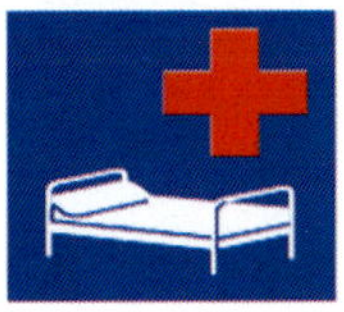	医院
E14[a]	 P	停车区
E14[b]	 P + METRO	使用城铁停车区

续上表

标志编号	标志图案	标志内容
E14[c]		使用公共交通停车区
E15		公共汽车站
E16		有轨电车站
E18[a]		紧急停车带 (可设置紧急电话和灭火器标志说明配有相应设施)
E18[b]		紧急停车带 (可设置紧急电话和灭火器标志说明配有相应设施)

31.1.6 信息标志

《公约》中规定的信息标志为蓝底或绿底,标志上有白色或黄色矩形,矩形内显示标志相应的图案,如图 31-8 所示。

在标志的底部蓝色或绿色带上,可用白色文字显示到达该地点的距离,或者可以通往该设施的道路入口;在带有 F5 旅馆符号的标志上可以有白色的"旅馆"或"汽车旅馆"的字样。

信息标志也可以设置在通往有关设施的道路入口处,在标志底下蓝色或绿色部分可以设置带有白色的箭头标志。

图 31-8　《公约》信息标志样式

除表示应急的 F1 标志的文字颜色为红色外,其他信息标志的文字为黑色或深蓝色。

《公约》中的信息标志的图案内容及含义见表 31-5。

表 31-5　《公约》中的信息标志图案内容及含义

标志编号	标 志 图 案	标 志 内 容
F1[a]		急救
F1[b]		急救
F1[c]		急救
F2		车辆检修站
F3		电话
F4		加油站
F5		旅馆或汽车旅馆

续上表

标志编号	标志图案	标志内容
F6		餐馆
F7		小吃店或咖啡厅
F8		野餐地
F9		步行起点
F10		露营地
F11		旅行车停车场
F12		露营和旅行车停车场
F13		青年旅馆
F17	 S.O.S	应急电话
F18		灭火器

31.1.7　指路标志

《公约》指路标志一般为矩形，方向指示标为长矩形，矩形的长边水平，带有一箭头。为深色底，白色或浅色图案和文字，或为白或浅色底，深色图案和文字。红色只在例外情况下使用，除必要情况外不得使用。

高速公路指路标志为蓝底或绿色底，白色图案与文字。

表示道路施工、车辆分流或车辆绕行等道路临时状态的标志上可设置橙色底或黄色底，白色图案与文字。

《公约》中的指路标志见表 31-6。

表 31-6　《公约》中的指路标志

标志编号	标 志 图 案	标 志 内 容
G1[a]	Lömal 17 Duln 42 Kronland 4	路口指路标志
G1[b]	NAPOLI AVEZZANO	路口指路标志
G1[c]	Northchurch 1½ Wiggington 4 Chesham 5 Potten End 2 Gaddesden 3½ Ashridge 4	路口指路标志
G2[a]		前方路口右侧不通
G2[b]		前方路口左侧不通

续上表

标志编号	标志图案	标志内容
G3		绕行标志
G4[a]	17 Stockholm 15	方向指示标
G4[b]	GENEVE 17 Km	方向指示标
G4[c]	TEJERIAS 7	方向指示标
G5	Castelo Manse Lorans	方向指示标
G6[a]	LYON	方向指示标
G6[b]	LYON	方向指示标
G6[c]	TEJERIAS	方向指示标

续上表

标志编号	标 志 图 案	标 志 内 容
G7	500 m	方向指示标
G8	500 m	方向指示标
G9[a]	P + METRO	方向指示标 （公共交通）
G9[b]	P + METRO	方向指示标 （公共交通）
G10	Herera 2km SAN JOSE 35km	确认标志
G11[a]		车道方向标志
G11[b]		车道方向标志
G11[c]		车道方向标志

续上表

标志编号	标志图案	标志内容
G12[a]		车道方向标志
G12[b]		车道方向标志
G13		此路不通
G14	FRANCE 50 90 130	一般道路限速值 (一般用于国界)
G15	FURKA 1 2 3	道路通车或关闭 (用来表示一条山路,尤其是通过某一个关口的路段,是否通车或是否封闭; 设置于通向上述道路的入口处)
G16		使用防滑链 (可用于 G15)
G17	60	建议速度
G18		重型车建议路线

续上表

标志编号	标 志 图 案	标 志 内 容
G19		避险车道
G20		人行地下通道
G21		人行过街天桥
G22[a]	300 m	高速公路出口标志 （距离高速公路出口 300m）
G22[b]	200 m	高速公路出口标志 （距离高速公路出口 200m）
G22[c]	100 m	高速公路出口标志 （距离高速公路出口 100m）

续上表

标志编号	标 志 图 案	标 志 内 容
G23[a]		紧急出口标志
G23[b]		紧急出口标志
G24[a]	100 m	紧急出口标志
G24[b]	150 m	紧急出口标志
G24[c]	100 m 50 m	紧急出口标志

31.1.8 辅助标志

《公约》规定的辅助标志为白底或黄底,边框为黑色、深蓝色或红色,标志上的图案和文字为黑色或深蓝色;辅助标志也可以为黑色或深蓝色底,白色、黄色或红色边框,图案和文字为白色或黄色。

《公约》中的辅助标志见表 31-7。

表 31-7 《公约》中的辅助标志

标志编号	标 志 图 案	标 志 内 容
H1	200 m	表示从该标志到危险路段起始点之间的距离, 或从该标志到相关交通规则适用区 起始点之间的距离
H2	↑...... Km↑	表示危险路段的长度或相关交通规则适用区的长度
H3[a]	10 m	禁止停车相关辅助标志

续上表

标志编号	标 志 图 案	标 志 内 容
H3[b]	5 m 5 m	禁止停车相关辅助标志
H3[c]	10 m	禁止停车相关辅助标志
H4[a] H4[b] H4[c]		禁止停车相关辅助标志
H5[a]		主标志所对应的车辆或者交通参与者
H5[b]		主标志所对应的车辆或者交通参与者
H6	except	主标志所对应的车辆或者交通参与者
H7		表示为残疾人预留
H8		显示交叉路口的示意图 （宽线条表示优先道路，窄线路段设置减速让行标志、停车让行标志）
H9		由冰雪方面的原因造成前方路滑

31.2 交通标线

《公约》按照标线与道路间的方向将标线分为纵向标线、横向标线和其他标线三类。

31.2.1 纵向标线

纵向标线多用于行车道标线、特定情况、道路边缘线、障碍物标线、转弯车辆导向标线和专用车道标线等。

(1)行车道标线

行车道标线一般使用纵向虚线、实线或其他适当的标线。

在非建筑密集区的双向两车道道路上,行车道的中心线使用纵向标线,通常由虚线构成,特殊情况下使用实线。

在非建筑密集区的三车道道路上,行车道一般使用虚线。在特殊情况下,为保证交通安全,可以使用实线或与实线接近的虚线。

在非建筑密集区的不少于四条车道的道路上,应使用一条实线或两条实线将双向交通隔开(中央车道行车方向相反的情况除外)。行车道使用虚线,如图 31-9 所示。

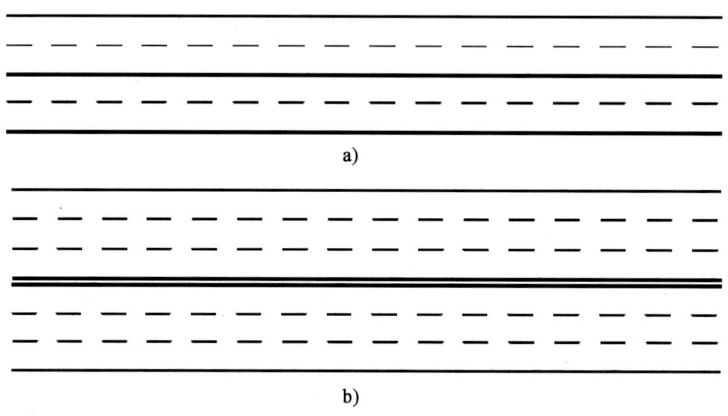

图 31-9 《公约》行车道标线

适用于非建筑密集区的规定及建议在建筑物密集区内适用于双向道路以及至少两条车道的单向道路。

建筑密集区内的车道宽度由于路缘或安全岛而变小时,应用交通标线表示出来。在接近主要交叉路口(特别是控制交通的交叉路口),宽度足以让两队车辆行驶的场合,行车道应按照图 31-10 所示的方法设置标线,车道标线可辅以箭头标示。

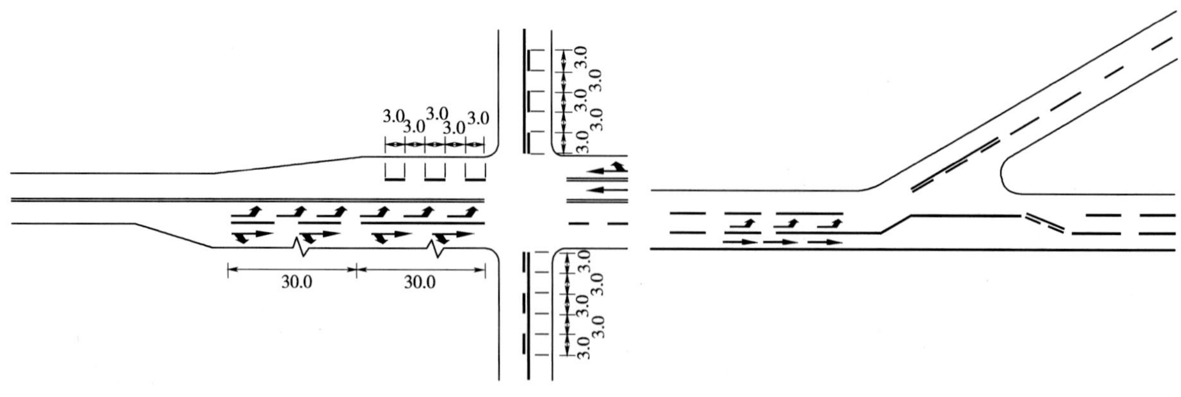

图 31-10 《公约》建筑密集区交叉路口交通标线设置示意图(尺寸单位:m)

(2)特定情况

为了改善交通安全,在某些交叉路口(图 31-11)的中心线虚线应当用实线(图 31-12 和图 31-13)替代或补充。

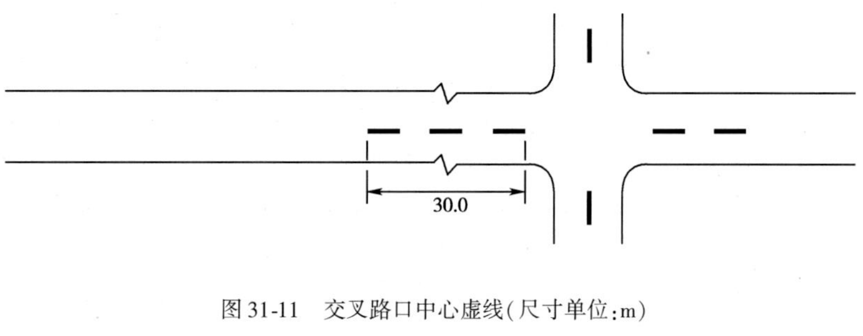

图 31-11　交叉路口中心虚线(尺寸单位:m)

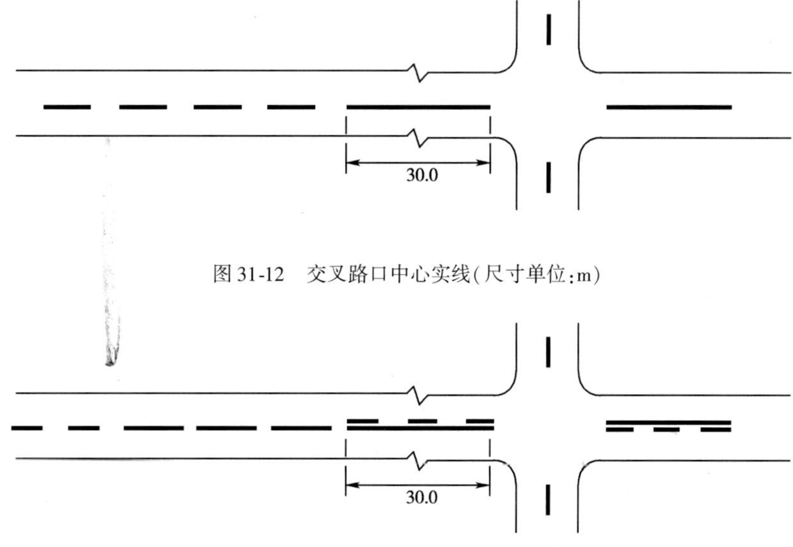

图 31-12　交叉路口中心实线(尺寸单位:m)

图 31-13　交叉路口中心虚实线(尺寸单位:m)

在一些视距受限的路段,如坡顶、弯道等处,应根据需要设置实线。

(3)道路边缘线

道路边缘线使用实线标注,可配套使用反光道钉等设施。

(4)障碍物标线

用于安全岛或车道上其他障碍物附近,如图 31-14 所示。

(5)转弯车辆导向标线

在某些特定交叉路口,在交通车辆靠右行驶的国家,设置引导驾驶人左转弯的标线;在交通车辆靠左行驶的国家,设置引导驾驶人右转弯的标线。

(6)专用车道标线

供特定类型车辆行驶的行车道标线采用与普通行车道的实线或虚线有明显区别的标线制作,一般宽度较大,且标线之间的间距较小。如公交专用车道,应在必要处标注“BUS”(公交车)字样,而且应在该车道的起始处和交叉路口后标注,如图 31-15 所示。

31.2.2　横向标线

横向标线主要包括停车线、减速让行标线、人行横道和自行车横道。由于驾驶人观察行车道上标线角度的关系,横向标线比纵向标线宽。

(1)停车线

停车线的最小宽度应为 0.20m 最大宽度 0.60m,建议采用 0.30m(12in)。

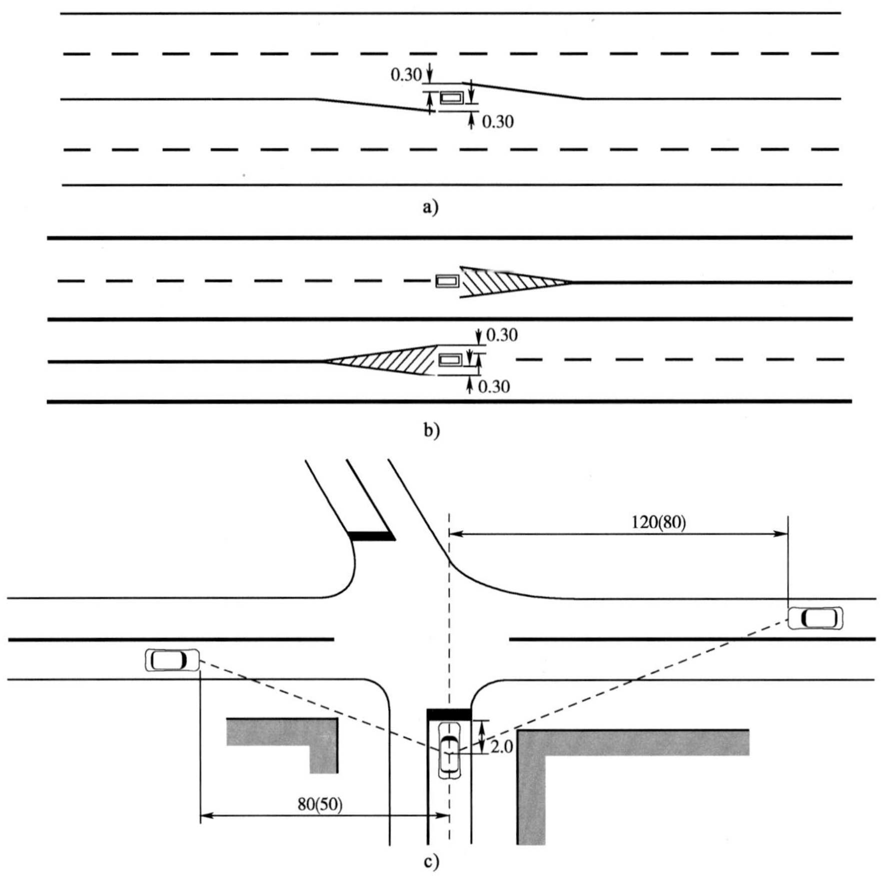

图 31-14 《公约》障碍物标线示意图(尺寸单位:m)

在与停车标志一起使用的情况下,停车线应设在使得紧挨着停车线之后停车的驾驶人能够尽可能清楚地看到该交叉路口所有有关道路的交通状况,与对其他车辆和行人的要求相一致。

停车让行标线辅助以行车道上设置的"STOP"(停)字,"STOP"字顶部至停车线之间的距离应在 2~25m之间,如图 31-16 所示。

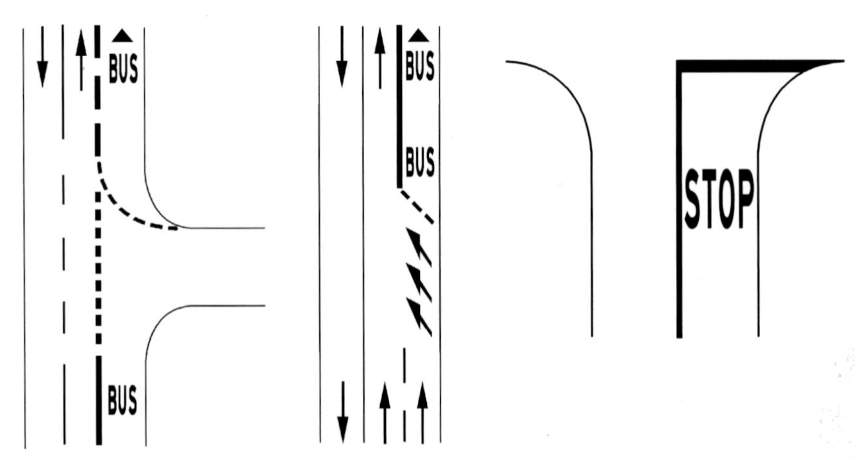

图 31-15 《公约》专用车道标线

图 31-16 《公约》停车让行标线

(2)减速让行标线

减速让行标线有两种形式:第一种为两条虚线,虚线间距至少为 0.30m;第二种为用相互挨着的三角形标志,三角形的顶角指向要求其让路的驾驶人,如图 31-17 所示。

（3）人行横道标线

人行横道标线之间的间隔应至少等于标线的宽度，不大于线宽度的两倍。在速度限制为 60km/h 的道路上人行横道的最小宽度为 2.5m，而在限制速度较高或没有限制的道路上，人行横道的最小宽度为 4m。

（4）自行车横道标线

使用两条虚线表示自行车横道。

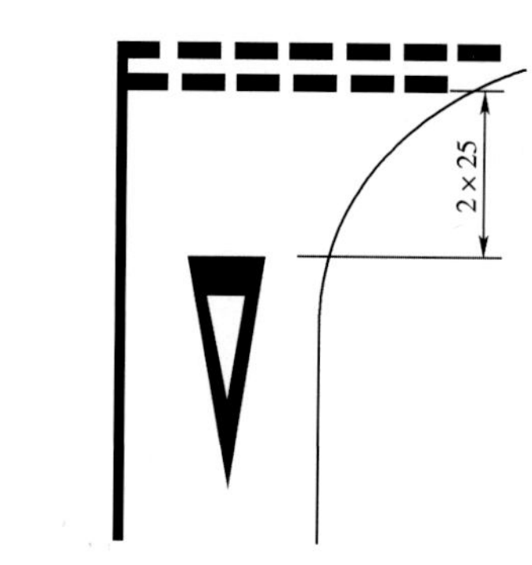

图 31-17　《公约》让行标线（尺寸单位：m）

31.2.3　其他标线

其他标线主要有箭头、渠化线、文字标记、停车相关标记、行车道标线和相邻结构上的标线。

（1）箭头

用于交叉路口车道指示车辆行车方向，或者单行线确认行车方向，如图 31-18 所示。

（2）渠化线

用于交叉路口渠化的标线，表示车辆不得进入的区域，如图 31-19 所示。

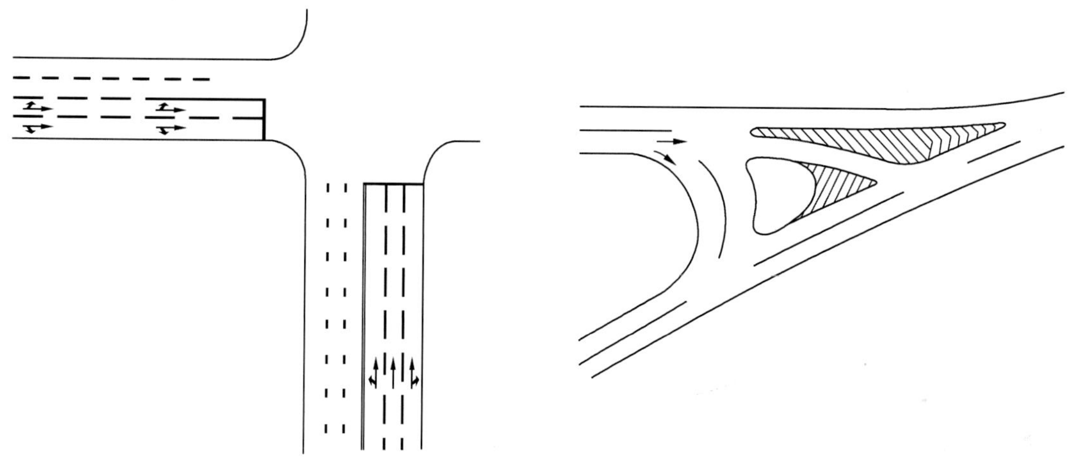

图 31-18　《公约》交叉路口箭头

图 31-19　《公约》交叉路口渠化标线

（3）文字标记

在路面上使用文字标记用以管理交通或警告或导向道路使用者，一般为地方的名称、公路的编码或国际上容易理解的文字，例如“Stop”（停车）、“Bus”（公共汽车）、“Taxi”（出租汽车）。

字母在交通方向上应适当延长，因为驾驶人看这些字母的角度较小。

（4）停车相关标记

用路缘或行车道上的特定标线指示停车的相关规定，停车位可用适当的标线在行车道上标示。

（5）行车道标线和相邻结构上的标线

用于停车限制的“Z”形标线如图 31-20 所示；用于在障碍物上立体标线如图 31-21 所示。

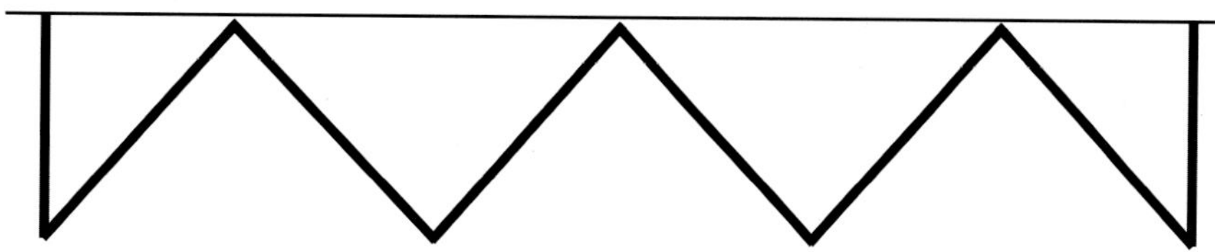

图 31-20　《公约》限制停车“Z”形标线

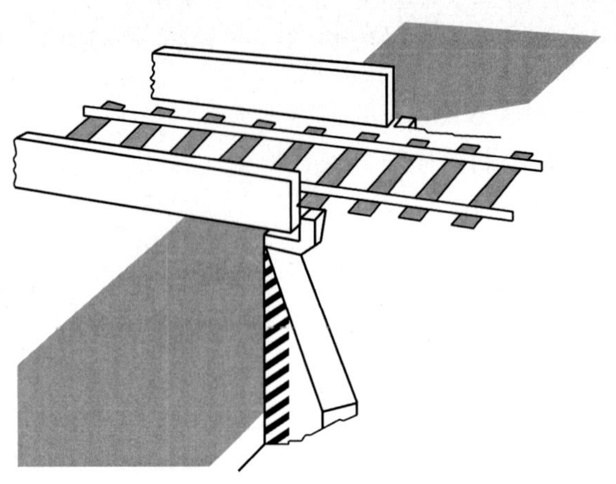

图 31-21 《公约》障碍物前的立体标线

注:本部分图 31-9 至图 31-21 来源于文献 *Convention on road signs and signals*。